Konstantinopel

Istanbuls historisches Erbe

Cover Vorderseite: Blaue Moschee, Blick in die Kuppel, Istanbul
Foto: © Winnie Denker

Rückseite: Kuppel der Moschee Süleymans des Prächtigen (Süleymaniye), Istanbul
Foto: © Winnie Denker

Coverdesign: Peter Feierabend, Erill Vinzenz Fritz

Originaltitel: *Constantinople. De Byzance à Istanbul*
ISBN 978-2-84459-015-2

Projektkoordination in Istanbul: Selma Gürbüz

Konzeption und Realisation: Éditions Eric Koehler, Paris

h.f.ullmann ist ein Imprint der Tandem Verlag GmbH
Sonderausgabe

Übersetzung aus dem Französischen: Dr. Ursula Arnsperger, Ulrike Bischoff, Christine Diefenbacher, Gabriele Kornhas, Reinhard Tiffert, Jutta Georgine Wittmann, Andrea Alvermann, Andrea Fischer, Helga G. Weigelt

Fachlektorat: Dr. Annette Hagedorn (Osmanisches Reich)
Lektorat, Redaktion und Satz:
Delius Producing, Berlin / Julia Niehaus, Juliane Stollreiter und Maren Wöll

Printed in China

ISBN 978-3-8331-3566-8

10 9 8 7 6 5 4 3 2 1
X IX VIII VII VI V IV III II I

Stéphane Yerasimos

Konstantinopel

Istanbuls historisches Erbe

h.f.ullmann

Inhaltsverzeichnis

Lebenszentrum zweier Weltreiche

Zwei der bedeutendsten Großmächte, das oströmische Kaiserreich von Byzanz und das türkische Osmanische Reich, wählten Konstantinopel zum Mittelpunkt ihrer Weltreiche – eine Stadt zwischen zwei Kontinenten, an der Schnittstelle zweier Welten. Wer sich ein Bild von dieser Stadt, ihrer historischen Rolle und ihrer künstlerischen Schätze machen will, muss sich mit der Kultur und dem Weltbild jener Menschen vertraut machen, welche vom Ufer des Bosporus aus die Geschicke der damaligen Menschheit lenkten.

Das prähistorische Byzanz

Berühmter als die Siedlung Byzantion ist die Meerenge, an der sie um 680 v. Chr. gegründet wurde: der Bosporus. Die 32 Kilometer lange und an ihrer schmalsten Stelle knapp 700 Meter breite Wasserstraße war einst ein Flusstal, das möglicherweise im Rahmen jener Naturkatastrophe absackte, die dazu führte, dass sich das Schwarze Meer, das bis dahin ein See gewesen war, über die ägäische Hochebene ergoss. Die Berggipfel, die über das Wasser hinaus ragten, bilden seitdem die Ägäische Inselwelt. Bosporus und Dardanellen – eine zweite Meerenge, welche durch das so genannte Marmarameer von der ersten getrennt ist – stellen die einzige Seeverbindung zwischen dem Mittelmeer und dem Schwarzen Meer dar und sind der Zugang zum Kaukasus, zur Krim, zu den russischen Steppen und dem Donauland. Hier dürften auch die ersten Menschen nach Europa vorgedrungen sein – zu einer Zeit, da die Steppen nördlich des Schwarzen Meeres noch eine Eiswüste waren.

Königreich Kolchis, Ende des fünften Jahrhunderts v. Chr. Diadem aus getriebenem Gold mit Darstellungen kämpfender Tiere. Fundort Wani (Imereti, Georgien). Museum für georgische Kunst, Tbilissi.

Die Bedeutung der beiden Meerengen, schon vor der Antike, belegt ihre Nennung in zwei großen Sagenkreisen des griechischen Altertums: in der Argonautensage und in den SagenTrojas. Als Jason und seine Gefährten in den Bosporus hineinfahren, sehen sie sich plötzlich den Symplegaden gegenüber, zwei gefährlichen Felseninseln im Meer, die laufend zusammenstoßen und wieder auseinanderprallen und auf diese Weise Reisende an der Durchfahrt hindern. Doch es

gelingt den Argonauten, die freie Durchfahrt zu erzwingen, die in der Folge allen von Süden nahenden Schiffen erhalten bleiben sollte. Der Mythos der Symplegaden entwickelte sich zu einem Symbol für die ungehinderte Durchfahrt durch den Bosporus, welche in den folgenden 3000 Jahren immer wieder umkämpft werden sollte.

Im Trojanischen Krieg, dessen letztes Kriegsjahr Homer in seiner *Ilias* schildert, ging es – historisch betrachtet – wohl weniger um Helena als um die freie Passage der Dardanellen, welche von den Trojanern kontrolliert wurde. Mit dem Untergang Trojas wurde die Siedlung am Ufer des Bosporus zum neuen Machtzentrum dieser Gegend. Dennoch zögerte Kaiser Konstantin Anfang des vierten Jahrhunderts n. Chr. bei der Entscheidung, ob er die neue Reichshauptstadt auf den Trümmern Trojas, was er zunächst bevorzugte, oder an der Stelle des alten Byzantion errichten sollte.

Auch in den Quellen zur Gründung der Siedlung vermischen sich Geschichte und Legende zu widersprüchlichen Darstellungen. Handelte es sich um eine Kolonie der griechischen Seemacht Megara oder um den Ableger eines thrakischen Stadtstaates? Der Name des sagenhaften Stadtgründers Byzas ist thrakischen Ursprungs,

**Griechische Vase.
Rotfigurige, attische Bemalung.
Um 490 v. Chr. Brygosmaler.
Die dargestellte Szene zeigt Priamos, der Achilleus um die Herausgabe der Leiche Hektors ersucht.
Entstehungsort Insel Chios.
Fundort Cerveteri.
Kunsthistorisches Museum, Wien.**

andererseits fügt sich die Stadtgründung auch hervorragend in die griechische Siedlungspolitik der damaligen Zeit ein, zielte sie doch eindeutig auf die Beherrschung der Meerenge ab. An beiden Ufern des Bosporus gibt es Spuren noch früherer Besiedlungen, doch handelte es sich dabei wohl um unbedeutende Niederlassungen entlang kleinerer Buchten und Flussmündungen, deren Versorgung durch das angrenzende Umland sichergestellt wurde. Byzanz dagegen liegt auf einem wasserlosen Vorgebirge – in römischer Zeit wurde ein aufwendiges System der Wasserversorgung eingerichtet –, von welchem aus sich der südliche Zugang zum Bosporus kontrollieren ließ. Am plausibelsten erscheint daher die Hypothese, wonach Byzanz auf griechische Initiative hin mit Hilfe thrakischer Siedler gegründet wurde.

Der Ruhm der Stadt Byzanz beruhte viel stärker auf ihrer besonderen Lage als auf ihren Reichtümern, trotzdem weckten diese schon immer vielerlei Begierden. Im Jahr 512 v. Chr. wurde die Stadt von dem Perserkönig Darius I. eingenommen. Die persischen Armeen setzten am Bosporus nach Griechenland über, um gegen die Skythen zu Felde zu ziehen, und erzwangen die Abhängigkeit von Thrakien und Makedonien. Zum ersten Mal wurde Byzanz zum Mittelpunkt eines Reiches, das sich über zwei Kontinente erstreckte. Dennoch mussten sich die Perser schließlich wieder zurückziehen, woraufhin die Athener zunächst das thrakische Küstengebiet und anschließend Byzanz eroberten. Athen bezog sein Getreide aus den Gebieten am Schwarzen Meer und war deshalb darauf aus, die Kontrolle über den Bosporus zu erlangen. Als es Sparta im Verlauf des Peloponnesischen Krieges 405 v. Chr. gelang, Byzanz einzunehmen und die Kornlieferungen in die gegnerische Stadt zu unterbinden, war Athens Schicksal besiegelt.

Alexander der Große setzte bei den Dardanellen nach Asien über und versuchte kurioserweise nicht, das inzwischen wieder unabhängige Byzanz seinem sich bis nach Indien erstreckenden Weltreich einzuverleiben. Auch während der nach Alexanders Tod ausbrechenden Diadochenkämpfe gelang es Byzanz, seine Neutralität zu wahren.

Es blieb ein wichtiger Umschlagplatz für Waren aus Thrakien, Makedonien, Anatolien und dem Kaukasus. Dank einer klugen Bündnispolitik mit den anliegenden Seefahrerstaaten, unter anderem mit Rhodos, vermochte es bis zur Eroberung durch die Römer 146 v. Chr. seine Unabhängigkeit zu behaupten. Seither gehörte Byzanz als „freie und verbündete Stadt" zum Römischen Weltreich.

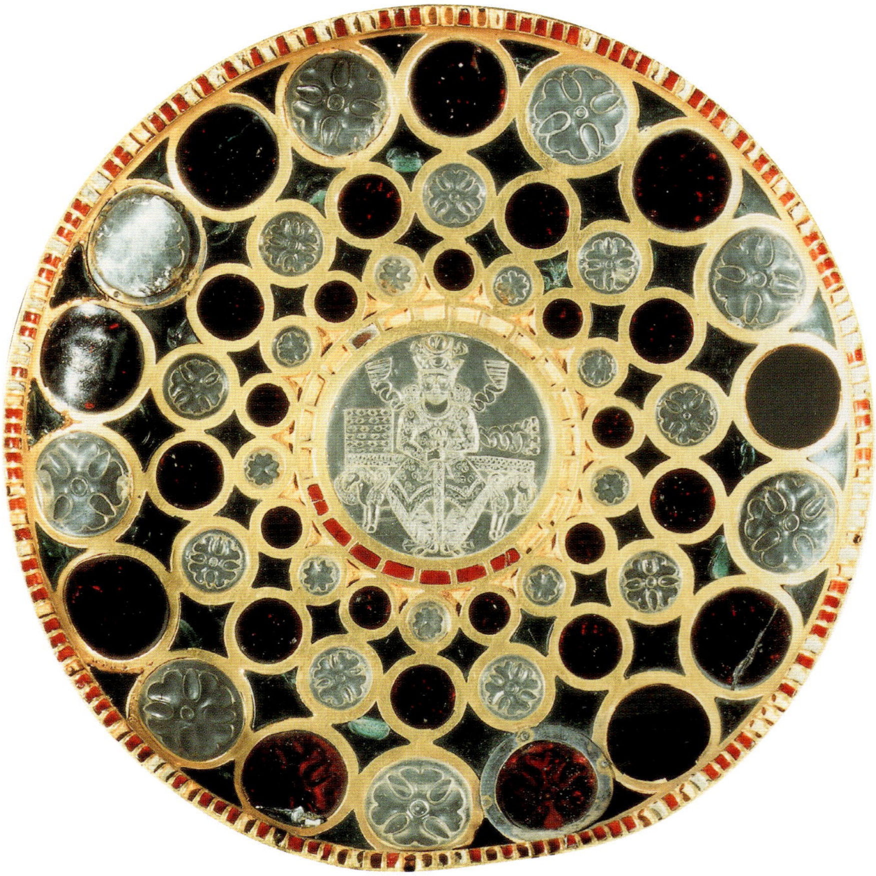

Oben: Kelch Salomons, auch Kelch des Perserkönigs Chosroes II. Aparwes (588/91–628) genannt. Identifizierung zweifelhaft. Bergkristall, Granatsteine, grünes Glas und Gold. Louvre, Paris.

Links: Kopf des Kaisers Diokletian. Römische Marmorskulptur, Ende des dritten Jahrhunderts v. Chr. Fundort Nikomedia. Altorientalisches Museum, Istanbul.

Rechte Seite: Büste eines Sassanidenkönigs. Bronzeskulptur. Louvre, Paris.

Das neue Rom im Kampf gegen die Barbaren

Die Stadt Rom entwickelte sich im Laufe der Geschichte zwar zur Keimzelle eines Weltreiches, doch war diese Mittelpunktfunktion in erster Linie geografisch bedingt. In wirtschaftlicher und kultureller Hinsicht dominierte der östliche Mittelmeerraum, der seit Jahrtausenden über eine blühende Stadtkultur und eine leistungsfähige Landwirtschaft verfügte. Roms große Leistung bestand darin, dass es sich mittels einer effizienten Verwaltungsstruktur die materiellen und ideellen Reichtümer dieser dicht besiedelten Gebiete zunutze zu machen verstand und gleichzeitig für Frieden und Sicherheit sorgte. Doch das System brach Ende des dritten Jahrhunderts n. Chr. zusammen, und zwar eher infolge innerer Auflösungserscheinungen als äußerer Bedrohung. Diokletian und seine Mitregenten bemühten sich, der Zersetzung entgegenzuwirken. Sie erkannten, dass sich ein Reich dieser Größenordnung nicht länger von einer Hauptstadt aus regieren ließ und dass im Osten ein zweites Zentrum geschaffen werden musste. Diokletian entschied sich für die am asiatischen Ufer des Marmarameeres gelegene Stadt Nikomedia. Er dürfte sich der geradezu idealen Lage der 70 Kilometer entfernten Stadt am Bosporus durchaus bewusst gewesen sein, doch stand Byzanz seinerzeit in dem Ruf, bei geringstem Anlass zu rebellieren. Schon ein Jahrhundert zuvor hatte Septimius Severus die Stadt nach einer langwierigen Belagerung dem Erdboden gleichgemacht und – aus strategischen Erwägungen – wenig später wieder aufbauen und befestigen lassen. Als Kaiser Konstantin im Begriff stand, das unter den Nachfolgern Diokletians aufgeteilte Reich wieder zu vereinen, verlegte er die Zentrale endgültig an den Bosporus. Zwischen 324 und 330 gründete er dort eine Stadt, die drei- bis viermal so groß war wie das bisherige Byzanz. Ihr Name lautete zunächst Roma Nova, bis sie schließlich die Bezeichnung Konstantinopel – Stadt Konstantins – erhielt. Die Neugründung sollte Rom als Hauptstadt allmählich ablösen und nicht etwa der Mittelpunkt eines östlichen Reiches werden.

In den Jahren nach Konstantins Tod war der Osten den Einfällen fremder Völker ebenso stark ausgesetzt wie der Westen. Die aus den mongolischen Steppenherbeiströmenden Hunnen griffen, wie die Goten, den Balkan an, während Anatolien und Syrien von den heftigen Attacken der iranischen Sassaniden – Roms mächtigsten Feinden – heimgesucht wurden. Dank des un-

MAXIMIANVS

Oben: Christus umgeben von zwei Engeln, dem heiligen Vitalis und dem Bischof Ecclesius.
Sechstes Jahrhundert.
Wandmosaik im Apsisgewölbe.
Basilika San Vitale, Ravenna.

Vorhergehende Doppelseite: Justinian I., byzantinischer Kaiser (527–565).
Kaiser Justinian mit seinem Gefolge (von rechts nach links zwei Diakone, Erzbischof Maximian, der Kaiser, zwei Patrizier, Leibwache).
Mosaik, vor 547.
Nordwand der Apsis des Presbyteriums von San Vitale, Ravenna.

unterbrochenen Nachschubs an Soldaten und Mitteln, der reichen Städte und der florierenden Landwirtschaft sowie der auch im Osten geschaffenen Verwaltungsstrukturen vermochte sich dieser Teil des Römischen Reiches jedoch erfolgreicher zur Wehr zu setzen. Nach der endgültigen Reichsteilung im Jahr 395 brach das Weströmische Reich innerhalb kurzer Zeit zusammen, wohingegen das Oströmische noch über ein Jahrtausend fortbestand.

Mit der Gründung Konstantinopels verband sich jedoch mehr als die Verlagerung des Mittelpunktes des Römischen Reiches gen Balkan und Nahen Osten: im bewussten Gegensatz zum heidnischen Rom war die neue Reichsmetropole von Anfang an christlich geprägt. Konstantin, unter dem das Christentum zur Staatsreligion wurde, gedachte so eine Synthese der monotheistischen Religionen des Ostens und des griechisch-römischen Polytheismus herbeizuführen, ohne dabei im Übrigen den Kaiserkult aufzugeben, auf den er und seine Nachfolger keinesfalls verzichten wollten. Die religiöse Verwirrung kristallisierte sich zu einem theologischen Streit über die Wesensverschiedenheit bzw. -ähnlichkeit zwischen Christus und Gottvater, eine Debatte, die schließlich auch gewaltsam geführt wurde und sich mit lokalen Machtkämpfen überlagerte. Die zwei Jahrhunderte von der Stadtgründung bis zu Justinians I. (527–565) Thronbesteigung standen daher im Zeichen religiöser Auseinandersetzungen und der Bedrohung durch die Barbaren.

Wenn auch die Hunnen und Goten bis auf die Peloponnes vorstießen und von der Eroberung Konstantinopels lediglich durch die hervorragenden Befestigungsanlagen der Stadt abgehalten werden konnten, gelang es dem Oströmischen Reich unter Aufbietung aller Mittel, die Donaugrenze zu halten, während das Weströmische Reich im Jahr 476 unterging. Die Grenze zwischen beiden verlief entlang einer Nord-Süd-Linie vom heutigen Belgrad bis zur afrikanischen Küste. Das heutige Kroatien und Bosnien-Herzegowina gehörten zum Westen, Serbien zum Osten. In der Folge enstand östlich dieser Linie jenes Gebilde, das als Byzantinisches Reich bzw. später vom Osmanischen Reich beherrschter Mittelmeerraum in die Geschichte eingegangen ist, während die Gebiete westlich davon zur Wiege Europas wurden.

Unter Justinian I. lebte die Illusion von einem einzigen, den gesamten Mittelmeerraum umfassenden Reich vorübergehend noch einmal auf. In langwierigen Kämpfen gelang es ihm, Italien, Nordafrika und Südspanien zurückzuerobern. Es kam zu einem letzten Aufflackern des Kaisertums, was in der Errichtung des prächtigen Gotteshauses der Hagia Sophia seinen sichtbaren Ausdruck fand. Doch neben den ständigen Angriffen der Perser zehrte die Pest, die den gesamten Mittelmeerraum über zwei Jahrhunderte immer wieder heimsuchte, die Kräfte des antiken Byzanz allmählich auf.

Konstantinopel – Insel im Sturm

Anfang des siebten Jahrhunderts lag das Reich in Trümmern. Die byzantinischen Gebiete Italiens fielen an die Langobarden. Die Awaren drangen auf den Balkan vor und belagerten im Jahr 626 Konstantinopel, während die iranischen Sassaniden bis in den Mittelmeerraum vorstießen: 614 eroberten sie Jerusalem, 619 Ägypten und zweimal – 617 und 626 – standen sie vor den Toren Konstantinopels. Im Jahr 626 wurde die Stadt gar von Sassaniden und Awaren gleichzeitig belagert.

Das letzte Aufbäumen des Byzantinischen Reiches, das im Jahr 628 die Sassaniden vertrieb, zeitigte auf lange Sicht verheerende Folgen: Beide Reiche waren danach derart erschöpft, dass die neue politische Kraft, der Islam, bei seinem Vormarsch auf keinen nennenswerten Widerstand mehr stieß. 636 besiegten die Araber innerhalb eines Jahres erst die byzantinischen Truppen am Jarmuk (Jordanien) und anschließend die sassanidischen bei Kaddisiya (Irak). Das Byzantinische Reich verlor endgültig Ägypten und Nordafrika sowie den gesamten Küstenstreifen südlich von Antiochia. Immerhin gelang es ihm, zwischen dem Schwarzen Meer und dem Mittelmeer eine Verteidigungslinie zu errichten, welche dem Islam zunächst Einhalt gebot, bis sie im 15. Jahrhundert von den Türken überrannt werden sollte. Nichtsdestotrotz drangen die Araber immer wieder in das Innere Kleinasiens vor. Auch Konstantinopel wurde in diesen Jahren mehrmals vergeblich belagert.

Auf dem Balkan ließen sich die Slawen nieder, während die Bulgaren im Jahr 680 die Donau überschritten und das Königreich Bulgarien gründeten. Gegen Ende des siebten Jahrhun-

Karl der Große.
Ausschnitt aus dem Retabel des Pariser Parlaments.
Flämischer Maler,
Mitte des 15. Jahrhunderts.
Louvre, Paris.

Einzug in Jerusalem. 1679, aus dem Krimgebiet. Musée Condé, Chantilly.

derts herrschten die byzantinischen Kaiser nur noch über Teile des weitgehend verwüsteten Balkans und Kleinasiens sowie über einige Enklaven in Italien. Auch die Hauptstadt hatte schweren Schaden genommen, ihre Bevölkerung war im Vergleich zur Regierungszeit Justinians auf ein Zehntel geschrumpft.

Zur politischen Krise gesellte sich alsbald eine geistige: Durch den Bildersturm wurden neue religiöse Unruhen und leidenschaftliche Kämpfe entfacht. Während der Ikonenkult angesichts der über das Byzantinische Reich hereinbrechenden Katastrophen verstärkten Zulauf fand, gab es im Orient gleichzeitig eine starke Fraktion bilderfeindlicher Theologen, die möglicherweise nicht unbeeinflusst war vom Verbot der Bilderverehrung des Islam. Der Wunsch, einen weiteren dogmatischen Zwist von vornherein zu unterbinden bzw. im Reichsgebiet kulturelle Einheit zu stiften, mag den Kaiser veranlasst haben, 730 die Vernichtung aller sakralen Bilder zu befehlen. Doch das Bilderverbot – der so genannte Ikonoklasmus – ließ sich nicht durchsetzen und stiftete nur noch größere Verwirrung. Die erbitterte Auseinandersetzung währte ein Jahrhundert lang und Konstantinopel war hin und her gerissen zwischen der bilderfeindlichen Haltung des Islam und der bilderfreundlichen Gesinnung der westlichen Kirche.

In diese unruhige Zeit fällt die Geburt des abendländischen Kaisertums. Das merkliche Schwinden der byzantinischen Macht in Italien hatte den Papst bewogen, sich nach einer neuen weltlichen Schutzherrschaft umzusehen und sich zu diesem Zwecke dem Frankenreich anzunähern. Die politische Situation wie auch der religiöse Konflikt zwischen Rom und Konstantinopel führten dazu, dass Leo III. im Jahr 800 Karl den Großen in Rom zum Kaiser krönte. Ein Akt der Herausforderung, den das byzantinische Kaisertum hinnehmen musste. Nach der Restitution der Bilderverehrung 843 stand Konstantinopel zwischen zwei Welten – zwischen dem europäischen, auf Papsttum und (später) Heiligem Römischen Reich basierenden und dem islamischen, vom abbasidischen Kalifat dominierten Kulturkreis.

Unter der Dynastie der Makedonen (867–1057) erlebte das Byzantinische Reich eine Zeit des Glanzes und der Größe. Militärisch fähige Herrscher nutzten die Gunst der Stunde – das abbasidische Kalifat befand sich in einer Krise, und in Ägypten wurde ein fatimidisches Gegenkalifat errichtet –, um Gebietsverluste rückgängig zu machen. 961 wurde Kreta zurückerobert, 965 folgte Zypern. Die anatolische Grenze wurde wieder gen Osten verschoben und der syrische Küstenstreifen zurückgewonnen. Im Jahr 976 drangen byzantinische Truppen bis Nazareth vor. Auf dem Balkan unterwarf Basileios II. 1014 das bulgarische Königreich, was ihm den Beinamen Bulgaroktonos (Bulgarentöter) eintrug. Im Osten stieß er bis an den Rand des Kaukasus vor und annektierte die kleinen armenischen und georgischen Königreiche, die er auf seinem Feldzug passierte.

Die Vernichtung dieser Pufferstaaten bahnte allerdings gleichzeitig den Türken den Weg, die mit unglaublicher Geschwindigkeit aus den Randgebieten der heutigen Mongolei in die islamische Welt vordrangen. Am Ende des zehnten Jahrhunderts errichteten die Karachniden in Transoxanien ein türkisches Königreich. Die seldschukischen Türken stießen im Jahr 1040 in die iranische Hochebene vor und brachten 1071 bei Mantzikert, im Osten der heutigen Türkei, den Byzantinern eine schwere Niederlage bei, die den Verlust Anatoliens zur Folge hatte. Sechs Jahre später besetzten sie das bei Konstantinopel gelegene Nicäa und machten es zur Hauptstadt des seldschukischen Königreiches Anatolien.

Um dieselbe Zeit vertrieb ein anderes Volk, die aus dem äußersten Norden Europas herbeiströmenden Normannen, die Araber aus Sizilien und jagte den Byzantinern ihre letzten italienischen Gebiete ab. 1071, im Jahr von Mantzikert, fielen Bari und Brindisi, und im Jahr 1076 überquerten die Normannen die Adria, um die dalmatinische Küste anzugreifen. Aufstrebende Kräfte der westlichen und der islamischen Welt machten sich daran, die Überreste jenes alten Reiches zu erobern, als dessen von Mythen umwobener Mittelpunkt Konstantinopel nach wie vor galt. Die neue Dynastie der Komnenen, die 1081 in Konstantinopel auf den Thron gelangte, suchte der militärischen Schlagkraft List und Tücke entgegenzusetzen, indem sie die Feinde des Byzantinischen Reiches gegeneinander ausspielte. Doch die Tage des Byzantinischen Reiches waren gezählt. Die Nachfolger der Seldschuken, die Osmanen, waren es schließlich, die seinen Untergang herbeiführten.

Das byzantinische Territorium war längst zerstückelt, seine Herrscher waren aufgerieben vom ständigen Kampf gegen die großen und kleineren Feinde, die das Reich kontinuierlich bedrohten und zu denen sich ab dem elften Jahrhundert die abendländische Kreuzzugsbewegung gesellte. Ihren Führern hatte man für ein halbes Jahrhundert sogar Konstantinopel überlassen müssen, und es war zur Gründung des Lateinischen Kaiserreichs (1204–1261) gekommen. Wohl gelang die Rückkehr an den Bosporus, doch war der Besitzstand des einst so mächtigen Imperiums stark zusammengeschmolzen. Im Taumel der politischen Erschütterungen und Kämpfe war kaum wahrgenommen worden, wie weit die türkische Expansion auf europäischem Boden bereits vorgedrungen war. In der zweiten Hälfte des 14. Jahrhunderts hatten die Osmanen begonnen, die europäischen Gebiete des Byzantinischen Reiches systematisch zu erobern. Als

Reiterbild. Emaillierte Keramik. Louvre, Paris.

Räuchergefäß in Löwenform. Khorassan, Iran, 11.–12. Jahrhundert. Louvre, Paris.

Krönungsmantel König Rogers II. von Sizilien. Kronschatz von Palermo. Kunsthistorisches Museum, Wien.

Konstantinopels letzte Stunde schlug, waren sie längst bis an die Donau und die Adria vorgestoßen. Unter Sultan Mehmed II. wurde es zum erklärten Ziel des inzwischen gefestigten Großreichs, der Perle unter den Städten des östlichen Mittelmeers habhaft zu werden. 1453 wurde Konstantinopel im Sturm erobert und geplündert.

Die Erneuerung des Byzantinischen Reiches

Konstantinopels herausragender Status als Kaiserresidenz, wie er im Stadtbild und im Selbstverständnis der Einwohner verankert war, erwies sich als derart übermächtig, dass selbst die türkischen Eroberer an diese Tradition anknüpften. Mehmed II. machte Konstantinopel zur Hauptstadt des Osmanischen Reiches. Dazu schien nicht nur die günstige strategische Lage der Stadt – von ihr aus ließ sich die Schnittstelle zwischen Europa und Asien kontrollieren –, sondern auch ihre symbolträchtige Sonderstellung als Ewige Stadt sie zu prädestinieren.

Mehmed II. der Eroberer verbrachte seine restlichen Regierungsjahre damit, das Schwarze Meer und die Ägäis von sämtlichen italienischen Kolonien und Handelskontoren zu befreien. Bei seinem Tod besaß das Osmanische Reich exakt dieselben Ausmaße wie das Byzantinische Reich zur Zeit der Makedonenkaiser Mitte des neunten Jahrhunderts. Auf dem Balkan erstreckte es sich bis zur Donau und in Anatolien bis zum Taurus. Mehmeds Nachfolger nahmen sich Justinians Expansionspolitik zum Vorbild: Sie eroberten den Nahen Osten sowie Nordafrika und stießen donauaufwärts bis jenseits von Buda vor. Konstantinopel bildete erneut den Mittelpunkt eines großen Reiches. Wie in früheren Zeiten wurde es mit Korn aus Ägypten und mit Fleisch aus den Fürstentümern jenseits der Donau beliefert. Dass neuerdings eine islamische Macht diese Drehscheibe zwischen Europa und dem Mittleren Osten kontrollierte, setzte jedoch dem einstigen Kräftegleichgewicht ein Ende, in dem Konstantinopel als dritte Kraft die Vermittlerfunktion zwischen der östlichen und der westlichen Welt innegehabt hatte. An seine Stelle trat nun ein bipolares Spannungsverhältnis. Früher hatten der Kaiser des Heiligen Römischen Reiches und der Kaiser von Byzanz, welche miteinander um das römische Erbe rivalisierten, mit einer dritten Größe, dem Kalifen, rechnen müssen. Nunmehr existierten oströmischer Kaiser und Kalif in einer Person. Der Überlieferung zufolge soll dem Sultan der Kalifentitel anläßlich der Eroberung Ägyptens 1517 von dem letzten in Kairo residierenden abbasidischen Kalifen übertragen worden sein. Der durch die islamische Religion geeinte Osten konnte zur Eroberung des Westens ansetzen.

In militärischer Hinsicht war das Osmanische Reich dem Westen zwar überlegen, doch auf wirtschaftlichem und bald auch auf technischem Gebiet geriet es rasch ins Hintertreffen. Während Süleiman der Prächtige vor Wien lagerte und seine Flotte westlich von Sizilien kreuzte, konnte Karl V. seine Kriegskasse durch Gold und Silber aus Amerika aufbessern. Ende des 16. Jahrhunderts reichten die osmanischen Truppen und Mittel nicht einmal mehr zur Verteidigung der eroberten Gebiete aus, während das westliche Europa dank Epoche machender Entdeckungen über ungeheuren Reichtum verfügte.

Der Mittelmeerraum verlor seine zentrale Bedeutung und wurde zum Nebenschauplatz der Geschichte, auf dem sich Relikte der Alten Welt bekriegten. Venezianer und Osmanen rivalisierten noch bis ins 18. Jahrhundert um die kläglichen Überreste eines einstmals blühenden Handelsnetzes. Die großen Gewinne wurden längst nicht mehr in den Binnenmeeren, sondern auf den Ozeanen erzielt. Im 17. und 18. Jahrhundert blieb der Mittelmeerraum weitgehend den maltesischen oder berberischen Seeräubern überlassen. Hätte Österreich nicht die Absicht gehegt, Ungarn zurückzuerobern, und das junge russische Reich nicht einen Zugang zu den warmen Meeren des Südens begehrt, so hätten die Osmanen am Bosporus ungehindert ihren Großmachtträumen nachhängen können.

Nachfolgende Doppelseite: Die Belagerung Wiens durch die Türken 1683. Gouache, 17. Jahrhundert. Vojenske Muzeum, Prag.

Unten: Prizren (Serbien), Muttergotteskirche (Bogoridia) Ljeviska. Die Jünger beim Abendmahl. Wandmalerei, nach 1307.

Reiterbildnis Karls V., Kaiser des Heiligen Römischen Reiches (1519–1556) und König von Spanien. Gemalt von Anthonis van Dyck (1599–1641). Uffizien, Florenz.

Istanbul, Zentrum des islamischen Weltreiches

Das Vordringen der Türken in Europa, bis hin zur Belagerung von Wien 1529 durch Süleyman den Prächtigen, hatte zum Kampf mit dem Habsburgerreich um die Vorherrschaft auf dem Balkan und im Mittelmeer geführt. Damit standen sich die größten Mächte des Islam und der Christenheit gegenüber. Die Moschee, welche Süleyman in Istanbul errichten ließ, bringt seinen Herrschaftsanspruch sichtbar zum Ausdruck. Der Grundstein wurde nach 1547 gelegt, nachdem Süleyman mit Karl V. einen Frieden geschlossen hatte, in welchem sich letzterer zu jährlichen Tributzahlungen verpflichtete. Ihre Einweihung erfolgte im Jahr 1557, nach dem Frieden von Amasya (1555), welcher den Sieg über die iranischen Schiiten dokumentierte. Somit verewigte das Bauwerk gleichzeitig den Triumph der orthodoxen Sunniten, zu denen auch die Osmanen zählten.

Das Osmanische Reich stand nun an einem Scheideweg zwischen zwei Welten. Die Fortsetzung seiner europäischen Eroberungszüge und der Aufbau einer straffen, christlich geprägten zivilen und militärischen Verwaltungsstruktur hätten die Durchsetzung der kaiserlichen Herrschaftsansprüche und eine westliche Ausrichtung begünstigt. Die mit Hilfe europäischer Zahlungen bewirkte Einstellung der Eroberungspolitik und der wachsende Einfluss der muslimischen Religionsführer auf den Sultan führten jedoch dazu, dass sich das Osmanische Reich immer stärker auf seine Führungsrolle in der islamischen Welt besann.

Istanbul war dennoch alles andere als eine Verbotene Stadt. Die europäischen Staaten waren durch Botschaften vertreten, die christliche und jüdische Bevölkerung machte mehr als ein Drittel der Einwohner aus, und das nördlich vom Goldenen Horn gelegene Viertel Galata behielt seine kosmopolitische Prägung. Außerdem trafen ständig alle möglichen Fernreisenden, Seeleute, Händler, Missionare, Altertumsforscher und Schriftgelehrten in Istanbul ein, dessen fremde, orientalische Welt sie in ihren Berichten schilderten. Im Licht der europäischen Aufklärung erschien das Osmanische Reich rätselhaft, der Rationalismus geißelte alles, was merkantiler Logik zuwiderlief, als Aberglauben.

Der wachsende wirtschaftliche und technische Vorsprung Europas machte sich unterdessen auf den Schlachtfeldern bitter bemerkbar. Gelang es den Türken im 17. Jahrhundert zunächst noch, unter Aufbietung aller Kräfte und mit schrecklichen Verlusten, Schlachten zu gewinnen und Städte zu erobern, so leitete die Niederlage vor Wien im Jahr 1683 den Rückzug aus Europa ein, welcher sich bis zum Ersten Weltkrieg fortsetzte. Die angesichts dieser Situation zunehmend besorgte osmanische Elite verspürte den dringlichen Wunsch, den Wissensrückstand aufzuholen. Die bislang gehegte Überzeugung, als Anhänger des wahren Glaubens der restlichen Welt überlegen zu sein, wich allmählich der schmerzlichen Erkenntnis, dass man den Gegner mit seinen eigenen Waffen schlagen müsse. Diese so genannte Verwestlichung machte sich im Lauf des 18. Jahrhunderts vor allem im Bereich der Kunst bemerkbar, als in Istanbul die barocke Baukunst Einzug hielt. Die schweren Niederlagen, welche die Osmanen gegen die Russen und die Österreicher erlitten, verlagerten die Debatte zunächst auf das Gebiet von Technik und Forschung. Schließlich wurden jedoch sämtliche bisher gültigen Denk- und Verhaltensmuster infrage gestellt. Während Europa infolge der Ausbildung moderner Staatswesen und der Industriellen Revolution selbst einen tiefgreifenden Wandel erfuhr, übernahm die osmanische Welt das westliche Modell.

An der Schwelle zum 19. Jahrhundert verlor das Osmanische Reich für Europa seine Bedeutung als Rohstofflieferant und wurde stattdessen zum Absatzmarkt für Fabrikerzeugnisse. Gleichzeitig wurde der östliche Mittelmeerraum zum Zankapfel zwischen den Großmächten. Das letzte auf antike Tradition gründende Reich drohte ihrem Imperialismus zum Opfer zu fallen. Am Beginn dieser Entwicklung stand Napoleons Ägyptenfeldzug. Großbritannien brachte nach und nach den östlichen Teil des Mittleren Ostens unter seine Kontrolle, um den Landweg nach Indien zu sichern. Russland stieß auf den Balkan und in den Kaukasus vor. Es pochte auf die Freigabe der Meerengen, um Zugang zu den eisfreien Meeren des Südens zu erhalten. Das Osmanische Reich war nur mehr ein Pufferstaat zwischen Russland und Großbritannien, welche möglichst große Teile Asiens zu erobern suchten.

Als ein besonders subversives europäisches Exportprodukt erwies sich der Nationalismus, welcher in einem Gebiet wie diesem, in dem die unterschiedlichsten Völker, Religionen und Kulturen immer wieder durchmischt und von verschiedenen Großreichen beherrscht worden waren, schlimmes Unheil stiften sollte. Die Entstehung der Nationalstaaten, gepaart mit der imperialistischen Großmachtpolitik, beschwor nach dem Ersten Weltkrieg den Untergang des Osmanischen Reiches herauf. Dass Istanbul während des gesamten Ersten Weltkrieges Streitobjekt zwischen Russland und Großbritannien war, zeigt, wie begehrt die Stadt nach wie vor war. Mit dem letzten Sultan trat gleichzeitig der letzte von Konstantinopel aus regierende Kaiser und auch der letzte Kalif ab. In Istanbul, heutzutage eine Großstadt unter vielen, blieben die Spuren ihrer großartigen Vergangenheit überall sichtbar.

Gegenangriff auf die Türken, 1683.
Öl auf Leinwand.
Historisches Museum der Stadt, Wien.

Apostoli

Erster Teil

Konstantinopel

KAPITEL I

Nova Roma: das neue Rom

Marmorbüste des römischen Kaisers Septimius Severus (193–211)

Die felsige Landzunge, auf der Byzantion gegründet wurde, ist von enormer geopolitischer Bedeutung für den eurasischen Raum. Am Bosporus, der Grenze zwischen Europa und Asien gelegen, ermöglicht die Halbinsel die Kontrolle sowohl des Landweges von Mitteleuropa über den Balkan nach Kleinasien und in den Mittleren Osten als auch der über das Schwarze Meer führenden Anbindung der südlichen Regionen Russlands an das Mittelmeer. Für Alexander den Großen und die Kreuzritter auf ihrem Weg von West nach Ost war die Passage ebenso unvermeidlich wie für Xerxes und die ersten osmanischen Sultane, die in entgegengesetzter Richtung übersetzten. Die Öffnung oder Sperrung der Meerenge durch die örtlichen Machthaber entschied über das Los des gesamten russischen Raumes zwischen den Karpaten und dem Ural, von der Arktis bis zum Schwarzen Meer, handelte es sich doch um den einzigen schiffbaren Zugang zum Meer. Der Einfluss von Byzanz reichte daher im Nordwesten bis zur Donauebene jenseits des Balkans, bis tief in die russische Steppe im Norden und bis zur anatolischen Hochebene und den Ausläufern des Kaukasus im Osten. Er erstreckte sich über Mesopotamien bis nach Ägypten. Auf dem Höhepunkt seiner Macht beherrschte Byzanz sogar den gesamten östlichen Mittelmeerraum bis nach Malta und Sizilien. Mächtige Reiche wurden von dieser Stadt aus regiert.

Um auf dem kargen Fels leben zu können, musste allerdings die Versorgung mit Nahrungsmitteln sichergestellt werden. Die ersten Bewohner, die aus dem thrakischen Hinterland kamen, ließen sich am Ufer der ins Goldene Horn mündenden Flüsse, an den benachbarten Seen oder an den Buchten des Bosporus nieder. Die ersten griechischen Siedler, welche um 680 v. Chr. am asiatischen Ufer die Stadt Chalkedon gründeten, kehrten dem Bosporus den Rücken und siedelten entlang einem kleinen Zufluss des Marmarameeres, an dem sie Wasser und Ackerland vorfanden. Siedler aus Megara – die strategische Bedeutung des Standortes erfassend – wagten es schließlich, sich um 660 v. Chr. auf dem wasserlosen Vorgebirge, der heutigen Sarayspitze, niederzulassen, die sich zur Keimzelle von Byzanz entwickelte.

**Vorhergehende Doppelseite: Ansicht Konstantinopels, gemalt von Cristoforo Buondelmonti (1428). Ausschnitt.
Rechts die Hagia Sophia, links davon die Justinian-Säule und noch weiter links – von einer Säule überragt – die Konstantin-Säule.Oben das Goldene Horn, dessen Einfahrt der Leanderturm (rechts) markiert.**

Alexander der Große in der Schlacht von Issos (333 v. Chr.)

Das mit Rom verbündete Byzanz avancierte zur Drehscheibe des sich über drei Kontinente erstreckenden römischen Weltreichs. Als Endpunkt der von Rom über die Adria und den Balkan führenden Via Egnatia war die Stadt ein wichtiges Etappenziel der römischen Legionen auf ihrem Weg nach Osten. Doch noch blieb das Besondere der geografischen Lage den römischen Kaisern verborgen. In den Mittelpunkt des historischen Geschehens rückte die Stadt, als sich dem römischen Kaiser Septimius Severus 192 n. Chr. mit Pescennius Niger ein Rivale in den Weg stellte, der die Rückendeckung von Byzantion genoss. Nach fast dreijähriger Belagerung eroberte Septimius Severus die Stadt und machte sie dem Erdboden gleich. Bald jedoch bemerkte er, wie töricht diese Vergeltungsmaßnahme gewesen war. Er ließ Byzantion wieder aufbauen und versah die Stadt mit einer weitläufigen Umfassungsmauer. Zu den zahlreichen Bauwerken, welche er errichten ließ, gehören die Zeuxippos-Thermen, das einzige Gebäude aus vorkonstantinischer Zeit, das erhalten blieb. Als Septimius Severus 211 starb, hatte es zunächst den Anschein, als ob das Römische Reich unter seinen Söhnen Caracalla – der den Westen mit der Hauptstadt Rom behalten sollte – und Geta, der von Antiochia oder Alexandria aus den Osten regieren sollte, aufgeteilt würde. Dieser Teilungsplan hätte Byzantion seiner zentralen Stellung beraubt, es wäre als vorgeschobener Posten des Reiches wohl zur Festung ausgebaut worden. Er wurde jedoch nicht in die Tat umgesetzt, da Caracalla seinen Bruder ermordete und anschließend allein regierte.

Man kann davon ausgehen, dass Konstantin (324–337), als er ein Jahrhundert später Byzantion neu gründete und Konstantinopel nannte, nicht beabsichtigte, die Stadt zum Mittelpunkt einer Reichshälfte zu machen. In so einem Fall wäre seine Wahl sicherlich eher auf Antiochia oder Alexandria gefallen. Vielmehr hatte er erkannt, wie sehr sich Konstantinopel zum neuen Mittelpunkt des Römischen Reiches

DIE ANSICHT KONSTANTINOPELS

Die Stadt ist auf wunderschöne Weise vom Wasser umgeben, das geschwungene Buchten bildet, sich zu schmalen Meeresarmen verengt und sich schließlich ins weite, offene Meer ergießt. Es verleiht der Stadt eine außergewöhnliche Schönheit, bietet Seefahrern Zuflucht in geschützten Häfen und schenkt der Stadt so alles zum Leben Notwendige im Überfluss und macht sie reich an allen nützlichen Dingen. Genau genommen ist sie von zwei Meeren umgeben, dem Ägäischen auf der einen und dem Schwarzen Meer auf der anderen Seite. Diese vereinigen sich östlich der Stadt, und vor der rauschenden Kraft der miteinander verschmelzenden Wogen scheint das Festland zurückzuweichen. Die beiden Meere bilden drei ineinander übergehende Wasserarme, die die Stadt zieren und ihr gleichzeitig von Nutzen sind. Jede Meerenge ist eine Wohltat für das Auge, sehr gut zum Segeln geeignet und bietet überdies viel Ankerplatz. Die mittlere der drei Meerengen, der Bosporus, fließt vom Schwarzen Meer geradewegs auf die Stadt zu, als wolle er sie umwerben. Rechts und links von ihm liegen die beiden Kontinente. Die Ufer zwängen ihn zusammen, so daß sich seine Wellen kräuseln und er sich zu brüsten scheint, die Stadt umspülen zu dürfen, die sowohl auf asiatischem als auch auf europäischem Boden gebaut ist. Der Betrachter hat den Eindruck, auf einen Fluss zu schauen, der mit sanfter Strömung auf ihn zufließt. Die links davon liegende Meerenge, das Marmarameer, wird auf beiden Seiten ein gutes Stück weit von Wäldern und saftigen Wiesen begrenzt, die von der Stadt aus zu erkennen sind. Dann weitet sich die Meerenge, wird von der Stadt fort in Richtung Süden gedrängt, so daß die asiatische Küste in weite Ferne rückt. Doch die Brandung des Meeres umwogt die Stadt bis hoch zu ihrer westlichen Begrenzung. Die dritte Meerenge, das Goldene Horn, die vom Bosporus nach rechts abzweigt, beginnt bei der Stadt namens Sycne (Galata), zieht sich über eine weite Strecke an der nördlichen Flanke der Stadt entlang und endet in einer Bucht. So bildet das Meer einen Kranz um die Stadt; der Rest der Stadtgrenze erstreckt sich über das zwischen den beiden Meeresarmen liegende Land. Die Bucht ist immer ruhig, sie scheint von der Natur so gestaltet zu sein, dass sie niemals aufgewühlt wird, so als gäbe es dort eine unsichtbare Grenze für die turbulenten Wasser, als hätten die großen Wellen keinen Zugang zu dem Gebiet und erwiesen der Stadt auf diese Weise ihre Hochachtung. Und selbst wenn im Winter heftige Stürme die offene See und die Meerenge aufwühlen, fahren die Schiffe doch, sobald sie den Eingang der Bucht erreicht haben, ohne Steuermann weiter und können schließlich ohne Vorsichtsmaßnahmen vor Anker gehen. Denn die Küste dieser Bucht erstreckt sich über mehr als vierzig Stadien und bietet auf ihrer ganzen Länge Ankerplätze, in denen ein dort vor Anker liegendes Schiff mit dem Heck auf dem Wasser treibt, während der Bug auf dem Land ruht.

Prokop von Caesarea, *Über die Bauten* (um 560), I, Vers 2–13

eignte. Das Persische Reich wie auch die Völkerwanderung germanischer Stämme Richtung Westen verlangten eine zunehmende Präsenz der römischen Armee an der Ostgrenze. Wirtschaftlich spielte der Osten eine zunehmende Rolle, er war dichter besiedelt, landwirtschaftlich ertragreicher und mit blühenden städtischen Wirtschafts- und Handelszentren gesegnet. Als nach dem Tod Theodosios I. (379–395) die Reichsteilung endgültig wurde, war Konstantinopel zur Residenzstadt und mächtigen Rivalin Roms aufgestiegen. Die Aufteilung erfolgte daher nicht mehr nach Kontinenten, sondern entlang einer Nord-Süd-Linie, welche ziemlich exakt im gleichen Abstand von beiden Hauptstädten durch Dalmatien bis hinunter in die Cyrenaika verlief.

Die Konsolidierungsmaßnahmen des Kaisers, zu denen die Anerkennung des Christentums und die Stabilisierung wirtschaftlicher und gesellschaftlicher Verhältnisse gehörte, trugen Früchte. Die mit der Stadtgründung verknüpften Hoffnungen erfüllten sich: Das Römische Reich nahm einen erneuten Aufschwung und Konstantins Erben regierten über elf Jahrhunderte von Konstantinopel aus. Ihre osmanischen Nachfolger hielten bis ins 20. Jahrhundert hinein am Reichsgedanken fest. Mit Konstantinopel war eine neue ewige Stadt entstanden.

Zeitgenössische Quellen belegen, dass Konstantin zunächst zögerte, welche Stadt er als neues Zentrum wählen sollte. Ilion, die Nachfolgerin des antiken Troja, stellte laut Vergils *Aeneis* immerhin die Urahnin Roms dar, allerdings war der Hellespont wesentlich breiter und folglich schwieriger zu kontrollieren als der Bosporus und Ilion durch das gebirgige Hinterland vom Landesinneren nahezu abgeschnitten. Eine göttliche Eingebung soll Konstantins Entscheidung für die hintere Meerenge bewirkt haben. Doch erhob sich sofort die nächste Frage: An welchem Ufer sollte die neue Stadt gegründet werden, in Chalkedon oder in Byzantion? Für das asiatische Ufer sprach das blühende Hinterland mit seinen Reichtümern sowie bessere Verteidigungsmöglichkeiten gegen die von Mitteleuropa her einfallenden Barbarenvölker. Das europäische Ufer

**Links: Parallelperspektive von Konstantinopel und der genuesischen Stadt Pera, gemalt von Cristoforo Buondelmonti (1428).
Diese in mehreren Versionen vorliegende Ansicht ist die einzige aus der Zeit vor der osmanischen Eroberung. British Library, London.**

Rechts: Büste des römischen Kaisers Caracalla (211–217).

zeichnete sich durch die äußerst günstige Lage der Sarayspitze aus. Von dort konnte man alle aus dem Bosporus kommenden Schiffe abfangen. Außerdem bot sich die Mündung des Goldenen Horns – die einzige tiefe Flussmündung am gesamten Mittelmeer – als Seehafen an, in dem keine Gezeiten herrschten. Konstantin entschied sich für Byzantion. Und doch waren bei der Wahl nicht allein geopolitische Überlegungen ausschlaggebend. Die neue Hauptstadt entstand auf europäischem Boden – das unterstrich die Verbindung mit Rom und schuf ein Bollwerk gegen Überfälle aus dem Osten.

Der Sieg über Licinius am 18. September 324 bei Chrysopolis, dem heutigen Üsküdar, am asiatischen Ufer des Bosporus brachte Konstantin die alleinige Herrschaft über das gesamte Römische Reich. Wenige Wochen darauf, zwischen dem 8. und dem 13. November, gründete der Kaiser die neue Stadt. Der exakte Verlauf der konstantinischen Ringmauer kann nicht mehr rekonstruiert werden, da sie vollkommen zerstört wurde, aber sie wird um das Drei- bis Vierfache länger gewesen sein als die des Septimius Severus. Mit ihrer Errichtung wurde alsbald begonnen, und am 11. Mai 330 fand im Beisein Konstantins die Einweihungsfeier statt. Die Festivitäten scheinen rund um die Konstantin-Säule stattgefunden zu haben, die unter der Bezeichnung „Verbrannte Säule" oder Cemberlitas bekannt ist. Sie stellt das älteste noch erhaltene Baudenkmal Konstantinopels dar.

DIE GRÜNDUNG DER STADT

Eigentlich wollte [...] Konstantin der Große [...] in der Ebene vor Ilion, dort, wo die Griechen der Überlieferung nach ihre Schiffe auf dem Feldzug gegen Troja an Land gesetzt hatten, über dem Grab von Ajax eine nach ihm benannte Stadt gründen, doch dann befahl ihm Gott in einem Traum, die Stadt in Byzanz zu bauen, was Konstantin auch tat. Zuerst nahm er den ihm angewiesenen Ort ein, begutachtete ihn mit Sorgfalt und prüfte die Beschaffenheit des Landes, wobei er feststellte, dass Klima und Wetter gut waren. Dann [...] glich [er] die höher gelegenen Erhebungen so weit wie möglich den Senken an. Nachdem er das Land zu angenehm sanft abfallenden Neigungen geglättet hatte, gründete und errichtete er nach seiner Vision ebendiese von Gott beschützte Stadt, die er nach seinem eigenen Namen „Konstantinopel“ nannte. In dem der aufgehenden Sonne zugewandten Stadtteil ließ er am Ufer des Meeres den prächtigsten Palast voller Kunstwerke erbauen. Auf dem Palastgelände wurden eine Rennbahn und zwei stattliche Säulengänge errichtet, und wollte man einen angemessenen Eindruck von der sorgfältigen Konstruktion dieser Bauwerke geben, könnte man sagen, sie waren den Werken des Pheidias ebenbürtig. Nachdem er diese Stadt so großzügig ausgestattet hatte, ließ er einflussreiche Personen aus Rom als Siedler herbeibringen, suchte jedem von ihnen einen geeigneten Platz und stellte ihnen große Herrenhäuser zur Verfügung, die er ihnen, je nach vornehmer Herkunft, vermachte. Auf diese Weise wurde die Stadt von ihm bevölkert. Dementsprechend ordnete er an, Konstantinopel wie ein neues Rom auszustatten, und bestimmte, dass die Stadt einen Senat haben solle. Außerdem veranlasste er, aus einem einzelnen Block Porphyr eine Säule zu schlagen und auf dem „Forum“ genannten Platz zu errichten, die wiederum von einer Bronzestatue seiner selbst gekrönt wurde. In der Hand hielt er eine Weltkugel, und auf der Weltkugel war das glorreiche Kreuz angebracht, in das die Worte graviert waren: „Dir, o Christus mein Gott, widme ich diese Stadt“. Nachdem Konstantin der Große die Stadt mit solch vortrefflichen Gebäuden und Säulen geschmückt hatte, holte er die schönsten Kunstwerke, Bronze- und Marmorstatuen aus allen Städten und Provinzen herbei. Man erzählt sich sogar, dass in dem Steinwerk unter der Porphyrsäule auf dem Forum, in zwei Gewölben nahe dem Säulenschaft, Laibe jenes Brotes aufbewahrt werden, die in Gegenwart von Christus und seinen Jüngern bei der Speisung der Fünftausend verteilt wurden, wie es in den Evangelien geschrieben steht, oder besser gesagt: der Rest davon. Dazu die zwölf Körbe und sieben Weidenkörbe, sowie die Axt, mit der Noah das Holz für seine Arche schlug. Man sagt, Konstantin der Große habe diese Reliquien eigenhändig in die Säule gelegt und dort verschlossen.

Anonym, *Das Leben Konstantins* (2. Hälfte 9. Jahrhundert)

Die Konstantins-Säule

Wie in Rom befinden sich auch in Konstantinopel zahlreiche Votiv- und Gedenksäulen. Sämtliche Reiseberichte aus dem 16. Jahrhundert widmen ihnen ausnahmslos eigene Kapitel. Die Konstantins-Säule steht auf dem Forum, welches ebenfalls den Namen des Kaisers trägt und sich im Zentrum der Stadt befindet. Dem mutmaßlichen Verlauf der konstantinischen Ringmauer zufolge lag es ursprünglich allerdings näher an der Landzunge als an der Mauer. Die Porphyrsäule zeugt von einem eigenartigen religiösen Synkretismus, welcher Konstantins Absichten in Verbindung mit dem Gründungsakt erhellt. Die ursprünglich knapp fünfzig Meter hohe Säule bekrönte eine Heliosstatue, aus Ilion herbeigeschafft, die vermutlich Kaiser Konstantin darstellen sollte. Der Kopf des Sonnengottes war von sieben Strahlen umkränzt, in die man Passionsnägel einarbeitete, während das Innere der Statue einen Splitter vom Kreuz Christi barg. Am Tag der Einweihungsfeier wurde die Statue auf der Säule angebracht. Einer späteren Legende nach ließ Konstantin persönlich mehrere Reliquien in den Sockel ein, darunter ein Palladium – die Athenestatue, die Aeneas von Troja nach Rom gebracht hatte –, die Axt, die Noah beim Bau der Arche verwendet haben sollte, die Körbe von der wunderbaren Vermehrung der Brote und den wasserspendenden Stein des Moses. Mit diesem Denkmal präsentierte sich Konstantin nicht nur als Stifter einer neuen Religion, sondern – an die Tradition der heidnischen Kaiser anknüpfend – auch als personifizierte Gottheit.

Im Jahr 1105 wurde die Statue bei einem Unwetter zerstört und durch ein Kreuz ersetzt. Die Säule wurde zum Symbol der Stadt, und die letzten byzantinischen Chronisten berichten, dass sich am Tag der Eroberung durch Sultan Mehmed II. (1451–1481) die Stadtbewohner frühmorgens um sie versammelten, um auf den rettenden Engel des Herrn zu warten, der in letzter Minute das drohende Unheil abwenden sollte.

Ob die so genannte Gotensäule ebenfalls von Kaiser Konstantin errichtet worden ist, muss fraglich bleiben. Ihr Name rührt von der lateinischen Inschrift her, die an einen Sieg über das Volk der Goten erinnert. Ihr Standort am äußersten Ende der Sarayspitze ließ die byzantinischen Chronisten vermuten, dass sie ursprünglich mit einer Statue des legendären Stadtgründers Byzas versehen war. Man findet eine Reihe von weiteren Mutmaßungen, die die Säule mit der Stadtgründung beziehungsweise der Neugründung in Verbindung bringen.

Nebenstehend: Skizze der Konstantin-Säule. 1574 von einem Maler aus dem Gefolge des kaiserlichen Botschafters David Ungnad angefertigt. Trinity College Library, Cambridge.

Linke Seite:
***Die Eroberung Trojas*, Niederländische Schule (Werkstatt von Tournais, 15. Jahrhundert).**

Die Denkmäler des Hippodroms

Neben der Konstantins-Säule, dem Denkmal zur Stadtgründung, bildete vor allem das Hippodrom, die Pferderennbahn, den Mittelpunkt der Stadt und den Brennpunkt des öffentlichen Lebens. Hier begegneten sich Kaiser und Volk, hier demonstrierte der Kaiser seine Macht, weshalb sich an diesem Ort einige repräsentative Objekte finden. Entlang der Spina, der Trennmauer zwischen den beiden Richtungsbahnen, um welche die Streitwagen kurvten, stellten Konstantin und seine Nachfolger Standbilder und Denkmäler auf.

Der wertvollste dieser antiken Überreste dürfte der ägyptische Obelisk sein, den Pharao Thutmosis III. vor dem Tempel in Karnak errichtete, um seine Überquerung des Euphrat im Jahr 1471 v. Chr. zu dokumentieren. Wie er in die Mitte des Hippodroms gelangte, ist eine lange Geschichte, die gleichzeitig Konstantinopels Vorrangstellung als Residenzstadt dokumentiert.

Der Auftrag erging von Konstantin, der aber die Aufstellung des Obelisken nicht mehr erlebte. Sein Sohn Konstantios (337–361), der nach dem Tod seines Bruders, des westlichen Kaisers Konstans, allein regierte, ließ den Obelisken auf der Spina des Circus Maximus in Rom aufstellen, als er dort im Jahr 357 mit großen Feierlichkeiten empfangen wurde. Für Konstantinopel orderte er einen anderen Obelisken. Als Konstantios starb, brachte man den Obelisken nach Alexandria, und sein Nachfolger Julian (361–363) veranlaßte den Weitertransport an den Bosporus. Die nächste Erwähnung stammt erst wieder aus der Regierungszeit von Theodosios. Dieser feierte im Jahr 389 in Rom seinen Sieg über die Usurpatoren Magnus Maximus und Flavius Victor und ließ aus demselben Anlaß im Jahr 390 oder 391 in Konstantinopel den – endlich eingetroffenen – Obelisken im Hippodrom aufstellen. An dieses Ereignis erinnert ein über die vier Seiten des Marmorsockels fortlaufendes Relief. Es zählt zu den wenigen Bildquellen, die einen Einblick in die Rituale byzantinischer Machtdemonstration geben.

Die nicht weniger kostbare bronzene Schlangensäule wurde aus jenen Beutestücken gegossen, welche die Griechen den Persern in den Schlachten von Salamis und Plataä abnahmen. Sie bestand einst aus drei ineinander verschlungenen Schlangenleibern, auf deren abstehenden Köpfen ein goldener Dreifuß ruhte, der wiederum eine goldene Vase von zirka drei Metern Durchmesser trug. Als Konstantin die Säule in das Hippodrom transportieren ließ, waren Dreifuß und Vase schon lange abhanden gekommen. In diesem Zustand blieb das Denkmal bis weit in die osmanische Ära erhalten. Im Jahr 1700 schlugen Plünderer die Schlangenköpfe ab. Einer befindet sich im Archäologischen Museum von Istanbul.

Dem ägyptischen Obelisken gegenüber befindet sich ein gemauerter Obelisk aus Kalkquadern, die einst mit vergoldeten Bronzeplatten verkleidet waren. Letztere wurden vermutlich während der Eroberung der Stadt durch die Kreuzritter im Jahr 1204 abmontiert. Das im zehnten Jahrhundert auf Veranlassung von Konstantin VII. (913–959) restaurierte Monument dürfte noch in der konstantinischen Ära errichtet worden sein.

Oben: Die Überreste der Schlangensäule. Der Kiefer eines Schlangenkopfes befindet sich im Archäologischen Museum von Istanbul.

Links: Der ägyptische Obelisk aus dem Hippodrom, das älteste Monument Konstantinopels.

Die Arkadios-Säule

Konstantins Nachfolger hielten an der Säulentradition fest. Unter Theodosios I. entstanden entlang der Wegstrecke der kaiserlichen Triumphzüge drei Foren. Auf das konstantinische Forum folgte das Forum Tauri, eingeweiht 393. Ein Stadtplan aus dem späten 15. Jahrhundert belegt, dass auf diesem Forum die Ehrensäule des Kaisers Theodosios stand, geschaffen nach dem Vorbild der Trajans-Säule in Rom. Um 1510 musste sie der Moschee Sultan Bayazids weichen. Der Sockel des daneben errichteten Hammams birgt einige Fragmente der Säule, und im Louvre wird eine Darstellung der Reliefs aufbewahrt, bei der es sich um die Kopie einer im Jahr 1480 vor Ort angefertigten Zeichnung des venezianischen Malers Gentile Bellini handeln soll.

Das nächste Forum war das Forum Bovis. Auf dem ältesten erhaltenen Stadtplan von zirka 1428 ist auch dort eine mit Figuren verzierte Säule zu sehen, ihr weiteres Schicksal ist jedoch ungeklärt. Schließlich erstreckte sich ein drittes Forum am Eingang der Stadt, unmittelbar hinter dem zur konstantinischen Stadtmauer gehörenden Christus-Tor. Die Säule auf diesem Platz wurde unter Theodosios' Sohn Arkadios (395–408) begonnen und trägt, ebenso wie das Forum, seinen Namen. Auch sie war mit Reliefs verziert, die spiralförmig angeordnet, Theodosios' Siege über die Goten zeigten. Im Mittelalter, als die Erinnerung an diese Siege längst verblasst war, entwickelte sich die Säule zu einer Art Orakel. Laut Robert de Clari, der über die Eroberung Konstantinopels im Jahr 1204 berichtete, fand man darauf „die prophetische Darstellung und Beschreibung all jener Abenteuer und Eroberungen, die Konstantinopel bereits widerfahren sind oder noch widerfahren werden". 1715 wurde die baufällige Säule entfernt, heute ist nur noch der Sockel erhalten.

Die Markian-Säule

Kaiser Markian (450–457) ließ am nördlichen Ufer des mitten durch Konstantinopel fließenden Lykos eine Esplanade anlegen, und hier wurde ihm zu Ehren eine monolithische Säule aufgestellt, auf der ein Kaiserstandbild ruhte. Heute ist nur noch die seit osmanischer Zeit als Mädchensäule (Kiztaşi) bekannte Säule erhalten. Diese (falsche) Bezeichnung zeigt im Übrigen, wie hartnäckig sich Irrtümer halten können. Im 16. Jahrhundert befand sich unweit der Mehmed-Fatih-Moschee eine Mädchensäule, welche abgerissen und in die neu entstehende Moschee Süleymans des Prächtigen (Süleymaniye) eingefügt wurde. Ihr Name wurde auf die Markian-Säule übertragen.

Die Gotensäule. Im Hintergrund sind der vierte Hof des Topkapi Saray sowie ein Ensemble von nicht erhaltenen Pavillons zu sehen. Von Pringer anhand einer Zeichnung von Michel-François Préaulx zwischen 1811 und 1815 angefertigter Stich, den Charles Pertusier in seinem *Atlas des promenades pittoresques dans Constantinople et sur les rives du Bosphore* veröffentlichte.

Die Justinian-Säule

Die jüngste der Säulen ist ebenso wie die älteste auf das Engste mit der Geschichte Konstantinopels verbunden. Konstantin hatte auf dem Augusteion – jenem Platz, den die kaiserlichen Prozessionen zum Hippodrom und zum Kaiserpalast passierte – eine Säule mit der Statue seiner Mutter Helena errichten lassen (von *augusta* – Kaiserin leitet sich auch der Name des Forums her). Theodosios I. ließ 390 eine weitere Säule aufstellen, die eine silberne Statue seiner eigenen Person trug. Nachdem ein Feuer den Platz teilweise zerstört hatte, ließ Justinian (527–565) als Ersatz für die Statue des Theodosios eine neue errichten: Die 543 eingeweihte 35 Meter hohe Säule trug sein Reiterstandbild in drei- bis vierfacher Lebensgröße. Als Mehmed II. Konstantinopel eroberte, bestand eine seiner ersten Taten darin, die Statue zu vernichten, obwohl er für die übrigen byzantinischen Denkmäler Achtung hegte. Nachdem die Reiterstatue bereits heruntergerissen und eingeschmolzen worden war, wurde die Säule Anfang des 16. Jahrhunderts abgetragen. Der zwischen 1547 und 1549 in Konstantinopel weilende Petrus Gyllius fand in der Umgebung des Kaiserpalastes nur ein paar Überreste der Statue – ein mannshohes Bein und die 25 cm lange Nase Justinians.

Die Theodosianische Landmauer

Nachdem Konstantin seiner neuen Hauptstadt eine ihrem Rang entsprechende Größe verliehen hatte, suchte er mit allen erdenklichen Mitteln die Einwohnerzahl zu steigern. So stiftete er

Basis der Markian-Säule (heutige Bezeichnung Kiztaşi). Auf dem Sockel sind zwei geflügelte Genien zu erkennen, die eine Krone halten.

beispielsweise im Jahr 332 ägyptisches Korn, Wein und Öl für zirka 80 000 Bürger. Im Jahr 334 wurden Architekten und Bauhandwerker von einer Reihe Abgaben befreit. Wer Häuser errichten ließ, hatte Anspruch auf kostenloses Brot. Umzugswilligen Senatoren ließ er Häuser bauen, und von den Großgrundbesitzern Kleinasiens wurde erwartet, dass sie sich eine Residenz in Konstantinopel zulegten. Konstantios hielt an diesem bevölkerungpolitischen Kurs fest. Mit Erfolg: Seit die Kaiser dauerhaft in Konstantinopel residierten, ließen sich deutlich mehr Menschen dort nieder als zuvor. Reisende bestaunten die kosmopolitische Atmosphäre der Stadt. Das karitative Mönchstum lockte viele Arme in die Stadt, so dass die Klöster zur Keimzelle neuer Viertel, ja ganzer Vorstädte wurden.

Die vielen Menschen machten Konstantinopel auch zu einer aufmüpfigen Stadt, „die über Aufstieg und Fall von Kaisern und Sultanen entschied". Die häufigen Auseinandersetzungen zwischen Volk und Machthabern begründeten Konstantinopels Ruf als unregierbare Hauptstadt eines Weltreiches. Während Kaiser Valens (364–378) im Jahr 365 auf einem Feldzug weilte, gaben sich die Bewohner mit Prokop, einem Angehörigen der konstaninischen Sippe, erstmals einen Kaiser ihrer Wahl. Valens vermochte sich durchzusetzen – Prokop wurde 336 hingerichtet –, begegnete der Stadt aber von nun an mit Misstrauen und ließ sämtliche Waffen beschlagnahmen. Als im Jahr 378 Goten, Hunnen und Alanen in Thrakien einfielen und am Ufer des Marmarameeres lagerten, begehrte das Volk von Konstantinopel seine Waffen zurück, um bei der Verteidigung mitzuwirken. Der argwöhnische Valens lehnte das Ansinnen jedoch ab und zog den Barbaren allein entgegen. Die ganze römische Armee wurde am 9. August 378 samt ihrem kaiserlichen Anführer überrannt und niedergemetzelt. Die Schlacht von Adrianopel markiert einen Einschnitt in der Geschichte der Stadt und des Römischen Reiches. Die Völkerwanderung erschütterte die europäischen Nordostgrenzen des Imperiums. 410, zu Beginn der Regierung von Theodosios II. (408–450), brach eine zweite schwere Krise aus. Es gelang dem oströmischen Kaiser, die den Balkan plündernden Westgoten von Konstantinopel nach Italien abzuschieben. Hunnen, Vandalen und Germanen brandschatzten das Land, Rom wurde mehrmals erobert und geplündert. Auf diese extreme Bedrohung reagierte Theodosios mit einer gewaltigen neuen Stadtbefestigung. Der Schutz der bald als uneinnehmbar geltenden Mauern sollte von fundamentaler Bedeutung für die Stadt werden. Sämtliche Vorstädte sowie riesige noch unbebaute Flächen wurden im Hinblick auf Bevölkerungszuwachs umschlossen. 422 war die Mauer nahezu fertiggestellt. 6646 Meter lang, 11 Meter hoch und 5 Meter stark, erstreckte sie sich vom Marmarameer bis ans Goldene Horn und wurde durch 96 Türme (74 viereckige, einen fünfeckigen, fünf sechseckige, zwei siebeneckige und 14 achteckige) gesichert. Die im Abstand von 55 Metern errichteten, 15 bis 20 Meter hohen und zwei- bis dreistöckigen Türme dienten in Friedenszeiten als Soldatenunterkünfte. Die ursprünglich fünf öffentliche Stadttore und fünf Ausfallstore aufweisende Mauer stellte eine imposante Verteidigungsanlage dar, die um einen ebenerdigen Wachgang ergänzt wurde, von welchem aus man in die Türme gelangte. Hinter ihm lag eine zweite, acht Meter hohe und von 82 Türmen flankierte Ringmauer mit einem zweiten Wachgang und einem 15 bis 20 Meter breiten und fünf bis sieben Meter tiefen in den Felsen gehauenen Graben. Die gesamte Verteidigungsanlage erstreckte sich somit über eine Breite von bis zu 70 Metern.

Überlieferungen bezeugen, dass die Stadtbefestigung während der ersten Hälfte des fünften Jahrhunderts fertiggestellt wurde. 439 ordnete Theodosios II., um einem Angriff der vandali-

**Linke Seite,
oben: Fragment des Reliefs der Theodosios-Säule. Die Zeichnung dürfte um 1480 von Gentile Bellini angefertigt und im darauf folgenden Jahrhundert von Franco Giovanni Battista, genannt il Semolei (1510–1580) kopiert worden sein. Graphitstift und Feder. Louvre, Paris.**

Unten rechts: Zeichnung der kolossalen Justinian-Säule, die auf dem Augusteion, zwischen der Hagia Sophia und dem Kaiserpalast, errichtet wurde. Die vermutlich kurz vor der Eroberung durch die Osmanen im Jahr 1453 entstandene Zeichnung dokumentiert durch die Inschrift des Pferdeleibes, dass Justinian eine Statue Theodosios' II. wiederverwendete. Universitätbibliothek, Budapest.

**Unten links: Arkadio-Säule. Von Kaiser Arkadios auf dem gleichnamigen Forum zu Ehren seines Vaters Theodosios I. und dessen Siege über die Goten errichtet. Die in den spiralförmig angebrachten Reliefs geschilderten Szenen wurden im Mittelalter als Prophezeiungen gedeutet.
Die Zeichnung entstand Ende des 17. Jahrhunderts, nicht lange vor der Zerstörung der Säule im Jahr 1715. Bibliothèque nationale, Paris.**

schen Flotte zuvorzukommen, den Bau von Seemauern am Marmarameer und am Goldenen Horn an, sodass ein vollständiger Schutzwall um die Stadt entstand, Grundstein für alle weiteren Verteidigungsbauten.

Am 2. November 447 und am 26. Januar 448 fielen ganze Mauerabschnitte und 57 Türme Erdbeben zum Opfer – just zu dem Zeitpunkt, da Attila anzugreifen drohte. Dank der Mithilfe der Stadtbevölkerung gelang es, die Mauern innerhalb von 60 Tagen auszubessern. In diesen Jahren wurden wahrscheinlich jene Festungsanlagen vollendet, die Konstantinopel ein Jahrtausend lang schützten – bis zum Morgen des 29. Mai 1453 – und heute noch das Stadtbild prägen.

Erhaltene Inschriften – die letzte stammt von 1452 – berichten von diversen Instandsetzungsarbeiten. Am Goldenen Horn wurde der Mauer bereits kurz nach 626 von Kaiser Heraklius ein neuer Abschnitt hinzugefügt, um die Marien-Kirche des Blachernen-Viertels einzuschließen. Leon V. ließ diesen Teil 813 im Angesicht angreifender Bulgaren noch einmal verstärken. Südlich davon ließ Manuel I. Komnenos (1143–1180) die Theodosianische Mauer auf 275 Meter Länge schleifen und durch eine weiter vorgelagerte Mauer ersetzen, die nun auch den Blachernen-Palast schützte, in den die Kaiser alsbald ihre Residenz verlegten.

Unter Theodosios II. verfügte Konstantinopel über eine Fläche von zirka 1400 Hektar und einen Durchmesser von 19,5 Kilometern. Zu Konstantins Zeit bot sie zwischen 100 000 und 150 000 Menschen Platz, nun konnten sich 400 000 bis 500 000 in ihr aufhalten. Laut zeitgenössischer Angaben soll Konstantinopels Einwohnerzahl im Jahr 430 jene von Rom übertroffen haben. Rom, das in der zweiten Hälfte des vierten Jahrhunderts noch 300 000 bis 350 000 Bewohner aufwies, war zu Beginn des fünften Jahrhunderts auf unter 200 000 geschrumpft. Man darf daher annehmen, dass zum Zeitpunkt der Fertigstellung der Verteidigungsanlagen rund 250 000 Menschen in Konstantinopel lebten.

Die Errichtung der Theodosianischen Mauer veränderte auch das innere Stadtbild und dessen große Achsen. Überraschenderweise bildete die über den Höhenzug oberhalb des Goldenen Horns vom Charisios-Tor (dem späteren Adrianopel-Tor) zum Forum Tauri führende Straße, an der auch der Valens-Aquädukt verlief und die Apostelkirche lag, in byzantinischer Zeit keine bedeutende Achse. Sie wurde erst in osmanischer Zeit wichtig. Die byzantinische Prachtstraße war die innerörtliche Fortsetzung der Via Egnatia, die von Rom als Via Appia über Brindisi nach Nordgriechenland, durch Saloniki bis nach Konstantinopel führte. Die prachtvolle Säulenstraße begann außerhalb der Stadt, beim siebten Meilenstein – vom Milion, dem Goldenen Meilenstein auf dem Augusteion aus gerechnet, auf dem alle Entfernungen zu den Städten des Reiches aufgeführt waren und führte durch das berühmte Stadttor, die großartige Porta Aurea. Die drei Arkaden des Goldenen Tores sollten aus strategischen Gründen im 13. oder 14. Jahrhundert zugemauert und von Mehmed II. zu jener Verteidigungsanlage ausgebaut werden, die uns heute unter dem Namen Sieben-Türme-Festung bekannt ist. Anschließend führte die Pracht-

Oben links: Münze mit dem Bildnis des oströmischen Kaisers Konstantin II. (337–361). Münzsammlung der Bibliothèque Nationale, Paris.

Rechts: Münze mit dem Bildnis des oströmischen Kaisers Valens (364–378). Münzsammlung der Bibliothèque Nationale, Paris.

Oben: Attila marschiert gen Paris. Skizze, Jules Elie Delaunay (1828–1891).

Ganz oben: Büste des oströmischen Kaisers Theodosios II. (408–450). Marmor.

Rechts: Viereckiger Turm der Theodosianischen Landmauer.

straße durch das Stadtviertel Exokionion („äußere Säule", diese Bezeichnung rührt von einer Säule her, die dort von Konstantin errichtet, Ende des sechsten Jahrhunderts jedoch abgerissen wurde) und kreuzte die konstantinische Mauer am Christus-Tor, das dem Erdbeben von 1509 zum Opfer fiel. Dahinter mündete sie in das Forum des Arkadios, von wo aus die so genannten Mese, die „Mittlere Straße", über das Forum Bovi, das Forum Tauri und das Konstantin-Forum auf das Augusteion und die Hagia Sophia zulief. Dort, wo heute das Hippodrom steht, befand sich ursprünglich das Marsfeld, auf dem während der Blüte des Byzantinischen Reichs die Kaisererhebungen stattzufinden pflegten.

Hagios Johannes Studios

Ein unmittelbar nach Vollendung der Theodosianischen Mauer um 425 angefertigtes Inventar listet neben fünf kaiserlichen Palästen und acht Thermen 14 Kirchen auf, eine recht bescheidene Anzahl für die Hauptstadt eines christlichen Reiches. Nur zwei Kirchen lassen sich mit einiger Wahrscheinlichkeit auf Konstantin zurückführen, die Apostelkirche und die Irenen-Kirche, sowie eventuell zwei Martyrien (Heiligtümer, die man Märtyrern an der Stelle errichtete, wo sie gestorben sein sollen): das Martyrium des Akakios, eines kappadokischen Zenturios, der am 7. Mai 306 starb, und das des Mokios, der unter Diokletian hingerichtet wurde, und zwar an einem 11. Mai, dem Jahrestag der Stadteinweihung. Ersteres soll in der Nähe der Apostelkirche gestanden haben und Letzteres neben der Mokios-Zisterne, die Anastasios I. (491–518) vor der konstantinischen Mauer anlegen ließ. Vieles spricht allerdings dafür, dass die fraglichen Kirchen von den Kaisern des sechsten Jahrhunderts erbaut wurden.

Auch über die Bautätigkeit der unmittelbaren Nachfolger Konstantins lassen sich wenig stichhaltige Aussagen machen. Als relativ gesichert gilt lediglich, dass Konstantios die erste Hagia Sophia errichten ließ.

Der heilige Johannes der Täufer. Griechische Schule, 16. Jahrhundert.

Von den drei ältesten Kirchen Konstantinopels – der Apostelkirche und den ersten Bauten der Irenen-Kirche und der Hagia Sophia – ist keine im Urzustand erhalten. Schlussfolgerungen darüber, wie die ersten Sakralbauten in Konstantinopel ausgesehen haben, lassen sich allein aus (vagen) Beschreibungen und allgemeinen Erkenntnissen zur frühchristlichen Architektur ziehen. Grundriss und Form scheinen der römischen Basilika zu gleichen – einem Versammlungs- bzw. Audienzgebäude, in dem beispielsweise Gerichtstage abgehalten wurden. Der rechteckige, ein- oder mehrschiffige Profanbau war mit einem Satteldach gedeckt und besaß häufig an der dem Eingang gegenüberliegenden Schmalseite eine halbrunde oder polygonale Apsis mit einem Halbkuppelgewölbe, in der der Thron des Kaisers bzw. der Amtsstuhl des Präfekten oder Richters aufgestellt wurde, der in den sakralen Gebäuden durch den Bischofsstuhl abgelöst wurde. Das Atrium vor dem Eingang kann als Vorläufer des Narthex gelten. Hier versammelte sich die Gemeinde, bevor sie die Kirche betrat, und hier befand sich ein Wasserbecken oder eine flache Schale, in der sich die Gläubigen als symbolische Geste der Reinigung zunächst die Hände und manchmal auch die Füße wuschen. Eine Einrichtung, die später Eingang in den Islam finden sollte.

Laut Aussage zeitgenössischer Quellen handelte es sich bei der ersten Apostelkirche um eine sehr hohe Basilika, deren Dach mit Bronze bedeckt und deren Inneres bis zur vergoldeten Decke mit Marmorplatten ausgekleidet war. Auf allen vier Seiten befanden sich Atrien mit Säulengängen. Noch im vierten Jahrhundert wurde die Kirche umgebaut und 532, wie auch die Irenen-Kirche und die Hagia Sophia, während des Nika-Aufstandes in Brand gesteckt.

Die älteste erhaltene Kirche Konstantinopels ist daher Hagios Johannes Studios, die Klosterkirche von Studion, benannt nach dem Patrizier Studios, der sie um 454 in seiner Eigenschaft als Konsul des Oströmischen Reiches samt einem Kloster errichten ließ. Er stellte zu diesem Zweck Ländereien aus seinem Besitz an der vom Arkadios-Forum zur Porta Aurea führenden Straße zur Verfügung. Es handelt sich bei der Kirche um eine dreischiffige Basilika, die deutliche Anklänge an die hellenistische Antike aufweist: die korinthischen Kapitelle tragen einen Architrav, den ein Fries mit Akanthusblättern schmückt. Die römische und frühchristliche Architektur verwendete üblicherweise Arkaden anstelle eines Architravs. Im Inneren der Kirche wird das Mittelschiff durch zwei Verde-Antico-Säulenreihen von den Seitenschiffen getrennt. Auch diese Säulen laufen in einem Architrav mit Kranzgesims aus. Das Apsisgewölbe war mit einem Mosaik verziert, was wiederum der Gestaltung römischer Kirchen der damaligen Zeit entspricht. In den Seitenschiffen und im Narthex befand sich eine Galerie für die weiblichen Gläubigen. Die lange Geschichte des Bauwerkes ist gut dokumentiert. Das zu der Kirche gehörige, Johannes dem Täufer geweihte Kloster bot rund 1000

Oben: Ehemalige Studios-Klosterkirche. Außenansicht der Apsis und des Kirchenschiffes.

Oben rechts: Ehemalige Studios-Klosterkirche. Die Mauern des Kirchenschiffes werden durch die abwechselnde Verwendung von Backsteinen und Bruchsteinen gegliedert.

Unten rechts: Säulen mit korinthischen Kapitellen und Architrav des Atriums der Studios-Klosterkirche.

Mönchen Platz. Die Mitglieder einer Gemeinschaft von Akoimeten („Schlaflosen") lösten einander in drei Schichten im ununterbrochenen Chorgebet zum Lobpreis Gottes ab. Das Studios-Kloster war das ranghöchste der 84 Klöster Konstantinopels. Bei Konzilen unterzeichneten seine Vorsteher unmittelbar nach den Bischöfen. Zu den Vorstehern zählte auch Abt Theodoros Studites (798–826), neben Johannes von Damaskus der herausragende Wortführer der Bilderfreunde, der das Kloster in der Zeit des Ikonoklasmus zu großer kultur- und religionspolitischer Bedeutung führte.

Als Konstantinopel 1204 von den Kreuzfahrern eingenommen wurde, plünderten diese die Klosterkirche und ließen das Haupt Johannes des Täufers, jene kostbare Reliquie, nach Amiens bringen. Als 1261 Michael VIII. Palaiologos das lateinische Kaiserreich stürzte, unterbrach er seinen triumphalen Einzug durch die Porta Aurea, um in Hagios Johannes Studios zu beten, und stiftete vermutlich bei dieser Gelegenheit eines der noch erhaltenen Fußbodenmosaiken.

1486 überließ Bayazid II. die Kirche dem Oberstallmeister (*Imrahor*, daher Imrahor Cami) Ilyas Bey, der sie in eine Moschee umwandelte und ein Derwischkloster angliederte. Die rechte Kolonnade zerstörte 1766 ein Erdbeben, das Dach und die Emporenkolonnaden 1782 ein Feuer, ein weiteres Erdbeben brachte 1894 das neue Dach und die Holzempore zum Einsturz.

Die Wände der Kirche bestehen abwechselnd aus drei Schichten Steinen und fünf Schichten

Mosaikboden (zweite Hälfte des 13. Jahrhunderts) der ehemaligen Studios-Klosterkirche. Er wurde von Michael VIII. Palaiologos nach dem Ende des Lateinischen Kaiserreiches und der Rückeroberung der Stadt 1261 in Auftrag gegeben.

Ziegeln. Diese Art Mauerwerk kam im dritten Jahrhundert im westlichen Kleinasien auf und findet sich unter anderem auch in den um 260 errichteten Befestigungsanlagen von Nicäa. Neben diesem typischen Mauerwerk verwendete man beim Bau byzantinischer Kirchen in Konstantinopel auch reine Ziegelwände. Dies gilt beispielsweise für die Marienkirche in Chalkoprateia (Kupferschmiedviertel), deren Geschichte an jene der Klosterkirche von Studios erinnert. Zur selben Zeit – um 450 – durch die Kaiserin Pulcheria errichtet, wurde sie zum Aufbewahrungsort des Gürtels Mariä. Die plündernden Kreuzritter raubten auch diese Reliquie, und zur Zeit der türkischen Eroberung scheint die Kirche bereits halb verfallen gewesen zu sein. Als Bayazid II. sie um 1484 dem Würdenträger Hayreddin Bey überließ, wandelte dieser lediglich die Apsis in eine Moschee um. Die Ruinen dieser Moschee wurden im Jahr 1964 durch das Deutsche Archäologische Institut erforscht.

Sergios-und-Bakchos-Kirche

Die Entwicklung des byzantinischen Kirchenbaus von den frühchristlichen Basiliken bis zur Hagia Sophia gibt nach wie vor einige Rätsel auf. Dies rührt vermutlich daher, dass es sich um keine lineare oder gar gezielte Entwicklung, sondern vielmehr um eine Überlagerung verschiedener Einflüsse handelt. Das Aufkommen des Christentums löste in der antiken Welt eine religiöse und gesellschaftliche Revolution aus. In einer von Sklaverei geprägten Gesellschaft zog die Gleichheit vor Gott predigende Religion vor allem die Angehörigen der ärmsten Schichten in ihren Bann. Ihre offizielle Anerkennung durch Konstantin weckte viele Erwartungen: Während die Christen an den Beginn eines neuen Zeitalters glaubten, sah die römische Führungsschicht in diesem Akt lediglich die formelle Sanktionierung einer unaufhaltbaren Bewegung, mit deren Hilfe Konstantin seine Herrschaft konsolidieren wollte. Rund zwei Jahrhunderte später, im Zeitalter Justinians, sollte sich zeigen, dass sich die christliche Utopie zwar keineswegs erfüllt hatte, aber nichtsdestotrotz ein allumfassender Wandel eingetreten war.

Eine Forderung der neuen Religion war, dass sich – anders als bei den antiken Religionen – die Gesamtheit der Gläubigen im Gotteshaus zu versammeln habe. Die ausschließlich den Priestern zugängliche Cella der antiken Tempel kam hierfür nicht in Betracht, sie bot zu wenig Platz. Nur wenige heidnische Tempel wurden daher in christliche Kirchen umgewandelt. Das berühmteste Beispiel ist der Parthenontempel in Athen. Im Falle eines Umbaus wurde die Cella Stein für Stein abgetragen, und die Säulenreihe des Peristyls grenzte fortan das Mittelschiff gegen die Seitenschiffe ab. Diese Maßnahmen dürften der Ursprung für jenes Modell einer frühchristlichen Basilika sein, das, wie oben bereits erläutert, stark an die römischen Profanbauten erinnert. Die frühchristliche Basilika ist demnach ein Axialbau mit einer Apsis, deren Betreten Priestern und geweihten Personen vorbehalten war. Davor befanden sich Altar und Ambo. Ob die Gläubigen das Mittelschiff betreten durften oder in den Seitenschiffen bleiben mussten, konnte bisher nicht geklärt werden. Religionsschüler und Büßer blieben im Narthex.

Ziemlich bald wurde der Axialbau jedoch von einem Zentralbau mit Kuppel abgelöst bzw. mit diesem kombiniert. Vermutet man den Ursprung des Zentralbaus in den kaiserlichen Palastanlagen, könnte diese Veränderung auf den Versuch zurückzuführen sein, den Kaiserkult in die christliche Liturgie einzubauen. Denn wie wir sahen, bekannten sich die Kaiser seit Konstantin zwar zur christlichen Religion, ohne jedoch deshalb von der eigenen Vergöttlichung Abstand zu nehmen.

Zentralbauten sind uns aus den großen Kaiserpalästen Roms bekannt. Man denke nur an

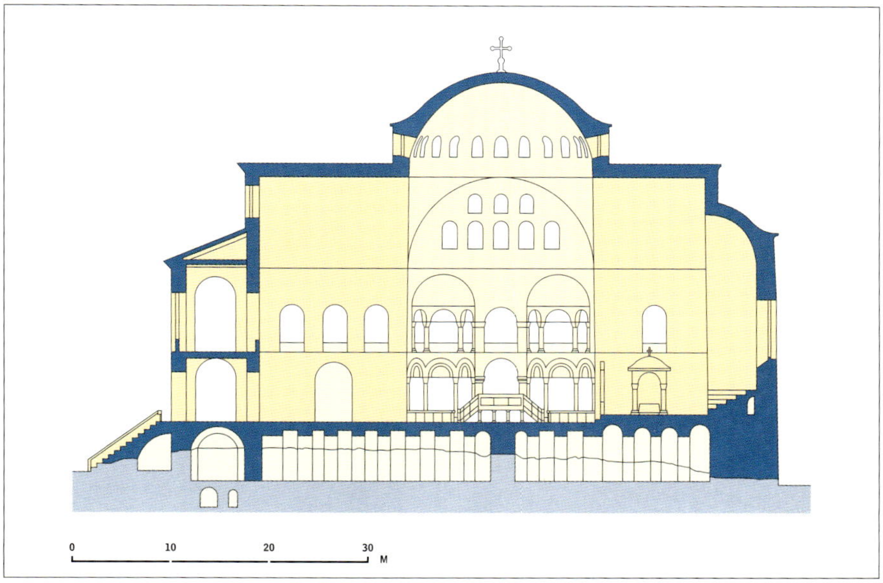

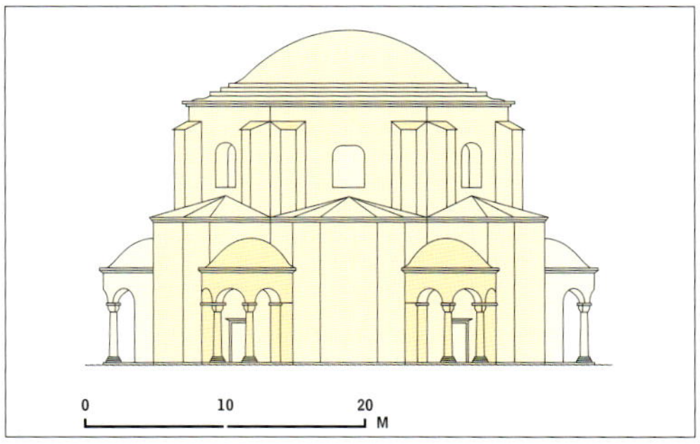

Oben: Rekonstruierter Querschnitt der Hagios Polyeuktos. Nach neueren Auswertungen ist die Existenz der Kuppel jedoch zweifelhaft.

Links oben und unten: Grundriss und Rekonstruktion der Fassade des Pavillons aus den Gärten des Licinius, auch als „Tempel der Minerva Medica" bekannt.

die oktogonalen Säle der von Nero nach dem Brand von 64 errichteten Domus Aurea oder der 92 von Domitian eingeweihten Domus Augustana. Beide Säle werden von einer Kuppel mit einer Lichtöffnung überwölbt, beide weisen quadratische und runde Nischen sowie ein kompliziertes System von Eingängen und Nebenräumen auf. Eine weitere, anspruchsvolle Version dieses Modells stellt der Pavillon in den Gärten des Licinius (Horti Liciniani) dar, der auch als „Tempel der Minerva Medica" bezeichnet wird: Die um 300 errichtete Rotunde wurde von fünf Nischen und vier hufeisenförmigen Exedren umgeben und kurz nach ihrer Errichtung am Eingangsportal und den Exedren um halbrunde Nebenräume erweitert. Damit ergab sich jener komplizierte Grundriss, der sich später auch in den Palästen Konstantinopels wiederfand – etwa in dem 416–418 erbauten Antiochiospalast, der 1939 im Eingangsbereich des Hippodroms freigelegt wurde. Sein Zentralbau wurde im sechsten Jahrhundert in eine Kirche umgewandelt und der heiligen Euphemia geweiht. Die Form des Zentralbaus könnte von den Palästen auf die heidnischen Mausoleen und von dort auf die Martyria, die Grabkirchen christlicher Märtyrer, übertragen worden sein und so Eingang in die christliche Architektur gefunden haben.

Andererseits finden sich zu einer Zeit, da man in Konstantinopel noch Basiliken errichtete, nämlich um die Wende vom fünften zum sechsten Jahrhundert, namentlich in Syrien bereits zahlreiche Kirchen mit zentralem und polygonalem Grundriss, die auch schon über Nischen und Exedren verfügten. Die von Kuppeln überwölbten Zentralbauten, wie sie für Konstantinopel erstmals wenige Jahre vor Justinians Thronbesteigung 527 bezeugt sind, hätten demnach zwei Vorbilder: die Palastanlagen Konstantinopels und die syrischen Kirchen.

Das erste Beispiel dieser Art ist die Polyeuktos-Kirche, auf deren Grundmauern man stieß, als 1960 südlich des Valens-Aquäduktes eine Unterführung gebaut wurde. Ihre Geschichte ist insofern erwähnenswert, als sie die Vorgeschichte zu jener der Sergios-und-Bakchos-Kirche liefert. Die Kirche wurde auf Veranlassung von Anicia Juliana errichtet, einer Angehörigen der alteingesessenen römischen Aristokratie, deren Vater Olybrius im Jahr 472 einige Monate lang Kaiser des weströmischen Reiches gewesen war. Ihr Sohn wiederum hatte die Tochter und Erbin von Anastasios I. geheiratet und konnte sich folglich berechtigte Hoffnungen auf die oströmische Kaiserwürde machen. Es sollte jedoch anders

Justinian und Theodora

Als Kaiser Anastasios eines Nachts im Schlaf starb, ohne einen Erben hinterlassen oder bestimmt zu haben, fiel die Macht in die Hände der kaiserlichen Garde, die ihren Kommandeur zum Thronfolger wählte. So wurde Justin, ein 68-jähriger thrakischer Bauer, 518 byzantinischer Kaiser. Da er keine Kinder hatte, adoptierte er seinen Neffen Petrus, der den Namen Justinian annahm.

Zur Absicherung der Thronfolge reichte die Adoption allein nicht aus, und Justinian mußte sich den Weg zur Macht erst ebnen. Ein erster Schritt war seine Ernennnung zum Konsul im Jahr 521. In den Kreisen seiner Anhänger begegnete der 40-jährige Justinian 522 der 25-jährigen Schauspielerin Theodora, der Tochter eines Bärenführers. Aber Kaiserin Euphemia, Justins Gattin, wollte nichts von einer Heirat wissen, zumal das römische Recht die Hochzeit zwischen Staatsmännern und Schauspielern verbot. Das Paar mußte den Tod der Kaiserin im Jahr 524 und eine entsprechende Änderung des Gesetzes abwarten, um seine Beziehung im folgenden Jahr legalisieren zu können. 527 ließ der kranke Justin seinen Neffen zum Mitkaiser krönen, und als er wenige Monate später starb, folgte Justinian ihm auf den Thron.

Bereits zu Beginn seiner Regierungszeit machte er sich daran, den Staat zu reformieren, und wagte sich zu diesem Zweck an eine umfassende Gesetzeskodifikation. Unter der Leitung von Tribonian, dem berühmtesten Juristen seiner Zeit, stellte eine Juristenkommission den so genannten *Codex Constitutionum* oder *Codex Justinianus* zusammen. Es handelte sich um ein zehnbändiges Werk, das alle Kaisererlasse seit Hadrian (117–138) enthielt. Die Gesetzessammlung bildete zugleich die Grundlage einer Neuordnung der Verwaltung, wobei vor allem der bisherigen Praxis, öffentliche Ämter an Angehörige der Senatsaristokratie zu vergeben, ein Ende gemacht wurde. Die neuen Steuern, die notwendig waren, um die Grenzsicherung im

Osten gegen die Perser und an der Donau gegen die Slawen und Bulgaren zu finanzieren, riefen den Unmut der Bevölkerung hervor. Dies und die Empörung der alten Aristokratie über den neuen Modus der Ämtervergabe führten im Januar 532 zu einer Volkserhebung, dem sogenannten Nika-Aufstand. Fast eine Woche lang waren die Aufständischen die Herren der Stadt und brannten ganze Stadtteile nieder. Nur die Entschlossenheit Theodoras hielt Justinian davon ab, abzudanken oder zu fliehen. 30 000 bis 35 000 Menschen wurden im Hippodrom niedergemetztelt. Nach dieser Säuberung war die Macht der Aristokratie gebrochen und Justinians Herrschaft über die Hauptstadt gesichert. Äußeres Zeichen seiner Macht wurde der prächtige Neubau der Hagia Sophia, den der Kaiser unmittelbar nach dem Aufstand beginnen ließ.

Der Kaiser setzte die Arbeit an seinem Gesetzeswerk fort. Das Gesamtwerk, welches seit dem Mittelalter den Namen *Corpus juris civilis* trägt, gilt als bedeutendstes Dokument der Rechtsgeschichte und hat bis in die frühe Neuzeit die Rechtsentwicklung des kontinentalen Europa beeinflusst.

Gleichzeitig war Justinian der letzte Kaiser, der von Konstantinopel aus den Versuch unternahm, den gesamten Besitz des einstigen römischen Weltreichs wiederzugewinnen. Im Juni 533 segelte der Feldherr Belisar mit 18 000 Soldaten und 30 000 Matrosen nach Afrika. Im Laufe eines einjährigen Krieges konnten Korsika, Sardinien und die Balearen sowie die Gebiete bis zur Meerenge von Gibraltar unter byzantinische Kontrolle gebracht werden. Unruhen in Italien eröffneten ihm die Möglichkeit, weiter vorzudringen. Sizilien wurde 535 eingenommen, und im darauffolgenden Jahr marschierte Belisar in Rom ein. Ravenna, die Hauptstadt der Ostgoten, fiel jedoch erst 540, in dem Augenblick, als der Krieg mit den Persern erneut ausbrach, die Justinian seit seinem Regierungsantritt bekämpfte. Im Oktober 541 wurde der Mittelmeerraum von der Beulenpest heimgesucht. Sie wütete in allen Häfen. In Konstantinopel dezimierte sie die Einwohner um die Hälfte; Justinian selbst erkrankte, überlebte aber.

Gleichzeitig griffen in Italien die Ostgoten wieder an, und auch die Perser eröffneten erneut den Krieg. Gegen Ende dieses schwarzen Jahrzehnts starb Theodora im Jahre 548. Dennoch hielt der Kaiser an seinem Traum von einem wieder vereinten Römischen Reich fest. Während der Feldherr Narses 555 den Widerstand in Italien ersticken konnte, griff die byzantinische Flotte das Westgotenreich in Spanien an. Nach zweijährigem Krieg wurde der Süden der iberischen Halbinsel dem Byzantinischen Kaiserreich angegliedert, das jetzt fast das gesamte Mittelmeer umfasste. Aber die endlosen Kriege hatten das Reich erschöpft. 558 brach erneut die Pest aus, und schließlich stürzte – äußerst symbolträchtig – die Kuppel der Hagia Sophia ein, deren Wiederaufbau fünf Jahre in Anspruch nahm, fast so viel Zeit also wie der Bau der gesamten Kirche. Als die Hunnen 559 bis nach Konstantinopel vorstießen, brach Justinian im Alter von 77 Jahren erstmals selbst zu einem Feldzug auf. Den Frieden mit ihnen erkaufte sich der Kaiser durch tributäre Vereinbarungen, trotzdem kehrte er im Triumphzug in die Hauptstadt zurück.

Die letzten Jahre seiner Herrschaft verliefen ruhig, so daß der 83-jährige Kaiser bei seinem Tod im Jahre 565 ein riesiges, wenn auch zerbrechliches Reich hinterließ.

Die Kaiserin Theodora mit ihrem Gefolge. Apsismosaik, um 547. San Vitale, Ravenna.

Linke Seite: Justinian und Theodora. Ausschnitt aus dem Mosaik von San Vitale in Ravenna. Das kaiserliche Paar ließ sich mit Bedacht in einem Gotteshaus seiner westlichen Besitzungen abbilden, da man dort menschlichen Darstellungen geneigter war. In der Hagia Sophia dürften dagegen vor dem Bildersturm keine Kaiserporträts zu finden gewesen sein.

Rechte Seite: Innenansicht der Sergios-und-Bakchos-Kirche. Blick auf den Chor und zwei der Apsiden. Die dicke Übertünchung der mit Reliefs verzierten Kapitelle und die Ausmalung stammen aus dem 19. Jahrhundert.

kommen: Nach dem Tode Anastasios' erhob die Armee einen Kommandanten der Palastwache namens Justin zum Kaiser, einen bereits sehr alten vormaligen Hirten und Analphabeten, der recht bald seinem Neffen Justinian weitreichenden politischen Einfluss einräumte und diesen als seinen Nachfolger durchsetzte. Voller Enttäuschung darüber, dass ihre kaiserlichen Ambitionen fehlgeschlagen waren und Emporkömmlinge niedrigster Abstammung – Justinians Frau Theodora war eine Schauspielerin – auf den Thron gelangt waren, reagierte Anicia mit einer hochmütigen Geste. Für die Überreste eines römischen Märtyrers namens Polyeuktos ließ sie ein Gotteshaus errichten, welches den Reichtum, die Frömmigkeit und den Kunstsinn der alteingesessenen Aristokratie zeigen sollte. Die Jahre währenden Ausgrabungen förderten in der Tat mit Skulpturen und dekorativen Motiven verzierte Bruchstücke von außergewöhnlicher Qualität zutage. Dies ist umso erstaunlicher, als die ab dem elften Jahrhundert verfallende Kirche mehrfach geplündert wurde und einzelne Bauteile bis nach Barcelona und Venedig verschleppt wurden. Die so genannten „Pilastri Acritani" an der Südseite des Markusdoms in Venedig sind Beutestücke aus der Polyeuktos-Kirche, wo sich identische Kapitelle fanden. Die interessanteste Entdeckung betraf jedoch den anhand der Funde rekonstruierten Grundriss und die Dachform. Offensichtlich handelte es sich um eine dreischiffige Basilika, deren mittleres Drittel von einer Kuppel überwölbt wurde. Die Kirche stellte demnach eine Mischform aus einem Axialbau mit seinen typischen langen Parallelschiffen und einem Zentralbau mit seiner charakteristischen Kuppel dar. Diese ruhte allem Anschein nach auf den mächtigen Stützen des Mittelschiffs, dessen restliche Teile zur Apsis und zum Eingang hin jeweils von einem Gewölbe überspannt wurden. Diese Konstruktion setzt – genau wie im Fall der Hagia Sophia – die Existenz zweier Stützmauern mit von Fenstern durchbrochenen Bogenfeldern voraus, an deren Ausläufern sich jeweils eine Exedra befand. Somit ergibt sich ein zentraler, von einer Kuppel überwölbter Raum, welcher über zwei Etagen hinweg von vier kreisrunden Exedren flankiert wurde, die wiederum durch zwei Säulen in drei Arkaden unterteilt wurden. Letzteres belegt eine dort umlaufenden Inschrift zum Ruhme Anicias, deren Text andernorts überliefert ist. Anhand der ausgegrabenen Fundstücke und der Textlänge konnte das gesamte System der Exedren rekonstruiert werden. Die Polyeuktos-Kirche entstand zwischen 524 und der Thronbesteigung Justinians im Jahr 527. Eben in diesem Jahr wurde mit dem Bau der Sergios-und-Bakchos-Kirche begonnen, der 536 vollendet wurde. Im Licht jüngster Erkenntnisse scheint die Sergios - und-Bakchos-Kirche die Erwiderung des Kaiserpaares, namentlich der Kaiserin Theodora, auf Anicias Provokation darzustellen.

Im selben Jahr, in dem sein Onkel Justin auf den Kaiserthron gelangte, hatte Justinian innerhalb seiner Residenz, des Hormisdaspalastes, mit dem Bau einer den Aposteln Peter und Paul geweihten Kirche begonnen. Die Basilika dürfte 519 oder 520 fertiggestellt worden sein. Im Jahr 527 wurde Justinian Kaiser. Seine Frau Theodora, mit der er bereits jahrelang zusammengelebt hatte, bevor er sie 525 heiratete, ließ den Hormisdaspalast zu einem monophysitischen Kloster umgestalten und an die bereits vorhandene Kirche eine neue anbauen. Die Narthices der alten und der neuen Kirche lagen in einer Flucht, wobei der ältere südlich des neuen stand. Theodora weihte die neue Kirche Sergios, einem in Syrien sehr populären Heiligen und Schutz-

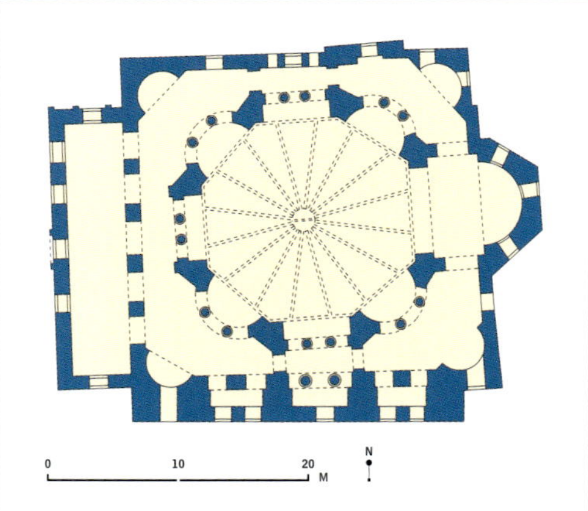

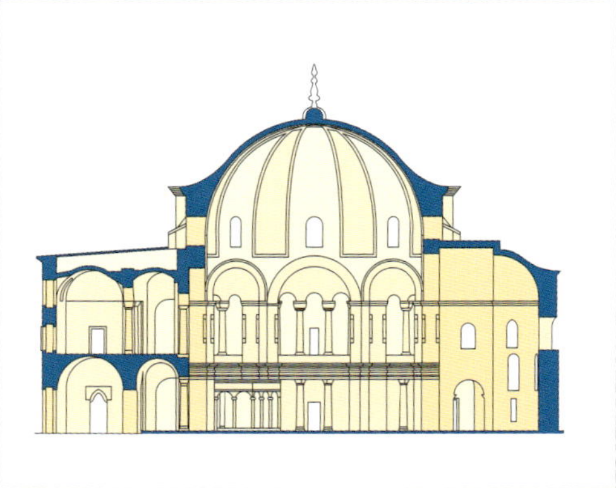

Grundriss und Querschnitt der Sergios-und-Bakchos-Kirche. Die doppelt stark aufgeführte Südmauer ist ein Hinweis auf die ursprünglich angrenzende Apostelkirche.

patron der Stadt Resafa, sowie dessen Schüler Bakchos. Bei der Kirche des Bischofspalastes von Resafa und der um 512/513 in Bosra erbauten Sergios-Kirche handelt es sich übrigens um Zentralbauten mit Exedren und Deambulatorien, was vermuten läßt, dass Theodora mehr wollte, als dem in der Polyeuktos-Kirche in Stein gehauenen Standesdünkel der ansässigen Aristokratie etwas entgegenzusetzen. Sie beabsichtigte wohl darüber hinaus, den Monophysitismus, die Verehrung des heiligen Sergios und ein bestimmtes architektonisches Modell in der Hauptstadt einzuführen. Wie auch immer, mit der zentralen Kuppel über einem achteckigen Grundriss, den alternierenden Exedren und rechteckigen Nischen und dem darüber befindlichen Architrav, dessen Akanthusblätter eine Inschrift zum Ruhme des kaiserlichen Paares einrahmen, fiel Theodoras Erwiderung vergleichsweise bescheiden aus. Erst mit der Hagia Sophia entstand schließlich ein ebenbürtiges Gegenstück. Unabhängig davon, welchen Einfluss die Sergios-und-Bakchos-Kirche ausgeübt haben mag, steht fest, dass ihr Grundriss – ein Oktogon über einem Rechteck – endgültig mit der Basilika brach und ein anderes Modell einführte.

Der Hormisdaspalast und die Apostelkirche wurden bald zerstört. Die Sergios-und-Bakchos-Kirche wurde um 1509 von Hüseyin Aga, dem Vorsteher der weißen Eunuchen im kaiserlichen Saray, in eine Moschee umgewandelt. Anstelle des Atriums ließ er ein Derwischkloster errichten.

Oben: Sergios-und-Bakchos-Kirche, Innenansicht der Kuppel. Die Untergliederung der Kuppel in 16 abwechselnd flache und konkave Felder ermöglichte den Verzicht auf Pendentifs.

Nebenstehend: Sergios-und-Bakchos-Kirche, Detailaufnahme eines Kapitells.

Unten rechts: Sergios-und-Bakchos-Kirche, Detailaufnahme vom rechten Durchgang auf der Höhe des Gynaikeions.

Die Hagia Sophia

Konstantin hatte für seine neu gegründete Hauptstadt keine Kathedrale vorgesehen. Die Apostelkirche sollte ursprünglich sein Mausoleum werden und wurde erst 356 oder 357 anlässlich des Eintreffens der Andreas-, Timotheus- und Lukasreliquien den Aposteln geweiht. Erst Konstantios II. veranlaßte kurz vor 350 die

Errichtung einer großen Basilika im Norden des Augusteion. Die der von Konstantin errichteten Grabkirche zu Jerusalem und seiner Bethlehemer Kirche nachempfundene Basilika wurde von Konstantios am 15. Februar 360 eingeweiht. Sie erhielt die schlichte Bezeichnung Große Kirche und wurde Jesus Christus geweiht. Fast ebenso breit und ebenso lang wie der heutige Bau, besaß sie fünf Schiffe, Galerien, einen Narthex und ein Atrium. Bei den Ausgrabungen im Jahr 1934 wurden das dem heutigen äußeren Narthex vorgelagerte Propylon sowie die Vorhalle freigelegt. Von diesem ersten Bau ist heutzutage nur noch die Kirchenschatzkammer erhalten, ein runder, von einer Kuppel überwölbter Raum an der Nordostecke.

Im November 403 feierte Kaiserin Eudokia mit einem rauschenden heidnischen Fest, mit Musik, Pantomime und Tanz, die Anbringung einer silbernen Statue mit ihrem Konterfei auf einer Säule hinter der Großen Kirche. Der Patriarch Johannes Chrysostomos wetterte gegen dieses Treiben und verglich Eudokia in seiner Predigt mit der biblischen Königin Isebel. Als Kaiser Arkadios ihn daraufhin ins Exil verbannte, ergriff das Volk für ihn Partei. Es kam zum Aufruhr, und am 20. Juni 404 ging die Kirche in Flammen auf. Alsbald renoviert, wurde sie von Theodosios II. am 10. Oktober 415 erneut eingeweiht.

Während des Nika-Aufstandes im Januar 532 wurden das Augusteion und die Propyläen des Kaiserpalastes durch eine Feuersbrunst vernichtet. Auch die Große Kirche brannte in der Nacht vom 13. auf den 14. Januar. Einzig und allein die Polyeuktos-Kirche blieb verschont. Nach der Niederschlagung der Revolte, welche die einzige größere Kraftprobe zwischen dem Kaiser und der hauptstädtischen Bevölkerung bleiben sollte, begann Justinian am 23. Februar mit der Wiedererrichtung der Hagia Sophia.

Mit Anthemios von Tralles und Isidoros von Milet beauftragte Justinian zwei berühmte Architekten, die allerdings beide aus dem westlichen Kleinasien stammten, einer Region, die sich – anders als Syrien – im Kirchenbau bislang keineswegs hervorgetan hatte. Ungeachtet der zahlreichen stilistischen Anleihen und der detaillierten kaiserlichen Vorgaben schufen die beiden Architekten ein einzigartiges Bauwerk, ein Meisterwerk byzantinischer Architektur.

Die Größenordnung der Kirche war durch die Maße des Vorgängerbaus vorgegeben. Berichte über eine groß angelegte Enteignungskampagne Justinians scheinen nicht der Wahrheit zu entsprechen – zumindest was die Grundfläche der eigentlichen Kirche angeht. Auf diesem 77 mal 71,70 Meter messenden Rechteck sollte eine Kombination aus überkuppeltem Zentralbau und Basilika entstehen: der überkuppelte Zentralbau als Ausdruck der kaiserlichen Ideologie, als Abbild der viereckigen Erde und des ihn beherrschenden Himmelsgewölbes – und die Basilika als nach wie vor gängigste Bauform für große Sakralbauten. Dabei kann die Hagia Sophia sowohl als eine Variante des Modells der Sergios-und-Bakchos-Kirche angesehen werden,

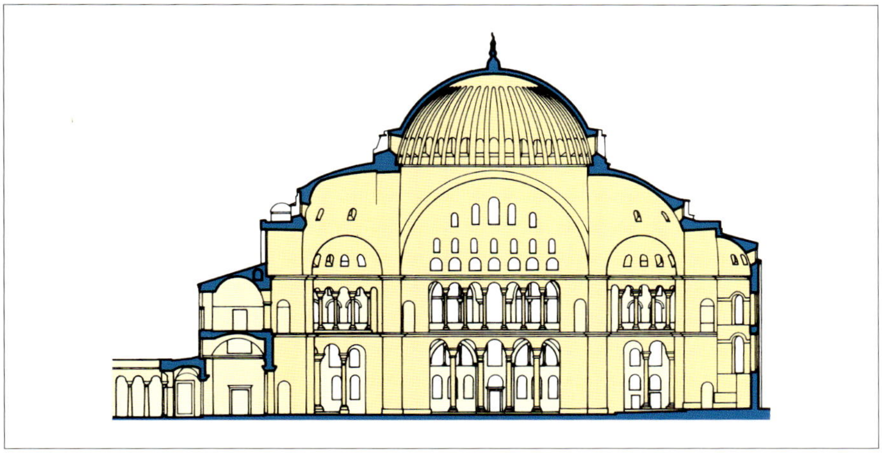

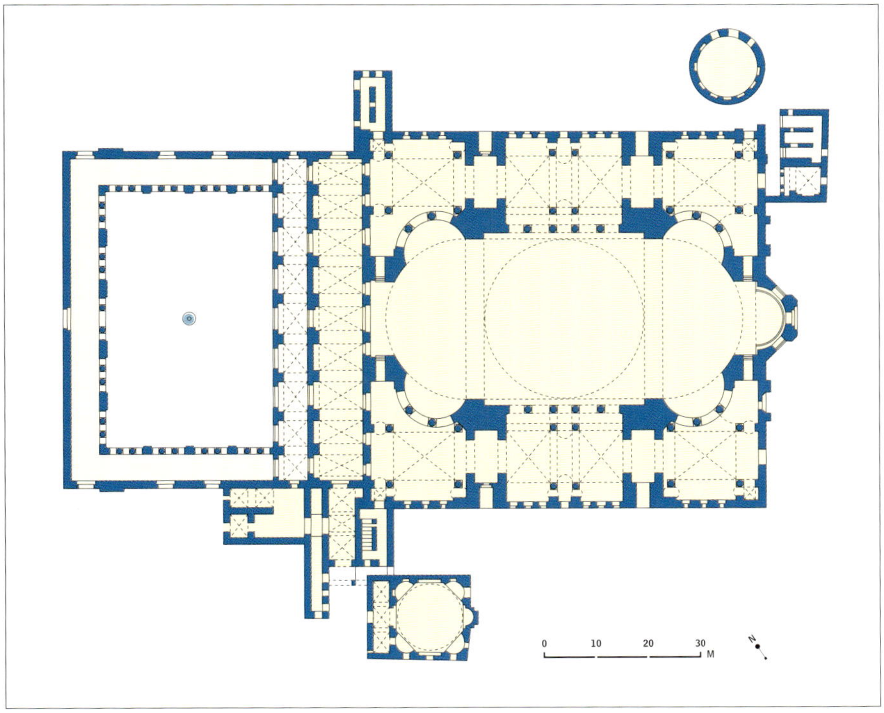

Rekonstruierter Querschnitt und Grundriss der Hagia Sophia. Das Atrium ist nicht mehr erhalten, das Baptisterium (unten im Grundriss) dient als Mausoleum der Sultane Mustafa I. (1617–1618, 1622–1623) und Ibrahim (1640–1648).

Innenansicht des Pantheons in Rom. Panninni C.P.

das man halbierte, um die große Kuppel einzufügen, als auch als eine Abwandlung der Polyeuktos-Kirche, bei welcher die Gewölbe auf beiden Seiten der Kuppel durch zwei Halbkuppeln ersetzt wurden. In beiden Fällen ergibt sich ein zentraler Bau, dessen einziges Zugeständnis an die Basilika im rechteckigen Grundriss des Mittelschiffs und der Seitenschiffe besteht.

Die Kuppel wurde zum entscheidenden Element des Gebäudes. Ihr Durchmesser betrug 31 Meter und der Scheitelpunkt der ersten Kuppel lag 49 Meter über dem Erdboden. Weder in byzantinischer noch in osmanischer Zeit wurden diese Maße jemals übertroffen, die allerdings hinter jenen des zwischen 118 und 128 in Rom von Hadrian errichteten Pantheons zurückblieben, dessen Kuppel einen Durchmesser von 44 Metern hat und deren Deckenöffnung sich in 44 Metern Höhe befindet. Jenes vollkommen zylindrische Bauwerk scheint ausschließlich als Basis für die prachtvolle Kuppel konzipiert worden zu sein und veranschaulichte insofern die Rationalität der antiken Architektur, in der die Funktion jedes Elementes offen zur Schau gestellt wurde. Die christliche Spiritualität hingegen, wie sie in der byzantinischen Architektur zum Ausdruck gelangte, suchte alles Materielle zu leugnen. So scheint die Kuppel der Hagia Sophia laut Berichten aus ihrer Entstehungszeit „an goldener Kette vom Himmel herabzuhän-

gen". Ebendieser Eindruck von Schwerelosigkeit, den die Erbauer auf geradezu geniale Weise zu erwecken verstanden, verhalfen der Kirche und der Kuppel zu ihrem legendären Ruhm. Die Architekten beschränkten sich nicht darauf, die Pfeiler, auf denen die Kuppel ruhte, in die Seitenschiffe zu verbannen und hinter den Säulenreihen, Exedren und farbigen Marmorverkleidungen zu verbergen. Sie durchbrachen die Basis der Kalotte mit 40 Fensteröffnungen, schufen Halbkuppeln, Schildwände, Gewölbenischen und sorgten mit Hilfe von insgesamt 91 Fenstern dafür, dass in dem lichtdurchfluteten Raum alles zu schweben schien. Tagsüber brach sich das Licht in den unzähligen Goldplättchen der Mosaike und ließ das Mauerwerk diaphan wirken, während nachts die vielen Kronleuchter, Öllampen, Fackeln und Kerzen einen ähnlichen Effekt erzielten.

Fünf Jahre und zehn Monate nach Baubeginn weihte Justinian die Kirche am 27. Dezember 537 ein und rief beim Betreten aus: „Ich habe dich besiegt, Salomon!" Dieser Ausruf mag Anicia Juliana gegolten haben, die sich in ihrer Inschrift gerühmt hatte, mit dem Bau ihrer dem biblischen Tempel nachempfundenen Kirche Salomon an Weisheit übertroffen zu haben. Angesichts der kühnen, eine neue Dimension begründenden Architektur der Hagia Sophia erscheinen derartige Zwistigkeiten allerdings belanglos.

Das statische Experiment stieß jedoch bald an seine Grenzen. Eine Serie von Erdstößen führte dazu, dass die Kuppel im Dezember 557 rissig wurde und am 7. Mai 558 einstürzte, wobei sie die östlich angrenzende Halbkuppel mitriss. Anthemios und Isidoros waren bereits tot und Justinian mittlerweile 76 Jahre alt. Eine von Isidoros dem Jüngeren – dem Neffen des Architekten – angeführte Kommission ordnete die Verstärkung der äußeren Strebepfeiler und die Erhöhung der Kuppel um sieben Meter an. Diese zweite, am 24. Dezember 562 eingeweihte Kuppel ist bis auf den heutigen Tag erhalten. Die mächtigen Strebepfeiler, deren Umfang und Zahl im Lauf der verschiedenen Restaurationen und Instandsetzungen mehrfach erhöht wurde, lassen die Kirche von außen etwas plump wirken, doch im Inneren blieb der Eindruck von Schwerelosigkeit erhalten!

In Berichten über den Bau des großen Gotteshauses wurde die Person des Architekten bald als Werkzeug Gottes dargestellt. Eine Quelle aus dem neunten Jahrhundert fasst die drei Architekten Anthemios, Isidor und Isidor den Jüngeren zu einer Person namens Ignatios zusammen, nennt aber zwei kaiserliche Auftraggeber. Als die Kuppel einstürzte, habe nicht Justinian, sondern dessen Neffe, Justin II. (565–578), den Architekten um den Bau einer neuen ersucht. Die osmanischen Berichte greifen die byzantinische Tradition auf, sie beschreiben den Architekten als mit der göttlichen Macht im Bunde, während der Kaiser ein ohnmächtiger Herrscher ist. In dem oben zitierten Bericht findet sich auch bereits die Vorstellung von einem über der Kirche wachenden Schutzengel. Der Russe Nestor Iskender, der in den Reihen des osmanischen Heeres an der Belagerung Konstantinopels teilnahm, beschreibt,

Links: Außenansicht der Hagia Sophia. Im Vordergrund die Apsis und rechts davon die Sultansloge aus osmanischer Zeit. Rechts im Vordergrund die Brunnenanlage Ahmeds III. (1729) und ganz rechts das Tor zum Topkapi Saray.

Rechts: Blick auf die Apsis der Hagia Sophia. Die steinernen Konstruktionen zur Rechten und zur Linken stammen aus osmanischer Zeit.

Hagia Sophia.
Blick vom Turm der Gerechtigkeit im Topkapi Saray. Im Hintergrund sind die Meerenge des Bosporus und das asiatische Ufer zu erkennen. Die vier Minarette wurden jeweils unter Mehmed II., Bayazid II. und Selim II. im 14. und 15. Jahrhundert hinzugefügt.

dass am Vorabend der Eroberung ein Engel aus der Kirche gen Himmel aufgestiegen sei und dabei eine Feuerspur hinterlassen habe. Auch türkische Quellen berichten von einem Engel. Vor allem wurde in der islamischen Überlieferung noch vor dem Fall Konstantinopels die Hagia Sophia mit jenem himmlischen Tempel gleichgesetzt, den der Prophet Muhammad bei seiner nächtlichen Himmelfahrt erblickte, was sie zur islamischen Kultstätte prädestinierte. Ihre Kuppel als Abbild des Himmelsgewölbes übte einen entscheidenden Einfluss auf die Entwicklung der osmanischen Sakralarchitektur aus.

Als in den Jahren 989 und 1346 erneut Teile der Kuppel herabstürzten, wurde sie ohne Veränderungen restauriert.

1204, zu Beginn des Lateinischen Kaiserreiches, wurde die Kirche geplündert. Sämtliche Wertgegenstände wurden entfernt – einschließlich des schweren Altars, der das Schiff, auf dem er nach Venedig transportiert werden sollte, zum Sinken brachte. Im Gegenzug hinterließ die Republik Venedig das Grabmal des Dogen Enrico Dandolo, welcher 90-jährig und blind den Vierten Kreuzzug geleitet hatte, der zur Eroberung Konstantinopels führte. Er starb im Jahr 1205 und wurde seinem Wunsch gemäß in der Hagia Sophia bestattet.

Mehmed II. der Eroberer ließ ein Minarett errichten, dem sein Sohn Bayazid II. ein weiteres hinzufügte. Selim II. (1566–1574) veranlasste eine umfassende Restaurierung und den Bau zweier weiterer Minarette. Die Kaiserloge stammt aus der Zeit Ahmeds III. (1703–1730), die Bibliothek im rechten Flügel geht auf Mahmud I. (1730–1754) zurück. Der Innenraum wurde nur geringfügig verändert, wodurch der ursprüngliche Raumeindruck weitgehend erhalten blieb.

Die Irenen-Kirche

Die Irenen-Kirche markiert den Standort der ältesten byzantinischen Kirche, der Bischofskirche von Byzantion, die vermutlich auf den Resten eines 1945 freigelegten Venustempels errichtet wurde. Auch unter Konstantin dem Großen, der sie im Rahmen seiner Stadtneugründung ausbauen und der heiligen Irene weihen ließ, blieb sie Bischofskirche. Als Konstantios II. die erste Hagia Sophia erbauen ließ, bildeten beide Bauten, durch ein Atrium verbunden, den Komplex der Großen Kirche. Hauptkirche blieb dabei die Hagia Sophia. Sie war gleichzeitig kaiserliche Krönungskirche und Sitz des Patriarchen von Konstantinopel. Der Kaiser konnte sie direkt vom Palast aus betreten, und die Gebäude des Patriarchen lagen gleich nebenan. Als die erste Kuppel der Hagia Sophia einstürzte, residierte der Patriarch jedoch zeitweilig in der Irenen-Kirche.

Beim Wiederaufbau nach dem Nika-Aufstand wählte Justinian für die Irenen-Kirche einen schlichteren Grundriss als für die Hagia Sophia. Er ließ eine Basilika mit einer zentralen, auf vier Bogen ruhenden Kuppel errichten. Im Gegensatz zu den beiden anderen herausragenden Kirchenbauten der damaligen Zeit besaß die Irenen-Kirche keine Exedren. Das Kuppeljoch war im Norden und Süden durch eine doppelgeschossige Dreier-Arkaden-Stellung mit dahinterliegenden Seitenschiffen bzw. Emporen begrenzt. Darüber lagen die Schildwände mit einem segmentbogenförmigen Fenster.

564 ging die Kirche erneut in Flammen auf. Auf Befehl Justinians restauriert, wurde sie 740 durch Erdstöße schwer beschädigt. Untersuchungen in den 70er Jahren haben ergeben, dass die

Nächste Seite, links: Innenansicht der Hagia Sophia. Der Gesamteindruck ist seit der Restaurierung im Jahr 562 unverändert. In der Folgezeit wurden lediglich einige Fensteröffnungen im linken und rechten Tympanon zugemauert und dem islamischen Gebet dienende Elemente hinzugefügt.

Rechts: Innenansicht der Hagia Sophia. Blick auf die rechte Wand des Mittelschiffs. In dem mit Marmor verblendeten Pfeiler laufen drei Bogen zusammen. Im Vordergrund der Minbar, die Predigtkanzel, und dahinter die Dikka.

أبو بكر الصديق رضى الله عنه

Hagia Sophia, der Mihrab.
Er stammt in seiner heutigen Form aus dem 19. Jahrhundert. In den 50er Jahren des 19. Jahrhunderts wurde er im Rahmen der Restaurierung des gesamten Gebäudes durch die Brüder Fossati erneuert. Die Leuchter stammen aus der Stadt Buda, bei deren Eroberung im Jahr 1526 sie erbeutet wurden.

Hagia Sophia, Sadirvan.
Der Reinigungsbrunnen wurde unter Mahmud I. errichtet und im Jahr 1740 vollendet. Die schmiedeeisernen Gitter mit ihren barocken Motiven stellen ein Juwel osmanischer Schmiedekunst dar.

DIE LICHTER DER HAGIA SOPHIA

Alles glitzert, überall – ihr werdet sehen – erblickt euer Auge Meisterliches. Mit klarer Stimme dieses abendliche Erwachen zu besingen, reichen Worte nicht aus. Es scheint, als erhelle eine nächtliche Sonne das majestätische Gotteshaus. Und in der Tat haben Achtsamkeit und Geschick meiner Könige lange Bronzeketten an symmetrisch gezwirbelte Haken geknüpft, die über das Rund des Marmorsimses herabfallen, auf das der stolze Tempel den Sockel seiner Kuppel stützt. Und von überall schwingen sich diese Ketten, einem riesenhaften Diadem gleich, alle gemeinsam der Erde entgegen. Doch bevor sie den Boden erreichen, halten sie in einiger Höhe inne in ihrem Sturz und vereinen sich in schwesterlicher Runde. Und hier ist nun an der aus den Lüften kommenden Kette ein Kranz aus silbernen Scheiben befestigt, die über dem gewölbten Rand des mittleren Kuppelraumes hängen. Und diese schweben kreisförmig über den Köpfen der Gläubigen. Ein weiser Mann hat sie alle mit seinem Schmiedestab durchbohrt, damit sie das zarte, im Feuer geformte Glas zu tragen vermögen, jenes Gefäß, in dem das nächtliche Licht für die Gläubigen befestigt wird. Doch nicht nur von diesen Scheiben strömt das Licht, Gefährte der Nacht, herab: inmitten dieses Kreises, nahe den Scheiben, ist auch ein großes Kreuz sichtbar, dass an der Hinterseite ein leuchtendes Gefäß trägt, dessen Licht durch die durchbrochenen Formen und zahlreichen Öffnungen fällt. Ihre strahlenden Lichterkränze bilden einen Kreis. [...]

So zieht in dieser Kirche die abendliche Flamme ihre Runden und sendet ihre eifrigsten Strahlen aus. Und in einem inneren, kleineren Kreis, findet sich der Lichterschein eines weiteren Kranzes. Genau in seiner Mitte ist eine weitere herrliche Scheibe befestigt, die, aus den Lüften herabgestiegen, ihren Glanz ausstrahlt. Hinfort getrieben weicht die Dunkelheit.

Nahe dem Hauptschiff, bei den Säulen auf jeder Seite, sind einzelne und voneinander getrennte Leuchten verteilt. Sie ziehen sich weit über die gesamte Länge der Kirche. Unter einer jeden von ihnen wurde, gleich einer Waagschale, ein silberner Kelch aufgestellt, in dem sich Gefäße mit leuchtend brennendem Öl befinden. Sie hängen nicht alle in gleicher Höhe, nein, wir sehen, wie sie sich mal höher, mal niedriger, in all ihrer Pracht sanft wiegen. Von der gedrehten Kette schicken sie ihre Strahlen auf den Weg in die Lüfte, in alle Höhen, gleich der auf die Stirne des Stiers gezeichneten Hyade, die ihre Strahlen in Bündeln aussendet, und sehen aus wie silberne Schiffe. Sie tragen eine Fracht aus Licht, schwebend ziehen sie durch die helle Luft, nicht über das Meer.

Paulos Silentarios, *Beschreibung der Hagia Sophia* , vorgetragen am 6. Januar 563.

Nebenstehend: Die Galerien der Hagia Sophia um die Mitte des 19. Jahrhunderts. Zeichnung der Brüder Gaspare und Giuseppe Fossati, die mit der Restaurierung der Hagia Sophia beauftragt waren.

Rechte Seite: Die Hagia Sophia um die Mitte des 19. Jahrhunderts. Blick in die linke Apsis mit der Sultansloge. Zeichnung der Brüder Fossati.

meisten Mauerabschnitte der heutigen Kirche vom Wiederaufbau im achten Jahrhundert stammen. Der Umfang der Kirche scheint jedoch nicht nennenswert verändert worden zu sein. Die seitlichen Kolonnaden wurden jeweils mit vier Spoliensäulen bestückt und auf das Erdgeschoss beschränkt und das Gewölbe zum Narthex hin durch eine niedrige Kuppel ersetzt. Die Kolonnade im Atrium wurden weitgehend gegen Pfeiler ausgewechselt. Diese Umgestaltungen lassen das Kircheninnere plumper wirken. Vor allem aufgrund des Umstands, dass die Kolonnade nur bis zum ersten Stockwerk reicht und dadurch den Blick auf die massiven Stützbögen der Kuppel freigibt, entsteht der Eindruck, dass eine maßlose Kraftanstrengung erforderlich sei, um diese Kuppel mittlerer Größe zu tragen. Dies steht in deutlichem Gegensatz zu der Leichtigkeit, welche die Kuppel der Hagia Sophia ausstrahlt. Ferner stiftet die zweite Kuppel häufig Verwirrung, weil nicht auf Anhieb zu erkennen ist, ob es sich um ein Gewölbe oder um eine Kuppel handelt. Die nüchterne, durch die Schmucklosigkeit hervorgerufene strenge Raumwirkung tröstet jedoch mühelos über sämtliche Mängel hinweg.

Der Wiederaufbau der Irenen-Kirche war das einzige große Bauprojekt der ikonoklastischen Periode, was vor allem bezüglich der Ausstattung Beachtung verdient. Das riesige, schwarz eingefasste Apsiskreuz, das sich gegen ein goldenes Mosaik abhebt, stellt die einzige Dekoration dar. Das einfallende Sonnenlicht unterstreicht die warmen Farbtöne der vollkommen kahlen Ziegelwände.

Als der osmanische Kaiserpalast 1460 eine Umfassungsmauer erhielt, wurden Irenen-Kirche und Hagia Sophia endgültig voneinander getrennt. Die nunmehr im Hof des Palastes stehende Irenen-Kirche diente als Waffenarsenal und entging so der Umwandlung in eine Moschee. Im 19. Jahrhundert beherbergte sie mit einer Waffensammlung das erste osmanische Museum. Damals wurde auch jene Holztreppe

Blick auf die Irenen-Kirche im Ersten Hof des Topkapi Saray. Im Hintergrund das Mittlere Tor.

angebaut, die heute den einzigen Zugang zu den Emporen bildet. Die doppelläufige, die exotische Note des Gebäudes betonende Treppe ist die einzige Hinzufügung aus späterer Zeit. Da die Kirche nicht zur Moschee umgestaltet wurde, blieb das nackte Mauerwerk erhalten und wurde nicht mit einer dicken Schicht Tünche überzogen, wie bei der Sergios-und-Bakchos-Kirche. Es ist heute noch in seiner Ursprünglichkeit zu sehen.

Die Wasserversorgung

Da Byzantion bzw. Konstantinopel auf einer Halbinsel ohne Wasservorkommen gegründet wurde, hatte der Bau von Wasserleitungen und Speichern von Beginn an große Bedeutung. Wahrscheinlich wurde schon zu Zeiten Hadrians (117–138) versucht, das thrakische Hinterland für die Wasserversorgung zu erschließen. Die in Konstantinopel residierenden Kaiser setzten diese Bemühungen fort. Vermutlich ab 368 ließ Valens ein Aquädukt über jene Talsohle führen, durch die heutzutage der Atatürk Bulvari verläuft. Er leitete das Wasser zu einer monumentalen Brunnenanlage an der Stelle des heutigen Bayazidplatzes. Valens' Nachfolger bauten die Anlage weiter aus, indem sie landeinwärts im Belgrader Wald weitere Quellen fassen und in die Stadt leiten ließen, wo das Wasser in Zisternen gespeichert wurde.

Oben: Innenansicht der Irenen-Kirche. Das Kreuz stammt aus der Zeit des Bildersturms, und die Emporensäulen wurden beim Wiederaufbau von 740 eingefügt.

Nebenstehend links: Detailaufnahme eines Kapitells in der Irenen-Kirche

Nebenstehend rechts: Dieses im Ersten Hof des Topkapi Saray aufgestellte Kapitell wurde bei Ausgrabungen auf dem Gelände der Irenen-Kirche entdeckt.

Basilika-Zisterne. Die mit korinthischen Kapitellen verzierten Säulen entstammen antiken Bauwerken.

Das Speichersystem bestand aus großen offenen Zisternen zum Auffangen und Verteilen des Wassers und aus geschlossenen Zisternen geringer oder mittlerer Größe, in denen das Wasser über längere Zeit gespeichert werden konnte. Obwohl die Stadt oft jahrelang belagert wurde, scheinen die Zisternen nicht zum Auffangen von Regenwasser gedient zu haben. Die riesigen Wasserreservoirs wurden wohl auch in Belagerungszeiten über ein ausgeklügeltes Kanalsystem von außen gespeist. Die Osmanen übernahmen das Wasserleitungssystem, das in byzantinischer Zeit zuletzt unter Andronikos I. Komnenos (1183–1185) komplett überholt wurde. Die offenen Zisternen scheinen damals allerdings aufgegeben worden zu sein, da sie bei der geringeren Bevölkerungszahl nicht mehr benötigt wurden.

Die drei im oberen Teil der Stadt, zwischen konstantinischer und theodosianischer Mauer gelegenen offenen Zisternen verfügten über ein Fassungsvermögen von insgesamt 800 000 Kubikmetern. Rechnet man die Kapazität der geschlossenen Zisternen hinzu, so ergeben sich rund 1 000 000 Kubikmeter – eine Menge, die im fünften Jahrhundert ausgereicht hätte, um sämtliche Stadtbewohner ein ganzes Jahr lang täglich mit zehn Litern zu versorgen.

Die größte offene Anlage, die Aetios-Zisterne, ein 85 Meter breites, 244 Meter langes und zirka 15 Meter tiefes Becken, befand sich gleich hinter dem Charisios-, später Adrianopel-Tor an der großen Verkehrsachse der Stadt. Der 421 auf Weisung des Präfekten Aetios errichtete Speicher diente als Auffangbecken für das über den Valens-Aquädukt weitergeleitete Wasser. Die Aspar-Zisterne, ein quadratisches Becken mit einer Seitenlänge von 152 Metern und zehn Metern Tiefe, versorgte die Uferregion am Goldenen Horn. Der Küstenstreifen am Marmarameer wurde aus einer Zisterne versorgt, die der Präfekt Modestus zwischen 363 und 369 anlegen ließ – just zu jener Zeit, da Valens den Aquädukt errichtete. Sie wurde später durch die 170 mal 147 Meter messende Mokios-Zisterne ersetzt, die Kaiser Anastasios (491–518) in der Nähe der gleichnamigen Kirche baute. Nachdem man sie lange Zeit als Gemüsegärten oder Wohnanlagen nutzte, wurden viele der ehemaligen Zisternen in öffentliche Freizeitanlagen umgewandelt.

Die Philoxenos-Zisterne (Binbirdirek)

Bei dieser Zisterne, benannt nach einem römischen Senator, der Konstantin in dessen neue Hauptstadt gefolgt war, dürfte es sich um das älteste geschlossene Wasserreservoir der Stadt handeln. Sie wurde vermutlich zu Beginn der Herrschaft Justinians errichtet. Die türkische Bezeichnung Binbirdirek – „1001-Säulen-Zisterne“ – ist übertrieben, doch der Speicher besitzt immerhin 224 in 16 Reihen angeordnete Stützen. Der Erbauer der Zisterne setzte zwei Säulenreihen übereinander und verband sie mit zylindrischen Tambouren. Die daraus resultierende Gesamthöhe von 15 Metern ist heute so nicht mehr zu sehen, da die Zisterne weitgehend mit Erdreich aufgefüllt wurde. Die Kapitelle in Form von stumpfen Pyramiden ohne jede Dekoration wurden eigens für die Zisterne gefertigt. In osmanischer Zeit legte man den 64 mal 56,4 Meter messenden Wasserspeicher still. Reiseberichten aus dem 19. Jahrhundert ist zu entnehmen, dass er später zur Garnspinnerei umfunktioniert wurde.

Die Basilika-Zisterne (Yerebatan Saray)

Die türkische Bezeichnung „Versunkener Palast“ gibt auf treffende Weise die märchenhaft anmutende Atmosphäre dieses Gebäudes wieder. Der sich geheimnisvoll im Wasser spiegelnde dämmrige Wald aus Säulen ist eine beliebte Touristenattraktion. Die Legende, der zufolge die Hagia Sophia über einer riesigen Zisterne errichtet worden sein soll, auf der sogar Schiffe verkehrten, bezieht sich vermutlich auf dieses unweit der Kirche gelegene Wasserreservoir.

Der um 542 von Justinian erbaute Speicher versorgte das unterhalb des Valens-Aquädukts gelegene Viertel um die Hagia Sophia und den Kaiserpalast. Er bildete die Unterkonstruktion des von Säulengängen gesäumten Hofes einer

Links: Basilika-Zisterne. Das kopfüber gekippte Medusenhaupt – eine antike Spolie – bildet den Sockel einer Säule.

Nebenstehend: Detailaufnahme von der so genannten „Augensäule“, bei der es sich um die stilisierte Darstellung eines knorrigen, astreichen Baumstammes zu handeln scheint. Diese antike Spolie könnte ursprünglich auf dem Theodosianischen Forum gestanden haben.

BESCHREIBUNG DER BASILIKA-ZISTERNE

Jetzt will ich die Mühen beschreiben, die von diesem Kaiser unternommen wurden, um eine ausreichende Wasserversorgung sicherzustellen. Während des Sommers litt die kaiserliche Stadt gewöhnlich an Wassermangel, obwohl das übrige Jahr hindurch reichlich Wasser vorhanden war.

Weil die Sommerzeit immer Dürren bringt, speisten die zu den anderen Jahreszeiten freigiebig sprudelnden Quellen die Leitungen in der trockenen Zeit mit einem weniger reichen Wasserschwall. Deshalb entwarf der Kaiser folgenden Plan: Beim kaiserlichen Portikus, wo sich Anwälte, Verteidiger und alle anderen, die sich mit Rechtsangelegenheiten befassen, für ihre Fälle rüsten, befindet sich ein sehr großer Hof, der im Vergleich sehr lang und breit ist. Vier Säulengänge umgeben den Hof, einer auf jeder Seite. Die Säulen wurden von den Architekten jedoch nicht auf einen Erdsockel gestellt, sondern in den Felsen gebaut. Indem er unter diesem Hof und einem der Säulengänge (dem südlichen) einen Hohlraum ausheben ließ, schuf Kaiser Justinian eine ausreichend große Zisterne für die Sommerzeit. Sie nimmt das Wasser auf, das früher das Jahr hindurch verschwendet wurde, wenn es im Überfluss vorhanden war.

Weil diese Zisterne den Wasserüberfluss des Aquädukts aufnimmt, sobald dessen Strom überläuft, stellt sie sowohl einen Speicher für im Moment nicht benötigtes Wasser als auch einen Vorrat für die Einwohner dar, dessen sie in Zeiten der Wasserknappheit bedürfen. So traf Kaiser Justinian Vorkehrungen, dass die Einwohner von Byzanz niemals Mangel an frischem Wasser litten.

Prokop von Caesarea, *Über die Bauten* (um 560), I, XI, 10–15.

Basilika, daher die Bezeichnung. Auf einer Grundfläche von 138 mal 65 Metern stehen 336 Säulen (12 mal 28), welche das darüber liegende Gewölbe tragen, dessen schlichte Bogen sich bis zu acht Metern über den Boden erheben.

98 Säulen weisen identische, mit Akanthusblättern verzierte Kapitelle auf. Die verwendeten Spolien liefern wertvolle Informationen zur dekorativen Kunst der Stadt vor dem sechsten Jahrhundert. Die so genannte „Augensäule“ ist zwar schlanker, aber ansonsten identisch mit jenen, die auf dem Theodosianischen Forum ausgegraben wurden. Bei den jüngsten, zwischen 1985 und 1988 im Auftrag der Stadtverwaltung durchgeführten Restaurierungsarbeiten stieß man auf zwei ungewöhnliche Medusenhäupter, die – eines zur Seite, das andere kopfüber gekippt – kürzeren Säulen als Sockel dienten.

Die Basilika-Zisterne ist der einzige Speicher, der bis in die jüngste Vergangenheit in Gebrauch blieb. Sie diente der Wasserversorgung des Topkapi Saray, während die Bewohner der darüber liegenden Häuser kurzerhand das Gewölbe durchbohrten, um sie auf direktem Wege anzuzapfen. Um ihre ungeheuren Ausmaße rankten sich viele Legenden, während des Ersten Weltkrieges entsandte ein deutsches Unterseeboot ein Schlauchboot zu ihrer Erforschung. Neugierige und wagemutige Besucher konnten sie lange Zeit mit einem Ruderboot erkunden. 1989 wurde die Zisterne der Öffentlichkeit zugänglich gemacht.

Die Zahl der Zisternen ist groß, und während immer wieder neue Wasserspeicher entdeckt werden, fallen andere tagtäglich dem in Istanbul herrschenden Bauboom zum Opfer. Gut erhalten ist die Zisterne beim Pantokrator-Kloster (heute Molla Zeyrek Cami) aus der Zeit Johannes' II. Komnenos (1118–1143). Auf einem stark abschüssigen Gelände erbaut, wendet sie ihre imposante Fassade mit Blendarkaden dem Atatürk Bulvari zu. Wenn man von der Atatürk-Brücke die gleichnamige Straße in Richtung Valens-Aquädukt hinaufgeht, liegt sie auf der rechten Straßenseite. Die 18 Meter breite und 50 Meter lange Zisterne gehört zum Gebäudekomplex der über ihr gelegenen Moschee von Piri Paşa. Zwei Reihen mit sieben Säulen und vier Pfeilern grenzen ihre drei Schiffe voneinander ab. Die stillgelegte Zisterne diente später als Lagerhalle für reifende Zitronen. Inzwischen wurde sie renoviert und zur Besichtigung freigegeben.

Die Verwaltung des Stadtbezirks Fatih plant die Sanierung eines weiteren, in der Nähe der Aspar-Zisterne gelegenen Speichers. Der 29 mal

Ausschnitte aus dem Mosaik des Kaiserpalastes.
Oben: Elefant.
Darunter: Ein Affe auf Vogelfang.

19 Meter große, beeindruckende Raum birgt vier Reihen à sieben Säulen. Die schön gearbeiteten korinthischen Kapitelle tragen 40 Gewölbe, deren Scheitelpunkt 8,50 Meter vom Fußboden entfernt ist. Die aus dem sechsten Jahrhundert stammende Zisterne beherbergt derzeit eine Schreinerwerkstatt.

Im zehnten Jahrhundert wurde beim Bau der Myrelaion-Kirche (der heutigen Bodrum Cami) ein darunter befindliches, mit Exedren versehenes römisches Rundgrab in eine Zisterne verwandelt. Auch diese Zisterne samt ihrer 71 Säulen wurde restauriert und wird heute als Markthalle genutzt.

Jene Zisterne schließlich, welche an der entlang der Mauer des Topkapi Saray verlaufenden Straße hinter der Hagia Sophia liegt, wird – nachdem sie zunächst eine Kammgarnspinnerei und dann eine Autowerkstatt beherbergte – als Restaurant genutzt. Das zwölf Meter hohe Gewölbe wird von sechs Säulen gestützt und dürfte einst als Subkonstruktion eines stattlichen Gebäudes errichtet worden sein.

Die Palastmosaiken

Es mag erstaunen, dass der Rundgang durch die Bauwerke der ersten Jahrhunderte Konstantinopels den Großen Kaiserpalast bislang aussparte. Der Grund ist schlicht und ergreifend: von dem Kaiserpalast ist nichts erhalten bis auf einen Komplex von ab 1935 entdeckten, unlängst restaurierten und in situ ausgestellten Mosaiken. Der Verfall des Palastes verfälscht natürlich unser Bild von der Stadt, welche sich mit all ihren Kirchen, öffentlichen Gebäuden, Zweckbauten und privaten Wohnhäusern um diesen gruppierte. Der Kaiserpalast bezeichnete den symbolischen, ja mystischen Mittelpunkt der Stadt – eine Funktion, die mit dem Zerfall des Kaiserreiches allmählich auf die Hagia Sophia überging, die ursprünglich Bestandteil der kaiserlichen Palastanlage war.

Der Kaiserpalast von Konstantinopel war eine Mischform aus befestigtem römischem Lager und hellenistischem Palast. Mit Letzterem verbindet ihn vor allem seine exponierte Lage direkt am Meer, mit Ersterem vor allem sein Festungscharakter. Die Mese, jene Mittelachse, welche die Stadt zwischen Goldenem Horn und Marmarameer durchquerte, führte auf die Palastanlagen zu. Sie mündete in das Augusteion – einen stattlichen Platz, der im Norden an die Große Kirche, im Osten an den Senat und im Süden an die Chalke, die Propyläen des Palastes, angrenzte. Der Palast besaß einen direkten Zugang zur kaiserlichen Tribüne am Hippodrom.

Historische Beschreibungen gehen weniger auf die Anordnung der einzelnen Gebäude als vielmehr auf deren aufwendige, kostbare, prachtvolle und luxuriöse Ausstattung ein. Sie sehen im Kaiserpalast die Vorwegnahme des himmlischen Königreiches. Die Vermischung materieller und spiritueller Aussagen, bei der die überstarke Betonung des Materiellen letztlich darauf abzielt, das Spirituelle gebührend zur Geltung zu bringen, darf als typischer Wesenszug byzantinischer Kunst angesehen werden.

Die in den Jahren 1935–1938 und 1951–1954 freigelegten Mosaiken befinden sich im Peristylos einer insgesamt 66,50 mal 55,50 Meter messenden Hofanlage mit anschließendem Apsidensaal, bei dem es sich um das Chrysotriklinos, das goldene Triclinium oder Speisezimmer des Palastes gehandelt haben könnte. Die durch den Bau der Blauen Moschee und die immense Verstädterung der umliegendend Gebiete schwer

Bär beim Reißen eines Damhirsches. Mosaikfragment aus dem Kaiserpalast.

Kampf zwischen Löwe und Elefant. Szene aus dem Mosaik des Kaiserpalastes.

Auf einem Dromedar reitende Kinder. Szene aus dem Mosaik des Kaiserpalastes.

Ländliches Szenario und gegen einen Tiger kämpfende Gladiatoren. Szenen aus dem Mosaik des Kaiserpalastes.

beschädigten Ruinen lassen sich nicht mehr eindeutig identifizieren. Zwischen 1983 und 1997 durchgeführte Restaurierungsmaßnahmen ermöglichten eine Präsentation der (meisten) Mosaiken vor Ort.

Sie lassen sich auf die Zeit Justinians datieren, der Teile des Palastes nach dem Nika-Aufstand von 532 renovieren ließ. Die freigelegten Mosaiken – 250 von insgesamt 1872 Quadratmetern – stellen bis auf den heutigen Tag den ältesten entdeckten Bildzyklus Konstantinopels dar. Aufgrund seiner Machart – die Mosaikplättchen sind aus Stein gearbeitet –, seiner Anordnung im Fußbodenpflaster, vor allem aber aufgrund seiner Thematik und der Darstellungsweise ist er jedoch eher der ausgehenden Spätantike zuzuordnen als den Anfängen der byzantinischen Kunst.

Das neu gegründete Konstantinopel nahm sich zur Begründung einer eigenen künstlerischen Tradition bedeutende Kunstzentren des Römischen Reichs wie Rom, Alexandria, Antiochia oder Ephesos zum Vorbild. Dies lässt sich am deutlichsten für die Baukunst belegen, doch dürfte die Situation in den anderen Kunstsparten ähnlich gewesen sein. Justinians Initiative ist es zuzuschreiben, dass die konstantinopolitanische Kunst im sechsten Jahrhundert infolge groß angelegter Bauvorhaben im gesamten Reich bekannt wurde. Im Bereich der Fußbodenmosaiken muss die Frage nach einer stilistischen und ikonographischen Einflussnahme allerdings offen bleiben, da sich aus dieser Zeit in Konstantinopel nur sehr wenige erhalten haben, wo sie außerdem zusehends von aus Glasmasse gearbeiteten Wandmosaiken abgelöst wurden.

In dem großen Bodenmosaik des Palastes sind vor weißem Hintergrund in drei übereinander stehenden, nicht deutlich gegeneinander abgesetzten Registern Jagdszenen mit Löwen, Tigern,

Geparden, Hirschen, Wildschweinen oder Hasen sowie Tierkämpfe zu sehen (Adler gegen Schlange, Elefant gegen Löwe etc.). Es folgen ländliche Szenen, Spiele (mit Reifen spielende Kinder), mythologische Darstellungen (Bellerophon und die Chimäre, Dionysos' Rückkehr aus Indien) und Fabeltiere (Greife, Löwen mit Vogelköpfen etc.). Die kunstvoll gearbeiteten Bordüren, zwischen deren Akanthusblättern Tiere, Gegenstände oder Satyrköpfe verborgen sind, erinnern an Teppiche.

Die Bildhauerkunst

Da im byzantinischen Mittelalter die dreidimensionale Darstellung menschlicher Gestalten bekanntlich Schritt für Schritt verboten wurde, weil man die Anbetung der Statue als solche befürchtete, brachte der Niedergang des oströmischen Reiches gleichzeitig auch das Ende der Bildhauerkunst. Dabei handelte es sich jedoch nicht um einen allmählichen Verfall der antiken Tradition, sondern vielmehr um einen tiefgreifenden Veränderungsprozess, der die Spiritualität der byzantinischen Kunst verdeutlicht.

Konstantin und seine Nachfolger standen der Bildhauerkunst keineswegs feindlich gegenüber. Der Gründer Konstantinopels ließ aus heidnischen Heiligtümern zahlreiche Statuen herbeischaffen und an markanten Punkten der Stadt aufstellen. Konstantios II. schmückte die Stadt mit Bronzestatuen aus Rom. Kaiser und Notabeln ließen sich nach wie vor in Standbildern verewigen und ihre Sarkophage mit Skulpturen verzieren, wobei heidnische Motive erst mit der Zeit durch christliche abgelöst wurden. Die Reliefs der zum Ruhme des Kaiser aufgestellten Säulen Konstantinopels griffen die Darstellung antiker Triumphzüge auf. Mythologische Szenen erfreuten sich ebenfalls großer Beliebtheit: Überlieferten Reiseberichten zufolge zeigten die Reliefs am Goldenen Tor der Theodosianischen Landmauer die Arbeiten des Herakles, den Schlaf des Endymion und den Sturz des Phaeton. Wo die Motive unverändert blieben, erfuhr jedoch die Darstellungsweise einen grundlegenden Wandel.

Dies lässt sich anhand der Kaiserstatuen belegen. Während man im Westen des Reiches am klassischen Modell festhielt, strebte der Osten mittels strengerer Formgebung bald eine größere Spiritualität an. Insbesondere folgende vier in Konstantinopel gefundene Skulpturen bestechen durch ihre nüchterne Darstellungsweise, die Form der Augen, die schmalen Lippen und

Ganz oben: Büste einer byzantinischen Prinzessin, fünftes Jahrhundert. Ny Calsberg Glyptothek, Kopenhagen.

Oben: Büste der Kaiserin Theodora, zweites Viertel des sechsten Jahrhunderts.

Links oben: Büste des oströmischen Kaisers Arkadios (395–408), gefunden in der Nähe des Forum Tauri. Archäologisches Museum, Istanbul.

Nebenstehend: Büste der Kaiserin Ariane, drittes Viertel des fünften Jahrhunderts.

ihre große Ausdruckskraft: das jugendliche Haupt des Arkadios, dessen zur Schau gestellte Selbstgefälligkeit gleichzeitig seine Verletzlichkeit erahnen lässt; das eigensinnig, fast aufmüpfig wirkende Haupt der Ariane, der Tochter des Kaisers Leon I. (457–474) und Gemahlin von Zenon (474–491) und Anastasios (491–518); das beunruhigte Haupt der Theodora sowie das von aristokratischem Hochmut geprägte Haupt der Anicia Juliana.

An großen Kaiserstatuen ist lediglich der so genannte Koloss von Barletta erhalten – eine 5,10 Meter hohe Bronzefigur, welche die Venezianer im Jahr 1204 aus Konstantinopel mitnahmen und die infolge eines Schiffbruchs an den Strand von Barletta gelangte. Laut Aussage der Historiker soll es sich um ein Bildnis von Markian (450–457) oder Leon I. handeln. Die plündernden Venezianer raubten auch die Vierergruppe der Tetrarchen: Die beiden Augusti Diokletian und Maximian umarmen ihre jeweiligen Cäsaren Galerius und Konstantios. Die aus Porphyr angefertigte Gruppe war einst von Konstantin am Philadelphion – dem Ort der Freundschaft – aufgestellt worden; es befand sich dort, wo die beiden vom Goldenen Tor und vom Adrianopel-Tor herbeiführenden Straßen aufeinander trafen und sich zur Mese vereinigten.

Heute schmückt die Tetrarchengruppe die Außenseite des Markusdomes in Venedig – mit Ausnahme des linken Fußes eines der Cäsaren. Der wurde 1965 bei Ausgrabungen an der in der Nähe des Philadelphion gelegenen Myrelaion-Kirche wiederentdeckt, wo die venezianischen Beutestücke vor dem Abtransport zwischengelagert worden waren.

Die einzigen in situ erhaltenen Skulpturen sind die Reliefs am Sockel des gemauerten Obelisken im Hippodrom. Die Darstellungen verherrlichen den universellen Herrschaftsanspruch Theodosios' und seiner Familie über die beiden Teile des Imperiums. Der Sockel besteht aus zwei übereinander liegenden Blöcken. Der untere, etwas flachere und breitere Teil enthält auf zwei entgegengesetzten Seiten eine in griechischen und lateinischen Worten verfasste Inschrift zur Aufstellung des Obelisken. Die Nordostseite hält das feierliche Ereignis im Bild fest, während das Relief im Südwesten ein Pferderennen im Hippodrom zeigt. Auf allen vier Seiten des oberen Teils erscheint der Kaiser stets in der Mittelachse der Reliefs an höchster Stelle, über den Köpfen der nachfolgenden Ranghöchsten. Hof und Kaiser befinden sich wiederum oberhalb einer umlaufenden Balustrade, unterhalb deren sich verschiedene Szenen abspielen: die Krönung des Siegers des Wagenrennens, das zur Musik zweier Portativspieler tanzende Volk, die Huldigung der Barbaren vor dem Kaiser.

Unter den im Archäologischen Museum in Istanbul aufbewahrten Skulpturresten befinden sich die beiden Basen der unter Anastasios zum Ruhme des Wagenlenkers Porphyrios errichteten Statuen. Sie liefern weitere Hinweise auf die im Hippodrom abgehaltenen Feierlichkeiten. Alle vier Seiten der Basis zeigen den im Verhältnis zu seiner Quadriga auffallend groß geratenen Sieger des Wagenrennens, wie er – von der Glücksgöttin Tyche beschützt – ein Füllhorn hält. Die vier Ecken des Unterbaus zieren geflügelte Siegesgöttinnen, während die unteren Felder mit ihrer Darstellung der Siegerkrönung durch den Kaiser und der Freudentänze der Zuschauer an die Reliefs des Obeliskensockels erinnern.

Nebenstehend: Sockel des Obelisken, Südwestseite, oberes Register. Kaiser Theodosios wohnt – mit seinen Söhnen Arcadius und Honorius zu seiner Rechten und dem weströmischen Kaiser Valentinian II. zu seiner Linken – den Spielen im Hippodrom bei.

Unten: Sockel des Obelisken, Nordwestseite, oberes Register. Die oben genannten Personen nehmen die Huldigung der besiegten Barbaren entgegen.

Im Osten blieben, anders als im Westen, nur wenige Exemplare der aufwendig verzierten Marmorsarkophage erhalten. Der Sarkophag von Psamathia, der heute in Berlin aufbewahrt wird, wurde in einer konstantinischen Nekropole außerhalb der ersten Stadtmauern entdeckt. Er zeigt den von zwei Aposteln begleiteten Christus vor dem Hintergrund einer aufwendigen Architektur. Auf den Längsseiten des so genannten Prinzensarkophags von Sarigüzel, aufbewahrt im Archäologischen Museum Istanbuls, sind jeweils zwei Engel zu sehen, die einen Kranz mit dem Christusmonogramm tragen, während auf den Schmalseiten jeweils ein Kreuz von zwei Aposteln flankiert wird. Die antikisierende Darstellungsweise unterscheidet sich grundlegend von der vergleichsweise unbeholfenen frühchristlichen Kunst des Westens. Beide Sarkophage sind ein Beispiel für den zu Beginn des fünften Jahrhunderts blühenden neo-attischen Stil, obgleich der architektonische Rahmen der Darstellung auf dem Erstgenannten östliche Einflüsse erkennen lässt.

An sakralen Skulpturen im engeren Sinne sind lediglich zwei deutlich verschieden gearbeitete Reliefs aus Hagios Johannes Studios erhalten. Eines zeigt den Einzug Jesu in Jerusalem und ist von ausgesprochen primitiver Machart, während das zweite, den thronenden Christus und Petrus darstellende Relief dagegen vom enormen Können des Künstlers, vor allem bezüglich des Faltenwurfs der Tuniken, aber auch bei der Ausarbeitung der Gesichter und der Gliedmaßen, zeugt.

Links: Der Koloss von Barletta. Die Statue soll wahrscheinlich Kaiser Markian (450–457) darstellen.

Rechts: Die Tetrarchen. Die Skulpturengruppe zeigt wahrscheinlich die ihren jeweiligen Cäsaren – Galerius und Konstantios I. – umarmenden Kaiser Diokletian und Maximian. Anfang viertes Jahrhundert. Markusplatz, Venedig.

Die Elfenbeinarbeiten

Die prachtvolle Ausstattung der weltlichen und kirchlichen Bauwerke, von der die Quellen berichten, haben sich nicht erhalten. Die einzig greifbaren Belege sind allenfalls jene wenigen zufällig erhaltenen Kunstgegenstände, die heute in allen möglichen Museen der Welt gezeigt werden. Es fällt schwer, sich ein Bild von der Umgebung zu machen, in welcher diese einst aufbewahrt wurden. Ebenso mühsam ist es, anhand dieser Gegenstände eine spezifisch konstantinopolitanische Kunst nachzuweisen.

Zu den erhaltenen Objekten zählen auch jene Elfenbeindiptychen, auf denen die Konsuln ab 399 bis in die Mitte des sechsten Jahrhunderts hinein ihre Berufung in das höchste Ehrenamt des Römischen Reiches bekanntgaben. Da sowohl in Rom als auch in Konstantinopel die Amtszeit der Konsuln genau ein Jahr betrug, lassen sich Herstellungsdatum und Herkunft dieser Kunstwerke exakt bestimmen, zumal sich die beiden Hauptstädte in stilistischer Hinsicht deutlich voneinander unterschieden. Die stark idealisierenden, qualitativ hochrangigen Diptychen aus Konstantinopel strahlen große Vornehmheit aus, wohingegen die römischen Diptychen primitiver, expressionistischer wirken.

Nebenstehend,
oben: Der thronende Christus mit dem Heiligen Petrus. Relief aus der ehemaligen Klosterkirche von Studion, fünftes Jahrhundert. Fragment eines Sarkophages. Rechts von Christus dürfte der Heilige Paulus abgebildet gewesen sein. Archäologisches Museum, Istanbul.

Unten: Einzug Christi in Jerusalem, Relief aus der ehemaligen Klosterkirche von Studion.
Fragment eines mehrfach verwendeten Sarkophages. Das Kreuz in dem umlaufenden Fries dürfte die Mitte des ursprünglichen Reliefs markieren. Archäologisches Museum, Istanbul.

Linke Seite,
oben: Sarkophag von Samatya. Benannt nach seinem Fundort, einem Stadtviertel Istanbuls. Das Relief zeigt Christus zwischen zwei Evangelisten.
Bildarchiv Preußischer Kulturbesitz, Berlin.

Unten links: Sockel eines Standbildes des Wagenlenkers Porphyrios, Rückseite.
Der auf seinem Streitwagen stehende Wagenlenker wird von der Glücksgöttin Tyche, der Schutzheiligen der Stadt Berytos (Beirut), beflügelt. Im unteren Register ist die Kaiserloge im Hippodrom zu sehen. Der Kaiser samt seinem Gefolge klatscht dem siegreichen Wagenlenker Beifall. Der Architrav wird an den vier Ecken von Siegesgöttinen getragen.
Archäologisches Museum, Istanbul.

Unten rechts: Sarkophag von Sarigüzel. Benannt nach seinem Fundort, einem Stadtviertel Istanbuls. Zweite Hälfte des fünften Jahrhunderts. Auf der Längsseite halten zwei Engel das Christusmonogramm, auf der Schmalseite sind zwei Apostel abgebildet.
Archäologisches Museum, Istanbul

Das vollständig erhaltene Elfenbeindiptychon des Anastasius Paulus Probus Sabinianus Pompeius, eines im Jahr 517 zum Konsul ernannten Großneffen des Kaisers Anastasios, stellt ein besonders charakteristisches Beispiel dar. Auf beiden Flügeln wohnt der frisch ernannte Konsul – in einer Giebelloge auf der Sella Curulis (Amtsstuhl aus Elfenbein) thronend – den Zirkusspielen bei, welche er anlässlich seines Amtsantritts veranstalten ließ. Er trägt die purpurfarbene, mit goldenen Rosetten besetzte Trabea (breite, lange Schmuckschärpe) und goldene Sandalen mit kunstvoll geflochtenen Bändern. In seiner Linken hält er ein Zepter mit einem Adler, dessen Schwingen einen Lorbeerkranz mit dem Bildnis des regierenden Kaisers tragen. Er schickt sich gerade an, zur Eröffnung der Spiele die so genannte Mappa – eine Art Taschentuch – in die Arena zu werfen. Oberhalb des Reliefs findet sich eine eingehende Schilderung seiner Herkunft. Den Giebelfirst ziert ein Medaillon des Kaisers Anastasios, rechts davon das seiner Gemahlin Ariane, links das des Pompeius, Neffe des Kaisers und Vater des Konsuls. Das untere Feld des rechten Flügels zeigt die Zirkusspiele: Pferderennen, Gladiatorenkämpfe, Raubtierkämpfe, während auf dem linken Flügel die Feierlichkeiten rund um die Spiele abgebildet sind.

Das Relief des Diptychons des Areobindus, des 506 zum Konsul bestellten Gemahls der Anicia Juliana, entspricht weitgehend dieser Anordnung. Bei einer der beiden hinter dem Konsul stehenden Personen handelt es sich vermutlich um seinen Sohn, Flavius Anicius Olybrius, den Schwiegersohn und mutmaßlichen Thronerben des Kaisers. Die dargestellten Zirkusszenen beschränken sich auf Gladiatorenkämpfe und Löwenhatzen.

Auf dem Diptychon des Magnus, der 508 die Nachfolge des Konsuls Anastasios antrat, thront der Konsul zwischen allegorischen Gestalten, zu deren Füßen eine Szene aus dem bäuerlichen Alltag dargestellt ist.

Neben diesen Konsulardiptychen fanden sich auch Kaiserdiptychen. Das bekannteste Diptychon dieser Art ist das Barberini-Diptychon, das im Louvre aufbewahrt wird. Allerdings ist von ihm nur noch ein Flügel erhalten, der sich aus fünf Feldern zusammensetzt: Ein oberer und ein unterer Fries umrahmen ein dreigeteiltes Bild.

Rechte Seite:
Flügel des Barberini-Diptychons. Bei der zentralen Figur handelt es sich vermutlich um Kaiser Anastasios (491–518). Elfenbeinschnitzerei. Louvre, Paris.

Nebenstehend links:
Flügel des Magnusdiptychons. Elfenbeinschnitzerei.

Nebenstehend rechts: Beide Flügel des Konsulardiptychons des Flavius Anastasius. Elfenbeinschnitzerei. Bibliothèque nationale, Münzsammlung, Paris.

Im oberen Feld tragen zwei Engel ein Medaillon, das einen von Sonne, Mond und Sternen umrahmten bartlosen Christus zeigt, der seine Rechte zum Segen erhebt und in der Linken ein mit einem Kreuz verziertes Zepter hält. Er symbolisiert die himmlische Ordnung, welche den Kaiser mit seiner Mission und der erforderlichen irdischen Macht betraut. Im Zentrum der Bildfolge scheint der runderhaben gearbeitete Kaiser beinahe aus dem Relief herauszureiten. Der siegreiche Feldherr trägt einen Brustharnisch und die Chlamys (Umhang, der auf einer Schulter mit einer Spange zusammengehalten wird), sein Haupt schmückt ein mit Edelsteinen besetzter Kranz. Hinter seiner mit gebieterischer Geste in die Erde gerammten Lanze steht ein mit

Nebenstehend: Zwei Flügel eines Diptychons mit Christus und der Jungfrau Maria.
Bildarchiv Preußischer Kulturbesitz, Berlin.

einer Ärmeltunika, einer Zipfelmütze und langen Hosen bekleideter Barbar. Rechts oben naht eine geflügelte Siegesgöttin, deren Füße auf dem Globus stehen und deren Linke die Siegespalme hält, um den Kaiser mit Lorbeer zu bekränzen. Rechts unten hält eine die Erde personifizierende Gestalt mit ihrer Linken den mit Früchten gefüllten Schoß ihres Mantels, während sie mit der Rechten nach dem Fuß des Kaisers greift– eine Allegorie der Erdbewohner, die dem Kaiser huldigen und ihre Reichtümer darbringen. Links vom Herrscher sieht man eine männliche Person in Offizierskleidung eine Statuette der Siegesgöttin Victoria darbringen, zu Füßen des Kaisers befindet sich ein Sack voller Münzen, den er unter das Volk werfen wird. Das rechte Täfelchen ist verloren. Der untere Fries zeigt rechts und links einer Siegesgöttin unterworfene Völker, von Raubtieren begleitet, die dem Kaiser huldigen. Sie sind als Barbaren und Hindus zu erkennen, bei dem abgebildeten Herrscher könnte es sich daher um Anastasios handeln, der im Jahr 496 eine Abordnung von Indern empfangen und im Jahr 498 die Goten besiegt hatte. Auf dem fehlenden linken Flügel war vermutlich die Kaiserin abgebildet.

Den Kaiserdiptychen ließe sich auch jene Bildtafel der Kaiserin Ariane zuordnen, die durch ihre Plastizität und ihre orientalisierende Machart besticht. Sie zeigt die Kaiserin im Glanz ihres prächtigen, aus ungewöhnlich großen Edelsteinen und Perlen bestehenden Schmuckes vor dem Eingang ihrer Gemächer. Diese werden durch einen Kuppelbau symbolisiert, auf wel-

Linke Seite,
links: Diptychon der Kaiserin Ariane, drittes Viertel des fünften Jahrhunderts.
Bargellomuseum, Florenz.

Rechts: Linker Flügel eines Diptychons. Adam auf einem Feigenbaum und von Tieren umringt. Unten im Bild die Haustiere (Stier, Hirsch, Damhirsch, Schaf, Ziege und Pferd), oben die Raubtiere (Wildschwein, Elefant, Bär, Löwe mit Löwenjungen), ganz oben ein Adler. Elfenbeinschnitzerei.
Bargellomuseum, Florenz.

Oben: Diptychonflügel mit einer Darstellung des Erzengels Michael. British Museum, London.

Rechts: Missorium Kaiser Theodosios' I., von 388. Real Academia de la Historia, Madrid.

chem zwei eine Kette im Schnabel tragende Adler thronen. In ihrer Rechten hält die Kaiserin einen Globus mit einem Kreuz, in der Linken ein Zepter.

Auch zu religiösen Zwecken bestimmte Diptychen belegen durchweg die große Kunstfertigkeit der konstantinopolitanischen Werkstätten. Ein Flügel des in Florenz aufbewahrten Bargello-Diptychons zeigt einen nackt im Feigenbaum sitzenden Adam, der die herbeikommenden Tiere bei ihrem Namen nennt. Oberhalb der Szene sind wilde Tiere abgebildet, unterhalb finden sich Haustiere – unter anderem ein aus den vier Paradiesströmen trinkender Stier. Die antiken Reminiszenzen dieses an die Orpheuszyklen anknüpfende im fünften Jahrhundert gefertigten Kunstwerks sind unverkennbar, während das vermutlich gegen Ende von Justinians Herrschaft entstandene so genannte Berliner Diptychon – eine Darstellung von Christus und Maria auf dem Himmelsthron – recht charakteristisch die byzantinische Kunst verkörpert. Dem recht betagten Christus, dessen langer Bart auf die Ikonographie von Gottvater verweist, stehen die asketisch wirkenden Apostel Peter und Paul zur Seite. Der Flügel, auf dem die Madonna samt ihrem Jesuskind von zwei Engeln umrahmt wird, erscheint anmutiger, aber weniger reizvoll.

Das Londoner Diptychon zeigt mit dem Erzengel Michael ein typisches Motiv der byzantinischen Ikonographie. Die leider verstümmelte Inschrift – die vermutlich auf dem zweiten Flügel eine Fortsetzung fand – beginnt mit der geheimnisvollen Aufforderung: „Akzeptiere die Gegenwart in Kenntnis der Sachlage ..."

Die Goldschmiedekunst

In alten Berichten finden sich ausführliche Beschreibungen von Goldschmuck und Edelsteinen. Insbesondere die Ausschmückung der Hagia Sophia fand zahlreiche Bewunderer. Ihr Altartisch soll aus massivem Gold gearbeitet und mit Edelsteinen besetzt gewesen sein. Die Patriarchenthrone sollen mit Blattgold verziert, Leuchter und Ambo ebenfalls aus Gold gewesen sein. Die Hauptstadt schmückten goldene Statuen der Kaiser Konstantin, Theodosios II., Zenon und Anastasios sowie eine Silberstatue der Kaiserin Eudoxia. Justinian hatte sich aus dem von den Vandalen erbeuteten Gold ein Tafelgeschirr anfertigen lassen, dessen Reliefs von seinen Siegen kündeten. Sein Thron im Saal des Konsistoriums, zu dem drei Porphyrstufen emporführten, wurde von einem goldenen Baldachin überragt. All diese Kostbarkeiten sind verloren. Was die späteren Kaiser nicht zur Herstellung von Münzen einschmolzen, wurde im Jahr 1204 von den Kreuzrittern geplündert.

Die in westlichen Schatzsammlungen erhaltenen bzw. bei jüngsten Ausgrabungen entdeckten Kunstgegenstände sind überwiegend aus Silber gearbeitet und vor allem als ikonographische Quelle wertvoll. Dies gilt vor allem für die so genannten Missoria – vermutlich eine Verballhornung des Begriffes *mensorium* –, silberne Platten oder Tafelaufsätze. Ob sie aus Konstantinopel stammen, ist nach wie vor ungewiss. Dass sie den Stempel der kaiserlichen Hofwerkstätten tragen, ist kein ausreichender Beweis, da ein Silbergerät sehr wohl in der Hauptstadt geprägt und danach andernorts graviert worden sein kann. Dennoch scheint einiges, nicht zuletzt die Qualität einer ganzen Reihe von Kunstwerken, dafür zu sprechen, dass sie in der Hauptstadt gefertigt wurden.

Eine kleinformatige Prunkplatte (mit einem Durchmesser von 24,8 cm), die man in einem Grab in Kerc auf der Krim entdeckte, zeigt den Triumph Konstantios' II. Die feine Ziselierung erinnert an etruskische Spiegel. Der Kaiser ist wie ein Barbar gekleidet – er trägt lange Hosen sassanidischer Machart und eine persische, mit Borten besetzte Tunika, die in der Taille von einem Gürtel zusammengehalten wird.

Im Jahr 388 ließ Kaiser Theodosios anlässlich des zehnten Jahrestages seiner Thronbesteigung ein deutlich größeres Missorium (mit einem Durchmesser von 74 cm) anfertigen und in seine spanische Heimat senden. Es zeigt Theodosios in

der Mitte eines auf vier Säulen ruhenden Portikus thronend. Der Giebel erweitert sich zu einer bogenförmigen Öffnung, die einen würdigen Rahmen für die Gestalt des Kaisers bot, der einem Magistraten ein Diptychon aushändigt. Zu seiner Rechten sitzt der weströmische Kaiser Valentinian II., zu seiner Linken sein damals zehnjähriger Sohn Arkadios. Darunter symbolisiert eine von Ähren umgebene und von geflügelten Engeln begleitete Frauengestalt die Erde. Die feierliche Szene wirkt nicht etwa steif, sondern beschwingt und elegant.

Im Archäologischen Museum von Istanbul wird eine Platte mit einem besonders ausgefallenen Motiv aufbewahrt: Sie zeigt eine Personifikation des indischen Kontinents in Form einer dunkelhäutigen, auf einem Thron aus Elefantenstoßzähnen sitzenden Dame. Diese Platte dürfte aus der Regierungszeit von Anastasios I. (491–518) stammen, der Kontakt zu Indien knüpfte.

Personifizierte Darstellung Indiens. Die Frauengestalt ist von einem Papagei, einem Truthahn („Indisches Huhn") und zwei Affen umgeben. Zu ihren Füßen sind zwei Tigerbändiger zu sehen.
Archäologisches Museum, Istanbul.

ΚΑΙ ΙΔΟΥ ΡΕΒΕΚΚΑ ΕΞΕΠΟΡΕΥΕΤΟ Η ΤΕΧΘΕΙΣΑ ΒΑ
ΘΟΥΗΛ ΥΙΩ ΜΕΛΧΑΣ ΤΗΣ ΓΥΝΑΙΚΟΣ ΝΑΧΩΡ ΑΔΕΛ
ΦΟΥ ΔΕ ΑΒΡΑΑΜ ΕΧΟΥΣΑ ΤΗΝ ΥΔΡΙΑΝ ΕΠΙ ΤΩΝ
ΩΜΩΝ· Η ΔΕ ΠΑΡΘΕΝΟΣ ΗΝ ΚΑΛΗ ΤΗ ΟΨΕΙ ΣΦΟΔΡΑ
ΚΑΤΑΒΑΣΑ ΔΕ ΕΠΙ ΤΗΝ ΠΗΓΗΝ ΕΠΛΗΣΕΝ ΤΗΝ ΥΔΡΙΑΝ
ΚΑΙ ΑΝΕΒΗ· ΕΠΕΔΡΑΜΕΝ ΔΕ Ο ΠΑΙΣ ΕΙΣ ΣΥΝΑΝΤΗΣΙΝ
ΑΥΤΗΣ ΚΑΙ ΕΙΠΕΝ ΠΟΤΙΣΟΝ ΜΕ ΜΙΚΡΟΝ ΥΔΩΡ ΕΚ ΤΗΣ
ΥΔΡΙΑΣ ΣΟΥ· Η ΔΕ ΕΙΠΕΝ ΠΙΕ ΚΥΡΙΕ ΚΑΙ ΕΣΠΕΥΣΕΝ ΚΑΙ
ΚΑΘΕΙΛΕΝ ΤΗΝ ΥΔΡΙΑΝ ΕΠΙ ΤΟΝ ΒΡΑΧΙΟΝΑ ΑΥΤΗΣ ΚΑΙ
ΕΠΟΤΙΣΕΝ ΑΥΤΟΝ ΤΑΧΥ ΕΙΠΕΝ ΚΑΙ ΤΑΙΣ ΚΑΜΗΛΟΙΣ ΣΟΥ
ΥΔΡΕΥΣΟΜΑΙ ΕΩΣ ΑΝ ΠΑΣΑΙ ΠΙΩΣΙΝ ΚΑΙ ΕΣΠΕΥΣΕΝ
ΚΑΙ ΕΞΕΚΕΝΩΣΕΝ ΤΗΝ ΥΔΡΙΑΝ ΕΙΣ ΤΟ ΠΟΤΙΣΤΗΡΙΟΝ
ΚΑΙ ΕΔΡΑΜΕΝ ΕΠΙ ΤΟ ΦΡΕΑΡ ΚΑΙ ΥΔΡΕΥΣΑΤΟ ΠΑΣΑΙΣ ΤΑΙΣ ΚΑΜΗΛΟΙΣ

Linke Seite: Rebekka am Brunnen. Szene aus dem alttestamentlichen Buch Genesis, folio 7 recto. Anfang sechstes Jahrhundert. Österreichische Nationalbibliothek, Wien.

Die Handschriften

Die wenigen Handschriften, die aus der fraglichen Zeit erhalten blieben, sind heute weit zerstreut, und ihr Ursprung lässt sich oft nur schwer feststellen. Schreibwerkstätten fanden sich in allen größeren Kunstzentren des Römischen Reiches, sie beschäftigten Laien und Mönche gleichermaßen. Die einzige Handschrift, von der wir mit Sicherheit wissen, dass sie aus Konstantinopel stammt, ist die *De materia medica* des Dioskurides. Sie wurde um 512 von Anicia Juliana in Auftrag gegeben, deren Porträt – umrahmt von den allegorischen Figuren der Großmut und der Weisheit – das Titelblatt ziert. Eine andere allegorische Darstellung in derselben Handschrift zeigt Dioskurides, wie er aus den Händen der Allegorie der Entdeckung die Wurzel der Mandragorapflanze in Empfang nimmt. Die Pflanzenbilder sind aus älteren Exemplaren der Abhandlungen kopiert, die einzige byzantinische Neuerung bestand in der Verwendung von Gold. Eine um dieselbe Zeit und vermutlich in denselben Werkstätten entstandene Handschrift ist die *Ilias Ambrosiana*, eine in Mailand aufbewahrte Ausgabe der *Ilias* des Homer. Von den insgesamt 58 erhaltenen Miniaturen stammen jedoch vermutlich nur acht – und nicht die besten – aus der Feder eines byzantinischen Künstlers.

Zu den erhaltenen christlichen Handschriften zählt die Wiener *Genesis*, deren Illustrationen denen profaner Werke noch stark ähneln. Ungeachtet der antiken Vorlagen kündigen jedoch einige Elemente – beispielsweise die stark befestigte Stadt im Hintergrund der Begegnung zwischen Elieser und Rebekka – bereits die Kunst des frühen Mittelalters an. Die auf Purpurgrund angefertigte Handschrift könnte aus den kaiserlichen Schreibwerkstätten Konstantinopels stammen, ebenso gut aber auch aus Alexandria.

Angesichts der unter Justinian einsetzenden politischen und künstlerischen Entwicklung mochte mancher Zeitgenosse den Eindruck gewinnen, dass Antike und Christentum dauerhaft miteinander verschmolzen seien bzw. dass die Antike im christlich geprägten Kaiserreich eine Fortsetzung finden könnte. Bildhauerkunst und Malerei machten jedoch, obwohl sie stets vorgaben, neue Motive in alter Manier wiederzugeben, einen tiefgreifenden Wandel durch. Dieser ist weniger darauf zurückzuführen, dass bestimmte Techniken in Vergessenheit gerieten, als vielmehr auf das Aufkommen einer neuen spirituellen Weltsicht. Die Künstler sahen sich zusehends veranlasst, den in der antiken Kunst so überaus wichtigen materiellen Aspekt zu vernachlässigen und sich der Maxime des Bischofs Synesios von Kyrene anzunähern: „Sucht das Göttliche in Euch, es wird Euch zu dem Göttlichen im Universum zurückzuführen."

Justinians autokratisches Lebenswerk brach bald zusammen. Unmittelbar nach seinem Tod drohte das Reich, das die außergewöhnliche Herrscherpersönlichkeit außen- wie innenpolitisch noch einmal zusammengeschweißt hatte, in den heraufziehenden Wirren zu versinken.

Nebenstehend links: *De materia medica*. Dioskurides, der Verfasser dieser Arzneimittellehre, empfängt aus der Hand der personifizierten Erfindung die Alraunwurzel. Österreichische Nationalbibliothek, Wien.

Nebenstehend rechts: Anicia Juliana thront zwischen den allegorischen Darstellungen der Großmut und der Weisheit. Frontispiz der Handschrift *De materia medica* des Dioskurides aus dem Jahr 512. Österreichische Nationalbibliothek, Wien.

KAPITEL II

Vom Bilderstreit zum Lateinischen Kaiserreich

Noch während Justinians Herrschaft begann eine Zeit für das Byzantinische Reich, die man später unter dem Begriff „die dunklen Jahrhunderte“ zusammenfasste. Die byzantinischen Streitkräfte befanden sich auf Eroberungszügen im Westen, da nutzte 540 der Sassanidenkönig Chosroes I. (531–579) die Gunst der Stunde, um Antiochia zu überfallen und zu plündern. Im selben Jahr begannen die Bulgaren in die Reichsgebiete südlich der Donau vorzustoßen.

Konstantinopel selbst, das mittlerweile zwischen 300 000 und 400 000 Einwohnern zählte, wurde 542 von einer bislang unbekannten Epidemie heimgesucht: der Pest. Die Krankheit war im Oktober 541 im ägyptischen Hafen Pelusium ausgebrochen und verbreitete sich von dort aus über den gesamten Mittelmeerraum. Im darauf folgenden Frühjahr wütete sie in allen großen Hafenstädten, in Alexandria, Antiochia und Konstantinopel. Als die Zahl der Opfer in der Hauptstadt mit 230 000 annähernd zwei Drittel der Bevölkerung ausmachte, gab man die Zählung der Toten auf. Auch wenn die ländlichen Gebiete des Byzantinischen Reiches weniger stark betroffen waren, büßte Justinian (527–565) binnen zwei Jahren rund ein Viertel seiner Untertanen ein – und damit auch seiner Soldaten und der Versorger der Reiches. Auch die Oberschicht und der Klerus Konstantinopels wurden stark dezimiert; der Kaiser selbst erkrankte im Sommer 542 wochenlang schwer, und die Regierungsgewalt lag über Monate in den Händen seiner Frau Theodora. Dennoch setzten sich Justinian und seine beiden großen Feldherren, Belisar und Narses, tapfer gegen alle Bedrohungen zur Wehr, und im Jahr 555 gelang ihnen sogar die Rückeroberung Andalusiens. Die enormen Entfernungen, der Mangel an Soldaten und Mitteln hatten jedoch zur Folge, dass sich die Kriege endlos in die Länge zogen und die Westgoten die Gebiete nach und nach wieder besetzen konnten. Schließlich flammte auch die Pest wieder auf, die das Byzantinische Reich von nun an zwei Jahrhunderte lang in regelmäßigen Abständen heimsuchte.

Die unmittelbaren Nachfolger Justinians zeigten sich dem schwierigen Erbe, das sie antraten, nicht gewachsen. Die von ihrem Vorgänger eroberten Gebiete in Italien und Spanien gingen schon bald wieder verloren, die Konflikte mit den Persern sowie den Awaren und Slawen brachen erneut aus. Die selbstherrliche Regie-

Münze mit dem Porträt des Kaisers Phokas (602–610). Bibliothèque nationale, Münzsammlung, Paris.

rung Kaiser Phokas' (602–610) führte schließlich zur Katastrophe: Im Inneren hatte sich eine brutale Schreckensherrschaft etabliert, während gleichzeitig das byzantinische Staatsgebiet auf ein Minimum geschrumpft war. Bulgaren, Slawen und Awaren eroberten den gesamten Balkan bis südlich der Peloponne und die Perser drangen über Armenien und Kleinasien bis Chalkedon vor. Dem Byzantinischen Reich blieben lediglich einige Enklaven an der Küste, wie Thessaloniki, und ein etwa 100 Kilometer breiter Streifen im thrakischen Hinterland, der für die Verteidigung Konstantinopels von großer Wichtigkeit war. Im Jahr 610 erschien der Armenier Herakleios (610–641), Sohn des gleichnamigen Exarchen von Karthago, vor Konstantinopel. Er konnte Phokas stürzen und wurde vom Patriarchen zum neuen Kaiser gekrönt. Doch die slawisch-awarische Bedrohung des Reiches im Norden und die persische im Osten blieben auch unter Herakleios bestehen. 611 besetzten die Perser Antiochia, 613 Damaskus und Jerusalem. Als sie im Jahr 617 schließlich in das Nildelta vorstießen und 618 Alexandria und ganz Ägypten einnahmen, bedeutete dies ein Desaster für Konstantinopel, das sein Getreide bis dahin aus Ägypten bezogen hatte. Herakleios sah sich gezwungen, die seit Konstantin übliche kostenlose Kornverteilung an die Einwohner der Stadt einzustellen. Erst neun Jahrhunderte später, nach der Eroberung Ägyptens durch die Osmanen im Jahr 1517, sollte Konstantinopel wieder mit ägyptischem Korn beliefert werden.

626 belagerten die Slawen und Awaren Konstantinopel und zerstörten das unter Valens errichtete Wasserversorgungssystem, das erst 758 auf Anordnung Kaiser Konstantins V. (741–775) restauriert wurde. Nachdem sich die byzan-

Kaiser Heraklios trägt – nur mit einem Hemd bekleidet und barfuß – das Kreuz nach Jerusalem. Michele di Matteo Lambertini (von 1416 bis 1469 in Bologna belegt). Öl auf Holz.

Himmelfahrt Muhammads. Miniatur von Elyas Nezami. Iran, 1504. Sammlung Kofler Truniger, Luzern.

tinische Hauptstadt erfolgreich gegen die slawischen Angreifer zur Wehr gesetzt hatte, gelang es Herakleios, die durch endlose Kämpfe geschwächten Sassaniden zu besiegen. Im Jahr 630 waren die Grenzen des Byzantinischen Reiches im Osten wiederhergestellt, und im März zog Kaiser Herakleios unter großem Triumph in Jerusalem ein, wo er das von den Persern zurückgewonnene Heilige Kreuz wieder aufrichtete. Aber am Ende dieses 90 Jahre währenden Krieges verfügten beide Reiche über keinerlei Reserven mehr, die sie der ab 633, ein Jahr nach dem Tod des Propheten Muhammad, beginnenden arabischen Expansion hätten entgegensetzen können. 636 schlugen die Armeen des Kalifen Omar (634–644) bei Kaddisiya (Irak) die Perser und die Byzantiner am Jarmuk (Jordanien). Für das Sassanidenreich bedeutete diese Niederlage das Ende, für Byzanz den Verlust des gesamten Nahen Ostens.

Danach besetzten die Araber Ägypten, drangen nach Kleinasien vor und besiegten 654 die byzantinische Flotte. In den Jahren 717 und 718 erlebte die Stadt eine ihrer härtesten Belagerungen durch die Araber. Doch aufgrund des ausgesprochen strengen Winters und einer großen Hungersnot im arabischen Lager, der viele Angreifer zum Opfer fielen, wurde die Belagerung im August 718 abgebrochen. Zwischen 745 und 747 brach erneut die Pest aus und dezimierte die Einwohnerzahl Konstantinopels so stark, dass Bewohner der Ägäischen Inseln angesiedelt wurden.

Die immense Bevölkerungsabnahme hatte auch Auswirkungen auf die Lebensqualität. Nach dem Zusammenbruch der Wasserversorgung verschwanden nicht nur manche der großen Zisternen und Brunnenanlagen, sondern auch öffentliche Thermen. Da der Staat Grundnahrungsmittel nicht länger kostenlos ausgab, stellten eine ganze Reihe öffentlicher Einrichtungen – Kornspeicher, aber auch Häfen – den Betrieb ein. Die Kaiserforen wurden jetzt als Viehmärkte genutzt, und die durch die Stadt ziehenden Schaf- und Schweineherden verursachten einen solchen Gestank, dass man die Gewürz- und Parfümhändler am Zugang zum Kaiserpalast postierte, um die kaiserliche Hofhaltung vor dieser Geruchsbelästigung zu schützen. Während man bei der ersten großen Pest von 542 die Toten wie üblich außerhalb der Stadtmauern bestattet hatte, füllte man 747 die in der Stadt gelegenen Grabstätten sowie die leeren Zisternen und Gräben und begrub die Toten sogar in den Weinbergen und Gärten innerhalb der konstantinischen Mauer.

Die Bauwerke aus konstantinischer Zeit waren dem Verfall preisgegeben, und unter den Bewohnern der Stadt, deren Monumente häufig zweckentfremdet wurden, schien die Vergangenheit zunehmend in Vergessenheit zu geraten. Um die Reste der Statuen, Säulen und öffentlichen

Bauten, die von den ersten Kaisern herbeigeschafft oder errichtet worden waren, rankten sich zahlreiche Legenden, die in der *Patria Konstantinopoleos* überliefert sind, einer Lokalchronik, verfasst in dem Bemühen, das historische Bewusstsein der Bevölkerung wach zu halten.

Der Bilderstreit

Als Konstantin seine Residenz an den Bosporus verlegte, gehörte die Verschmelzung von griechisch-römischer und jüdischer Welt zu einem Regierungsprogramm, das auf Reichseinheit und Machterhalt ausgerichtet war. Während Griechen und Römer viele Götter verehrten, und dies in vielfältigen künstlerischen Ausdrucksformen, besaßen die Juden nur einen Gott, dessen bildliche Darstellung sie ablehnten. Dennoch waren diese beiden Kulturen geografisch keineswegs scharf gegeneinander abgegrenzt. Zwar hatte die griechisch-römische Kultur das gesamte Territorium des Römischen Weltreiches – zumindest dessen städtische Zentren – mehr oder minder stark durchdrungen, doch hatten sich Zentren der jüdischen Kultur überall erhalten.
Das Christentum, von Konstantin zur Staatsreligion erhoben, war einer der Kristallisationspunkte dieser Gegensätze, da es sich einerseits mit den Schriften des Alten Testaments das jüdische Weltbild aneignete, andererseits aber auch den Einflüssen seiner römisch-hellenischen Umwelt ausgesetzt war. Von Anfang an wurde die Einheit der christlichen Kirche von dogmatischen Streitigkeiten erschüttert, die sich unter anderem an der Frage der Bilderverehrung sowie der Uneinigkeit über die Natur Christi entzündeten. Während die Zwei-Naturen-Lehre Christus eine göttliche und eine menschliche Natur zuschrieb, vertraten die Monophysiten die Meinung, Christus sei als Sohn Gottes selbst vollkommen göttlich. Seit Konstantin waren Kirchenpolitik und Innenpolitik, Religionseinheit und Einheit des Reiches untrennbar miteinander verflochten. Das Konzil von Chalkedon (451) hatte die erste große theologische Auseinandersetzung, den Arianischen Streit, zugunsten der Zwei-Naturen-Lehre beigelegt, aber eine durchgreifende Lösung brachten die Beschlüsse nicht. Auch Justinian, der die Anhänger des Schismas verfolgen ließ, bevor er zu einer nicht wesentlich erfolgreicheren Vermittlungspolitik überging, konnte den Monophysitismus, dem auch Kaiserin Theodora anhing, nicht entscheidend schwächen.

Der Bilderstreit (Ikonoklasmus) war in erster Linie ein Phänomen der Kirche im Osten, wo der Ikonenkult besonders großen Zulauf fand. Die ersten Christen standen den Bildnissen der polytheistischen Religionen aufgrund des Zweiten Gebots ablehnend, wenn nicht gar feindlich gegenüber. Sie waren darauf bedacht, sich gegen das Heidentum abzugrenzen. Auf der anderen Seite nahm das Christentum auch Sitten und Bräuche der griechisch-römischen Welt, in der es sich verbreitete, auf. Außerdem waren Konstantin und seine Nachfolger keinesfalls gewillt, dem auf der Anbetung von Bildnissen gründenden Kaiserkult zu entsagen. Man unterschied daher immer stärker zwischen dem weltlichen Bereich,

Links: Goldener Solidus Kaiser Konstantins II. (641–668), geprägt um 647/648. Bibliothèque nationale, Münzsammlung, Paris.

Rechts: Konstantin V. (741–775) und Leon IV. (775–780) Bibliothèque nationale, Münzsammlung, Paris.

in dem Statuen und Porträts, beispielsweise auf Münzen, weiter üblich waren, und dem religiösen Bereich, in dem man zunächst nur Symbole zuließ. An erster Stelle das Kreuz, ein auch in älteren Kulturen bekanntes Zeichen, in christlicher Bedeutung das Siegel Christi. Zu den ältesten Symbolen gehören außerdem der Fisch, griechisch *Ichthys*, dessen Buchstabenfolge den Anfangsbuchstaben der griechischen Wörter für „Jesus Christus Gottes Sohn Erlöser" entspricht, das Lamm (Agnus Dei) und der Pfau als Symbol der Unsterblichkeit unter vielen anderen tierischen und pflanzlichen Motiven. Christus selbst wurde häufig als Guter Hirte abgebildet oder als bartloser Jüngling, bis der durch den Kaiserkult geprägte Bildtyp des thronenden Christus aufkam.

Während sich Kaiser Konstantin, dessen Machtanspruch auf dem Christentum basierte, der christlichen Symbolik bediente – die Chalke, die Toranlage des Kaiserpalastes, ließ er mit einem Kreuz verzieren –, hielten die Bilder zögerlich und zunächst nur spärlich Einzug in die Gotteshäuser. An der Vorhalle der Hagia Sophia symbolisierte ein Fries aus Lämmern die Evangelisten. Im Innenraum ist eine figurative Darstellung nur in der Apsis belegt; ob die Kirchenwände in konstantinischer Zeit ebenfalls mit figürlichem Schmuck ausgestattet waren, ist unbekannt. Auch zu Justinians Zeiten änderte sich hieran kaum etwas. Sowohl die Sergios-und-Bakchos-Kirche als auch die neue Hagia Sophia entbehrten jeglicher figurativer Elemente, sieht man von den seidenen, laut Paulus Silentarius mit Stickereien verzierten Altarbehängen ab.

Gegen Ende der Herrschaft Justinians, stärker noch unter Justin II. (565–578) trat dann das Bild seinen Siegeszug in Gesellschaft und Politik an, wofür es verschiedene Ursachen gibt. In der Liturgie des christlichen Gottesdienstes gewann das Bild an Bedeutung. Außerdem tauchten wundertätige Ikonen, so genannte Archeiropoieta, auf, die angeblich nicht von Menschenhand gemacht waren. Im Jahr 544 stieß man in Edessa (dem heutigen Urfa) auf ein Schweißtuch, auf dem die Gesichtszüge Christi zu erkennen waren. Um 550 entdeckte eine Frau in Camuliana, einem Dorf bei Cäsarea (dem heutigen Kayseri), in einem Brunnen ebenfalls ein Tuch mit dem Abbild Christi, dem man wundertätige Eigenschaften zuschrieb. Die Reliquie wurde zwischen 554 und 560 in feierlichen Prozessionen von Stadt zu Stadt getragen. Man huldigte ihr mit Ehrenbezeigungen, wie man sie bislang kaiserlichen Porträts erwiesen hatte. Zeitgenossen sahen diese Nachahmung der Feierlichkeiten anlässlich der Ankunft eines Herrschers als Vorausdeutung auf die Wiederkehr Christi.

Der Mosaikzyklus von Hagios Demetrios in Thessaloniki belegt die wachsende Bedeutung der Bilder. Es handelt sich dabei nicht um eine

Folge von Motiven aus der Heiligen Schrift, wie sie in den nach dem Bilderstreit entstandenen Kirchen zu sehen sind, sondern um eine Serie von Votivtafeln, mit denen die Stifter den Namenspatron der Kirche um Fürbitte bei Christus ersuchten. Die Stifter haben die Tafeln mit Abbildungen ihrer Kinder versehen, und es scheint, dass sie die Wirkung dadurch verstärken wollten. Im Laufe der Zeit begann man den Bildern Kräfte zuzuschreiben. Laut André Grabar „bewegten sich Ikonen wie Lebewesen; sie bluteten, sprachen, rächten sich, kündigten sich in Träumen an, vertrieben Dämonen und standen den Gläubigen im alltäglichen Leben zur Seite“. Die Ikonen traten an die Stelle antiker Götzenbilder – eine Tendenz, die die Herrscher bereitwillig aufgriffen. Justin II. ließ 574 die Reliquie von Camuliana nach Konstantinopel holen und die Kirchen Konstantinopels fast durchweg mit figurativen Mosaiken ausstatten, sein Nachfolger Tiberios I. (578–582) in der Apsis des Chrysotriklinos, des Thronsaals im Kaiserpalast, ein Mosaik mit dem thronenden Christus anbringen, und als Maurikios gegen die Perser ins Feld zog, führte er an der Spitze seiner Armeen eine wundertätige Ikone mit.

Mit Maurikios, der 602 einem Anschlag des Usurpators Phokas zum Opfer fiel, endete die Reihe der Kaiser, die den Thron auf legalem Wege bestiegen. Ihre Nachfolger, die häufig durch Meuchelmord oder Intrigen an die Macht gelangten, nutzten den Bilderkult gezielt, um ihren Thronanspruch zu rechtfertigen. Herakleios ließ angesichts der drohenden Angriffe der Perser – sie stießen bereits in die kleinasiatischen Vorstädte Konstantinopels vor – die Reliquien der Heiligen Euphemia von Chalkedon in den Prunksaal des Antiochos-Palastes überführen, der zur Gedenkstätte (Martyrium) umgestaltet wurde. Die 1939 entdeckten Überreste dieses Gebäudes befinden sich in einem Park nordwestlich des Hippodroms. Eine von Phokas errichtete Kirche in der Nähe des Lausos-Palastes, die dem Evangelisten Johannes geweiht war, wurde in osmanischer Zeit in eine Menagerie verwandelt. Das Bauwerk, das auf einer Zeichnung aus dem Jahr 1574 zu sehen ist, wurde wahrscheinlich zu Beginn des 19. Jahrhunderts abgerissen.

Wie die verschiedenen Völker, die im Byzantinischen Reich lebten, darauf reagierten, ist weitgehend unbekannt. Man weiß, dass die Monophysiten Vorbehalte anmeldeten. In Armenien kam es zu vereinzelten Protestbewegungen, die den Bilderstreit vorwegnahmen. Während die Juden in frühchristlicher Zeit figurative Darstellungen durchaus zuließen, was sich an der Synagoge von Dura Europos in Syrien nachweisen lässt, scheinen sie sich in dieser Zeit auf die rigorose Ablehnung von Bildern zurückbesonnen zu haben. Dass keinerlei ablehnende Stellungnahmen von Christen überliefert sind, dürfte darauf zurückzuführen sein, dass nach der Beendigung des Bilderstreits im Jahre 843 alle diesbezüglichen Quellen systematisch vernichtet wurden. Der Islam, der sich im Nahen und Mittleren Osten sehr schnell ausbreitete, bildete die radikalste und dauerhafteste Gegenposition zum byzantinischen Bilderkult.

Auch wenn der Ikonoklasmus durch Kaiser Leon III. (717–741) ausgelöst wurde, der 730 ein Edikt gegen den Ikonenkult erließ, muss man das Phänomen dieses über ein Jahrhundert dauernden Kulturkampfes auch im Zusammenhang mit der Konfrontation des Byzantinischen Reiches mit der neu entstehenden islamischen Welt verstehen. Das omajjadische Kalifat in Damaskus war nicht grundsätzlich bilderfeindlich – schließlich verbietet der Koran die bildliche Darstellung nicht. Wie die ersten oströmischen Kaiser unterschieden die Kalifen zwischen profanem und religiösem Bereich und ließen

Thermen, Paläste und Festungen mit figurativen Fresken und Reliefs schmücken, während in Moscheen und Medresen Abbildungen lebender Wesen strikt verboten waren. Doch die beiden Reiche bekämpften sich nicht nur militärisch, sondern lieferten sich gleichzeitig eine ebenso heftige ideologische Auseinandersetzung. Den Kalifen blieb nicht verborgen, dass die Völker des Nahen Ostens, die von beiden Reichen umworben wurden, eher einer bilderfeindlichen Haltung zuneigten als dem Bilderkult der byzantinischen Kaiser.

Linke Seite,
oben links: Kreuz und Fisch. Der Fisch wurde schon von den ersten Christen zu einem Symbol ihres Glaubens erhoben.
Viertes Jahrhundert.

Oben rechts: Pfau. Ikonostasenplatte. Weiße Keramikfliese mit polychromem Dekor.
Konstantinopolitanische Werkstätte, neuntes bis zehntes Jahrhundert.
Louvre, Paris.

Mitte: Christus als Guter Hirte.
Strigilierter Sarkophag, Detailaufnahme,
Mitte drittes Jahrhundert.
Louvre, Paris.

Unten: Münze Justins II.
Bibliothèque nationale, Münzsammlung, Paris.

Oben: Heraklios und Chosroes II.
Emailplatte, Grubenschmelz.
Zweite Hälfte 12. Jahrhundert.
Louvre, Paris.

Solidus Justinians II. (685–595). Bibliothèque nationale, Münzsammlung, Paris.

BEOBACHTUNGEN EINES ARABISCHEN GEFANGENEN IN KONSTANTINOPEL

Neben dieser Kuppel im Ehrenhof befindet sich in zweihundert Schritt Entfernung eine Zisterne, deren Wasser zu den Statuen oben auf den Säulen geleitet wird. Wenn der Festtag naht, wird diese Zisterne aus zehntausend Krügen Wein und tausend Krügen weißem Honig gefüllt. Alsdann wird alles mit einer Kamelladung Narde, Nelken und Zimt gewürzt. Die Zisterne wird bedeckt, so dass nichts von dem zu sehen ist, was sich in ihr befindet. Am Tag des Festes verlässt der Kaiser den Palast und betritt die Kirche, er betrachtet die Statuen und den Wein, der ihnen aus Mund und Ohren fließt, und beobachtet, wie der Wein sich im Becken sammelt, bis dieses voll ist. Jeder seiner Gefolgsmänner, die mit ihm zum Fest schreiten, erhält schließlich ein Glas, das bis zum Rand mit diesem Wein gefüllt ist.

Harun ibn-Yahya (um 911–913)

Bis zum Ende des siebten Jahrhunderts ließen die Kalifen Münzen nach byzantinischem Muster prägen. Die eine Seite der Münze zeigte einen Kopf, auf der anderen wurde allerdings der waagerechte Strich des seit Kaiser Maurikios auf den byzantinischen Münzen abgebildeten Kreuzes weggelassen, so dass eine Art Stab übrig blieb. Justinian II. (685–695, 705–711) ging dazu über, die Vorderseite der Münzen mit dem Bildnis Christi sowie der Inschrift *Rex regnantium* (König aller Könige), die Rückseite mit seinem eigenen Abbild zu versehen, das ihn zum Zeichen der Ehrerbietung stehend und mit der Inschrift *Servus Christi* (Diener Christi) zeigte. Abd al Malik (685–705) reagierte auf diese Provokation, indem er eine Münze prägen ließ, die den ebenfalls stehenden Kalifen mit umgürtetem Schwert zeigt. Eine andere zeigt die senkrechte Lanze des Propheten über einem Bogen. Beide Münzen bezeichnen den Kalifen als „Oberhaupt der Gläubigen" und „Kalif Allahs". Allerdings scheinen sie bei islamischen Rechtsgelehrten auf Widerstand gestoßen zu sein, denn die folgenden Prägungen wiesen nur mehr die Inschriften auf. Abd al Maliks Nachfolger Walid I. (705–715) ließ noch 712 seinen Hammam von Qusayr Amra mit nackten Frauen dekorieren und sich selbst als thronenden römischen Kaiser darstellen. Doch 722 erließ Kalif Yezid II. das erste ikonographische Edikt, das Christen wie Muslimen jegliche figurative Darstellung verbot. Christliche Quellen führten den Erlass auf jüdische Einflüsse zurück und werteten ihn als willkürliche Regierungsmaßnahme. Das Edikt muss jedoch bei der Bevölkerung durchaus auf Zustimmung gestoßen sein. Andernfalls hätte Leon III. vier Jahre später kaum die Notwendigkeit verspürt, seinerseits das byzantinische Bilderverbot zu veranlassen.

Die Mehrzahl der seit Ende des 19. Jahrhunderts wiederentdeckten Fußbodenmosaiken in den Kirchen Palästinas und Jordaniens weist Beschädigungen aus der Zeit des Bilderstreits auf, die die Abbildungen von Lebewesen betrafen. Bislang hat man sie auf das Edikt des Kalifen zurückgeführt. Unlängst stieß man jedoch in Umm er-Rasas auf Mosaiken aus dem Jahr 756, die dieselben Verstümmelungen aufwiesen, obwohl Yezids Edikt bei dessen Tod 724 widerrufen und in der Folge für christliche Kirchen kein neues Bilderverbot erlassen worden war.

Wenn die ikonoklastischen Dekrete der Kaiser tatsächlich durchweg auf Ablehnung stießen, wie die bilderfreundlichen Quellen uns glauben machen wollen, ist nicht nachvollziehbar, warum gerade die christlichen Untertanen des Kalifen, die nicht von den kaiserlichen Beschlüssen betroffen waren, diese derart gewissenhaft befolgt haben sollen. Vielmehr waren die Bischöfe Kleinasiens selbst bei Leon III. vorstellig geworden, um gegen den Ikonenkult zu protestieren, der längst zum Aberglauben ausgeartet war und vor allem unter dem einfachen Volk und dem niederen Mönchtum verbreitet war. In ihren Diözesen hatten sie ihn teilweise bereits eigenmächtig verboten. Zwei Faktoren sprachen gegen die Bilderverehrung: Zum einen gewannen die Mönche, die die Ikonen anfertigten und vertrieben, einen immensen Einfluss auf die Bevölkerung, zum anderen bereicherten sich die Klöster an den Spenden der Gläubigen. Leon III., der syrischer Abstammung war, beschloss, dem Beispiel der Kalifen zu folgen und die Bilderverehrung zu verbieten. Mit diesem Schritt hoffte er auch, die jüdische Bevölkerung von der Annäherung an den Islam abzubringen. Dazu war es jedoch zu spät. Die von Leon umworbenen Bevölkerungsgruppen unterstanden bereits der Rechtsprechung des muslimischen Kalifats und waren bis auf jene Kreise, die mit der bilderfreundlichen Haltung der östlichen Patriarchate sympathisierten, im Begriff, allmählich im Islam aufzugehen.

In den Territorien, die dem Byzantinischen Reich verblieben waren, war der Ikonenkult in der Bevölkerung derart verbreitet, dass es zwangsläufig zum gewaltsamen Aufbegehren gegen die angeordnete Bilderzerstörung kommen musste. Nachdem das Konzil in Nicäa (787) das Verbot in gewisser Weise zurückgenommen hatte und die Verehrung der abgebildeten Personen, nicht aber deren Anbetung gestattete, ebbten die Aufstände ab. Ein kurzes Aufflammen des Bilderstreits zu Beginn des neunten Jahrhunderts konnte nicht verhindern, dass der Ikonenkult 843 endgültig wieder eingeführt wurde.

Seine östlichen Gebiete verlor Byzanz an den Islam, jedoch hatte es unterdessen auch im Westen jeglichen Einfluss verloren, nachdem Karl der Große im Jahr 800 vom Papst zum Kaiser gekrönt worden war. Während der Epoche des Bilderstreits hatte sich die Kluft zwischen Ost- und Westkirche vertieft, zum einen, da die Päpste eine bilderfreundliche Position vertraten, zum anderen, weil auf Byzanz als weltlichen Schutzherrn Roms infolge der bürgerkriegsartigen Zustände nicht länger Verlass war. Deshalb hatten sich die Päpste dem aufstrebenden Frankenreich zugewandt. Die Kaiserkrönung Karls des Großen kam einem Verrat gleich, fortan sollten zwei Kaiserreiche miteinander um die Vorherrschaft ringen. Byzanz schrumpfte auf ein kleines Reich zwischen dem karolingischen Europa und dem islamischen Orient zusammen, das sich auf Dauer weder gegen den Westen noch gegen den Osten behaupten konnte und sich doch keiner der beiden Welten anschließen wollte.

Das Konstantin-Lips-Kloster

Das Ende des Ikonoklasmus im Jahr 843 und die Begründung der makedonischen Dynastie im Jahre 867 durch Basileios I. (867–886), einen ungebildeten Soldaten, der zum erfolgreichen Feldherrn wurde und schließlich den byzantinischen Thron bestieg, stand am Beginn einer Wiedergeburt des Byzantinischen Reichs. Die wahre *renovatio Imperii Romani* blieb jedoch aus, so oft die Kaiser sie auch beschwören mochten. Einer der Gründe dafür war die Tatsache, dass den Herrschern dieser Zeit das Gespür für das dem Römischen Reich zugrunde liegende Prinzip der *res publica*, die Verantwortung des Staates für das Gemeinwohl, abhanden gekommen war. Wenn Konstantinopel allmählich wieder auferstand, war das einer Reihe von privaten und kaiserlichen Initiativen zu verdanken, die jedoch kein übergeordnetes Konzept erkennen ließen. Dies zeigte sich besonders deutlich in der Bautätigkeit von Justinians Nachfolgern. Die wenigen Informationen, die uns vorliegen, lassen erkennen, dass die Zeit der großen Prachtbauten vorbei war. Die gesamte Architektur des byzantinischen Mittelalters war geprägt von dem Wunsch einzelner Bauherren, elegante Bauwerke und architektonische Kleinode zu errichten und damit Prestige zu gewinnen, am Bau großer öffentlicher Monumente war niemand interessiert. Kirchen und Klöster wurden überwiegend mit dem Hintergedanken gebaut, das Ansehen der Stifter und ihrer Familien zu heben. Daher waren die Gebäude meist reich dekoriert, aber fast immer von bescheidenen Ausmaßen und mit jenen aus der ersten Bauphase Konstantinopels nicht zu vergleichen.

Das einzige größere Bauvorhaben in der Zeit des Ikonoklasmus betraf die Instandsetzung der durch das Erdbeben von 740 beschädigten Irenen-Kirche unter Konstantin V. 100 Jahre später entstand der erste größere Kirchenneubau nach der Hagia Sophia, die zwischen 876 und 880 unter Basileios I. errichtete Nea Ekklesia (Neue Kirche). Vierung und Arme dieses Kirchenbaus in Form eines griechischen Kreuzes mit vier gleich langen Schenkeln wurden jeweils von einer Kuppel überwölbt, so dass er insgesamt fünf Kuppeln besaß. Der Grundriss entwickelte sich zum Modell für alle weiteren Kirchenbauten jener Zeit. Die ganz im Osten des Kaiserpalastes, zwischen dem Hippodrom und dem Meer gelegene Nea Ekklesia ist auf einem Stadtplan aus den 80er Jahren des 15. Jahrhunderts abgebildet. Die Türken nannten sie Güngörmez („jene, die nie das Licht erblickt") und nutzten sie als Pulverlager. Ein anonymer Bericht schildert ihre Zerstörung: „Am Sonntag, dem 11. Juni 1490, begann es in den frühen Morgenstunden zu regnen. Es donnerte und blitzte. Plötzlich steckte ein Blitz das Pulverlager in der Güngörmezkirche in Brand, woraufhin die Kirche förmlich weggepustet wurde. Alle umliegenden Gebäude wurden zerstört; fünf- bis sechstausend Männer, Frauen und Kinder fanden den Tod." Eine weitere, unter Basileios I. errichtete Kirche war die Elias-Kirche; eine schlichte Kreuzkuppelkirche mit einer dreigeteilten Ostpartie und polygonal ummantelten Apsiden, im östlichen Obergeschoss mit Kuppeln ausgestattet. Anfang des 16. Jahrhunderts wurde sie in eine Moschee umgewandelt.

Münze Leons III. (717–741) Bibliothèque nationale, Münzsammlung, Paris.

Ansicht des Hippodroms um 1575. Im Vordergrund von links nach rechts: ägyptischer Obelisk, Schlangensäule und gemauerter Obelisk. Im Hintergrund links die Hagia Sophia.

Das älteste erhaltene Beispiel für die mittelbyzantinische Sakralarchitektur in Konstantinopel ist die der Jungfrau Maria geweihte Konstantin-Lips-Kirche des im Lykos-Tal gelegenen gleichnamigen Klosters. Kaiser Leon VI. (886–912) weihte das nach seinem Bauherrn, dem Flottenkommandanten Konstantin Lips benannte Gebäude im Juni 907 ein. Die in fünf Apsiden auslaufende Fassade der Kirche sollte wohl den Eindruck einer fünfschiffigen Anlage erwecken. 1962 durchgeführte Untersuchungen ergaben, dass sich auf beiden Seiten des Hauptgebäudes, in Verlängerung der Ostfassade, zwei separat zugängliche kleine Kapellen befanden, während sich hinter den beiden die Hauptapsis flankierenden Nischen die Prothesis (ein Nebenraum zur Aufbewahrung der Kultgegenstände) und das Diakonikon (ein Umkleideraum für die Priester) verbargen. Der auf dem Grundriss eines griechischen Kreuzes errichtete Innenraum wurde in der Mitte von einer kleinen, auf vier Säulen gestützten Tambourkuppel überwölbt. Dem gesamten Baukörper war ein Narthex vorgelagert. Wie die Nea Ekklesia soll die Konstantin-Lips-Kirche mit fünf Kuppeln ausgestattet gewesen sein. Ein südlich des Narthex gelegener Treppenturm führte in einen oberen Narthex, von wo aus man – entweder direkt oder über äußere Galerien – in vier Eckkapellen gelangte. Die beiden östlichen Oberkapellen lagen über der Prothesis und dem Diakonikon, die beiden westlichen über den Armen des kreuzförmigen Kirchenschiffes und dem Narthex. Alle vier Oberkapellen waren von kleinen Kuppeln überwölbt, welche sich um die Hauptkuppel scharten. Dem ausgesprochen komplizierten Grundriss entsprach eine reiche Innenausstattung, die neben Spolien in Form von Marmorskulpturen eine Vielzahl von in Einlegetechnik gefertigten Ikonen sowie – eine seltene Errungenschaft aus dem persischen Raum – Keramikverblendungen umfasste.

Der Innenraum der Lips-Kirche folgt einer grundsätzlich anderen Konzeption als die Kirchen aus den ersten Jahrhunderten des Byzantinischen Reiches. Weniger hell und klar, strahlte er im Gegenzug eine größere Spiritualität und geheimnisvolle Wirkung aus. Obwohl der Raum kleiner ist, scheint er gleichzeitig auch tiefer zu sein, da die vertikalen Elemente stärker hervortreten. Die Mauern, die die Last der gesamten Dachkonstruktion, der Kuppeln, Gewölbe und Bogen auffangen, sorgen für Geschlossenheit. Auch die Kuppeln hatten nun kleinere Ausmaße

– der Durchmesser der Lips-Kuppel betrug 3,80 Meter. Die unter Justinian errichteten Gebäude hatten die Last der weit größeren Kuppeln nach außen abgeleitet – ein Kunstgriff, den sich später die osmanische Architektur mit großem Erfolg zu Eigen machte. Die Klosterkirchen sollten weder große Menschenmengen aufnehmen noch der Darstellung der kaiserlichen Macht dienen, vielmehr sollten sich hier einige wenige Gläubige im Namen des Stifters und seiner Familie zum Gebet zusammenfinden. Die Wände dienten jetzt in zunehmendem Maße der Anbringung jener großen Bildzyklen in Mosaik- oder Freskotechnik, die sich zum typischen Kennzeichen der mittelalterlichen Kirchen entwickelten.

Kaiserliche Bauwerke kündeten nach wie vor von dem ehrgeizigen Bestreben, einen einheitlichen Zentralbau ohne Pfeiler zu schaffen, der von einer möglichst imposanten Kuppel bekrönt war. Mit den damals zur Verfügung stehenden technischen Mitteln ließ sich jedoch nicht beides gleichzeitig bewerkstelligen: Je größer die Kuppel, desto mehr Stützen waren im Allgemeinen erforderlich und desto stärker wurde der Raum folglich unterteilt. In dieser Hinsicht stellte die Lips-Kirche eine Art Übergangsstadium dar, da sich zwischen den vier von Anfang an vorhandenen Säulen ein einheitlicher quadratischer Raum auftat, der gleichzeitig das Zentrum des griechischen Kreuzes bildete und von zwei großen Fenstern in den seitlichen Fassaden erhellt wurde. Die komplizierte Anlage wurde gegen Ende des 13. Jahrhunderts an ihrer Südflanke um eine weitere Kirche erweitert. Sie scheint als neue dynastische Grablege ausersehen worden zu sein. Die kaiserliche Gruft in der Apostelkirche und im Pantokrator-Kloster waren während der Plünderung Konstantinopels im Vierten Kreuzzug zerstört worden. Ihr Bau fällt in die Regierungszeit Michaels VIII. (1259–1282), des Begründers der Palaiologen-Dynastie, dem es gelang, die Stadt aus den Händen der Lateiner zurückzuerobern. Sie muss zwischen 1282, dem Todesjahr des Kaisers, und 1303, dem Todesjahr Theodoras, die sich in der Kirche bestatten ließ, fertiggestellt worden sein. In der Mitte des 14. Jahrhunderts erfolgte der Anbau eines im Süden und Westen umlaufenden Parekklesions bzw. Exonarthex (Mantelumgang) mit zahlreichen Grabnischen, in denen mehrere Mitglieder der Palaiologendynastie bestattet wurden. In Kirche und Narthex befinden sich weitere Grabstätten, darunter die des Andronikos II. (1282–1328) sowie die der russischen Prinzessin Anna, der ersten Gemahlin Johannes' VIII. Palaiologos (1425–1448), die im Jahr 1418 an der Pest starb.

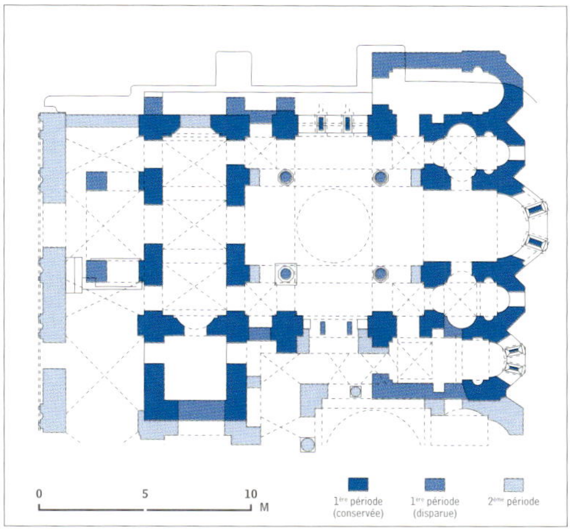

Rekonstruktionsplan der Nordkirche des Konstantin-Lips-Klosters mit den beiden Seitenkapellen.

Die Kirche verfügt in Verlängerung der Hauptapsis über eine zentrale quadratische Fläche, die von einer Kuppel überwölbt ist, welche auf vier Eckpfeilern ruht. Zwischen die Pfeiler wurden im Norden, Süden und Westen je zwei Säulen eingestellt, so dass Dreierarkaden entstanden, nur die Seite zur Apsis hin blieb offen. Um das solchermaßen abgegrenzte Quadrat verläuft ein Deambulatorium, dem im Norden ein Narthex vorgelagert ist, der jenen der älteren Kirche verlängert. Im Süden und Westen wird die Anlage, wie bereits erwähnt, von einem weiteren Umgang eingefasst. Auf diese Weise ergibt sich für die palaiologische Kirche ein auffällig stark untergliederter Raum. Die Seitenlänge des zentralen, von einer Kuppel überwölbten Raumes beträgt ganze sechs Meter, während sich die Außenmaße der Kirche auf 18 mal 24 Meter belaufen.

Nach der türkischen Eroberung behielt das Lips-Kloster seinen besonderen Status als kaiserliche Grablege zunächst bei. Gegen Ende des 15. Jahrhunderts gestaltete Fener Isa, dessen Familie zahlreiche religiöse Würdenträger hervorbrachte, den Komplex zu einer Moschee mit einem angegliederten Derwischkloster um. Nach dem großen Brand von 1633, der die Anlage stark in Mitleidenschaft zog, ließ der Großwesir Bayram Paşa (1636–1638) sie umgehend wieder instand setzen. Die Säulen, welche die zentrale Kuppel der Nordkirche getragen hatten, wurden damals durch weitgespannte Spitzbogen ersetzt. 1918 ging das Gebäude abermals in Flammen auf und stand danach für einige Zeit leer, sodass Ausgrabungen und Forschungsarbeiten vorgenommen werden konnten. Inzwischen ist das Gebäude restauriert und wird wieder als Moschee genutzt.

Die Myrelaion-Kirche

Anfang des zehnten Jahrhunderts begann der kometenhafte Aufstieg von Romanos I. Lekapenos (920–944), dem Sohn eines von Basileios I. reich bedachten armenischen Bauern. Nach seiner Ernennung zum Flottenbefehlshaber verheiratete Romanos Lekapenos seine Tochter Helena im Jahr 919 mit dem damals 14-jährigen Konstantin VII. (913–959), der seit seinem achten Lebensjahr unter der Vormundschaft seiner Mutter Zoe regierte. Wenige Monate später zwang Romanos die Kaiserinmutter, in ein Kloster zu gehen, und legte sich den Titel Basilopator, „Vater des Kaisers", zu. Gegen Ende des Jahres 920 wurde er zum Mitkaiser gekrönt, und Anfang 921 beteiligte er seine drei ältesten Söhne an der Regierung. Seinen vierten Sohn Theophylaktos ließ er 933 im Alter von 16 Jahren zum Patriarchen ernennen.

Die unverkennbare Absicht, eine neue Dynastie zu begründen, zeigt sich nicht zuletzt an dem umfassenden Bauprogramm, das Romanos I. Lekapenos unternahm. Bereits vor seiner Krönung erwarb er ein Grundstück, auf dem sich unter anderem die Ruine eines spätantiken Rundbaus befand, der mit einem Durchmesser von 42 Metern nach dem Pantheon der zweitgrößte Rundbau der Antike war. Weder schriftliche Quellen noch archäologische Untersuchungen geben Aufschluss darüber, zu welchem Zweck die Rotunde ursprünglich errichtet wurde und wie sie genau beschaffen war. Sie besaß zwei gegenüberliegende Zugänge. Vor dem nördlichen Eingang befand sich ein Portikus, während der südliche von einer Kolonnade gesäumt wurde. Der kreisrunde Innenraum, dessen Durchmesser knapp 30 Meter betrug, besaß im Osten und Westen zwei rechtwinklige Nischen sowie vier halbrunde Nischen im Nordosten, Südosten, Nordwesten und Südwesten. Nichts deutet darauf hin, dass die 6,10 Meter starken Mauern jemals einen Überbau trugen.

Die beiden Zugänge wurden damals zugemauert, im Inneren errichtete man 80 Säulen, zog eine Decke ein und funktionierte die gesamte Anlage zur Zisterne um. Darüber wurde auf der Hälfte der Grundfläche, die als Quadrat angelegt wurde, ein Palast errichtet. Dieser bestand aus einem rechteckigen Hauptgebäude und zwei Risaliten, die im Erdgeschoss durch eine Kolonnade verbunden waren. Den Rest der Fläche nahm ein gepflasterter Hof ein, den vermutlich ein Portikus säumte.

Kurz nach seiner Krönung zum Mitkaiser ließ Romanos nordöstlich des Palastes in dessen unmittelbarer Nähe eine Kirche errichten, die das Familienmausoleum werden sollte. Als Grablege der byzantinischen Kaiser diente weiterhin – bis 1028 – die Apostelkirche. Trotz seiner kühnen Ambitionen ging Romanos Lekapenos vorsichtig zu Werke. Konstantin VII. Porphyrogenetos, der byzantinische Thronfolger aus der makedonischen Dynastie, blieb offziell Kaiser. Daher war Romanos gezwungen, sich – zumindest vorerst – eine eigene Grabkirche zuzulegen. Die so genannte Myrelaion-Kirche dürfte aller Wahrscheinlichkeit nach Anfang 922 fertiggestellt

Blick auf die Apsis des Konstantin-Lips-Klosters. Von rechts nach links folgen einander Prothesis, Chor und Diakonikon der ersten Kirche, die (tieferliegende) Außenkapelle der ersten Kirche, die gleichzeitig als Prothesis der zweiten dient, Chor und Diakonikon der zweiten Kirche sowie schließlich der Narthex mit seinem zurückgesetzten Umgang.

worden sein, da die am 20. Februar desselben Jahres verstorbene Theodora, die Gemahlin des Romanos Lekapenos, hier als erste bestattet wurde.

Die enge Anbindung an die erhöht liegende Palastanlage erforderte auch für den Sakralbau eine ungewöhnliche Architektur: Damit beide Gebäude auf einer Ebene lagen, wurde die Kirche auf einer Substruktion errichtet, die zwar an eine Unterkirche erinnert, aber nie als solche genutzt wurde.

Der Grundriss in Form eines griechischen Kreuzes ist dem der Kirche des Konstantin-Lips-Klosters nachempfunden, zeichnet sich aber durch eine größere Klarheit aus. Im Gegensatz zu dieser besaß die heutige Bodrum Cami keinerlei Anbauten, so dass die architektonische Struktur deutlicher hervortritt. Die Mauern der Kreuzarme, des Narthex, der Hauptapsis, der Prothesis und des Diakonikons sind von auffallend vielen Fensteröffnungen durchbrochen. Gemauerte Halbrundsäulen, die über die Fassade hinausragen, lassen die Schauseiten plastischer wirken. Die vier Gewölbe der Kreuzarme sind sehr viel höher als das Dach von Narthex, Prothesis und Diakonikon, werden aber ihrerseits von der zentralen, auf einem Tambour ruhenden Kuppel überragt. Da man, anders als bei der Lips-Kirche, auf weitere Kuppeln verzichtete, tritt das griechische Kreuz deutlich hervor. Die klaren Höhenunterschiede zwischen den einzelnen Gebäudeteilen gestatteten die Anbringung zusätzlicher Fenster – allein der Kuppeltambour besitzt acht großflächige Öffnungen –, sodass der Innenraum lichtdurchflutet ist. Die Substruktion der Myrelaion-Kirche ist außen durch mächtige Pfeiler mit oberen Auskragungen gegliedert. Diese tragen eine die Kirche umlaufende Galerie, die im Westen an die Abdeckung der Rotunde grenzt. Die einst reiche Ausstattung mit Glasfenstern, Stuckfriesen und Mosaiken ist durch wiederentdeckte Fragmente nachgewiesen.

Romanos' ältester Sohn und Mitkaiser Christophoros wurde im Jahr 931 als zweiter in der Myrelaion-Kirche bestattet. Innere Zwistigkeiten führten dazu, dass die Familie ihre herausragende Stellung ebenso rasch wieder verlor, wie sie sie erworben hatte: Im Dezember 944 setzten die beiden anderen Söhne, Stephan und Konstantin, ihren Vater ab und verbannten den 75-jährigen in ein Kloster auf der vor der Stadt gelegenen Insel Prote (heute Kinali) im Marmarameer. 40 Tage später ließ Konstantin VII. die Brüder verhaften und stellte die Herrschaft der makedonischen Dynastie wieder her. Konstantin Lekapenos wurde 946 in der Familiengrablege bestattet, in die man auch seinen Vater, den 948 im Exil verstorbenen Romanos, überführte. Schließlich wurde auch dessen Tochter Helena, die Gattin Konstantins VII., die 961, zwei Jahre nach ihrem Gemahl, starb, hier beigesetzt.

Später wurde die Myrelaion-Kirche zu einem Kloster, in das sich die Frauen der kaiserlichen Familien zurückzogen. Als die Kreuzfahrer 1203, kurz vor der endgültigen Eroberung Konstantinopels, in die Stadt einfielen, wurde die Kirche bei einem Brand stark beschädigt. Im Jahr 1400 wurde das Kloster letztmals erwähnt. Ein Jahrhundert später wandelte Großwesir Mesih Paşa, der der Dynastie der Palaiologen entstammte und gemeinsam mit seinem Bruder, dem späteren Gouverneur Anatoliens Has Murad Paşa im Palast Mehmeds II. erzogen worden war, die Myrelaion-Kirche in eine Moschee um. Die Gründungsurkunde der Stiftung, die eine Medrese (Koranschule) mit einschloss, datiert von Oktober 1501.

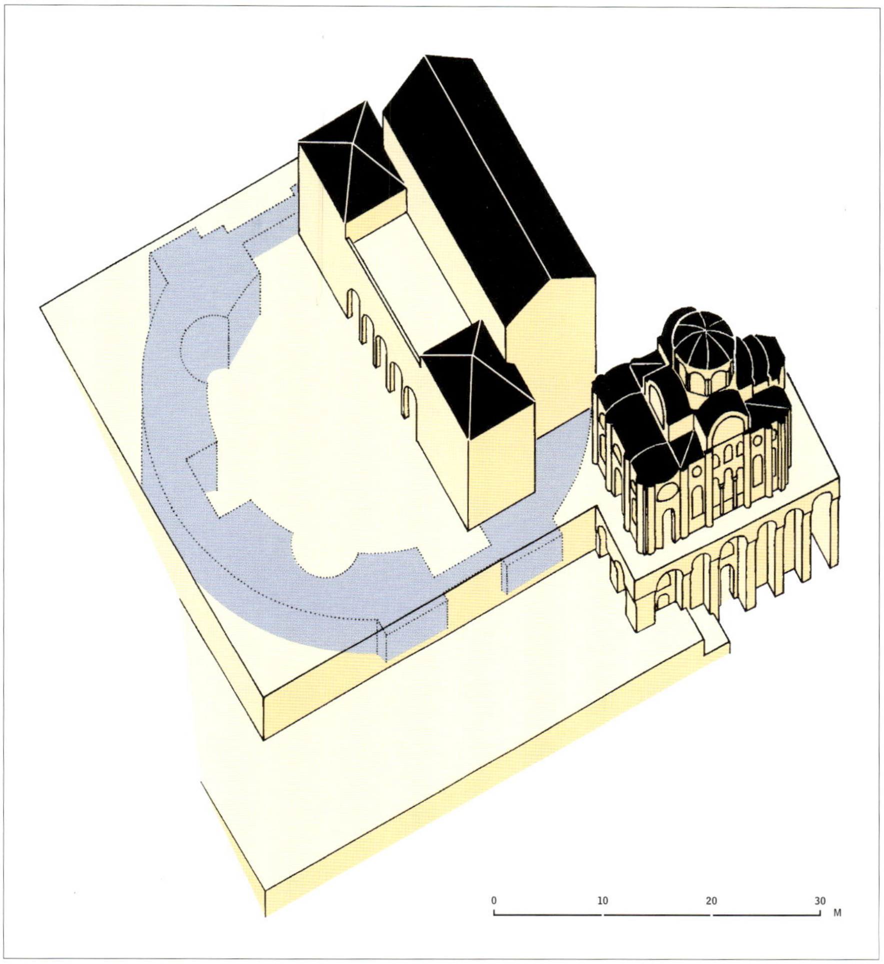

Axonometrische Rekonstruktion des auf den Grundmauern der Rotunde errichteten Palastes des Romanos Lekapenos, seitlich versetzt die Myrelaion-Kirche.

Das Pantepoptes-Kloster

Das militärische und wirtschaftliche Wiedererstarken des Byzantinischen Reiches erreichte zu Beginn des elften Jahrhunderts während der Regierungszeit von Basileios II. (976–1025) seinen Höhepunkt. Die europäischen Gebiete wurden zurückerobert; wieder markierte die Donau von Belgrad bis zu ihrer Mündung ins Schwarze Meer die Grenze. Der unbarmherzige Krieg gegen Bulgarien, der 17 Jahre dauerte, trug dem Kaiser den Titel Bulgaroktonos („Bulgarentöter“) ein. Auch die syrische Küste bis Tartus brachte er erneut unter seine Kontrolle und unternahm einen Vorstoß in Richtung Kaukasus. Beim Kampf gegen die armenischen Fürstentümer trafen die byzantinischen Truppen auf die von Transoxanien in den Iran drängenden Türken. Nicht zuletzt der Niedergang des Kalifats in Bagdad verhalf Konstantinopel, das mittlerweile 200 000 Einwohner zählte, zu erneutem Glanz. Doch war der strenge Soldatenkaiser Basileios II., der zeitlebens unverheiratet blieb, äußerst sparsam. Er ließ in Konstantinopel kein einziges Bauwerk errichten, sondern häufte einen riesigen Staatsschatz an – den größten seit Justinian – , den seine Nachfolger allerdings rasch verschleuderten.

Während bisher der städtische Beamtenadel die Reichspolitik dominiert hatte, bahnte sich im elften Jahrhundert eine Verschiebung der Machtverhältnisse an. Die Großgrundbesitzer und die Militäraristokratie gewannen zunehmend an Einfluss und gelangten mit der Dynastie der Komnenen endgültig an die Macht. Die vorangegangenen Jahrzehnte waren von permanenten Herrscherwechseln gekennzeichnet: Zwischen 1025, dem Ende der Regierungszeit Basileios II., und 1081, dem Beginn der Herrschaft von Alexios I. Komnenos (1081–1118), lösten sich nicht weniger als 13 Herrscher auf dem Kaiserthron ab. Die letzten glanzvollen Jahre waren geprägt von der Errichtung prachtvoller Bauwerke. Romanos III. Argyros (1028–1034) ließ das Peribleptos-Kloster errichten, Michael IV. (1034–1041) stiftete ein Cosmas und Damian geweihtes Kloster außerhalb der Stadtmauern, das in der Nähe der um 1800 errichteten Eyüp Sultan Cami lag, und unter Konstantin IX. Monomachos (1042–1055) entstand unweit der Sarayspitze am Ufer des Marmarameeres das Georgs-Kloster. Es war berühmt für seinen Reichtum und existierte bis zur türkischen Eroberung.

Mehmed II. siedelte dort bereits 1454 Derwische an. Gegen Ende des Jahrzehnts beschloss der Sultan jedoch, seinen Palast an der Spitze der

Grundriss und Querschnitt der Pantepoptes-Kirche.

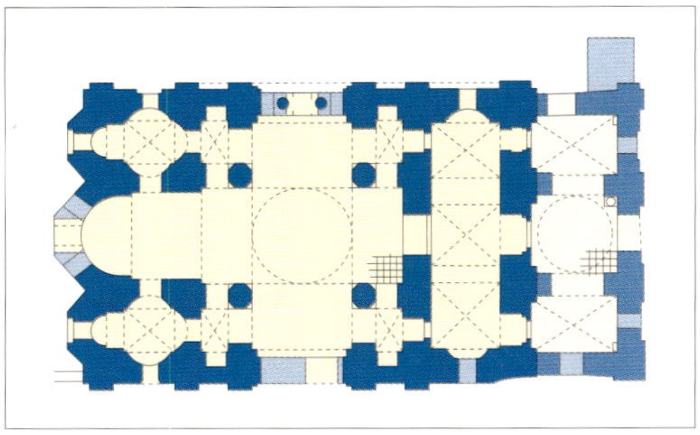

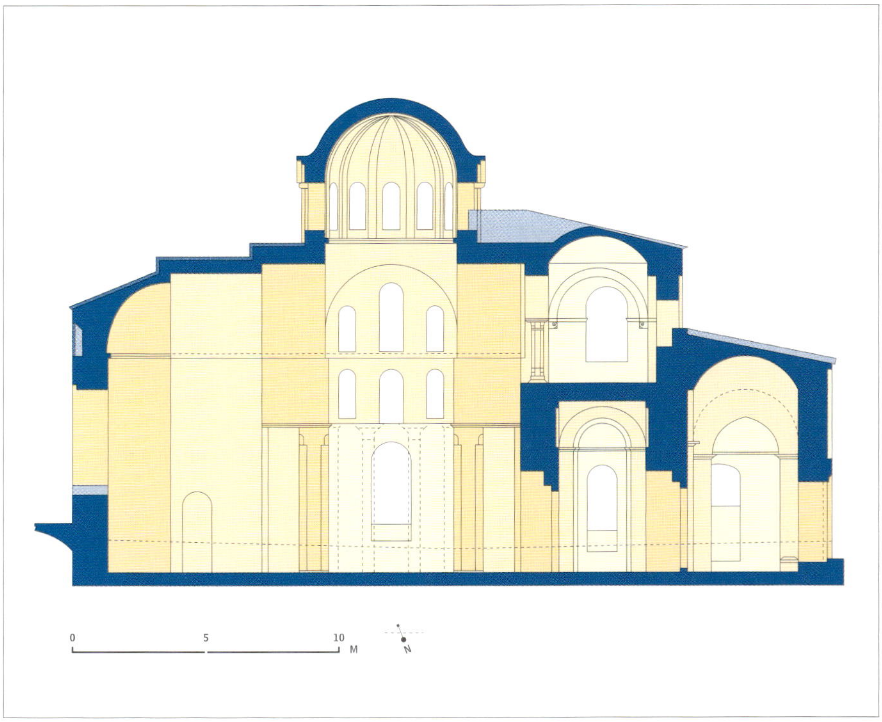

Halbinsel zu errichten, und das Kloster, das im Bereich der geplanten Palastanlagen lag, musste weichen. Während der französischen Besatzungszeit am Ende des Ersten Weltkrieges wurden dort Ausgrabungen vorgenommen, in deren Verlauf die Fundamente der ehemaligen Kirche freigelegt werden konnten. Es handelte sich um einen nahezu quadratischen Kuppelbau mit einer dreigeteilten Ostpartie (Bema, Prothesis und Diakonikon) und einem Narthex im Westen. Das Kuppelquadrat wird im Norden, Süden und Westen von fünf eigenständigen Raumkompartimenten umschlossen, die weder einen Umgang bilden noch die Form eines griechischen Kreuzes haben, wie wir es von den Kreuzkuppelkirchen kennen. Dieser Bau macht einmal mehr deutlich, wie fragwürdig Datierungen ausschließlich anhand typologischer Kriterien sind.

Im Jahr 1071 erlitt das Byzantinische Reich bei Mantzikert eine schwere Niederlage gegen die Türken, denen damit der Weg nach Kleinasien geöffnet war. Im Zuge ihrer Ansiedlungen entstanden mehrere Kleinfürstentümer, darunter das der Seldschuken mit der Hauptstadt Konya. Es erstarkte bald und behauptete sich gegen Byzanz, das die Herrschaft über Anatolien endgültig verlor. Die dort ansässige griechische Bevölkerung zog sich nach Konstantinopel zurück, dessen Einwohnerzahl im Lauf des zwölften Jahrhunderts auf knapp 300 000 anwuchs. Folglich stärkte der Verlust der kleinasiatischen Gebiete die Position der Hauptstadt, und die Epoche der Komnenen war von einer regen Bautätigkeit gekennzeichnet. Ein großer Teil der damals entstandenen Bauwerke ist heute noch erhalten.

Alexios I., der 1081 auf den Thron gelangte, übertrug die Verantwortung für die Hauptstadt seiner Mutter Anna Dalassena, während er selbst damit beschäftigt war, seine Herrschaft im Reich zu konsolidieren. Sie ließ auf einem zum Goldenen Horn hin abfallenden Gelände links des vom Valens-Aquädukt zum Meer führenden kleinen Tales ein Kloster errichten, welches dem „alles schauenden Erlöser", dem Christos Pantepoptes geweiht war. Es muss zwischen 1081 und 1087 – dem Jahr seiner ersten schriftlichen Erwähnung – entstanden sein. Über die architektonische Entwicklung während der anderthalb Jahrhunderte, die zwischen dieser Kirche und der Lips-Kirche bzw. der Myrelaion-Kirche liegen, haben wir keine Informationen, da aus dieser Zeit kein Bauwerk mehr vorhanden ist. Der Grundriss der Klosterkirche hat ebenfalls die Form eines griechischen Kreuzes. Die vier Säulen, welche die Kuppel trugen, wurden in osmanischer Zeit durch achteckige Pfeiler ersetzt. Um die zur Apsis und zum Schiff hin jeweils kürzeren Kreuzarme sind vier kleine Eckräume angeordnet, durch die man im Osten in die Prothesis und das Diakonikon – beide mit Vierkonchengrundriss – und im Westen in den Narthex gelangt. Über dem Narthex befindet sich eine Galerie; der Exonarthex wurde später angefügt. Wie bei der Myrelaion-Kirche gibt es auch hier Wandvorlagen, die jedoch rechteckig sind und vergleichsweise plump wirken. Aufgrund des Überbaus des Narthex ist die Kreuzform trotz der geringen Dachhöhe von Prothesis und Diakonikon von außen nicht mehr zu erkennen. Als einzige architektonische Neuerungen aus dem zehnten oder elften Jahrhundert sind die stufenweise nach innen zurückgesetzten, aus Ziegeln gemauerten Bogen der Fenster und Nischen anzusehen, wie

Pantepoptes-Kirche, Außenansicht der Apsisanlage.

Links: Kilise Cami, Narthex und Zugang zum Kircheninneren.

Rechts: Kilise Cami, Mittelschiff.

sie sich auch in der 1028 errichteten Kirche Panhagia ton Chalkéon (Maria der Kupferschmiede) in Thessaloniki finden. Die zahlreichen Blendnischen und Fenstergruppen innerhalb der dreifach, an den Seitenwänden des Narthex gar fünffach getreppten Rundbögen sollten die Fassade leichter wirken lassen. Die Kuppel der Pantepoptes-Kirche hat einen Durchmesser von 4,5 Metern und ruht auf einem zwölfeckigen, von zwölf Fenstern durchbrochenen Tambour. Die Tambours der Lips-Kirche und der Myrelaion-Kirche wiesen jeweils nur acht Öffnungen auf.

Anna Dalassena verbrachte ihre letzten Lebensjahre im Pantepoptes-Kloster, in das sich auch andere byzantinische Würdenträger zurückzogen. Während der Belagerung Konstantinopels durch die Kreuzfahrer im Jahr 1204 wurde das Kloster aufgrund seiner Lage oberhalb des Goldenen Horns zum Generalquartier von Kaiser Alexios V. (1204) umfunktioniert. Zur Zeit des Lateinischen Kaiserreichs wurde es als Benediktinerkloster wieder seiner ursprünglichen Bestimmung zugeführt, die es bis 1453 behielt. Nach der türkischen Eroberung wurde es womöglich wegen seines guten Erhaltungszustandes als einer der allerersten Sakralbauten in eine islamische Stiftung umgewandelt. Der Komplex, der eine Moschee, eine Medrese und eine Armenküche umfasst, erhielt die Bezeichnung Eski Imaret, „Alte Stiftung“, im Unterschied zur „Neuen Stiftung“, Yeni Imaret, die Mehmed II. anstelle der Apostelkirche errichten ließ. Die von Mehmed II. um 1473 ausgestellte Stiftungsurkunde erwähnt 35 Räume, die – verteilt auf das Erdgeschoss und den ersten Stock – direkt an das Hauptgebäude des Pantepoptes-Klosters angeschlossen waren. Die in eine Moschee umgewandelte Kirche wurde in den 70er Jahren des 20. Jahrhunderts restauriert.

Die Kilise Cami

Bis auf den heutigen Tag sind weder das Datum der Fertigstellung noch das ursprüngliche Patrozinium jener byzantinischen Kirche nachgewiesen, die heute als Kilise Cami bekannt ist. Ob sie, wie einige Forscher vermuten, dem Heiligen Theodor geweiht war, läßt sich nicht mit Sicherheit sagen. Eine unter der Kirche entdeckte Zisterne legt die Vermutung nahe, dass es sich um eine Klosterkirche handelt. Die Bauzeit ist vermutlich zwischen dem Ende des elften und dem Beginn des zwölften Jahrhunderts, wahrscheinlich etwas später als die der Kirche des Pantepoptes-Klosters, anzusetzen. Es handelt sich ebenfalls um eine Kreuzkuppelkirche, doch während die Kreuzarme wie dort mit einem Tonnengewölbe versehen sind, werden die vier Eckräume von kleinen Kuppeln überdacht. Prothesis und Diakonikon sowie das zentrale Joch des Narthex sind auch mit Kuppeln eingedeckt, die jedoch in der Dachkonstruktion verschwinden, so dass sie von außen nicht sichtbar sind. Die zentrale Kuppel ruht auf einem zwölfeckigen Tambour, der wie in der Pantepoptes-Kirche von zwölf Fensteröffnungen durchbrochen ist, doch beträgt ihr Durchmesser lediglich vier Meter. Die Fenster des nördlichen und des südlichen Kreuzarms weisen drei Arkaden auf, über denen sich ein Tympanon erstreckt. An der Ostseite treten die nur angedeuteten seitlichen Apsiden kaum über die Außenmauer hervor, während die deutlich ausgeprägte fünfeckige Hauptapsis eine zweistöckige Fassade besitzt. Hier entsprechen den drei Fenstern und zwei gleich großen, flachen Nischen im Erdgeschoss fünf zweifach getreppte Halbrund- bzw. Flachnischen im Obergeschoss. Einer Zeichnung des Archäologen Charles Texier aus dem Jahr 1833 zufolge befand sich auf der Südseite eine Vorhalle, ähnlich den vorgelagerten Kapellen des Lips-Klosters, die sich auf Höhe des südlichen Kreuzarmes mit fünf Arkaden öffnete. Sie dürfte nach dem schweren Brand im August 1833, bei dem die Kirche stark beschädigt wurde, abgerissen worden sein.

Während der zweiten Regierungsperiode der Palaiologen-Dynastie im 14. und 15. Jahrhundert erhielt die Kirche in der ersten Hälfte des vierzehnten Jahrhunderts einen gewaltigen Exonarthex. Er besteht aus fünf Jochen, von denen die drei mittleren der Breite des Kirchenbaus entsprechen, während die beiden übrigen rechts und links darüber hinausragen. Das mittlere und die beiden äußeren Joche werden von Kuppeln überwölbt, die auf achteckigen Tambouren ruhen. Die Fassade ist zweigeschossig gestaltet. Die obere Zone zeigt fünf gestufte Blendbögen, in denen kleine halbrunde Blendnischen und getreppte Fenster liegen. Unten wird das einzige, in der Mitte gelegene Portal von zwei halbrunden Nischen flankiert. Ganz außen an der Fassade befindet sich ebenfalls jeweils eine Nische. Zwischen den inneren und den äußeren Nischen liegen Tripelarkaden mit Fensteröffnungen. Der Fassade fehlt es jedoch an Geschlossenheit, da die Joche des oberen Registers in keiner Weise der Säulenanordnung im Untergeschoss entsprechen. Seyhülislâm Molla Gürani **S**emsüddin (gest. 1488) wandelte die Kirche in eine Moschee mit angegliederter Medrese um.

Die Gül Cami (Die Rosenmoschee)

Der türkische Name des Gotteshauses rührt angeblich daher, dass die Eroberung Konstantinopels im Jahre 1453 auf den 29. Mai, den Namenstag der Patronin, fiel und die Osmanen die Kirche deshalb in vollem Rosenschmuck vorfanden.

Im 16. Jahrhundert wurde der imposante Sakralbau in der Nähe des Goldenen Horns als Bestandteil des Theodosia-Klosters identifiziert. Jüngere Forschungen ordnen die Kirche dagegen einem anderen, Christos Euergetes geweihten Kloster zu, das Johannes Komnenos, der Neffe Alexios' I., zwischen 1104 und 1108 errichten ließ. Eine Bestätigung erfuhr diese These durch die eingehende Analyse des Ziegelbaus, die eine Entstehungszeit zwischen dem Ende des elften und dem frühen zwölften Jahrhundert ergab. Um die Hanglage auszugleichen, steht die Kirche auf einem Unterbau, dessen älteste Teile aus dem frühen elften Jahrhundert stammen.

Die Gül Cami gehört zur Gruppe der Kreuzkuppelkirchen; sie ist heute ohne Narthex. Die ursprüngliche Kuppel stützte sich auf vier mächtige Pfeiler, die im 16. Jahrhundert noch verstärkt wurden, um die Last einer Flachkuppel von 8,60 Metern Durchmesser aufzufangen, die die alte Konstruktion ersetzte. Die auf zwei Pfeilern ruhenden Tripelarkaden zwischen den südlichen, nördlichen und westlichen Pfeilern stützen eine drei Seiten umlaufende Empore. Von außen wie von innen wirkt der Bau ausgesprochen massiv. Die Fassaden der Apsiden von Prothesis und Diakonikon sind durch übereinander gelagerte Blendnischen gegliedert. In ihrer steilen Proportionierung erinnert die viergeschossige Wandgliederung an die Apsisgestaltung des Pantokrator-Klosters.

1490/91 wurde die Kirche in eine Moschee umgewandelt. Der Umstand, dass die entsprechenden Bauarbeiten nur sechs Monate dauerten, deutet darauf hin, dass keine aufwendigen Veränderungen vorgenommen wurden. Eine von Melchior Lorichs 1557 angefertigte Stadtansicht zeigt sie mit einem hölzernen Notdach. Dies legt die Vermutung nahe, dass die Dachkonstruktion dem großen Erdbeben von 1509 zum Opfer fiel. Sie wurde wohl während der Regierungszeit Selims II. (1566–1574) wiederhergestellt. Die Kreuzarme wurden mit osmanischen Spitzbogen eingewölbt, der Zentralraum und die vier Eckräume erhielten Flachkuppeln. Darüber hinaus wurden in osmanischer Zeit die Fenster der nördlichen und südlichen Fassade erneuert.

Grundriss der Kilise Cami. Die schraffierten Flächen markieren den Exonarthex aus palaiologischer Zeit, die gestrichelten markieren die Reste einer Außenkapelle, wie sie auf der Zeichnung Texiers zu sehen sind.

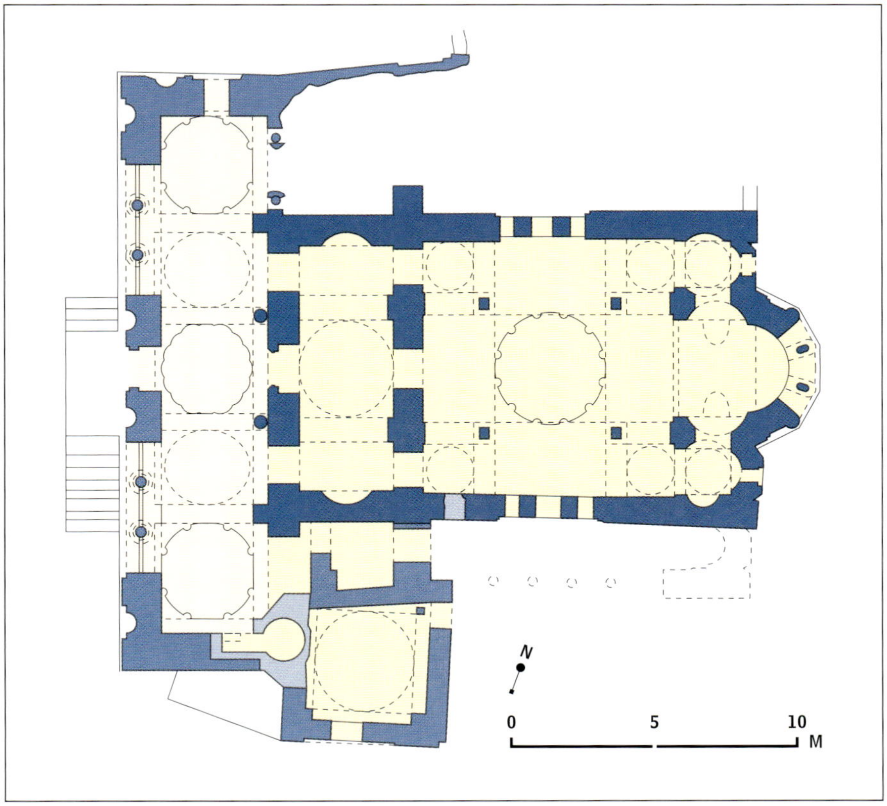

Rückwärtige Fassade der Gül Cami. Die Kuppeln sind aus osmanischer Zeit, in der auch einige der Apsisfenster zugemauert wurden.

Das Pantokrator-Kloster

Die Komnenen hatten ihre Residenz vom großen Kaiserpalast in den Blachernenpalast, eine unmittelbar an der Landmauer unweit des Goldenen Horns gelegene Festung, verlegt. Gleichzeitig nutzten sie nicht mehr das kaiserliche Mausoleum in der Apostelkirche, sondern schufen sich eine eigene Grablege innerhalb des Pantokrator-Klosters. Dieses lag oberhalb des kleinen Tals, das vom Valens-Aquädukt zum Goldenen Horn führt, und damit in der Nähe des Pantepoptes-Klosters.

Die Stiftung umfasste ein Kloster, in dem bis zu 84 Mönche lebten, eine Kapelle mit einem Kapitel von 45 Priestern und ein Spital, das 50 Patienten aufnehmen konnte und 103 Personen beschäftigte – 76 in der Krankenpflege und 27 in der Versorgung. Im Mittelpunkt der Anlage standen zwei Kirchen, die in zwei verschiedenen Bauphasen entstanden und dann durch eine Grabkapelle verbunden wurden. Allen drei Gebäudeteilen vorgelagert ist ein Narthex sowie ein Exonarthex im Bereich der südlichen Kirche und der Grablege. 1136 wurde der gesamte Kirchenkomplex in einer Stiftungsurkunde aufgeführt und muss demnach zu diesem Zeitpunkt fertig gestellt gewesen sein.

Die drei Gebäude zeugen zwar nicht von Originalität, beeindrucken aber durch ihre Monumentalität und ihre Dekoration. Dies gilt vor allem für die ältere Kirche, die Kaiserin Irene, die Gemahlin Alexios' I., 1118 zusammen mit dem Kloster in Auftrag gab. Mit einem Durchmesser von sieben Metern besitzt die Südkirche die größte Kuppel aller mittelalterlichen

Kirchenbauten Konstantinopels. Sie ruht mit ihrem 16-seitigen Fenstertambour auf vier Säulen. Auf diese Weise entstand im Inneren ein von keinerlei Stützen verstelltes Quadrat, dessen Seiten knapp 15 Meter maßen. Die zwei Meter starken Porphyrsäulen, die noch in Reiseberichten aus osmanischer Zeit erwähnt sind, wurden nach einem Brand und einem Erdbeben in den Jahren 1756 bzw. 1766 durch Pfeiler mit barocken Elementen ersetzt.

Im Inneren zeichnet sich die Südkirche durch die Glasfenster der Hauptapsis und einen sehr schönen Marmorfußboden *(opus sectile)* aus. Die Einlegearbeiten zeigen ineinander verschlungene Motive und Medaillons mit Tieren, Jagdszenen und eine Darstellung von Samson, der die Stadttore von Gaza wegträgt. Der ab 1954 freigelegte und restaurierte Fußboden ist inzwischen wieder unter den Holzdielen der heutigen Moschee verborgen. Die Untersuchung der bei der Restaurierung entdeckten Glasfensterfragmente ergab, dass diese, anders als die mit Gips verbundenen osmanischen Fenster, in Blei gefasst waren. Die Hypothese, dass die Fenster während des Lateinischen Kaiserreichs, zwischen 1204 und 1261, eingesetzt worden seien, lässt sich angesichts der entdeckten griechischen Inschriften kaum aufrechterhalten, zumal aus der fraglichen Zeit keine Restaurierungsarbeiten belegt sind. Somit dürften die Fenster aus den ersten Regierungsjahren von Johannes II. Komnenos (1118–1143) zwischen 1124 und 1130 und folglich aus einer Periode stammen, in welcher die Glaskunst im Westen erst allmählich aufkam. Die Fenster zeugen jedoch von einer hoch entwickelten Technik, die eine umfangreiche, mehr oder weniger langwierige Erprobungsphase voraussetzte. Im übrigen dominiert innerhalb der aufgefundenen Bruchstücke eindeutig die Farbe Blau. Aus einer zwischen 1110 und 1140 verfassten Abhandlung des deutschen Mönches Theophilus wissen wir, dass diese Farbe, die damals im Westen nur schwer zu bekommen war, unter der Bezeichnung Griechisch Blau bekannt war. Theophilus zufolge konnte man die Farbe in Frankreich damals nur herstellen, indem man importiertes blaues Geschirr einschmolz und mit weißem und farblosem Glas vermischte. Die Dominanz der blauen Farbe in den Fenstern der Pantokrator-Kirche sowie die Tatsache, dass die darin dargestellten Figuren mit griechischen Beischriften versehen waren, legt also den Schluss nahe, dass die Fenster aus einer byzantinischen Werkstatt stammen.

Während die Südkirche unter dem Patrozinium des Christos Pantokrator („Allherrscher") stand, war die zweite Kirche, die Johannes II. nördlich errichten ließ, der Panhagia Eleusa („Maria, der Erbarmerin") geweiht. Es handelt sich um eine etwas schmalere Kreuzkuppelkirche, deren Proportionierung steiler als die der Südkirche ist und die über eine weniger tiefe Apsis verfügt. Die geringe Breite hat zur Folge, dass der zentrale Raum innerhalb des griechischen Kreuzes statt eines Quadrates ein Rechteck bildet und die auf einen Tambour mit acht Fensteröffnungen aufgesetzte Kuppel oval geformt ist.

Da die Grabkapelle zwischen die beiden bestehenden Kirchen eingefügt wurde, konnte man es wagen, eine größere Kuppel als die beiden bereits vorhandenen zu konstruieren, welche nicht mehr das zentrale Joch eines griechischen Kreuzes überwölbte, sondern sich unmittelbar auf die durch Pfeiler verstärkten Außenmauern der beiden Kirchen stützte. Die räumliche Enge, die bereits den relativ schmalen Grundriss der Nordkirche bedingt hatte, sowie die Notwendigkeit, die Dachkonstruktion der in der Mitte entstehenden Kapelle in einer Fluchtlinie mit den bereits vorhandenen Kirchen auszurichten, führten zu einem heterogenen Bauwerk mit zwei ovalen Kuppeln von unterschiedlicher Größe und Ausrichtung. Die kleinere, vor der Apsis errichtete Kuppel ist von Norden nach Süden ausgerichtet und sitzt auf einem zwölfeckigen Tambour. Die größere Kuppel, deren Längsachse acht Meter und deren Querachse knapp sieben

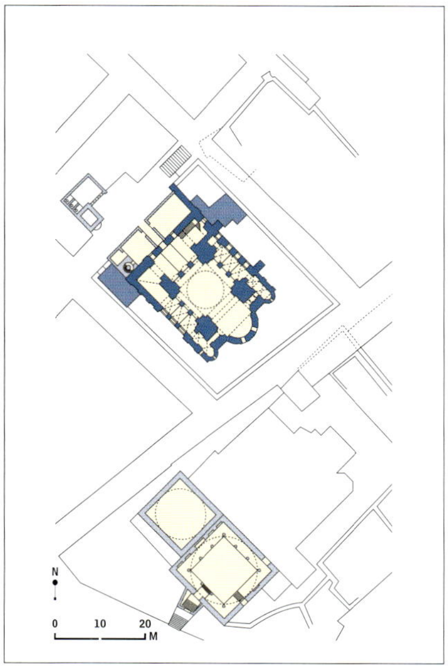

Unten links: Lageplan der Gül Cami. Das oben eingezeichnete Gebäude ist die Gül Cami, unten ist der Hammam Küçük Mustafa Paşas abgebildet, den Nurbanu Sultan, die Gemahlin Selims II., im Jahr 1565 erbauen ließ, in dem auch das Dach der Gül Cami erneuert wurde.

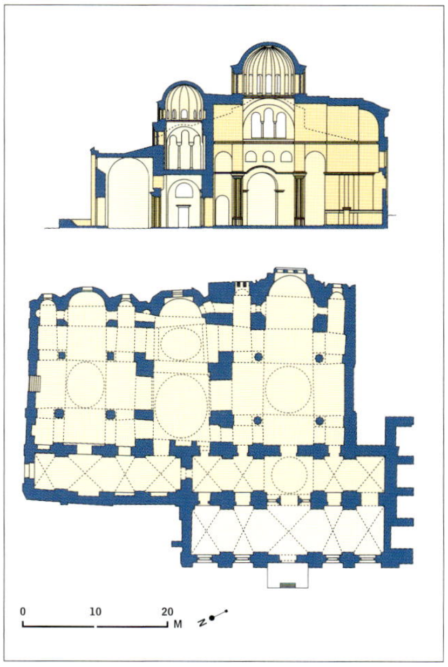

Rechts: Pantokrator-Kloster. Grundriss der Klosteranlage und Längsschnitt durch die Hauptkirche.

Nebenstehend: Blick auf die Apsisanlage des Pantokrator-Klosters. Außen befinden sich die Christuskirche (links) und die Marienkirche, umrahmt von ihren Pastoforia (Prothesis und Diakonikon). Zwischen ihnen liegt die Grabkirche der Komnenen, die keine Pastoforia besitzt.

Meter misst, ist von Osten nach Westen ausgerichtet und grenzt direkt an den Narthex. Sie ruht auf einem 16-seitigen Tambour, der, ebenso wie jener der Südkirche, 16 Fensteröffnungen aufweist. Diese Kuppel des Mausoleums stellt ein Beispiel für das ununterbrochene Streben nach einer möglichst großen Kuppel als Ausdruck des kaiserlichen Machtanspruchs dar. Auch unter den Osmanen setzte sich dieser Ehrgeiz der Herrscher und ihrer Architekten fort.

Die drei Bauteile sind durch einen gemeinsamen Narthex mit darüberliegender Empore verbunden. Der Exonarthex, der möglicherweise im Zusammenhang mit dem Bau des Heroons hinzugefügt wurde und sich nicht über die gesamte Breite, sondern nur über die südliche Hälfte erstreckt, verstärkte die Heterogenität des Ensembles. Außerdem mußte auf das zentrale Joch des Narthex der Südkirche eine Kuppel mit einem zwölfeckigen Tambour aufgesetzt werden, um das Kircheninnere mit Tageslicht zu versorgen. Obwohl es dem Ensemble an Geschlossenheit fehlt, beeindruckt es durch seine Monumentalität und das Zusammenspiel der Baukörper.

Am besten präsentiert es sich von Osten, von jenem kleinen Tal aus, das vom Valens-Aquädukt zum Goldenen Horn führt. Der kreuzförmige Grundriss der beiden seitlichen Kirchen sowie die Abstufung der Kuppeln der Grabkapelle kommen gut zur Geltung, da die Apsis der Kapelle und die seitlichen Apsiden der Nord- und der Südkirche verhältnismäßig klein sind.

Die Fassaden der Apsiden sind in zwei Register unterteilt: Oben befinden sich halbrunde Blendnischen, unten dagegen Fensteröffnungen, die inzwischen allerdings überwiegend zugemauert wurden.

Die Klosteranlage diente bis zum Ende des Byzantinischen Reiches als Grablege. Johannes II. und sein Sohn Manuel I. Komnenos (1143–1180) sowie dessen 1158 verstorbene Gemahlin Bertha von Sulzbach fanden dort ihre letzte

Nebenstehend: Innenansicht der Hauptkirche des Pantokrator-Klosters. In der zweiten Hälfte des 18. Jahrhunderts wurden die ursprünglichen Porphyrsäulen durch Kompositsäulen ersetzt.

Rechte Seite: Pantokrator-Kloster, Marienkirche. Blick aus dem Mittelschiff in die Apsis.

Ruhestätte. Die Dynastie der Palaiologen ist mit Manuel II. (1391–1425) und Johannes VIII. (1425–1448) vertreten. Zuletzt wurde Helena Dragas, die am 23. März 1450 verstorbene Mutter des letzten byzantinischen Kaisers, Konstantin XI. Palaiologos (1449–1453) im Pantokrator-Kloster begraben.

Offensichtlich wurde das Kloster nach der türkischen Eroberung nicht sofort in eine Moschee umgewandelt, denn der Chronist Dukas berichtet, dass dort 1455 zunächst Tuchmacher und Schuster arbeiteten. Einige Zeit später richtete man in der Klosteranlage eine Medrese ein. Die von Mehmed II. ausgestellte Gründungsurkunde nennt 50 Zellen. Nach dem ersten Lehrer der Schule, Molla Zeyrek, erhielt die Moschee den Namen Zeyrek Kilise Cami.

Das Kyriotissa-Kloster

Die Identifizierung des am östlichen Ende des Valens-Aquäduktes gelegenen Kyriotissa-Klosters erwies sich zunächst als schwierig, eine Zuordnung allein mit Hilfe schriftlicher Quellen als problematisch. Anfangs stützte man sich auf die Erwähnung einer Station des Prozessionsweges zur Apostelkirche und hielt die Klosteranlage für die 598 errichtete Panhagia Diakonissa. Dann setzte man die Anlage wegen ihrer Nähe zu dem erstmals 1092 erwähnten Kloster Christos Akataleptos („des Unergründlichen") mit diesem gleich. Erst durch die Entdeckung eines Marienfreskos mit der Inschrift „Kyriotissa" („Herrin") kam man darauf, dass es sich womöglich um ein Kloster dieses Patroziniums handeln könnte, das zu Beginn eines Textes aus dem 14. Jahrhundert flüchtig erwähnt ist.

Ausgrabungen und Restaurierungsmaßnahmen, die zwischen 1966 und 1975 vorgenommen wurden, brachten zum Vorschein, dass an diesem Standort – rechts der Straße, die vom Theodosianischen Forum zu der Apostelkirche führte, und genau an jener Stelle, wo der Valens-Aquädukt endete – nacheinander verschiedene Gebäude gestanden hatten. Als ältesten Fund entdeckte man zwischen Kirche und Aquädukt eine gegen Ende des vierten oder Anfang des fünften Jahrhunderts errichtete Therme. Sie könnte Teil einer Palastanlage gewesen sein und wurde vermutlich im siebten Jahrhundert stillgelegt, als der Aquädukt kein Wasser mehr führte. Östlich der Therme stand eine Basilika, die sich direkt an den Aquädukt anlehnte und teilweise in das Bad hineinragte. Sie wurde im Süden von einer weiteren Kirche flankiert, die vom Ende des sieb-

ten oder Anfang des achten Jahrhunderts stammen dürfte und nur noch anhand ihrer teilweise erhaltenen Apsis zu identifizieren ist. Sie birgt das einzige religiöse Mosaik Konstantinopels, das aus der Zeit vor dem Bilderstreit erhalten ist. Die Szene zeigt Jesus im Tempel (Lukas 2, 22–35), und die drei Figuren der Jungfrau Maria, Christi und Simons sind in einem guten Erhaltungszustand.

Die Apsis des heutigen Baus gehörte zu einem Vorgängerbau aus der Zeit des Ikonoklasmus, in welchen die ältere Apsis einbezogen wurde. Auf diese Weise blieb das Mosaik aus der Zeit vor dem Ikonoklasmus erhalten. Das heutige Diakonikon stammt vermutlich aus dem zehnten Jahrhundert und wird im Süden von einer kleinen Kapelle aus dem elften Jahrhundert flankiert. Die systematischen Ausgrabungen in diesem nahe dem Stadtzentrum gelegenen Gebäude belegen die komplexe Baugeschichte Konstantinopels. Die heutige Kirche, in deren Grundriss der bereits vorhandene, in fünf verschiedenen Phasen errichtete Südteil einbezogen wurde, stammt aus dem späten zwölften Jahrhundert, aus der Zeit der letzten Komnenen. Die massigen Pfeiler tragen eine für die damalige Zeit monumentale Kuppel mit einem Durchmesser von 7,80 Metern auf einem von 16 Fensteröffnungen durchbrochenen Tambour. Die in den 70er Jahren des 20. Jahrhunderts restaurierten Kreuzarme im Norden und Süden besitzen drei Fensterreihen und sind im oberen Abschluss dreifach getreppt. Bei den durch Fenster geschlossenen Tripelarkaden des Erdgeschosses handelte es sich ursprünglich um Zugänge zu den niedrigen Seitenschiffen. Die seitlichen Fassaden unterstreichen die Einheitlichkeit und die Monumentalität der Anlage. Dank der großen Fensteröffnungen in den Bogenwänden wirkt der Innenraum trotz der mächtigen Pfeiler hell und leicht.

Während des Lateinischen Kaiserreichs wurde die Kirche den Franziskanern übergeben, die um 1250 die Apsis des Diakonikons mit einem Zyklus aus dem Leben des Heiligen Franz von Assisi ausmalen ließen. Diese Franziskusdarstellung zählt weltweit zu den ältesten ihrer Art. In palaiologischer Zeit wurde die Anlage um einen niedrigen Exonarthex sowie ein Klostergebäude erweitert. Seit Mehmed II. diente das Gebäude dem Bettel- und Wanderorden der Kalender-Derwische („Eigenbrötler") als Moschee. Von diesem Orden leitete sich der künftige Name Kalenderhane ab. Nach den Bränden von 1718 und 1727 ließ der Großwesir Haci Besir Aga das Gebäude wieder instandsetzen.

Johannes-Kirche

Bei der Johannes-Kirche handelt es sich um den am wenigsten bekannten und erforschten byzantinischen Sakralbau Konstantinopels. Weder der Bauherr noch die Entstehungszeit der Kirche sind bekannt. Seltsamerweise wird sie unmittelbar nach der türkischen Eroberung der Stadt 1453 erstmals erwähnt. Als das Patriarchat im Jahre 1456 das nahe gelegene Frauenkloster Pammakaristos als Sitz wählte, wurden die dort lebenden Nonnen in die Johannes-Kirche umgesiedelt, die man vermutlich zu diesem Zeitpunkt zu einem Kloster erweiterte.

Die winzige Kirche, deren Gesamtlänge vom Narthex bis zum äußersten Ende der Hauptapsis nicht mehr als 15 Meter beträgt, weist alle typi-

Links: Kyriotissa-Kirche (Kalenderhane). Außenansicht nach der Restaurierung.

Rechts: Innenansicht der Kuppel zum Narthex hin.

schen Merkmale der mittelbyzantinischen Sakralarchitektur auf. Ihr Grundriss ist der eines griechischen Kreuzes mit vier gleich langen Armen, deren Breite der doppelten Länge entspricht. Die Kuppel mit einem Durchmesser von 3,50 Metern ruht auf vier Säulen. Der zylindrische, im Verhältnis zu der geringen Größe der Kirche auffallend hohe Tambour besitzt acht Fensteröffnungen. Die Hauptapsis und die beiden seitlichen Apsiden schließen außen halbrund ab. Die drei Fenster der Hauptapsis werden durch zwei quadratische Marmorpfosten mit ausladenden Kapitellen getrennt. Prothesis und Diakonikon verfügen jeweils über nur ein Fenster.

Solange das Patriarchat im Pammakaristos-Kloster residierte, blieben die Nonnen im Johannes-Kloster, aber kurz bevor Mehmed III. 1591 die Pammakaristos-Kirche dem Islam übergab, wandelte Ahmed Paşa 1590 auch die Johannes-Kirche in eine Moschee um.

Die Epoche der Komnenen brachte zwar wenig architektonische Neuerungen hervor, doch setzte sich unter ihnen der Typus der Kreuzkuppelkirche durch, der eine klare ideologische Aussage mit einer effektiven Konstruktion verband. Das kuppelförmige Himmelsgewölbe und die Erde, die man sich damals noch als quadratische Fläche vorstellte, sind durch das Kreuz, das Symbol der Erlösung, miteinander verbunden. Das „göttliche" Licht, das durch den Kuppeltambour einfällt, lässt die biblischen Szenen auf den Mosaiken und Fresken in warmen Farben aufleuchten. Die vier tonnengewölbten Kreuzarme fangen den seitlichen Schub der Kuppel ab. Dieser Bautyp besticht durch seine Klarheit, da die drei zentralen Elemente – Kuppel, Kreuzarme und Eckräume – infolge ihrer unterschiedlichen Höhe von außen deutlich zu erkennen sind und die zugrunde liegende Konstruktion somit ersichtlich ist. Ihm sind allerdings technische Grenzen gesetzt: Da auf Strebepfeiler verzichtet wird, darf die Kuppel eine bestimmte Größe nicht überschreiten. Tatsächlich haben sämtliche Kuppeln der erhaltenen Kirchen einen Durchmesser von weniger als zehn Metern, während jene der Hagia Sophia stolze 32 Meter misst. Doch entsprach dies den gesellschaftlichen Veränderungen: Im Vordergrund stand nicht mehr die Betonung der Einheit und Einzigartigkeit des kaiserlichen Byzanz; vielmehr hatte sich eine Feudalgesellschaft herausgebildet, die der früher angestrebten Monumentalität Eleganz und Auserlesenheit vorzog.

Neben den beschriebenen Sakralbauten ist noch der Kernbau des Chora-Klosters zu nennen, der in zwei Phasen errichtet wurde. Der erste Bauabschnitt der Jahre 1077–1081 geht auf Maria Dukas, die Schwiegermutter Alexios' I., zurück, der zweite um 1120 auf Isaak, den Bruder Johannes' II.

Am Hang oberhalb des Goldenen Horns stifteten die Komnenen einen Gebäudekomplex, der sich vom Forum Tauri bis zur Landmauer erstreckte und aus einer ganzen Reihe von Klöstern und karitativen Einrichtungen bestand. Die wirtschaftliche Grundlage dieser Stiftungen bildeten neben den Einkünften aus riesigen, über das ganze Reich verstreuten Ländereien die städtischen Besitzungen der Stifter. Die von der jungen Lehnsaristokratie, die zur eigentlichen Macht des Byzantinischen Reichs geworden war, gestifteten Einrichtungen entwickelten sich zu Zentren einer neuen sozialen Struktur. Die nach antikem Vorbild auf dem Bürgerrecht gründende Stadtverfassung wurde allmählich von einem Geflecht lehnsrechtlicher Abhängigkeitsverhältnisse abgelöst, das von persönlichen Bindungen wie auch von Familienfehden geprägt war. Diese Entwicklung veränderte die Struktur der Stadt: Es setzte eine Dezentralisie-

Johannes-Kirche. Blick auf die Fensteröffnungen in der Nordwand und die Kuppel.

rung ein, die einflussreichen Familien errichteten ihre Paläste und Klosterstiftungen in allen möglichen Stadtteilen. Mit Ausnahme der Mese, der Hauptader, verschwanden sämtliche in regelmäßigen Abständen gezogenen Achsen. An ihre Stelle trat das für orientalische Städte typische wabenförmige Straßengewirr. Herrscherpaläste, wie der Blachernenpalast, waren am Stadtrand angesiedelt.

Die Mosaiken der Hagia Sophia

Die Beilegung des Bilderstreits im Jahr 843 auf der Synode von Konstantinopel wurde als Sieg der Orthodoxie über die Bilderfeinde und über die Häresie im allgemeinen gefeiert. Doch die Spannungen zwischen den beiden feindlichen Lagern konnten nicht gänzlich beigelegt werden, und der Weg zum großen abendländischen Schisma war geebnet.

Während sich im Judentum und im Islam Gott nur im Wort offenbarte, war für die Christen Gott Mensch geworden – das Wort ward Fleisch. Seine bildhafte Darstellung galt somit nicht nur als zulässig, sondern als geradezu unabdingbar. Dennoch setzte die Bildproduktion nur zaghaft wieder ein und musste sich, auch wenn man an die frühere Tradition anzuknüpfen suchte, den neuen ideologischen und technischen Gegebenheiten anpassen. Inzwischen war in der Sakralarchitektur der Übergang von der basilikalen Form zur Kreuzkuppelkirche mit ihrem Grundriss in Form des griechischen Kreuzes vollzogen worden. In der axialen Konzeption der Basilika bot sich das Apsisgewölbe als bevorzugter Anbringungsort für Bildnisse an. Häufig fand sich dort die Darstellung des Christos Pantokrator. Mit dem Übergang zum Zentralbau verlagerte sich der Fokus in die Spitze der Kuppelwölbung. Dort, im Scheitel der Hauptkuppel, war fortan der Weltenherrscher abgebildet, von Engeln umringt, die als Fürbitter für die Gläubigen auftreten.

Die in der Apsis frei gewordene Fläche war nun der Jungfrau Maria vorbehalten. Sie erblickten die Gläubigen, die sich zum Gebet in Richtung Altar wendeten. So gewann die Rolle der Jungfrau Maria als Fürsprecherin und Vermittlerin zwischen den Menschen und Christus in damaliger Zeit zentrale Bedeutung. Hiervon zeugt der in der gesamten byzantinischen Welt und vor allem in Konstantinopel aufkommende Marienkult.

Gleichzeitig begann man den Kircheninnenraum mit Erzählzyklen auszuschmücken, was in der Hagia Sophia aufgrund der hohen Gewölbe allerdings ausgeschlossen war. Während man entsprechende Darstellungen in den Gewölben nicht mehr hätte erkennen können, wurde die Anbringung von Gemälden im unteren Bereich durch die Marmorverkleidung verhindert. Die gleich langen Arme und die Pfeiler der Kreuzkuppelkirchen boten hingegen Raum für Darstellungen biblischer Szenen. Zwar verkleidete man die unteren Mauerzonen besonders bedeutender, vor allem kaiserlicher Kirchen nach wie vor mit Marmor, aber die Gewölbe und Bogenrundungen wurden mit Mosaiken ausgestattet. Dabei wurden in den oberen Partien und in den Kuppeln zumeist Propheten und Patriarchen abgebildet, welche die Ankunft des Herrn verkündeten und damit gleichsam die Verbindung zwischen Altem und Neuem Testament herstellten. In den Bogenlaibungen und den oberen Mauerbereichen wurden hingegen Begebenheiten aus dem Leben Christi, der Jungfrau Maria und Johannes des Täufers geschildert. Sofern die Mittel des Stifters es erlaubten, wurden sie vorzugsweise in Mosaiktechnik gearbeitet. Die schlichteren Kirchen wurden anstelle von Marmorverkleidungen und Mosaiken mit Fresken ausgeschmückt. Die unteren Wandzonen zeigen, fast ebenerdig mit den Gläubigen, Heilige und Kirchenväter, die die Gläubigen in ihrer Mitte zu schützen und für sie zu beten scheinen. So war die Gemeinde umgeben von vertrauten Heiligengestalten und Darstellungen biblischer Szenen, die aus Lesungen bekannt waren. Während der langen Zeremonien, denen die Gemeinde im Stehen, von Weihrauchschwaden umgeben, beiwohnte, schienen die Figuren im dämmrigen Schein des durch die Fensteröffnungen einfallenden Tageslichts bzw. der Kerzen oder Öllampen fast lebendig zu werden. Eine naturalistische Darstellungsweise mit unterschiedlichen Körperhaltungen und individuell gestalteten Gesichtern war dennoch nicht gefragt. Der strenge Blick, die hieratische und konventionelle Haltung der auf Anhieb erkennbaren Gestalten erzielten die gewünschte Wirkung besser. Die umgekehrte Perspektive der byzantinischen Malerei, die den Fluchtpunkt möglichst nahe am Auge des Betrachters ansiedelte, statt ihn in die Tiefe des Bildes zu verlegen, verstärkte die übernatürliche Ausstrahlung der Darstellungen. Leider ist in Konstantinopel aus der Zeit vor dem Lateinischen Kaiserreich kein zusammenhängender Bilderzyklus narrativer oder dekorativer Art überliefert.

In der Hagia Sophia war der öffentliche Bereich vor dem Ikonoklasmus nicht mit figurativen Mosaiken ausgeschmückt. Der Wandschmuck stammt vollständig aus der Epoche Justinians: Es handelt sich um schlichte Kreuze auf goldenem Untergrund und um Motive, die koptischen bzw. sassanidischen Stoffen entlehnt sind. Die Malereien sind unter der Übermalung aus dem 19. Jahrhundert größtenteils erhalten.

An einer einzigen Stelle sind Reste figurativer Mosaiken aus der Zeit vor dem Ikonoklasmus erhalten, und zwar in einem Raum oberhalb des südlichen, heute gesperrten Treppenaufgangs, durch den man auf die Galerie gelangte. Dieser unmittelbar an die Kirche angrenzende Raum gehörte zum Patriarchatsgebäude, das man unter Justin II. südlich der Hagia Sophia auf einem Teil des Augusteions zu errichten begann. Hier ließ der Patriarch Johannes III. Scholastikos (565–577) Medaillons mit den Büsten der vier Evangelisten sowie möglicherweise von Petrus, Paulus, Johannes dem Täufer und der Jungfrau Maria anbringen. Vermutlich unter Patriarch Niketas I. (766–780) wurden die Bildnisse um das Jahr 768/769 entfernt und durch gleichgroße Medaillons mit Kreuzen ersetzt.

Die ersten figurativen Motive, die nach Beilegung des Bilderstreits entstanden, wurden in den nicht öffentlich zugänglichen Teilen der Hagia Sophia angebracht, was auf die allgemeine Verunsicherung zurückzuführen sein könnte, die auch nach dem Sieg der Orthodoxie noch herrschte. Im Wesentlichen handelt es sich um die Darstellung der vier Patriarchen Germanos I. (715–730), Tarasios (784–806), Nikephoros (806–815) und Methodios I. (843–847), die für die Ikonenverehrung eingetreten waren. Sie dürften unmittelbar nach dem Tod von Methodios I. entstanden sein.

Die Bildausstattung der Kirche selbst setzte dagegen vermutlich mit dem Amtsantritt des

Oben: Hagia Sophia. Mosaiken der nördlichen Schildmauer: Kirchenvater Johannes Chrysostomos und der heilige Ignatius der Jüngere.

Linke Seite: Hagia Sophia. Madonnenmosaik in der Apsis, 867.

Patriarchen Photios (858–867) im Jahr 857 ein und erreichte unter der makedonischen Dynastie ihren Höhepunkt. Am Ostersonntag des Jahres 867 enthüllte Photios im Beisein der gemeinsam regierenden Kaiser Michael III. (842–867) und Basileos I. im Rahmen einer feierlichen Predigt das Mosaik der Theotokos, der „Gottesgebärerin“, im Apsisgewölbe sowie – rechts und links von ihr – der beiden Erzengel Michael und Gabriel, von denen Letzterer erhalten ist. Aus der überlieferten Predigt geht hervor, dass es sich um den Auftakt eines größeren Projektes handelte, in dessen Verlauf die gesamte Kirche mit neuem Bildschmuck ausgestattet werden sollte. Eine Inschrift am Stirnbogen der Apsiskalotte erweckt hingegen den falschen Anschein, es handele sich um die Wiederherstellung eines zerstörten Kunstwerkes: „Die Bilder, welche die Heuchler einst an dieser Stelle niedergeworfen haben, wurden von den frommen Kaisern wieder aufgestellt.“

Am 9. Januar 869 verursachte ein Erdbeben gewaltige Schäden an der Kirche. Basileos I., der seinen Mitkaiser 867 hatte ermorden lassen und seitdem allein regierte, bot sich die Gelegenheit, die Tympana der nördlichen und der südlichen Hochwände mit einem neuen Bildprogramm zu versehen. Die Wände weisen zwei Fensterzonen auf. In der oberen Reihe befinden sich fünf, in der unteren sieben Fenster, wobei jeweils die drei mittleren Fenster durch zwei Pfosten voneinander getrennt werden. Unterhalb dieser Reihe befinden sich sieben flache Blendnischen, die jeweils unter einem Fenster angeordnet sind. Im Rahmen der neuen Bildausstattung wurden sie mit figürlichen Mosaiken ausgestattet, die insgesamt 14 Bischöfe und Kirchenväter zeigen. Rechts und links neben der unteren Fensterreihe wurden die großen Propheten Jeremia, Hesekiel, Jesaja sowie vermutlich Daniel abgebildet, während die Zwischenräume zwischen den einzelnen Fenstern zwölf weniger bedeutende

Unten: Hagia Sophia. Kaiser Alexander (912–913), Mosaik in der nördlichen Galerie.

Links: Hagia Sophia, Narthex. Kaiser Leon VI. in Proskynese vor Christus, Maria und Erzengel Michael (in den Medaillons rechts und links von Christus). Mosaik über dem Kaiserportal, durch welches man in das Schiff gelangt. Um 920.

Propheten zeigten. Beiderseits der oberen Fensterreihe waren wahrscheinlich vier Erzengel abgebildet. Eine Inschrift auf den Bogenfeldern rühmt den Kaiser, der die Kirche vor dem Verfall bewahrt habe, doch ist kein Monogramm, das Aufschluss über seine Identität gegeben hätte, erhalten.

Unter den 14 kirchlichen Würdenträgern befindet sich auch der Patriarch Ignatios, der 877 verstarb und kurz darauf heilig gesprochen wurde. Demnach wurden die Mosaiken erst nach 877, das heißt entweder unter der Regierung von Basileios I. oder von dessen Sohn Leon VI., fertig gestellt. Um dieselbe Zeit oder sogar früher dürfte auch das Mosaik in der Kuppel entstanden sein, das im Scheitelpunkt Christus als Pantokrator zeigte. In einem weiteren Schritt wurden die Gewölbe der Emporen mit Darstellungen versehen, von denen leider keine einzige erhalten ist. Das Bildprogramm scheint einem von späteren Beispielen bekannten Schema zu folgen: Christus Pantokrator im Zenit, die Muttergottes in der Apsis, an den Seitenwänden die Propheten und die Kirchenväter.

Für narrative Zyklen gibt es keine Anhaltspunkte, zumal die Wände bis in Höhe der Emporen mit Marmor verkleidet waren, so dass es ohnehin keinen Platz für bildliche Darstellungen gab, die aus der Nähe hätten betrachtet werden können. Bei den übrigen Mosaiken handelt es sich um Votivbilder. Bisher nicht geklärt werden konnte, zu welchen Anlässen sie gefertigt wurden.

Hagia Sophia, südlicher Vorraum. Kaiser Konstantin huldigt der thronenden Maria mit einem Modell der Stadt Konstantinopel und Kaiser Justinian mit einem Modell der Hagia Sophia. Mosaik über dem Tor zum Narthex. 994.

Das 1932 freigelegte Mosaik in der Lünette über dem mittleren Eingang zum Kirchenraum zeigt den thronenden Christus, der auf beiden Seiten von je einem Medaillon mit dem Brustbild Mariens und dem eines Engels umgeben ist. Zu Füßen Christi ist ein Kaiser in Proskynese (Kniefall) dargestellt. Häufig wird die Meinung vertreten, dass es sich bei dem Dargestellten um Leon VI. handelt. Dessen vierte Eheschließung hatte ihn mit dem Patriarchen Nikolaos Mystikos entzweit. Als dieser dem Kaiser am Epiphaniastag 907 den Zutritt zur Hagia Sophia verwehrte, warf sich der Kaiser ihm unter Tränen zu Füßen und bekannte sich reuig zu seinen Sünden, weigerte sich aber bis zu seinem Tode, seine vierte Gemahlin Zoe zu verstoßen, die ihm seinen einzigen Sohn, den späteren Kaiser Konstantin VII. Porphyrogenetos geboren hatte. Wahrscheinlich handelt es sich jedoch um die Darstellung des Kaisers im Allgemeinen, der sich, die Weltenherrschaft Christi anerkennend, demütig vor ihm zu Boden wirft.

Kaiser Alexander (912–913), der Bruder Leons VI., der kaum 13 Monate regierte, ließ sich auf der nördlichen Empore der Hagia Sophia verewigen. Das Mosaik im Bogenfeld über dem Eingang zur Südvorhalle, das vermutlich aus der zweiten Hälfte des zehnten Jahrhunderts stammt, zeigt die beiden Kaiser Konstantin und Justinian, die der thronenden Mutter Gottes ein Modell der Stadt und eines der Kirche darbringen.

Weitere Mosaiken befinden sich auf der südlichen Empore, die den Zugang zum Sitz des Patriarchen bildete. An der Ostwand sind zu beiden Seiten des thronenden Christus Kaiserin Zoe (1026–1050) sowie deren dritter Gemahl, Konstantin IX. Monomachos (1042–1055) als Stifterpaar zu sehen. Da der Kopf des Kaisers eindeutig überarbeitet wurde, nimmt man an, dass die Gestalt ursprünglich Zoes ersten Gemahl, Romanos III. Argyros (1028–1034), darstellte. Allerdings wurden an allen drei Gesichtern Änderungen vorgenommen.

Daneben befindet sich ein Mosaik, das die Stifterfiguren von Johannes II. Komnenos und seiner Gemahlin Irene rechts und links der Jungfrau mit dem Kind zeigt. Das Mosaik stammt aus dem Jahr 1118, in dem Johannes II. auf den Thron gelangte. Vier Jahre später wurde auf dem seitlich angrenzenden Pilaster Alexis, der Sohn des Kaiserpaares, abgebildet.

Das wohl beeindruckendste Mosaik der Hagia Sophia, das Deesismosaik, auf dem Christus zwischen Maria und Johannes dem Täufer zu sehen ist, dürfte bald nach der Rückeroberung des Lateinischen Kaiserreiches durch die Palaio-

ΘV
IC

Hagia Sophia, Deesis.
Detailaufnahme der Christusfigur.

IC
XC

MP
ΘV
EIPHNH

Oben: Hagia Sophia, südliche Galerie, Deesis, vor 1300.

Linke Seite,
oben: Hagia Sophia, Ostseite der Südgalerie. Christus thront zwischen Kaiser Konstantin IX. Monomachos und Kaiserin Zoe. Um 1024.

Unten: Hagia Sophia, Ostseite der Südgalerie. Maria mit dem Kind, flankiert von Kaiser Johannes II. Komnenos und Kaiserin Irene. 1118.

logen, noch vor 1300, entstanden sein. 1346 brachte ein Erdbeben den östlichen Bogen sowie Teile der Kuppel zum Einsturz. Im Jahr 1355 waren die Ausbesserungsarbeiten abgeschlossen, in deren Rahmen vermutlich auch die Mosaiken der Kuppel und der Bogenwölbung restauriert wurden.

Obwohl die Kirche unmittelbar nach der türkischen Eroberung in eine Moschee umgewandelt wurde, verschwanden nicht alle Mosaiken sofort unter Tünche. Als Sinan das Gebäude 1573 restaurierte, ließ er die Fenster der Schildwände verkleinern. Dabei wurde ein Teil der dort befindlichen Mosaiken zerstört und der Rest übertüncht. Bei dieser Gelegenheit dürfte auch der Pantokrator aus dem Kuppelscheitel verschwunden sein, der noch in Reiseberichten aus dem 16. Jahrhundert erwähnt wird. Die Zeichnungen, die der Schwede Cornelius Loos um 1710/11 anfertigte, zeigen die Maria und die beiden Engel in der Apsis sowie die Mosaiken in der Bogenwölbung in unversehrtem Zustand. Eine Reihe szenischer Mosaiken in den Emporengewölben kennen wir nur noch von den Zeichnungen Loos' und der beiden Tessiner Architekten Gaspare und Giuseppe Fossati. Aller Wahrscheinlichkeit nach gehörten die Mosaiken zur nachikonoklastischen Neuausstattung unter den Kaisern Basileios I. und Leon VI. Als die beiden Fossati-Brüder in den Jahren 1847 bis 1849 die Hagia Sophia restaurierten, legten sie die Mosaiken frei und hielten sie in Zeichnungen fest. Die beiden Erzengel rechts und links der Apsis waren unbeschädigt, 13 der 14 Bischöfe und drei der berühmten Propheten sowie zwei der weniger bedeutenden waren vollständig oder zumindest teilweise erhalten. Nach den Restaurierungsarbeiten wurden die Mosaiken wieder übertüncht. Als Thomas Whittemore und seine Nachfolger sie 1932 erneut freilegen wollten, waren viele von ihnen nicht mehr auffindbar, darunter fast sämtliche Figuren aus den Bogenfeldern der Hochwände. Sie dürften dem Erdbeben von 1894 zum Opfer gefallen sein.

Die byzantinische Buchmalerei

Anders als die großen Wandgemälde in den Kirchen, die sich an die Allgemeinheit richteten, wurden die illuminierten Handschriften für die kaiserliche Familie und den Hochadel sowie für Kirchen und Klöster angefertigt. Diese Kunstwerke, die in großer Zahl und aus sämtlichen Epochen erhalten sind, geben Aufschluss über die Entwicklung der byzantinischen Malerei.

Aus der Zeit des Ikonoklasmus kennen wir vor allem solche mit profanen Themen. Darunter

Tierkreis. Miniatur aus dem *Viererbuch* des Ptolemäus. Entstanden unter Kaiser Leon V. (813–820). In der Mitte ist der Kaiser auf einer Quadriga zu sehen. Er ist als Sonne, Weltherrscher und Mittelpunkt des Universums dargestellt. Die Personendarstellungen sind von der antiken Ikonographie geprägt. Biblioteca Apostolica Vaticana, Rom.

eine zwischen 813 und 820 unter Kaiser Leon V. entstandene Handschrift zum *Viererbuch* des Ptolemäus. Die darin abgebildeten Tierkreiszeichen sind römischen Prototypen nachempfunden. Der im Zentrum des Bildes auf einer Quadriga stehende Sonnengott symbolisiert den in die göttliche Sphäre erhobenen Kaiser.

Im Zeichen der triumphierenden Orthodoxie entstand einige Jahre später, um die Mitte des neunten Jahrhunderts, ein Psalter, der mit Randbemerkungen über die als Feinde der Religion gebrandmarkten Bilderfeinde versehen wurde. Die polemische Absicht dieser Schrift, die nach ihrem russischen Besitzer *Chludov-Psalter* genannt wurde, erklärt den volkstümlichen und expressiven Stil der Bilder.

Die makedonische Renaissance schlug sich in Miniaturen zu den Homilien (Bibelauslegungen) des Gregor von Nazianz nieder, die zwischen 880 und 883 angefertigt wurden. Die illuminierte Handschrift stand im Dienst der Verherrlichung der makedonischen Dynastie, stellte zum anderen aber auch eine letzte Abrechnung mit den Bilderstürmern dar. Vordergründig scheint sie – namentlich die realistischen Körperhaltungen sowie die Darstellung der Gesichter und der Gewänder – an die hellenistische Tradition anzuknüpfen, doch sind vor allem in der Komposition Neuerungen auszumachen. Die symbolhafte Darstellung wurde der realistischen Wiedergabe des Raumes übergeordnet, und der Bildhintergrund tendiert bereits zu jener Abstraktion, welche für die byzantinische Malerei typisch werden sollte.

Vier illuminierte Handschriften von außergewöhnlicher Qualität, die gegen Mitte des zehnten Jahrhunderts entstanden, dokumentieren die Vielfältigkeit der künstlerischen Entwicklung: *Theriaka* und *Alexipharmaka,* zwei Schriften des Nikander, eines griechischen Dichters aus dem zweiten Jahrhundert v. Chr., befassen sich mit der Behandlung von durch giftige Tiere verursachten Bisswunden. Die Figuren weisen

eine unübersehbare Ähnlichkeiten mit römischen Fresken auf. Vor allem die Darstellung der besiegten Titanen, die schreckliche Qualen leiden, steht in auffallendem Gegensatz zu der Furchtlosigkeit der christlichen Helden der byzantinischen Ikonographie. Damit knüpft die Handschrift, der vermutlich ältere Fassungen der Abhandlung zugrunde liegen, an eine künstlerische Tradition an, die vor allem in profanen Werken fortbestehen konnte.

Auch der *Pariser Psalter*, der während der Herrschaft Konstantins VII. entstanden sein dürfte, enthält antikisierende Personendarstellungen und allegorische Figuren, die sich durch eine realistische Anatomie auszeichnen. Bilder, die antiken Vorlagen nachempfunden sind, wie der auf einem Psalterion spielende David vor ländlicher Kulisse, stehen neben so dramatischen Szenen wie der Darstellung Moses', der auf dem Berg Sinai die Zehn Gebote empfängt.

Die Datierung der so genannten *Josua-Rolle* ist aufgrund ihrer ungewöhnlichen Form – es handelt sich um eine Pergamentrolle – und des Stils der Illustrationen, die an die Reliefs auf Ehrensäulen erinnern, problematisch. Da die Handschrift biblische Kriege als Motiv wählt, um die byzantinischen Siege über die Araber zu glorifizieren, wurde ihre Entstehungszeit in die Mitte des zehnten Jahrhunderts datiert. Ungeklärt ist, ob es sich um die Kopie einer antiken Vorlage oder um eine antikisierende Originalschöpfung handelt.

Links: *Chludov-Psalter*, um 830. Hades nimmt die Sünder in Empfang. Historisches Museum, Moskau.

Oben: Homilien des Heiligen Gregor von Nazianz. Folio 438 verso, Vision des Hesekiel, 880–883. Bibliothèque nationale, Paris.

Theriaka und *Alexipharmaka* des Nikander, Folio 47 recto, Der Sturz der Titanen, Mitte zehntes Jahrhundert. Bibliothèque nationale, Paris.

Die Bibel des Leon Sakkelarios aus den 40er Jahren des zehnten Jahrhunderts bricht im Hinblick auf die Bildkomposition und die Darstellung von Perspektive und Raum am deutlichsten mit der antiken Tradition. Die Größe der ganzseitigen, 41 mal 27 Zentimeter messenden Miniaturen, die fehlende perspektivische Unterscheidung zwischen ferneren und näheren Bildebenen sowie die hieratische Haltung und überschlanke Form der Figuren rücken diese Buchmalereien in die Nähe von Ikonen.

Die Miniaturen im *Menologion* Basileos' II., einem liturgischen Buch, das die Feste der Heiligen aufführt und um 985 entstanden sein dürfte,

gleichen diesen vollständig. Die insgesamt 272 Blätter dieser Handschrift enthalten 430 halbseitige Miniaturen, denen jeweils ein Text mit Angaben zu dem dargestellten Heiligen oder Fest folgt. Landschaft und architektonische Elemente sind gegen einen goldenen Hintergrund abgesetzt. Die Personen haben keine Plastizität. Das *Menologion* will eine spirituelle Beziehung zwischen den Gläubigen und ihren heiligen Fürsprechern herstellen. Auch aus der Widmung geht hervor, dass diese Handschrift als eine Art Ikonenalbum konzipiert war. Sie beginnt mit den Worten: „Möge er in allen, deren gemalte Bildnisse er vor sich hat, tatkräftige Helfer finden, Stützen des Staates, Verbündete in Schlachten, Erlöser aus Leiden, Heiler bei Krankheiten und vor allem unerbittliche Fürbitter beim Herrn in der Stunde des Gerichts und Überbringer des unfassbaren Glanzes und Gottesreiches."

Auch die Bildnisse der Evangelisten in gewöhnlichen Handschriften ähnelten zunehmend Ikonen. In dem Markusevangelium, das in der Walters Art Gallery in Baltimore aufbewahrt wird, sind bei der Darstellung der den Heiligen umgebenden Gegenstände die Gesetze der Perspektive vollkommen außer Acht gelassen. Andere Miniaturen scheinen mit ihren reich verzierten Rahmenleisten und ihrer typischen Farbgebung in Gold und Blau Emailarbeiten nachempfunden zu sein, so etwa die beiden Miniaturen des Evangeliums in der New Yorker Pierpont Morgan Library, die die Auferstehung Christi und den Evangelisten Johannes sowie seinen Schüler Prochoros zeigen. Die beiden letztgenannten Handschriften stammen aus der zweiten Hälfte des elften Jahrhunderts und damit aus einer politisch schwierigen, aber in künstlerischer Hinsicht äußerst fruchtbaren Zeit, in der die glücklosen Nachfolger der makedonischen Dynastie die von ihren Vorgängern angehäuften Reichtümer für Kunst ausgaben.

Der sogenannte *Theodor-Psalter* enthält winzige Miniaturen, die auf pergamentfarbenem Untergrund volkstümliche, aus der Antike bekannte Szenen wiedergeben. Stellt man sie etwa der Homiliensammlung des heiligen Johannes Chrysostomos gegenüber, erkennt man den Unterschied zwischen volkstümlicher und aristokratischer Kunst.

Während der Regierungszeit der Komnenen kam – vor allem in den kaiserlichen Auftragsarbeiten – eine zunehmend manieristische Darstellungsweise auf. Die Räumlichkeit wird nicht einmal mehr angedeutet, die Figuren werden zusehends entmaterialisiert, während das Bild von immer intensiveren Farben beherrscht wird.

Im *Panopliae dogmaticae*, einem Traktat, mit dem der Mönch Euthymios Zigabenos auf Wunsch Kaiser Alexios' I. Komnenos die Irrlehren seiner Zeit zu widerlegen versuchte, erscheint der Kaiser nur noch als ein purpurner Farbfleck auf goldenem Grund.

Um diese Zeit entstanden auch mehrere illustrierte Manuskripte des *Oktateuch*, der ersten acht Bücher des Alten Testaments. Ein im Auftrag von Isaak Komnenos, einem Sohn von Kaiser Alexios, angefertigtes Exemplar, das einzige byzantinische Manuskript, das sich heute noch in Istanbul befindet, enthält insgesamt über dreihundert Miniaturen in leuchtenden Farben. Auch der im Vatikan aufbewahrte *Oktateuch* zeichnet sich durch seinen naiven Stil aus.

Die von dem Mönch Jakob von Kokkinobaphos verfasste illuminierte Handschrift mit Homilien zur Muttergottes markiert zweifellos den Höhepunkt dieser manieristischen Buchmalerei – die Personen sind von farbigen, vielgestaltigen Gebäuden umgeben –, sie hatte sich auf dem Titelblatt der Homilien des Gregor von Nazianz bereits angedeutet: Das ikonenhafte, auf goldenem Untergrund gemalte Porträt des heiligen Georg wird von einem Phantasiegebäude mit Säulen, Kuppeln, Glockentürmen und farbigen Marmorverkleidungen eingerahmt.

Oben: *Pariser Psalter*, Folio 1 verso. Harfe spielender David, assistiert von der Melodie. Im Hintergrund links die Stadt Bethlehem; im Vordergrund rechts eine personifizierte Darstellung des Berges Bethlehem. Zweite Hälfte des zehnten Jahrhunderts. Bibliothèque nationale, Paris.

Nebenstehend: *Pariser Psalter*, Folio 422 verso. Moses erhält die Gesetzestafeln. Vorne links eine personifizierte Darstellung des Berges Sinai. Bibliothèque nationale, Paris.

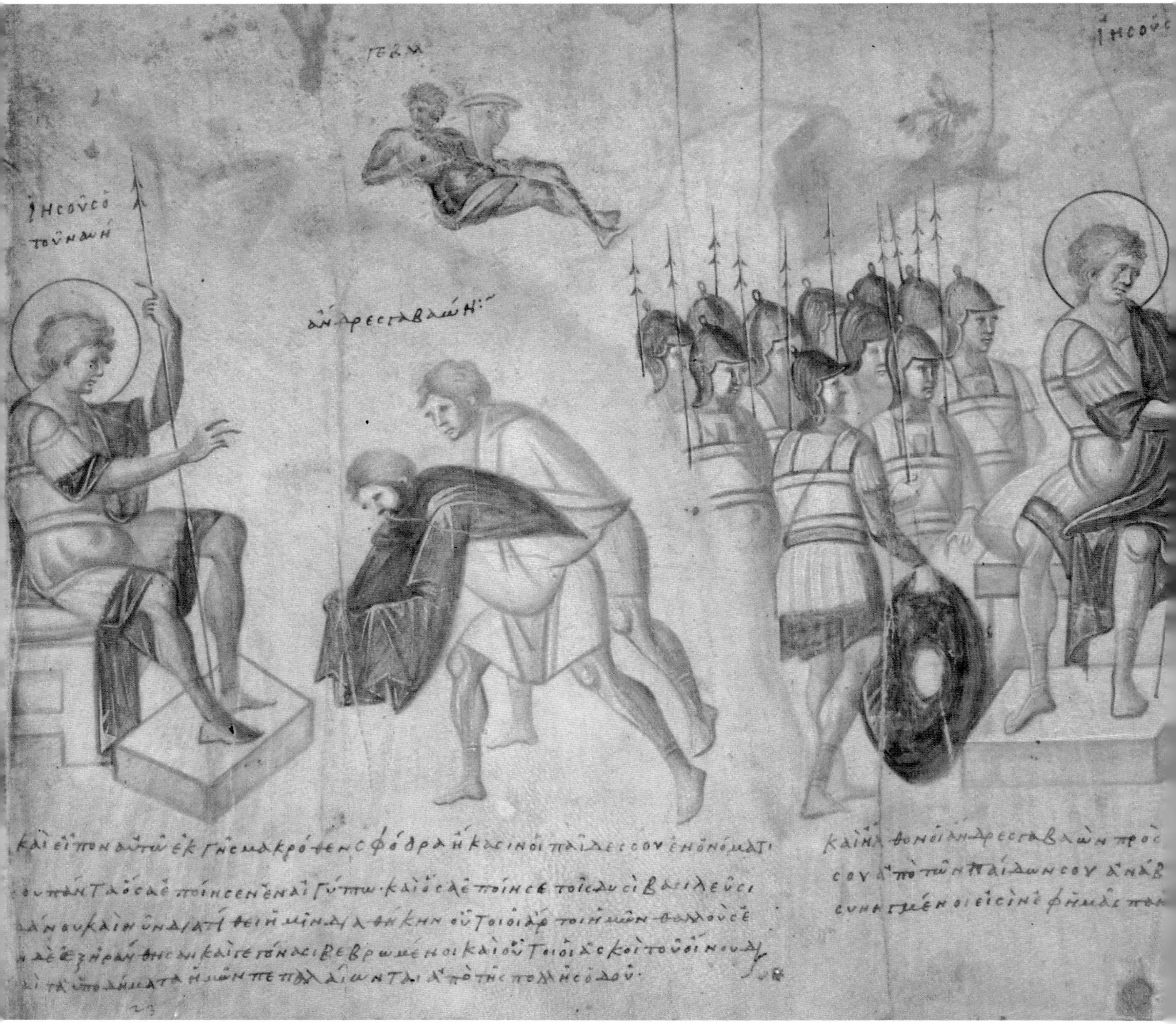

Josua-Rolle, Blatt 12. Links und in der Mitte empfängt Josua die Gesandten Gibeons und verspricht ihnen Hilfe. Rechts die Schlacht gegen die Amoriter. Diese Szenen aus den Kapiteln 9 und 10 des Buches Josua schildern, wie die restliche Handschrift, die siegreichen Kämpfe der Israeliten gegen die Wüstenvölker und feiern damit die Siege der Byzantiner über die Araber. Die Handschrift ist daher auf die zweite Hälfte des zehnten Jahrhunderts zu datieren, die Zeit der Wiedereroberung Syriens und des nördlichen Palästina. Biblioteca Apostolica Vaticana, Rom.

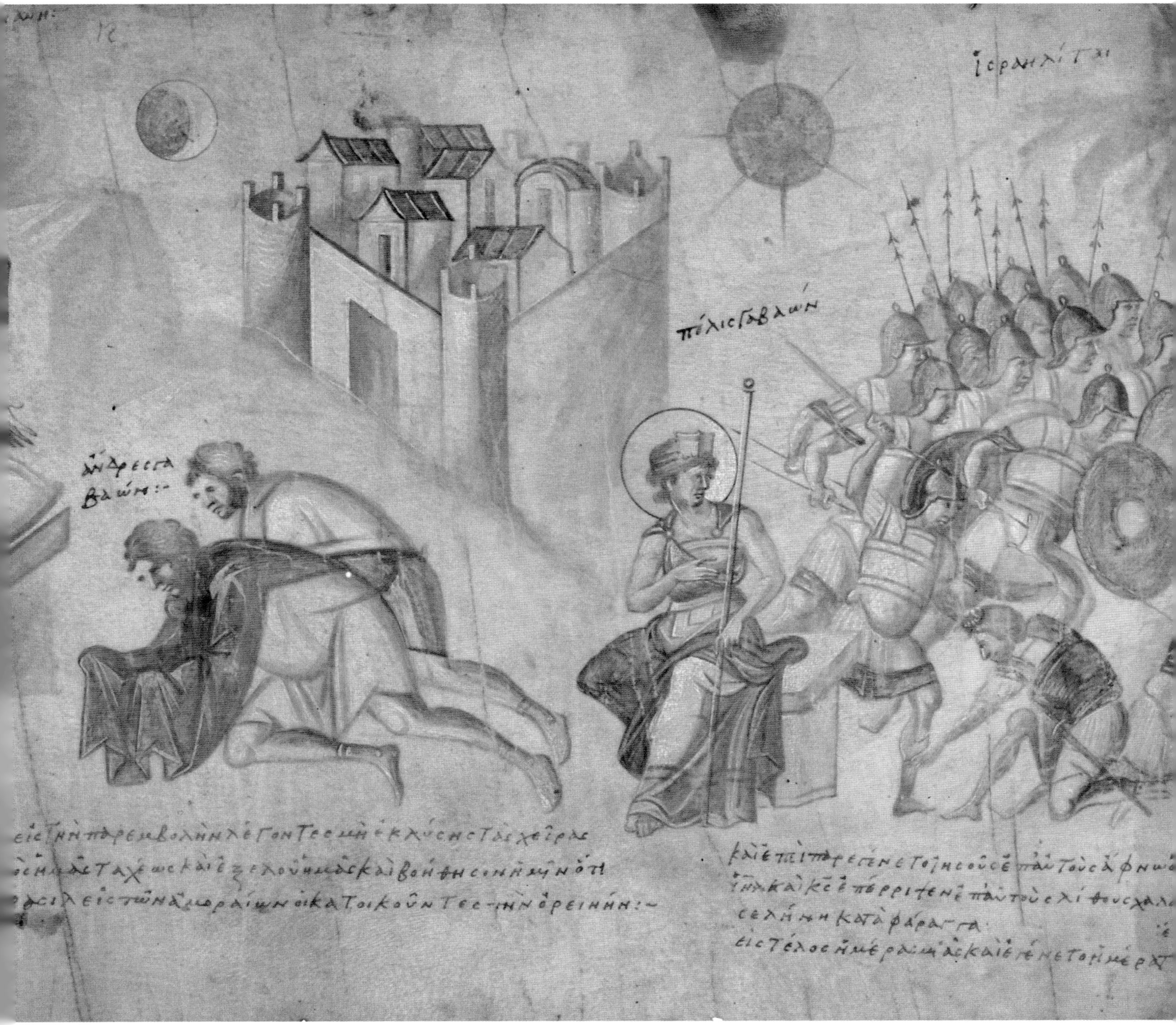

ΜΗΡ ΘΥ
ΙC ΧC

Nebenstehend: ***Bibel des Leon Sakellarios.*** **Geschichte des Hiob. Da sich die Bibel im Besitz der Königin Christine von Schweden befand, ist sie auch unter der Bezeichnung** ***Bibel der Königin Christine*** **bekannt.**

Linke Seite: ***Bibel des Leon Sakellarios.*** **Der Auftraggeber bringt sein Buch der Jungfrau Maria dar. Bei der bartlosen, grauhaarigen Gestalt handelt es sich um einen Eunuchen, der sich an der Herstellung der Handschrift beteiligte, indem er die Epigramme zu den Miniaturen verfasste. Die Jungfrau Maria nimmt seine Gabe huldvoll entgegen und empfiehlt Leon dem Wohlwollen Jesu Christi.**

Folgende Doppelseite: ***Menologion*** **Kaiser Basileios' II. Die 484 Miniaturen dieser Handschrift zeigen die Feste im Jahreslauf. Hier ist das am 1. September gefeierte Fest des Heiligen Simeon Stylitos dargestellt. Die umfangreiche Handschrift wurde im Auftrag Kaiser Basileios' II. gegen Ende des zehnten Jahrhunderts angefertigt.**

Oben: *Menologion* Kaiser Basileios' II. Die sieben Schlafenden von Ephesos. Das im Osten überaus beliebte Motiv der sieben Schlafenden wurde auch vom Islam übernommen. Es findet sich in der Höhlensure des Koran. Der lange Schlaf versinnbildlicht den Tod, das Erwachen die Auferstehung. Biblioteca Apostolica Vaticana, Rom.

Rechte Seite: *Psalter* Basileios' II., Folio 3, recto. Kaiser Basileios II. besiegt seine Feinde. Er wird von Christus gesegnet. Der zu seiner Rechten abgebildete Erzengel Michael reicht ihm eine Lanze, und der zu seiner Linken abgebildete Erzengel Gabriel setzt ihm eine Krone auf. Die Basileios II. flankierenden Medaillons zeigen sechs Soldatenheilige – links den heiligen Theodor, den heiligen Demetrios sowie einen unbekannten Heiligen, rechts die Heiligen Georg, Prokopius und Merkurius.
Biblioteca Nazionale Marciana, Venedig.

Folgende Seite,
links: *Morgan Lektionar*, Folio 1, recto. Links die Auferstehung, rechts der Evangelist Johannes mit Prochoros, zweite Hälfte des elften Jahrhunderts.
The Pierpont Morgan Library, New York.

Rechts: Ausschnitt aus einem Lektionar (Nationalbibliothek Athen). Der Evangelist Markus, Ende zehntes/Anfang elftes Jahrhundert. Walters Art Gallery, Baltimore.

EVANGELISTARIUM SEU
EVANG. P. ANNUM

+ Τῇ ἁγίᾳ καὶ μεγάλῃ κυριακῇ τοῦ πάσχα +

+ Ἐκ τοῦ κατὰ Ἰωάννην:

Ἐν ἀρχῇ ἦν ὁ λόγος· καὶ ὁ λόγος ἦν πρὸς τὸν θεόν· καὶ θεὸς ἦν ὁ λόγος· οὗτος ἦν ἐν ἀρχῇ πρὸς τὸν θεόν· πάντα δι᾽ αὐτοῦ ἐγένετο· καὶ χωρὶς αὐτοῦ ἐγένετο

Ο ΑΓΙΟΣ
ΜΑΡΚΟΣ

Oben links: *Oktateuch*, Folio 160, recto. Der Stab des Moses verwandelt sich in eine Schlange, Anfang zwölftes Jahrhundert. Bibliothek des Topkapi Saray, Istanbul.

Oben rechts: *Oktateuch*, Folio 161, verso. Moses verabschiedet sich von Jethro. Bibliothek des Topkapi Saray, Istanbul.

Nebenstehend: *Theodor-Psalter*, Folio 27, recto, 1966. British Library, London.

Rechte Seite:
Homilien des Heiligen Johannes Chrysostomos. Folio 2, recto, Kaiser Nikephoros III. Botaniates (1078–1081), umringt von Würdenträgern. Hinter dem Thron personifizierte Darstellungen der Wahrheit und der Gerechtigkeit. Bibliothèque nationale, Paris.

ΩC ΦΩCΦΟΡΟΝ ΦΕΡΕΙC CΕΛΑΜΠΤΟΝ ΤΑΘΡΟΝ · ΤΗC ΑΡΕΤΑΙC ΜΑΛΙCΤΑ ΚΑΤΕCΤΕΜΜΕΝΟΝ ·
ΠΑΡΙCΤΑΤΑΙ CΟΙ ΠΙCΤΟΤΑΤΩΝ ΑΚΡΟΤΗC · ΑΝΔΡΕC ΛΟΓΑΔΕC ΕΥΓΕΝΕΙC ΨΥΧΗΝ ΠΛΕΟΝ :
ΠΛΗΝ ΤΩ ΓΡΑΦΟΝΤΙ CΥΜΠΑΘΕ ΕΛΘΟΙC ΑΝΑ · ΠΙCΤΙΝ ΦΕΡΕΙ ΓΑΡ ΕΙC ΤΟCΟΝ ΠΛΕΙCΤΗΝ ΚΡΑΤΟC ·

Nebenstehend: Homilien des Jakobus Kokkinabaphos, Frontispiz. Von diesen Homilien über die Muttergottes existieren zwei Versionen, deren Deckblätter ganz ähnlich illustriert sind. Beide zeigen gleichzeitig den Innenraum und die Fassade einer Kirche, welche eine Himmelfahrtsdarstellung birgt. Die zweite Handschrift wird in der Bibliothèque nationale in Paris aufbewahrt. Biblioteca Apostolica Vaticana, Rom.

**Linke Seite: *Vatikanischer Oktateuch*, Josuas Geschichte. Oben entsendet Josua Spione in das Land Ai. Unten kehren die Spione zurück. Aufgrund ihrer Technik und ihrer Bilder ist diese Handschrift mit dem im Topkapi Saray verwahrten *Oktateuch* vergleichbar.
Biblioteca Apostolica Vaticana, Rom.**

**Folgende Doppelseite:
Panoplia dogmatica des Euthymios Zigabenos. Es handelt sich um eine Schmähschrift gegen sämtliche Irrlehren – von der Zeit Epikurs bis ins elfte Jahrhundert. Das Frontispiz zeigt den Kaiser, Alexis Komnenos, wie er von Christus die Weisung empfängt, dieses Buch in Auftrag zu geben, das er den auf der linken Seite abgebildeten Kirchenvätern darbringt. Von links nach rechts sind die Heiligen Johannes Damaszenos, Maximus, Johannes Chrysostomos, Cyrillus, Gregor der Große, Gregor von Nyssa, Basilius, Athanasius und Dionysius zu sehen.
Biblioteca Apostolica Vaticana, Rom.**

ΔΑ
ΜΑC
ΚΗΝΟ
Ν

KAPITEL III

Das Ende des Reiches

Im August 1071 wurde das byzantinische Heer unter Romanos IV. Diogenes (1068–1071) bei Mantzikert von dem seldschukischen Sultan Alp Arslan (1063–1072) vernichtend geschlagen, wodurch Kleinasien mehr oder weniger an die Türken verloren war. Etwa gleichzeitig mussten die Byzantiner Süditalien an die Normannen abgeben. Robert Guiscard eroberte Bari, die letzte byzantinische Festung in Italien. So wie die Schlacht bei Mantzikert als Auftakt einer Entwicklung gilt, die fast vier Jahrhunderte später zum Untergang des Byzantinischen Reichs führen sollte, so begann mit der Verdrängung der Byzantiner aus Italien die Ausbreitung der lateinischen Vorherrschaft im östlichen Mittelmeer. Dabei dienten die Kreuzzüge den oberitalischen Seemächten nur mehr als Vorwand zum Vorstoß in den Orient. Byzanz musste dem gleichzeitig von West und Ost ausgeübten Druck schließlich nachgeben: Seine Position zwischen zwei sich ausdehnenden Weltreichen erwies sich als unhaltbar.

Die Außenbesitzungen in Italien und Sizilien hatten die Byzantiner Schritt für Schritt an die Franken und Araber verloren, während sich Venedig, offiziell immer noch ein Vasallenstaat, ganz allmählich vom Reich gelöst und seine Unabhängigkeit errungen hatte. Wie Genua und Amalfi war auch die Serenissima mit ihrem unfruchtbaren Hinterland auf Seefahrt und Seehandel angewiesen und hatte zu diesem Zweck eine eigene Flotte aufgebaut wobei die Amalfitaner die ersten waren, die den Arabern die Vorherrschaft im Mittelmeer streitig machten. Byzanz hatte gegen das forsche Auftreten der neuen Seehandelsmächte in den adriatischen Gewässern zunächst nichts einzuwenden, da der Kaiser überzeugt war, davon profitieren zu können.

Seit dem zehnten Jahrhundert kamen Venezianer und Amalfitaner regelmäßig nach Konstantinopel, verfügten aber weder über besondere Vorrechte noch über eigene Stadtviertel. Als Basileios II. (976–1025) die Hilfe der venezianischen Flotte benötigte, um sein Heer nach Kalabrien und Apulien überzusetzen, gewährte er dem Dogen Pietro Orseolo II. (992–1009) im Gegenzug die ersten Privilegien, die im wesentlichen aus einer Senkung der Zollabgaben bestanden. Die nächsten Zugeständnisse folgten ein Jahrhundert später. Alexios I. Komnenos (1081–1118) schloss zur Bekämpfung der in den Balkan vordringenden Normannen ein Bündnis mit den Venezianern, deren Kriegsschiffe als einzige in der Lage schienen, sie aufzuhalten. Für ihre Hilfeleistungen erhielten sie Zollfreiheit und das Recht, eine ständige Handelskolonie in Konstantinopel zu errichten. Damit war der Grundstein zur Kolonialmacht Venedigs im Osten gelegt. Zwar erkannte Venedig das Handelsrecht des byzantinischen Kaisers auch weiterhin an, aber als Machtfaktor ließ sich die italische Seerepublik aus der byzantinischen Entwicklung nicht mehr wegdenken. Gleichzeitig stellten Venedig wie Pisa und Genua einen wichtigen Absatzmarkt dar. Damit stützte sich der aufkommende byzantinische Handel von Anfang an auf ausländische Kaufleute, was zwar einen vorübergehenden Wohlstand begründete, aber schließlich auch zur Folge hatte, dass eben diese ausländischen Mächte die staatlichen und gesellschaftlichen Grundlagen aushöhlten. Nicht anders sollte es

Der oströmische Kaiser Alexios I. Komnenos empfängt Peter von Amiens, der im August 1096 in Konstantinopel eintraf und zum Kreuzzug aufrief.
Gillot Saint-Evre, signiert und datiert 1839. Versailles

den Osmanen ergehen, die 500 Jahre später den italischen Handelsrepubliken ähnliche Privilegien zugestanden. In Konstantinopel ließen sich die Venezianer ab 1082 in einem Viertel an den Ufern des Goldenen Horns nieder, unmittelbar westlich der heutigen Galatabrücke. Nachdem sie den Geleitschutz der ersten Kreuzfahrerheere übernommen hatten, konnten die Venezianer ihre Machtposition immer stärker ausbauen, aber die Pisaner und Genuesen drängten nach. Der byzantinische Kaiser versuchte die Konkurrenten gegeneinander auszuspielen: 1111 verlieh Alexios I. auch den Pisanern Handelsprivilegien und wies ihnen ein Viertel östlich der venezianischen Kolonie zu. Die Genuesen ließen sich ab 1155 am gegenüberliegenden Ufer des Goldenen Horns im Stadtteil Pera nieder. Als die Pisaner das Viertel zwei Jahre später angriffen und zerstörten, erhielten die Genuesen die Erlaubnis, sich östlich der pisanischen Handelskolonie und damit innerhalb der Stadtmauern anzusiedeln.

Ansätze eines byzantinischen Unternehmertums wurden von den lateinischen Konkurrenten im Keim erstickt, deren Stärke auf den erteilten Privilegien und der Geschäftstüchtigkeit ihrer Kaufleute beruhte. Als die Komnenen dies bemerkten, war es schon zu spät. 1126 musste Kaiser Johannes II. Komnenos (1118–1143) seinen Versuch, die gewährten Vorrechte zu widerrufen, angesichts des venezianischen Flottenaufgebots aufgeben. Manuel I. Komnenos

Die Kreuzzüge

Die Kreuzzüge waren in gewisser Weise die Reaktion des christlichen Europa auf die arabische Expansion im Mittelmeerraum und auf die wirtschaftliche und kulturelle Vorherrschaft des byzantinischen Reichs. Während der beiden Jahrhunderte, in denen sie geführt wurden, kam es – trotz oder wegen der ständigen Auseinandersetzungen – zu einem intensiven Austausch zwischen Orient und Okzident. Gleichzeitig bildeten sich jedoch auch dauerhafte Gegensätze heraus: zunächst zwischen den Christen der Westkirche und denen der Ostkirchen, später zwischen Christen und Moslems. Schließlich trat im Laufe dieser Entwicklung die Macht der italischen Seerepubliken zutage, die wesentlich zum Niedergang des Byzantinischen Reiches beitrug. Byzanz, das zwischen den Fronten stand – den Kreuzfahrern auf der einen Seite, den Türken auf der anderen –, hoffte, die beiden Lager gegeneinander ausspielen zu können. Doch unterlag es im Abstand von zweieinhalb Jahrhunderten erst den einen, dann den anderen.

1071 verlor das byzantinische Kaiserreich seine letzten Gebiete in Italien an das normannische Herzogtum Sizilien. Zehn Jahre später überquerten die Normannen die Adria und griffen das Zentrum des Reichs, den Balkan, an. Alexios I. Komnenos (1081–1118) gelang es, sie mit venezianischer Hilfe zurückzuschlagen. Doch angesichts der permanenten Bedrohung durch die Petschenegen und Türken in Norden und Osten wandte er sich schließlich an Papst Urban II. Der Pontifex rief am Ende der Synode von Clermont (1095) zum Ersten Kreuzzug auf. Das Heer der Kreuzfahrer setzte sich aus unterschiedlichsten Bevölkerungskreisen zusammen. Die wenig organisierte Masse wurde nicht zu einer geschlossenen Armee zusammengefügt, sondern setzte sich in einzelnen Truppen zu unterschiedlichen Zeitpunkten von verschiedenen Orten Europas aus in Bewegung. Die erste Welle bestand aus einer Bettlerarmee unter der Führung des ungarischen Eremiten Peter von Amiens, die im Frühjahr 1096 nach Konstantinopel aufbrach. Der byzantinische Kaiser sorgte dafür, daß diese ersten Truppen so schnell wie möglich auf kleinasiatisches Gebiet übergesetzt wurden, wo sie im Oktober 1096 in die Gegend von Nicäa von den Seldschuken erbarmunglos niedergemacht wurden.

Der größte Teil der Kreuzfahrerarmee erreichte Konstantinopel zwischen Dezember 1096 und Mai 1097: Ungefähr 35 000 Ritter und Infanteristen schlugen ihr Lager vor den Mauern der Stadt auf. Alexios I. hatte einige Mühe, sie zu verpflegen und ihre Überfahrt zu organisieren. Als erste Kreuzfahrerstaaten wurden im März 1098 Edessa und im Juni Antiochia gegründet, im Juli 1099 eroberten die Kreuzheere Jerusalem und errichteten dort ein lateinisches Königreich.

Anlaß zum Zweiten Kreuzzug gab die Eroberung der Grafschaft Edessa durch die Seldschuken im Dezember 1144. Nachdem die Kreuzfahrer im Sommer 1147 die Donau überquert hatten, kam es permanent zu Auseinandersetzungen mit den Byzantinern, die – nicht zu Unrecht – befürchteten, dass einige der Beteiligten die Eroberung Konstantinopels planten.

Der Dritte Kreuzzug diente wiederum der Eroberung Jerusalems. Unter Führung des deutschen Kaisers Friedrich I. Barbarossa drangen die Heere 1189 in byzantinisches Territorium vor, in dem mittlerweile das weniger durchsetzungsfähige Geschlecht der Angeloi regierte. Anders als seine Vorgänger entschied sich Isaak II. Angelos (1185–1195, 1203–1204) für eine offene Konfrontation,

Nebenstehend: Die Eroberung Jerusalems durch die Sarazenen, angeführt von Sultan Saladin, am 3. Oktober 1187.
Französische Buchmalerei, um 1400 (Meister von Boucicaut oder Meister von Bedford). Aus dem *Livre des merveilles*, einer Sammlung von Reiseberichten des Marco Polo.
Bibliothèque nationale, Paris.

Linke Seite: Die Eroberung Konstantinopels durch die Kreuzfahrer während des Vierten Kreuzzuges, am 13. April 1204.
***Die Eroberung Konstantinopels*, Gemälde von Jacopo Palma, genannt der Jüngere (1544–1628), Großer Ratssaal, Dogenpalast in Venedig.**

Unten: Englische Buchmalerei, um 1340.
Der englische König Richard Löwenherz und Sultan Saladin im Einzelkampf.
Aus dem für Sir Geoffrey Luttrell of Irnham angefertigten *Luttrell-Psalter*.
British Library, London.

indem er die Versorgung der Kreuzfahrer verweigerte und versuchte, sie aufzuhalten. Daraufhin besetzte Barbarossa Philippopolis (das heutige Plowdiw), plünderte den größten Teil Thrakiens, nahm Adrianopel ein und schickte seinen Sohn Heinrich mit einer Flotte vor die Mauern Konstantinopels; da gab Isaak nach. 1190 wurde ein Vertrag geschlossen, in welchem dem deutschen Kaiser unter anderem Schiffe und Lebensmittel zugesagt wurden. Barbarossa überquerte den Bosporus und erreichte Kilikien (in Südanatolien), wo er dann jedoch in einem Fluss ertrank.

Auch Heinrich VI., Sohn und Nachfolger Friedrich Barbarossas, sah in einem Kreuzzug die Möglichkeit, seine Expansionspolitik voranzutreiben. Dynastische Streitigkeiten der Angeloi – 1195 wurde Isaak II. Angelos von seinem Bruder Alexios III. Angelos (1195–1203) abgesetzt und geblendet – kamen ihm äußerst gelegen. Er stellte sich auf die Seite des gestürzten Kaisers. Zwar starb Heinrich VI. noch vor Beginn des Vierten Kreuzzugs, aber Philipp von Schwaben führte die Pläne seines Bruders fort.

Im Herbst 1201 flüchtete der Sohn Isaaks II., Alexios IV. Angelos (1203–1204), an den deutschen Hof und erbat Unterstützung, um seinen Vater wieder auf den Thron zu bringen. Der Hilferuf erreichte die westeuropäischen Herrscher just in dem Augenblick, als sich die Kreuzheere vor Venedig versammelten, um in See zu stechen.

Venedig hatte seine Flotte bereitgestellt, dafür aber eine Summe verlangt, die die Kreuzfahrer nicht aufbringen konnten. Ersatzweise forderte der Doge Enrico Dandolo von ihnen die Eroberung der Stadt Zara (das heutige Zadar) an der dalmatischen Küste. Der junge Alexios versprach den Kreuzfahrern Unterstützung durch 1000 Soldaten und 800 000 Goldstücke.

Ende Juli 1203 trafen die Kreuzfahrer in Konstantinopel ein. Alexios III. flüchtete nach dem ersten Ansturm, der blinde Isaak II. wurde wieder eingesetzt, sein Sohn Alexios IV. zum Mitkaiser ernannt. Mit Konfiskationen gelang es ihm, die Hälfte der zugesagten Summe zusammenzubekommen, da die Kreuzfahrer ihren Anteil jedoch umstandslos an die Venezianer weitergeben mussten, um ihre Schulden zu begleichen, ließen sie den byzantinischen Kaiser wissen, dass er unverzüglich den Rest der versprochenen Summe zu übergeben habe. Der Versuch, durch Steuererhöhungen an die notwendigen Mittel zu gelangen, führte zum Aufstand, in dessen Verlauf Alexios IV. umgebracht und sein Vater erneut in Haft genommen wurde, wo er bald darauf starb. An ihre Stelle trat ein Schwiegersohn von Alexios III., Alexios V. Dukas Murtzuphlos (1204). Da er die Zahlungen an die Kreuzfahrer verweigerte, unternahmen diese im April 1204 einen neuerlichen Angriff auf Konstantinopel, das eingenommen und tagelang geplündert wurde. Danach teilten die Kreuzfahrer das Byzantinische Kaiserreich unter sich auf, wobei sich Venedig den Löwenanteil sicherte. Schließlich setzten die Eroberer einen lateinischen Kaiser in Konstantinopel ein, während die versprengte byzantinische Aristokratie einschließlich der Herrscherfamilie am anatolischen Ufer eine Reihe kleinerer Staaten gründete, darunter die Kaiserreiche Nikaia und Trapezunt.

Die Herrscher von Nikaia konnten 1261 nach Konstantinopel zurückkehren. Allerdings konnten die Byzantiner nur einen Teil ihres einstigen Territoriums zurückgewinnen: Die letzten Fürstentümer der Kreuzfahrer wurden von den Türken erobert, während Kreta bis zum 17. Jahrhundert und Korfu sogar bis zum Ende der Republik Venedig im Jahre 1797 zum Herrschaftsgebiet der Serenissima gehörten.

Nebenstehend links: Münze Johannes' II. Komnenos mit thronendem Christus.
Bibliothèque nationale, Münzsammlung, Paris.

Nebenstehend rechts: Münze Manuels I. Komnenos mit Christus Emmanuel.
Bibliothèque nationale, Münzsammlung, Paris.

Rechte Seite: Blick auf Istanbul und Galata (oben) von Matraki Nasuh, 1537.
Universitätsbibliothek, Istanbul.

(1143–1180) sah sich 1147 sogar gezwungen, die Privilegien zu erweitern, um sich den Beistand Venedigs gegen eine neuerliche Bedrohung durch die Normannen zu erkaufen. Da Venedig seine Vormachtstellung nun auch in Italien immer stärker ausbauen konnte, gab es für Konstantinopel schließlich keine Möglichkeit mehr, die einmal eingeräumten Wettbewerbsvorteile zu widerrufen. Die Byzantiner reagierten darauf mit wachsender Feindseligkeit gegen die in der Hauptstadt ansässigen Lateiner. 1171 ließ Manuel I. Komnenos zirka 10 000 Venezianer festnehmen und ihr Vermögen beschlagnahmen; im Jahre 1182 brach ein blutiger Aufstand der einheimischen Bevölkerung gegen die Venezianer aus und vertrieb sie für einige Jahre fast ganz. Die Vorfälle bestätigten die Venezianer in ihrer Auffassung, dass ihre wirtschaftliche Vorrangstellung nur durch die Niederwerfung des byzantinischen Kaiserreichs zu halten war.

Als im Juni 1202 die europäischen Adeligen zum Aufbruch in den Vierten Kreuzzug in Venedig zusammenkamen, erkannte der Doge Enrico Dandolo die Gunst der Stunde. Der Kreuzzug war die Gelegenheit, nicht nur in Dalmatien wichtige Häfen in Besitz zu nehmen, sondern auch an den Schwarzmeer-Meerengen venezianisch-abendländische Stützpunkte zu gründen. Da der Landweg zu riskant war und die Kreuzfahrer daher auf die venezianische Flotte angewiesen waren, gelang es ihm, gegen den Widerstand des Papstes, den Kreuzzug in einen Eroberungszug gegen Byzanz zu verwandeln. 1204 nahmen die Kreuzfahrer Konstantinopel ein und teilten die europäischen Gebiete des Kaiserreichs und die Inseln unter sich auf.

Bei der ersten Belagerung im Juli und August 1203 kam es zu zwei großen Feuersbrünsten, nach der Eroberung im Jahre 1204 entlud sich der ganze Hass, der sich zwischen Griechen und Lateinern aufgestaut hatte. Die Stadt wurde geplündert, unersetzliche Kunstschätze wurden vernichtet. Ihre Einwohner flohen in die Vororte oder in byzantinisch kontrollierte Gebiete Kleinasiens. Der Hof und sein Gefolge flüchteten an das anatolische Ufer und gründeten dort vier kleinere Staaten, darunter das Kaiserreich von Nikaia, das sich als Nachfolger des byzantinischen Reiches behaupten sollte. Die abendländischen Eroberer setzten währenddessen ihr zerstörerisches Werk fort. Die Bleidächer wichtiger Gebäude wurden abgetragen und eingeschmolzen; bescheidenere Häuser, die von ihren Bewohnern verlassen worden waren, wurden zu Brennholz zerkleinert. Auch die Bronzestatuen des Hippodroms wurden eingeschmolzen und zu Münzen verarbeitet. Von Restaurationsarbeiten ist nahezu nichts bekannt. Nur wenige der 20 Kirchen und 13 Klöster wurden von den neuen Herrschern neu ausgestattet. In der Kalenderhane Cami (Kyriotissa-Kirche) sind Reste von Malerei aus der Zeit der Lateiner mit Bildern des Heiligen Franziskus erhalten. Aus schriftlichen Quellen wissen wir, dass der Altar der Hagia Sophia mit einem Baldachin ausgestattet wurde. Gleichzeitig wurde das Beutegut aus den geplünderten Kirchen in den Westen gebracht und ein schwunghafter Handel mit byzantinischen Reliquien und Kunstgegenständen aufgenommen. Zumindest ein Teil der ehemaligen Kirchenschätze Konstantinopels wird daher heute in europäischen Museen aufbewahrt.

Die Gründung von Galata

Eingeschlossen zwischen dem bulgarischen Königreich auf der einen Seite und dem Reich von Nikaia auf der anderen konnte sich die Herrschaft der Lateiner in Konstantinopel nicht lange halten. 1261 gelang es Michael VIII. Palaiologos (1258–1282) Konstantinopel nahezu kampflos zurückzuerobern. Prophylaktisch hatte er sich die Unterstützung der einzigen ebenbürtigen Rivalin Venedigs gesichert: Genua, das nur zu gern bereit war, bei der Vertreibung der lateinischen Herrschaft am Bosporus mitzuhelfen, stellte dem Kaiser ein Geschwader von 50 Kriegsschiffen zur Verfügung und erhielt im Gegenzug all jene Privilegien, die die Venezianer einst innegehabt hatten, darunter zollfreien Zugang zum Reich und eigene Viertel in Konstantinopel und den wichtigsten Hafenstädten. Die teuer erkaufte Hilfe erwies sich allerdings als unnötig; vor den Mauern Konstantinopels stellte sich heraus, dass die gesamte venezianische Flotte ausgelaufen war, so dass sich den Griechen nur unbedeutender Widerstand entgegenstellte.

Michael VIII. bot den Genuesen, die 1204 ein weiteres Mal aus ihrem Viertel in Konstantinopel vertrieben worden waren, ein sehr viel größeres Siedlungsgebiet am nördlichen Ufer des Goldenen Horns an. Mit einer Ausdehnung von etwa 600 mal 160 Metern nahm das Viertel schon bald das Aussehen einer italienischen Stadt an. Es wurde von einer geraden Straße, die zum Wasser führte, in zwei Hälften geteilt. Rechts und links dieser Achse verlief je eine Parallelstraße, die ebenfalls bis ans Ufer reichte. Am Anfang der Hauptstraße befand sich die Loggia, Sitz des Podestà (Bürgermeister) und Handelsbörse; auf halber Strecke zum Wasser erhob sich die dem heiligen Michael geweihte Kathedrale. Im westlichen Teil des Gebiets lag eine den Heiligen Paul und Dominikus geweihte Kirche und im östlichen die Franziskanerkirche.

Ein 1303 und 1304 erneuertes Dekret verbot den Bau einer Stadtmauer, billigte den Genuesen aber das Recht zu, sich zu verteidigen. Zu diesem Zweck hoben sie einen Graben aus und befestigten die äußeren Häuser. Bereits 1306 erweiterten die Genueser ihr Siedlungsareal eigenmächtig durch Landankäufe. Nach und nach wurden zunächst Befestigungstürme, dann eine Stadtmauer auf der Landseite und einige Jahre später auch auf der Seeseite errichtet. Mitte des 14. Jahrhunderts nutzten die Genuesen die Abwesenheit von Kaiser Johannes VI. Kantakuzenos (1347–1354) zu einer erneuten Erweiterung ihres Territoriums und errichteten 1348/49 auf

Blick von der Anhöhe von Pera auf den Galata-Turm. Kupferstich aus Renouard de Bussierre, *Lettres sur l'Orient ... les années 1827 et 1828*, Paris, 1829.
Bibliothèque nationale, Paris.

der Hügelnase nördlich der Stadt den mächtigen Christus-Turm, den heutigen Galata-Turm. In der Folgezeit erweiterten die Genuesen das Stadtgebiet noch mehrfach, sodass auch die beiden Vororte Spiga im Westen und Lagirio im Osten schließlich in den Befestigungsring einbezogen waren. Zu Beginn des 14. Jahrhunderts hatte die Siedlung der Genuesen, die nunmehr 37 statt der ursprünglichen sechs Hektar umfasste, ihre endgültige Form erreicht.

Die Vergrößerungen gingen mit dem Bau immer neuer Stadtmauern einher. Die erste Stadtverwaltung des Osmanischen Reichs ließ den größten Teil der Mauern abreißen. Lediglich ein inneres Festungstor, zwischen den Häusern eingeschlossene Mauerteile und einige Türme, darunter der Galata-Turm, blieben stehen. Einige Inschriften mit Erbauungsdaten und den Familienwappen der Bauherren werden im Archäologischen Museum von Istanbul aufbewahrt, und vom Palast des Podestà sind einige Mauern erhalten, die in ein modernes Gebäude integriert wurden. Am Standort der Sankt-Michael-Kathedrale entstand Mitte des 16. Jahrhunderts der Bedestan (überdeckte Markthallen) von Galata. Die Sankt-Franziskus-Kirche, die 1639 und 1660 ausbrannte, wurde durch eine Moschee ersetzt, die allerdings zu Beginn des 20. Jahrhunderts abgerissen wurde. Vom Sankt-Benedikt-Kloster, das 1427 im Vorort Lagirio errichtet wurde, steht nur noch der Glockenturm. Der einzige noch erhaltene Sakralbau der Genuesen-Stadt Galata ist die durch zahlreiche Umbau- und Restaurierungsmaßnahmen stark veränderte Sankt-Paul-Kirche, die zwischen 1475 und 1478 in die Arap Cami (Moschee der Araber) umgewandelt wurde. Der Name stammt nicht, wie häufig behauptet, von einer nahe gelegenen Siedlung, in der sich die nach dem Fall des Königreichs von Granada 1492 aus Andalusien vertriebenen Araber niederließen, sondern rührt von einer Legende her: So soll der erste Sakralbau an dieser Stelle von Arabern errichtet worden sein, die Konstantinopel von 715 bis 717

Mit zwei Türmen bewehrter Haupteingang der Festung Yoroz (Anadolu Kavagi).

belagerten. Die Legende diente wohl dazu, die im 15. Jahrhundert vorgenommene Umwandlung in eine islamische Kultstätte innerhalb eines Stiftungskomplexes zu rechtfertigen, denn Mehmed II. hatte die Genuesen von Galata nach der Eroberung von Konstantinopel mit einem Schutzbrief für ihre Neutralität belohnt, der ihnen den Erhalt ihrer Kirchen garantierte. Der Glockenturm der ehemaligen Kirche wird heute als Minarett genutzt.

Schließlich wird mit den Genuesen in Konstantinopel und Umgebung eine Festung in Verbindung gebracht, die unter dem Namen Yoros bekannt ist und oberhalb des Dorfs Anadolukavak am asiatischen Ufer des Bosporus in der Nähe des Schwarzen Meeres liegt. Die Geschichte dieser Festung, deren oberer Teil recht gut erhalten ist, ist allerdings weitgehend unbekannt. Sie wurde wahrscheinlich bereits unter Michael VIII. Palaiologos erbaut, um die Meerengen zu überwachen. Um 1350 soll sie von den Genuesen besetzt worden und schließlich Mitte des 15. Jahrhunderts in die Hände der Osmanen gefallen sein.

Die Mouchliotissa-Kirche

Bei seinem Einzug in Konstantinopel fand Michael VIII. eine nahezu verlassene und zerstörte Stadt vor. Mit Unterstützung der Aristokratie unternahm er den nahezu aussichtslosen Versuch, die Schäden zu beheben, aber der Aufwand und die Kosten überstiegen bei weitem die vorhandenen Möglichkeiten. Zunächst mussten die dringendsten Arbeiten durchgeführt werden: die Befestigung der beim Ansturm der Kreuzfahrer zerstörten Mauern, insbesondere auf der Seeseite, und die Restaurierung des Blachernenpalastes, der von den Belagerern verwüstet worden war. Darüber hinaus mussten vor allem die baufälligen öffentlichen Gebäude restauriert werden. In diesem Zusammenhang soll der Kaiser den Mosaikfußboden in Hagios Johannes Studios sowie das Mosaik in der Südempore der Hagia Sophia gestiftet haben.

Bei dem einzigen Profanbau, der heute in die Zeit der Palaiologen datiert wird, handelt es sich um das Tekfur Saray in der Nähe des Blachernenpalastes. Das Palais, das zwischen und auf ver-

Links: Tekfur Saray. Detailaufnahme einer restaurierten Säule samt restauriertem Kapitell.

Rechts: Der Palast Konstantins VII. Porphyrogenetos (Tekfur Saray).

schiedenen Abschnitten der Theodosianischen Mauer und der später verstärkten Vormauer errichtet wurde, stammt vermutlich bereits aus dem 10. Jahrhundert, wurde aber in der zweiten Hälfte des 12. Jahrhunderts grundlegend erneuert. Seit dem 17. Jahrhundert trägt es die Bezeichnung Tekfur Saray (Königsschloss).

Die erste Kirche aus der palaiologischen Epoche, die Panhagia Mouchliotissa, wurde zusammen mit dem angrenzenden Kloster 1261 von Isaak Dukas, einem Onkel Michaels VIII., gegründet. Im Jahre 1266 wurden beide vergrößert und besser ausgestattet. Die Herkunft des Namens „Mouchliotissa" ist bislang nicht geklärt. Er könnte vom Namen des Mongolen-Khans Abagu abgeleitet sein, dessen Witwe, Maria Palaiologina, die Tochter Michaels VIII. Palaiologos, Kirche und Kloster Ende des 13. Jahrhunderts nochmals ausbauen ließ. Einer anderen Meinung zufolge wurde die Kirche den Einwohnern der Stadt Mouchlion (dem heutigen Tegea) zugewiesen, die 1458 vertrieben und von Mehmed II. in diesem Viertel angesiedelt wurden. Sie ist der einzige byzantinischer Sakralbau, der bis heute zur orthodoxen Kirche gehört, und blieb von der Umwandlung in eine Moschee ausgenommen. Bei der Mouchliotissa-Kirche handelte es sich ursprünglich um einen vierpassförmigen Bau (Tetrakonchos) mit einer zentralen Tambourkuppel, die auf vier Säulen ruht. Die außen polygonal ummantelten Konchen weisen im Inneren je drei kleine Halbrundnischen auf. Da dieser Grundriss auch für frühchristliche Mausoleen verwendet wurde, kam die Hypothese auf, dass es sich ursprünglich um eine Grabstätte aus dieser Zeit handeln könnte, die im 13. Jahrhundert in eine Kirche umgewandelt wurde. Die Wahl dieses Grundrisses könnte aber auch für einen gewissen Einfluss Georgiens in Konstantinopel plädieren, wo Konchenbauten außerordentlich stark verbreitet waren. Der Ursprungsbau wurde in späterer Zeit durch zahlreiche Umbaumaßnahmen stark verändert: Zwei der Konchen wurden abgerissen und durch eine zweischiffige Halle ersetzt.

Theodora Raulaina, eine Nichte des Kaisers Michael VIII., ließ im Jahr 1284 eine möglicherweise aus dem sechsten Jahrhundert stammende Kirche erneuern und das dazugehörige Kloster erweitern. Die Anlage war vermutlich dem Heiligen Andreas geweiht, einem Märtyrer aus der Zeit des Bilderstreits. Der Bau besaß einen zentralen Kuppelraum, an dessen vier Ecken mächtige Pfeiler eine Tambourkuppel trugen. Zwischen die Pfeiler waren im Norden, Süden und Westen je zwei Säulen eingestellt. Im Osten öffnete sich der auf drei Seiten von einem Umgang umgebene Kuppelraum in das Bema (den

Altarraum) und die Apsis, im Westen war der Kirche ein Narthex vorgelagert. Von 1489 bis 1491 wandelte der Großwesir Koca Mustafa Paşa Hagios Andreas in eine Moschee um und nahm dabei eine Reihe von baulichen Veränderungen vor, die das ursprüngliche Aussehen der Kirche völlig veränderten.

Die Pammakaristos-Kirche

Das Kuppelquadrat mit Umgang, das in palaiologischer Zeit zum bevorzugten Bautyp gehörte, trat erstmals in der Pammakaristos-Kirche auf. Diese wurde über einer älteren Kirchenanlage errichtet, deren kreuzförmige Krypta in eine Zisterne verwandelt wurde. In einer Inschrift, die sich in der inzwischen abgerissenen Hauptapsis befand, sollen ein Johannes Komnenos und dessen Frau als Stifter genannt gewesen sein. Dabei könnte es sich um den Bruder des Kaisers Isaak I. (1057–1059) und Vater von Alexios I. gehandelt haben; die Kirche wäre demnach vor 1067 entstanden. Mit Sicherheit läßt sich nur sagen, dass der Bau vor 1118 fertiggestellt gewesen sein muss, da in jenem Jahr Kaiser Alexios I. Komnenos dort beigesetzt wurde.

1236 nahm der Protostrator Michael Glabas – der Hauptpferdemeister und zweithöchste Würdenträger im Kaiserreich – die Kirche und das dazugehörige Kloster in Besitz. Vermutlich unter Glabas wurde die südliche Außenwand der Kirche und eine davor verlaufende Vorhalle mit Fresken ausgestattet. Nach Glabas' Tod (vermutlich zwischen 1304 und 1308) trat seine Witwe Maria Doukaina in das Kloster ein und ließ zu Ehren ihres Mannes eine reich dekorierte Grabkapelle, auch als Parekklesion bezeichnet, an der Südseite der Kirche errichten. Diese kleine Kreuzkuppelkirche mit dreigeteilter Ostpartie und einem Narthex im Westen war nahezu vollständig mit Mosaiken ausgekleidet. Neben den Mosaiken der Chora-Kirche gehören diese Arbeiten zu den schönsten und eindruckvollsten Werken der palaiologischen Epoche.

Die untere Zone der Innenraumwände war bis zur Höhe der vier Säulen, die die Mittelkuppel tragen, mit Marmor verkleidet, wie es in mit Mosaiken ausgestatteten Kirchen üblich war; diese Wandverkleidung existiert nicht mehr. Darüber, in den Bögen und Gewölben der Kreuzarm-Eckkompartimente, sind Darstellungen von Kirchenvätern erhalten: Gregorios Thaumaturgos, Gregor von Agrigent, die Heiligen Antipas und Blasios sowie der heilige Gregor von Armenien im Südost-Eckkompartiment; Gregor von Nyssa und der heilige Ignatios Theophoros im Nordosten, die Heiligen Sabas, Johannes von Climax, Arsenios, Chariton, Euthymios und Antonios im Nordwesten. Diese mittlere Zone schließt mit einem umlaufenden Gesims ab, auf dem noch Reste einer ehemaligen Inschrift zu Ehren Michael Glabas' auszumachen sind. In der darüberliegenden Zone waren in den Lünetten und Kreuzgratgewölben der Kreuzarme die hohen Feste des Kirchenjahres dargestellt, von

Links: Grundriss der Mouchliotissa-Kirche (Rekonstruktion). Von der ursprünglichen Vierkonchenanlage ist nur noch der äußere Teil erhalten. Der Rest wurde später ergänzt.

Rechts: Die Mouchliotissa-Kirche ist die einzige byzantinische Kirche, in der noch griechisch-orthodoxe Gottesdienste gefeiert werden. Im Hintergrund ist das griechische Gymnasium zu sehen.

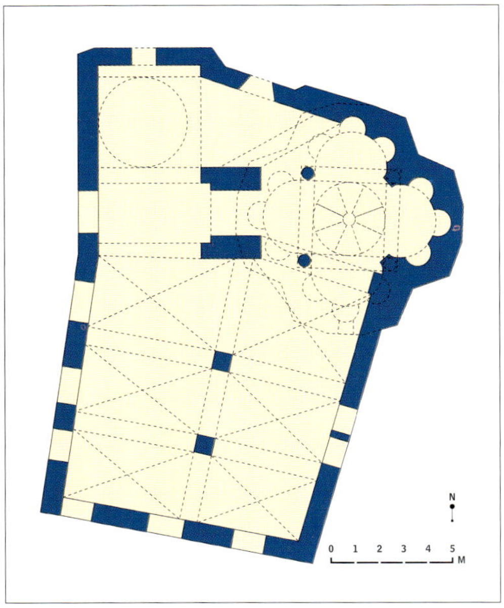

Oben: Die Pammakaristos-Kirche. Südliche Fassade. Rechts das Parekklesion, links der zurückgesetzte Narthex.

Oben links: Grundriss der Pammakaristos-Kirche. Die Apsis der Hauptkirche ist rekonstruiert. Der von einer Kuppel überwölbte Gebäudevorsprung wurde in osmanischer Zeit angefügt, um Raum für eine Gebetsnische zu schaffen.

Unten: Pammakaristos-Kirche. Blick von der Apsis auf das Parekklesion.

denen aber nur noch die Taufe und Reste der Himmelfahrt erhalten sind. Die oberste Zone schließlich umfasst die Kuppel, in der sich die Darstellung des Pantokrators mit den zwölf Propheten befindet.

Im Diakonikon sind drei der wichtigsten Kirchenväter abgebildet: in der Apsis der heilige Gregor der Theologe, auf der Südwand der heilige Athanasius und auf der Nordwand der heilige Kyrill. Die Apsis der Prothesis zeigt den heiligen Jakobus, der als Gründer des Patriarchats von Jerusalem gilt, die Nordwand vermutlich den heiligen Clemens, Nachfolger des heiligen Petrus auf dem Bischofssitz von Rom, und die Südwand den heiligen Metrophanos, der erste nachgewiesene Bischof von Konstantinopel. Es werden somit die Gründer der wichtigsten Bischofssitze dargestellt.

Die Hauptapsis wird nicht, wie üblich, von einer Muttergottesdarstellung eingenommen, sondern zeigt eine Deesis, in der Christus als Hyperagathos („der Übergütige") bezeichnet wird. Die Muttergottes und Johannes der Täufer sind in den seitlichen Lünettenfeldern dargestellt. In den Kreuzgewölben des Chores sind die vier Erzengel abgebildet. Die Apsiskalotte wird umrahmt von einer Inschrift, welche besagt, dass die beiden Fürbitter für die Seele des Gatten der Stifterin beten: „Martha, die Nonne, erbaute dieses Opfer für Gott zum Gedenken an Michael Glabas, ihren Ehegatten, der ein hervorragender Krieger und ein würdiger Führer war." Der Verstorbene wurde in einem Arkosolium, einem

Wandgrab unter einer Rundbogennische, in der Nordwand der Kapelle beigesetzt. Die im Narthex der Kapelle durchgeführten Untersuchungen erwiesen, dass es mindestens vier weitere Arkosolia gab: zwei in der Narthexostwand, eines in der Westwand links des Eingangs – rechts ist die Treppe zur Narthexempore – und eines in der Südwand. Die Errichtung eines Exonarthex um die Süd-, West- und Nordseite der Hauptkirche in der Mitte des 14. Jahrhunderts ist, wie in der Lips-Kirche, auf die Nutzung als Grabstätte zurückzuführen.

Im Vergleich mit anderen Mosaiken der Palaiologenzeit (zum Beispiel mit denen in der Chora-Kirche oder in der Apostelkirche in Thessaloniki) wirken die des Parekklesions ruhiger und weniger manieriert. Vergleicht man die Taufszene des Parekklesions mit jener der Apostelkirche (zwischen 1310 und 1314), so ist festzustellen, dass die Christusfigur dort stärker durchmodelliert ist und die Engelgruppe größere Bewegung und eine faltenreichere Gewandbildung aufweist.

Interessant ist die auffällige Ähnlichkeit des Pantokrators in der Kuppel mit dem auf der Christus-Ikone vom Sinai, einer der ältesten erhaltenen Arbeiten ihrer Art, die in das sechste Jahrhundert datiert wird und wahrscheinlich in Konstantinopel entstand. Hier zeigt sich, wie beständig sich ikonographische Muster trotz der Entwicklung verschiedener Stilrichtungen und aufeinander folgenden „Renaissancen" der byzantinischen Malerei erhielten: Einzelne Gestaltungselemente, wie Haar- und Barttracht, Augenausdruck und Gewanddrapierung wurden bei bestimmten ikonographischen Typen (Christus Pantokrator, Maria) über Jahrhunderte tradiert.

1455 siedelte der Patriarch Gennadios II., nachdem er von den Türken aus der Apostelkirche vertrieben worden war, in das Pammakaristos-Kloster über. Die dort lebenden Nonnen mussten daraufhin das Kloster verlassen. Das Patriarchat blieb bis 1586, und verschiedene Reisende des 16. Jahrhunderts haben das Aussehen der Anlage in dieser Zeit beschrieben und in Zeichnungen dokumentiert.

1591 beschlagnahmte Murad III. das Gebäude, um es in eine Moschee mit dem Namen Fethiye Cami umzuwandeln. Dabei wurden die vier Säulen im Kuppelraum entfernt und durch weite Bogen ersetzt. Die Nord- und Südwand sowie die Narthexostwand wurden teilweise durchbrochen bzw. abgetragen und durch Pfeilerkonstruktionen ersetzt. Die Hauptapsis riss man ab und errichtete an ihrer Stelle einen Kuppelraum für den Mihrab. Auch die beiden nördlichen Säulen des Parekklesions wurden entfernt. Die Hauptkirche wird weiterhin als Moschee genutzt; das Parekklesion wurde nach umfangreichen Restaurierungsmaßnahmen der Museumsverwaltung unterstellt.

Oben: Pammakaristos-Kirche. Kuppel des Parekklesions. Christus als Pantokrator (Weltenherrscher), umringt von zwölf Propheten.

Unten: Pammakaristos-Kirche, Parekklesion. Der heilige Gregor von Nyssa.

Die Chora-Kirche

Der außergewöhnliche Mosaiken- und Freskenzyklus in der Chora-Kirche, der die Lebensgeschichte Mariens und Jesu nahezu vollständig wiedergibt, hat mehr als jedes andere Kunstwerk dazu beigetragen, dass der Begriff einer Palaiologischen Renaissance, die auf dem Gebiet der Literatur und Philosophie zweifellos stattgefunden hat, auch für die bildende Kunst diskutiert wurde. Nach der Eroberung des Reiches durch die unter venezianischer Führung stehenden Kreuzfahrer und angesichts der wirtschaftlichen Vormachtstellung der italischen Handelsstädte war die lateinische Kultur zum Feindbild geworden. Die Intellektuellen sahen sich genötigt, ein neues byzantinisches Selbstverständnis zu entwickeln, das sich vom Römischen Reich – wie sich Byzanz gleichwohl weiterhin nannte – klar abgrenzte. Gleichzeitig bewog das sinkende Ansehen des Kaisers die politischen Köpfe unter ihnen dazu, in ihren Theorien einen aufgeklärten Fürsten, der sich von Philosophen beraten ließ, an die Stelle dieses Vertreters Gottes auf Erden zu setzen. Der Hellenismus, lange Zeit als Symbol des Heidentums verschmäht, blühte wieder auf. In Opposition zur „Kulturlosigkeit“ der Lateiner – und damit zum katholischen Europa – kehrte man zur glorreichen Antike zurück, widmete sich dem Studium antiker Texte und war voller Bewunderung für die Denkmäler und Kunstwerke dieses Zeitalters. Im Zuge der Beschäftigung mit der griechischen Philosophie entwickelte sich der Platonismus zur neuen Ethik und Regierungstheorie.

Diese rein intellektuelle und letztlich dem Heidentum zugeneigte Bewegung entsprach jedoch keineswegs den Bedürfnissen einer Bevölkerung, die sich auf der einen Seite von der Eroberung durch die Türken und auf der anderen von der Ausbeutung durch die italischen Seemächte bedroht fühlte. Wie so oft in Byzanz, nahm die Auseinandersetzung die Form eines theologischen Streits an.

Er entzündete sich an der Bewegung der Hesychasten, einer Richtung der byzantinischen Mystik, die durch Kontemplation und Askese zur Offenbarung gelangen wollte. Die Gegner des Hesychasmus sammelten sich um Barlaam von Kalabrien, der im Sinne Thomas von Aquins forderte, die Wahrheit nach dem Vorbild der antiken Philosophie, das heißt mit Hilfe streng rationaler Kriterien, zu suchen. Gregorios Palamas, dem führenden Vertreter der Bewegung, der später zum Erzbischof von Thessaloniki ernannt werden sollte, gelang es jedoch, die orthodoxe Kirche von der Lehre der Mönche des Berges Athos zu überzeugen. Der Triumph des Hesychasmus erwies sich als folgenschwer: Nicht nur wurde damit die humanistische Strömung auf eine intellektuelle Elite begrenzt und der Bruch zwischen katholischer und orthodoxer Kirche vertieft, sondern er bereitete auch der Ausbreitung des Islam den Boden. Der Islam sollte sich im westlichen Kleinasien und auf dem Balkan nämlich vor allem durch die Lehren herumreisender Derwische verbreiten, die ebenfalls durch asketische Übungen und geistige Versenkung eine mystische Vereinigung mit Gott anstrebten. Der diesen Lehren innewohnende Synkretismus – die Mischung aus Geboten des Islam, manichäischen Elementen aus dem Iran, schamanischen Glaubensinhalten zentralasiatischer Herkunft und der Askese indischer Provenienz – sprach jene Bevölkerungsschichten an, die jede Form intellektueller Auseinandersetzung als europäisches Gedankengut ablehnten.

Es stellt sich daher die Frage, ob die humanistische Bewegung, die – wenn auch begrenzt – durchaus existierte, einen so starken Einfluss auf die bildenden Künste nehmen konnte, dass man von einer Renaissance sprechen kann, in dem Sinne, wie sie in den folgenden Jahrhunderten in Westeuropa stattfand. Die Antwort ist zweifellos negativ. So war zwar eine Erneuerungsbewegung bzw. Rückkehr zu vergangenen Stilepochen zu beobachten – wenn nicht zu den Ursprüngen der griechischen Kultur, so zumindest zu den in den Handschriften überlieferten künstlerischen Traditionen: Der Manierismus der Komnenenzeit wurde von einer neuen Bilddynamik und einer weniger hieratischen Darstellungsweise abgelöst. Aber die räumliche Gestaltung ist weit vom Naturalismus entfernt, den die westliche Malerei dieses Zeitalters anstrebte. Die Farbpalette der Mosaiken und Fresken der Chora-Kirche, die sehr viel umfangreicher ist als die des zeitgenössischen Giotto, die Gewandgebungen, die Lebhaftigkeit der Personen, die Extravaganz der Architekturmotive lassen nichts von einem wie immer gearteten Realismus erkennen, sondern sind fest in der byzantinischen Tradition verhaftet. Und so schwindet auch die Dynamik, die die Zyklen der Chora-Kirche auszeichnet, einige Jahre später mit der Rückkehr zu konventionellen Darstellungen.

Die Herkunft des Begriffs *chora* („Land“ im weiteren Sinn), der dem Kloster seinen Namen gab, bevor es in türkischer Zeit Kariye („Dorf“) genannt wurde, ist nicht gesichert. Es könnte sich um einen Ortshinweis handeln, da das erste Gebäude vor dem Bau der Theodosianischen Mauer errichtet wurde und sich somit auf dem freien Land befand. Vermutlich bezieht sich der Name aber auf verschiedene Inschriften in der Kirche: So sind in vier Fällen Bildnisse Christi mit der Beischrift „I Chora ton zonton“ („Das Land der Lebenden“) versehen, und an zwei anderen Stellen wird die Muttergottes als „ Chora tou akoretou“ („Land des Unerschöpflichen“) bezeichnet.

Die Frühgeschichte der Kirche und des dazugehörigen Klosters ist aufgrund zahlreicher Widersprüche in den Quellen unklar. Bereits unter Justinian I. (527–565) oder unter Phokas (602–610) soll ein erstes Kloster gebaut worden sein, dessen Äbte ab Beginn des achten Jahrhunderts in verschiedenen Quellen genannt werden. Die erste Kiche, über die wir genauere Kenntnisse haben, stammt allerdings erst aus der frühen Komnenen-Zeit und soll zwischen 1077 und 1081 von Maria Dukaina, der Schwiegermutter von Alexios I., gegründet worden sein. Die erhaltene Bausubstanz lässt auf eine Kreuzkuppelkirche mit dreigeteilter Ostpartie schließen. Nach teilweiser Zerstörung – eventuell durch ein Erdbeben – ließ Isaak Komnenos, der Bruder des Kaisers Johannes II. Komnenos (1118–1143), die Kirche um 1120 umbauen. Aus dieser Zeit stammen die bis heute erhaltene Mittelapsis und die vier mächtigen Eckpfeiler des Kuppelquadrats sowie die Kuppel. Die Form eines griechischen Kreuzes war nun kaum noch zu erkennen, da die Kreuzarme stark verkürzt waren. In der Lateinerzeit wurden Kloster und Kirche geplündert, und Ende des 13. Jahrhunderts waren beiden Bauten verfallen. Anfang des 14. Jahrhunderts war es der Groß-Logothet (Kontrolleur des Staatsschatzes) Theodor Metochites (1270–1332), der die Gebäude gründlich restaurieren ließ. Metochites, einer der großen Humanisten seiner Zeit, war unter anderem Finanzminister, hatte

Linke Seite: Christus. Ikone, Enkaustik, sechstes Jahrhundert. Katherinen-Kirche, Sinai.

Kariye Cami, Außenansicht. Blick auf die Hauptkuppel und, im Vordergrund, auf eine der beiden Narthexkuppeln.

IC

Kariye Cami, südliche Narthexkuppel. Christus umgeben von den Patriarchen vom Stamme Adams.

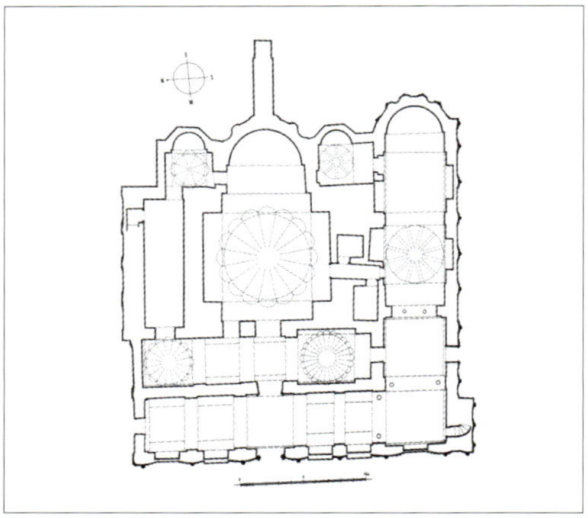

Kommentare zu Aristoteles verfasst und besaß eine umfangreiche Bibliothek. Zwischen 1315 und 1320 ließ er die Hauptkuppel erneuern und im Westen der Kirche zwei Narthices errichten, deren äußerer im Süden in ein neu errichtetes Parekklesion mündete. Wie in der Pammakaristos- und der Lips-Kirche, diente das Parekklesion als Grablege der kaiserlichen Familien.

Die Kirche ist Christus geweiht, aber das ikonographische Programm der Mosaiken in den beiden Narthices und im Kirchenraum sowie der Fresken im Parekklesion, das ursprünglich etwa dreihundert Szenen und Einzelfiguren umfasste, ist gleichermaßen Christus wie der Muttergottes gewidmet. In den beiden Kuppeln des inneren Narthex wird der Stammbaum Christi illustriert, während in den übrigen Gewölben und auf den Pendentifs Szenen aus dem Leben Mariens und Christi dargestellt werden.

Der Zyklus beginnt mit den Widmungsbildern über den Eingängen. Der Christus Pantokrator in der Lünette, die sich über der in den inneren Narthex führenden Tür befindet, empfängt den Besucher mit der oben genannten Beischrift. Ihm gegenüber, über dem Haupteingang, ist eine Maria Blacherniotissa dargestellt, die vor ihrer Brust eine Aureole mit dem Christuskind hält und mit der zweiten oben genannten Beischrift versehen ist. Von rechts und links nähert sich je ein Engel mit verhüllten Händen. In der Lünette über der Tür zum Kircheninnenraum ist der Stifter Theodor Metochites in Proskynese (Kniefall) vor dem thronenden Christus dargestellt. In seinen Händen hält er ein Modell der Kirche. In einer großen Rundbogennische südlich der Tür ist eine Deesis mit Christus und Maria sowie zwei kleinfigurigen Oranten abgebildet; Johannes der Täufer ist nicht dargestellt. Bei den Betenden handelt es sich um Isaak Komnenos und die Nonne Melanie. Eine rudimentär erhaltene Beischrift bezeichnet letztere als Dame der Mongolen und nennt den Namen Andronikos Palaiologos. Es könnte sich demnach um die Prinzessin Maria, eine illegitime Tochter von Kaiser Andronikos II. Palaiologos (1282–1328) handeln, die Ende des 13. Jahrhunderts den

Oben links: Kariye Cami, große Deesis im Narthex. Unten der Stifter, Isaak Komnenos.

Oben rechts: Kariye Cami. Christusbild über dem Durchgang vom Exonarthex zum Narthex mit der Inschrift „Stätte der Lebenden".

Grundriss der Kariye Cami. In der Mitte die von dicken Mauern umgebene ursprüngliche Kirche mit vorgelagertem Exonarthex und Narthex. Letzterer zieht sich im Süden in Form eines Parekklesions um das Gebäude herum.

Rechte Seite: Narthex der Kariye Cami.

Mongolen Taktai, Khan der Goldenen Horde, heiratete. Die Südkuppel des inneren Narthex zeigt im Scheitel den Christus Pantokrator. Darunter, in den Flächen der Rippenkuppel und der Tambourzone, sind die Vorfahren Christi (nach Matthäus 1) mit insgesamt 40 Personen dargestellt. Die Abstammungstafel setzt sich in der Nordkuppel des Narthex fort, wo weitere 28 Personen dargestellt sind sowie eine Muttergottes mit Kind im Scheitel der Kuppel.

In den Gewölbezwickeln der Nordkuppel beginnt der Zyklus der Geschichte der Muttergottes aus dem apokryphen Evangelium, das unter dem Namen Protoevangelium des Jakobus bekannt ist. Es handelt sich um einen von drei narrativen Zyklen, in die die Mosaiken der beiden Narthices unterteilt sind. Der Zyklus wird im Uhrzeigersinn in den beiden mittleren Gewölben des Narthex, den Lünetten, den Bogen und auf der Westseite fortgesetzt. Von den ursprünglich 20 Szenen sind 15 nahezu vollständig und vier teilweise erhalten. Nur eine Szene ist zerstört. Die Darstellung der Geburt der Muttergottes und ihrer ersten sieben Schritte fällt wegen der Bildkomposition und Farbgebung besonders auf.

Der folgende Zyklus, der die Kindheit Christi – diesmal nach den zur Bibel gehörenden Evangelien – erzählt, beginnt auf der Lünette der

Oben: Kariye Cami, sechstes Joch des Exonarthex. Herodes befiehlt den Kindermord.

Nebenstehend links: Narthex der Kariye Cami. Erste Schritte Mariä.

Nebenstehend rechts: Kariye Cami, sechstes Joch des Exonarthex. Die Heilung des Lahmen.

Rechts: Blick vom Exonarthex der Kariye Cami in das Parekklesion.

1

2

3

4

5

1. Exonarthex der Kariye Cami, sechstes Joch. Die Heilung des Lahmen. Unten rechts und links der Kindermord.

2. Exonarthex der Kariye Cami, drittes Joch. Christi „Stätte der Lebenden“ und darüber links die Hochzeit zu Kanaa und rechts Jesus bei der Vermehrung der Brote.

3. Narthex der Kariye Cami. Heilung der Schwiegermutter Petri.

4. Exonarthex der Kariye Cami, zweites Joch. Christus und Johannes der Täufer, dahinter die Apostel Johannes und Andreas.

5. Exonarthex der Kariye Cami, drittes Joch. Die Vermehrung der Brote.

Nordwand des Exonarthex mit dem Traum des Joseph und der Reise nach Bethlehem. Er wird in 13 Lünetten des Exonarthex fortgeführt.

In den sieben Gewölben des Exonarthex sowie den Pendentifs der Südkuppel sind die Wundertaten Christi dargestellt. Der Zyklus beginnt im Norden des inneren Narthex. Die Mosaiken des ersten Gewölbes sind vollständig zerstört. Das zweite Gewölbe zeigt die Versuchung Christi durch den Teufel, den heiligen Johannes, der in der Wüste predigt, und die Berufung der ersten Apostel. Im dritten Gewölbe sind die Mosaiken mit der Hochzeit zu Kanaa und der wundersamen Brotvermehrung nur noch fragmentarisch erhalten.

Im vierten Gewölbe ist ebenfalls nur ein Fragment erhalten, auf dem man die Heilung des Aussätzigen erkennt. Die Mosaiken des fünften Gewölbes sind völlig zerstört, die des sechsten über dem südwestlichen Joch des Exonarthex nur noch fragmentarisch erhalten. Zu erkennen sind die Darstellung des geheilten Gelähmten, der sein Bett auf dem Rücken trägt, sowie jene der Samariterin am Brunnen. Über die Mosaiken des siebten Gewölbes lässt sich keine Aussage machen, da sie nahezu völlig zerstört sind. Der Zyklus endet mit den Heilungsszenen in den Pendentifs der Südkuppel des inneren Narthex und den Lünetten an der Südwand des Kuppeljochs.

Die Lünetten und Gurtbögen sind mit Heiligendarstellungen, teils in ganzer Figur, teils als Brustbild in einem Medaillon, ausgeschmückt. Ursprünglich sollen es 43 Figuren gewesen sein, von denen 34 teilweise oder ganz erhalten sind. Auf den Wandvorlagen zu Seiten des Eingangs in den inneren Narthex befinden sich die Darstellungen der Muttergottes und von Johannes dem Täufer. Die Bildnisse des heiligen Joachim und der heiligen Anna befinden sich an der Wandvorlage zwischen den beiden nördlichen Jochen des Exonarthex: die meisten der übrigen Figuren sind zerstört. Zu Seiten der in den Kirchenraum führenden Tür sind die Heiligen Petrus und Paulus dargestellt.

Im Kircheninnenraum ist keines der Mosaiken, die sich einst über der Marmorverkleidung befanden, erhalten. Mit großer Wahrscheinlichkeit waren in der Kuppel die Darstellung des Christus Pantokrator mit den Propheten angebracht und in den Pendentifs und den Lünetten die großen Feste des Kirchenjahrs. Erhalten sind lediglich eine Koimesis (Marientod) über der Eingangstür sowie die ganzfigurigen Gestalten Christi und der Gottesmutter – die sogenannten Templonionen – zu Seiten des Chorraums.

Narthex der Kariye Cami. Petrus. Die Darstellung der Heiligen scheint über Jahrhunderte hinweg gleich geblieben zu sein.

Narthex der Kariye Cami. Mariä Geburt.
Die Bildkomposition hingegen ist Änderungen unterworfen. Der architektonische Hintergrund, die Darstellung der Gewänder und die der Bewegungen finden sich später bei den frühen italienischen Malern wieder.

Das im Süden der Kirche gelegene Parekklesion ist im Unterschied zu den Narthices vollständig mit Fresken ausgestattet. Eine Ausnahme bildet lediglich eines der Arkosolia, das noch Reste der ehemaligen Mosaiken enthält.

Das Parekklesion besteht aus zwei hintereinander liegenden quadratischen Räumen, die von einer Flachkuppel bzw. einer Tambourkuppel mit breiten Gurtbögen überwölbt sind. Im Osten schließt der Bau mit einer halbrunden Apsis ab.

Das Bildprogramm der Grabkapelle ist ausgerichtet auf Tod, Gericht, Auferstehung und das Leben nach dem Tod. Darüber hinaus werden Figuren – Märtyrer, Kirchenväter usw. – dargestellt, deren Leben vorbildlich für den Weg ins Paradies war.

Im Mittelpunkt des ikonographischen Programms der Grabkirche stehen, wie in der gesamten Kirche, Christus und die Muttergottes, wobei hier – der Funktion des Raumes entsprechend – ihre Erlöserrolle in den Vordergrund gerückt wurde. Die Ausmalung lässt sich grob in zwei horizontale Felder unterteilen: eine untere Zone mit den Wandfeldern und Arkosolia und eine obere mit den Lünetten, Gurtbögen und Gewölben. In der Tambourkuppel erscheint die Darstellung der Muttergottes, umgeben von zwölf Engeln, unter denen sich die Fenster des Tambours öffnen. In den Pendentifs sind vier Hymnenschreiber dargestellt, die Kirchenlieder zu Ehren der Muttergottes geschrieben haben.

Die Flachkuppel über dem östlichen Raum sowie die Lünetten in der Südwand enthalten die Darstellung des Jüngsten Gerichts. In der Apsiskalotte ist die Anastasis, die Höllenfahrt Christi, dargestellt. Christus, von einer Mandorla (mandelförmiger Heiligenschein um die ganze Figur) umfangen, zertritt die Tore des Hades und zieht Adam und Eva aus ihren Sarkophagen.

In den Lünetten und Gurtbogen sind Geschehnisse des Alten Testaments wiedergegeben, die als Sinnbilder Mariens zu verstehen sind. Dazu gehören die Jakobsleiter und der Brennende Dornbusch in der Nordlünette, die Überführung der Bundeslade in den Tempel in der Südlünette, der Engel, der die Assyrer vor Jerusalem verjagt, und Aaron mit seinen Söhnen vor dem Altar auf der Wandvorlage der Südseite.

Als Erlöser tritt Christus vor allem in den beiden Szenen auf den Gurtbögen vor der Apsis auf, die die Auferweckung des Sohnes der Witwe bzw. der Tochter des Jairus zeigen.

In der unteren Wandzone sind ganzfigurige Heiligendarstellungen angebracht, in den Arkosolia Medaillons mit Brustbildern. Im Halbrund der Apsis sind die Kirchenväter dargestellt, die von der Muttergottes und Christus (Letzterer ist nicht erhalten) auf den Stirnseiten der Apsis umrahmt wurden. Im Kirchenschiff sind an verschiedenen Stellen insgesamt 20 Soldatenheilige angebracht, die sich auf einer Ebene mit den Gläubigen befinden und diese zu beschützen scheinen.

In der Chora-Kirche gibt es acht Arkosolgräber: vier im Parekklesion (je zwei in der Nord- und Südwand), drei in der Westwand des Exonarthex und eines am Nordende des inneren Narthex. In dem westlichen Arkosolium in der Nordwand des Parekklesions befand sich vermutlich das Grab des Theodor Metochites. Gegenüber lag das Grab von Michael Tornikes, dessen Ordensname Makarios lautete, und seiner Gattin, Eugenia mit Ordensnamen, zwei herausragenden Persönlichkeiten während der Regierungszeit von Andronikos II. Palaiologos.

Die Kirche wurde von Atik Ali Paşa, dem Großwesir Bayazids II., gegen Ende des 15. Jahrhunderts in eine Moschee umgewandelt. Die erste Freilegung der Mosaiken begann 1876. Das amerikanische Byzantinische Institut führte von 1948 bis 1959 eine vollständige Restaurierung durch. Seit dieser Zeit ist die Chora-Kirche Museum. Der Mosaikschmuck des Baus gilt als Höhepunkt und Meisterwerk der Palaiologischen Renaissance.

Ikonen

Am Ende des Kapitels über die byzantinische Kunst in Konstantinopel dürfen einige Bemerkungen zu ihrer weltweit bekanntesten Erscheinungsform, der Ikone, nicht fehlen.

Diese hat ihren Ursprung im römischen Porträt, dessen berühmteste noch erhaltene Beispiele die Grabporträts von Fayoum sind. Seit dem sechsten Jahrhundert gewann die Ikone zunehmend an Bedeutung und konnte schließlich im Bilderstreit triumphieren. So wurde sie nicht nur zum Wahrzeichen der byzantinischen Kunst, sondern auch zum Symbol orthodoxer Frömmigkeit. Dazu trug in erster Linie bei, dass die Gläubigen vom Einfluss ihrer Fürsprache bei Gott und von ihrer Macht, Unheil abzuwenden, überzeugt waren. Man hoffte, dass ihre Vermittlung eine unmittelbare Verständigung zwischen den einzelnen Menschen und Gott ermöglichen würde – ohne die Beteiligung Dritter und ohne

Exonarthex der Kariye Cami, zwischen erstem und zweitem Joch. Heiliger Joachim.

Unten: Parekklesion der Kariye Cami. Erzengel Michael.

Oben: Parekklesion der Kariye Cami, Apsis. Anastasis.

Nebenstehend links: Parekklesion der Kariye Cami, Apsis. Gregor der Große.

Nebenstehend rechts: Parekklesion der Kariye Cami, Apsis. Heiliger Cyrillus.

ΜΡ
ΚΥ

Kariye Cami, Kuppel des Parekklesions. Muttergottes umringt von Engeln.

intellektuelle Anstrengungen. So rückte die Ikone in den Mittelpunkt der religiösen Praxis, sowohl bei Angehörigen des einfachen Volks als auch in aristokratischen Kreisen.

Die Rolle und Bedeutung der hauptstädtischen Werkstätten für die Herstellung von Ikonen ist wegen deren großer Verbreitung nicht immer eindeutig auszumachen. Fest steht jedoch, dass die Vorbilder für bestimmte Porträttypen, vor allem bei Christus- und Mariendarstellungen, aus Konstantinopel stammen. Die berühmtesten Beispiele sind die Muttergottes von den Blachernen (die Blacherniotissa) als Orantin, die ein Brustbild Jesu im Medaillon trägt; die Hodegetria mit dem Jesuskind auf dem Arm; die Eleusa, die das Jesuskind umarmt, und der Christus Chalkites über dem Eingang des Großen Palastes. Aber in Konstantinopel selbst sind heute kaum noch Ikonen erhalten, so dass man letztlich nur Hypothesen darüber aufstellen kann, welche der in alle Welt verstreuten Exemplare aus der ehemaligen byzantinischen Hauptstadt stammen.

Die älteste Ikone, die hauptstädtischen Werkstätten zugeordnet wird, ist die im Sinai aufbewahrte Christus-Ikone, die in das sechste Jahrhundert datiert wird. Es handelt sich um ein besonders wichtiges Beispiel, repräsentiert es doch einen der Archetypen des Christus Pantokrator, der bis ins 16. Jahrhundert hinein im Scheitel der Kuppeln dargestellt wurde.

Rechte Seite: Madonna von Wladimir. Galerie Tretjakow, Moskau.

Unten: Zwölf Apostel. Puschkin-Museum, Moskau.

Nachdem die Templonauflagen, die den Altarraum vom Kirchenschiff trennen, zu Ikonostasen (Bilderwänden) umgestaltet worden waren, bekamen die Ikonen einen festgelegten Platz in der Kiche. Seit frühchristlicher Zeit bestand die Abschrankung des Altarraums in kleinen Pfosten, die ein angearbeitetes Säulchen mit Basis und Kapitellen trugen; darüber lag ein skulptierter Architrav. Die Stützen waren durch Schraubenplatten miteinander verbunden. Zunächst wurden die Ikonen, die die Deesis, Apostelbilder, christologische Szenen oder solche aus dem Leben des jeweiligen Kirchenpatrons zeigten, auf dem Architrav aufgereiht. Später nahmen großformatige Ikonen auch den Platz zwischen den Säulen ein: So wurden Abbildungen von Christus und der Muttergottes auf beiden Seiten der Mitteltür angebracht. Aufgrund ihres hervorgehobenen Standorts innerhalb der Kirchen, aber auch wegen der wachsenden Zahl privater, religiöser und klösterlicher Einrichtungen gewannen die Ikonen zunehmend an Bedeutung und wurden in immer größerem Umfang hergestellt.

Aus der Zeit vor der lateinischen Eroberung sind jedoch nur sehr wenige Exemplare erhalten, darunter die Ikone der Muttergottes von Vladimir im Typus der Eleusa, die 1130 aus Konstantinopel als Geschenk dorthin gelangte. Dagegen existieren noch zahlreiche Beispiele aus der Ära der Palaiologen, die eine ähnliche stilistische Entwicklung wie die Fresken erkennen lassen, zeichnen sie sich doch durch Bewegtheit, Naturalismus und Reichtum der Farbgebung aus. Die Würde und Eleganz der byzantinischen Ikone sind stilistische Merkmale dieser Epoche. Die schönsten Arbeiten befinden sich heute in Russland: Es handelt sich um *Die zwölf Apostel* im Moskauer Puschkin-Museum sowie um eine Koimesis (Marientod) und ein Fragment der *Muttergottes mit dem Kind* im Museum für Angewandte Kunst, ebenfalls Moskau. Eine *Verkündigung*, die Andronikos II. Palaiologos dem Erzbischof Gregorios von Ochrid schenkte, wird heute in Skopje aufbewahrt.

Ab Mitte des 14. Jahrhunderts wurden in Konstantinopel keine Ikonen mehr angefertigt, zu sehr war die Stadt mit ihrem aussichtslosen Überlebenskampf beschäftigt. Aber auch nach dem Untergang des Byzantinischen Reichs spielte die Ikone in der orthodoxen Welt weiterhin eine bedeutende Rolle.

Die frühen osmani

Zweiter Teil

chen Hauptstädte

KAPITEL IV

Bursa: Die Geburt der osmanischen Kunst

Vorherige Doppelseite: Das Meisterwerk Sinans, die Selim-II.-Moschee (Selimiye) in Edirne.

Der venezianische Humanist Francesco Sansovino verglich die Türken in seiner 1560 erschienenen *Historia universale dell' origine et imperio de Turchi* mit den Römer und etwa zur gleichen Zeit schrieb Jean Bodin in seinem Werk *Methodus ad facilem historiarum cognitionem*: „Vieles spricht dafür, den Sultan der Türken als Erben des Römischen Reiches anzusehen, denn nachdem er den Christen Byzanz, die Hauptstadt des Oströmischen Reiches, genommen hatte, rang er den Persern das Gebiet um Babylon ab und fügte den alten römischen Provinzen noch das Land jenseits der Donau hinzu." Was die Zeitgenossen Süleymans des Prächtigen (1520–1566) vor allem faszinierte, war die militärische Macht der Osmanen und ihre straffe Organisation, doch könnte man den Vergleich noch weiter führen. Wie den Römern gelang es auch den Osmanen, durch ihren unstillbaren Eroberungswillen und ihre effiziente Verwaltung die unterschiedlichsten Kulturen, die von Zwistigkeiten im Innern und Angriffen von außen erschöpft und zu keiner Erneuerung mehr fähig waren, zu einer neuen politisch-kulturellen Einheit zusammenzufassen. Trotz ihrer zahlenmäßigen Schwäche setzten sie in den eroberten Gebieten ihr politisches System, ihre Sprache und Religion durch. Allen Einflüssen aufgeschlossen, wurden sie zu Schöpfern einer Kunst, welche vor allem durch die Monumentalarchitektur geprägt war.

Anfang des elften Jahrhunderts begannen die Türken ihren Siegeszug in der islamischen Welt. Der erste Türkenstaat unter der Dynastie der Karakhaniden entstand 999 in Transoxanien, dem Gebiet um Buchara und Samarkand im heutigen Usbekistan. Nach der Schlacht von Dandanqan 1040 eroberten die Seldschuken, das führende Haus der türkischen Stämme, den Iran. 1055 übernahmen sie die Macht über das abbasidische Kalifat von Bagdad, 1071 schlugen die Türken die byzantinische Armee bei Mantzikert, und zehn Jahre später entstand in Nachbarschaft zu Konstantinopel das anatolische Seldschukensultanat mit der Hauptstadt Nicäa (das heutige Iznik). Der Taurus, hinter dem Römer und Byzantiner ein Jahrtausend lang die anstürmenden Parther, Sassaniden und Araber hatten zurückhalten können, war keine Grenze mehr.

Durch die Kreuzzüge blieb Byzanz noch einige Zeit von den Türken verschont, sogar einige Teile Anatoliens konnten zurückerobert werden. Die Seldschuken wurden auf die anatolische Hochebene mit Konya als Hauptstadt zurückgeworfen. Andererseits stellten die Kreuzfahrerheere selbst kaum eine geringere Bedrohung dar. Es bildeten sich Kreuzfahrerstaaten in den europäischen Reichsteilen, und 1204 eroberten die Kreuzfahrer im Verlauf des Vierten Kreuzzuges Konstantinopel und errichteten ein Lateinisches Kaiserreich. Der Westen Kleinasiens, die pontische Küste bis hinauf zum georgischen Königreich sowie die Mittelmeerküste bis zu den Kreuzfahrerfürstentümern Syriens konnten jedoch von den Exilkaisern zurückerobert werden.

Auch ihre anatolischen Besitzungen konnten die Byzantiner sichern, während das Seldschukenreich von Konya, das dem wachsenden Druck der turkmenischen Stämme ausgesetzt war, zusammenbrach, ohne dass sich ein dauerhafter Nachfolgerstaat gebildet hätte. Dies geschah kurz nach der Rückeroberung Konstantinopels durch

Die Eroberung Konstantinopels durch die Kreuzfahrer im Jahr 1204.

Michael VIII. Palaiologos (1258–1282), infolge deren Byzanz seine anatolischen Besitzungen aufgab und sich stärker dem Balkan zuwendete. Die prowestliche Politik Michaels VIII., der die kirchliche Aussöhnung mit Rom anstrebte, entfremdete ihn jedoch der orthodoxen Bevölkerung, die sich der kirchlichen Einheit sowie jeglichen westlichen Einflüssen, denen die geistige Führungsschicht aufgeschlossen gegenüberstand, verweigerte.

Vom Joch der seldschukischen Zentralregierung befreit, aber von den Mongolen bedrängt, dehnten sich die zwölf turkmenischen Emirate Anatoliens, die Schwäche der Byzantiner nutzend, bis zu den Küsten hin aus. Erst das Meer setzte ihrem Expansionsdrang Grenzen. Diejenigen, die sich als Piraten versuchten, mußten es mit den Seemächten Venedig und Genua aufnehmen.

Insbesondere das osmanische Emirat konnte sich seine günstige geographische Lage zwischen dem instabilen Byzanz und den turkmenischen Kleinfürstentümern zunutze machen. Es war das einzige, welches sich über die Meerengen hinweg nach Thrakien und in den Balkan hinein ausdehnte.

Mit der politischen Expansion des Islam brachten die Einwanderer aus dem Osten, aus

Transoxanien und dem Iran – Gebiete, durch welche die Turkmenen gezogen waren –, aber auch aus Ägypten und aus dem mamlukischen Syrien, neue kulturelle Elemente in den kleinasiatischen Raum. Die frühen Beispiele osmanischer Monumentalarchitektur zeigen Schmuckformen, die keine Anleihen bei der byzantinischen Kunst machen, die aber auch keine Fortführung der seldschukischen Kunst Anatoliens darstellen. Die seldschukische Architektur verband iranische Einflüsse mit Entlehnungen aus georgischen und armenischen Bauformen und gelangte so zu originellen Lösungen. Es entstand ein axialer, fast basilikaler Typus, den die osmanische Architektur jedoch nicht übernahm, genauso wenig wie die Vorliebe für monumentale Torbauten und üppigen Fassadenschmuck. Nach der Eroberung Konstantinopels sollten byzantinische und osmanische Architektur – beispielhaft in der Umgestaltung der Hagia Sophia zur Hauptmoschee Konstantinopels – eine Verbindung eingehen, die nicht zuletzt reichsideologische Ursachen hatte. Die osmanische Architektur, die keine Ziegelbauten, keine Kuppeln auf hohem Tambour und keine Aufgliederung des Innenraums kannte, knüpfte an ein architektonisches Leitbild des Byzantinischen Reichs an, nämlich an den Zentralbau mit einer großen Kuppel.

Sieht man von der Verwendung von Haustein ab, zeichnete sich die frühe osmanische Architektur durch Pragmatismus und Funktionalität aus, was die Ausstrahlung von Kraft und Eleganz nicht ausschloss. Die Wiege der osmanischen Baukunst war Bursa, die erste Hauptstadt des Osmanischen Reiches. Auch heute noch begegnet man in Bursa den Zeugnissen einer neuen, aufblühenden Kultur. Das byzantinische Prusa, die ehemalige Hauptstadt des hellenischen Königreichs von Bithynien, war zwar das Zentrum einer reichen Provinz, glänzte aber nicht durch imposante Bauten und schien stets im Schatten der Nachbarstadt Nizäa geblieben zu sein. Beide Städte wurden innerhalb weniger Jahre von den Osmanen erobert – Bursa 1326, Nicäa 1331.

Die osmanische Eroberung hatte für Bursa die gleichen Folgen wie für die anderen von den Türken besetzten byzantinischen Städte. Die Einwohner hatten sich lange, manchmal ein Jahrhundert lang, gegen Angriffe erst der Araber, dann der Türken wehren müssen, weshalb die städtische Entwicklung auf den engen Bereich um die Zitadelle beschränkt geblieben war. Mit der osmanischen Eroberung öffnete sich der städtische Kern. Die ehemaligen byzantinischen Zitadellen dienten nun als Residenzen der Gouverneure. In die Zitadelle von Bursa zog der Herrscher mit seinem Hof und seiner militärischen Anhängerschaft ein. Vor der Stadt entstanden Märkte und Karawansereien und mitten darin die zentrale Freitagsmoschee (Ulu Cami). Die aus der Zitadelle vertriebenen Christen und Juden siedelten sich im Umkreis an, ebenso die neuen Einwohner, die in die Städte strömten oder dorthin verschleppt wurden.

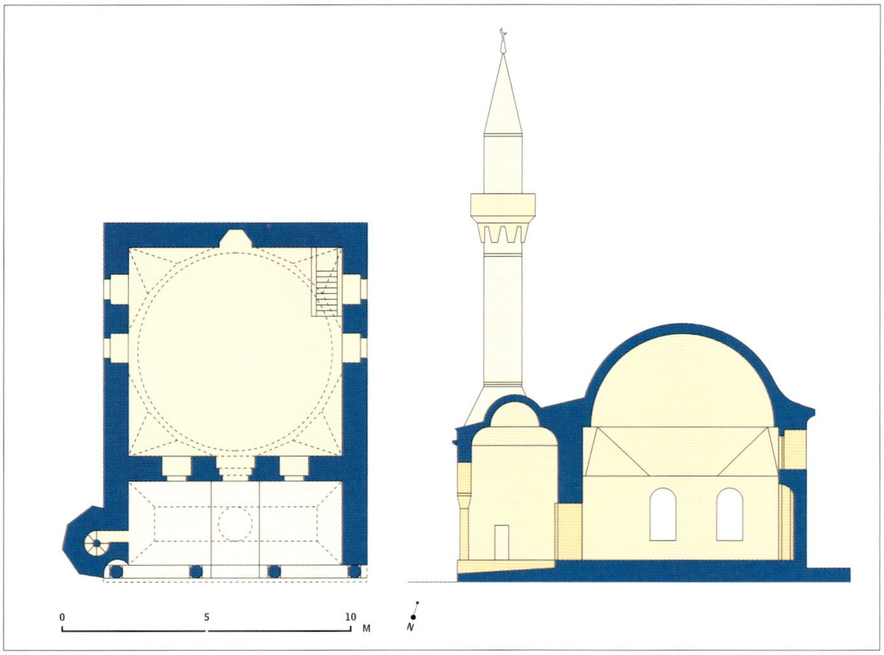

Grund- und Aufriss der Moschee Alaüddins in der Zitadelle von Bursa (1334). Der Plan einer der ersten osmanischen Moscheen weist mit Vorhalle, Zentralkuppel und Minarett bereits das Grundmuster der sakralen osmanischen Baukunst auf.

Die Orhan-Gazi-Moschee

Als Orhan (1324–1362) seinem Vater Osman (1299–1324), dem namensgebenden Gründer der Dynastie, auf den Thron folgte, war der osmanische Staat noch keineswegs gefestigt. Mit der Besetzung Bursas am 6. April 1326 entstand ein erstes Zentrum. Orhan ließ das in der Zitadelle gelegene Elias-Kloster in Grabbauten (Türben) für seinen Vater und sich selbst umwandeln. Die erste osmanische Moschee von Bursa wurde 1334 auf Geheiß Alaüddins, des Bruders und Großwesirs Orhans, noch innerhalb der Zitadelle erbaut. Sie weicht stark von den seldschukischen Vorbildern ab und wird zum Archetyp der osmanischen Moschee. Es handelt sich um einen quadratischen Bau von acht Metern Seitenlänge. Darüber erhebt sich eine Kuppel, die unmittelbar auf den Mauern und vier Trichternischen aufsitzt. Dem Kuppelbau vorgebaut ist eine Vorhalle mit dreibogigem Portikus. Die osmanische Moschee zeichnet sich durch einen klar definierten einheitlichen Raum mit Zentralkuppel aus und greift dabei zurück auf frühchristliche, byzantinische sowie sassanidische Bauformen.

Über dem Bereich des Mihrab, der Gebetsnische, die die Gebetsrichtung nach Mekka anzeigt, wurden in der arabisch-islamischen Moschee häufig eine oder mehrere Kuppeln errichtet. In der iranischen Pfeilermoschee nahm diese Kuppel beträchtliche Dimensionen an – die große seldschukische Moschee von Isfahan hat einen Kuppeldurchmesser von 15 Metern –, weshalb zur Stützung massive Pfeiler nötig waren. Der so entstandene isolierte viereckige Raum vor dem Mihrab bildet die Vorstufe zur osmanischen Moschee.

Als Moschee taucht er erstmals bei den Seldschuken von Konya auf. Eines der frühesten Beispiele ist die Moschee von Haci Ferruh aus dem Jahr 1215. Der quadratische Bau von sieben Metern Seitenlänge hat eine Kuppel und eine Vorhalle, die von allen Seiten geschlossen ist. Ins Innere gelangt man durch ein großes, im seldschukischen Stil geschmücktes Portal.

Die Moschee Alaüddins griff dieses eher seltene Vorbild – in ganz Anatolien sind nur drei Beispiele der seldschukischen Moschee mit Vorhalle und Zentralkuppel erhalten – auf und machte daraus den osmanischen Moscheetyp. Die osmanische Baukunst strebte danach, einen möglichst großen einheitlichen Raum mit einer möglichst großen Kuppel zu schaffen. Die Vorhalle mit Portikus wird bis ins 19. Jahrhundert hinein fester Bestandteil der osmanischen Moschee.

Orhan selbst ließ seine erste Moschee 1339 im neuen Zentrum der Stadt unterhalb der Zitadelle errichten, wo später der Markt entstand. Diese erste Hofmoschee war sehr viel aufwendiger als diejenige Alaüddins und stellt mit ihrem Grundriss in Form eines umgekehrten T einen anderen gängigen Typus der osmanischen Architektur des 14. und 15. Jahrhunderts dar. Sein Vorbild könnten die seldschukischen Medresen (Koranschulen) der zweiten Hälfte des elften Jahrhunderts gewesen sein. Von den ersten iranischen Medresen ist nichts erhalten geblieben, doch vermutet man, dass es sich um einen Gebäudetyp handelte, bei dem die Wohnräume für die Studenten um einen Hof gruppiert waren, während ein großer Gewölbesaal (Iwan) in der Eingangsachse als Unterrichts- und Gebetsraum diente. Die älteste Medrese in Anatolien stammt aus dem Jahr 1157. Sie ist allerdings insofern ein Sonderfall, als der Innenhof des gedrungenen Baus mit einer Kuppel überdacht ist, was wohl seinen Grund in den klimatischen Verhältnissen vor Ort hatte. Ihre Form wurde im 13. Jahrhundert beim Bau der seldschukischen Medresen in Konya übernommen. Deren Grundriss zeigt ein T in einem Quadrat oder in einem fast quadratischen Rechteck. Die vertikale Achse der T-Form besteht aus einem Arkadeneingang, der manchmal zu einer Vorhalle erweitert wurde, einem quadratischen, mit einer Kuppel überdachten Hof in mehr oder weniger zentraler Lage und einem Iwan im Schnittpunkt von vertikaler und horizontaler Achse. Zu beiden Seiten des Iwan schließen sich in der horizontalen Achse jeweils zwei quadratische Räume mit Kuppeln an, die vermutlich den Lehrern als Wohnung dienten. Durch die um den Hof gruppierten Räumlichkeiten der Studenten entsteht aus dem T-förmigen Grundriss ein Quadrat.

Der Grundriss der Orhan-Gazi-Moschee verweist bereits auf die funktionale Vielfalt dieses Gebäudes und aller noch folgenden Varianten: In einem Bau gab es Kombinationen von Medrese und Moschee, von Kloster und Moschee und Kombinationen von Medrese, Kloster und Moschee. Der intime Charakter der Wohnbauten, die aus mehreren, durch schmale Gänge verbundenen Räumen bestehen und zur Meditation bzw. zum Gespräch in kleinen Gruppen einladen, steht im Gegensatz zum offenen, einheitlichen Raum für die Versammlungen der Gläubigen.

Doch auch eine andere Herleitung der osmanischen T-förmigen Moschee ist denkbar: Auch die Machchad (Grabmoscheen) – Entsprechungen des byzantinischen Martyrions – haben eine T-förmige, in ein Viereck eingeschriebene Gestalt. Diese Ende des elften Jahrhunderts in

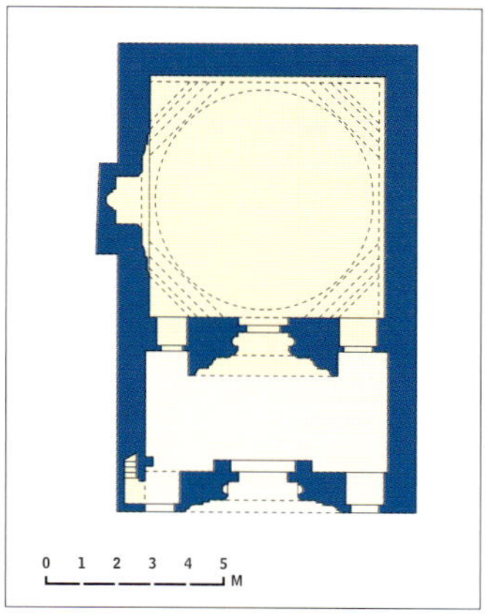

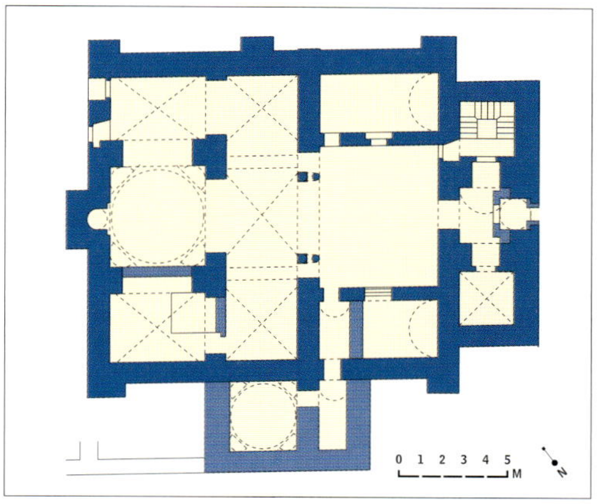

Links: Grundriss der Haci-Ferruh-Moschee in Konya (1215). Seltenes Beispiel einer seldschukischen Moschee mit Vorhalle und Zentralkuppel, die auf den osmanischen Moscheentyp vorausweist. Das große skulptierte Portal der geschlossenen Vorhalle ist charakteristisch für die seldschukische Architektur. Ungewöhnlich ist, dass der Mihrab nicht in der Gebäudeachse steht.

Rechts: Grundriss der Al-Djuyuchi-Moschee in Kairo (1085). Der vielfach unterteilte Baukörper des Machchad, der um einen Zentralhof angeordnet ist, nimmt die seldschukische Medrese vorweg, die wiederum die ersten osmanischen Zawiyen-Moscheen beeinflusst.

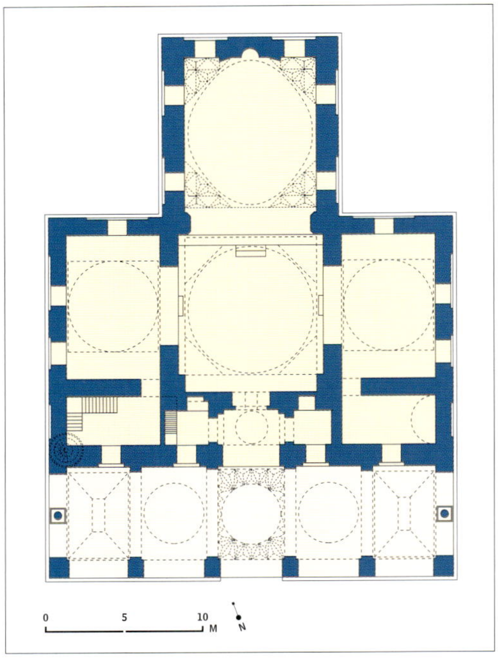

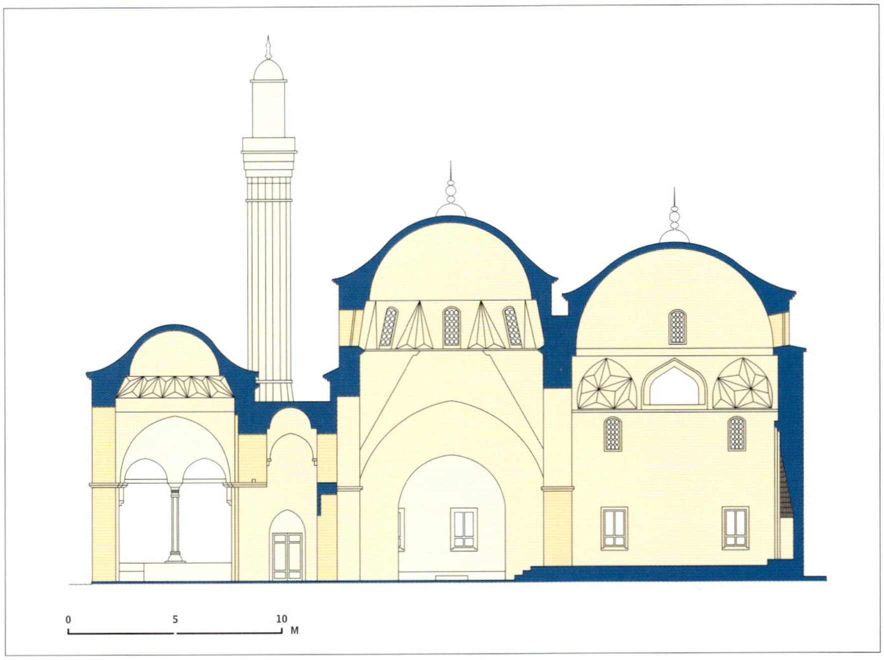

Kairo und Oberägypten entstandenen Bauten waren Orte der Märtyrerverehrung, an denen man sich zu bestimmten Anlässen versammelte. Die frühen Beispiele osmanischer Architektur sprechen für vielfältige Einflüsse und für die Originalität ihrer Baumeister.

Die Orhan-Gazi-Moschee in Bursa besteht aus drei Jochen, die im Grundriss zusammen ein umgekehrtes T bilden. Das Mitteljoch – die Vertikale des T – besteht aus einem schmalen Vorraum und zwei quadratischen kuppelgewölbten Räumen; der zweite, in dem sich der Mihrab befindet, ist vier Stufen höher; dafür besitzt der erste, eine Art überdachter Hofraum mit Brunnen, eine hohe Stalaktitenkuppel. An ihn schließen sich zwei rechteckige Räume an, die von gleicher Länge, aber schmaler sind. Sie bilden die Horizontale des T und haben ebenfalls Kuppeln, die aber erheblich niedriger und einfacher als die des Mitteljochs sind. Auf beiden Seiten besitzen sie weite Bogen, die den Übergang vom rechteckigen Raum in das Quadrat des Grundrisses vermitteln. Beiden Räumen sind auf der Eingangsseite Vorräume vorgebaut, die dem Vorraum entsprechen, der dem gesamten Bau vorgelagert ist: eine Vorhalle mit fünf Bogen. Die beiden Seitenfassaden der Vorhalle sind durch Zwillingsbogen gegliedert. Diese Schmuckform und die in Ziegelstein ausgeführten Rosenmotive an der Fassade sind die einzigen Hinweise auf byzantinische Einflüsse. Der Bau besteht aus Steinlagen, die mit Schichten von Ziegeln abwechseln.

Die Orhan-Gazi-Moschee bildete mit anderen gemeinnützigen Gebäuden einen Komplex (Külliye), wie er in der weiteren Geschichte bei Stiftungen des Sultans oder hoher osmanischer Würdenträger die Regel werden sollte. Die Külliye der Orhan-Gazi-Moschee hat jedoch noch nicht die einheitliche Struktur späterer Beispiele. Erhalten haben sich nur ein türkisches Bad (Hammam) und eine Karawanserei (Han), die vor kurzem restauriert wurde. Sie zeigt den klassischen Typus der städtischen Herberge mit einem großen, ebenerdigen quadratischen Raum und einem Stockwerk darüber. Ein Säulengang umgibt alle vier Seiten, an die sich die gewölbten Kammern für die Reisenden anschließen.

Die Murad-I.-Moschee

Beim Tod Orhans im Jahr 1362 kämpften die vordersten Truppen der Osmanen bereits auf europäischem Boden, in Thrakien. Sein Sohn und Nachfolger Murad I. (1362–1389) errang 1363 bei Adrianopel (Edirne) den ersten Sieg über die Serben. Nach der Eroberung Bulgariens und eines großen Teils Mazedoniens fiel er 1389 in der Schlacht auf dem Amselfeld, in der die christlichen Balkanvölker endgültig besiegt

Grund- und Aufriss der Orhan-Gazi-Moschee. Vor dem Hauptgebäude befindet sich, in Form eines umgekehrten T, eine doppelte Vorhalle, die als Gebetsraum für Zuspätgekommene bzw. als Studierzimmer oder Meditationsraum diente. Der zentrale, T-förmige Raum ist ein überdachter Innenhof mit einem Reinigungsbrunnen in der Mitte sowie zwei Seitenflügeln für den Unterricht. Nur der obere Teil diente als Gebetssaal.

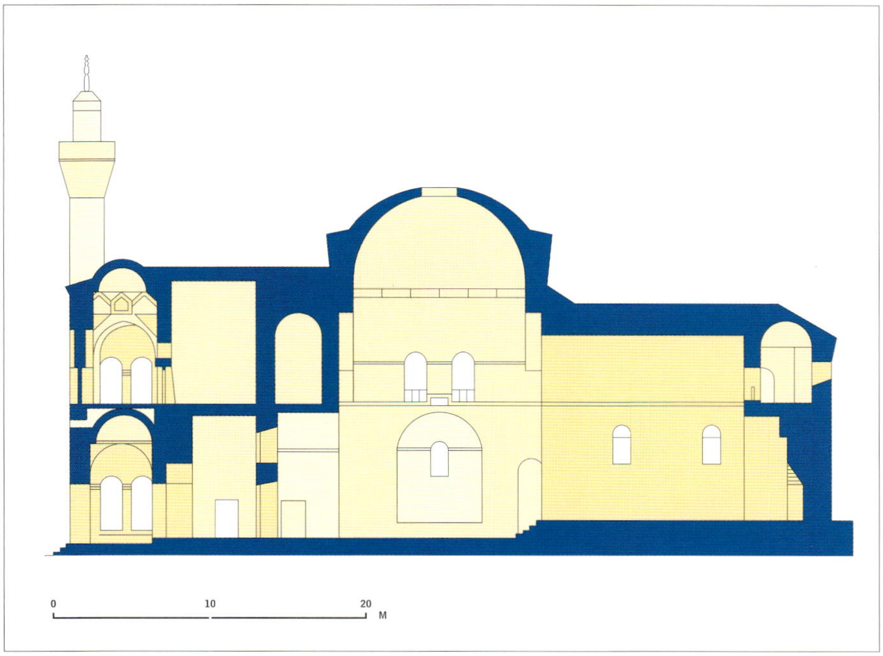

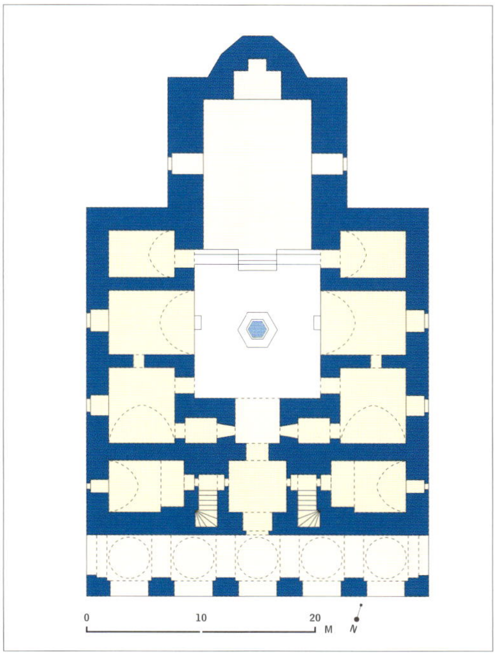

Grund- und Aufriss des Erdgeschosses der Murad-I.-Moschee. Als einzige ihrer Art besitzt diese Moschee eine Medrese im Obergeschoss und hat im Erdgeschoss eine extrem kleinteilige Raumaufteilung. Mehr als zehn Räume gruppieren sich um den zentralen Hof mit Reinigungsbrunnen. Von dort hat man Zugang zu einem höher gelegenen Gebetssaal.

wurden. Seine erste Moschee ließ er in den ersten Jahren seiner Regierung, vermutlich um 1363–1366 in Çekirge, drei Kilometer nordwestlich der Zitadelle von Bursa, erbauen. Dieser monumentale Bau repräsentiert die Anfänge der osmanischen Hofarchitektur auf exemplarische Art und Weise. Er überrascht durch die Zitate italienischer und byzantinischer Architekturelemente in der Fassadengestaltung.

Die Moschee hat als Grundriss ein umgekehrtes T; sie besteht aus drei Iwanen und einem iwanförmigen Eingangsbereich, folgt also prinzipiell dem Vier-Iwan-Schema der persischen Architektur. Die durch einen mächtigen Mauerkubus umschlossene Anlage wirkt gedrungen und massiv und erinnert durch ihre Spitzbogen, Gesimse und die Verwendung von Ziegeln an die Kreuzfahrerburgen an den Küsten Syriens und Palästinas. Die fünfbogige Vorhalle mit einer Galerie im Obergeschoss besteht aus fünf massiven, abwechselnd aus Stein und Ziegeln gemauerten Pfeilern, über denen sich Zwillingsbogen befinden.

Nicht weniger überraschend ist die Innenansicht. Man gelangt durch zwei hintereinander liegende Vorräume in den Bau, die zu dunklen Eckräumen führen, über deren Funktion nichts bekannt ist. Der zweite Vorraum öffnet sich auf einen zentralen quadratischen Raum mit Kuppel und Okulus. Einfallender Regen wird in einem darunter befindlichen Reinigungsbecken aufgefangen. Der Raum fungiert als überdachter Hof, von dem aus die drei tonnengewölbten Iwane zu erreichen sind. Der zentrale, in der Achse liegende Iwan ist um fünf Stufen erhöht und führt zum Mihrab, der so tief ist, dass sich die Außenmauer zu einer Art pentagonaler Apsis ausbuchtet. Das Mitteljoch wird von zwei schmalen, dunklen Iwanen flankiert. Den Iwanen schließen sich auf der Südseite zwei kleine dunkle Räume an; auch an der Nordseite befinden sich zwei Räume, die ursprünglich nur über den zweiten Vorraum erreichbar waren. Die wenigen Öffnungen verstärken den Festungscharakter des Baus.

Im Obergeschoss scheint sich eine Zawiye, eine klosterähnliche Anlage für Lehrer, Schüler, Pilger und Reisende, mit Zellen, einem überdachten Innenhof und einem Gebetssaal befunden zu haben.

Zwei Treppen auf beiden Seiten des Gangs, der vom Vestibül zu den Seitenräumen führt, gehen direkt zu einer Galerie im Obergeschoss hinauf. Ein axial gelegener Vorraum und zwei Gänge zu beiden Seiten der Treppen führen zu einem Umgang, der den zentralen Hauptsaal und den Iwan umläuft. Von den Fenstern, die sich auf drei Seiten des Umgangs öffnen, hat man einen Blick auf den zwei Stockwerke hohen Innenhof. Am Ost- und Westflügel des Umgangs liegen sechs Kammern, während vier weitere, etwas größere Räume, die wohl für die Lehrer

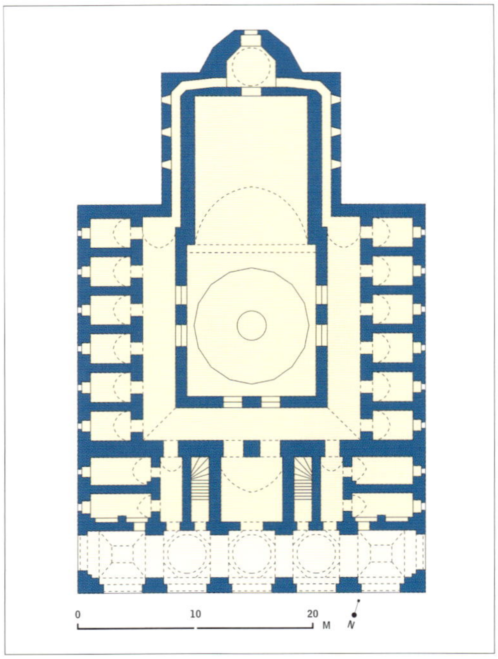

bestimmt waren, über die Gänge zu erreichen sind, die von der Außengalerie zum Umgang führen. Letzterer führt durch eine Maueröffnung zu einem kleinen, mit einer Kuppel versehenen Zimmer über dem Mihrab.

Die Erklärung für diese Symbiose aus Kloster, Medrese und Moschee mag darin liegen, dass die ersten osmanischen Herrscher vertrauten Umgang mit Derwischen und anderen Geistlichen pflegten. Diese trugen ihren Teil zum Erfolg der osmanischen Herrschaft bei, indem sie die entmachteten Völker Kleinasiens und des Balkans zum Islam bekehrten.

Die Murad-I.-Moschee liegt innerhalb einer kleineren Külliye, die unter anderem ein Imaret (Armenküche), ein Bad, eine Schule und das Grabmal des Stifters umfasst.

Oben rechts: Grundriss des Obergeschosses der Murad-I.-Moschee. Um den Hauptsaal verläuft ein Umgang. Zu beiden Seiten schließen sich insgesamt zwölf Zellen für die Schüler an, während die Räume für die Lehrer neben den Treppenaufgängen zur Galerie über der Vorhalle liegen. Der Unterrichtssaal befindet sich zwischen den beiden Treppen und kann über den Umgang und die Galerie erreicht werden.

Oben: Innenansicht der Murad-I.-Moschee. Der Mauerverputz und die Wandmalereien aus dem 19. Jahrhundert sowie der heutige Teppichboden haben den Charakter der Moschee stark verändert.

Nebenstehend: Vorhalle der Orhan-Gazi-Moschee. Das Kranzgesims aus Ziegeln in Quincunx-Anordnung, ein so genanntes Igelgesims, wurde zu einem charakteristischen Element der osmanischen Baukunst. Einmalig sind die rautenförmig angeordneten Schmuckziegel in den Lünetten über den Zwillingsfenstern.

Die alten Thermen (Eski Kaplica)

Seit der Antike war Bursa für seine heißen Quellen bekannt. Ibn Battuta, der arabische Reisende, dem wir die ältesten Zeugnisse über das osmanische Bursa verdanken (1333), erwähnt zwei heiße Quellen, bei denen zwei Bäder, eines für die Männer, das andere für die Frauen, betrieben wurden. Außerdem spricht er von einer Zawiye, in der Reisende drei Tage lang untergebracht und verköstigt wurden. Die Bäder seien von einem turkmenischen Herrscher errichtet worden, womit er vermutlich Orhan meint. Auch in der Vorstadt Çekirge, in der Murad I. seine Moschee erbauen ließ, befanden sich vermutlich damals bereits Thermen. Da der dortige Badebetrieb bis in die Gegenwart hinein anhält, konnten jedoch bisher keine Grabungen zu Fundamenten aus byzantinischer Zeit durchgeführt werden. Der aus älteren Bauten stammende wiederverwendete Marmor stellt noch keinen hinreichenden Beweis für eine ältere Bausubstanz dar.

In Anbetracht der langen Tradition, die von den römischen Thermen zum osmanischen Hammam führt, und unter Berücksichtigung der Tatsache, dass wir nichts über die Gestalt der byzantinischen Thermen im Mittelalter wissen, können wir nicht über die Originalität der Bäder Murads I. und über mögliche Einflüsse urteilen. Die komplexe Anlage gliedert sich nach dem klassischen Vorbild in ein mäßig warmes Bad (Tepidarium), das Warmbad (Kaldarium) und das Kaltbad (Frigidarium). Während erstere möglicherweise älteren Ursprungs sind, handelt es sich beim Frigidarium um einen osmanischen Bau aus dem Jahr 1511. Bei ihm sind zwei Vollkuppeln und eine Halbkuppel in einer Achse angeordnet und überragen das restliche Gebäude beträchtlich. Auch alle weiteren Säle sind überkuppelt. Die Kuppeln ruhen auf achteckigen Tambouren, wobei derjenige des Tepidariums die gleichen Gesimse aufweist wie die Moschee des Sultans. Im Innern ist der Übergang vom quadratischen Grundriss zur Kuppel über acht Bogen vermittelt, die auf acht wiederverwendeten byzantinischen Säulen ruhen. Acht weitere Säulen umgeben das runde Becken des oktogonalen Kaldariums und tragen die Zentralkuppel, während acht halbrunde Nischen, die sich jeweils zu zweien gegenüberstehen, mit an die Zentralkuppel stoßenden kleinen Kuppeln überwölbt sind.

Die Yildirim-Bayazid-Moschee

Unter der Herrschaft Bayazids I.(1389–1402), genannt der Blitz (Yildirim), entstanden in Bursa zwei Moscheen. Während die eine mitten im Handelszentrum errichtet wurde, entsprach die andere der von seinem Vater begründeten Tradition der Külliye, einer um eine Moschee gruppierten Anlage mit sozialen Einrichtungen und dem Stiftergrab. Die beträchtlichen Entfernungen zwischen den Anlagen der osmanischen Herrscher sind Hinweis darauf, dass die Sultane die Moscheenkomplexe als Zentren neuer städtischer Entwicklungen betrachteten. Nachdem Murad seine Moschee im Westen Bursas hatte errichten lassen, entschied sich Bayazid für einen Standort zweieinhalb Kilometer östlich der Zitadelle, an einem Ort, der wie übrigens auch Çekirge den äußeren Rand des städtischen Siedlungsgebietes markierte. Offenbar planten bereits die ersten osmanischen Herrscher eine Stadt mit mehreren 10 000 Einwohnern, die es mit Konstantinopel aufnehmen sollte.

Der Moscheenkomplex Bayazids I. stellt weniger in der architektonischen Konzeption als vielmehr in der Komposition der Gesamtanlage und bezüglich ihres monumentalen Schmucks eine Neuerung dar. Die Anordnung der Gebäude scheint der Landschaft angepasst zu sein. Der Besucher, der durch das monumentale Nordtor eintritt, sieht als erstes das auf einer Anhöhe gelegene Grabmal des Sultans mit der Medrese zur Rechten. Dahinter erhebt sich die Moschee auf dem höchsten Punkt des Areals, unterhalb davon befindet sich die Armenküche, direkt an der Umfassungsmauer. Hinter der Moschee erstreckt sich ein unbebauter Platz, in dessen Mitte sich ein Hammam befindet. Womöglich sollte auf

Grundriss der alten Thermen von Bursa. Wir wissen nicht, ob ein Teil der Anlage aus der byzantinischen Epoche stammt oder ob beim Bau in osmanischer Zeit Spolien benutzt wurden. Auf jeden Fall kam der Bäderbetrieb, der im Mittelalter nach und nach aufgegeben worden war, unter den Osmanen wieder in Gang.

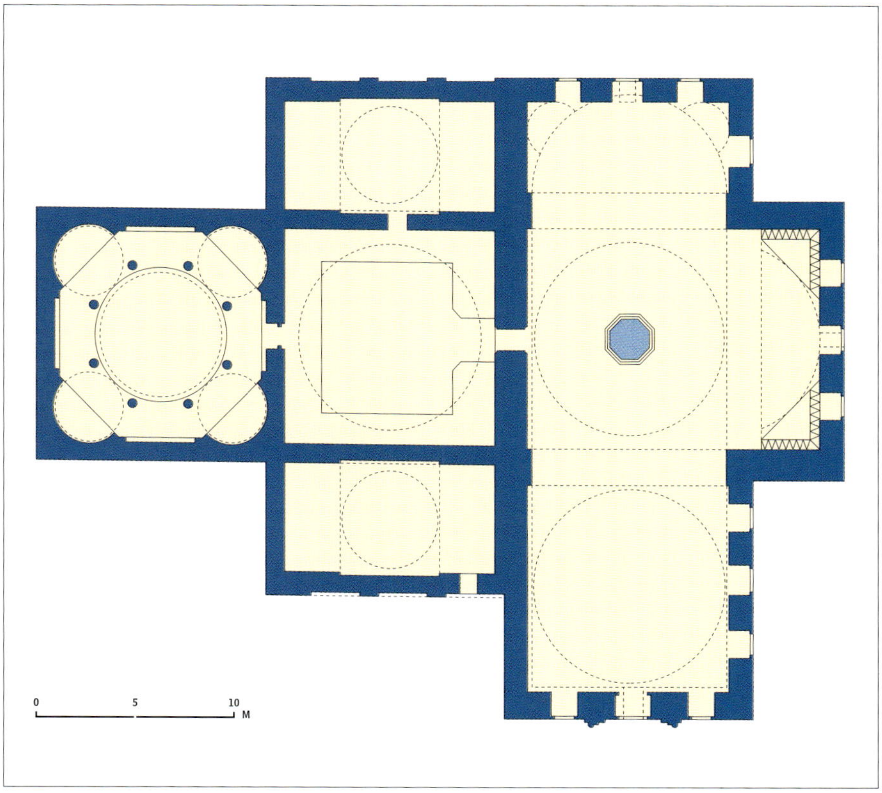

Oben: Die Bayazid-I.-Moschee in Bursa. Die frühen osmanischen Moscheen wirken schwerfällig, der Übergang zwischen Saalkuppel und tragenden Wänden ist noch unausgeglichen. Auch die Minarette fügen sich nicht in den Gesamtbau ein, so als wären sie nachträglich hinzugefügt worden.

Rechte Seite: Innenansicht der Bayazid-I.-Moschee. Die Trennung zwischen dem Zentralraum, einem überdachten Innenhof und einem höher gelegenen Gebetssaal ist bereits bekannt, wird hier aber erstmals durch einen Bursa-Bogen gestalterisch betont.

dieser unbebauten Fläche später einmal ein Wohnviertel entstehen, denn trotz der beträchtlichen Größe der freien Fläche wurde das zur Anlage gehörige Krankenhaus 250 Meter außerhalb der Mauer errichtet.

Der Bau der Bayazid-Moschee entspricht mehr oder weniger dem der Murad-I.-Moschee, bot offensichtlich auch Wohnräume für Derwische, spart jedoch das Obergeschoss aus. Die imposante Größe der Moschee des Vorgängers versuchte man bei der Bayazid-Moschee durch sehr hohe Innenräume zu imitieren. Kleine Räume bekamen dadurch die Enge von Brunnenschächten, doch das Äußere des Bauwerks mit seinen Mauern aus Haustein und den wenigen, aber in zierliche Rahmen gefassten Fenstern ist sehr beeindruckend.

Durch das Eingangsportal gelangt man in den Zentralraum, der von einer Kuppel von zwölf Metern Durchmesser überwölbt ist. Von ihm aus gehen drei um drei Stufen erhöhte Iwane ab. Der in der Zentralachse gelegene Haupt-Iwan ist genauso breit wie der Zentralraum und wird ebenfalls von einer Kuppel abgeschlossen. Die Seiten-Iwane sind dagegen nur halb so breit, aber fast genauso hoch und kuppelgewölbt. Zu beiden Seiten werden sie von Räumen flankiert, die man nur über den Zentralraum erreichen kann. Die dunklen, mit Klostergewölben versehenen Räume sind mit Kaminen ausgestattet. Diejenigen auf der Seite des Mihrabs haben eine bemerkenswerte Dekoration aus stuckierten Nischen, die sich über die gesamte Südwand erstreckt.

Zwischen dem Zentralraum und dem Haupt-Iwan mit Mihrab befindet sich ein monumentaler Bogen, der aus zwei Viertelkreisen, die durch einen aufliegenden Architrav verbunden werden, besteht. Die Konstruktion ist als „Bursa-Bogen" bekannt, der seinen Ursprung in der seldschukischen Architektur hat, hier aber erstmals in monumentalen Ausmaßen ausgeführt wurde. Er kehrt auch in der Vorhalle wieder, wo er alle Pfeiler miteinander verbindet. Die skulptierte Fassade und die Schmuckfriese, die das Gebäude am Rand des Daches umlaufen und die Bogen der Vorhalle zieren, machen aus der Moschee das erste Beispiel osmanischer Monumentalkunst.

Die große Moschee Bayazids I.

Mit dem Bau der Yildirim-Bayazid-Moschee hatte Bayazid I. im Jahr 1391 begonnen. Der Komplex blieb jedoch unvollendet. Eine zweite Medrese, von der in der Stiftungsurkunde die Rede ist, kam nie zur Ausführung.

Einige Jahre später, 1396, gelang Bayazid bei Nikopolis an der Donau ein Sieg über die Kreuzfahrerheere unter dem ungarischen König und späteren deutschen Kaiser Sigismund. Seine Beute ermöglichte ihm den Bau einer Moschee im Herzen von Bursa; ihr Platz war zwischen der Zitadelle und der Orhan-Gazi-Moschee in unmittelbarer Nähe von Orhans Emir Han. Sein Vorfahr hatte mit diesen Bauten bereits die Grundlagen für ein Geschäftsviertel geschaffen, das sich parallel zum Aufstieg des Osmanischen Reiches entwickelte.

Ein europäischer Zeitzeuge, Johann Schiltberger, der im Alter von 15 Jahren bei Nikopolis gefangen genommen und bei den Janitscharen eingegliedert wurde, kam im Jahr 1397 nach Bursa. Von dort aus nahm er an allen Feldzügen unter Bayazid teil, bis er 1402 bei der Schlacht von Angora in die Gefangenschaft der Truppen Timur Lenks geriet. Er muss den Bau sowie die Fertigstellung der Großen Moschee (Ulu Cami) im Jahr 1400 miterlebt haben. In seinen Memoiren schreibt er wenig über die Stadt, bemerkt aber, dass ihr Reichtum mit dem Seidenhandel zusammenhing. Bayazid I. hatte einiges an die

محمد
الله

Die Große Moschee in Bursa, Blick auf die Mihrab-Seite. Gut zu erkennen ist die Lage der 20 Kuppeln auf achteckigen Tambouren, die die gleichen Abmessungen, aber unterschiedliche Höhe haben – diejenigen der mittleren Reihe sind die höchsten. Die Position der zweiten Kuppel zu Beginn der mittleren Reihe blieb offen (heute durch eine Glaskuppel überdacht), damit Regenwasser in einen darunter gelegenen Brunnen fallen konnte.

politische Einigung Anatoliens und die Schaffung eines einheitlichen osmanischen Herrschaftsgebietes in Kleinasien gesetzt, bevor er auf seinem Weg gen Osten, bis nach China, von dem mächtigen Mongolen-Khan Timur Lenk aufgehalten wurde, der bis nach Anatolien vordrang und den Sultan 1402 bei Angora, dem heutigen Ankara, besiegte. Seine Bemühungen wie auch das Riesenreich Timur Lenks hatten für den Handel die günstige Folge, dass es weniger Zwischenreiche gab und der Karawanenverkehr sicherer wurde. Bursa bildete den westlichen Endpunkt der Seidenstraße, auf der die europäischen Händler ihre Ware einkauften.

Die Moschee des aufblühenden Handelsviertels wurde bald zu klein, um alle Gläubigen aufzunehmen. Doch der Bau der Großen Moschee kam nicht nur einem wachsenden Bedarf nach, sondern hatte auch ideologische Hintergründe. Die islamische Gesellschaft verstand sich ursprünglich als eine Republik der Händler, der die Moschee als Versammlungsort und Stätte des Gebets diente. Der Herrscher oder seine Statthalter, die in ihren Palästen und Zitadellen residierten, blieben einer Gemeinschaft fremd, deren Herz in den Bazaren und rund um die Große Moschee schlug. Die Moschee zeichnet ein Bild des ursprünglichen Selbstverständnisses: eine Wand mit einer Nische, die die Gebetsrichtung anzeigt, und mehrere Pfeilerfluchten, über denen sich ein weites Dach spannt. Dies ist das Prinzip der arabisch-islamischen Volksmoschee.

Die Anlage wurde mit einer Kolonnade um einen offenen Hof eingefasst, den Mihrab betonte man oft mit einer Kuppel über den nächststehenden vier Pfeilern. Der Beliebtheit der Kuppel im iranischen Kulturraum entsprechend, erhielt sie bald monumentale Ausmaße, während die Witterungsbedingungen in Anatolien dazu führten, dass der offene Hof aufgegeben wurde. Es waren osmanische Baumeister, die schließlich die Kuppel auf vier Wände setzten. Dieses architektonische Prinzip kam erst zur vollen Entfaltung, als die Osmanen die Herrschaft über Konstantinopel erlangten, in Bursa sind jedoch die ersten Schritte zu sehen. Neben der Vorliebe für monumentale Kuppelbauten steht der Wille der Gründer, ihre Verbundenheit mit den religiösen Orden zu bekunden, die in den Anfängen der osmanischen Expansion eine wichtige Rolle gespielt haben.

Doch die Bürgerschaft von Bursa gewann mit dem Aufblühen von Handel und Handwerk an

Selbstbewusstsein. Bayazid I. war den Bürgern eine Geste schuldig. Seine Volksmoschee birgt hinter vier gleichen Fassadenfronten eine Pfeilerhalle mit zwölf Pfeilern und 20 Kuppeln. Diese sind alle gleich groß, nur steigen die Tamboure jeder Reihe von den Seiten zur Mitte hin an, so dass die Mittelachse, die auf den Mihrab zuläuft, betont ist. Die zweite Kuppel in der Mittelachse – zählt man vom Eingang her – besitzt eine Öffnung, unter der sich ein Reinigungsbrunnen befindet. Die Zierleisten der Fensterarkaden, die uns auch in der mamlukischen Architektur Syriens und Ägyptens begegnen, sind möglicherweise ein Hinweis auf einen „arabischen" Einfluss. Diese Demonstration der Gleichheit, die keinen axialen Grundriss oder einen Zentralraum duldet und im Außenbau sogar auf die Vorhalle verzichtet – eine Seltenheit in der osmanischen Architektur – blieb jedoch ein Einzelfall.

Die zweite osmanische Volksmoschee, die in Edirne entstand, hat vier Pfeiler und neun identische Kuppeln, doch sie zeigt bereits, dass alle osmanischen Moscheentypen sich in Richtung eines Elements hin entwickelten: der zentralen Kuppel. In Istanbul wird es keine Pfeilermoscheen mehr geben.

Die Große Moschee in Bursa musste sich in ein dicht bebautes Stadtgebiet einfügen. Für den Bau der Minarette wurden Teile der Stallungen des Emir Han abgebrochen. Bayazid I. fügte im Westen der Moschee eine Medrese für die Prediger sowie einen kleinen Hammam an. Ferner ließ er den ersten Bedestan (überdachten Markt) im Osmanischen Reich errichten. Ein 57 Meter langes und 21 Meter breites Rechteck ist entlang einer Achse mit sechs Pfeilern in 14 kuppelüberwölbte Quadrate aufgeteilt. Auf jeder Seite befanden sich vier Türen. Im Innern war an den Längsseiten Platz für 36 Stände, während unter den äußeren Arkaden 44 weitere Stände untergebracht waren. Die Anlage ist heute Teil des großen Bazars von Bursa.

Der Stiftungskomplex der Grünen Moschee (Yeşil Cami)

Kurz nach der Einweihung der Großen Moschee in Bursa fiel der Sultan in der Schlacht von Ankara am 28. Juli 1402 in die Hände des Feindes. Er starb in Gefangenschaft und hinterließ ein Erbe, um das sich seine drei Söhne, von Timur als Vasallenfürsten eingesetzt, elf Jahre lang stritten. Bursa wurde im Herbst 1402 von den Truppen Timur Lenks besetzt und geplündert. Dass die Osmanen die Macht nicht vollends verloren, ist nur der Schwäche ihrer Gegner – Byzanz, Serbien und der turkmenischen Emirate

Links: Die Kalligrafien der Großen Moschee stammen aus dem 19. Jahrhundert. Während die Malerei durch die Nachahmung westlicher barocker Vorbilder an Originalität einbüßte, bewahrte die Kalligrafie – neben der Architektur die bedeutendste osmanische Kunstform – ihr originäres Wesen.

Rechts: Spiegelsymmetrische Kalligrafie des Gottesnamens Allah und seiner Attribute. Da jede Form gegenständlicher Malerei in den Sakralbauten fehlt, konnte sich die Kalligrafie frei entfalten.

in Anatolien, die der Mongolen-Khan wiederhergestellt hatte – zu verdanken, die dieses Machtvakuum nicht nutzen konnten. Aus dem Machtkampf der Brüder ging 1413 Mehmed I. (1413–1421) als Sieger hervor und vereinte die osmanischen Reichsteile. Seinen Erfolg verdankte er einem neuen effektiven Verwaltungsapparat und seiner Elitetruppe, den Janitscharen. Die Janitscharen setzten sich aus Sklaven, Kriegsgefangenen und zwangsrekrutierten Knaben christlicher Untertanen zusammen. Die einstige Speerspitze der osmanischen Expansion, die Wanderderwische, turkmenische Krieger und andere Abenteurer, waren ihnen nicht gewachsen. Mit dem Wandel der Machtstrukturen verlagerte sich der Sitz der Regierung nach Edirne. Doch Bursa galt nach wie vor als Wiege der Dynastie und gewann auch seine wirtschaftliche Stärke rasch zurück.

Mehmed I. wollte nach der Wiederherstellung des Osmanischen Reiches ein Zeichen setzen und zugleich hinter der herrscherlichen Prachtentfaltung Timur Lenks nicht zurückstehen. Deshalb begann er in Bursa mit dem Bau eines grandiosen Moscheenkomplexes. Wieder war es nicht das architektonische Konzept, das Aufsehen erregte – es entsprach weitgehend dem der Stiftung Yildirim Bayazids – , sondern der äußere und innere Dekor. Der Plan sah eine Hofmoschee mit drei Iwanen und vier Eckräumen als Räumlichkeiten für die Derwische vor. Die Architektur demonstrierte eindeutig die osmanische Macht.

Im Jahr 1414 hatte der Emir von Karaman, einem von Timur wieder eingesetzten Fürstentum mit der Hauptstadt Konya, Bursa angegriffen. Die Zitadelle widerstand dem Angriff, aber große Teile der Stadt waren in Flammen aufgegangen. Im Rahmen des Wiederaufbaus wurde das Moschee-Projekt unter der Leitung des Statthalters Hadjdjj Ivaz begonnen. Er war der Sohn eines Handwerkers und selber Baumeister. Zu dieser Zeit begann die Individualisierung der Künstler, die nicht mehr im Schatten der Macht stehen wollten und ihre Werke selbstbewusst und deutlich signierten. Die Inschrift, die er über den Nischen zu beiden Seiten des Eingangsportals anbringen ließ, lautet: „Der diese Moschee entworfen und ihre Maße festgesetzt hat, ist der ergebenste Diener seines Stifters, Hadjdjj Ivaz bin Ahi Bayazid."

Dank weiterer Inschriften kennen wir auch andere Künstler, die am Bau der Moschee beteiligt waren. Unter den Gefangenen der Truppen Timurs, die 1402 nach Samarkand verschleppt worden waren, hatte sich ein gewisser Ali bin Ilyas befunden. Zusammen mit Bauleuten aus Tabriz (Aserbaidschan) und Damaskus war er in Samarkand zur Arbeit an der Gräberstraße Schah-i-Sindah eingesetzt worden, einem Meisterwerk der Keramikkunst, in dem sich persische, arabische und chinesische Einflüsse verbanden. Als Ulugh Beg, der Enkel Timurs, 1411 Handwerkern und Künstlern erlaubte, in ihre Heimat zurückzukehren, zog auch Ali, der nun den Beinamen Nakkaş (der Dekorateur) trug, mit einer Gruppe von Meistern aus Tabriz nach

Rechte Seite.
Oben: Fassadenfenster der Grünen Moschee. Die Fenster zeichnen sich durch ihren reichen Schmuck aus. Die Laibungen sind mit Stalaktiten verziert. Die beiden Seitenfenster (darunter das vorliegende Beispiel) haben einen skulptierten Fries aus Hadiths, die beiden Innenfenster einen mit Koranauszügen.

Unten: Außenansicht der Grünen Moschee. Vorn die Kuppel des Gebetssaals, hinten die Laternenkuppel des Zentralraums, die vermutlich einen früheren Okulus ersetzt.

Unten links: Mihrab der Orhan-Gazi-Moschee. Der aus Stuck gearbeitete Mihrab könnte original sein, die Bemalung stammt aus späterer Zeit. Der Dekor mit Faltenwurf und Zentralmotiv stammt von der Hand eines zeitgenössischen Künstlers.

Unten, Mitte und rechts: Rosettendekor, stilisierte Blumen und Kalligrafie.

Bursa zurück, wo sie an der Ausschmückung der Moschee Mehmeds I. mitwirkten. Nakkaş Ali hinterließ seine Signatur auf einer Fliese über der Sultansloge: „Die Ausschmückung dieses heiligen Gebäudes geschah durch die Hand des bescheidensten aller Menschen, Ali bin Ilyas Ali, der sein Werk in der letzten Dekade des heiligen Ramadan des Jahres 827 [15.–25. August 1424] fertig stellte". Andere Künstler folgten seinem Beispiel. Neben dem Mihrab befindet sich eine Inschrift in weißen Buchstaben auf blauem Grund: „Werk der Meister von Tabriz". In der Sultansloge steht zu lesen: „Werk Mehmeds, des Exzentrischen". Schließlich heißt es auf den Keramikbändern, die die Wände der Logen im Erdgeschoss schmücken: „Ich traue auf meinen Schöpfer! Möge dieser Bau für immer bestehen bleiben! Möge sein Stifter über seine Feinde siegen! Jeder, der seiner Herrschaft keine Dauer wünscht, soll in der Welt versklavt sein."

Die Widmungsinschrift über dem Eingangstor datiert die Vollendung der Moschee auf Dezember 1419 bzw. Januar 1420, wobei die Künstler offensichtlich auch nach dem Tod des Sultans 1421 bis August 1424 an der Innenausstattung gearbeitet haben. Trotz der Bogenansätze an der Hauptfassade blieb die Moschee jedoch ohne Portikus. Dadurch kommt allerdings die mit Marmor aus Prokonese verkleidete Fassade besonders schön zur Geltung. Im Erdgeschoss ist die Fassade mit je einem Fensterpaar zu beiden Seiten des Portals und im Obergeschoss mit je zwei Balkonen mit Bursa-Bogen und blauen Balustraden gegliedert. Die Fenster sind mit Profilleisten, die Laibungen mit Stalaktiten verziert. Skulptierte Inschriften mit Koranversen und den Worten des Propheten (Hadith) über den Entlastungsbogen sowie ziselierte Arabesken im Tympanon vervollständigen den Dekor. Zwischen jedem Fensterpaar gibt es einen Mihrab, der für die Zuspätkommenden gedacht ist, die sich unter dem Portal zum Gebet einreihen müssen.

Das Eingangsportal ist mit fünf Rahmenleisten dekoriert; direkt über dem Eingang befindet sich eine Bogenrundung mit zwölf Stalaktitenreihen. Die Fläche zwischen Bogen und Rahmen ist mit filigranem Rankenwerk gefüllt. Hinzu kommen noch skulptierte Nischen zu beiden Seiten des Portals. Über allem befindet sich die Widmungsinschrift. Das reich geschmückte Portal sollte als Vorbild für die großen Hofmoscheen des 16. Jahrhunderts dienen.

Durch das Portal gelangt man in eine enge Vorhalle mit zwei byzantinischen Säulenpaaren, die in zwei kuppelgewölbte Räume führt, die den nördlichen Räumen des Seiten-Iwans der Vorgängerbauten entsprechen. Neben den Säulen führen zwei symmetrische Treppen ins Obergeschoss, wo sich für den Herrscher vorgesehene Räumlichkeiten befinden. Es ist gegliedert in die zentrale Sultansloge, die sich durch einen Bursa-Bogen zum Hauptraum der Moschee öffnet, und je eine weitere Loge zu beiden Seiten, die offenbar für die Frauen bestimmt waren, da die Fenster vergittert sind. Dahinter schließen sich Vorräume mit Muqarnas-Gewölben an, die mit den Balkonen über der Fassade in Verbindung stehen. Logen und Vorräume sind gänzlich mit Keramikfliesen und Malereien ausgeschmückt. Der Keramikdekor weist drei Techniken auf: flache, einfarbige Fliesen, bei denen sich sechseckige Formen in dunkelblauer Tönung mit türkisfarbene Dreiecken abwechseln, arabeskenförmig geschnittene Fliesen, gearbeitet in einer Technik, wie sie bereits die Seldschuken verwendeten, und größere vielfarbige Flächen mit Arabesken und floralen Motiven, die nach Art der *Cuerda seca* gebrannt wurden, einer ursprünglich in den Palästen der Mongolen-Khane verwandten Keramiktechnik, bei der mit der Glasur verschiedene Farben aufgetragen und durch unglasierte Konturlinien voneinander getrennt werden.

Die Eingangshalle führt durch einen Gang zum Hauptraum der Moschee. Zu beiden Seiten des Ganges befinden sich zwei um 75 Zentimeter erhöhte Logen, die sich wie in der Sultansloge im

Obergeschoss durch einen Bursa-Bogen zum Zentralraum öffnen. In der Tiefe schließen sich ein Iwan gleicher Größe mit einem Mihrab sowie zwei Seiten-Iwane an. Im Südosten und Südwesten kommen noch zwei Eckräume hinzu. Das Zentrum des Hauptraums nimmt ein Wasserbecken ein. Die darüber liegende Kuppel mit Okulus hat einen Durchmesser von 13 Metern, ihre lichte Höhe beträgt 25 Meter. Die drei Iwane haben die gleiche Höhe wie der Hauptraum und sind ebenfalls kuppelgewölbt. Der Grundriss ist also der gleiche wie in der Bayazid-I.-Moschee. Ganz anders jedoch die Dekoration. Die Wände sind bis zu einer Höhe von 2,80 Meter mit sechseckigen dunkelgrünen Fliesen bedeckt. Diese sind entweder direkt nebeneinander gesetzt oder durch weiße Streifen getrennt und weisen goldene Blütenmuster auf. Darüber laufen arabische Schriftbänder.

Das Grabmal, dessen Standort in den älteren Moscheenkomplexen noch nicht eindeutig festgelegt worden war, findet hier seinen Platz hinter dem Mihrab, wenn auch nicht genau auf der Hauptachse. Das Grabmal Mehmeds I. ist mit einer Höhe von 25 Metern und einer Kuppel von 14 Metern Durchmesser das größte, das jemals für einen osmanischen Sultan gebaut wurde. Mit diesem Grabmal wie mit der gesamten Külliye wollte Mehmed I. ganz offensichtlich die Pracht timuridischer Bauten übertreffen. Der oktogonale Kuppelbau hat an den sieben äußeren Seiten jeweils zwei Fenster übereinander in einem Bogen aus weißem Marmor. Die übrige Fläche ist mit grünlasierten Ziegeln bedeckt. Der Innenraum ist mit sechseckigen Fliesen dekoriert. Auch der Sarkophag des Sultans und der Mihrab bestehen aus Keramik. Neben dem Sultan ruhen drei seiner Söhne, vier seiner Töchter sowie seine Amme. Das Portal des Grabmals trägt die Inschrift „Werk des Ali bin Haci Ahmed aus Tabriz".

Östlich von der Moschee, an der Straße zum Stadtzentrum, liegt die Medrese. Auch hier steht der Schlichtheit des Grundrisses – ein rechteckiger Hof mit Vorhalle und Wohnräumen an drei Seiten sowie einem vorspringenden Lehrsaal – ein verschwenderischer Dekor gegenüber. Heute beherbergt sie das städtische Museum.

Oben links: Grüne Moschee, Loge des Muezzin rechts vom Eingang zum Zentralraum. Die ganze Loge einschließlich der Decke ist mit Kacheln ausgeschmückt. An der Fassadenseite ein Bursa-Bogen mit Inschriften in *Cuerda-seca*-Technik, innen sechseckige olivgrüne Kacheln mit Vergoldungen.

Oben rechts: Grüne Moschee, Detail des Mihrab. In diesem Meisterwerk der frühen osmanischen Keramik ist in Farbe und Technik der Einfluss des timuridischen Stils erkennbar.

Rechte Seite: Grüne Moschee, Blick vom Zentralraum auf den Gebetssaal. Im Vordergrund die Ablage für die Schuhe. Sie deutet darauf hin, dass der Zentralraum ursprünglich ein für rituelle Waschungen bestimmter überdachter Innenhof war. Man zog die Schuhe nur aus, um in den höher gelegenen Gebetssaal zu gehen. Dieser ist das früheste Beispiel für Keramikdekorationen in einer osmanischen Moschee.

Nebenstehend: Grünes Mausoleum, Innenansicht. Der Vielpassbogen der Eingangsfassade ist arabischen Ursprungs und einmalig in der osmanischen Baukunst. Der Bauherr Mehmed I. wollte in seiner Stiftung einen internationalen Stil durchsetzen.

Linke Seite: Grünes Mausoleum, Grabmal Mehmeds I. Die grüne Farbe der Fassadenkacheln wurde namensgebend für den Stiftungskomplex des Sultans, der als Einiger des Osmanischen Reiches in die Geschichte einging. Neben dem Mausoleum Mahmuds II., das 1839–1840 in neoklassischem Stil erstand, ist es das größte osmanische Herrschermausoleum.

Folgende Doppelseite: Grünes Mausoleum, Innenansicht. Der Mihrab und der Sarkophag des Sultans dominieren den Raum. Dieser ist ganz mit Keramikkacheln geschmückt, einschließlich der Stalaktiten und Säulen des Mihrab und des achteckigen Sockels des Sarkophags. Im Hintergrund befinden sich die Gräber der vier Töchter und der drei Söhne des Herrschers, außerdem das seiner Amme.

Links: Grünes Mausoleum, Detail des Mihrab. Die kleinen Säulen sind ganz aus Keramik gefertigt. Der Vielpassbogen wiederholt die Form des gegenüberliegenden Eingangsbogens. Die Motive der Keramikdekoration im Hintergrund, Leuchter und Lampen, sind Abbild des wichtigsten Mobiliars des Mausoleums.

Rechts: Grünes Mausoleum, Detail des Sarkophags Mehmeds I. Der Sockel ist mit Motiven aus dem Mihrab geschmückt, darunter Palmetten. Der Sarkophag selbst trägt eine umlaufende Inschrift mit der Genealogie, der Titulatur und dem Todesdatum (Mai 1421) des Herrschers.

Die Moschee und die Grabmäler der Muradiye

Die Bauleute, die 1424 die Moschee Mehmeds I. fertig stellten, begannen im Mai des darauf folgenden Jahres westlich der Zitadelle mit dem Bau der Moschee seines Sohnes Murad II. (1421–1451). Doch Murad II. residierte vorwiegend in Edirne, wo er 1437 den Bau einer Moschee anordnete, die einen Wendepunkt in der osmanischen Architektur markieren sollte. Die traditionellere Moschee in Bursa hat als Grundriss die Gestalt eines umgekehrten T mit einem zentralen Hauptraum, Seitenräumen auf gleicher Höhe und fast in der gleichen Achse, während der Haupt-Iwan gegenüber dem Rest des Gebäudes vorspringt. Bemerkenswert ist, dass die beiden Seitenflügel und die Vorhalle mit Portikus niedriger sind als die beiden Hauptkuppelsäle. Durch diese dreiseitige Umrahmung der beiden Hauptkuppelsäle gewinnt das Gebäude an Plastizität, so dass die Moschee Murads II. weniger monumental erstarrt wirkt als ihre drei Vorgängerbauten. Als Baumaterial wurde im Rückgriff auf byzantinische Mauertechniken eine Verbindung von Haustein und Ziegellagen verwendet. In der fünfjochigen Vorhalle begegnen uns wieder Spitzbogen, deren Enden mit Klosterge-

Oben rechts: Grünes Mausoleum, Innenraum. Schmuckmotiv in Mandorla-Gestalt auf sechseckigen Kacheln am unteren Teil der Wände. Die in der traditionellen osmanischen Ornamentik wohl bekannten Motive werden jeweils auf beiden Seiten einer Fenster- oder Türöffnung wiederholt.

Unten: Murad -I.-Moschee, Innenraum, Detail eines der Pfeiler des Hauptkuppelsaals. Nachdem die Meister von Tabriz die Grüne Moschee geradezu verschwenderisch ausgeschmückt hatten, übten sie sich in der Muradiye bewusst in Schlichtheit. Keramikkacheln in einfachen geometrischen Formen.

wölbe versehen sind. Allerdings stehen die Pfeiler hier im Wechsel mit zweitverwendeten Granitsäulen.

Die Muradiye hat keine verschwenderische Dekoration aus skulptiertem Marmor und Reliefkeramik; statt üppiger Prachtentfaltung zeugt sie im Vergleich mit früheren Bauten von einem verfeinerten Geschmack. Die Fensterstürze sind mit geometrischen Motiven oder Arabesken in *Cuerda seca* geschmückt. Einfarbige Fliesen, die geometrische Muster bilden, verkleiden die Wände der Iwane. Die gleiche Dekoration findet man in der Medrese.

Das Kennzeichen und der besondere Charme der Muradiye sind die vielen kleinen Grabmäler, die verstreut in einem schattigen Garten liegen. Kein Sultan ließ sich in Edirne bestatten. Nach der Einnahme von Konstantinopel errichteten

Rechts: Moscheenkomplex der Muradiye, Ansicht vom Garten aus. Als erste Moschee verfügt die Muradiye über ein ausgedehntes Gräberfeld mit einem Dutzend Grabmälern aus über einem Jahrhundert. Das Zusammenspiel von Architektur und Landschaft trägt nicht wenig zum Charme der Gesamtanlage bei und macht sie zu einem der schönsten Orte in ganz Bursa.

Links: Murad-II.-Moschee. Erstmals wird hier der Eindruck der Massivität vorangegangener Moscheebauten architektonisch aufgelockert. Bereits von außen sind die einzelnen Räume erkennbar: die hohe Vorhalle hat einen Fassadeneffekt, wie später auch bei den Moscheen in Edirne; die Seitenschiffe, die niedriger als der Haupt- und der Gebetssaal sind, bilden mit diesen ein abwechslungsreiches Kuppeldachensemble.

Folgende Doppelseite: Muradiye, Mausoleum des Prinzen Cem. Das Grabmal wurde 1479 errichtet, um die sterblichen Überreste Mustafas, des ältesten Sohns Mehmeds II., aufzunehmen. Die Qualität der Ausstattung ist unterschiedlich: Die Kacheln beweisen, dass die erste Generation der osmanischen Keramik, die Meister von Tabriz, viel von ihrem schöpferischen Elan eingebüßt hat. Hingegen gehört die Wandmalerei zu den am besten erhaltenen Beispielen aus jener Epoche.

die osmanischen Sultane ihre Grabmäler ausnahmslos in der Hauptstadt. Nur die Angehörigen des Herrscherhauses fanden weiterhin ihre letzte Ruhestätte in Bursa. Die Stiftung Murads II. wurde zum Gräberfeld für die osmanische Herrscherfamilie.

Das erste, 1449 errichtete Grabmal ist das der Hüma Sultan, der Gattin Murads II. und Mutter Mehmeds II. des Eroberers (1451–1481). Es besitzt einen sechseckigen Grundriss und wird von einer Kuppel bedeckt. 1451 ließ Mehmed auch das Grabmal seines Vaters zwischen Moschee und Medrese erbauen. Dabei handelt es sich um einen Bau mit quadratischem Grundriss, in den ein weiteres halb so großes Quadrat eingeschrieben ist. Der innere Bau besteht aus vier Eckpfeilern und vier Säulen in den Zwischenräumen, die gemeinsam einen Tambour mit darüber liegender Kuppel tragen. Den übrigen Bau bedeckt an vier Seiten ein Schrägdach, das über der Eingangshalle zu einem Vordach auskragt. Der Sarkophag steht unter dem Okulus in der Mitte der Kuppel. Der Sultan ist allein in diesem Grabmal beigesetzt, aber in einem anschließenden quadratischen Nebenraum ruhen drei seiner Söhne und eine seiner Töchter.

Das Grabmal, das Mehmed II. für seinen 1474 gestorbenen ältesten Sohn Mustafa errichten ließ, ist als Mausoleum Cems bekannt. Cem, der sich, obwohl er von seinem Vater favorisiert wurde, im Kampf um dessen Nachfolge nicht gegen seinen Bruder Bayazid II. durchsetzen konnte, starb nach jahrelangem Exilaufenthalt in Europa 1495 in Neapel; seine sterblichen Überreste wurden erst 1499 an Bayazid II. (1481–1512) übergeben, der sie in ebendiesem Grabmal beisetzen ließ. Der sechseckige Bau ist innen bis auf halbe Wandhöhe mit sechseckigen einfarbigen Fliesen ausgekleidet, und auch die zeitgenössischen Malereien sind noch vollständig erhalten. Ferner befinden sich dort die Sarkophage zweier Söhne Bayazids II. Das letzte von Mehmed II. errichtete Grabmal, ein kleiner viereckiger Bau mit Kuppeldach, war für eine seiner Ehefrauen bestimmt: Gülfrah Hatun, die Mutter des oben genannten Mustafa, starb 1478 oder 1479. Drei weitere Grabmäler der gleichen Bauart entstanden zwischen 1517 und 1527 und dienten zwei Ehefrauen und einer Schwägerin Bayazids II. als Grabstätte. Zwei beeindruckende achteckige Grabmäler wurden für die beiden Söhne Bayazids II. errichtet. Das Grabmal des 1507 gestorbenen Mahmud ist mit dunkelblauen und türkisgrünen Fliesen mit erhabenen Goldverzierungen ausgekleidet, ergänzt durch blaue und weiße Iznik-Fliesen um die Fenster und den Mihrab sowie Malereien. Von der Dekoration des Grabmals Ahmeds, der 1513 starb, ist nur die Fliesenverkleidung erhalten. Das letzte innerhalb der Muradiye gebaute Grabmal birgt den Leichnam Mustafas, des Sohnes Sultan Süleymans des Prächtigen (1520–1566). Mustafa wurde auf Geheiß seines Vaters 1553 erdrosselt. Das Grabmal entstand jedoch erst 1573 unter der Herrschaft Selims II. (1566–1574). Auch dieser achteckige Bau ist innen mit feinsten Iznik-Fliesen dekoriert.

Bayazid II. ließ in Bursa noch zwei große Karawansereien erbauen, den Koza Han im Jahr 1491 und den Pirinç Han im Jahr 1508. Das ganze 15. Jahrhundert hindurch blieb Bursa eine prosperierende Stadt. Bertrandon de la Broquiere, der Spion des Herzogs von Burgund, berichtete 1432 von unerhörtem Luxus: „Seidentücher aller Art, Edelsteine und Perlen in Hülle und Fülle und vieles mehr, was zu berichten zu lang wäre“. Doch die Großen des Osmanischen Reiches bauten nicht mehr in Bursa. Bald lebte die Stadt nur noch in der Erinnerung an die erste Blüte der osmanischen Architektur.

KAPITEL V

Edirne: auf dem Weg zum Großreich

Kurz nachdem Johannes V. Palaiologos (1341–1376) den byzantinischen Thron bestiegen hatte, wurde ihm dieser von dem Feldherrn und Staatsmann Johannes VI. Kantakuzenos (1347–1354) wieder streitig gemacht, der sich in Thrakien zum Kaiser ausrufen ließ. Dies war der Beginn eines jahrelangen Bürgerkrieges, in den auch Bulgaren, Serben und Türken hineingezogen wurden. Als es Johannes V. 1352 gelang, den serbischen Zaren Stephan Duschan und den Kaiser der Bulgaren, Johannes Alexander, als Verbündete zu gewinnen, wandte sich Kantakuzenos an den Osmanensultan Orhan, mit dem er eine seiner Töchter verheiratet hatte, und dieser schickte ihm 10 000 Soldaten unter der Führung seines Sohnes Süleyman. Die Palaiologen wurden geschlagen, und die Osmanen erhielten als Gegenleistung das kleine Schloß Cympe (Çimenlik) auf der Halbinsel Gallipoli (Gelibolu). Kantakuzenos, der sich wohl erst im Nachhinein der Gefahr bewusst wurde, die dieses Geschenk barg, bot Süleyman im darauf folgenden Jahr 10 000 Goldstücke für den Rückzug aus der Besitzung. Noch während der Verhandlungen erschütterte ein Erdbeben Gallipoli. Die Türken setzten nach und fassten in dem durch die Naturkatastrophe entvölkerten Gebiet Fuß. Doch die Ausbreitung in Thrakien kam nur langsam voran. Nach dem Tod Süleymans 1357 setzten die osmanischen Krieger (Gazi) die Eroberung auf eigene Faust fort. So gelang es 1366 einem Kreuzfahrerheer unter dem Befehl Amadeus' von Savoyen, Gallipoli für Byzanz zurückzuerobern, doch Murad I. gewann die Halbinsel zurück. Etwa zur selben Zeit wurde auch das byzantinische Adrianopel besetzt. Über den genauen Zeitpunkt ist man sich bis heute nicht einig, aber vieles spricht für das Jahr 1369. Die Besetzung verlief sehr wahrscheinlich friedlich, da die nicht-muslimische Einwohnerschaft weiterhin die Zitadelle bewohnen durfte. Bis Anfang des 20. Jahrhunderts blieb die Zitadelle ein christlich-jüdisches Viertel. Das hinderte Murad jedoch nicht, die Hauptkirche der Stadt in eine Moschee umzuwandeln. Wie so oft, wenn christliche Kirchen in eroberten Städten unter islamische Herrschaft kamen, gab man ihr den Namen Ayasofya (Heilige Sophia). Von dem Bau war Ende des 19. Jahrhunderts nichts mehr übrig. Nur eine Zeichnung aus der Feder des französischen Architekturhistorikers Auguste Choisy, der am 4. Oktober 1875 in der Stadt war, und eine Fotografie des russischen Konsuls aus dem Jahr 1888 sind erhalten.

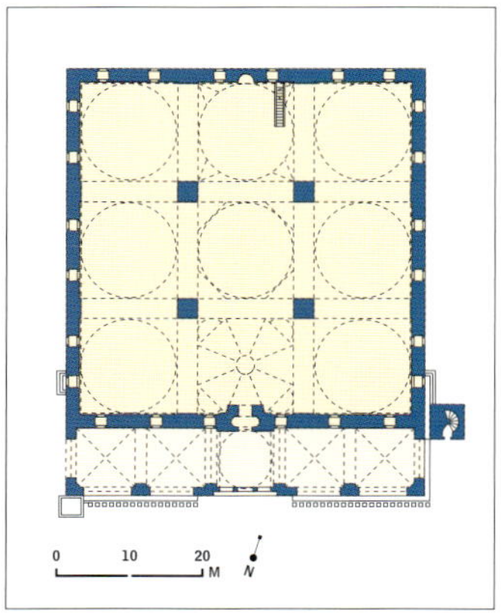

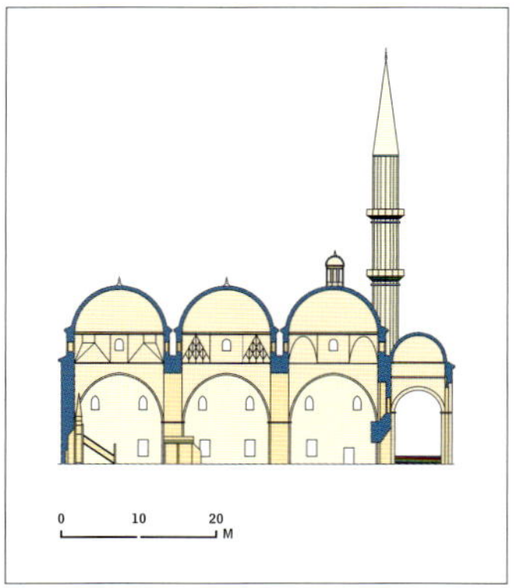

Die Sultan-Bayazid-Moschee

Murad I. fiel nicht lange nach der Eroberung Adrianopels (Edirne) in der berühmten Schlacht auf dem Amselfeld. Seinem Sohn und Nachfolger Bayazid I. ist das einzige erhaltene öffentliche Bauwerk zu verdanken, das vor Beginn des 15. Jahrhunderts in Edirne erbaut wurde. Alle anderen Bauten, von denen die Quellen berichten, wurden im Balkankrieg Anfang des 20. Jahrhunderts zerstört.

Die von Bayazid I. erbaute Moschee entzieht sich der Einordnung in aus Bursa bekannte Schemata. Bereits ihre Lage ist ungewöhnlich; sie befindet sich am gegenüberliegenden Ufer des die Stadt umfließenden Flusses Tunca, an einem Ort, der auch heute noch außerhalb der Stadt-

Nebenstehend: Die Alte Moschee. Wie bei der Ulu Cami in Bursa ist auch hier der streng symmetrische Grundriss des Gebetssaals in vertikaler Richtung durch die unterschiedliche Höhe der Kuppeln in der Mittelachse gebrochen. Hingegen wirkt der schmucklose Säulenportikus, ein Charakteristikum der frühen Moscheen von Edirne, fast schwerfällig.

Linke Seite: Grund- und Aufriss der Alten Moschee. Anders als die übrige Dacharchitektur ruht die Kuppel mit Okulus auf einem oktogonalen Tambour. Auch die Kuppel über dem Eingang unterscheidet sich von den Kuppeln der Seitenschiffe, wodurch die Axialität in dem sonst streng symmetrischen Plan betont wird.

grenzen liegt. Zwar haben wir schon in Bursa gesehen, dass ein Moscheenkomplex als Ausgangspunkt städtebaulicher Entwicklungen konzipiert und deshalb auch außerhalb des Zentrums erbaut wurde, doch dies allein erklärt nicht die Wahl dieses Platzes für die erste Moschee des osmanischen Herrscherhauses in Edirne.

Die Moschee besteht aus einem zentralen Kuppelraum, um den sich drei tonnengewölbte Iwane mit Kuppeln gruppieren; ihm vorgelagert ist ein Vestibül, flankiert von zwei ebenfalls kuppelgewölbten Eckräumen. Die Anlage ist nicht untypisch, doch umso ungewöhnlicher ist die Lage des Mihrab, der sich nicht in dem axial zum Eingang ausgerichteten Iwan, sondern in dem auf der linken Seite gelegenen Iwan befindet. Darüber hinaus liegt der Mihrab nicht in der Außenwand, sondern, um 45 Grad gedreht, zwischen der Außenmauer und der Mauer auf der Eingangsseite. Die korrekte Ausrichtung des offensichtlich erst nachträglich eingefügten Mihrab beweist, dass die Achse der Moschee ursprünglich um 135 Grad von der Richtung nach Mekka abwich. Wichtiger scheint in diesem besonderen Fall die Lage am Fuß des Hügels Hizirlik gewesen zu sein, der als einer der heiligsten Orte der Stadt galt.

Sein Name verweist auf eine synkretistische Legende, die den heiligen Hizir, Bote Allahs und Verkünder des Endes aller Zeiten, mit dem biblischen Propheten Elia verbindet; weshalb man Hizir bevorzugt in ehemals dem Elia geweihten

Oben: Alte Moschee, Detail einer Kalligrafie.

Rechts: Alte Moschee, Blick auf den Minbar und das rechte Seitenschiff. Im Hintergrund eine Kalligrafie des Gottesnamens „Allah". Kalligrafie und Wandmalerei stammen aus einer späteren Epoche.

Kapellen verehrte, die traditionellerweise auf Anhöhen erbaut wurden. Es heißt, Hizir habe die militärischen Erfolge der Osmanen auf dem Balkan vorausgesagt. Das könnte ein Grund dafür gewesen sein, weshalb sich an diesem Ort die Gazis niederließen, wovon wir später noch hören werden.

Dem Bau vorgelagert war eine Eingangshalle mit vier eher schlichten byzantinischen Säulen. Von diesen Säulen sind heute nur noch die Sockel erhalten. Ob es sich bei der Dachkonstruktion um ein hölzernes Vordach oder eine Kuppel handelte, kann man heute nicht mehr mit Sicherheit sagen. Die Marmoreinfassung des

Eingangsportals zeigt hingegen eindeutig byzantinischen Stil. Insgesamt ist die Sultan-Bayazid-Moschee, die dem Muster des dreischiffigen Grundrisses folgt, ein Beleg für den Nonkonformismus und die ungenierte Anleihe bei anderen Kulturen, die die Anfänge der osmanischen Architektur charakterisieren.

Die Alte Moschee (Eski Cami)

Nach der Niederlage Bayazids I. gegen die überwältigende militärische Übermacht des Mongolen-Khans Timur Lenk bei Ankara (1402) und der Aufteilung des Reiches in Kleinstaaten zog sich einer seiner Söhne nach Edirne zurück: Süleyman Çelebi machte den Ort zur Hauptstadt seines Teiles des Osmanischen Reiches.

Zum äußeren Zeichen der Hauptstadtwürde und zur Festigung seiner Machtstellung begann Süleyman mit dem Bau einer Volksmoschee nach dem Modell der Pfeilerhalle, der zweiten und letzten dieser Art nach der Ulu Cami in Bursa. Damit begann die Ausdehnung der osmanischen Stadt über die Stadtmauern in byzantinischer Zeit hinaus. Während dieser Prozess anderswo relativ bald auf die Eroberung einer Stadt folgte, setzte sie in Edirne erst mit 40-jähriger Verspätung ein. Zwischen der Einnahme von Bursa und der Fertigstellung der Orhan-Gazi-Moschee lagen dreizehn Jahre. Eine Bedrohung von außen kann nicht der Grund für die langsame städtebauliche Entwicklung gewesen sein. Das Königreich Bulgarien bestand Ende des 14. Jahrhunderts nicht mehr, die Serben waren im Kosovo geschlagen worden, und die Byzantiner verhielten sich friedlich. Vielmehr läßt es darauf schließen, dass Edirne zunächst nicht Gegenstand osmanischer Repräsentation war. Dazu passt die Tatsache, dass man das Zitadellenviertel, abgesehen von der Umwandlung der Hauptkirche in eine Moschee, der nicht-muslimischen Einwohnerschaft überließ. Die Türken siedelten sich mehr oder weniger aufs Geratewohl an.

Eine systematische Stadterweiterung begann erst, als sich nach der Niederlage von Ankara osmanische Herrscher in Edirne niederließen. Da der alte Stadtkern in einer Schleife der Tunca lag, blieb für eine weitere Entwicklung nur der Osten. An der Straße nach Konstantinopel entstanden der Markt und die Volksmoschee, deren Bau von Süleyman begonnen, von seinem Bruder Musa (1411–1413) fortgeführt und vom dritten der Brüder, Mehmed I., der mit seinem Sieg über Musa die staatliche Einheit wiederhergestellt und sich zum Sultan proklamiert hatte, 1414 fertig gestellt wurde.

Die Alte Moschee von Edirne übernimmt das Modell der Ulu Cami in Bursa, geht aber einen Schritt weiter in der Vereinheitlichung des Raumes. Ein Quadrat mit 45,66 Metern Seitenlänge wird von vier Pfeilern in neun gleiche Quadrate unterteilt, wobei die Pfeiler durch Spitzbogen untereinander und mit den Seitenwänden verbunden sind. Die Moschee ist kleiner als diejenige in Bursa, deren Innenraum 63 Meter mal 50 Meter misst, was der Größe der Städte entspricht. Dass die Moschee in Edirne weniger Pfeiler besitzt, geht mit einem größeren Durchmesser der neun Kuppeln einher, nämlich 13,50 Meter gegenüber 10,60 Metern in Bursa. Wie dort sind die Kuppeln in der Mittelachse der Anlage höher als diejenigen an den Seiten. Auf diese Weise wird der Mihrab betont. Die erste Kuppel vor dem Eingang ist mit einer Laterne bekrönt, die möglicherweise einen Okulus ersetzt. Früher könnte sich unterhalb der Kuppelmitte ein Reinigungsbrunnen befunden haben, im Schnittpunkt der Achsen, die von den beiden Seitenportalen und dem Mihrab gebildet werden. Auch das entspräche den Verhältnissen in Bursa, wo sich Okulus und Brunnen unter der vom Eingang aus gesehen zweiten Kuppel befinden.

Dass die Moschee in politisch unsicheren Zeiten erbaut wurde, spiegelt sich in der Kargheit der gesamten Anlage wider. Der Schmuck beschränkt sich auf skulptierte Fensterumrahmungen und auf die Stalaktiten des Eingangsportals.

Alte Moschee, Innenraum. Detail einer spiegelsymmetrischen Kalligrafie.

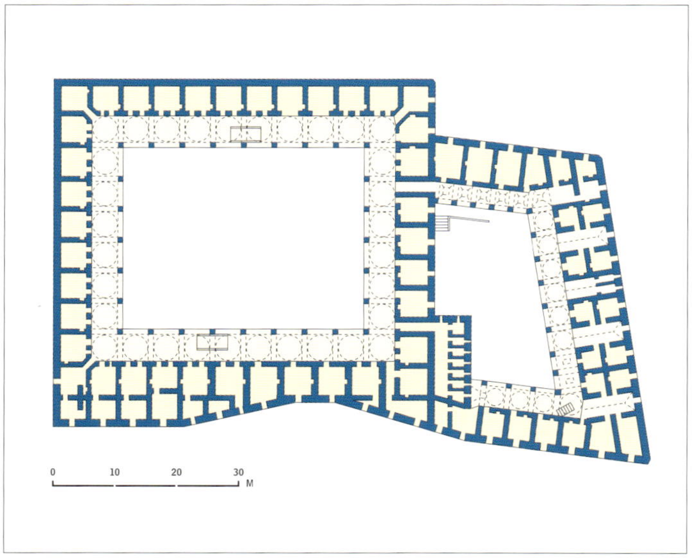

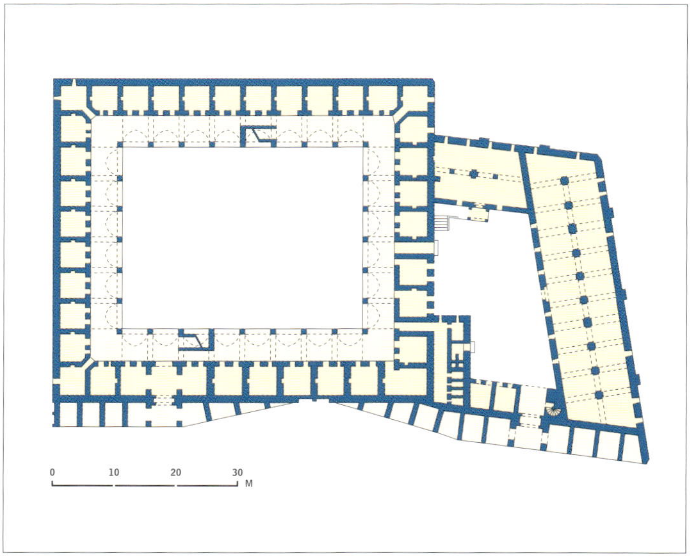

Die fünfbogige Vorhalle stützt sich auf schwere Pfeiler, die aus Stein und Ziegel gebaut sind. Die Moschee wurde 1752 teilweise von einem Erdbeben zerstört und im folgenden Jahr wiederhergestellt. Aus dieser Zeit stammt die Malerei (es handelt sich dabei um angedeutete Schleier und Blumenschalen) des Innenraums und der Kuppel. Wie die großflächigen Kalligrafien aus dem 19. Jahrhundert verleihen sie dem Raum insgesamt eine gewisse Majestät.

Der Markt

Die Gebäude des Marktes von Edirne entstanden im Umkreis der Alten Moschee. Mehmed I. ließ einen Bedestan nach dem Vorbild von Bursa errichten. Allerdings wurde Edirne nie zu einem Handelszentrum wie Bursa. Ausschlaggebend für den Wohlstand der Stadt war die Tatsache, dass die Sultane bis ins 18. Jahrhundert hinein hier residierten. In der Stadt entwickelten sich prosperierende Handwerkszweige, die unter anderem für die Armee produzierten, Sattlereien und Waffenschmieden. Doch es fehlten Karawansereien und Bazare, wie sie im Zentrum von Bursa zu finden sind. Der Bedestan Mehmeds I. blieb bis in die Mitte des 16. Jahrhunderts das einzige größere Marktgebäude. In den Jahren 1560–1561 baute der berühmte Architekt Sinan für den Großwesir Rüstem Paşa eine große Karawanserei gegenüber dem Bedestan. In Anlage und baulicher Qualität ähnelt sie eher einem Luxushotel als einer Herberge für reisende Händler, und tatsächlich wurde der Han 1980 in ein Hotel umgebaut, ohne dass nennenswerte Veränderungen nötig gewesen wären. Er besteht aus zwei Höfen, die beide auf der Bedestan-Seite einen Eingang zur Straße haben. In dem kleineren, trapezförmigen Hof befand sich früher links vom Eingang ein Hammam. Der große Gebäudeflügel auf der rechten Seite, den eine Flucht von zehn Pfeilern in zwei Joche teilt, diente als Pferdestall. Die Herberge befand sich gegenüber dem Eingang auf der anderen Seite des Hofes. Im Obergeschoss befanden sich Wohnungen mit jeweils vier Zimmern und einem zentralen Salon, manche besaßen ein Zwischengeschoss. Der große rechteckige Hof ist an allen vier Seiten mit Arkaden eingefasst. Im Obergeschoss kann man von einer höher gelegenen Galerie aus auf die Platanen im Hof blicken. Die Räume sind im Erdgeschoss gewölbt und im Obergeschoss mit Kuppeln versehen. Auf der Straßenseite folgt die Anlage dem unregelmäßigen Straßenverlauf. Im Erdgeschoss befinden sich entlang den Außenmauern einige Läden, im Obergeschoss darüber liegen Zimmer.

Weniger luxuriös, aber dafür funktioneller ist der große Bazar, den Rüstems Nachfolger Ali Paşa, genannt Semiz (der Dicke) 1568/69 anlegen ließ: eine 300 Meter lange überdachte Ladenstraße, die sich an die alte Stadtmauer anschließt und Platz für 211 Geschäfte bietet. Der 1972 restaurierte Bazar bildete bis zu einem Brand in jüngster Vergangenheit das Handelszentrum Edirnes. Ein weiterer Markt befindet sich neben der Moschee Selims II. Die Anlage stammt aus dem Jahr 1575 und umfasst zwei Ladengalerien von 225 Metern Länge.

Die Gazi-Mihal-Moschee

Edirne blieb der Brückenkopf der osmanischen Expansion auf dem Balkan und ein Sammelpunkt der Gazis. Jene „Berufs-Glaubenskrieger" waren hervorgegangen aus den Reihen der türkischen Hirtennomaden, die nach der Schlacht von Mantzikert (1071) in Anatolien eingedrungen waren und – ohne Bindung, Besitzungen oder feste Wohnsitze – bald dazu übergingen, sich im Namen des Islam als Söldner zu verdingen. Osman selbst führte den Beinamen „Gazi", der besagte, dass sich der Träger der Verbreitung des Islam mit Waffengewalt verschrieben hatte. Nach seinen Eroberungszügen belehnte er zahlreiche Gazis mit Ländereien, so dass diese schließlich sesshaft wurden und eine feudale Mittelschicht im osmanischen Herrschaftsgefüge bildeten. Edirne betreffend, berichten Quellen von Gazi-Niederlassungen am Fuß des Hizirlik. Mihal Koçi Bey, Mitglied einer berühmten Gazi-Familie, der Malkoç, legte hier Ende des 14. Jahrhunderts den Grundstein zu einem Wohnviertel und einer Moschee westlich der Bayazid-I.-Moschee, nicht weit von dem Ort, an dem Bayazid II. (1481–1512) ein Jahrhundert später seinen Moscheenkomplex gründen sollte. Diese Moschee wurde jedoch Anfang des 20. Jahrhunderts zerstört.

Auch Gazi Mihal, aus der Familie der Mihaloglu, ließ eine Moschee errichten, und zwar an der Straße in Richtung Balkan, nahe der Brücke über die Tunca. Die Familie der Mihaloglu („Sohn des Michael") geht auf den byzantinischen Befehlshaber Köse Mihal („Michael der Kahle") zurück, der nach seiner Bekehrung zum Islam der Waffengefährte Osmans geworden sein und sich bei der Einnahme Bursas ausgezeichnet

Oben: Karawanserei des Rüstem Paşa, Ansicht vom Hof aus. Im Erd- und Obergeschoss befinden sich die Wohnungen für Reisende. Die Unterkünfte sind kuppelgewölbt und haben einen Schornstein. Die Galerie im Obergeschoss diente als Promenade. Der Gebäudekomplex ist kürzlich in ein Hotel umgebaut worden.

Linke Seite,
oben: Karawanserei des Rüstem Paşa. Karawansereien sind Herbergen, die oft im Zusammenhang mit einer Stiftung gebaut wurden, um mit den Einnahmen die gemeinnützigen Gebäude der Anlage zu finanzieren. In manchen Herbergen durften die Reisenden drei Tage lang unentgeltlich wohnen und essen.

Unten: Karawanserei des Rüstem Paşa, Grundriss des Obergeschosses (links) und des Erdgeschosses (rechts). Man beachte, wie das Gebäude der Straßenbiegung folgt. Der zusätzliche Raum, der dadurch entsteht, wurde im Obergeschoss für weitere Zimmer genutzt, während im Erdgeschoss Kaufläden entstanden.

Nebenstehend: Die Gazi-Mihal-Moschee, Seitenansicht. Auffallend ist der monumentale Portikus, der die übrige Moschee überragt, und die Kargheit der Außenmauern. Auf dem Friedhof im Vordergrund befinden sich mehrere Grabstätten, darunter diejenige des Stifters und seiner Familie, sowie Stelen von Janitscharen.

Unten: Grundriss der Gazi-Mihal-Moschee. Diese Zawiyen-Moschee ist ein Musterbeispiel für den Geist der Epoche der osmanischen Expansion auf dem Balkan. Ihr Stifter, das Oberhaupt einer Kriegerfamilie, ließ sie jenseits der Brücke über die Tunca an der Straße zum Balkan errichten. Sie diente nicht nur dem gemeinsamen Gebet, sondern besaß in den Annexräumen auch Wohnungen für Derwische.

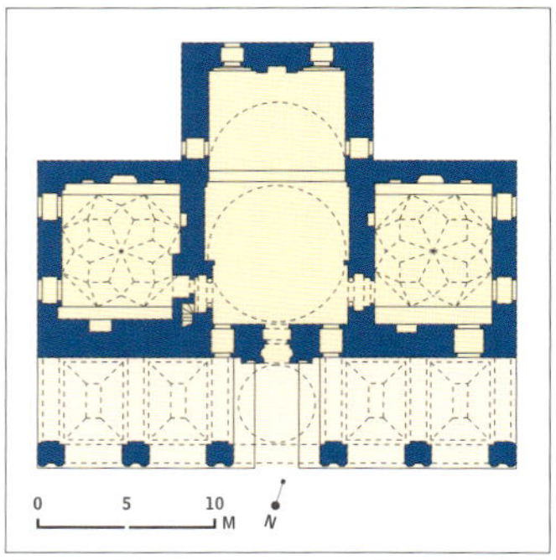

haben soll. Vermutlich handelt es sich dabei jedoch um eine Legende aus der zweiten Hälfte des 15. Jahrhunderts, mit der diese Gazi-Familie, die damals auf dem Balkan eine bedeutende Rolle spielte, ihren Ruhm mehren wollte. Die Gazi-Mihal-Moschee wurde im Jahr 1422, zu Beginn der Herrschaft Murads II. (1421–1451), fertig gestellt.

Der Bau hat einen T-förmigen Grundriss, bestehend aus einem Zentralraum und drei ihn umgebenden Iwanen, und schließt an die Tradition der Zawiyen-Moscheen und Derwischkloster an. Die monumentale Vorhalle verdeckt den Blick auf den Rest des Gebäudes. Das kuppelüberwölbte Mitteljoch ist breiter und höher als die vier anderen Joche, welche Klostergewölbe haben. Die Bogen der Eingangshalle münden in Pilaster entlang den etwas zurücktretenden Pfeilern. Der zentrale Kuppelraum ist von zwei Räumen gleicher Größe flankiert, die den Derwischen als Wohnungen dienten. Der Iwan mit der Mihrab-Nische, der sich an den Zentralraum anschließt, ist halb so tief wie dieser und hat ein Tonnengewölbe, was ihm das Aussehen einer Apsis verleiht. Dieser Eindruck wird durch die Giebelwand der rückwärtigen Fassade verstärkt. Der Schlichtheit der Anlage zum Trotz ist der ganze Bau in Haustein ausgeführt. Auch die Fenster haben skulptierten Schmuck, die Glasscheiben sind in Gipsfassungen eingelegt.

Auf dem Friedhof gegenüber der Moschee sind die Gräber des 1436 gestorbenen Stifters und von vier Angehörigen seiner Familie zu sehen. Außerdem befinden sich dort die Gräber einiger Janitscharen, deren Grabsteine durch jene bezeichnenden formreduzierten steinernen Turbane geschmückt sind, was bemerkenswert ist, da nach der Abschaffung des Ordens im Jahr 1826 alle Spuren, die an ihn erinnerten, darunter auch Grabmäler, beseitigt wurden.

Rechte Seite, unten: Die Beylerbey-Moschee. Bei aller Ähnlichkeit im Grundriss sind die Unterschiede zur sechs Jahre früher gebauten Gazi-Mihal-Moschee sowohl in der Anlage als auch in den Details unübersehbar. Die abgestumpften Ecken des Gebetssaals geben dem Baukörper mehr Schwung, und die Umrahmungen der Fenster lockern die Fassaden auf.

Die Moschee stand im Zentrum einer kleinen Anlage, zu der ein Imaret (zerstört) und ein Hammam (heute nur noch Ruine) auf der anderen Seite der Brücke gehörten. Sie wird zur Zeit restauriert. Die Brücke in der Nähe der Moschee ist römischen Ursprungs und trägt Spuren späterer byzantinischer Ausbesserungen. Sie wurde auch von Gazi Mihal restauriert und erfuhr im Laufe der Geschichte immer neue Veränderungen – der letzte Umbau fand 1900–1903 statt –, sodass ihr heutiges Aussehen von der ursprünglichen Gestalt weit entfernt ist.

Dar ül-Hadith. Das Gebäude, in dem sich Schüler zum Studium der Hadith versammelten, hat ein in den übrigen Baukörper eingeschlossenes Vestibül. Davor befand sich ein Portikus, von dem heute nur noch die Säulen übrig geblieben sind. Der baldachinartig überdachte Eingang kam erst im 19. Jahrhundert hinzu.

Die Beylerbey-Moschee

Die Gazi-Mihal-Moschee übernahm viele Elemente, darunter auch die monumentale Vorhalle und die Anordnung der Fenster, von ihrem Vorbild, der 1419 entstandenen Bayazid-Paşa-Moschee in Amasya, Zentralanatolien. Auch die Karacabey-Moschee in Ankara (1427) und die Beylerbey-Moschee in Edirne (1428) wurden nach dem gleichen Modell gebaut. Alle diese Moscheen folgten wiederum dem Modell der Gazi-Moschee in Bursa, an das sich die osmanischen Würdenträger an der Peripherie des Osmanischen Reiches noch das ganze 14. Jahrhundert hindurch hielten, während man in den Zentren längst nach neuen Bauformen suchte. Bereits bei den Hofmoscheen mit ihren drei Iwanen hatte man die Abgeschlossenheit der Zawiyen-Moschee aufgelockert, deren Architektur an die Tradition der Derwischorden gebunden war. Weitere Schritte zur Vereinheitlichung des Raumes folgten. In Bursa schuf man schließlich den kuppelüberwölbten Einheitsraum, auch wenn die Kuppel selten acht Meter Durchmesser überschritt.

Aus dieser Entwicklung darf man schließen, dass die Derwische in die neu eroberten Gebiete abwanderten, in erster Linie nach Rumelien, wie die Türken den Balkan nannten und wo Edirne zum neuen Zentrum werden sollte. Ende des 14. Jahrhunderts, wahrscheinlich unter Bayazid I., hatte sich das Herrschaftsgebiet der Osmanen so weit ausgedehnt, dass es nötig wurde, das Reich in zwei Regierungsbezirke einzuteilen, Anatolien und Rumelien. Auch das Amt des obersten Militärführers mit dem Titel „Beylerbey" („Höchster Herr", Generalgouverneur) wurde geteilt. Sinanüddin Yusuf, der Beylerbey von Rumelien, begann im Jahr 1428 mit dem Bau eines kleinen Moscheenkomplexes nördlich des Tunca-Bogens, auf einer Anhöhe über einer Brücke. Die Gegend war noch ländlich – die Stiftung, die mit dem Komplex einherging, lebte von den Erträgen aus dem Wein- und Gemüseanbau, doch Ziel war ihre Urbanisierung, was die Schaffung der dazu nötigen Einrichtungen wie Schule, Hammam, Imaret und Markt voraussetzte. Ein Jahrhundert später, 1529, ergab eine Volkszählung die Anzahl von 29 Haushalten (Feuerstellen), was der Bevölkerungsdichte eines durchschnittlichen Stadtviertels der damaligen Zeit entspricht.

Die Zawiyen-Moschee folgt bis ins Detail dem Vorbild der Gazi-Mihal-Moschee: ein in Haustein ausgeführter Bau mit monumentaler fünfbogiger Vorhalle, ein erhöhtes, auf mächtige Pfeiler gestütztes Mitteljoch, gleiche Fensteranordnung, gleicher Grundriss in Form eines umgekehrten T. Seitenräume, die nur durch eine Tür mit dem Zentralraum verbunden sind, dienten als Wohnungen für die Derwische. Die Räume sind

Grund- und Aufriss der Beylerbey-Moschee. Man beachte den Iwan auf der Mihrab-Seite mit einer Halbkuppel in Form einer Jakobsmuschel.

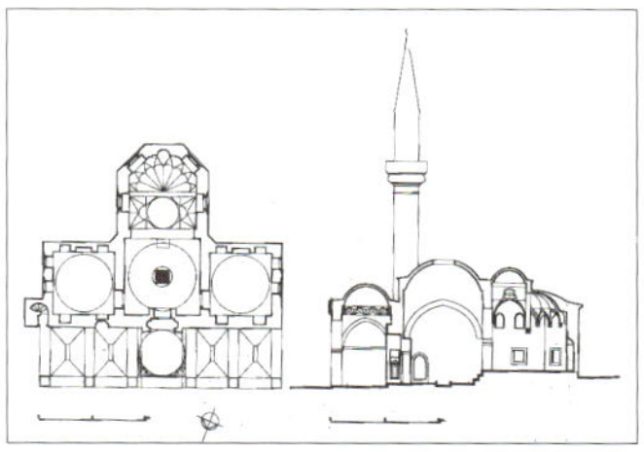

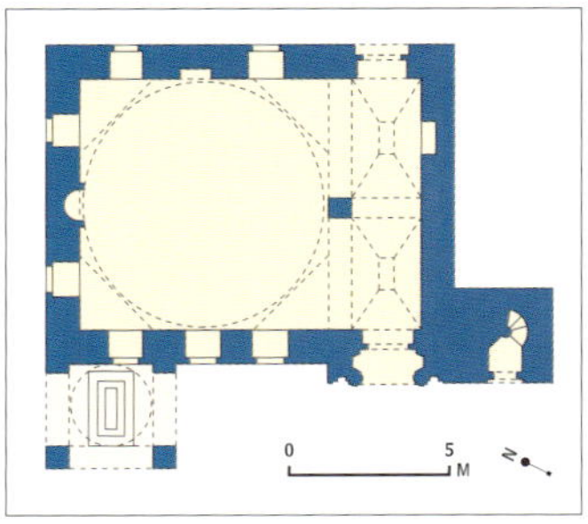

mit Kuppeln versehen, von denen diejenige des Zentralraumes einen Okulus besitzt. Den einzigen Unterschied bietet der Iwan, der hier zweigeteilt ist. Er besteht aus einem rechteckigen Raum mit einer kleinen Kuppel von drei Metern Durchmesser, flankiert von so genannten türkischen Dreiecken, und wird abgeschlossen durch ein Halb-Oktogon, das mit einer Halbkuppel in Form einer Jakobsmuschel bekrönt ist. Diese Raumgestaltung, die auch in der rückwärtigen Fassade zur Geltung kommt, hat frappierende Ähnlichkeit mit einer Apsis. Das Ensemble aus Zentralraum und Iwan ist doppelt so tief wie breit und verleiht dem Bau eine längliche Gestalt. Für eine Moschee ungewöhnlich, da die üblichen Anlagen dergestalt waren, dass sich die Gläubigen hinter dem Imam, der das Gebet leitete, in langen Reihen aufstellen konnten. Man darf freilich nicht vergessen, dass es sich bei den Volksmoscheen eigentlich eher um einen gedeckten Innenhof handelt, einen Platz zur Vorbereitung auf das Gebet, mit einem Reinigungsbrunnen in der Mitte, während sich im geschlossenen Iwan die kleine Schar der Vertrauten des Derwischklosters und die Gläubigen des Wohnviertels versammelten.

Neben der Moschee ließ Sinanüddin Yusuf Paşa ein beeindruckendes oktogonales Grabmal, das erste in Edirne, errichten. Von ihm sind heute nur noch Ruinen übrig, ebenso vom Hammam. Die Medrese und der Imaret existieren schon lange nicht mehr.

Auch die Moschee war in sehr schlechtem Zustand, bis sie in den 1960er Jahren wieder aufgebaut wurde. Die Wandmalereien sind jedoch verloren.

Die Melek-Paşa-Moschee

Nachdem Edirne sich als Hauptstadt etabliert hatte, wurde, wie schon Jahrzehnte vorher in Bursa, die Bauform der Zawiyen-Moschee zugunsten der Moschee mit Zentralkuppel aufgegeben. Nur noch zwei weitere Zawiyen-Moscheen sollten entstehen: die Murad-II.-Moschee und die Mezid Bey-Moschee von 1441.

Die erste des neuen Typus wurde 1429 von Melek Paşa, Beylerbey von Rumelien, erbaut. Die Moschee besitzt keine Vorhalle. Die dem Mihrab gegenüberliegende Wand hat keine Öffnungen. Dem quadratischen Raum unter der Kuppel ist ein enges Vestibül vorgebaut, das ein Klostergewölbe besitzt und vom Zentralraum durch zwei Bogen getrennt ist, die von einem Zentralpfeiler getragen werden. Die Kuppel mit einem Durchmesser von 7,80 Metern ruht an drei Seiten auf den Außenmauern und an der vierten Seite auf dem Zentralpfeiler und den beiden Bogen. Man gelangt in die Moschee durch zwei einander gegenüberliegende Eingänge. Der Haupteingang befindet sich in der Wand links neben dem Mihrab. Das reich geschmückte Portal ist Teil der Fassade, die auf einer Mauer fortgeführt wird, an die das Minarett und das Grabmal des Stifters angebaut sind. Der Innenraum war bis auf eine Höhe von zwei Metern mit Keramikfliesen verkleidet, die heute fast vollständig zerstört sind. Der restaurierte Mihrab hat eine Stuck- und Keramikdekoration.

Selbst wenn ein Hindernis, etwa ein anderes Gebäude der Gesamtanlage, die tür- und fensterlose Wand in der Achse des Mihrab und Seiteneingänge erforderlich gemacht hat, bleibt das innerere Vestibül, das durch Pfeiler vom Zentralraum getrennt ist, eine große Seltenheit in der osmanischen Architektur der Zeit vor der Einnahme Konstantinopels. Der einzige Vorgängerbau dieses Art ist die Grüne Moschee in Iznik, die in den Jahren 1378 bis 1392 erbaut wurde. Sie besitzt zwar eine Vorhalle, doch zwischen ihr und dem Zentralraum ist ein dreijochiges Vestibül mit zwei Säulen eingefügt; wie auch bei der ersten der drei Moscheen, welche Murad II. in Edirne errichten ließ.

Der Dar ül-Hadith von Edirne

Murad II., der 1425 mit dem Bau seiner Moschee in Bursa begonnen hatte, konnte in den folgenden Jahren die Auseinandersetzungen mit den anderen Emiraten zu seinen Gunsten entscheiden und ließ sich in Edirne nieder. Wichtige Ereignisse erforderten die Anwesenheit des Sultans in der neuen Hauptstadt: Im Jahr 1430 nahmen die osmanischen Truppen Saloniki ein, 1432 folgte der Friedensschluss mit den Serben, den die Heirat des Sultans mit Mara, der Tochter Georg Brankovics, besiegelte.

Bertrandon de la Broquière hielt sich während seiner Reise von Bursa nach Konstantinopel am 29. Januar 1433 in Edirne auf. Er sah eine „blühende, gut bevölkerte Stadt", in der sich „der Sultan mehr als an jedem anderen Ort in Griechenland" aufhielt. Auch über „Kaufleute aus Venedig, Genua, Florenz und Katalonien" berichtet er. Anfang März begegnete er Murad II. persönlich.

In diese Zeit fällt der Beginn der umfangreichen Bautätigkeit des Sultans. Sie umfasste drei große Komplexe. Der erste bestand aus einer Medrese, die dem Studium des Hadith (Dar ül-Hadith = Haus des Hadith) gewidmet war, sowie einer kleinen Moschee und sollte das erste Zentrum islamischer Gelehrter im Osmanischen Reich werden. Heute existiert nur noch die im 19. Jahrhundert restaurierte Moschee von 1434, die, wie die Moschee des Melek Paşa, als Bau mit innerem Vestibül konzipiert ist, jedoch eine baldachinartige Vorhalle besitzt, die wahrscheinlich im Zuge der Restaurierung an die Stelle einer dreibogigen Vorhalle mit ellipsenförmigen Kuppeln trat. Im Innern markieren zwei Säulen die Grenze zwischen ihr und dem Zentralraum mit großer Kuppel.

Neben der Moschee sind zwei Grabmäler erhalten. In einem befinden sich die Gräber der beiden Söhne Murads II. und der sechs Kinder Ahmeds III.(1703–1730), des letzten in Edirne residierenden Sultans. Das andere, ein an allen Seiten offener Bau, soll für eine 1435 gestorbene Tochter Murads II. bestimmt gewesen sein. Es sind die einzigen Grabmäler in Edirne, in denen Angehörige des osmanischen Herrscherhauses bestattet wurden.

Der Stiftungskomplex der Muradiye

Gleich nach der Fertigstellung des Dar ül-Hadith begann Murad II. mit dem Bau einer Zawiyen-Moschee, die sich mit ihrem T-förmigen Grundriss und ihrer monumentalen Eingangshalle deutlich von der aufgelockerten Form der zehn Jahre älteren Moschee in Bursa unterscheidet. Die Moschee steht auf einem Hügel, der sich über die Ebene der Tunca erhebt. Dort hatte der Sultan den Grundstein zu einem neuen Palast gelegt, den sein Sohn vollenden sollte. Die Moschee Murads II. ist, wie alle Moscheen der

Linke Seite von oben nach unten:

Melek-Paşa-Moschee. Sie entspricht dem Typus des Zentralraums mit einer Kuppel, hat aber statt der üblichen Vorhalle mit Portikus ein Vestibül im Innern des Baukörpers.

Melek-Paşa-Moschee, Innenansicht mit Blick auf den Mihrab. Außer den zwölf Keramikblütenblättern im Innern der Rosetten ist die Gebetsnische aus Stuck gefertigt. Von der ursprünglichen Kachelverkleidung der unteren Wandpartien sind nur noch Reste erhalten.

Grundriss der Melek-Paşa-Moschee. Das Nordportal auf der Seite zu Mausoleum und Minarett ist der Haupteingang. Das Südportal war vermutlich für die Koranschüler der Medrese bestimmt, über deren genauen Standort wir nichts wissen. Statt eines Portikus hat die Moschee ein Vestibül mit doppeltem Gewölbe, das auf einem Zentralpfeiler ruht.

Nebenstehend: Moschee der Muradiye. Der aus drei kubischen Körpern unterschiedlicher Größe bestehende Bau, dessen Seitenschiffe verschieden hohe Tamboure haben, zeichnet sich durch klare Formen aus. Diese Klarheit entspricht dem meditativen Geist der Derwische des Mewlewi-Ordens, die in dieser Moschee wirkten.

Die Moschee der Muradiye. Sie ist die letzte Hofmoschee, die einen Grundriss in Fom eines umgekehrten T und einen monumentalen Portikus besitzt. Dessen Monumentalität wird durch den doppelten Tambour auf dem Mitteljoch noch verstärkt. Auf der strengen Fassade springen die Kalligrafien „Allah“ und „Hu“ (Er bedeutet immer Gott) ins Auge.

Stadt ab dem 15. Jahrhundert, in Haustein ausgeführt. Die Eingangshalle ist ein fünfjochiger Bau, der sich auf mächtige Pfeiler stützt. Das Mitteljoch ist nicht erhöht wie bei der Gazi-Mihal-Moschee oder der Beylerbey-Moschee, dafür sitzt die Kuppel auf einem Tambour. Die anderen Joche haben Klostergewölbe.

Im Innenraum ist bemerkenswert, dass die seitlichen Kuppelräume nicht eindeutig als offene Iwane oder abgeschlossene Räume klassifiziert werden können, da sie durch Mauervorsprünge vom Betsaal getrennt sind. Eine Erklärung hierfür könnte sein, dass der Bau ursprünglich für die Derwische des Mewlewi-Ordens bestimmt war und erst später – aber noch unter der Herrschaft Murads II. – in eine Moschee umgewandelt wurde. Die vier Wohnräume, der Zentralraum, die beiden Seitenräume und der Mihrab-Iwan haben die gleiche Höhe, doch aufgrund der unterschiedlichen Tamboure sind die Kuppeln der Seitenräume niedriger als die des Zentralraums. Außerdem besitzt die Zentralkuppel statt eines Okulus eine Laterne.

Die einzige Neuerung, die aus Bursa nach Edirne kam, betrifft die reiche Innendekoration mit Fliesen, Holzschnitzereien und Wandmalereien. Der Mihrab ist ganz mit Fliesen verkleidet und kopiert, wenn auch in kleinerem Maßstab, die Ausstattung der Grünen Moschee in Bursa.

Die in *Cuerda seca* ausgeführten Fliesen reichen zu beiden Seiten des Mihrab bis zur Höhe der Fenster. Die einzelnen Fliesen, insgesamt 479, sind entweder dreieckig und grün oder sechseckig, blau und weiß grundiert und mit einem reichen Pflanzendekor geschmückt, der vom blau-weißen Porzellan der Yüan- und frühen Ming-Zeit inspiriert ist. Die Keramikverkleidung ist mit einem blau-weißen Fries aus Blumen- und Blattornamenten eingerahmt, an die sich eine ebenfalls in Keramik ausgeführte Kranzleiste anschließt. Sowohl ein Vergleich der Motive als auch eine Analyse der Keramik haben gezeigt, dass die Fliesen aus der Werkstatt der „Meister von Tabriz" stammen. Vermutlich begleiteten sie Murad II. nach Edirne.

Die Malereien über der Keramikverkleidung und dem großen Bogen des Iwans konnten teilweise restauriert werden und gehören damit zu den raren Exemplaren aus jener Zeit. Sie bestechen vor allem durch ihre dekorative Vielfalt. Arabesken, Kalligrafien und Blumenmotive verbinden sich harmonisch miteinander.

Zum Komplex der Muradiye gehörten neben der Moschee, die heute in ihrem alten Glanz wiedererstanden ist, auch eine Schule und ein Imaret, die es seit Anfang des 20. Jahrhunderts nicht mehr gibt.

Die Üç-Şerefeli-Moschee

Nachdem Murad II. seine Verpflichtungen gegenüber den islamischen Gesetzeslehrern und den Derwischen des bedeutenden Ordens der Mewlewi erfüllt hatte, konnte er an die Verwirklichung einer Moschee nach seinen Vorstellungen gehen. 1435 wurde die Dar-ül-Hadith-Moschee fertig gestellt, die Muradiye folgte im Jahr darauf, die Arbeit an der Üç Şerefeli begann 1437. Wir wissen, dass die Keramiker, die an den ersten beiden mitgewirkt hatten, auch an der Üç-Şerefeli-Moschee mitgearbeitet haben. Als verantwortlichen Architekten nennen zeitgenössische Chroniken Muslihüddin, der 1427 in Thrakien mit dem Bau der Brücke über den Ergene betraut worden war. Sie überspannt den Fluss mit 174 Bogen. Es ist naheliegend, dass auch dieselben Bauleute von einer Baustelle zur nächsten zogen.

Während sich bei den Zawiyen- und Volksmoscheen die Zahl der Kuppeln erhöhte, markiert die Üç-Şerefeli-Moschee den Beginn des Wettbewerbs um die größte Kuppel unter den osmanischen Bauherren. Genau genommen hatte er bereits mit den Moscheen in Bursa und Iznik eingesetzt, doch waren die Dimensionen der Einkuppel-Moscheen dennoch bescheiden geblieben. Erstaunlicherweise wurden die größten Kuppeln in der osmanischen Architektur vor dem Bau der Üç Şerefeli nicht für Moscheen, sondern für Hammams gebaut. Tatsächlich gab es in diesen Bauten Kuppeln von bis zu 16 Metern Durchmesser. Die Architekten Murads II. suchten Vorbilder für ihr kühnes Kuppelprojekt und fanden sie in den Nachbaremiraten.

In den Pfeilermoscheen im Iran und in Anatolien war bereits ab der zweiten Hälfte des 12. Jahrhunderts die Tendenz zu beobachten, eine möglichst große Anzahl Joche unter einer Kuppel vor dem Mihrab zu vereinen. Das überzeugendste Beispiel ist die Volksmoschee von Silvan in Südostanatolien. Der aus dem dritten Viertel des 12. Jahrhunderts stammende Bau hat eine 13,50 Meter breite Kuppel, die fast zwei Drittel der Tiefe einer trapezförmigen Pfeilerhalle überwölbt. Es gibt auch Beispiele aus entfernteren Regionen. Sultan Rassulid el-Achraf I. ließ 1295–1296 im jemenitischen Tais eine Moschee errichten, deren Zentralkuppel die ganze Breite der Halle überspannte und sich auf beiden Seiten auf je zwei große Pfeiler stützte. Neben der Haupthalle befanden sich an den Seiten zwei quadratische kuppelgewölbte Räume, die beide durch einen Zentralpfeiler in vier Quadrate unterteilt waren und vier kleine Kuppeln besaßen. Der Moschee vorgelagert war ein quadratischer Hof, flankiert von einem Grabmal

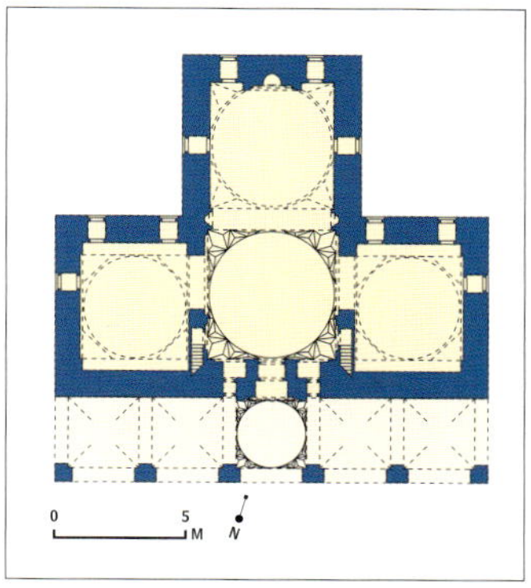

Grundriss der Moschee der Muradiye. Die leichte Orthogonalität der Seitenschiffe wird durch zwei Bogen ausgeglichen, auf denen die Kuppel ruht, wie dies auch bei der Gazi-Mihal-Moschee der Fall ist. Der Übergang von der Kuppel zum Quadrat geschieht über ein System von Zwickeln, die im Zentralbau aufwändiger sind als im Gebetssaal.

Moschee der Muradiye, Innenansicht. Im Gegensatz zum schlichten Äußeren hat die Moschee eine verschwenderische Innenausstattung. Erstmals wurden hier blaue und weiße glasierte Kacheln verwendet. Der Dekor erinnert an chinesische Porzellanware, die durch China-Importe bekannt war.

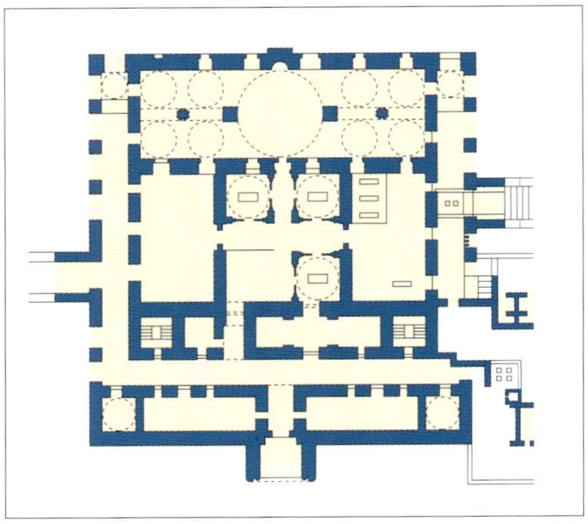

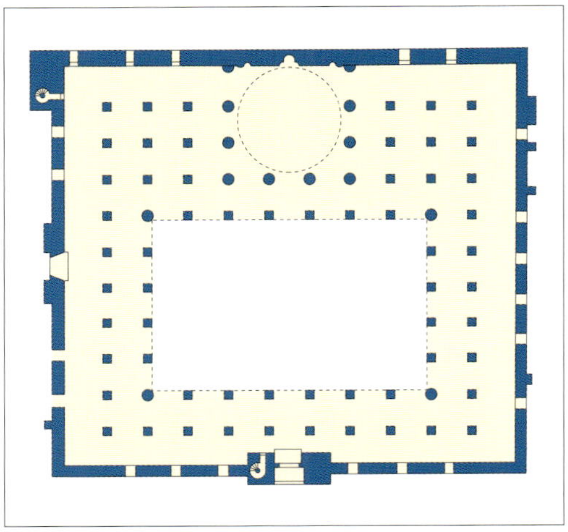

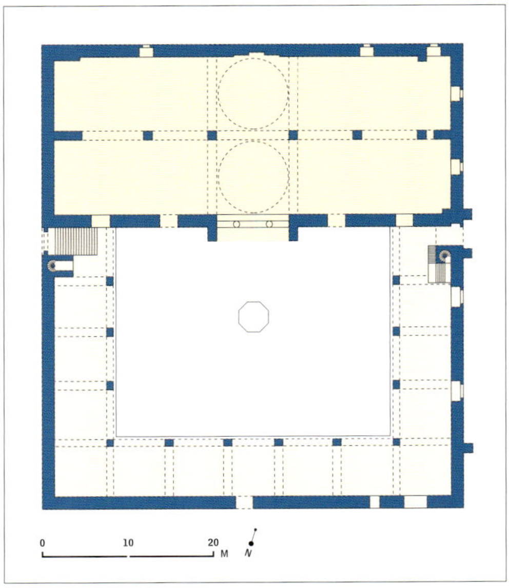

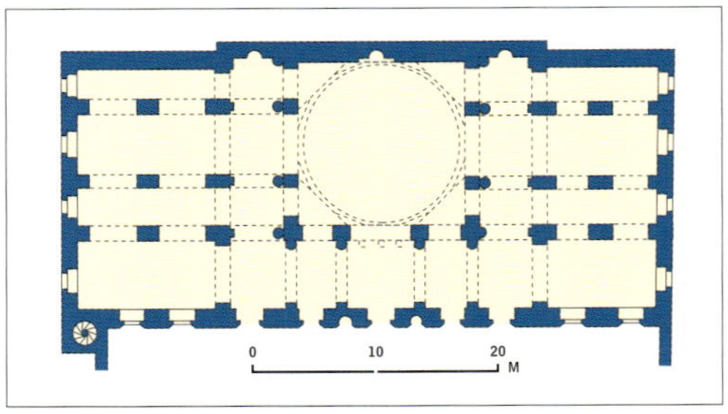

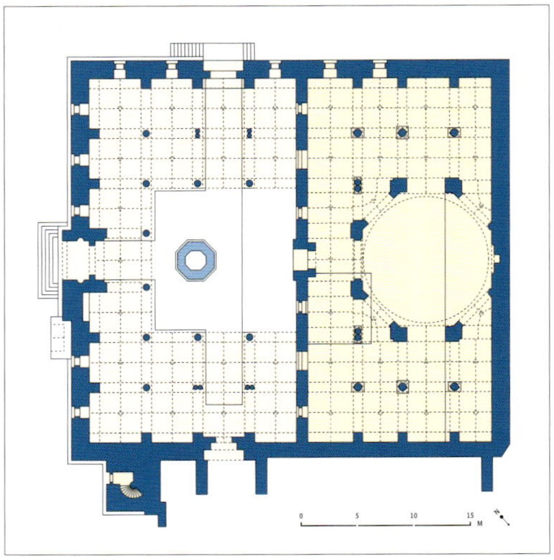

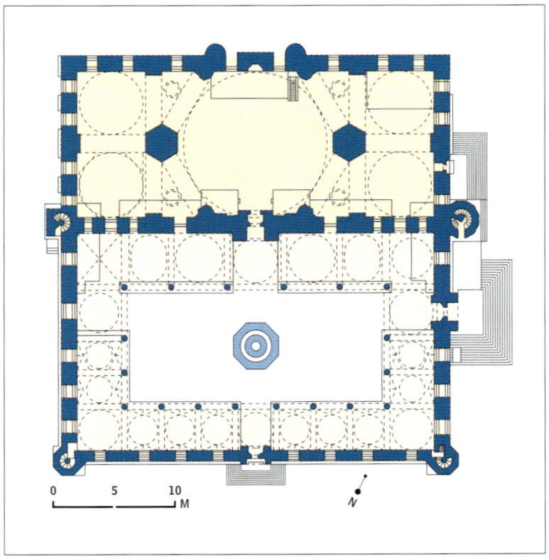

Nebenstehend: Volksmoschee von Silvan (Südosten der Türkei), um 1150–1175. In einer nichtsymmetrischen Pfeilerhalle befindet sich im Zentrum vor dem Mihrab eine 13,5 Meter breite Kuppel .

Oben links: El-Achraf-I.-Moschee in Tais (Jemen), 1295–1296. Vielleicht aus Mangel an Holz entschied sich der Architekt dafür, den gesamten Gebetssaal mit Kuppeln zu überwölben. Das Ergebnis sah so aus, dass eine Zentralkuppel die ganze Breite eines rechteckigen Raums überspannt, während vier kleinere Kuppeln die Ecken einnehmen. An den Saal schließt sich ein Hof an, in dem später Grabmäler errichtet wurden.

Mitte links: Moschee des mamlukischen Sultans Nasir Muhammad, erbaut 1335 in der Zitadelle von Kairo. Die Moschee folgt dem klassischen Plan der Pfeilerhalle mit Innenhof. Vor dem Mihrab wurde ein Raumkubus, der neun Quadraten und vier Pfeilern entspricht, ausgespart und von einer 14 Meter breiten Kuppel überwölbt. So entstand ein Zentrum in einem sonst gleichförmigen Raum.

Unten links: Isa-Bey-Moschee in Seldschuk (Ephesos), 1374–1375. Der gesamte zentrale Teil des Gebetssaals sollte überwölbt werden, wozu zwei Kuppeln nötig waren. Die Pfeilerhalle nahm folglich nur das Mitteljoch ein.

Mitte rechts: Ishak-Schelebi-Moschee in Manisa (1376). Die Kuppel nimmt wie in Silvan und in Kairo den Raum von neun Quadraten und vier Säulen ein, überwölbt aber ein Drittel der Breite und zwei Drittel der Länge der Pfeilerhalle. Ebenso viel Raum nimmt auch ein Innenhof in der Vorhalle ein, sodass sich Gebets- und Vorhalle entsprechen.

Unten rechts: Üç-Şerefeli-Moschee in Edirne,1437–1447. Mit einer Kuppel, die den Gebetssaal in seiner ganzen Breite überwölbt, wird hier an das Vorbild der Moschee von Tais angeknüpft. Andererseits erinnert der direkt an den Gebetssaal anschließende Innenhof an die Moschee in Manisa. Die Konstruktion zur Abstützung einer 24 Meter breiten Kuppel vertrug sich jedoch nicht mehr mit dem Modell der Pfeilerhalle. Der Raum ist fast vollkommen zentriert.

Nebenstehend links: Moschee der Muradiye, Teilansicht des Innenraums. Der 3,65 Meter breite und 6,35 Meter hohe Mihrab gehört zu den schönsten erhaltenen Exemplaren aus Keramik. Im Fries des äußeren Kranzgesimses stehen die Verse 37–40 der Sure „Die Familie des Imran". Die Verse 16 und 17 stehen, in Sulu-Schrift, unten, oben (umgekehrt) und in der Mitte der Kartusche, während zwischen diesen drei Zeilen die Verse 18 und 19 in Kufi-Schrift geschrieben stehen.

Nebenstehend rechts: Üç-Şerefeli-Moschee, Innenansicht. Der Wunsch nach einem großen Kuppelbau, der hier erstmals in einer osmanischen Moschee verwirklicht ist, zeitigt ein unleugbar monumentales Ergebnis, zerstört aber auch die Einheit des Gebetssaals durch zwei massive Seitenpfeiler, die auf dieser Abbildung nicht zu sehen sind.

und einer Medrese, sodass die Gesamtanlage ein fast vollkommenes Quadrat ergibt. Die mamlukischen Herrscher Ägyptens, die nach 1320 den Jemen besetzten, fanden hier Inspiration für ihre eigene Bautätigkeit. Allerdings hatte auch schon Baibar, der Gründer der Mamlukendynastie in Ägypten, seine Pfeilermoschee mit einer rund zwölf Meter breiten Kuppel vor dem Mihrab versehen. Sultan Nasir Muhammad ließ 1335 in der Zitadelle von Kairo eine Moschee mit einer Kuppel von 14 Metern Durchmesser errichten. Sie diente als Modell für die zwischen 1346 und 1356 in Damaskus entstandene Moschee des Yalbogha el-Yahyaoui, des mamlukischen Vizekönigs von Syrien. Auch hier überwölbt die Kuppel den gesamten Bau.

Aus Damaskus kam vermutlich der Baumeister Ali ibn Mucheymech el-Dimichki, der zwischen 1374 und 1375 für Isa Bey, Emir von Aydinoglu in Seldschuk, dem antiken Ephesos, eine Moschee errichtete. Die 20 Meter breite Bethalle ist von zwei Kuppeln überwölbt, die hintereinander auf der Hauptachse zwischen Eingang und Mihrab liegen. Der Halle vorgelagert ist ein Säulenhof, was dem gesamten Komplex zu einem fast quadratischen Grundriss (55 mal 60 Meter) verhilft.

Fast zur gleichen Zeit wie die Moschee in Ephesos entstand etwas weiter nördlich, in Manisa, die Moschee des Ishak Çelebi, des Emirs von Saruhanoglu. Ihre Kuppel misst 10,80 Meter und überwölbt die Pfeilerhalle zu einem Drittel in der Länge und zu zwei Dritteln in der Breite. Sie ist über einem Oktogon konstruiert. An drei Seiten wird sie von drei mächtigen Pfeilerpaaren eingefasst, die vierte Seite bildet die Mihrab-Wand. Der Vorhof und der Gebetssaal bilden zusammen eine fast quadratische Anlage.

Alle diese Kuppeln dienen dazu, das sakrale Zentrum der Moschee, die Partie vor dem Mihrab, hervorzuheben. Die Architekten der Üç Şerefeli griffen, obwohl sie eine andere Konzeption verfolgten, auf diese Vorbilder zurück. Später orientierten sie sich an der Hagia Sophia, wo sie den Einsatz von Halbkuppeln zur Verringerung des Gewölbeschubs auf die Pfeilerhallenmauern kennen lernten.

Folgende Doppelseite: Blick von der Tunca-Brücke auf die Bayazid-II.-Külliyesi. Im Vordergrund der Kubus der Moschee und eine der beiden Tabhane. Daran anschließend der hexagonale Saal mit der Zentralkuppel, um die sich die Annexräume gruppieren. Links die Medizinschule, daneben der Lehrsaal.

Unten: Üç-Şerefeli-Moschee, Hof, hexagonale Kuppel des Mitteljochs der linken Seite. Mit Ausnahme des Portikus des Gebetssaals, wo die Kuppeln erneuert wurden, sind die Deckenmalereien in den 15 anderen Kuppeln erhalten geblieben und bilden zusammen das vollständigste erhaltene Ensemble osmanischer Dekorationsmalerei aus dem 15. Jahrhundert.

Die Kuppel der Üç-Şerefeli-Moschee hat einen Durchmesser von 24 Metern bei einer Höhe von 28,5 Metern, womit auf Anhieb ein großer Sprung gegenüber den Vorbildern gelang. Bis zum Bau der Istanbuler Hofmoschee Mehmeds II. 1463–1470 blieb diese Größe unerreicht. Die Kuppel ruht auf einem Sechseck, von dem zwei Seiten durch Mihrabwand und hofseitige Fassadenwand gebildet werden, die vier übrigen durch Bogen, die auf zwei Zentralpfeilern ruhen. Die Wände sind durch Pilaster von innen und außen verstärkt. Der großartige Raumeffekt der Kuppel wird jedoch durch die beiden massiven sechseckigen Pfeiler gebrochen, die den Zentralraum von den beiden Seitenräumen trennen. Von fünf der sechs Pfeilerseiten – die sich gegenüber liegenden Seiten sind ausgenommen – gehen Bogen zu den Außenwänden. Zwei bilden das Sechseck der Zentralkuppel, die drei übrigen teilen die Seitenräume in zweimal zwei Quadrate mit jeweils 10,60 Meter breiten Kuppeln. Die vier Bogenpaare, die auf beiden Seiten zum Mihrab bzw. zur Hoffassade verlaufen, bilden vier Dreiecke, in die sich eine kleine Kuppel mit breiten Hängezwickeln einfügt. Jede dieser Kuppeln ruht auf sechseckigen Tambouren und hat Fensteröffnungen. Großartigkeit und Originalität der architektonischen Lösungen dieses ersten Versuchs eines monumentalen Kuppelbaus sind überaus beeindruckend. Auch hinsichtlich der Statik hat sich der Bau bewährt, denn er hat alle Erdbeben, die Edirne in der Folgezeit erschütterten, nahezu unbeschadet überstanden.

Nicht allein die große Kuppel ist Merkmal einer Sultansmoschee und Zeichen des Anspruchs auf religiöse Führerschaft, sondern auch der arkadengesäumte Hof und die vier den Hof flankierenden Minarette. All diese Elemente werden fester Bestandteil künftiger osmanischer Sultansmoscheen. Wie in Seldschuk ist der Hof querrechteckig und verleiht der Gesamtanlage einen quadratischen Grundriss. Neu ist die höher gelagerte siebenbogige Eingangshalle, die sich an die Wand der Gebetshalle anschließt. Das Mitteljoch der Gebetshalle und die beiden äußeren Joche sind höher als die anderen Joche, sodass die Moschee, aus der Ferne betrachtet, bereits den Anblick des charakteristischen gestaffelten Kuppeldachs der osmanischen Architektur bietet: Die Zentralkuppel ist wesentlich größer als die vier Seitenkuppeln der Gebetshalle, gefolgt von den drei Kuppeln der drei erhöhten Joche der Eingangshalle. Am kleinsten sind die Kuppeln der vier niedrigeren Joche der Eingangshalle. Hinzu kommen noch die sechs Kuppeln der seitlichen Säulenhallen sowie die neun der äußeren Halle.

Eine Neuheit stellen auch die Stalaktitengewölbe der Üç-Şerefeli-Moschee dar, die zur mustergültigen Gewölbeform der osmanischen Architektur wurden. Schließlich entwickelten auch die Keramiker aus Tabriz ihre Technik weiter. Der Glasurkeramik verliehen sie eine Farbenvielfalt, wie sie bisher nur bei der *Cuerda seca* möglich war. Die beiden einzigen mit Inschriften versehenen Keramikverkleidungen im Giebelfeld der Fenster zu beiden Seiten des Hofeingangs gegenüber der Gebetshalle zeigen neben dem üblichen Blau und Weiß auch Purpur und Türkis. Die prunkvolle Innenausstattung mit farbigen Keramikfliesen blieb lange ein Privileg der Sultansmoscheen.

Zerstörung, Wiederaufbau und Umbau der Moscheen in Bursa und Edirne haben die Frage aufkommen lassen, ob die ursprünglichen Zawiyen-Moscheen Minarette besessen haben oder nicht. Es wäre möglich, dass diese für den Sultan und eine kleine Gemeinde von Gläubigen gebauten Moscheen ursprünglich kein Minarett hatten und dieses erst später hinzugefügt wurde.

Die Üç-Şerefeli-Moschee zeichnet sich durch vier Minarette aus, die sich in Höhe und Bauart voneinander unterscheiden und die vier Ecken des Hofes markieren. Das höchste von ihnen, das am Berührungspunkt von Bethalle und stadtseitigem Hof steht, hat der Moschee ihren Namen gegeben: bei einem Durchmesser von fünf Metern besitzt es drei Umgänge – *üç şerefeli* –, die jeweils zu einem anderen Balkon führen. Die Höhe von 67,65 Metern wurde nur noch von der der vier identischen Minarette der Selimiye übertroffen, die sich nur wenige hundert Meter entfernt befindet.

Die Bayazid-II.-Külliyesi

Auch Mehmed II., Sohn Murads II., der als 21-Jähriger auf den Sultansthron gelangte, begann seine Tätigkeit als Bauherr in Edirne. Am rechten Ufer der Tunca, wo schon sein Vater Pavillons gebaut hatte, ließ er einen Palast errichten, in dem 1465 das Beschneidungsfest seines Sohnes stattfand. Und doch stand ihm die alte Hauptstadt, bei aller Verbundenheit, bei seinem Aufstieg zu imperialer Größe eher im Weg. Er wollte das Erbe des Oströmischen Weltreiches antreten und erklärte daher die Eroberung Konstantinopels zu seinem obersten Ziel.

Eine ganze Generation von Geschichtsschreibern, die aus Edirne kamen oder aus dem Umkreis der Gazi stammten, prangerten die Gottlosigkeit der einstigen Kaiserstadt an und stellten ihr Edirne, die Stadt der Glaubenskrieger, gegenüber. Sie hätten Konstantinopel, das 1453 fiel, am liebsten zerstört gesehen. Der Großmufti, der oberste Rechtsgelehrte des Osmanischen Reiches, residierte während der gesamten Regierungszeit Mehmeds II. weiterhin in Edirne. In den Thronstreitigkeiten nach dem Tod des Sultans im Jahr 1481 unterstützten die Angehörigen der Gazi Rumeliens wie die alte Aristokratie der turkmenischen Emirate Anatoliens dessen jüngeren Sohn Cem, während die Janitscharen und die hohe Militärverwaltung für Bayazid eintraten. Am Ende konnte sich Bayazid II. durchsetzen, musste aber eine Reihe von unpopulären Maßnahmen seines Vaters zurücknehmen. An der Hauptstadt Konstantinopel hielt der neue Sultan zwar fest, doch ließ er ab 1484 einen Moscheenkomplex in Edirne bauen. Die 1488 fertiggestellte Bayazid-II.-Külliyesi darf als Gipfel jener osmanischen Architekturtradition gelten, die sich nicht in den Wettbewerb um die größte Kuppel hineinziehen ließ.

Der Komplex befindet sich am rechten Ufer der Tunca zwischen der Bayazid-I.-Moschee und dem Palast Mehmeds II. Mit seiner Lage und seinem Grundriss, der dem einer Zawiyen-

Oben: Üç-Şerefeli-Moschee. Das Minarett mit den drei Balkonen gibt der Moschee ihren Namen. Zu jedem Balkon gelangt man über eine andere Treppe. Das Minarett links außen am Rand des Hofes trägt ein spiralenförmiges Schmuckmotiv. Das dritte am anderen Ende des Hofes hat einen kannelierten Schaft. Das vierte, dem ersten gegenüberliegende Minarett hat zwei Balkone und ist mit einem Motiv aus hellen und dunklen Rauten geschmückt.

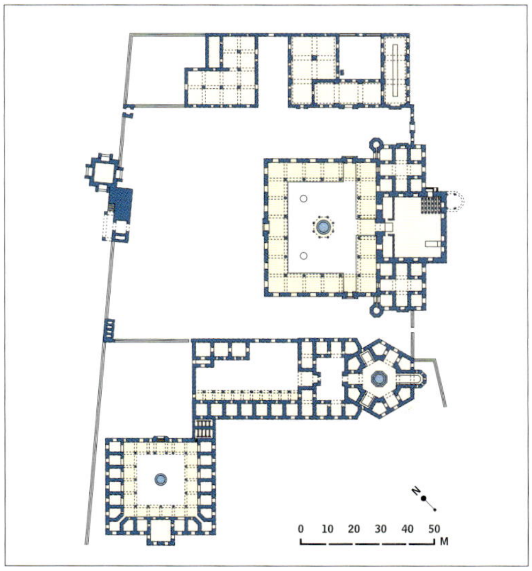

Nebenstehend: Gesamtplan der Bayazid-II.-Külliyesi am Ufer der Tunca. In der Mitte die Moschee mit den beiden Tabhanen und dem vorgelagerten Hof. Links die Küchen, rechts das Spital mit dem hexagonalen Saal, ganz außen rechts die Medizinschule.

Moschee ähnelt, huldigt der Bau der heroischen Vergangenheit des Osmanischen Reiches, andererseits erinnert die streng orthogonale Anordnung der Gebäude an den Stiftungskomplex Mehmeds II. auf dem Gelände der byzantinischen Apostelkirche in Konstantinopel: mit je vier Koranschulen zu beiden Seiten der Moschee und dem Grabbau Mehmeds der neue wissenschaftliche Mittelpunkt des Reiches.

Bayazid II. engagierte sich besonders stark für die Armen und Kranken. Seine Moschee umgab er mit einem Gebäudekomplex, der Derwischunterkünfte, eine Armenküche, eine Heilanstalt und eine Medizinschule beherbergte.

Die topographischen Gegebenheiten zwangen die Architekten, die Moschee und die Annexbauten mit dem Rücken zum Fluß und zur Brücke zu situieren, die zur gleichen Zeit erbaut wurde. Die einzelnen Gebäude sind in einer harmonischen Gesamtanlage verbunden: der sechseckige Bau der Heilanstalt, der Kubus der Moschee samt ihren beiden schlanken Minaretten und die rechteckigen Gebäudeteile der Armenküche schließen sich zu einem von zahlreichen Kuppeln geprägten Architekturensemble zusammen. Der ursprünglich einzige Eingang ging auf eine Straße, die parallel zum Fluß führte. Von dort aus gesehen bildet die Anlage ein großes U mit der Moschee im Mittelpunkt, der Armenküche und ihren Nebengebäuden zur Linken und der Heilanstalt und der Medizinschule zur Rechten.

Die Moschee besteht aus vier Gebäudeteilen: einer quadratischen Bethalle mit 20,60 Meter langen Seiten, Wohnungen für Derwische, die die Bethalle flankieren und Seitenlängen von jeweils 15 Metern haben, und einem Hof, der an der Front- und Rückseite von sieben, an den Seiten von sechs Arkadenbogen eingefasst ist. Seine Maße betragen 49 Meter in der Breite und 42 Meter in der Tiefe. Der Hof geht also weit über die Breite der Bethalle hinaus, ist aber schmaler als die beiden Annexe, sodass Platz für die beiden Minarette bleibt, die sich an den Ecken der Derwischwohnungen erheben. Das Ensemble besticht durch Symmetrie und schlichte Eleganz.

Das Volumen der Bethalle entspricht einem Kubus. Die Wände haben am Kuppelansatz eine Höhe von 19,50 Metern. Die Kuppel selbst misst in ihrem höchsten Punkt 31 Meter. Sie sitzt auf den vier Seitenwänden mit vier Pendentifs und kommt ohne Pfeiler oder Wandverstärkungen aus. Weder innen noch außen stören zusätzliche Elemente die klaren Linien des Raumkubus. Die vier Wände sind mit vier Fensterreihen durchbrochen, die zum einen das Innere erhellen und zum anderen die sonst strenge Fassade auflockern. Der Moscheebau gewinnt so an Leichtigkeit.

In dem kargen Innenraum setzen der Mihrab aus Marmor mit einer Stalaktitennische und zwei schwarzen Marmorsäulen, ein Minbar (Kanzel für das Freitagsgebet), ebenfalls aus Marmor, und eine Sultansloge – die älteste erhaltene ihrer Art – besondere Akzente. Die Sultansloge besteht aus einem Podest und einer niedrigen, durchbrochenen Marmorbalustrade und ruht auf drei Pfeilern und fünfzehn achteckigen Säulen aus Marmor.

Eine genauere Untersuchung der Moschee zeigt, dass der Zawiyen-Charakter auf einem formalen Kompromiss beruht. Die Bethalle entspricht vollkommen dem Prinzip des Einheitsraums, und der Durchmesser ihrer Kuppel ist um 4,50 Meter

Nebenstehend: Bayazid-II.-Külliyesi. Die Moschee mit dem Hof im Vordergrund links und dem Spital rechts. Ebenfalls im Vordergrund sind die vier mit Laternen bekrönten Kuppeln der Küchen zu erkennen. Im Hintergrund die Kuppel des hexagonalen Saals.

Linke Seite oben: Üç-Şerefeli-Moschee. Im Vordergrund zwei Kuppeln der Seitenschiffe des Gebetssaals, dahinter die Zentralkuppel.

Unten: Bayazid-II.-Külliyesi. Blick von der Hofseite auf die Fassade. Die Symmetrie und Schlichtheit des Baus zeigt sich hier besonders deutlich. Der Reinigungsbrunnen in der Hofmitte ist original. Die beiden Mihrab an den Seiten dienen den Zuspätgekommenen als Richtpunkt zum Gebet.

größer als jener der Kuppel der Moschee, die Bayazid II. in Konstantinopel errichten ließ, trotz der dort vorhandenen zusätzlichen Halbkuppeln. Auch könnte es sich bei den mutmaßlichen Derwischunterkünften um Tabhane (Herbergen) gehandelt haben. Der quadratische Grundriss der Tabhane ist wiederum in neun symmetrische Quadrate gegliedert, nämlich einen zentralen Raum, vier in Kreuzform angeordneten Iwane und vier Eckräume. Alle neun Räume haben Kuppeln, wobei diejenige des Zentralraums höher als die anderen ist und eine Laterne besitzt. Die Zentralkuppel des vom Hof aus gesehen linken Tabhans hat einen reichen Stalaktitenschmuck. Jeder Tabhan hat einen Ausgang auf den Hof und einen an den Seitenfassaden. Zwei Iwane und vier sich anschließende Räume haben Fenstertüren, durch die man auch direkt in die Bethalle gelangt.

Alle Joche der Säulenhalle, die den Hof umsäumt, sind identisch mit Ausnahme desjenigen, das vor dem Eingangstor liegt. Es ist höher als die anderen und besitzt eine mit Stalaktiten geschmückte Kuppel. Der Hof hat drei Eingänge, einen in der Achse gelegenen und zwei seitliche im jeweils von der Bethalle aus gesehen zweiten Joch.

Die Armenküche und die zugehörigen Wirtschaftsräume liegen in zwei rechteckigen Gebäuden gleicher Breite (25,60 Meter), die sich auf der linken Seite des Hofeingangs befinden und an die Einfriedung der Anlage anschließen. Imaret und Wirtschaftsräume trennt ein Gang. Das näher an der Tunca gelegene Gebäude besteht aus drei um einen Hof angeordneten Flügeln, in denen die Speisesäle und die Küche untergebracht waren. Insgesamt sind es elf quadratische Räume mit ebenso vielen Kuppeln. Im Inneren stoßen zwei Räume aneinander: ein großer langgestreckter Saal, der durch drei Pfeiler in acht Quadrate geteilt wird, und ein viereckiger Saal, der in sich noch einmal in vier unterteilt ist; das ergibt zwölf Kuppeln. Die Armenküche ist also ein Ensemble mit 23 Kuppeln, die optisch ergänzt werden durch die Kamine der Küche.

Auf der rechten Seite des großen Hofes verläuft eine Umfriedung, hinter der sich ein zweiter Hof befindet, in dem die Medizinschule und links davon die Heilanstalt situiert sind. Die Schule besteht aus einem quadratischen Hof mit sechsjochiger Säulenhalle, hinter der auf drei Seiten die Räume der Studenten liegen. Die vierte Seite wird vom Eingang eingenommen. Gegenüber dem Portal liegt der Lehrsaal an, der ein doppelt so großes Quadrat bildet. Die achtzehn Zimmer – entsprechend der Anzahl der in der Stiftungsurkunde vorgesehenen Studenten – sind so um die Säulenhalle herum angeordnet, dass sie sechs Joche bilden. Auf der Seite des Hofeingangs flankieren zwei Halbjoche ein zentrales Joch, in das sich der Eingang einfügt. Wegen der beiden Halbjoche stehen zwei Säulenpaare enger zusammen, verbunden mit zwei kürzeren Bogen. Diese originelle Abfolge wird

später einmal Sinan für den Hof der Selimiye übernehmen.

Die Heilanstalt ist ein in in der osmanischen Architektur beispielloses Gebäude. Der vordere rechteckige Hof ist von einer Säulenhalle gesäumt, an der sechs Krankenzimmer liegen, während sich links eine Gruppe von vier Räumen befindet, über denen sich Kuppeln mit Laternen wölben. Außerdem sind Kamine eingebaut, was auf eine Nutzung als Küche und Wäscherei deutet. Am Ende des Hofes schließt sich eine Torhalle an, flankiert von zwei Räumen aus jeweils zwei kuppelgewölbten Jochen. Das Tor führt in einen zweiten, ebenfalls rechteckigen Hof. Auf beiden Seiten führen zwei Iwane, deren rückwärtiger Teil um zwei Stufen erhöht ist, zu zwei Räumen. Alle diese Räumlichkeiten sind viereckig und kuppelgewölbt. Immer noch in derselben Achse folgt ein Tor, das zu einem sechseckigen Gebäudekomplex führt. Ein sechseckiger Raum wird dort von sechs Iwanen umgeben. Jeder der vier Seiten-Iwane öffnet sich zu einem Raum, der rückwärtige Iwan zu zwei Räumen. Insgesamt ordnen sich so sechs Iwane und sechs Räume zwischen einem zentralen Sechseck und der äußeren Einfassung des sechseckigen Gebäudes an. Dieser architektonische Kraftakt gelang mit Hilfe unterschiedlicher Mauerstärken. Der rückwärtige Iwan hat zudem eine apsidiale Fortsetzung, was dem sechseckigen Bau eine zusätzliche Ausbuchtung verleiht. Über dem zentralen Sechseck wölbt sich eine Kuppel von 15 Metern Durchmesser, das Ganze ist mit einer zwölfeckigen Laterne gekrönt. Darunter befindet sich ein Reinigungsbrunnen derselben Form. Die paarweise angeordneten Iwane und die Räume mit Kamin bilden zusammen Wohnungen mit einem Sommer- und einem Winterzimmer. Laut Evliya Çelebi, einem berühmten Reisenden des 17. Jahrhunderts, war diese rechteckige Anlage das Zentrum der Heilanstalt. Musikanten gaben in der Apsis Konzerte, und das Plätschern des Brunnens sollte heilsam auf die kranken Gemüter der Patienten einwirken. Alles in allem ist die Bayazid-II.-Külliyse ein Ensemble aus kubischen Baukörpern mit 133 Kuppeln und einer 134. Kuppel auf dem Hexagon.

In der Stadt, in der Murad II. mit dem Bau der Üç-Şerefeli-Moschee das erste große herrscherliche Bauprogramm begründet hatte, besann sich Bayazid II. auf bekannte Bauformen, nicht ohne jedoch durch einige Neuerungen Glanzlichter zu setzen.

Schließlich sollte in Edirne auch Sinan, der größte Baumeister des Reiches, sein Meisterwerk errichten, das zugleich als Gipfel der osmanischen Architektur überhaupt gilt: die Selimiye. Doch obwohl Edirne anders als Bursa in architekturgeschichtlicher Hinsicht lange der Vorherrschaft Konstantinopels bzw. Istanbuls widerstand, ist Sinans Moschee eine typisch konstantinopolische Moschee, die nach Edirne exiliert wurde. Wir werden uns daher in einem späteren Kapitel mit ihr beschäftigen.

Linke Seite: Bayazid-II.-Külliyesi. Innenansicht der Moschee. Der Bau ist original, die Ausstattung stammt aus späterer Zeit. Der Minbar und der Mihrab sind aus weißem Marmor, letzterer hat außerdem zwei Säulen aus schwarzem Marmor. Auch für die betont schlicht gehaltene Sultansloge wurde Marmor, teils antiker Herkunft, verwendet.

Nebenstehend links: Bayazid-II.-Külliyesi. Erster Spitalhof. Rechts Säulenhalle vor den Krankenzimmern, links Behandlungsräume. Im Hintergrund die Moschee.

Rechts: Bayazid-II.-Külliyesi. Zweiter Spitalhof. Im Vorder- und im Hintergrund die beiden Iwane, die zu den Annexräumen führen. Links Eingang zum ersten Hof, rechts Portal des Zugangs zum hexagonalen Saal.

Dritter Teil

Istanbul

KAPITEL VI

Die Neugründung einer Hauptstadt

Der Fall Konstantinopels vollzog sich umso aufsehenerregender, als man ihn seit Jahrhunderten erwartet hatte. Diese Erwartung allein war schon bezeichnend für den Zustand des Byzantinischen Reiches, das sich seit mehr als 1000 Jahren im Niedergang befand. Der von ihren Einwohnern gefürchtete, von ihren Feinden herbeigesehnte, ständig drohende und unablässig berufene Fall der Stadt war zum Symbol für das Ende aller Zeiten geworden. Schon in einer um 380 unter Theodosios I. verfassten apokalyptischen Schrift hieß es: „Frohlocke nicht, dem Fall von Byzanz werden nicht mehr als 60 Jahre folgen." Solche Prophezeiungen mehrten sich in dem Maße, wie die Gefahren sich deutlicher abzeichneten, und verbreiteten sich sogar unter den Gegnern der Stadt. Ab dem neunten Jahrhundert war für Byzantiner wie Araber das Ende der Welt mit dem Fall Konstantinopels verknüpft. So waren auch die osmanischen Soldaten in der Armee Mehmeds II., als sie vor den Toren Konstantinopels standen, überzeugt von ihrer Bestimmung, in einem apokalyptischen Szenarium die entscheidende Rolle zu spielen.

Die eschatologische Dimension schloss jedoch geopolitische Überlegungen keineswegs aus. Die Schwäche des Byzantinischen Reiches und das Fehlen einer starken osmanischen Macht im Mittelmeer hatten gegen Ende des Mittelalters italienischen Städten, insbesondere Venedig, die Vorherrschaft in diesem Territorium ermöglicht. Die Expansion der Osmanen auf dem Balkan und in Kleinasien reichte nicht aus, um sie zurückzudrängen. Die Niederlassungen, die Venedig und Genua auf den Inseln und an den Küsten des Mittelmeeres besaßen, und das fast völlige Fehlen einer osmanischen Flotte bis Mitte des 15. Jahrhunderts erlaubten eine fast ungehinderte Entwicklung des abendländischen Seehandels vom Mittelmeer bis zur Krim, in dem Konstantinopel und die gegenüberliegende genuesische Stadt Pera-Galata nach wie vor eine Schlüsselstellung innehatten. Die Italiener sollten ein Dorn im Auge Mehmeds II. bleiben, der, auch nachdem er sich die Kontrolle über die Meerengen gesichert hatte, die genuesischen und venezianischen Stützpunkte am Schwarzen Meer und in der Ägäis regelmäßig angreifen ließ.

Wenn Byzanz auch keine politische Macht mehr besaß, so hatte es, als Sitz des orthodoxen Patriarchats, immerhin nach wie vor religiöse Macht. Doch nun schien das einzige Mittel, die Unterstützung des Abendlandes gegen die Barbaren zu erhalten, die Einigung mit der westlichen Kirche und die Anerkennung des Papstes zu sein. Und so begab sich der vorletzte Herrscher des Oströmischen Reiches, Johannes VIII. (1425–1448), zum Konzil von Ferrara-Florenz, das 1439 die Vereinigung verkündete – eine Entscheidung, die von den Byzantinern heftig abgelehnt wurde.

Die Mehrzahl der Diözesen, die dem Patriarchat von Konstantinopel unterstanden, befand sich zu dieser Zeit bereits unter osmanischer Herrschaft, und die byzantinischen Unterhändler fanden bei den Türken wesentlich günstigere Verhandlungsbedingungen als bei den Vertretern des Abendlandes. In den gebildeten Schichten Konstantinopels mehrten sich Stimmen, die erklärten, ein türkischer Herrscher, der einen orthodoxen Patriarchen dulde, sei dem Diktat des Papstes und Venedigs vorzuziehen.

Vorherige Doppelseite: Hagia Sophia, Gesamtansicht.

Die Festung Rumeli Hisar (Burg von Rumelien) wurde unter Mehmed II. noch vor der Eroberung Konstantinopels in nur viereinhalb Monaten Bauzeit errichtet. Die nach westlichen Vorbildern erbaute Anlage wurde mit Kanonen ausgestattet, um von ihr aus den Schiffsverkehr durch den Bosporus zu kontrollieren. Bis zu Beginn des 20. Jahrhunderts umfassten ihre Mauern eine dörfliche Siedlung. Heute ist sie ein Museum.

Die Festungen am Bosporus

Als Mehmed II. den Thron bestieg, schritt er als erstes zur Blockade des Bosporus. Bereits Bayazid I. hatte an der engsten Stelle am asiatischen Ufer eine kleine Festung errichtet, es fehlte ihr jedoch an schweren Geschützen, um die passierenden Schiffe abzufangen. Mehmed II. ließ solche aufstellen und gab bereits im Herbst 1451 Befehl, am europäischen Ufer eine weitere Festung zu errichten. Mitte März 1452 begannen die Bauarbeiten, am 15. April wurde der Grundstein gelegt und am 31. August war die Anlage fertig.

Die Festung Bogazkesen (das Wort *bogaz* hat eine doppelte Bedeutung, und so bedeutet der Name sowohl Bosporussperre als auch „Halsabschneider“), heute unter dem Namen Rumeli Hisar bekannt, war vor allem eine Demonstration der Stärke an einem Ort, an dem einige Kanonen im Schutz einer Mauer durchaus genügt hätten, um die Durchfahrt von Schiffen zu unterbinden. Wahrscheinlich wollte sich Mehmed II. auch einen Zufluchtsort schaffen für den Fall, dass er Konstantinopel nicht auf Anhieb erobern würde. Indem er eine Festung innerhalb von 139 Tagen errichtete und sie deutlich sichtbar platzierte, stellte er seine Fähigkeit, Massen zu mobilisieren, technisches Können und Ressourcen, also kurz gesagt Macht zur Schau. Tatsächlich wurde von Bogazkesen aus nur ein einziges Schiff versenkt, das den Bosporus trotz der Sperre hatte passieren wollen, es war das Schiff des Venezianers Rizzo, der in Edirne gepfählt wurde. Es versinnbildlichte über vier Jahrhunderte hinweg das Verbot für abendländische Schiffe, ins Schwarze Meer einzufahren.

Die drei großen Türme von Bogazkesen sind bis auf den Seeturm, der einen zwölfeckigen Grundriss hat, Rundtürme mit einer Höhe von 21 bis 28 Metern, einem Durchmesser von 23 bis 27 Metern und einer Mauerdicke von 7 Metern. Kammern und Treppen sind in die dicken Mauern eingelassen, während das Innere von hölzernen Zwischendecken unterteilt ist. Der Südturm besitzt zudem einen gemauerten Mittelpfeiler, der als Auflage für die Deckenbalken diente. Zwei der drei großen Türme, die die Eckpfeiler der Festungsanlage bilden, flankieren eine kleine Senke und sind durch eine 250 Meter lange Kurtine verbunden, bewehrt durch fünf

Die Festung Yedikule wurde unter Mehmed II. gleich nach der Eroberung der Stadt errichtet und diente als Zitadelle und Hort des Staatsschatzes. In den Bau einbezogen sind das Goldene Tor, einst Schauplatz der kaiserlichen Triumphzüge und später zugemauert, sowie vier Türme der alten byzantinischen Stadtmauer. Mit drei Ecktürmen bildet die Anlage ein Fünfeck mit insgesamt sieben Türmen.

kleinere Türme: zwei runde, zwei vieleckige und als letztes einen quadratischen. Vom Südturm aus führt eine Befestigungsmauer direkt bis ans Meeresufer, lediglich unterbrochen von zwei polygonalen Türmchen. Am Ufer mündet sie in einen fünfeckigen Turm und verläuft von dort, bewehrt durch zwei Rundtürme, am Wasser entlang nach Norden bis zu dem dritten großen Turm. Neben diesem Seeturm befindet sich das Hauptportal, geschützt durch einen kleinen Rundturm und eine Barbakane, einen runden Vorbau. Von dort aus führt die Umfassungsmauer bis zum Nordturm. Jeder der drei großen Türme trägt den Namen des Wesirs, der ihn errichten ließ. Welchen Einfluss das Abendland bzw. die Kreuzfahrer auf die Architektur dieser Anlage hatten, ist schwer auszumachen, eine Ähnlichkeit mit dem von Genuesern erbauten Galata-Turm in Istanbul ist zumindest festzustellen. Späte Chroniken vom Ende des 16. Jahrhunderts schreiben den Bau der Festung Muslihuddin, dem Architekten Murads II., zu. Es ist denkbar, dass sich in Edirne eine Truppe von Baumeistern zusammengeschlossen hatte, die in der Lage war, Bauwerke aller Art zu errichten.

Die Stadtentwicklung unter den Osmanen

Konstantinopel wurde am Morgen des 29. März 1453 von den Türken erobert. Es folgte eine dreitägige Plünderung, wie sie bei gewaltsamen Eroberungen üblich war. Bereits 1204 hatte die Stadt eine Plünderung durch die Kreuzfahrer und Venezianer erlebt, aber ihre Aura märchenhaften Reichtums bewahren können. Wenn man den abendländischen, byzantinischen und türkischen Chronisten Glauben schenken darf, waren es bei der Eroberung durch die Türken nicht nur Schätze, sondern auch Menschen, die geraubt wurden: Alle berichten sie von großen Mengen versklavter Männer und Frauen, die im ganzen Osmanischen Reich und darüber hinaus verkauft wurden.

Bei dem Tross, der Mehmeds Armee begleitete, war die Hoffnung auf irdischen Reichtum mit dem Gefühl verbunden, zum Ende einer Ära beizutragen. Die Truppen wurden geeint von dem Willen, eine gottlose Stadt zu zerstören, die durch Hochmut und Selbstgefälligkeit dem Volksglauben über Jahrhunderte hinweg getrotzt hatte und einen unseligen Schmelztiegel aller möglichen Irrlehren darstellte. Lediglich ein Bauwerk sollte verschont werden: die Hagia Sophia. In dem Maße, wie das byzantinische Reich an Ansehen und Macht verlor, hatte die Große Kirche in den Köpfen der feindlichen Völker an symbolischer Bedeutung gewonnen, bis man sie schließlich als göttliche Schöpfung ansah. In zeitgenössischen Schilderungen der nächtlichen Reise des Propheten, auf der jener das Paradies gesehen haben soll, stellte man die Hagia Sophia als getreue Nachbildung des Paradiestempels dar, den Gott Muhammad und seinen Anhängern versprochen hatte. Die Derwische rieten Mehmed II., die Hagia Sophia mit einer Mauer zu umgeben und den Rest der Stadt zu zerstören.

Nach der Plünderung zog der Sultan in Konstantinopel ein und begab sich zum Gebet in die Hagia Sophia. Unter Beibehaltung ihres

Namens (Ayasofya) wurde sie in eine Moschee umgewandelt und war zunächst das einzige Gotteshaus, das den Muslimen in der eroberten Stadt zur Verfügung stand. Ansonsten war Mehmed II. gezwungen, der Erwartung seiner Mitstreiter Rechnung zu tragen, die ihm zum Sieg verholfen hatten und das Byzantinische Reich endgültig zerschlagen sehen wollten. Selbst wenn er damals bereits entschlossen gewesen sein sollte, sein eigenes Reich zum Nachfolger des Byzantinischen und Konstantinopel zu seiner Hauptstadt zu machen, wäre jener Zeitpunkt sicher nicht geeignet gewesen, um diese Entscheidung öffentlich zu verkünden. Das mag die Widersprüchlichkeit der Initiativen begründen, die er in der Folgezeit zum Wiederaufbau der Stadt unternahm.

Die erste Sorge Mehmeds II. galt der Wiederbesiedlung der verwüsteten Stadt. Sofort siedelte er seinen Anteil an den Gefangenen, ein Fünftel der Gesamtzahl, vermutlich am Ufer des Goldenen Horns an und veranlasste die ihn umgebenden Würdenträger, das Gleiche zu tun. Seinen Plan, den letzten Großherzog des Byzantinischen Reiches, Lucas Notaras, zum Gouverneur der Stadt zu machen und ihn mit der Wiederbesiedlung zu beauftragen, musste er jedoch fallen lassen. Diese Ernennung hätte, so seine Mitstreiter, gewissermaßen der Rückeroberung der Stadt durch überwiegend griechisch-orthodoxe Einwohner Tür und Tor geöffnet. Mehmed II. respektierte diesen Einwand und ließ Notaras hinrichten. Er befahl, 5000 Familien aus verschiedenen Provinzen nach Konstantinopel zu deportieren, und kehrte am 18. Juni 1453 in die Hauptstadt des Osmanischen Reiches, nach Edirne, zurück.

Bei seinem nächsten Aufenthalt in der Stadt mußte der Sultan feststellen, dass die Wiederbesiedlung stagnierte, und er ernannte am 6. Januar 1454 Gennadios zum Patriarchen von Konstantinopel, um nun doch die griechisch-orthodoxe Bevölkerung des Landes anzulocken. Dann begab er sich nach Bursa, um einen Teil der dort lebenden Kaufleute gewaltsam nach Istanbul zu bringen – ein Versuch, der Aufstände ausgelöst haben muss. Im Laufe des darauf folgenden Sommers brachte er mehrere tausend Gefangene von seinem Serbienfeldzug mit und siedelte sie in den Dörfern des europäischen Umlandes von Istanbul an, um die Sicherheit der Zufahrtsstraßen, aber auch die Versorgung der Stadt mit landwirtschaftlichen Erzeugnissen zu gewährleisten. Sein eigenes Besiedlungskonzept brachte Mehmed II. ernstlich in Gefahr, als er nach einer Volkszählung Ende 1455/Anfang 1456 die neuen Einwohner zu einer Abgabe für Grund- und Hausbesitz verpflichtete. Die

DIE WIEDERBEVÖLKERUNG DER HAUPTSTADT

Nachdem der Sultan den Rest des Herbstes in Adrianopel verbracht hatte, kam er zu Beginn des Winters nach Byzanz. So endete das Jahr 6966 (A.D. 1458), das achte Jahr der Herrschaft des Sultans.

In Konstantinopel angekommen, beschäftigte er sich mit den üblichen Angelegenheiten und widmete seine ganze Aufmerksamkeit den Plänen für die Stadt und ihre Bewohner. Zuerst erkor er diejenigen der von ihm zurückgebrachten Peloponnesier, die in der Beherrschung ihres Handwerks besser als alle anderen zu sein verhießen, und siedelte sie innerhalb der Stadtmauern an. Die übrigen siedelte er in den Dörfern der Umgebung an; er verteilte Korn, Ochsenpaare und alle anderen für den Anfang notwendigen Vorräte an sie, so dass sie in der Lage waren, Landwirtschaft zu betreiben.

Danach schickte er Leute nach Amastris (Amasra), eine Stadt in Paphlagonien mit einem Hafen am Schwarzen Meer, und ließ den größten Teil der arbeitsfähigen Anwohner nach Konstantinopel bringen. Auch holte er aus den von ihm besetzten Gebieten Armenier in die Stadt, die der Klasse der Kaufleute angehörten. Diese und Menschen anderer Völker, die ihm untertan waren, holte er aus ihrer Heimat fort und siedelte sie in seiner Stadt an.

Dann rief er alle wohlhabenden und fähigen Leute zu sich, die sich großen Reichtums und Wohlstands erfreuten, und gebot ihnen, stattliche Häuser in der Stadt zu bauen, wo es ihnen gefalle. Auch wies er sie an, Bäder, Gasthäuser und Marktplätze zu bauen, viele schöne Werkstätten und Orte der Andacht zu errichten und die Stadt mit vielen anderen derartigen Gebäuden zu schmücken und zu zieren und dabei keine Kosten und Mühen zu scheuen, so weit es in ihren Möglichkeiten stand.

Michael Kritobulos von Imbros, ***Historien*** **(1458), III, § 67–70**

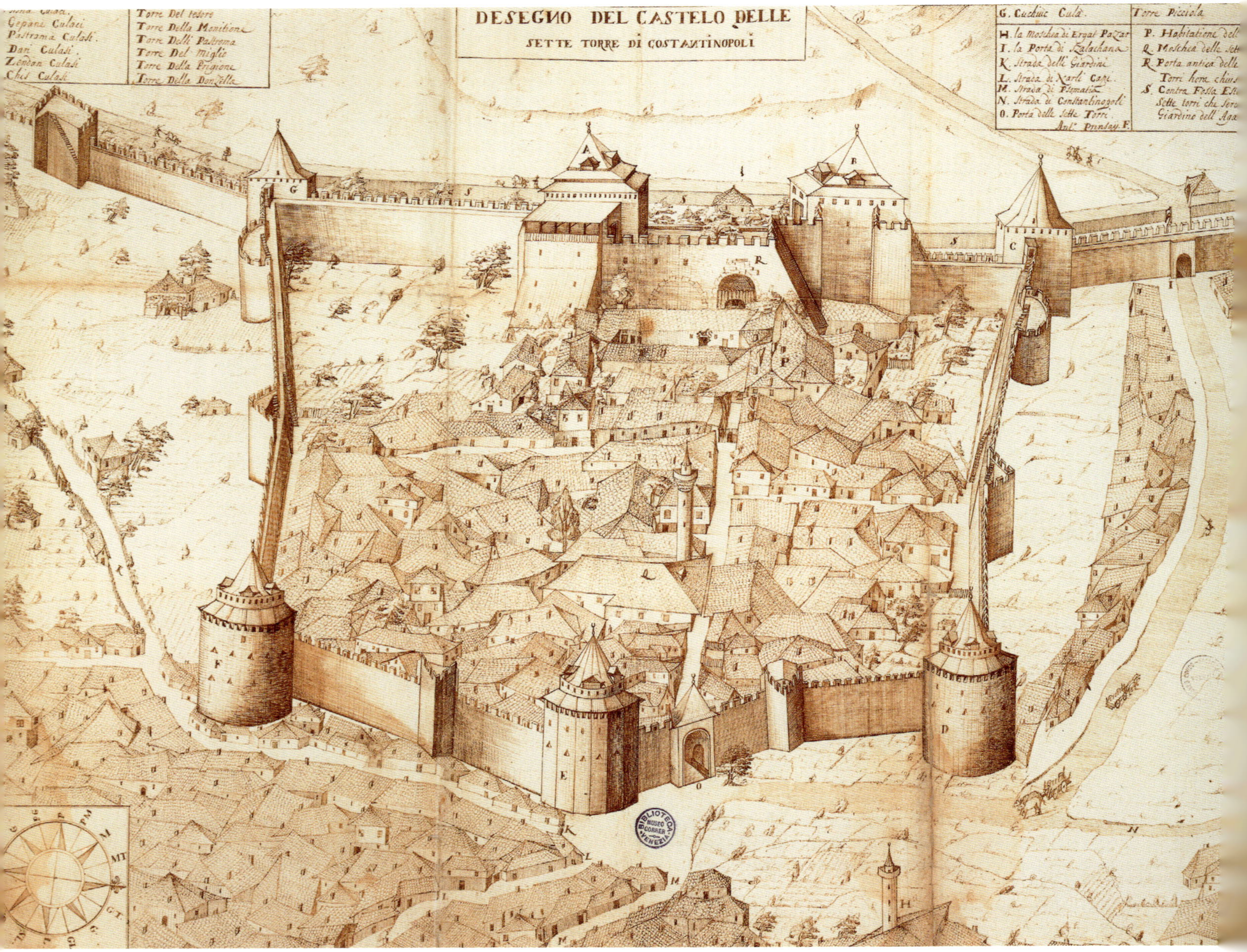

Die Festung Yedikule. Diese Zeichnung aus dem 17. Jahrhundert ist Teil einer illustrierten Handschrift, in der unter dem Titel *Storia di bailo Soranzo* ein Bericht über das Schicksal des gleichnamigen Botschafters der Republik Venedig im türkisch-venezianischen Krieg (1644–1669) gegeben wird. Auf der Karte ist außer der Festung auch das Aussehen der Stadtviertel in jener Epoche minutiös festgehalten.
Museo Correr, Venedig.

ausgelöste Unzufriedenheit führte zu einer Abwanderung, die den Sultan schließlich zwang, die Maßnahme zurückzunehmen. Bereits bei seinem ersten kurzen Aufenthalt in der eroberten Stadt hatte Mehmed II. zwei bauliche Entscheidungen getroffen, die wie die bevölkerungspolitischen Maßnahmen dem Ausbau einer neuen Hauptstadt, die von da an Istanbul hieß, dienten: Zum einen ordnete er die Instandsetzung der Stadtmauern an, die durch den Beschuss während der Belagerung stark beschädigt worden waren, zum anderen den Bau eines Palastes im Stadtzentrum. Dieser Palast entstand auf dem von Theodosios I. angelegten Forum Tauri, im Süden begrenzt von der Mese, im Osten von der Verbindungsstraße, die von der Mese zum Hafen führt und in byzantinischer Zeit den Namen Makros Embolos („Großer Keil“) trug und durch die gesamte osmanische Periode bis heute unter dem Namen Uzunçarşi („Langer Markt“) ihre Bedeutung als Hauptverkehrsader behielt. Im Norden bildete eine Hanglinie die Grenze des Geländes. Nach

Panorama von Konstantinopel. Melchior Lorich fertigte diese Zeichnung 1559 in Konstantinopel an; der Künstler gehörte damals zum Gefolge des kaiserlichen Botschafters Ogier Ghiselain de Busbeck. Oben links ist die erste Moschee Mehmeds II. zu erkennen, die durch ein Erdbeben 1766 zerstört wurde. Dank dieser Zeichnung, auf der drei kleine Seitenkuppeln und eine hintere Halbkuppel der Moschee erkennbar sind, konnte der Plan der Moschee rekonstruiert werden. Universitätsbibliothek, Leiden.

dem Bau des Topkapi Saray beherbergte er den Harem, und als auch dieser gegen Ende des 16. Jahrhunderts dorthin verlegt wurde, lebten die Frauen des verstorbenen Sultans in dem Alten Palast (Eski Saray), wie er von nun an hieß.

Mehmed II. kam im Herbst 1453 erneut nach Istanbul, um den Grundstein zu seinem Palast zu legen. Dort, wo die Theodosianische Landmauer am Marmarameer endete, veranlasste er den Bau einer Festung. Der neue Bau bezog das Goldene Tor, das Festtor der byzantinischen Hauptstadt, mit seinen beiden flankierenden Türmen sowie zwei weitere Türme zur Rechten und Linken (der linke war osmanisch) in ein unregelmäßiges Fünfeck ein, das aus einer Mauer und drei weiteren Ecktürmen gebildet wurde. Die sieben Türme trugen ihm den Namen „Kastell der sieben Türme" (Yedikule Hisar) ein. Militärische Bedeutung besaß die Festung nicht, sie diente zunächst als Schatzkammer, und nachdem Murad III. (1574–1595) den Staatsschatz in den Topkapi Saray verlegt hatte, als Gefängnis für hochrangige Gefangene.

Sowohl den Palast als auch die Festung Yedikule dürfte Mehmed bei seinem Aufenthalt in Istanbul im Herbst 1454 bereits fertig vorgefunden haben. Er beschloss, einen Bedestan bauen zu lassen. Die Gesamtanlage griff die Form der Markthallen von Bursa und Edirne auf, wies jedoch im Innenraum statt einer Einzelreihe aus sechs Pfeilern zwei Reihen zu je vier Pfeilern auf. Somit hatte der Innenraum 15 überkuppelte Joche. Der Markt besaß vier Eingänge, jeweils in der Mitte der Seitenmauern, und Geschäfte an

Mehmed II. der Eroberer

Mehmed II. nimmt ohne Zweifel einen zentralen Platz innerhalb der osmanischen Geschichte ein. Der Sultan war eine ungewöhnliche Persönlichkeit, ein gebildeter, weltoffener Mensch, dessen Horizont über das politische und religiöse Gedankengut seiner Zeit weit hinausging. Er kam 1430 in einem turkmenischen Fürstentum zur Welt, das sich gerade wieder von den Schrecken der Invasion des Mongolen Timur erholt hatte und sich anschickte, den gesamten

Balkan und Kleinasien unter seine Herrschaft zu bringen. Aufgrund seines günstigen geografischen Standorts war es in der Lage, die Handelswege in den Orient unter seine Kontrolle zu bringen, was ihm den Respekt des christlichen Europa einbrachte, das an seinen Kontoren und Handelsverbindungen in der Region wesentlich stärker interessiert war als am Fortbestehen des byzantinischen Reiches, welches ohnehin auf Konstantinopel zusammengeschmolzen war.

Mehmed II. kam 1451 mit 21 Jahren auf den Thron und verfolgte sein Leben lang das Ziel, die Macht der italienischen Städte zu stürzen und Handel und Wirtschaft im östlichen Mittelmeer unter seine Kontrolle zu bringen. Die Eroberung Konstantinopels stellte nur eine erste Etappe auf diesem Weg dar, die aber geopolitisch und symbolisch von größter Bedeutung war. Durch die Besetzung sowie die vorausgegangene Errichtung einer mit Kanonen ausgestatteten Festung an der engsten Stelle des Bosporus schloss er für ausländische Schiffe den Zugang zum Schwarzen Meer. Erst 1838 sollte in London ein Abkommen zustande kommen, das die erneute Öffnung der Meerenge zur Folge hatte. Zugleich war die Stadt Konstantinopel seit den Tagen des Propheten von höchster symbolischer Bedeutung für den Islam, sodass der Zeitpunkt ihrer Eroberung mit dem Ende der Zeiten gleichgesetzt wurde.

Auf die Einnahme Konstantinopels folgten bis zum Ende seiner Herrschaft unaufhörliche Feldzüge. Gerade in der Anfangszeit bekriegte er schonungslos die letzten turkmenischen Fürstentümer sowie das griechische Reich Trapezunt in Anatolien, das Herzogtum Athen, das Fürstentum Morea und das serbische Königreich auf dem Balkan, Territorien, die in die Einflusssphäre Venedigs und Genuas geraten waren. Nach der Einnahme Trapezunts im Jahre 1461 griff Mehmed II. bereits 1463 Venedig direkt an. Der Krieg, der zu Wasser und zu Lande geführt wurde, dauerte insgesamt 16 Jahre. Besonders die von den Venezianern bewaffneten Albaner machten der osmanischen Armee sehr zu schaffen. Schließlich fasste sie aber an der Adriaküste Fuß und besetzte die Insel Euböa und einen Teil der venezianischen Besitzungen in Griechenland. Währenddessen eroberte Mehmed II. die Krim, auf der er genuesische Niederlassungen zerstörte. Nachdem 1479 ein Friedensvertrag mit Venedig unterzeichnet worden war, bemühte sich Mehmed II. erfolglos um die Eroberung von Rhodos, während seiner Armee in Italien die Besetzung Otrantos in Apulien gelang.

1481 starb Mehmed II. mit 51 Jahren, als er erneut zu einem Feldzug aufbrach. Während er sein Leben lang versucht hatte, sich den Traum eines jeden Renaissancefürsten zu verwirklichen und Herr über Italien zu werden, hatte er Gentile Bellini aus Venedig und Costanzo de Ferrara nach Istanbul kommen lassen, um seinen neuen Palast – den Topkapi Saray – auszuschmücken. Seine Nachfolger setzten sein Werk fort, doch dieser Traum blieb unerfüllt.

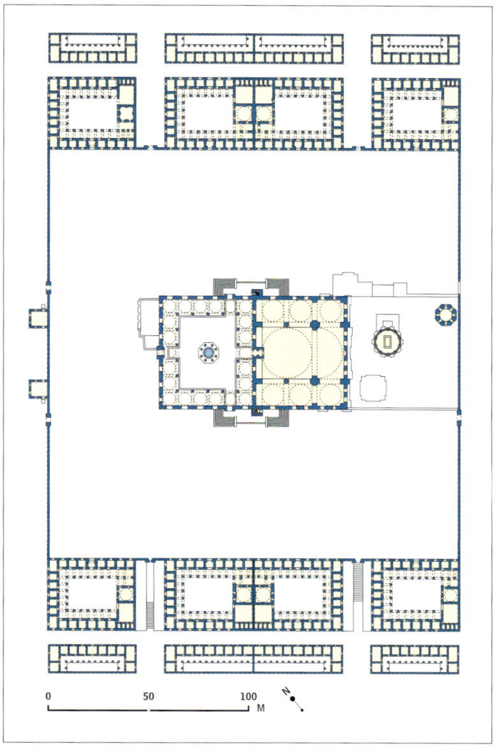

Plan des Moscheenkomplexes Mehmeds II. Im Zentrum die Moschee und der Vorhof, der das Erdbeben von 1766 überstanden hat. Dahinter die Grabmäler Mehmeds II. und seiner Gattin. Auf beiden Seiten die acht Medresen, dahinter die Vorbereitungsschulen. Verschiedene Hypothesen sind zur Erklärung dieses einzigartigen Plans vorgebracht worden. Der Plan könnte auf die Anlage der Apostelkirche zurückgehen, die ebenfalls über Schulen verfügte. Das Vorbild könnte jedoch auch das Ospedale Maggiore in Mailand gewesen sein, dessen Architekt Filarete eine Reise nach Konstantinopel gemacht haben soll.

Linke Seite:
Links: Sultan Mehmed II. (1432–1481).
Öl auf Leinwand. Bellini Gentile (um 1429–1507) zugeschrieben.
National Gallery, London.

Rechts: Geschichte der Belagerung von Rhodos (1483). Dem Großwesir des Sultans Mehmed II. obliegt die Heeresführung bei der Belagerung. Guillaume Caoursin.
Nationalbibliothek, Paris.

den Innen- und Außenwänden; an drei Seiten war er von einer Doppelkolonnade mit Portikus umgeben, die Platz für weitere Geschäfte gegenüber den Marktständen an der Außenmauer bot. Aus diesem Kernbau ging im Laufe der Zeit die große Anlage des Kapali Çarşi (Gedeckter Bazar) hervor, bis heute das Umschlagszentrum der Stadt.

Der Eski Saray und der Bedestan, beide nördlich der Mese gelegen und durch die Uzunçarşi getrennt, bildeten den Kern des frühosmanischen Istanbul. Das unterhalb des Palastes am Goldenen Horn gelegene Viertel, in das die Uzunçarşi führt, erhielt den Namen Taht el-kala' („unter der Zitadelle“, heute Tahtakale) wie es in arabischen Städten für Handelsviertel in ähnlicher Lage üblich war. An der Einmündung der Uzunçarşi in die am Hafen entlangführende Straße, an der sich in byzantinischer Zeit die abendländischen und jüdischen Viertel befanden, ließ Mehmed II. vermutlich ab 1455 eines der größten Bäder der Stadt bauen. Über dem Frigidarium für Männer wölbte sich eine Kuppel mit einem Durchmesser von 15 Metern. Dieser frühe Stadtkern unterschied sich erheblich von dem anderer Städte, die die Türken in Anatolien und auf dem Balkan erobert hatten. Denn anders als in Bursa und Edirne, wo sich die Stadt über die engen byzantinischen Stadtmauern hinaus ausgebreitet hatte, fand hier eine Konzentration statt, die die Peripherie der Stadt außer Acht ließ. Eine Erklärung dafür bietet die Tatsache, dass das byzantinische Konstantinopel für damalige Verhältnisse außergewöhnlich groß war. Dennoch sind die baulichen Entscheidungen, die in den ersten zwei Jahren nach der Eroberung Kontantinopels fielen, insofern ungewöhnlich, als man einige Jahre später auf eine gegensätzliche Politik umschwenkte, die wiederum zu einer erneuten Ausdehnung der Stadt führte.

Bereits in dieser ersten Bebauungsphase Istanbuls zeichnete sich eine Entwicklung ab, die sich in der Folgezeit bestätigen sollte: Zu beiden Seiten des Tales, das vom Valens-Aquädukt zur heutigen Atatürk-Brücke führt, bildete sich das religiöse Zentrum der Stadt. Diverse Kirchen wurden von den moslemischen Eroberern genutzt, wobei man sie nicht unbedingt in Moscheen umwandelte. So richtete Mehmed II. in der Kirche des Pantokrator-Klosters, in der sich nach Berichten von Doukas um 1455 Tuchmacher und Schuster niedergelassen hatten, kurze Zeit später eine Medrese ein, die nach ihrem ersten Lehrer, Molla Zeyrek, benannt wurde. Die Kirche des benachbarten Pantepoptes-Klosters beherbergte ein Imaret, während die Kirche des Kyriotissa-Klosters, am östlichen Ende des Valens-Aquädukts nahe der westlichen Umfassungsmauer des Eski Saray gelegen, zur Zawiye des heterodoxen Derwischordens der Kalender wurde, der eine wichtige Rolle bei der Eroberung der Stadt gespielt hatte. Die ersten Moscheen entstanden jedoch in Tahtakale, wo sie von Kaufleuten gegründet wurden. Der Patriarch Gennadios, dem der Sultan die Apostelkirche zugewiesen hatte, bekam die Erlaubnis, in das Pammakaristos-Kloster umzusiedeln, dessen Lage ihm angenehmer gewesen sein dürfte als ein Sitz inmitten der moslemischen Religionsgruppen. Damit war die erste Umgestaltung der Stadt durch die Osmanen abgeschlossen.

Der Stiftungskomplex der Fatih-Moschee

Im Jahr 1459 erfolgten entscheidende Maßnahmen, welche Istanbul zur neuen Hauptstadt machten. Ihnen ging ein symbolischer Akt von großer Bedeutung voraus: der Bau eines Grabmals und einer Moschee, ohne Zweifel der ersten, die nach der Eroberung erbaut wurde. Man errichtete sie über der Grabstätte Khalid bin al-Walids, bekannt unter dem Namen Abu

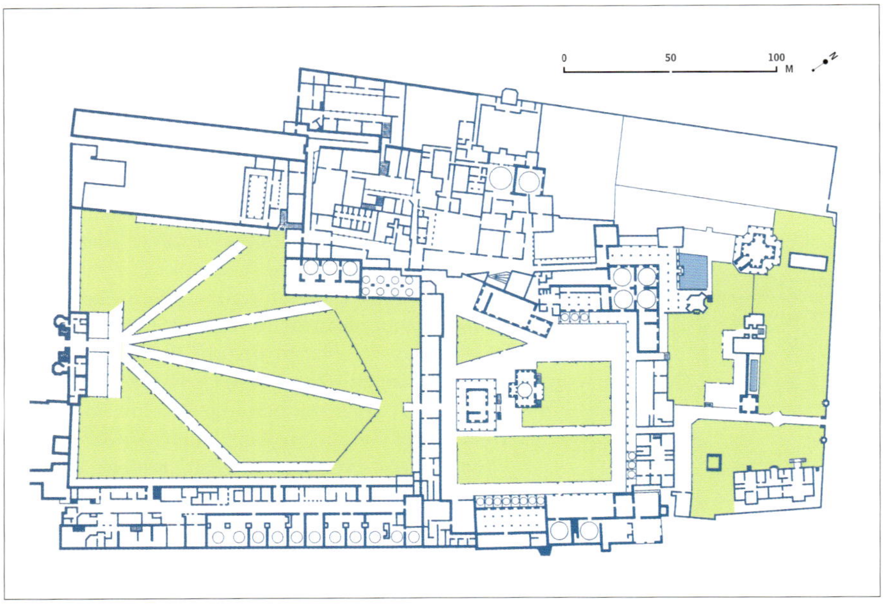

Topkapi Saray. Plan des zentralen Palastareals. Links das Mitteltor (Orta Kapi), durch das man vom ersten in den zweiten Hof gelangt. In dessen trapezförmige Gestalt schieben sich oben die Gebäude für den Staatsrat (drei Kuppelbauten links) und die Schatzkammer (Saal mit acht Kuppeln). Oberhalb des zweiten Hofs liegen die Stallungen, unten reihen sich entlang einem schmalen Gang die Küchen- und Wirtschaftsgebäude. Durch das Tor der Glückseligkeit (Bab üs-Saade) kommt man in den dritten Hof. Gegenüber liegt der Thronsaal, dahinter die Bibliothek Ahmeds III. Rechts vom dritten Hof in der oberen Ecke befinden sich die vier kuppelgewölbten Säle der Sultansgemächer, daran schließen sich die Räume des Staatsschatzes an. Um den Hof gruppieren sich die Schlafsäle der Pagen, dazu schräg versetzt die Moschee. Eine Marmorterrasse führt von den Sultansgemächern zu verschiedenen Pavillons, darunter der Bagdad-Pavillon mit kreuzförmigem Grundriss. Unterhalb der Pavillons erstreckt sich der Garten, auch vierter Hof genannt. Am Ende des Gartens steht ein rechteckiger Pavillon, der unter Abdülmeçid erbaut wurde. Oben in der Mitte schließlich breitet sich der ausgedehnte Gebäudekomplex des Harems aus.

Eyüp, eines Gefährten des Propheten, der bei dem ersten islamischen Ansturm auf die Stadt vor ihren Toren gestorben und begraben worden sein soll. Obwohl einige Berichte behaupten, man habe die Grabstätte noch während der Belagerung entdeckt, machen andere Quellen eine spätere Entdeckung wahrscheinlicher. Wobei die „Entdeckung" eines zu heiligenden Ortes wahrscheinlich dem Zweck diente, die Eroberung der Stadt zu legitimieren.

Nach dem Bau der Eyüp-Moschee am Ufer des Goldenen Horns in dem Stadtteil gleichen Namens traf Mehmed II., genannt Mehmed Fatih („der Eroberer"), weitere äußerst wichtige Entscheidungen zur Umstrukturierung Istanbuls: Er beschloss die Errichtung einer Sultansmoschee auf dem Gelände der Apostelkirche und den Bau eines Sultanspalastes anstelle der Akropolis des antiken Byzanz. Damit trat Mehmed II. als Neubegründer der Stadt, aber auch des Reiches, die Nachfolge Konstantins des Großen an. Seine Moschee und sein Palast waren wie die Apostelkirche und der Kaiserpalast des alten Konstantinopel Mikrokosmen des Universums, die die universelle Berufung des Herrschers bestätigen sollten.

Der Bau der Fatih-Moschee, die 1471 fertig gestellt wurde, ließ durch drei Elemente eine Neuorientierung erkennen: durch die Wahl des Standortes, durch Anlage und Gliederung des Komplexes und durch seine architektonischen Merkmale. Als Standort wählte Mehmed II. die Apostelkirche, in der zahlreiche oströmische Herrscher, darunter Konstantin der Große, beigesetzt waren und an der auch Mehmed seine Grabstätte errichten ließ. Damit war er der erste Sultan, der nicht in Bursa beerdigt wurde. Offensichtlich hatte also ein Umdenken stattgefunden, seit derselbe Sultan die Apostelkirche fünf Jahre zuvor dem Patriarchen Gennadios angeboten und dieser sie erst ein Jahr zuvor verlassen hatte. In den vier Jahren zwischen dem Entschluss zum Bau der Moschee und ihrer Grundsteinlegung fanden wohl die Abbrucharbeiten an der Apostelkirche statt. Das Fehlen jeglicher Spuren alter Bauteile in den neuen Gebäuden zeugt von dem Willen, die Erinnerung an die früheren Bauten komplett auszulöschen und das Gelände vollständig in Besitz zu nehmen.

Bis zu diesem Zeitpunkt stellten die Stiftungskomplexe osmanischer Herrscher üblicherweise eine Kombination von Zawiye, Moschee und Medrese dar, die in einer gewissen Entfernung an die Moschee angegliedert war. Die Üç-Şerefeli-Moschee in Edirne, die auf die Zawiye verzichtete, aber eine Medrese besaß, stellte einen Zwischenschritt auf dem Weg zum Modell der Fatih-Moschee dar, deren Komplex acht Medresen umfasste, an die ebenso viele Grundschulen angeschlossen waren. Die Anlage entwickelte sich zum Ausbildungszentrum für die religiöse Elite des osmanischen Reiches. Die acht Medresen, die alle gleich ausgeführt waren, begrenzten jeweils zu viert in einer Reihe den linken und rechten Rand eines großen Hofes, in dessen Zentrum sich die drei Rechtecke der Gebetshalle, eines Innenhofes und des Gartens mit den Türben des Sultans und seiner Frau aneinander reihten. Die acht Grundschulen lagen ebenfalls in einer Reihe hinter den Medresen. Diese Strenge des Grundrisses könnte die Unterordnung der Ulama, der islamischen Religionslehrer, unter die Macht des Sultans versinnbildlichen.

Die Kuppel der Moschee sollte die der Hagia Sophia übertreffen; allerdings lässt die Rekonstruktion, die man heute von dem ursprünglichen Gebetssaal erstellen kann, der 1766 bei einem Erdbeben zerstört wurde, nur eine einzige Analogie mit der Hagia Sophia erkennen: die Verwendung einer Halbkuppel. Im Mittelpunkt der überlieferten Debatten stand weniger ein architektonischer Vergleich als die Frage nach der inhaltlichen Tragweite des Wettbewerbs um die größte Kuppel. Für die Anhänger Mehmeds II. kam seine Moschee der Hagia Sophia an Schönheit gleich und übertraf sie sogar. Für die Gegner des Projekts war die Hagia Sophia als der von Gott erbaute und den Muslimen versprochene Tempel unübertrefflich, weshalb sie der Moschee

Mehmeds II. nicht nur keinerlei Wert zugestanden, sondern sie als gotteslästerliches Werk verurteilten.

Mehmed II. wählte einen Architekten aus, der in den türkischen Quellen unter dem Namen Sinan der Befreite geführt wird und wahrscheinlich ein zum Islam konvertierter Byzantiner war. Welche Qualifikationen dieser Baumeister, über dessen Vorleben nichts bekannt ist, auch besessen haben mag, so dürften sie wohl kaum über das architektonische Repertoire palaiologischer Architektur hinausgegangen sein. Dennoch war die Lösung, die er für die Fatih-Moschee entwickelte, ebenso originell wie geschickt. Den Seitenschub der Kuppel mit einem Durchmesser von 26 Metern und einer Scheitelhöhe von 44 Metern fing an der Mihrab-Seite eine Halbkuppel auf, an der gegenüberliegenden Innenhofseite der Portikus und zu den beiden anderen Seiten jeweils ein niedriges Seitenschiff, überwölbt von drei Kuppeln, von denen je zwei das Pendant zur Mittelkuppel und eine das Pendant zur Halbkuppel bildeten. Durch diese Aufteilung entstand ein einheitlicher, fast quadratischer Raum, und zwar trotz der beiden Pfeiler, die als Auflage der Kuppel dienten, und der beiden Säulen, die die Bogen der Seitenwände des Mittelschiffes trugen.

Zwar übertraf die Kuppel der Fatih-Moschee in ihren Ausmaßen die Mittelkuppel der Üç-Şerefeli-Moschee mit ihrem Durchmesser von 24 Metern und ihrer Scheitelhöhe von 28,50 Metern, blieb jedoch weit hinter der Kuppel der Hagia Sophia mit ihrem Durchmesser von 31 Metern und ihrer Scheitelhöhe von 56 Metern zurück. Die Quellen schildern den Zorn des Herrschers über die Leistung seines Architekten, den er schließlich gefangen nehmen und totschlagen ließ, was Chroniken und die Grabinschrift Sinans bestätigen. Auch wenn man die wahren Gründe für den Konflikt zwischen dem Sultan und seinem Architekten nicht kennt, so ist sein Scheitern – wenn es denn eines war – sicher vor allem auf die Organisation der Bauarbeiten und der Ressourcen des noch im Aufbau begriffenen Reiches zurückzuführen. Erst mit Süleyman dem Prächtigen und seinem berühmten Baumeister, jenem anderen Sinan, wurden die architektonischen Leistungen erreicht, die Mehmed II. in seinem ungeduldigen Ehrgeiz angestrebt hatte.

Das Erdbeben von 1766, das nur der Innenhof unbeschadet überstand, zeigte, wie gewagt, aber auch anfällig das Bauwerk Mehmeds II. war. Die Moschee wurde anschließend mit vier Halbkuppeln wieder aufgebaut.

Der Topkapi Saray

Auch die Arbeiten am neuen Palast begannen erst um 1465, obwohl der Entschluss zum Bau wahrscheinlich gleichzeitig mit der Planung der Sultansmoschee und ihres Stiftungskomplexes gefallen war. Das ausgewählte Areal, das mit annähernd 60 Hektar fast die Gesamtfläche des antiken Byzantion ausmachte, bot zwei Vorteile. Indem Mehmed II. die Spitze der Landzunge als Standort auswählte, die den Zusammenfluss von Goldenem Horn, Bosporus und Marmarameer beherrscht, unterstrich er eindrucksvoll die strategische Bedeutung der Stadt als Hüterin der umgebenden Meere und Länder und rechtfertigte seinen Titel als Sultan über zwei Kontinente und zwei Meere.

Allem Anschein nach wurde der Palast in zwei Bauphasen errichtet: zunächst die beiden Höfe des Innenpalastes von 1463 bis 1468, anschließend bis 1478 die fast 2,5 Kilometer lange Umfassungsmauer mit 25 rechteckigen, einem zwölfeckigen und zwei achteckigen Türmen sowie drei monumentalen Toren. Diese Mauer war mit der byzantinischen Seemauer verbunden, durch die ein viertes Tor, vor dem Kanonen aufgestellt waren, auf die Landspitze des Saray hinausführte. Dieses Kanonentor (Topkapi) gab dem Palast seinen Namen. Das Hauptportal, Bab-i Hümayun („Tor des Reiches") befand sich etwas versetzt zur Hagia Sophia auf der Kammhöhe. Über dem Eingang befand sich ursprünglich eine heute nicht mehr vorhandene Etage, später

Topkapi Saray. Eine doppelte Kolonnade umschließt die Sultansgemächer und führt in den Harem. Die Tür im Hintergrund geht auf den Goldenen Weg, einen durch den ganzen Harem führenden Gang. Hinten rechts steht einer der Türme, die zur Einfriedungsmauer des inneren Gartens gehörten. Die Marmorverkleidung der Sultansgemächer in mamlukischem Stil geht auf die Regierungszeit Süleymans des Prächtigen zurück, nur die Flachbogen und die schmiedeeisernen Fenstergitter stammen aus dem 18. Jahrhundert.

als Schatzkammer genutzt, in der vor allem der Besitz von Verstorbenen ohne Erben und konfiszierte Vermögen aufbewahrt wurden.

Im Innenhof wohnte der Sultan mit seinen Pagen, während im Außenhof die Staatsgeschäfte abgewickelt wurden. Der Harem befand sich im wesentlichen im Eski Saray und wurde erst im 16. Jahrhundert unter Süleyman dem Prächtigen in den Topkapi Saray verlegt. Diese Aufteilung folgt dem Vorbild eines Feldlagers, das ebenfalls zwei umschlossene Höfe, einen privaten und einen öffentlichen, besaß.

Der als dritter Hof bezeichnete Innenhof ist mit einer Seitenlänge von 118 mal 130 Meter fast quadratisch und wendet sich auf dem Gipfel der Anhöhe dem Bosporus zu. An den Ecken, die dem Goldenen Horn beziehungsweise dem Marmarameer zugewandt sind, lagen die beiden Gemächer des Sultans. Die massive Bauweise des Gemachs zum Goldenen Horn und die luftige, leichte Bauweise des Gemachs zum Marmarameer lassen vermuten, dass es sich ursprünglich um Winter- und Sommerpavillons handelte, die jedoch schon bald unterschiedliche Funktionen übernommen haben dürften, das Winterzimmer als reines Privatgemach des Sultans, das Sommerzimmer als Lustpavillon.

Das Privatgemach ist ein massiver, quadratischer Bau mit 4,50 Meter dicken Mauern im Untergeschoss, an der Nordecke des Hofes gelegen. Es teilt sich in vier gleich große, überkuppelte Räume, wobei die Kuppel über dem Eckzimmer, das dem Sultan als Schlafzimmer diente, die anderen drei Kuppeln überragt. An der Außenfassade des Gebäudes läuft eine Terrasse mit einem zwölfjochigen Arkadengang entlang, der sich gegenüber dem Stadtteil Galata zum Goldenen Horn hin öffnet. Davor liegt ein Wasserbecken. Der Sultan schlief auf einem Bett, das ihm für die Nacht aus mehreren Schichten Matratzen in der Zimmermitte bereitet wurde. In den vier Zimmerecken schliefen vier Pagen, die jeweils zu zweit über den Sultan wachten und ihn nicht aus den Augen ließen. Der im Süden an das Schlafzimmer angrenzende Raum diente als Vorzimmer, während die beiden übrigen Räume dieses Quadrats ein Ensemble aus Entree vom Hof, mit einem Wasserbassin in der Mitte, und einem erhöht liegenden Zimmer bildeten, das der Sultan als Esszimmer und Lesekabinett nutzte. An dieses schloss sich, dem Schlafzimmer gegenüber, ein Ankleideraum an, der den Pagen der Privatgemächer zugleich als Schlafraum diente. In Verlängerung des Vorzimmers gab es zwei weitere Räume, die dem Träger des Sultanschwertes *(silahdar)*, also dem obersten Pagen, als Amtsräume zugewiesen waren. Die vier quadratischen Räume und ihre Verlängerungen zu beiden Seiten des Hofes schmückte eine gezähnte Fassade und ein vorgelagerter Portikus im klassisch osmanischen Stil mit Giebelbogen und Stalaktitenkapitellen.

Rechte Seite: Topkapi Saray, Harem, Schlafgemach des Sultans Murad III. (1578). Eine Perle osmanischer Kunst vor allem wegen der Qualität der Keramik und der Wandmalereien. Die gesamte, vor kurzem restaurierte Ausstattung ist noch original, mit Ausnahme der Türflügel links. In der Mitte ein Brunnen; rechts ein Wandschrank; links Tür zum Festsaal; links und rechts Wandnischen.

Links: Topkapi Saray. Blick auf die Schatzkammer. Der überdachte Teil mit der Eckterrasse gehört zu den Sommergemächern Mehmeds II., aus denen später ein Kuriositätenkabinett und die Schatzkammer wurden. Auch das darunter liegende Geschoss diente als Aufbewahrungsort. In den beiden kuppelgewölbten Räumen befand sich ursprünglich der Hammam des Sultans, sie wurden aber seit Ende des 16. Jahrhunderts anders genutzt. Der Raum zur Rechten ist ein Anbau zur Schatzkammer, derjenige zur Linken gehört zum neuen, im 18. Jahrhundert erbauten Pagenschlafsaal.

Topkapi Saray, Harem, Vorzimmer der Gemächer Murads III., Detail des Wandschranks und der Nischen. Der Rahmen der unteren Nische zitiert die stilisierte Gestalt des Bursa-Bogens, die beiden oberen Nischen erinnern an Motive (Kösebend) aus dem Buchschmuck. Der Wandschrank ist ein klassisches Beispiel für die osmanische Intarsienkunst, die Ebenholz, Perlmutt und Schildpatt verwendete. Die Kacheln, bei denen die Farbe Rot dominiert, gehören zu den schönsten, die die Iznik-Produktion hervorgebracht hat.

Gegenüber den Privatgemächern befand sich am Ostende des Hofes eine Eckterrasse mit Blick auf Bosporus und Marmarameer, an die sich an der Nordseite eine Kammer mit vorkragenden Latrinen anschloss, was darauf hindeutet, dass sie im Sommer als Schlafplatz genutzt wurde. An der dem Meer zugewandten Seite folgte eine Flucht von drei Zimmern, von denen die beiden ersten mit Nischen ausgestattet sind. Überlieferungen deuten darauf hin, dass es sich um ein Kuriositätenkabinett handelte, das als Empfangsraum für hochgestellte Gäste diente. Tatsächlich dürfte der Alkoven in dem Raum unmittelbar neben der Terrasse dem Thron des Sultans vorbehalten gewesen sein. In den darunter liegenden Räumen bewahrte man die kostbarsten Stücke des Staatsschatzes auf, während der Rest in der Festung Yedikule untergebracht war. Das dritte Zimmer diente als Ankleidezimmer des Sultansbades, das einen Großteil dieses Flügels einnahm, heute aber nicht mehr vorhanden ist. Das Hammam diente der Hygiene, aber auch der Entspannung und war mit herrlichen Wandfliesen ausgestattet, die teils in den Fluren des Harems wiederverwendet wurden. An das Bad schloss sich die Kammer der Musikanten an, deren einzige Aufgabe es war, den Sultan während seiner Waschungen zu unterhalten.

Den vier Räumen dieses Pavillons ist ein großer Arkadengang vorgelagert, mit ganz außergewöhnlichen Rundbogenarkaden und ionisch inspirierten Kapitellen. Vermutlich ist er in seiner heutigen Form jedoch erst nach dem Erdbeben von 1766 entstanden.

An das Bad und den für seine Bedienung erforderlichen Hof schloß sich in der Ecke, die den zweiten und dritten Hof verband, eine heute nicht mehr vorhandene Voliere an.

In den Gebäuden, die den zweiten und dritten Hof voneinander trennten, sowie in den gegenüber liegenden Gebäuden zum Garten befanden sich die Unterkünfte der Pagen. Diese wurden ausgewählt unter den Kriegsgefangenen des Sultans oder unter den christlichen Kindern, die man aus den Dörfern verschleppte; mit zwölf bis 13 Jahren kamen sie in den Palast und wurden weißen Eunuchen unterstellt, deren Aga (Vorgesetzter) zugleich der oberste Palastbeamte und Hüter des Tores der Glückseligkeit (Bab-üs Saade) war, das in den dritten Hof führte. Sein Amtszimmer lag, vom zweiten Hof kommend, links neben der Torhalle. An dieses Amtszimmer schloss sich links der kleine Schlafsaal der jungen Pagen an, die nach einigen Jahren in den großen Schlafsaal rechts des Tores umzogen. Alle Schlafsäle hatten dieselbe Breite von etwa sechs Metern, waren aber unterschiedlich lang. Im Inneren reihten sich rund um einen freien Platz in der Mitte Podeste von unterschiedlicher Größe. Auf den größeren Podesten schlief jeweils eine Gemeinschaft von zehn Pagen, während auf den kleineren Zwischenpodesten je zwei weiße Eunuchen schliefen, die Aufsicht führten. Am Ende des Schlafsaales befand sich eine Waschkammer.

Der Aufstieg der Pagen erfolgte nach Verdienst. Wer den großen Schlafsaal verließ, zog um in den Schlafsaal der Privatzimmer des Sultans links vom Sommerpavillon, der später zu seiner privaten Schatzkammer des Sultans wurde. Die Pagen dieser Abteilung kümmerten sich um das Geschirr des Sultans und um die Zubereitung spezieller Getränke und Gewürze, also um alles, was nicht in der Küche des zweiten Hofes erledigt wurde. Eine weitere Beförderung brachte den Pagen in den Schlafsaal der Schatzkammer, die zwischen dem vorigen und den Privatgemächern des Sultans lag. Die in streng hierarchischer Ordnung gegen den Uhrzeigersinn angelegten Schlafsäle brachten die Pagen also, je weiter sie aufstiegen, dem Sultan näher.

Schließlich befand sich im linken Teil des Hofes die Moschee, in der sich alle, die in diesem Teil des Palastes wohnten, also Pagen, weiße Eunuchen und der Sultan – verborgen hinter einem Gitter – viermal täglich zum Gebet versammelten. Das fünfte Gebet des Tages wurde im Schlafsaal verrichtet.

In diesem großen umschlossenen Hof lebte Mehmed II., umgeben von 350 Pagen und einigen Dutzend Eunuchen. Die gesamte Anlage war gleichermaßen Sultanshof wie Palastschule. Ebenso wie aus den Medresen der Fatih-Moschee religiöse Richter, Lehrer und Verwaltungsbeamte hervorgingen, brachte die Spirale, die zum Privatgemach des Sultans führte, zivile Beamte hervor: Entsprechend ihrem Dienstgrad in der internen Hierarchie erhielten die Pagen ein Amt in der Provinzverwaltung zugesprochen und verließen so den dritten Hof des Palastes, den sie vorher nur hatten verlassen dürfen, um den Sultan zu begleiten, für immer.

Die Aufteilung und Nutzung der Räumlichkeiten änderte sich im Laufe der Zeit. Der Pavillon mit der Schatzkammer und dem Reliquienschrein, in dem Mehmed II. Reliquien christlicher Heiliger – eine Hand Johannes des Täufers befindet sich immer noch dort – neben abendländischen Gemälden, chinesischem Porzellan und Edelsteinen aufbewahrte, fand bei seinen Nachfolgern immer weniger Beachtung und wurde mit der Zeit zur privaten Schatzkammer des Sultans. Die Feldzüge Selims I. gegen Persien und Ägypten und Süleymans des Prächtigen gegen Ungarn brachten eine solche Fülle an Reichtümern, dass man die Terrasse und den äußeren Portikus zumauern musste, um sie unterzubringen.

In der Zeit Bayazids II. wurde das Bad 1509 durch ein Erdbeben zerstört. Es wurde mehrfach völlig erneuert, bis Selim II. (1566–1574) dort stürzte und starb. Sein Nachfolger ließ im Harem ein neues Bad bauen, während das alte Anfang des 18. Jahrhunderts abgerissen und durch einen neuen Schlafsaal für Pagen ersetzt wurde.

Auch die Privatgemächer wurden nach und nach aufgegeben und beherbergten stattdessen die Reliquien des Propheten, die man aus Ägypten und Mekka nach Istanbul gebracht hatte. Die Palastschule verkam, wurde allerdings bis ins 19. Jahrhundert beibehalten. Ahmed III. (1703–1730) ließ Mitte des 18. Jahrhunderts diesen Hof umbauen und in seiner Mitte eine Bibliothek errichten.

Es gibt keinerlei Spuren, die erkennen ließen, dass zu den von Mehmed II. errichteten Gebäuden ein Harem gehört hätte. Aus bruchstückhaft erhaltenen Dokumenten geht jedoch hervor, dass es als Pendant zur Palastschule auch eine Schule gab, in der junge Mädchen *(duhteran)* erzogen wurden. Frauen, die Kinder vom Sultan erwarteten, kamen in den Eski Saray, in dem die Familie des Herrschers lebte, andere verheiratete man mit Würdenträgern des Reiches, die aus der Pagenschule hervorgegangen waren.

Die Gebäude dieser Mädchenschule, deren genaue Lage bislang noch ungeklärt ist, ließ Süleyman 1528 renovieren. Aus dieser Zeit stammt auch der lange gepflasterte Gang, der an

Topkapi Saray, Harem, Vorzimmer der Gemächer Murads III., Detail der Keramiktäfelung. Dieses erstaunliche Ensemble befand sich ursprünglich im Hammam des Sultans Mehmed II., der sich an die Schatzkammer anschloss. Selim II. ließ den Hammam neu herrichten. Um 1666 benutzte man die Kacheln dann zur Ausschmückung der Wand, die man im Vorzimmer der Prinzengemächer gezogen hatte.

der Außenmauer des dritten und zweiten Hofes entlang von den Privatgemächern zum neuen Ratssaal führte, der noch heute zur Linken des zweiten Hofes zu sehen ist. Er trug den Namen „Goldener Weg“ (Altin Yolu), weil die Sultane hier nach ihrer Inthronisation Gold an die Frauen des Harems verteilten.

Ende des 16. Jahrhunderts verlegte der Sultan den Harem in den Topkapi Saray. Süleyman war der erste, der nach dem Tod seiner Mutter 1534 seine Lieblingsfrau, Hürrem, und ihre Kinder in den Palast holte. Murad III. (1595–1603), der bei seinem Tod 20 Söhne und 29 Töchter hinterließ – die im Kindesalter verstorbenen nicht mitgezählt –, ließ den Harem nach einem Großbrand 1574 von Grund auf umbauen und gab ihm die Form, in der er bis ins 19. Jahrhundert als „Palast der Frauen“ erhalten blieb. Der Architekt war offensichtlich Sinan.

Als erstes Gebäude des Harems entstand zwischen 1578 und 1579 das Schlafzimmer des Sultans Murad III. mit einem vorgelagerten

Topkapi Saray, Harem, Festsaal, barocker Brunnen. Mitte des 18. Jahrhunderts kommt es unter dem Einfluss des westlichen Barock und des deutschen und österreichischen Rokoko zu einem grundlegenden Stilwandel in der osmanischen Kunst. Von den Regeln, die für die Dekoration verbindlich waren, blieb nur das Verbot gegenständlicher Abbildung. Die traditionelle Keramik verschwindet, an ihre Stelle tritt eine Nachahmung der Delfter Fayence. In die architektonischen Ensembles ziehen Säulen und Pilaster ein, und barocke Voluten breiten sich aus. Dennoch handelt es sich bei dem neuen Dekorationsstil nicht um die reine Nachahmung westlicher Muster. Auf Gegenstände und Einrichtungen der heimischen Kultur, wie zum Beispiel die Zimmerbrunnen, angewandt, haben die schönsten Beispiele viel künstlerische Frische.

Vestibül, beide vollständig mit wunderbaren Wandfliesen aus Iznik ausgeschmückt. Das Schlafzimmer überwölbt eine Kuppel, die mit einem Durchmesser von 11 Metern gemeinsam mit der des angrenzenden Thronsaales die größte Kuppel des Palastes ist. Unterhalb dieses Ensembles befindet sich ein großes Wasserbecken mit einer Loge für den Sultan. Eine Vorhalle verbindet diesen Gebäudekomplex mit dem Goldenen Weg. In der Ecke, die diese Vorhalle mit dem nördlichen Teil des Goldenen Weges bildet, befindet sich ein mit Marmor gepflasterter Hof. Zwischen 1583 und 1585 entstand, südlich angrenzend an das Schlafzimmer des Sultans, ein Thronsaal, der Empfängen und Haremsfesten vorbehalten war. Er hat die gleichen Ausmaße wie das Schlafzimmer, ist an der Westseite jedoch um einen Portikus und einen Balkon erweitert. Nach Süden schloß sich ein großes Bad an, das ebenfalls vollständig mit Wandfliesen ausgestattet war und das Hammam im dritten Hof ersetzte. Da beide Gemächer Mitte des 18. Jahrhunderts im Rokokostil umgestaltet wurden, ist von ihrer ursprünglichen Ausstattung nichts mehr erhalten.

Auch der zweite Komplex des Harems scheint um 1587 begonnen worden zu sein. Der Eingang zu diesem Komplex befindet sich im zweiten Hof des Palastes hinter dem Ratssaal und führt durch eine Torhalle, die von schwarzen Eunuchen bewacht wurde. Diese bewohnten einen langgestreckten rechteckigen Hof, in den der Goldene Weg mündet. Links des Eingangs befanden sich ihr Gebetssaal, ihr Schlafsaal mit Einzelzimmern, die auf drei Etagen einen winzigen Innenhof umschlossen, und die Wohnung des Agas der schwarzen Eunuchen, der ab dem 17. Jahrhundert das höchste Amt im Palast bekleidete. Zwischen dem Schlafsaal und seiner Wohnung lag die Prinzenschule. Früher wurden die Prinzen gemeinsam mit den Pagen in deren Schlafsaal unterrichtet, später jedoch in den Harem verbannt. Am Ende des Hofes der schwarzen Eunuchen führt ein Tor am Goldenen Weg in den Hauptteil des Harems. Der Goldene Weg läuft an dem großen Innenhof der Valide (Sultansmutter) vorbei, während im rechten Winkel ein Gang auf den Hof der Odalisken führt. Dort befinden sich an der Gartenseite drei Wohnungen für die Lieblingsfrauen des Sultans sowie der Schlafsaal der Odalisken. Das Bad an der Hofseite war den in diesem Teil des Harems lebenden Personen vorbehalten.

Zwischen dem Hof der Odalisken im Süden, den Sultansgemächern im Norden, den tiefer gelegenen Gärten im Westen und dem Hof der Valide im Osten lag die Wohnung der Sultansmutter, eine Miniaturausgabe der Sultansgemächer mit einem Bad, das an das Hammam ihres Sohnes angrenzte, einem Empfangssaal mit 6,50 Meter großer Kuppel und einem Schlafzimmer.

1665 mußte der gesamte Komplex völlig renoviert werden; da vor allem die Innenausstattung

Vorherige Doppelseite: Topkapi Saray, Harem, Festsaal (1583–1585). Der Saal ist der größte Raum des ganzen Palastes. Von der ursprünglichen Ausstattung ist seit dem Umbau von 1755 nichts mehr erhalten geblieben. Die Glasfenster gehen auf das Schlafgemach Murads III., das sich gleich nebenan befindet.

Nebenstehend: Topkapi Saray, Harem, Brunnenplatz. Dieser ist unter dem Schlafgemach Murads III. angelegt und öffnet sich links auf den Park, wo sich ein Wasserbecken unter freiem Himmel befindet. Das Foto ist von der Sultansloge aufgenommen, von wo aus der Herrscher die Odalisken beobachten konnte.

gelitten hatte, wurden die Wandfliesen des 16. Jahrhunderts aus Iznik durch minderwertige, vorwiegend in Grüntönen gehaltene Fliesen aus Kütahya ersetzt. Im 17. und 18. Jahrhundert ließen die Sultane kleine Zimmer, Pavillons und Gebäudeflügel hinzufügen, sodass der alte Komplex sehr verwinkelt wurde. Ahmed I. (1603–1617) ließ 1608 vor dem Schlafzimmer Murads III. eine Bibliothek anbauen, der Ahmed III. 1705/06 seitlich noch ein ausgemaltes Kabinett, das so genannte Früchtezimmer, hinzufügte. Die Vorhalle zum Schlafzimmer Murads III. wurde 1666 verkleinert, um eine zwei Zimmer umfassende Wohnung für den Kronprinzen einzurichten. Im Anschluss an den Thronsaal ließ Osman III. (1754–1757) 1754 einen Hof auf Säulen erbauen, an dessen Ende ein Pavillon auf der Mauer des inneren Gartens stand.

Vor dem Hammam entstanden 1779 unter Abdülhamid I. (1774–1789) und 1790 unter Selim III. (1789–1807) weitere Kabinette, die dem Harem einen labyrinthartigen, finsteren und geheimnisvollen Charakter verliehen. Da die Anzahl der Frauen stetig anstieg und die Sultane immer häufiger die Paläste am Bosporus bevorzugten, kam es zur Vernachlässigung und sogar zum Verfall der Gebäude, die bis heute nicht vollständig restauriert wurden.

Außer dem Hof der Pagen und dem Harem gab es noch einen dritten Privatbereich des Palastes, einen hängenden, ummauerten Garten, den Mehmed II. in der nördlichen Verlängerung der Palastschule anlegen ließ. Dies war der Privatgarten des Sultans, von dem nur noch ein Eckturm, der Bas Lala Kulesi, übrig ist. Anhand der Überreste von Grundmauern sowie aufgrund von schriftlichen und bildlichen Quellen lassen sich jedoch einzelne Entwicklungsschritte nachvollziehen. Hier schuf sich der Sultan zur Zerstreuung und Kontemplation einen geheimen Ort, der vom Arkadengang vor seinen Privatgemächern in Terrassen bis an die äußeren Gärten führte.

An die Terrasse der Privatgemächer schloss sich ein erster Gartenhof an, der etwa halb so groß war wie der Hof der Palastschule und hier und da von Türmen mit Aussichtsterrassen durchsetzt war. Ein Durchgang zwischen dem Schlafsaal der Schatzkammerpagen und dem Zimmer des Schwertträgers verband den Garten mit dem Hof der Palastschule. Auf der Terrasse befand sich neben dem Wasserbecken ein Pavillon aus Bergkristall, der dem Spaziergänger Kühlung bot. 1635 wich er vermutlich dem Revan Köşk, der zum Gedenken an die Eroberung Eriwans durch Murad IV. (1623–1640) erbaut

Nebenstehend, oben: Topkapi Saray, Harem, Hammam des Sultans. Sein Erbauer, Murad III., hatte den Pagenhof aufgegeben und sich ganz in den Harem zurückgezogen. Im 18. Jahrhundert erfolgte ein Umbau. In der Mitte Bassin mit Brunnen und Wasserkaskade.

Unten: Topkapi Saray, Harem, Hammam des Sultans. Durch Öffnungen im Gewölbe fällt Licht von oben ein, das durch den Wasserdampf bei Betrieb des Bades noch diffuser gewirkt haben muss. Im Hintergrund ein kleines Becken.

wurde und dem Sultan als Privatbibliothek diente. Auf einem der Türme am Rand der Terrasse, der in Verlängerung der Nordecke des Pagenhofes mit Blick in Richtung Goldenes Horn steht, ließ Süleyman 1528 einen Lustpavillon errichten, dessen ursprüngliche Dekoration, große Wandfliesen mit chinesisch inspirierten Motiven in Blau und Weiß, teilweise noch heute erhalten ist. Ibrahim der Verrückte (1640–1648) ließ den Pavillon 1641 vergrößern, der seitdem den Namen Beschneidungspavillon (Sünnet Odasi) trägt.

Auf dem Eckturm mit Blick auf das Goldene Horn errichtete Murad IV. anläßlich der Rückeroberung Bagdads 1638 einen zweiten, größeren Pavillon, der als Grundmodell des osmanischen Köşk gilt, welches von den Sultanen und Würdenträgern des Reiches in ihren Lustschlössern, vor allem am Bosporus, immer wieder aufgegriffen wurde. Sein Grundriss hat die Form eines Kreuzes mit abgeschrägten Innenecken oder eines Achtecks, in dem vier sich paarweise gegenüberliegende Seiten durch rechtwinklige Nischen mit Iwanen verlängert sind. Das achteckige Zentrum ist überkuppelt und von einem weit vorkragenden Vordach auf zierlichen Säulen umgeben, die einen ebenfalls kreuzförmigen Wandelgang bilden.

Linke Seite,
oben: Topkapi Saray, Harem, Hof der Favoritinnen. Der Name geht auf Abdülhamid I. zurück, der für seine Lieblingsfrauen über dem Goldenen Weg einen Gebäudetrakt anlegen ließ, dessen Vordach ganz links im Bild erkennbar ist. In der Mitte die Prinzengemächer (1666), deren zwei Räume innen wie außen mit Kacheln verkleidet sind. Dahinter auf der linken Seite das Schlafgemach Murads III. Über dem Arkadengang, der vom Goldenen Weg in das Schlafgemach führt, befinden sich die Gemächer der Brüder des Thronnachfolgers.

Unten: Topkapi Saray, Harem, Hof des Sultans Oman III., Detail der Überlaufvorrichtung, in der Regen- und Brunnenwasser gesammelt wird.

Die Terrassen, die auf einer Ebene mit den Privatgemächern liegen, bilden mit Revan Köşk, Bagdad Köşk und Beschneidungspavillon den oberen, architektonisch am stärksten durchgestalteten Teil des Gartens. Die tiefer liegenden Bereiche enthielten lediglich Blumenbeete. Über dem Tor zum unteren Garten entstand Ende des 17. Jahrhunderts ein Holzpavillon, der nach Kara Mustafa Paşa, dem glücklosen Belagerer von Wien, benannt war und 1704 renoviert wurde.

Eine dritte Terrassenebene, die den umschlossenen Garten nach Nordosten und Südosten abschließt, liegt in der Verlängerung des Pagenhofes mit Blick auf das Marmarameer. Dieser weitläufige und weniger strukturierte Teil der Gärten war den sportlichen Übungen der Pagen vorbehalten, wie dem Bogenschießen und dem Speerwerfen. Zu erreichen war er vom Pagenhof über zwei Durchgänge zu beiden Seiten des Schlafsaals der Speisekammerpagen. Von einem Pavillon aus der Zeit Mehmeds II., der in der Mitte der Terrasse zum Marmarameer stand, ist nur noch das Untergeschoss vorhanden; darüber wurde der letzte Pavillon des Topkapi Saray von Abdülmeçid (1839–1861) erbaut, jenem Sultan, der seine Residenz endgültig in den Dolmabahçe Saray am Ufer des Bosporus verlegte.

Die gesamte bisher beschriebene Anlage, deren architektonische Strenge im Laufe der Zeit von Luxus und Üppigkeit überdeckt wurde, bildete den privaten Teil des Palastes. Er hatte jedoch in seiner ursprünglichen Konzeption durch Mehmed II. eine Doppelfunktion inne, die außer dem Wohnbereich des Sultans auch einen öffentlichen Bereich vorsah. Dieser befand sich im äußeren Hof, später als der zweite Hof bezeichnet. Er fand seine Verlängerung in der Audienzhalle *(Arz Odasi)* im inneren Hof, unmittelbar gegenüber dem Bab-üs Saade, das die beiden Höfe miteinander verband. Diese Halle stellte den äußersten Punkt dar, den ein Fremder – gleich welchen Ranges – im Palast betreten durfte, wenn er zum Sultan vorgelassen wurde. Stumm und reglos nahm der Sultan auf seinem Thron gegenüber dem Eingang die Ehrerbietung der Würdenträger und Gesandten entgegen, die, begleitet von zwei Offizieren, näher traten, sich vor ihm niederwarfen und rückwärts wieder zum Ausgang begaben. Das Gebäude in seiner heutigen Form mit der umlaufenden Säulenhalle und dem großen nach allen Seiten ragenden Vordach wurde 1528 von Süleyman gestaltet.

Der zweite Hof bildet ein großes Rechteck, flankiert von zwei Gebäudetrakten, der Küche auf der Meerseite und den Stallungen auf der

Stadtseite. Der Küchenbereich bestand aus zehn gleichen, quadratischen Räumen, jeweils überwölbt von einer Kuppel mit Laterne, und einem Vorraum mit einer achteckigen, stumpfen Pyramidenkuppel, ebenfalls mit Laterne, die später durch einen Kamin ersetzt wurde. Jede Küche hatte eine besondere Aufgabe. Die von Süden aus erste bediente den Sultan, es folgten die Küchen der Valide, der Sultaninnen, des Eunuchen-Agas, des Rates der Wesire, der Pagen, der Diener und Dienerinnen und der Bediensteten des Rates. Die beiden letzten, miteinander verbundenen Küchen stellten ausschließlich Naschwerk her. An der Trennmauer zum dritten Hof befanden sich drei kleinere, ebenfalls überkuppelte Räume, von denen der Eckraum mit der Konditorei verbunden war und wohl die Seifensiederwerkstatt beherbergte; die beiden anderen dienten den Konditoren als Moschee. Der Gebetsraum der Köche lag unmittelbar südlich neben der Küche des Sultans, dahinter schlossen sich die Vorratsräume an. Am Ende des Mittelganges, der sich über die gesamte Länge des zweiten Hofes erstreckte, gelangte man am Südende zu den großen Trinkwasserbrunnen und den Backöfen des Palastes. Die beiden ersten Küchen, die zu dem unter Mehmed II. errichteten Gebäudekomplex gehören, vermitteln einen guten Eindruck davon, wie dieser Trakt vor dem Brand von 1574 und dem Wiederaufbau durch Sinan ausgesehen haben dürfte.

Da der zweite Hof zur linken Seite hin abfällt, liegt der ihn im Westen begrenzende Hof des Marstalls tiefer und ist nur über eine Rampe zu erreichen. An der Nordseite dieses Hofes, der Eingänge sowohl vom zweiten als auch vom ersten Hof aus besitzt, erstreckt sich über die gesamte Nordseite ein Gebäude mit zwei großen Stallungen und den Unterkünften der Stallmeister. Daran schließt sich, etwas zurückliegend, ein quadratischer, überkuppelter Raum an, in dem kostbare Sättel und Zaumzeuge aufbewahrt wurden. Am gegenüberliegenden Ende des Hofes lag zwischen den beiden Eingängen die Moschee

Oben: Topkapi Saray, Harem, Hof der Gemächer der Sultansmutter. Als ranghöchste Person im Harem kam ihr die Ehre zu, einen Wohnbereich direkt neben den Sultansgemächern zu haben. Sie residierte also zwischen dem Sultan und dessen Hauptfrauen samt dem übrigen Harem, womit bereits die Lage ihrer Gemächer die Vermittlerrolle bezeichnet, die sie bei Streitigkeiten im Harem zu spielen hatte.

Linke Seite: Topkapi Saray, Harem. Goldener Weg und Quartier der schwarzen Eunuchen. Rechts der Säulengang zu den Schlafräumen der schwarzen Eunuchen; durch die Tür im Hintergrund gelangt man in die Eingangshalle. Darüber das Wachlokal. Die vorwiegend grünen Kacheln aus Kütahya datieren aus der Zeit nach dem Brand von 1665.

Linke Seite: Topkapi Saray, Harem, Früchtezimmer Ahmeds III. Das nach seiner Dekoration benannte Kabinett befindet sich vor dem Schlafgemach aus der Zeit Murads III. Es ist eines der wenigen Beispiele aus der Tulpen-Epoche, in der sich klassischer Stil und osmanischer Barock vermischen. Neu ist ein aufkommender Naturalismus und die Verwendung schlichter Materialien. Die Malereien sind auf Holztafeln ausgeführt. Die Kassettendecke und die Gestaltung des Kamins rechts deuten auf einen neuen Stil.

Oben: Topkapi Saray, Harem, Pavillon des Sultans Osman III., kleines Seitenzimmer. Der 1754/55 gebaute Pavillon kragt über die Mauer, die den Harem vom Park des Palastes trennt. Er gilt als erstes Beispiel des osmanischen Barockstils. Das Seitenzimmer bewahrt mit den Wandschränken und -nischen ein typisches Element der traditionellen Architektur. Die zu beiden Seiten des Kamins angebrachten Tafeln mit Architekturansichten in Trompe-l'œil sind einzigartig in der osmanischen Dekorationsmalerei.

Topkapi Saray, Harem, Gemach Abdülhamids I. Der Raum befindet sich auf der anderen Seite des Ganges, der zu den Gemächern der Sultansmutter führt, und neben dem Hammam. Die Fenster gehen auf den Hof Osmans III. Der barocke Kamin gehört fortan zum festen Bestandteil der osmanischen Innendekoration.

Topkapi Saray, Harem, Gemach Selims III. Das Gemach stößt an den Gang, der entlang dem Hof zum Pavillon Osmans III. führt. Es entstand 1789; das Rokoko zeigt sich besonders deutlich an den oberen Fenstern und an der Kamindekoration mit ihren gewendelten Nischen.

Das Leben am osmanischen Hof

Im Topkapi Saray lief das Leben wie in allen königlichen Residenzen in konzentrischen Kreisen um die Person des Herrschers ab. Am osmanischen Hof gesellte sich zur Hierarchie der Chargen und zur höfischen Etikette allerdings noch die Geschlechtertrennung.

Die Einwohner seines Reiches waren die Untertanen des Sultans; all jene, die in seiner unmittelbaren Umgebung lebten, und sogar jene, die ihn im Palast aufsuchten, waren seine Ergebenen. Das betraf die Frauen, die den Palast als Sklavinnen oder Gefangene betraten und niemals offiziell freigelassen oder geheiratet wurden, selbst wenn sie Sultaninnen wurden, die einen Erben gebaren. Um eine kleine Zahl von Auserwählten des Herrschers lebten im Harem unzählige Frauen, die von den schwarzen Eunuchen bewacht wurden.

Dasselbe galt für die Pagen, die im dritten Hof des Topkapi Saray lebten und deren Keuschheit von den weißen Eunuchen überwacht wurde. Auch sie kamen als Gefangene, Sklaven oder durch die Knabenlese (Aushebung von Kindern von Christen in den Provinzen) in den Palast und blieben es auch, selbst wenn sie ihn verließen, um die höchsten Ämter des Reiches einzunehmen.

Selbst die Wesire und andere Würdenträger, die viermal in der Woche im Palast zum kaiserlichen Rat zusammenkamen, waren Sklaven des Sultans, mit einer einzigen Ausnahme: die beiden Armeerichter bekleideten ein religiöses Amt.

Sklaven waren auch die Janitscharen, die alle drei Monate im zweiten Hof ihren Sold erhielten, ebenso die Diener des Palastes, die Hellebardenträger *(zülüsü baltacilar)*, die mit den täglichen Arbeiten betraut waren, die Gärtner *(bostanci)*, die Gerichtsdiener *(kapici)*, die Gardeoffiziere *(cavuş)* und die Hofkünstler, deren Abstammung von Sklaven in den Verzeichnissen festgehalten ist.

Der Sultan hielt in seiner Funktion als Oberhaupt der Dynastie der Osmanen, der der Staat gehörte, die gesamte Macht in seinen Händen. Da es kein Erstgeborenenrecht gab, führte der Tod eines Herrschers immer zu einem Bruderkrieg um seine Nachfolge, was den Staat bedeutend schwächte. Aus diesem Grund wurde seit Mehmed II. der Brudermord die Regel. Doch führte die Furcht vor einem Aussterben der Dynastie und die Thronbesteigung durch immer jüngere Sultane Anfang des 17. Jahrhunderts zur Änderung des Systems. Die Herrschernachfolge war nun dem Ältesten der Familie vorbehalten, seine Brüder wurden nicht mehr getötet, sondern in den Palast eingeschlossen. Da aber die im Harem eingesperrten Prinzen nicht das Recht hatten, vor ihrer Thronbesteigung Kinder zu zeugen, blieb die osmanische Familie immer klein, und vor dem Ende des 19. Jahrhunderts gab es keine Nebenzweige. Die Frauen wurden mit Würdenträgern des Reiches verheiratet, und ihre Kinder hatten kein Anrecht auf den Thron. Trotzdem relativierte die Existenz von potenziellen Nachfolgern die Macht des Sultans, der zum (austauschbaren) Symbol der dynastischen Herrschaft wurde.

Der osmanische Sultan war keiner – etwa dem Versailles Ludwigs XIV. entsprechenden – höfischen Etikette unterworfen, da er keine Repräsentationspflichten gegenüber einem Hof hatte, den es in vergleichbarer Art nicht gab. Das Privatleben des Sultans spielte sich in zwei Bereichen ab, die aneinander grenzten, aber streng voneinander getrennt und beide völlig abgeschlossen von der Außenwelt waren: im Bereich der Pagen im dritten Hof und unter den Frauen im Harem.

300 bis 400 Pagen lebten im Palast, von denen die Hälfte Schüler waren, während die andere Hälfte unmittelbar zu Diensten stand. 40 Pagen, die die oberste Stufe der Hierarchie erreicht hatten, lebten in den Privatgemächern des Sultans *(Has Oda)*. Zur Zeit Mehmeds II. des Eroberers schliefen vier von ihnen sogar in seinem Gemach und hielten abwechselnd Wache, wobei sie ihn völlig reglos beobachteten. Die Funktionen dieser vier Pagen sowie ihre Stellung in der Hierarchie sind bekannt: Der erste der Pagen des Privatgemachs war der Schwertträger des Herrschers *(silahdar)*, welcher die Waffen zu bewachen hatte; der zweite war sein Kleiderträger *(cuhadar)*; er kümmerte sich um seine Kaftane und seine pelzgefütterten Mäntel; dem dritten, dem *rikabdar*, kam es zu, dem Herrscher beim Aufsteigen auf sein Pferd in die Steigbügel zu helfen, ihm die Schuhe an- und auszuziehen sowie seine Schuhe zu bewachen; der vierte war sein Turbanträger und für die Wäsche verantwortlich. Des Weiteren gab es den Schlüsselträger, den Chefbarbier, den Wasserkannenträger, den Handtuchhalter, den Mundschenk, den Tischdiener, den Hundedresseur und dessen Begleiter, den Papageiendresseur, den Nagelschneider, den Kaffeekoch und den Zahnstocherträger. Darauf folgten in abfallender hierarchischer Ordnung: der Page, dem es oblag, zum Gebet zu rufen, der Privatsekretär, ein zweiter Turbanträger und ein zweiter Mantelträger. 20 Funktionsträger dieser Art machten die Hälfte der im Privatgemach lebenden Pagen aus. Die andere Hälfte war ohne Dienstgrad und entweder dem Gefolge der beiden ersten Pagen zugewiesen oder mit der Reinigung der Gemächer betraut.

Den Pagen des Privatgemachs folgten etwa die 60 Pagen der Schatzkammer *(hazine)*, unter denen es den Kannenträger, den Pelzbewahrer, den Gewehrbewahrer, den Kaftanbewahrer usw. gab. Die Pagen der Speisekammer, auch Speisehüter *(kiler)* genannt, waren 30 an der Zahl. Der erste von ihnen sorgte für das Brot des Sultans, der zweite für sein Wasser, der dritte wusch sein Geschirr, der vierte pflegte die Silberteller, auf denen die Speisen serviert wurden, der fünfte war für das Obst verantwortlich, der sechste für die Gewürze, der siebte für die Kerzen, die die kaiserlichen Gemächer erleuchteten, usw.

Die Anwesenheit dieser Menge von Dienern zog zweifellos ein Zeremoniell nach sich, aber die Tatsache, dass der Herrscher sich in seinem täglichen Leben nicht zur Schau stellen musste, erzeugte eine gewisse Privatheit. Aus der Menge der Pagen wählte sich der Sultan einen engeren Kreis von Gefährten *(musahib)*. In ihrer Gesellschaft gab sich Murad IV. (1623–1640) ausgiebigen Trinkgelagen hin, während Mehmed IV. (1648–1687) endlose Jagdpartien liebte und Ibrahim I. (1640–1648) hauptsächlich im Harem lebte.

Die beiden Bereiche, der Pagenhof und der Harem, überschnitten sich in den Gärten und einigen Pavillons, die zu bestimmten Zeiten für die Pagen geschlossen und für Ausflüge des Harems offen waren.

Der öffentliche Lebens- und Wirkungsbereich des Herrschers war der zweite Hof mit einem Zugang zum Thronsaal am Eingang zum dritten Hof, wobei er diesen Bereich in Wirklichkeit nur streifte. Am kaiserlichen Rat nahm er hinter einem vergitterten Fenster teil, zu dem er vom Harem aus gelangte. Die Ratsmitglieder empfing er im Thronsaal, der sich im dritten Hof befand. Dort gewährte er auch den hohen Würdenträgern, die nicht dem Rat angehörten, wie dem Großmufti oder dem Kommandeur der Janitscharen sowie verschiedenen Botschaftern Audienz. Seinen goldenen Thron, der unter dem Vordach des Tores stand, das beide Höfe voneinander trennte, bestieg er, um die Ehrenbekundungen der Würdenträger anlässlich seiner Thronbesteigung und der beiden religiösen Feste des Jahres entgegenzunehmen.

Einen der wichtigsten Anlässe für den Herrscher, den Palast zu verlassen, stellte das Freitagsgebet dar. Er begab sich dazu zu einer der kaiserlichen Moscheen, oft zu der von ihm selbst errichteten, aber auch zur Hagia Sophia, die die nächstgelegene war.

Oben: „Die aus Afrika stammenden schwarzen Eunuchen sind oft hässlich und missgestaltet und schauen grimmig drein. Der osmanische Hof setzt sie zur Bewachung und Begleitung der Haremsfrauen ein.“
Jean-Léon Gérôme, *Le Gardien du Harem*, 1859. Wallace Collection, London.

Linke Seite: Saal des Staatsrats im Topkapi Saray, wo sich die Minister versammelten.
„Die vergitterte Loge, von der aus der Sultan der Versammlung beiwohnt, ohne selbst gesehen zu werden, befindet sich gerade über dem Kopf des Vorsitz führenden Großwesirs. Der als absoluter Souverän herrschende Sultan kann jederzeit Minister und Beamte absetzen, wenn er mit ihren Diensten nicht zufrieden ist.“
Memorie Turchesche, Code Cicogna, 17. Jahrhundert. Bibliothek des Museo Correr, Venedig.

Die Haremsordnung

Der Harem bildete das Gegenstück zum Pagenhof. Dienerinnen *(cariye)* und Pagen waren im Palast zahlenmäßig gleich vertreten: 300 in der frühen Epoche (15.–16. Jahrhundert), 400 oder mehr in der Zeit danach, wobei die Frauen hauptsächlich im Dienst der Sultansmutter, der Frauen des Sultans und der im Harem eingeschlossenen Prinzen standen. Jene, die in der Hierarchie aufstiegen, wurden Offizierinnen *(kalfa)* und führten Gruppen von Dienerinnen an, die einer bestimmten Person oder einer bestimmten Aufgabe zugeteilt waren. Die nächsthöhere Kategorie war die der Herrinnen *(usta)*, und von dieser Stufe an wurde die Hierarchie differenzierter. An der Spitze stand die Verwalterin *(hazinedar usta)*, die Vorgesetzte der gesamten Dienerinnen des Harems. Es folgten die Verantwortliche für den Tisch des Herrschers, für die kaiserliche Wäsche, die Trägerin der Wasserkanne, die Friseurin, die Verantwortliche für den Kaffee, für den Fliegenschrank, den Toilettenbedarf und die Bäder, die Sekretärin, die Oberschwester, die Hebamme, die Amme usw.

Die Hierarchie hing letztlich von der Beziehung der Dienerin zur Person des Herrschers ab, aber gerade diese lässt sich schwer feststellen. Eine Dienerin, die die Gunst des Sultans genoss, wurde zur Odaliske (*oda* = Zimmer), und man kann annehmen, dass eine Odaliske auf derselben Stufe der Hierarchie stand wie ein Page der Privatgemächer. Die Odalisken sollten ursprünglich unter den Herrinnen ausgewählt werden oder zumindest unter den Verwalterinnen, da deren Alter aber, je höher ihr Rang war, entsprechend fortgeschritten war, zogen sie selten die Aufmerksamkeit des Sultans auf sich. Außerdem zogen es die Ehefrauen und die Sultansmutter vor, dem Sultan Dienerinnen aus ihrer Umgebung anzubieten, um sich Einfluss zu sichern. Die Odalisken, die ein Kind vom Sultan hatten, wurden Favoritinnen *(ikbal)* und konnten in den Rang einer Frau des Sultans *(kadin efendi)* aufsteigen, nicht aber Ehefrauen werden. Der Aufstieg war im Allgemeinen mit der Geburt eines Sohnes verbunden, und die erste Frau *(baf kadin)* war normalerweise die Mutter des ersten Sohnes.

Nach dem Tod eines Herrschers wurde sein Harem aufgelöst. Die meisten Dienerinnen und sogar die Odalisken wurden in der Stadt verheiratet; die anderen, vor allem die Mütter der Prinzen, wurden in den sogenannten Alten Palast geschickt, den ersten, unmittelbar nach der Einnahme Konstantinopels im Zentrum der Stadt errichteten Palast Mehmeds II. Im Topkapi Saray blieben nur die Mutter des neuen Sultans und ihr Gefolge. Bis zum Anfang des 17. Jahrhunderts wurde die erste Frau auch Sultansmutter und verließ den Topkapi nicht. Als die Thronfolgeregelung dahingehend geändert wurde, dass immer der Älteste der Familie den Thron bestieg, konnte es vorkommen, dass Frauen aus dem Alten Palast in den Topkapi Saray zurückkehrten, wo sie die begehrte Position der Sultansmutter einnahmen, wenn ihr Sohn den Thron bestieg. Sie wurden zur ersten Person des Palastes und oft die grauen Eminenzen des Reiches.

Die symmetrische Anordnung des dritten Hofes und des Harems veranschaulicht den regelmäßigen Wechsel zwischen der Welt der Frauen und der Pagen im täglichen Leben des Osmanenherrschers. Mit der Zeit änderten sich die Prioritäten der Sultane, die bis zum Ende des 16. Jahrhunderts hauptsächlich mit ihren Pagen im dritten Hof lebten. Hier befanden sich seine Privatgemächer, sein Hammam und die Mehrzahl seiner Lustpavillons. Mit Murad III. (1574–1595), der ein Schlafzimmer, einen Prunksaal und ein üppiges Hammam innerhalb des Harems baute, begann die Reihe der Sultane, die sich bevorzugt dort aufhielten und von den Kräften des Harems dominiert wurden.

Nebenstehend: Topkapi Saray, Bagdad-Pavillon, 1639. Der Pavillon besteht aus einem großen Raum mit vier Iwanen. In den unteren Wandpartien wechseln sich Schränke und Fenster ab, letztere hatten ursprünglich keine Verglasung, sondern hölzerne Läden. Die darüber liegenden Fenster sind wie Kirchenfenster in Blei gefasst und gaben dem Raum Licht, wenn die Holzläden bei schlechtem Wetter geschlossen waren.

Unten: „Haremsmädchen, die musikalische Begabung zeigen, werden von älteren Frauen unterrichtet und mit dem traditionellen Musikerbe vertraut gemacht. So lernen sie Harfe und Geige, Psalter und Kithara sowie Tamburin spielen.“ Francesco Ballesio, *Die Musikantin.* Galerie Nataf, Paris.

Links: Topkapi Saray, Eingang zum Beschneidungszimmer. Der Raum geht auf den Arkadengang, der die Sultansgemächer des dritten Hofs umschließt. Der 1641 unter Ibrahim I. fertig gestellte Bau nimmt den Platz eines älteren, von Süleyman dem Prächtigen errichteten Gebäudes ein. Aus dieser Epoche datieren die kostbaren blauen und weißen, chinesisch anmutenden Keramikfliesen, die den Eingang umrahmen.

und das Bad der Stallmeister. Bis auf diese beiden Gebäude, die im 18. Jahrhundert wieder aufgebaut wurden, stammen alle Bauteile des Marstalls aus der Zeit Mehmeds II.

Zwischen Marstall und Harem befindet sich der Hof der so genannten Beilträger *(baltacilar)*, der durch ein Tor unmittelbar neben dem Eingang zum Harem vom zweiten Hof aus zu erreichen ist. Diese Beilträger, die wie die Pagen zu beiden Seiten ihres Gesichts lange Zöpfe trugen, hatten unter anderem die wichtige Aufgabe, Feuer zu löschen. Sie holten aber auch Brennholz für die Bäder und Öfen. Ihr Quartier, das 1586 bis 1587, also gleichzeitig mit dem Harem entstand und rund um einen kleinen Innenhof eine Moschee, ein Bad, einen Versammlungsraum und Unterkünfte über zwei Etagen umfasste, sieht noch heute so aus wie am Ende des 16. Jahrhunderts und ist somit eines der wenigen Zeugnisse für die Wohnverhältnisse der niederen Bediensteten des Palastes zur damaligen Zeit.

Im zweiten Hof, der fast rundum von Kolonnaden gesäumt war, fand das öffentliche Leben des Palastes statt, das auch die Führung der Staatsgeschäfte umfasste. Hier trat viermal wöchentlich der Diwan zu seinen Ratsversammlungen zusammen und empfing die Gesandten und alle drei Monate die Janitscharen und andere Truppenteile der Armee, die dort ihren Sold erhielten. Hier wurde der Sultan unter dem Vordach des Bab-üs Saade inthronisiert und nahm bei Festen die Huldigung der Würdenträger entgegen. Da der Diwan zugleich die Funktion des obersten Gerichts innehatte, besaß jeder Untertan das Recht, ihm an dieser Stelle eine Petition vorzulegen.

In den zweiten Hof gelangte man durch ein monumentales Tor, das als Mitteltor (Orta Kapi) bezeichnet wurde, weil es zwischen dem Bab-i Hümayun zum ersten Hof und dem Bab-üs Saade zum dritten Hof liegt. Manchmal wird es auch Tor der Begrüßung (Bab-i Salam) genannt. Von außen überrascht es mit seinen achteckigen Türmen mit Spitzdächern, Zinnen und Pechnasen durch seine Ähnlichkeit mit der abendländischen Festungsarchitektur. Doch auch dieses Tor stammt aus der Zeit Mehmeds II. Eine Waffensammlung in der Torhalle verstärkte den militärischen Charakter des Ensembles, das jedoch keinerlei Verteidigungsfunktion besaß. Denn dieses Tor, das den Zugang zum eigentlichen Palastareal darstellte, war ohne jegliche Wehranlagen angelegt. Der ganze Palast besaß keine bewaffnete Wache, und das Tor zum zweiten Hof wurde nur von Pförtnern, die mit Stöcken ausgerüstet waren, bewacht. Ihre Unterkünfte befanden sich zu beiden Seiten des Tores, und neben dem rechten Schlafsaal lag das Verliess für hohe Würdenträger, die von der Ratsversammlung verurteilt worden waren.

Niemand – der Sultan ausgenommen – durfte das Mitteltor zu Pferd passieren, alle anderen

Unten: Topkapi Saray, Bagdad-Pavillon, Außenansicht. Der Pavillon ist von einem Portikus umgeben, der dem kreuzförmigen Gebäudegrundriss folgt. Das weit vorkragende Vordach spendet reichlich Schatten. In angenehmer Kühle kann der Betrachter hier den Blick auf das Goldene Horn und den Bosporus genießen. Eine Kuppel überwölbt den oktogonalen Zentralraum, nicht aber die Iwane. Der Schornstein hat die Form eines schlanken Minaretts.

mussten zu Fuß unter einem breiten Portikus auf zehn Säulen hindurchgehen, dessen Holzdecke vergoldet und bemalt war. Entlang den Mauern standen beidseitig Bänke, auf denen sich an Zahltagen auf der rechten Seite der Aga und die anderen Führer der Janitscharen und auf der linken Seite die Kommandeure anderer Truppenteile versammelten.

Vom Portikus bis zum Ratssaal standen gewöhnlich in langer Reihe Würdenträger und Beamte, um den Großwesir oder Gesandte zu empfangen, die ihre Beglaubigungsschreiben vorlegen oder sich verabschieden wollten. Das höfische Protokoll sorgte geschickt dafür, dass die Übergabe von Beglaubigungsschreiben, Geschenken und Tributzahlungen durch Abgesandte wichtiger Länder immer mit dem Zahltag der Janitscharen zusammenfiel, an dem die gesamten regulären Truppen, also einige 10 000 Soldaten, die in der Hauptstadt stationiert waren, sich im Palast versammelten. Die Prachtentfaltung sollte die Vertreter fremder Länder beeindrucken und Macht demonstrieren, was nach den zahlreichen Berichten von Botschaftern und ihrem Gefolge, die erhalten sind, auch durchaus gelang.

Der Ratssaal befand sich ursprünglich am hinteren linken Ende des zweiten Hofes, unmittelbar an der Trennmauer zum dritten Hof. Dahinter lag neben dem kleinen Schlafsaal der Pagen eine Loge mit vergittertem Fenster, in der der Sultan die Beratungen der Ratsversammlung verfolgen konnte, die er seit der Zeit Mehmeds II. nicht mehr persönlich leitete. Durch die Umbauten, die Süleyman 1527 bis 1528 vornehmen ließ, wurde der Ratssaal an das Ende des Goldenen Weges verlegt, angrenzend an den Hof der schwarzen Eunuchen am Fuß eines Turmes, der noch unter Mehmed II. erbaut wurde. In diesem Turm, in dem damals der Staatsschatz untergebracht war, befand sich von nun an die Loge des Sultans, ebenfalls mit einem vergitterten Fenster zum Ratssaal. Den Turm erreichte der Sultan über den Goldenen Weg vom Has oda aus und

Topkapi. Das Foto ist unter dem Vordach des Bab-üs Saade aufgenommen. Im Hintergrund der Platz, wo sich die Janitscharen am Zahltag zum Empfang ihres Soldes aufstellten. Dahinter der Arkadengang vor den Schornsteinen des Küchentraktes.

Topkapi Saray, Küchen, Gewölbe eines Jochs. Das Gewölbe in Form einer oktogonalen Pyramide stützt sich auf vier Trompen und entspricht, von außen gesehen, der Pyramidenkuppel (siehe Abbildung S. 237). Das Loch in der Mitte ist der zylindrische Rauchabzug.

später von seinen Gemächern im Harem. Als Schatzkammer des Reiches ließ Süleyman ein neues Gebäude mit vier Kuppelpaaren errichten, wofür ein Teil des alten Ratssaales geopfert wurde. Der erhaltene Teil diente als Vorzimmer für Würdenträger und Gesandte, die darauf warteten, vom Sultan in der Audienzhalle am Eingang des dritten Hofes empfangen zu werden.

Der neue Ratssaal (Kubbe Alti) besteht aus einer Flucht von drei quadratischen, überkuppelten Räumen, umgeben von einem Säulengang, der vom Eingang zum Harem bis an das Schatzkammergebäude reicht. In dem ersten Saal fanden die Ratsversammlungen statt, geleitet vom Großwesir, über dessen Platz sich das vergitterte Fenster der Sultansloge befand. Dieser Saal war nach zwei Seiten zum Säulengang hin offen, von wo aus die Menge der Würdenträger die Sitzungen verfolgen konnte, und ging an der dritten Seite in den zweiten Saal über, in dem Schreiber den Sitzungsverlauf protokollierten. In dem dritten Saal befand sich die Kanzlei mit den Archiven.

Unmittelbar links vom Tor des Reiches befanden sich an der Umfassungsmauer die Unterkünfte der noch in Ausbildung befindlichen Janitscharen, die auch grobe Transportarbeiten verrichteten. Auf dem benachbarten Areal zwischen Irenen-Kirche und Hagia Sophia, wo in den 40er Jahren unseres Jahrhunderts Ausgrabungen byzantinischer Überreste stattfanden, schlossen sich das Holzlager des Palastes, die Ochsenställe, die Remisen der Holzfuhrwerke und die Werkstätten und Quartiere der Korbflechter an. Die Irenen-Kirche wurde nach der osmanischen Eroberung in den Palastbezirk einbezogen, aber nicht in eine Moschee umgewandelt. Sie diente als Speicher für militärische Beute. Heute ist eine große Sammlung europäischer und orientalischer Waffen in dem Museum zu besichtigen, das in der Militärschule des 19. Jahrhunderts im Stadtteil Harbiye untergebracht ist.

Jenseits der Kirche erstreckten sich auf einem weitläufigen Gelände die Lagerhäuser, wo vor allem Baumaterialien gestapelt wurden. Hier befanden sich auch das Bauministerium mit den Amtsräumen des Stadtverwalters und des obersten Baumeisters sowie ein Teil der Münze. Im Jahr 1727 wurden alle Gebäude der Münzanstalt einverleibt, die bis zum Ende des 20. Jahrhunderts in Betrieb bleiben sollte. An ihnen vorbei führt ein Weg hinunter in die Parkanlagen auf der Stadtseite. Hinter diesem Weg verlief eine Mauer bis an die zweite Umfassungsmauer; sie schirmte die ersten, tiefer gelegenen Pavillons des Palastes ab, die sich heute im Hof des Archäologischen Museums befinden. Vor dieser Mauer stand ein hölzerner Vorbau, in dem die Pferde und Bediensteten der Würdenträger, die im Ratssaal empfangen wurden, Aufnahme fanden.

Rechts vom Tor des Reiches stand das Hospital, dessen Räume rund um einen Innenhof gruppiert waren. Da das Hospital für die Pagen die einzige Möglichkeit darstellte, dem „Gefängnis" des dritten Hofes für einige Zeit zu entkommen, stand es ab Ende des 16. Jahrhunderts in dem Ruf, eher ein Ort des Vergnügens als des Leidens zu sein.

Ursprünglich hatte man von den Bänken vor den Arkaden Ausblick auf die Gärten und das Meer. Der Ausbau der Palastbäckerei im Jahr 1616 erforderte jedoch den Bau einer Mauer, die diese Aussicht verstellte. Unmittelbar rechts neben dem zweiten Tor stand ein großer Brunnen mit Schöpfrad für die Wasserversorgung des Palastes.

Nach Fertigstellung seines Palastes wollte Mehmed II. in den Gärten drei Pavillons bauen lassen, die durch ihren Baustil – persisch, griechisch und türkisch – die drei Welten symbolisieren sollten, deren Herrscher er war. Im Winter 1480 plante der Sultan außerdem den Bau eines Pavillons im europäischen Stil zum Andenken an die Eroberung Otrantos im gleichen Jahr, die in seinen Augen das Vorspiel zur Eroberung Italiens darstellte. Zu diesem Zweck erging eine Einladung an einen venezianischen Baumeister und einige florentinische Maler, die unterstützt werden sollten durch den zu dieser Zeit in Istanbul weilenden venezianischen Maler Gentile Bellini. Doch durch den Tod des Sultans im folgenden Jahr kam es nicht mehr zur Verwirklichung dieser Pläne.

Von den drei Pavillons ist heute nur noch der persische, der Fayencen-Pavillon (Çinili Köşk) von 1472 im Hof des archäologischen Museums erhalten. Alte Stiche und Miniaturen deuten darauf hin, dass er zusammen mit dem „türkischen" Pavillon, der sich durch ein Zeltdach auszeichnete, und dem „griechischen" Pavillon in der Art eines byzantinischen Kuppelbaus auf einer Terrasse unterhalb des Marstalls ein Dreieck bildete.

Der Fayencen-Pavillon, dessen Anlage und Ausstattung mit Keramikfliesen im timuridischen Stil gehalten sind, hat einen kreuzförmigen Grundriss mit vier Iwanen, der durch vier überkuppelte Eckräume zu einem Quadrat ergänzt wird. Nur die Kuppel des zentralen Raumes ragt über das Flachdach hinaus. In der fünfeckigen Apsis in Verlängerung des westlichen Iwans stand der Thron des Sultans unter einer Kuppel. In diesen Pavillons fanden nächtliche Vergnügungen statt, die nach Schilderungen der Hofdichter in ausschweifenden Trinkgelagen mit Musik in Gesellschaft von Pagen und „Paradiesjungfrauen" bestanden. Heute befindet sich dort ein Museum für Keramikkunst.

Von den Pavillons, die Mehmed II. an der Marmaraküste errichten ließ, ist ebenso wenig erhalten geblieben wie von den vier im 16. Jahrhundert erbauten Pavillons. Der Marmor-Pavillon (Mermer Köşk), den Selim I. 1518 bis 1519 nach seiner Rückkehr aus Ägypten bauen ließ, und der Strandpavillon (Yali Köşk), erbaut 1591 durch Murad III. und 1862 durch einen Brand zerstört, sind der Eisenbahnlinie gewichen. Von dem 1589 bis 1591 ebenfalls unter Murad III. entstandenen Perlen-Pavillon (Incili Köşk) sind nur noch die Fundamente an der Seemauer geblieben. Als einziger ist der Korbflechterpavillon (Sepetciler Köşk) erhalten geblieben, der 1643 auf einem Turm der Seemauer errichtet wurde.

Links: Thronbesteigung des Sultans Selim III. (1789) unter dem Vordach des Bab-üs Saade. Das Gemälde wird Constantin Kapidagli zugeschrieben, einem der ersten namentlich bekannten Maler am osmanischen Hof. Es ist auch eines der ersten Gemälde (Öl auf Holz), die zur Ausschmückung des Topkapi Saray geschaffen wurden. Der Sultan auf seinem goldenen Thron empfängt die Ehrenbezeigungen der osmanischen Würdenträger. Zu seiner Linken der Großwesir und sein Stellvertreter, beide mit kegelförmigen weißen Turbanen, daneben die hohen muslimischen Geistlichen. Hinter dem Thron links die Vorsteher der schwarzen Eunuchen, in der Mitte die Vorgesetzten der Pagen, rechts (mit hohen Turbanen), die Vorsteher der weißen Eunuchen. Museum des Topkapi Saray, Istanbul.

Unten: Topkapi Saray, Bab-üs Saade. Ein Vergleich mit dem nebenstehenden Gemälde zeigt, dass der Bau sein Aussehen nicht verändert hat. Die Dekoration stammt aus dem 18. Jahrhundert.

Topkapi Saray, Diwan, Saal der Schreiber. Während der Staatsrat viermal wöchentlich nebenan (links) tagte, fertigten die Schreiber Protokolle an, die anschließend im Archivsaal (rechts) verwahrt wurden. Die Ausschmückung des Saals datiert wie der ganze Bau aus dem 18. Jahrhundert.

Rechte Seite: Gelände des Topkapi Saray. Fayencen-Pavillon (Çinili Köşk). Mehmed II. ließ diesen Pavillon im persischen sowie zwei weitere im griechischen und türkischen Stil erbauen. Doch nur dieser blieb erhalten und ist heute Teil des Archäologischen Museums, dessen Fayencen-Sammlung er beherbergt.

Nebenstehend: Wappen des Osmanischen Reiches. Dieses Emblem stammt aus der Zeit nach den Reformen der Tanzimat (1839) und zierte bis zum Ende der osmanischen Herrschaft die meisten zivilen und militärischen Amtssitze und Behörden. Neben einer Fülle von Waffen (Lanzen, Spieße, Schwerter, Axt und Doppelaxt, Pistole und Kanone samt Kugeln) sind auch die Waage und das Buch als Symbole des weltlichen und geistlichen Rechts zu erkennen. Unten die verschiedenen Orden des Reiches, oben das herrscherliche Monogramm *(tugra)*.

Die Stiftungskomplexe der Großwesire

Mehmed II. verpflichtete seine Würdenträger, seinem Beispiel zu folgen, was sie auf sehr unterschiedliche Weise taten. Während jene Wesire, die zur byzantinischen Aristokratie gehörten, beträchtliche Gebäudekomplexe in Istanbul bauten, zogen andere, die anatolischen Familien entstammten oder verbunden waren, es vor, ihre größeren Bauwerke in der Provinz zu errichten.

Die ersten beiden Großwesire Mehmeds II. stammten aus vornehmen byzantinischen Familien und hatten die Palastschule durchlaufen. Mahmud Paşa, ein Abkömmling der in Serbien beheimateten byzantinischen Dynastie der Angelos und Großwesir bis 1467 und wieder von 1470 bis 1474, war eine der schillerndsten Persönlichkeiten der Epoche. Die antiherrscherliche Tradi-

Oben links: Topkapi Saray, Diwan, schmiedeeisernes Gitter vor dem Ratssaal. Das Gitter und die Dekoration wurden im 18. Jahrhundert neu gestaltet, die Anlage selbst ist jedoch original. Sie entspricht dem Gebot der Öffentlichkeit der Ratsversammlungen. Eine große Schar von Beamten und Bittstellern drängte sich vor dem Gitter und hörte den Debatten zu.

Oben rechts: Topkapi Saray, Diwan, Eingang zum Ratssaal. Bei den Versammlungen führte der Großwesir den Vorsitz, während der Sultan in einer vergitterten Loge direkt über dem Kopf des Großwesirs saß.

Nebenstehend links: Topkapi Saray, Vordach des Säulengangs des Ratssaales.

Nebenstehend rechts: Topkapi Saray, Ratssaal, Eingangstür zum Archivsaal. Hier wurden die Verwaltungsakten verwahrt, bis sie später ihren Platz im Amtssitz des Großwesirs fanden, wo sich ab dem 18. Jahrhundert auch die Ministerrunde traf.

tion erhob seine Moschee zum Symbol der Frömmigkeit, das sich wohltuend von der Arroganz der Sultansmoschee abhebe. Auf dem Hang zwischen Großem Bazar und Hafen ließ Mahmud Paşa den größten von einem Wesir gestifteten Komplex in der Stadt errichten, zu dem außer der Moschee eine Armenküche, eine Grundschule sowie eine Türbe, ein Hammam und ein Han gehörten. Sein Palast, von dem nur das Bad erhalten ist, grenzte an die äußere Umfassungsmauer des Topkapi Saray.

Die Mahmud-Paşa-Moschee, deren ursprüngliche Architektur erhalten blieb, obwohl die heutige Innenausstattung aus dem 18. Jahrhundert stammt, war jedoch von einer Archaik, wie sie nicht einmal unter den Moscheen Bursas zu finden ist. Einem rechteckigen Raum aus zwei Quadraten, die mit identischen Kuppeln überwölbt sind, war eine zentrale Vorhalle vorgelagert, flankiert von jeweils zwei überkuppelten Räumen, mit denen sie eine Art Narthex über die gesamte Breite des Gebäudes bildet. Von dort führen zwei schmale Gänge seitlich am Zentralraum vorbei, auf die sich von jeder Seite ein Iwan mit zwei angrenzenden Räumen öffnet. Die beiden hohen, quadratischen Räume des Gebetssaales im Zentrum des Gebäudes sind somit von insgesamt elf niedrigen, überkuppelten Räumen umbaut, wobei die schmalen umlaufenden Gänge den Zentralraum von den angrenzenden Räumen trennen. Die Höhenunterschiede der Räume verstärken den Eindruck der Abgeschlossenheit des Ensembles, und die massive Architektur erinnert stark an die Moscheen der osmani-

Mahmud-Paşa-Moschee. Die Moschee entspricht dem Bursa-Typus mit zwei hintereinander liegenden quadratischen Räumen, die allerdings nicht in einen Hof mit Reinigungsbrunnen und einen Gebetssaal getrennt sind. Um die beiden Zentralräume gruppieren sich kleinere, kuppelgewölbte Annexräume, die vermutlich als Zawiyen dienten, da zum Moscheenkomplex auch eine Medrese gehörte.

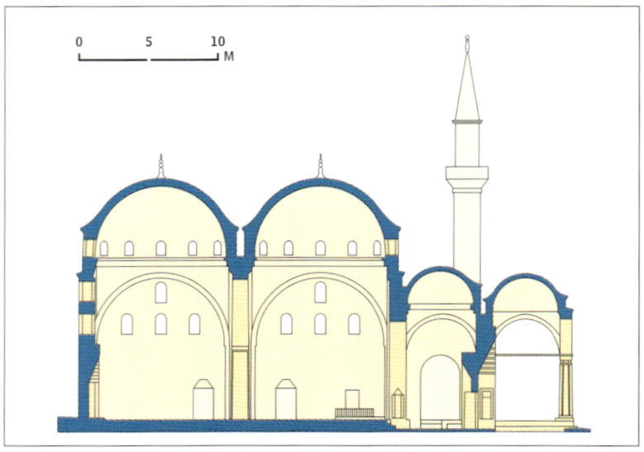

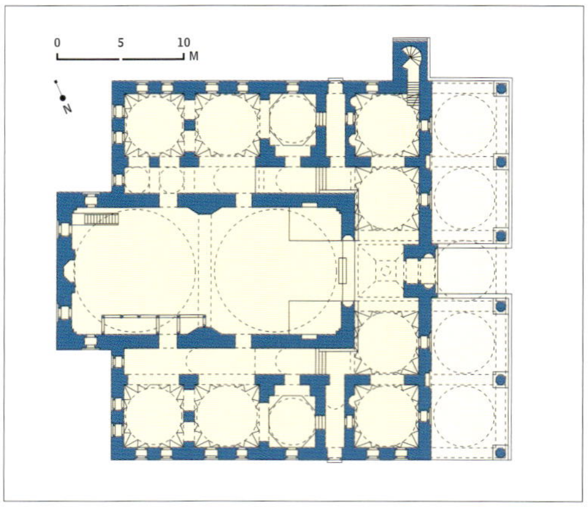

Oben: Hammam des Mahmud Paşa. Zentraler Kuppelsaal. Das im Geschäftsviertel der Stadt gelegene Gebäude dient heute als Bazar.

Rechts: Grund- und Aufriss der Mahmud-Paşa-Moschee. Im Vergleich zu den Moscheen in Bursa ist der Baukörper dieser Moschee sehr viel kleinteiliger gegliedert. Die beiden Kuppelräume sind von zehn kleineren Räumen umgeben, die außerdem noch durch Gänge von den Zentralräumen getrennt sind. Der Aufriss zeigt deutlich die hierarchische Gliederung zwischen den hohen Zentralräumen und den niedrigen Annexräumen.

schen Frühzeit. Die niedrige Kuppel des Baus und die in die Kuppel einschneidenden Fenster in der Tambourzone lassen dagegen byzantinische Tradition aufleben.

Die Mahmud-Paşa-Moschee wurde 1462 fertig gestellt, in dem Jahr, in dem Mehmed II. mit dem Bau seiner Moschee begann. Somit ist sie die früheste große Moschee der Stadt. Auch die Türbe Mahmud Paşas, die 1473 vollendet wurde, wirkt mit ihren einfarbigen Mosaikkeramiken äußerst archaisch. Von der Medrese ist lediglich der Unterrichtssaal erhalten geblieben, während das 1467 errichtete Bad mit seiner Kuppel von 16 Metern Durchmesser und 27 Metern Scheitelhöhe das größte und majestätischste von ganz Istanbul ist. Heute dient es als Bazar. Die tiefer gelegene Karawanserei (Kürkçü Han) dieses Komplexes umfasst einen quadratischen Innenhof, der zweigeschossig mit 97 Zellen umbaut ist, sowie einen weiteren Hof in Form eines unregelmäßigen Fünfecks, der die Stallungen beherbergte und später mit einer Etage Zellen aufgestockt wurde. Zu der Stiftung Mahmud Paşas gehörten unter anderem etwa hundert Geschäfte in der Umgebung, deren Einnahmen dem Unterhalt des Komplexes dienten.

Zwischen den Amtszeiten Mahmud Paşas war Mehmed Paşa, genannt Rum („der Römer", wie die Türken die Byzantiner und die griechisch-orthodoxe Bevölkerung des osmanischen Reiches nannten), Großwesir. 1471 ließ er auf der asiatischen Seite im Stadtviertel Üsküdar einen Stiftungskomplex bauen, der wesentlich bescheidener ausfiel als derjenige Mahmud Paşas. Die Rum-Mehmed-Paşa-Moschee, zu der eine Medrese, ein Hammam und ein Imaret gehörten, die nicht mehr vorhanden sind, besteht aus einem quadratischen, überkuppelten Saal, an den sich ein Iwan mit Halbkuppel anschließt; zu beiden Seiten ist er von je zwei über-

Rum-Mehmed-Paşa-Moschee im Stadtteil Üsküdar auf der asiatischen Seite Instanbuls. Die über das Dach hinausragenden Fensterbogen und der Wechsel von Ziegel- und Hausteinquaderlagen geben dem Gebäude ein byzantinisches Gepräge.

kuppelten Räumen flankiert, die vom Zentralraum aus zugänglich sind. Es handelt sich also um eine klassische Zawiye-Moschee in umgekehrter T-Form, auch wenn die abwechselnden Ziegel- und Werksteinlagen des Mauerwerks und vor allem die über das Dach hinausragenden Fensterbögen ihr den Charakter einer byzantinischen Kirche verleihen. Hinter der Moschee steht die achteckige Türbe des Stifters Mehmed Paşa.

Murad Paşa, ein Wesir Mehmed II., der nicht die Würde des Großwesirs erreichte, da er bereits 1474 bei einem Feldzug getötet wurde, stammte aus einer Seitenlinie der byzantinischen Dynastie der Palaiologen. Kurz vor seinem Tod ließ er 1473 am Forum Bovis, im heutigen Stadtviertel Aksaray, eine Moschee fertig stellen, die sich im Grundriss von der Rum-Mehmed-Paşa-Moschee nur dadurch unterscheidet, dass der Mittelraum aus zwei überkuppelten Quadraten besteht. Auch hier wechseln im Mauerwerk Lagen aus Ziegeln und Hausteinquadern, in seiner massiven Erscheinung ähnelt der Bau allerdings eher der Mahmud-Paşa-Moschee. Die Bogenvorhalle besitzt antike Säulenschäfte, zwei aus Rosengranit und vier aus Verde antico. Die Medrese und das Hammam, die zu dieser Moschee gehörten, existieren nicht mehr. Die Bauten wurden bei einem Erdbeben von 1648 beschädigt, das Bad wurde 1957 für die Anlage einer neuen Straße abgerissen.

Unten: Has-Murad-Paşa-Moschee im Stadtteil Aksaray. Der Bau folgt dem Grundriss der Mahmud-Paşa-Moschee, nur die Annexräume sind kleiner.

Nebenstehend: Has-Murad-Paşa-Moschee, Innenansicht. Die beiden hintereinander liegenden Zentralräume haben ihre jeweilige Funktion eingebüßt und bilden einen großen länglichen Gebetssaal. Dies widerspricht der Glaubenspraxis, wonach sich die Gläubigen eher in der Breite und nicht in der Tiefe gestaffelt zum Gebet versammeln. Dieser Moscheetypus wird in der Folge aufgegeben.

Die Stiftungskomplexe der Großwesire

In den letzten Jahren seiner Regierungszeit brachte Mehmed II. die Umstrukturierung seiner Hauptstadt zum Abschluss. Von den Gebäuden, die bei der Eroberung der Stadt in den Besitz des Sultans übergegangen waren, übereignete er diejenigen mit den größten Einkünften den religiösen Stiftungen der Fatih-Moschee und der Hagia Sophia. Die übrigen Häuser und Grundstücke überließ er nach und nach verschiedenen Würdenträgern, die dort Moscheen oder kleine Stiftungskomplexe errichten ließen, welche sich allmählich zu Zentren neuer Ansiedlungen entwickelten. Nach 1474 hörten die Zwangsumsiedlungen praktisch auf, die letzten Deportierten kamen aus Kaffa auf der Krim. Eine Volkszählung zu dieser Zeit ergab 14 803 Feuerstellen in Istanbul und 5821 Feuerstellen in Galata, wobei man innerhalb der Stadtmauern von etwa 40 Prozent nicht-muslimischen Einwohnern, in Galata von an die 65 Prozent ausgehen kann. Demnach läßt sich die islamische Bevölkerung auf etwa 50 000 Einwohner schätzen, zuzüglich der Angehörigen des Hofes und des Militärs, was eine Gesamtzahl von 70 000 ergibt.

Obwohl Mehmed II. seinen jüngeren Sohn Cem als Thronfolger favorisiert und gefördert hatte, gelangte mit Hilfe der Janitscharen der ältere Bayazid an die Macht. Gestützt auf die militärische Elite sowie die Derwischorden, die bei der Neuordnung des Reiches Enteignungen hatten hinnehmen müssen, bezog Bayazid II. in vielen Fragen eine gegensätzliche Position zur Haltung seines Vaters. Vor allem verzichtete er auf die Rolle des Renaissance-Fürsten, in welcher dieser sich gefallen hatte. So verkaufte er zum Beispiel die abendländischen Gemälde, Reliquien und anderen Objekte, die Mehmed II. angesammelt hatte.

Unter dem neuen Sultan kam es zur Umwandlung der meisten byzantinischen Kirchen in Moscheen, nachdem unter Mehmed II. ausschließlich die Hagia Sophia in eine Moschee umgewandelt worden war, sowie drei weiterer Kirchen in religiöse Schulen oder ähnliche Einrichtungen: das Pantokrator-Kloster (Molla Zeyrek Cami) in eine Medrese, das Pantepoptes-Kloster in eine Armenküche (Eski Imaret) und das Kyriotissa-Kloster in ein Zawiye (Kalenderhane Cami).

Bis auf das Pammakaristos-Kloster (Fethiye Cami) und die Kirche in der Nähe der Johannes-Kirche, die Ende des 16. Jahrhunderts in Moscheen umgewandelt wurden, sind nach Bayazid II. in Istanbul keine Fälle orthodoxer Kirchen mehr bekannt, allerdings wurden römisch-katholische Kirchen in Galata und Istanbul noch im 17. Jahrhundert zu muslimischen Kultstätten. Man sollte die von Bayazid II. veranlassten Umwandlungen in Moscheen nicht vorschnell als Akt religiöser Intoleranz verurteilen. Von heute aus gesehen sind die wenigen byzantinischen Kirchen, die die Jahrhunderte überdauert haben, nur deshalb erhalten geblieben, weil sie als Moscheen nicht dem Verfall preisgegeben waren. Soweit uns bekannt ist, wurde nur eine der Kirchen zur damaligen Zeit noch als solche genutzt, nämlich das Konstantin-Lips-Kloster. Die übrigen dürften mehr oder weniger leer gestanden haben, und einige dürften in den Besitz der neuen Siedler übergegangen sein. Die Sergios-und-Bakchos-Kirche diente als Pferdemarkt, bevor sie 1509 durch den Aga der weißen Eunuchen, Hüseyin Aga, in eine Moschee (Küçük Ayasofya Cami) umgewandelt wurde. Solche Beispiele zeigen, dass auch Mehmed II. die Kirchen nicht aus Respekt vor der christli-

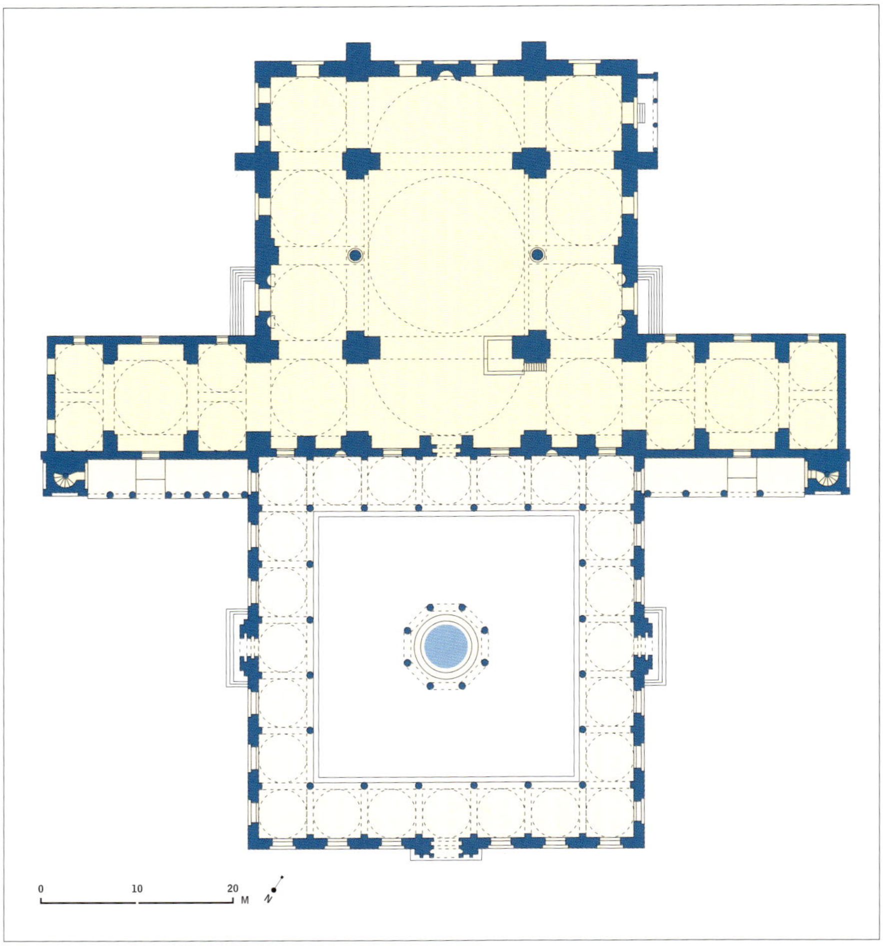

Grundriss der Bayazid-II.-Moschee. Die hier erstmals verwendete Verdoppelung der Halbkuppeln stärkt nicht nur die Stabilität der Kuppel, sondern betont auch die Achsensymmetrie. Ein rechteckiger Grundriss wird durch angefügte Seitenflügel mit vier kleinen Kuppeln vermieden. Die gesamte Anlage bildet ein Viereck, dem ein ebenfalls viereckiger Hof entspricht, dessen Eingänge jeweils in der Mitte jeder Seite liegen. Die Tabhane gruppieren sich um einen Zentralraum.

chen Religion unbehelligt ließ; vielmehr waren ihm Gebäude, die in seinen Haupstadtplänen keine Rolle spielten, gleichgültig.

Bayazid II. dagegen verlangte von seinen Würdenträgern in einer Stadt, deren Bevölkerungszahl stetig anstieg, alle verfügbaren Bauten zu nutzen. Und schließlich war er beim Abriss der Kirchen sogar weniger rigoros als sein Vater, dessen Bauprogramm er in reduziertem Maße fortführte. Für den nach ihm benannten Stiftungskomplex wählte er das Gelände innerhalb der Umfassungsmauern des Eski Saray an der Mese. Nach dem Bau des Topkapi Saray war eine deartige Freifläche am Alten Palast überflüssig, außerdem wurden freie Grundstücke in der Stadtmitte knapp. Zudem lag der Bau an der neuen Triumphachse der Stadt, die wie in byzantinischer Zeit am Herrscherpalast neben der Hagia Sophia begann und bis zum Forum Tauri führte. Von dort zweigte sie nach Norden ab, verlief am Valens-Aquädukt entlang, zwischen den Kasernen der Janitscharen und dem Sattlermarkt hindurch über den großen Hof des Stiftungskomplexes Mehmeds II., zwischen Fatih-Moschee und den südlichen Medresen hindurch und endete am Edirne-Tor. Anders als Mehmed II., der einer zentralen Lage seiner Moschee die symbolische Bedeutung des Geländes der Apostelkirche vorgezogen hatte, wählte Bayazid II. mit dem Gelände westlich der Kreuzung von Uzunçarşi und Mese (Divan Yolu) die zentralste Stelle der Stadt für seine Moschee. Die vorgeschriebene Ausrichtung der Moschee erforderte ihren Bau nicht nur diagonal, sondern auch mit der Rückseite zu der Kreuzung Uzunçarşi / Divan Yolu gewandt. Allerdings ermöglichte ihm diese Südost-Nordwest-Ausrichtung, die parallel zu dem hier abzweigenden Teil der Triumphachse zur Fatih-Moschee Mehmeds II. verlief, diese dem Beispiel seines Vaters folgend zwischen den Gebäuden seines Stiftungskomplexes hindurch zu führen. Während dieser jedoch mit seiner

Bayazid-II.-Moschee, Luftaufnahme. Die Gesamtanlage ist ein Beleg für den nüchternen Baustil jener Epoche. Der Architekt hat versucht, die Seitenflügel besser zu integrieren, indem er ihnen die Minarette beigefügt hat, die den Bezug zum Zentralbau stärken.

Bayazid-II.-Moschee, Blick auf die Hoffassade und die Tabhane. Die Wiederaufnahme der Fassade der Moschee bei den Tabhanen verbindet die Annexbauten mit dem Zentralbau.

Grundriss der Bayazid-II.-Moschee

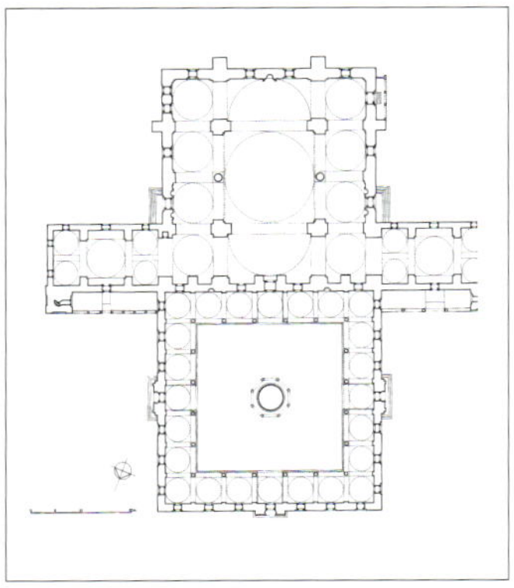

Einrichtung den Kurs der religiösen Lehre festlegen wollte, hatte die Bayazid-Moschee diesen Anspruch nicht und besaß deshalb auch keine vergleichbare Anzahl und Anlage von Medresen. Die einzige Medrese der Külliye Bayazids lag auf der linken Seite der Triumphachse, während alle anderen Gebäude – Karawanserei und Armenküche – rechts von ihr, auf der Seite des Großen Bazars, standen. Nur das Hammam lag noch weiter links an jenem Teil des Divanyolu, der zum Forum Bovis (Aksaray) führte. Das Bauwerk befand sich am Standort der Theodosios-Säule, die auf den Stichen von Ende des 15. Jahrhunderts noch innerhalb der Umfassungsmauern des Eski Saray zu sehen ist. Bayazid II. ließ sie abreißen und Relief-Fragmente als Spolien in den Sockel seines Hammams einbauen.

Die 1500 begonnene und 1505 fertig gestellte Bayazid-Moschee folgte den von Mehmed II. eingeführten Neuerungen in der Moscheearchitektur. Allerdings stützt sich hier die Kuppel nicht mehr nur auf eine einzige Halbkuppel über dem Mihrab, sondern zusätzlich auf eine zweite auf der Eingangsseite und wird somit von vier Pfeilern getragen; seitlich entsteht dadurch Raum für je vier kleinere Kuppeln. Es entstand ein achsensymmetrischer Grundriss innerhalb eines Quadrats von 37 Metern Seitenlänge. Trotz der offensichtlichen Verbesserung der Statik blieben die Baumeister Bayazids II. merkwürdig vorsichtig und gaben der Mittelkuppel einen Durchmesser von nicht mehr als 17 Metern, obwohl Bayazid II. einige Jahre zuvor in Edirne bereits eine Moschee hatte bauen lassen, deren Kuppel auf einem einfachen Mauerkubus ruhte und einen Durchmesser von über 20 Metern erreichte. Dieser Widerspruch erklärt sich durch die wachsende Vorbildfunktion der Hagia Sophia mit ihren Halbkuppeln für den imperialen osmanischen Baustil.

So verschieden die Moscheen Bayazids in Edirne und Istanbul auch sein mögen – der Kubus der Bayazid Cami in Edirne wird in seiner Moschee in Istanbul zur pyramidalen Silhouette, aufgelöst in eine Kuppelkaskade –, zeigen sie doch eine gewisse Verwandtschaft, und sei es auch nur in der Vorliebe für Symmetrie und für das Quadrat, dessen Verwendung hier zur Perfektion gebracht ist. Dem Quadrat des Gebetssaales mit dem eingeschriebenen Quadrat, das die vier Pfeiler bilden, entspricht das Quadrat des mit einem Säulengang umgebenen Vorhofes. In der Mitte der Seiten befindet sich je ein Eingang, wobei das Joch über dem Eingang zum Gebetssaal größer und höher ist, sodass notwendigerweise die vier übrigen Joche der Fassade leicht reduziert wurden. Wie in Edirne sind auch dieser Stiftung Bayazids Tabhane, Derwischunterkünfte, angegliedert – eine Hommage an die frühosmanische Epoche –, die hier in Istanbul ungewöhnliche Annexräume in seitlicher Verlängerung der Hauptfassade bilden. Am Ende dieser beiden Seitenflügel erhoben sich die beiden Minaretts der Moschee.

Der imperiale Stil, der sich in der Istanbuler Moschee Bayazids II. durchsetzte, wurde von den osmanischen Würdenträgern nicht ohne weiteres aufgegriffen. Ihre Bauwerke schwanken zwischen archaischem Stil und einer (ungeschickten) Imitation der neuen Bauweise. Außer der Stiftung Bayazids II. ist das bemerkenswerteste Bauwerk dieser Zeit in Istanbul die Moschee Davut Paşas, der von 1483 bis 1497/98 Großwesir war: 1485 entstanden, stellt sie eines der ersten Beispiele der Monumentalmoschee mit nur einer Kuppel über einem Mauerkubus dar – eine Bauweise, die mit der Moschee Bayazids II. in Edirne ihre Vollendung erreichte.

Die Stadt Amasya war nach Bursa und Edirne das bedeutendste Zentrum der frühosmanischen Architektur. Hier ließ Bayazid II., der dort vor seinem Regierungsantritt Gouverneur war, nach seiner Inthronisation seine erste Moschee errichten. Zwar nimmt dieser Komplex am Ufer des Flusses Yeşilirmak in seiner Strenge und vollkommenen Rechtwinkligkeit bereits das Ensemble in Edirne vorweg, der T-förmige Grundriss der Moschee ohne Vorhof gehört jedoch noch der vorangegangenen Generation an. Dagegen weist die Moschee, die Bayazid II. in der Nachbarstadt Tokat zu Ehren seiner Mutter, Gülbahar Hatun, errichten ließ und die 1485 fertig gestellt wurde, also im selben Jahr wie die Davut-Paşa-Cami in Istanbul, die gleichen Charakteristika auf wie diese: eine Kuppel, die unmittelbar auf einem Mauerkubus ruht, flankiert von zwei Seitenräumen, in denen Derwische lebten. Die Moschee Davut Paşas beeindruckt vor allem durch ihre Monumentalität. Ihre Kuppel hat einen Durchmesser von 18 Metern, gegenüber einem Durchmesser von 11,50 Metern bei der Kuppel in Tokat, und der Gebetssaal ist an jeder Seite von zwei Tabhanen flankiert. Die kubische Wirkung wird jedoch gestört durch eine Mihrab-Apsis mit abgestumpften Ecken und die voluminösen, von Bogen überwölbten Stalaktiten, die den Übergang vom Quadrat des Mauerkubus zum Oktogon der Kuppel in den Konchen prägen. Diese Elemente verderben die Strenge des Innenraums und verraten die Schwierigkeiten der Baumeister, die mit 21,50 Metern Scheitelhöhe zu niedrige Kuppel auf die Mauern aufzusetzen.

Atik Ali Paşa, Großwesir von 1501 bis 1503 und von 1506 bis 1511, ließ, höchstwahrscheinlich während seiner zweiten Amtszeit, einen Stiftungskomplex am Konstantins-Forum in der Nähe der „Verbrannten Säule" errichten. Die Atik Ali Paşa Cami stellt einen interessanten Versuch der Synthese der verschiedenen Tendenzen dieser Epoche dar. Der überkuppelte Zentralraum wird auf der Mihrab-Seite durch eine Halbkuppel verlängert wie in der Fatih-Moschee, allerdings nicht von drei, sondern von zwei kleinen Kuppeln an jeder Seite flankiert. Auf die Kuppeln zu beiden Seiten der Mihrab-Halbkuppel wurde verzichtet, was einen T-förmigen Grundriss mit einer rechteckigen Mihrab-Nische ergibt, die von einer Halbkuppel überwölbt ist. Diese Anordnung, bei der sich die Hauptkuppel auf zwei zentrale Pfeiler stützt, auf denen die Bogen als Auflage für die Seitenkuppeln ruhen, erinnert sowohl an die Bauweise der Üç-Şerefeli-Moschee in Edirne als auch an die der Rum-Mehmed-Paşa-Moschee im Stadtteil Üsküdar, wobei die Mauern zwischen Zentralraum und Seitenschiffen auf zwei Pfeiler reduziert wurden.

Indem Bayazid II. und sein Hof die byzantinischen Kirchen in Moscheen umwandelten und die antiken Foren bebauten, verwurzelten sie das Osmanische Reich fest in seiner neuen Hauptstadt

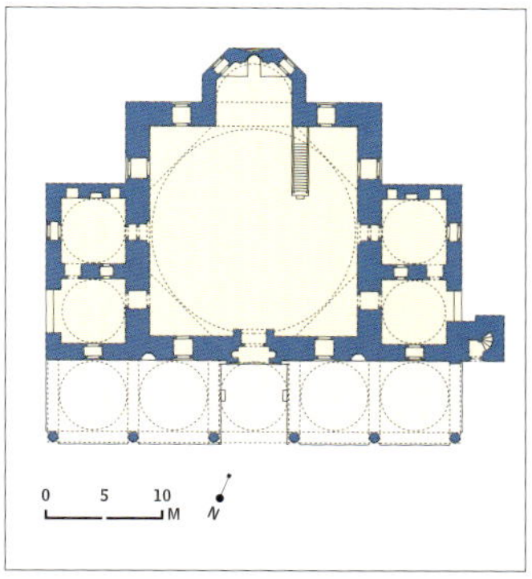

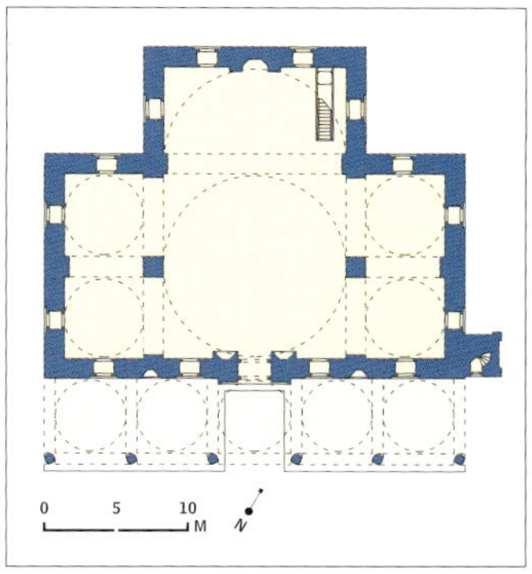

Ganz oben rechts: Grundriss der Davut-Paşa-Moschee. Der Zentralbau mit nur einer Kuppel über dem viereckigen Gebetssaal und mit angeschlossenen Tabhanen folgt dem Vorbild der von Bayazid II. errichteten Provinzmoscheen.

Oben rechts: Grundriss der Atik-Ali-Paşa-Moschee. Diese Moschee steht in der Tradition der von Mehmed II. erbauten Moschee, allerdings hat der von der Halbkuppel überwölbte Raum die Gestalt einer Apsis.

Links: Davut-Paşa-Moschee, Innenansicht. Der Raumeffekt ist nicht so gelungen wie in der Bayazid-II.-Moschee in Edirne. Wegen der geringeren Höhe bildet der Raum über dem quadratischen Grundriss keinen Kubus, sondern einen Quader. Die Kuppeldecke macht einen massiven Eindruck.

KAPITEL VII

Das goldene Zeitalter

Selim I., der während seiner kurzen Regentschaft permanent Krieg führte, fand selbst keine Muße für städtebauliche Maßnahmen und ebnete dennoch der Blütezeit der osmanischen Architektur den Weg. Die auf seinen Persien- und Ägyptenfeldzügen angehäuften Schätze und die Handwerker, die er als Teil der Kriegsbeute aus Tabriz und Kairo mitbrachte, ermöglichten es seinem Nachfolger, Süleyman dem Prächtigen, jene gewaltigen Bauunternehmungen in Angriff zu nehmen, die schließlich unter dessen Nachfolger Selim II. vollendet werden sollten.

Bayazid II., der Vater Selims, der 1512 zugunsten seines Sohnes abdanken musste, starb auf dem Weg ins Exil. In der Stiftungsurkunde seiner Külliye in Istanbul hatte er dem Wunsch Ausdruck verliehen, in der Nähe des Mausoleums Abu Eyüps außerhalb der Stadt beigesetzt zu werden. Über seinem Grab sollte kein Bauwerk errichtet werden, damit die nackte Erde den Regen aufnehmen könne. Selim I. bestattete ihn jedoch in einem Mausoleum hinter seiner Moschee, womöglich weil er fürchtete, eine nicht überbaute Grabstätte könnte seinem Vater die Aura der Heiligkeit nehmen, was wiederum seinem eigenen Ansehen geschadet hätte. Dynastische Interessen standen in diesem Fall über dem Willen des Individuums.

Selim I. eilte von einem Eroberungszug zum nächsten und starb 1520, ohne eigene Bauwerke zu hinterlassen. Sein einziger Sohn, Süleyman, der vom Abendland den Beinamen „der Prächtige“ erhielt, während ihn die Türken „den Gesetzgeber“ (Kanuni) nannten, folgte ihm ohne jegliche Nachfolgestreitigkeiten auf den Thron. Für seinen Vater ließ er eine Moschee mit Türbe errichten. Er wählte für diesen Komplex eine exponierte Stelle über dem Goldenen Horn, jedoch außerhalb des Zentrums, weit weg von sämtlichen großen Verkehrsadern, am Rand des griechischen Viertels Fener. Die Moschee ist eine Kopie der Moschee Bayazids II. in Edirne, mit dem einzigen Unterschied, dass der Kuppeldurchmesser auf 24,50 Meter erweitert wurde. Allerdings mindern die dafür erforderlichen bautechnischen Maßnahmen den geschlossenen Gesamteindruck. Hätte man diese Kuppel auf einen Raumkubus gesetzt, hätte der Scheitel in einer Höhe von 37,50 Metern liegen müssen; er liegt aber nur bei 32,50 Metern. Der überkuppelte Raum ist kein Würfel, sondern ein Parallelepiped, dessen Seiten nicht so hoch sind wie lang, sodass er gestaucht wirkt – ein Eindruck, der außen wie innen spürbar ist. Zum Abstützen der Kuppel sind zwischen den Fenstern des Tambours Verstrebungen angebracht, wie sie erstmals in der Üç Şerefeli auftauchen und wir sie auch in alten Plänen für die Moschee von Mehmed II. und die Bayazids II. in Istanbul finden. In der Moschee Selims I. sorgen je zwei zusätzliche längere Streben an den Ecken indirekt für eine Verstärkung der vier Eckpfeiler des Bauwerks. Schließlich unterteilen zwei Strebepfeiler die rückwärtige Fassade in drei Abschnitte. Der Bau ist beeindruckend, doch diese gewaltige, nüchterne Moschee in einem so friedlichen Viertel abseits von Lärm und Verkehr steht in einem einzigartigen Gegensatz zu den anderen, reich verzierten Sultansmoscheen der Hauptstadt. Süleyman schuf seinem Vater ein Denkmal an einem einsamen Ort und mit einem unzeitgemäßen Bau.

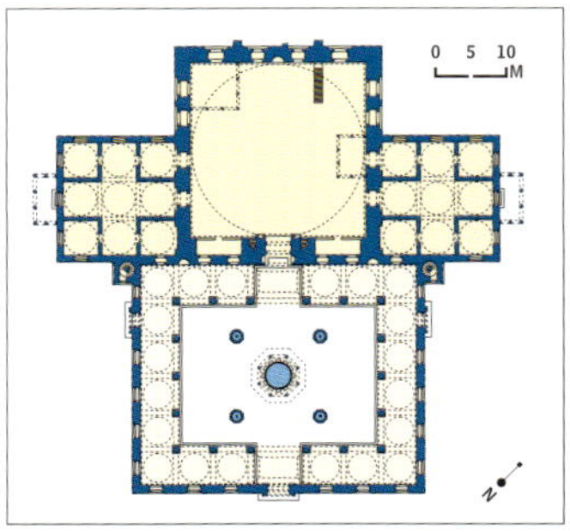

Grundriss der Moschee Selims I. Der Grundriss folgt dem der Moschee Bayazids II. in Edirne, weist jedoch einen wesentlichen Unterschied auf: Der Durchmesser der Kuppel ist größer und somit auch der Gebetssaal. Da die beiden Tabhane nach außen verlegt wurden, ist der Hof wiederum identisch. Die beiden Minarette schließlich bilden nicht die Eckpunkte der Tabhane, sondern flankieren den Hof.

Die Moschee Selims I. Auch von außen erinnert sie an die Bayazids II. in Edirne, doch der Mauerkubus des Gebetssaals ist hier ein Parallelepiped, weshalb der Bau etwas gedrungen wirkt. Strebepfeiler und -bogen verstärken den Eindruck, es bedürfe besonderer Anstrengung, die Kuppel zu stützen.

Seit der Eroberung Konstantinopels hatte die Zahl der Architekten christlicher Abstammung bei den großen Bauvorhaben beträchtlich zugenommen; dies zeigte sich jedoch nicht in einem Aufgreifen des byzantinischen Stils oder der entsprechenden Techniken. Es belegt aber, wo die osmanische Verwaltung ihre Mitarbeiter rekrutierte. Man suchte sie unter Kriegsgefangenen und den aus der Knabenlese hervorgegangenen Männern und schloss Muslime – wenn es nicht gerade um religiöse Belange ging – aus. Ein frühes Beispiel ist Ayas bin Abdullah, der als Nachfolger Sinans des Älteren mit der Vollendung der Festung in Konstantinopel beauftragt worden war. Tatsächlich war er ein von Gedik Ahmet Paşa (Großwesir von 1474 bis 1477) in die Freiheit entlassener Sklave, für den er wahrscheinlich einen bedeutenden Komplex in der anatolischen Stadt Afyon baute. Er starb 1487 und wurde in der kleinen Moschee, die er in Istanbul im eigenen Namen errichtet hatte, beigesetzt. Auch Yakub Sah Ibn Sultansah, der als Erbauer der Moschee Bayazids II. in Istanbul gilt, entstammte einer christlichen Familie, wahrscheinlich aus Armenien, und konvertierte während seiner Tätigkeit als Baumeister zum Islam. Wir wissen von ihm lediglich, dass er mit Hüseyin Aga, dem obersten Eunuchen des Palastes, bekannt war, der die Sergios-und-Bakchos-Kirche in eine Moschee umwandeln ließ.

Oben: Keramikfliese mit kalligrafischem Muster.

Rechts: Moschee Mehmeds II., Tympana der Fenster zum Hof. Verschiedenfarbige Keramik mit einer Glasur in der Art der *Cuerda-seca*-Fliesen. Die einzige Arbeit in Istanbul, die nachweislich von den „Meistern von Tabriz“ stammt.

Unten: Moschee Selims I., Innenansicht. Das Verlegen des Strebewerks nach außen schafft im Innenraum luftige Einheitlichkeit. Da die Bogen, auf welchen die Kuppel ruht, niedriger sind als der Durchmesser der Kuppel, wirkt der Raum dennoch gedrungen.

Wie wir gehört haben, lassen die parallel durchgeführten städtebaulichen Maßnahmen Murats II. in Edirne und Umgebung wie auch die Geschwindigkeit, mit der Bauten wie die Festung Mehmeds II. am Bosporus fertig gestellt wurden, darauf schließen, dass in diesen Zeiten bereits eine institutionelle Vereinigung der Branchen des Bauwesens stattgefunden hatte. Ihre endgültige Form erhielten derartige Organsationen allerdings erst im 16. Jahrhundert unter Süleyman. Er scheint das Amt des obersten Baumeisters eingeführt zu haben. Erster Amtsinhaber war Alaüddin Ali, genannt der Perser, der als Teil der Kriegsbeute, die Selim I. 1514 gemacht hatte, aus Tabriz nach Istanbul kam. Von 1525 an lassen sich die Spuren seiner Tätigkeit verfolgen, doch dokumentiert ist sie erst mit den von Süleyman im Topkapi vorgenommenen Erweiterungen. So gestaltete er zwischen 1525 und 1529 im zweiten Hof den Ratssaal und die staatliche Schatzkammer neu und im dritten Hof den Thronsaal. Er starb 1537 und vermachte sein immenses Vermögen der zum Unterhalt seiner Moschee gegründeten Stiftung in Istanbul.

Die ersten Jahre der Herrschaft Süleymans sind gekennzeichnet von innen- und außenpolitische Erfolgen. In einem Zeitraum von 15 Jahren drangen die osmanischen Armeen nach Tabriz und Kairo vor, sie lagerten vor Wien und eroberten Aleppo, Damaskus, Belgrad, Budapest und 1534 schließlich auch Bagdad. Es begann der Kampf mit Karl V. um den Kaisertitel und das Erbe Roms. Was die Osmanen bei ihren Feldzügen an Reichtümern erbeuteten, an Kunstschätzen und Menschen, ist unvorstellbar. Alle diese Schätze wurden nach der Rückkehr der Kriegshelden zu einem „Ehrenzug der Kulturen“ geordnet, um dem Eroberer der Welt zu huldigen.

Bereits die Vorgänger Süleymans hatten bedeutende Künstler und kostbare Materialien, wie den bunten Marmor am Marmorpavillon Selims I., von ihren Feldzügen mitgebracht. Neue Schulen und Handwerkszweige entstanden in Istanbul, die die osmanische Kunst in kaum zu überschätzendem Maße bereicherten. Zu den wichtigsten Künstlern gehörten zweifellos die „Meister von Tabriz“, die die erste Generation osmanischer Keramik schufen. Sie wirkten zunächst in Bursa und Edirne und scheinen dann Mehmed II. nach Istanbul gefolgt zu sein, denn ihre vielfarbig glasierten Keramikplatten in der *Cuerda-seca*-Technik finden sich in der Moschee des Eroberers, wo sie die Tympana der Fenster zum Hof schmücken. Darüber hinaus haben sie jedoch keinerlei Zeugnisse ihrer Kunst in der neuen Hauptstadt hinterlassen. Mit der Ausschmückung seines im persischen Stil erbauten Pavillons, dem 1472 vollendeten Çinili Köşk, beauftragte Mehmed Meister aus Chorasan, die monochrome Ziegelmosaiken in timurdischer Tradition verwendeten. Danach verschwand die Keramik vorerst bis zur Eroberung von Tabriz durch Selim I. im Jahr 1514. Die von dort verschleppten Handwerker wurden die ersten Meister der Palastwerkstätten, die man zu diesem Zeitpunkt einrichtete. Sah Kulu erfand als Leiter der Malerwerkstätte den Dekor aus Palmetten und großen, lanzettförmigen Blättern, der bald sowohl auf den kaiserlichen Kaftanen als auch auf Geschirr und Fliesen erschien. Seine Tätigkeit am osmanischen Hof ist von 1526 bis zu seinem Tod im Jahr 1556 dokumentiert. Habib, ebenfalls aus Tabriz, war von 1523 an Leiter der Keramikwerkstatt des Palastes, der zwischen sieben und zehn Handwerker angehörten. Die

kleine Produktion war von hoher Qualität und ausschließlich für den Hof bestimmt. Sie brachte die polychrome *Cuerda-seca*-Technik wieder in Mode sowie die blauen Motive auf weißem Grund nach chinesischem Vorbild. Ab Mitte des 16. Jahrhunderts wurden sie durch die Produktion von Iznik abgelöst. Es gibt auch Hinweise auf Handwerker aus Kairo, doch in Istanbul sind keine ihrer Arbeiten dokumentiert.

Dieser Zugewinn an Menschen und Gütern wurde prägend für die ersten Jahre der Herrschaft Süleymans, in welche die Wiederaufnahme der Bautätigkeit an der Palastanlage fällt. Während in diesem Bau der orientalische Stil dominierte, wie unter anderem die vergoldeten und mit Edelsteinen bestückten Decken zeigen, ließ Ibrahim Paşa, Großwesir und Vertrauter Süleymans, zur selben Zeit auf dem Hippodrom einen Palast bauen, dessen große Treppenfluchten eindeutig westlichem Einfluss zuzuschreiben sind. Er ließ außerdem vergoldete Bronzestatuen aufstellen, Darstellungen von Herkules, Diana und Apollo, die er 1526 aus Buda mitgebracht hatte. Sie blieben bis zu seinem Tod im Jahr 1536 stehen.

Wie in Byzanz ein Jahrhundert zuvor, wurden die verschiedenartigen Einflüsse, die dem Reich in dem Maß, wie es sich vergrößerte, zuströmten, in einer gewaltigen Maschinerie zum osmanischen Stil verarbeitet. Um die Mitte des 16. Jahrhunderts war schließlich ein Mann in der Lage, im Rahmen der von Süleyman in der ersten Hälfte seiner Regierungszeit aufgenommenen Bautätigkeit eine geniale Synthese der Formenvielfalt zustande zu bringen: der Architekt Sinan.

Die Şehzade-Moschee

Die Architektur bildete das Universum nach und schuf Abbilder des Paradieses auf Erden. Daher war sie die kaiserliche Kunst schlechthin. Länger als jede andere Stadt der Welt ist Konstantinopel bzw. Istanbul Ort imperialer Selbstdarstellung gewesen. Auch der neue imperiale Stil wurde von einem Architekten ins Werk gesetzt.

Sinan ist wiederum ein typisches Beispiel für das osmanische Rekrutierungssystem. Über die Knabenlese kam er aus einem christlichen Dorf in der Gegend von Kayseri zur Elitetruppe der Janitscharen und stieg, da er sich auf den Feldzügen als militärisches Genie erwies, bald in höhere militärische Ränge auf. Nach dem Tod Alis des Persers erhielt er im Jahr 1537 den Posten des obersten Baumeisters. Sein erster großer Auftrag wurde bereits ein Meisterwerk. Es handelt sich um die unter dem Namen „Şehzade“ (Prinz) bekannte Anlage, die zur Erinnerung an Süley-

Oben links: Topkapi Saray, Fassade des Beschneidungssaals, Wandfelder aus Keramik. Auf beiden Seiten eines aus Quadraten zusammengesetzten Feldes zwei Felder, die jeweils von einer einzigen Fliese gebildet werden. Zusammen mit den beiden Pendants auf der anderen Seite des Eingangs zum Beschneidungssaal sind es die einzigen bekannten Beispiele von Keramikfliesen in dieser Größe. Das blau-weiße Muster geht auf chinesische Vorbilder zurück. Wahrscheinlich handelt es sich um Arbeiten aus Stambul unter Anleitung von Palasthandwerkern aus Tabriz.

Oben rechts: Topkapi Saray, Fassade des Beschneidungssaals, Detail der Wandfelder aus Keramik. Dieser Saal, der 1641 an der Stelle eines Pavillons aus dem 16. Jahrhundert errichtet wurde, zeigt auf seiner Fassade eine der besten Keramikarbeiten des 16. Jahrhunderts.

Darunter: Topkapi Saray, Fassade des Beschneidungssaals, Detail einer aus einem Stück gefertigten Wandfliese. Unten sind *ch'ilins* zu sehen, Tiere aus der chinesischen Mythologie. Diese großen Wandfliesen sind gleichzeitig die einzigen der gesamten osmanischen Keramik mit Tierdarstellungen.

Şehzade-Moschee. Dieses erste monumentale Werk Sinans ist streng symmetrisch aufgebaut; kaskadenartig angeordnete Kuppeln und Türmchen bilden eine gleichseitige Pyramide. Die Türmchen sind die Verlängerung der Pfeiler, auf denen die Hauptkuppel ruht, und dienen als Verstärkung der senkrechten Elemente, die dadurch dem Seitendruck der Kuppel besser standhalten können.

mans Sohn Mehmed erbaut worden sein soll, der im Herbst 1543 starb; doch wir haben allen Grund zu der Annahme, dass es sich in Wahrheit um das erste Moscheenprojekt Süleymans handelte, das später zugunsten der Süleymaniye aufgegeben und dann dem verstorbenen Sohn zugeschrieben wurde, dessen Mausoleum dort stand. Sinan selbst berichtet in seiner Autobiografie, dass der erste Stein, und zwar für die Qibla (Gebetswand), im Juni 1543, also vor dem Tod des Prinzen, gelegt wurde. Der Flame Hugone Favolio, der die Stadt im Herbst 1545 besuchte, erwähnt die im Bau befindliche Moschee als die zukünftige Moschee Süleymans.

Die Bauplanung begann vermutlich um 1541, nach der Rückkehr von jenem Feldzug, auf dem Ungarn endgültig unterworfen wurde. Der Fall eines Königreiches, das seit Beginn des 15. Jahrhunderts das Bollwerk der Christenheit gegen den osmanischen Vormarsch dargestellt hatte, scheint ein angemessener Anlass gewesen zu sein. Der vorgesehene Platz, auf der Triumphachse zwischen den Külliyen Bayazids II. und Mehmeds II., war wie geschaffen für den geplanten Komplex. Bevor man mit dem Bau begann, mussten jedoch die Kasernen der Janitscharen vor Ort versetzt werden – zumindest jene auf der nördlichen Seite der Straße. Zwei Jahre später, als Süleyman von einem weiteren Feldzug gegen Ungarn zurückkam, starb Prinz Mehmed und wurde am 16. Oktober 1543 hinter der Moschee beigesetzt. Die Bauarbeiten gingen weiter; jener Teil der Anlage, der im Süden der Prachtstraße geplant war, wurde jedoch nie verwirklicht, weshalb auch die Kasernen dort stehen blieben. Süleyman ließ den Komplex, der nun seinem Sohn gewidmet war, unvollendet und wandte sich einem größeren Projekt zu, das unter dem Namen „Süleymaniye" bekannt wurde. Der Beschluss muss mit der Unterzeichnung des ersten Friedensvertrages mit Karl V. am 18. September 1547 zusammengefallen sein. Dieses Dokument erkannte Karl V. lediglich den Titel „König von Spanien" zu und machte seinen Bruder Ferdinand, Erzherzog von Österreich, dem Sultan gegenüber tributpflichtig für diejenigen Teile Ungarns, die dem Haus Habsburg verblieben waren. So bestärkt in seinem Anspruch auf den Titel des alleinigen Herrschers, stellte sich Süleyman demonstrativ auf eine Stufe mit Justinian, dem bedeutenden byzantinischen Kaiser des sechsten Jahrhunderts, in dessen Regierungszeit die Hagia Sophia entstand. Ihren Plänen folgte die Süleymaniye ganz bewusst, und mit ihr trat sie in den bekannten Wettstreit um die größte Kuppel.

Die Şehzade-Moschee stellt bereits eine wichtige Etappe in der Entwicklung der osmanischen Architektur dar, den Übergang vom orientalisch beeinflussten Stil, der zu Beginn der Regierungszeit Süleymans vorherrschte und vor allem persischen Vorbildern folgte, zum stolzen Puritanismus des neuen, großartigen imperialen Stils. Die Dekoration der Türbe Prinz Mehmeds mit ihrem Fayenceschmuck in *Cuerda-seca*-Technik zeigt noch den Einfluss der Palastwerkstätten, doch die Anordnung der Fliesen und die architektonische Gesamtwirkung sind bereits eindeutig auf das Wirken Sinans zurückzuführen.

Bei der Şehzade-Moschee führte Sinan den Plan der Moschee Bayazids II. in Istanbul zu seiner logischen Vollendung. Er blieb beim Prinzip zweier identischer Quadrate für Gebetssaal und Vorhof, doch erhöhte er die Zahl der Halbkuppeln, welche die zentrale Kuppel stützen, auf vier und erreichte so eine vollkommene Symmetrie. Die zwei seitlichen Halbkuppeln, die er zusätzlich einfügte, ersetzten die beiden kleinen Kuppelpaare in den Moscheen Mehmeds II. und

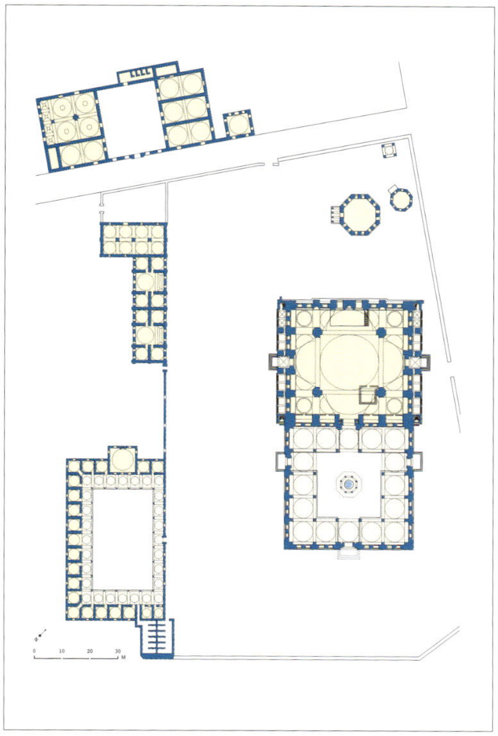

Oben: Şehzade-Moschee. Blick vom Hofeingang aus. Das Spiel der kaskadenartig abfallenden Dächer setzt sich zusammen aus der Hauptkuppel, den kleinen Kuppeln über den Türmchen und denen über den Eckquadraten des Gebetssaals (Hintergrund), aus der Kuppel über dem erhöhten Eingangsteil des Portikus und den Kuppeln rechts und links davon sowie der über dem Reinigungsbrunnen (Vordergrund).

Links: Grundriss des Şehzade-Komplexes, der die strenge Symmetrie der beiden Quadrate zeigt, welche den Hauptbau bilden. Die übrigen Teile der Anlage, die Medrese im Vordergrund, Tabhane und Karawanserei dahinter und ganz hinten auf der anderen Straßenseite die Armenküche, sind im Verhältnis zur Moschee asymmetrisch angeordnet. Daher rührt die Annahme, es könnte sich um einen unvollständigen Bauplan handeln.

Şehzade-Moschee. Blick auf das Bedachungssystem. Die Zentralkuppel ruht auf Bogen, die auf den Pfeilern ansetzen. Der Seitendruck wird von Halbkuppeln aufgefangen, bei denen nicht Pendentifs oder Stalaktiten den Übergang zu den Wänden bilden, sondern wiederum kleine Kuppeln. Trotz fehlender Rippen, Pilaster oder Streben, die gewöhnlich dazu dienen, das Gewicht auf die gesamte Tragekonstruktion zu verteilen, befinden sich sowohl in den gewölbten als auch in den senkrechten Flächen zahlreiche Fenster.

Bayazids II. Die Vierung der Şehzade-Moschee ist von vier Diagonalkuppeln überwölbt. Die statischen Vorteile dieser Anordnung erlauben den erweiterten Kuppeldurchmesser von 19 Metern; die Scheitelhöhe von 37 Metern dagegen bleibt dieselbe wie bei der Bayazid-Moschee.

Die Vereinheitlichung des Raumkörpers wird weiter vervollkommnet. In der Bayazid-Moschee ist der Innenraum auf das Verhältnis vier mal vier ausgerichtet, gegliedert durch die Zahl der Seitenkuppeln. In der Şehzade-Moschee ist das Verhältnis fünf mal fünf, wobei die zentrale Kuppel drei mal drei Planquadrate einnimmt. Dadurch rücken die vier Mittelpfeiler näher an die Ecken, was etwas mehr Raum schafft. Die ungerade Zahl der Planquadrate erlaubt es auch, die Seiteneingänge in der Mitte zu platzieren.

Schließlich nimmt der Vorhof mit seinen in fünf Joche unterteilten Säulenhallen den Grundrissplan des Gebetssaals auf, sodass der von der zentralen Kuppel überspannte Raum dem nicht überdachten Hofteil entspricht.

Das Bemerkenswerteste an dieser Moschee ist die Art und Weise, wie Sinan die Statik nutzte, indem er die Funktion der Element weder an den Fassaden noch im Bedachungssystem zu vertuschen versuchte. So bestehen die Wände des Gebetssaals nicht aus einheitlich starken Mauern, sondern aus den vier Eckpfeilern und pro Seite aus vier Strebepfeilern, was die Fünfteilung unterstreicht. Dazwischen verläuft eine von Fenstern durchsetzte Fassade. Diese läuft an den beiden Seitenwänden mitten durch die Strebepfeiler, wodurch sich im Innenraum Nischen für das individuelle Gebet ergeben, während außen zwischen zwei Streben ein über zwei Joche laufender und von einer Säule gegliederter Portalvorbau eingefügt wurde.

Die Şehzade-Moschee ist die erste osmanische Moschee mit ausgestalteten Seitenfassaden. Was sich umso leichter durchsetzen ließ, als aufgrund der Tatsache, dass die Moscheen entlang den Hauptverkehrsadern standen, die Seiteneingänge häufiger benutzt wurden als diejenigen, die auf den Hof gingen. Auf der Mihrab-Seite verläuft die Fassade in der inneren Flucht der Streben, da Nischen auf dieser Seite im Innenraum keinerlei Nutzen gehabt hätten. So sind die Streben auf der Rückseite der Moschee das beherrschende Element. Dagegen verläuft die Fassade auf der Eingangsseite direkt am Hof entlang und schafft tiefe Nischen im hinteren Teil des Gebetssaals.

Was die Bedachung betrifft, so ließ Sinan außen, neben der zentralen Kuppel, den vier Halbkuppeln und den vier Diagonalkuppeln auch die beiden Trompen erscheinen, die jeweils den Raum zwischen der Halbkuppel und dem Rechteck, in das sie eingeschrieben ist, ausfüllen, und verlängerte die vier zentralen Pfeiler in Form von Türmchen nach oben. Durch das Gewicht der Türmchen ließ sich der Seitendruck der Kuppel besser auffangen. Das unverborgene Tragewerk verleiht der gesamten aufsteigenden Kuppelkonstruktion, die einer Pyramide gleicht, große Plastizität. Die beiden Minarette werden zum ersten Mal nicht vor die Wand gesetzt, sondern dort, wo Gebetssaal und Hof zusammentreffen, in die Seitenfassaden eingefügt und vervollkommnen so die Harmonie. Sinan machte bereits bei der Şehzade-Moschee Anleihen bei der Hagia Sophia und der byzantinischen Architektur, sie fügten sich nahtlos in sein architekto-

nisches Gesamtkonzept ein. Das trifft vor allem auf die Trompen zu, die die Halbkuppeln einrahmen. Sinan ersetzte die Stalaktiten-Dreiecke (Muqarnas), bisher das Hauptcharakteristikum der osmanischen Architektur, durch das Exedra-System, das die Hagia Sophia und die vorbyzantinische Architektur kennzeichnet. Mit einem Unterschied allerdings: In der Hagia Sophia werden Exedren eingesetzt, um damit bestimmte Formen im Grundriss zu erzielen, bei Sinan dagegen dienen die Trompen dazu, den Schub der Zentralkuppel auf das äußere Tragesystem umzuleiten. Ein und dasselbe System hatte also zwei völlig unterschiedliche Bedeutungen: Die byzantinische Architektur verband Bedachungssystem und Grundriss, schuf im übertragenen Sinne eine Verbindung zwischen Himmel und Erde, während die osmanische Architektur den Innenraum, der die Einheit der großen Gemeinde der Gläubigen symbolisieren sollte, so offen wie möglich gestalten will.

Sinan führte in der Şehzade auch zurückgesetzte, durchfensterte Bogen aus, worin man eine Parallele zu den Seitenfassaden der Kyriotissa-Kirche (Kalenderhane Cami) sehen kann, die ebenfalls von jener statischen Aufrichtigkeit gekennzeichnet ist, die Stützwerk von Blendwerk unterscheidet. Die Şehzade birgt besonders viele Ideen, die in der Folgezeit immer wieder aufgenommen und weiterentwickelt werden.

Şehzade-Moschee, Innenansicht. Der Farbwechsel bei den Bogen betont die Tragekonstruktion. Dabei fällt auf, dass so wenig Gewicht wie möglich bis auf den Boden – hier durch die vier Pfeiler und die Außenwände – geleitet werden sollte, damit der Gebetsraum möglichst offen erscheint. Dies steht im Gegensatz zur byzantinischen Architektur, welche stets betonte, dass das Bedachungssystem im Prinzip am Boden begann.

Süleyman der Prächtige

Süleyman besaß alle Charaktereigenschaften und Vorzüge, die dazu geeignet sind, Legenden hervorzubringen. Doch die letzten Jahre dieses größten und vom Glück verwöhnten Herrschers wurden von Intrigen seines Harems und Aufständen seiner Söhne verdunkelt.

Der erste glückliche Umstand seines Lebens war, dass er der einzige Sohn Selims I. war, was ihn vor Bruderkriegen bewahrte. Geboren wurde er am 6. November 1494 in Trapezunt, wo sein Vater, einer der drei erwachsenen Söhne des regierenden Sultans, Bayazid II., als Gouverneur eingesetzt war. Er selbst wurde mit 14 Jahren zum Gouverneur ernannt und 1509 auf die Krim gesandt. 1512 lehnte sich Selim gegen seinen Vater auf, setzte ihn ab und musste sich in der Folgezeit mit seinen Brüdern auseinander setzen. Während seiner Abwesenheit von der Hauptstadt übernahm Süleyman das Amt des Regenten, wurde aber, nachdem Selim 1513 den Thron bestiegen hatte, erneut in die Provinz geschickt, diesmal nach Manisa – ein Gouverneursposten, der traditionell dem Kronprinzen zugewiesen wurde.

Nach dem Tod des Vaters gelangte er am 30. September 1520 mit noch nicht einmal 26 Jahren an die Macht. Süleyman träumte vom Ruhm und den Erfolgen Mehmeds II., an die er anzuknüpfen versuchte. Deshalb war sein erstes Ziel Belgrad, wo Mehmed II. 1456 gescheitert war: Er eroberte die Stadt im Mai 1521, wodurch ihm der Weg nach Ungarn offenstand. Im kommenden Jahr zwang er auf Rhodos die Ritter des Johanniterordens zur Kapitulation. Mit diesen beiden Siegen fielen wichtige Vorposten des Abendlandes in seine Hände.

Der junge Sultan war umgeben von einem kleinen Kreis von Vertrauten, von denen an erster Stelle Hürrem, seine Konkubine, zu nennen ist. Die als Alexandra Lissowska geborene Tochter eines russischen Priesters war von den Tataren entführt und an den Palast verkauft worden. Sie war nicht die erste seiner Frauen, die Süleyman einen Sohn schenkte, trotzdem blieb sie ihr Leben lang seine geliebte Gefährtin. Besonders nahe stand ihm auch der erste seiner Pagen, ein Grieche aus Parga, der den Namen Ibrahim angenommen hatte. Süleyman erhob seinen engsten Freund aus Jugendtagen kurz nach seinem Regierungsantritt, im Juni 1523, zum Großwesir. Lange Zeit war er die wichtigste Stütze seiner Macht. Außerdem gehörte der Kaufmann Alvise Gritti, unehelicher Sohn des venezianischen Dogen Andrea Gritti und einer Adligen aus Galata, zu seinen Vertrauten. Das Stadtviertel Beyoglu ist nach ihm benannt, er selbst trug diesen Beinamen („Sohn des Fürsten“) infolge der Stellung seines berühmten Vaters. Als enger Freund Ibrahim Paşas verbrachte er viele Abende im Kreis des Herrschers. Süleymans Mutter, Hafsa Sultan, kam die Aufgabe zu, das Feuer dieser jungen „Eroberer“, die alle noch keine 30 Jahre alt waren, zu zügeln. Sie stand dem Harem vor und beriet ihren Sohn. Am 22. Mai 1524 verheiratete Süleyman seine Schwester Hatice Sultan mit Ibrahim Paşa, was mit einem mehrere Tage dauernden prunkvollen Fest im Hippodrom, vor dem Palast des Großwesirs, gefeiert wurde.

Nebenstehend:
Süleyman I. der Prächtige (1494–1566).
Porträt des Sultans Süleyman, Öl auf Leinwand von einem venezianischen Künstler aus dem Umfeld Tizians, um 1530–1540. Innsbruck, Sammlung Schloss Ambras

Gegenüberliegende Seite:
Porträt Süleymans I., 16. Jahrhundert

Seit der Eroberung Serbiens 1458 durch Mehmed II. hatte das Königreich Ungarn die Rolle des Verteidigers der Christenheit übernommen, aber als im August 1526 die Janitscharen in der Ebene bei Mohács die Ritter Ludwigs II. angriffen, hielten diese nicht länger als zwei Stunden stand. Mittelungarn wurde besetzt, der Osten ein Vasallenfürstentum unter dem Namen Transsylvanien und der Westen vom österreichischen Erzherzog Ferdinand, dem Bruder Karls V., annektiert. Damit begann der Kampf zwischen den Osmanen und dem Heiligen Römischen Reich um den Kaisertitel und die Vorherrschaft in Europa, da beide ihren Anspruch als Erben Roms geltend machten. Süleyman zog 1529 bis kurz vor Wien, konnte es aber nicht einnehmen. Er unternahm noch drei weitere Feldzüge, 1532, 1541 und 1543, während Karl V. am Mittelmeer angriff, Tunis besetzte und Algier belagerte.

Im März 1533 war Hafsa Sultan gestorben, und einige Monate später wurde Süleymans ältester Sohn, Prinz Mustafa, der die Pubertät erreicht hatte, in Begleitung seiner Mutter Mahidevran ins Gouvernement Manisa geschickt. So konnte Hürrem, die Süleyman nach Mehmed (1521) eine Tochter, Mihrimah (1522), und vier weitere Söhne, Abdullah (1523), Selim (1524), Bayazid (1525) und Cihangir (1533), geschenkt hatte, die Führung im Harem übernehmen und ihren Einfluss auf Süleyman ausbauen. Sie siedelte aus dem Alten Palast, in dem bis dahin alle Frauen der kaiserlichen Familie gewohnt hatten, in den Topkapi Saray um, wo der Sultan lebte.

Hürrems Machtzuwachs veranlasste den Großwesir Ibrahim Paşa, die Partei Mahidevrans und Mustafas zu ergreifen. Im Herbst 1533 brach der Großwesir jedoch als Kundschafter zum großen Feldzug gegen den Iran auf, und Süleyman folgte ihm im Frühjahr 1534. Im Verlauf dieses Feldzugs, der zwei Jahre dauerte, wurden Tabriz und Bagdad eingenommen. Als die Armee im Januar 1536 zurückkehrte, beschuldigte Hürrem Ibrahim Paşa eines Komplotts gegen den Herrscher. Eines Abends wurde er in den Palast gebeten und in der Nacht erdrosselt.

Als absolute Herrscherin im Palast wollte Hürrem einem ihrer Söhne die Nachfolge sichern. Der älteste von ihnen, Mehmed, starb 1543, und Süleyman ließ zu seinem Gedenken die Şehzade-Moschee erbauen. Daraufhin unterstützte sie Selim, der schon zu Lebzeiten den Beinamen „der Trunkenbold" trug. Ihre Tochter verheiratete sie mit Rüstem Paşa, einem aus Bosnien stammenden ehemaligen Pagen des Palastes, der 1544 den Posten des Großwesirs erlangte. Angesichts des fortgeschrittenen Alters Süleymans regelte fortan ein Triumvirat aus Hürrem, Mihrimah und Rüstem die Regierungsgeschäfte, nicht zuletzt mit dem Ziel den Prinzen Mustafa von der Thronfolge auszuschließen. Es gelang Rüstem Paşa, den Herrscher davon zu überzeugen, dass sein Sohn eine Verschwörung gegen ihn angezettelt habe. Schließlich wurde Mustafa auf dem Weg zu seinem dritten iranischen Feldzug im Sommer 1553 in das Lager des Herrschers gerufen und von den Stummen aus dem Saray im Zelt des Sultans erdrosselt. Der Mord rief derartige Proteste unter den Janitscharen hervor, dass Süleyman gezwungen war, Rüstem zu entlassen. Einen Monat später starb in Aleppo infolge des Schocks, den der Mord an seinem Halbbruder ausgelöst hatte, der jüngste Sohn Hürrems, Cihangir, der der Armee gefolgt war.

Hürrem konnte noch einmal die Macht im Palast an sich ziehen, als sie 1555 Kara Ahmed Paşa, den Nachfolger Rüstem Paşas, hinrichten ließ und letzteren wieder in den Posten des Großwesirs einsetzte. Es war jedoch ihr letztes Eingreifen in die Staatsangelegenheiten, da sie Anfang des Jahres 1558 erkrankte und am 15. April starb. Süleyman baute ihr ein großartiges Mausoleum hinter seiner eigenen Moschee, der Süleymaniye, die gerade vollendet war.

Nach der Abdankung Karls V. und dem mit dem Iran 1555 unterzeichneten Friedensvertrag unternahm der Sultan keinen Feldzug mehr, doch erlebte er noch den tödlichen Kampf zwischen den beiden ihm gebliebenen Söhnen Hürrems, Selim und Bayazid. Eine Schlacht in der Ebene von Konya endete mit der Flucht Bayazids in den Iran, die aber nur einen Aufschub bedeutete: Am 23. Juli 1562 wurden er und seine Söhne in Qaswin im Komplott mit dem Schah erdrosselt. Selim blieb der einzige Erbe.

1565 erlitten die Osmanen vor Malta eine der wenigen militärischen Niederlagen während der Regierungszeit Süleymans, die ihre Ausdehnung im Mittelmeerraum stoppen sollte. 1566 beschloss der alte und kranke Sultan, erneut zu einem Feldzug gegen Österreich aufzubrechen, vielleicht um als Krieger zu sterben. Da er nicht mehr auf das Pferd steigen konnte, wurde er im Wagen bis nach Szeged gefahren, das die Armee vom 5. August an belagerte. Dort starb der Sultan am 7. September, wenige Tage nach der Einnahme der Stadt. Sein Tod wurde bis zur Rückkehr der Armee nach Belgrad geheim gehalten, wo Selim zu ihr stieß und zum Herrscher proklamiert wurde.

Die Süleymaniye

Bei der Standortwahl für seine große Stiftung entschied sich Süleyman gegen ein Gelände direkt an der Triumphachse und beschnitt stattdessen erneut das Areal des Alten Palastes, diesmal auf der Nordseite, welche die Silhouette über dem Goldenen Horn maßgeblich zeichnet. An der Triumphachse lagen zu diesem Zeitpunkt bereits vier prunkvolle Bauten – die Hagia Sophia, Bayazid-, Şehzade- und Fatih-Moschee – neben den etwas bescheideneren wie der Atik Ali Paşa Cami bei der „Verbrannten Säule". Er nutzte die Möglichkeit, das Panorama der Stadt, vom Nordufer des Goldenen Horns aus gesehen, zu prägen, indem er den Komplex auf einen Landvorsprung stellte.

Süleyman befand sich im Zenit seiner Macht, nachdem auch das Abendland das Osmanische Reich als Weltmacht anerkannt hatte – Habsburg war ihm tributpflichtig –, und versuchte erneut, es mit der Hagia Sophia aufzunehmen. Darüber hinaus wollte er wie Mehmed II. mit seiner Fatih-Moschee Lehre und Religion um seinen Komplex herum versammeln. Und noch ein dritter Aspekt war entscheidend: Wie Justinian strebte Süleyman die Legitimation seiner Macht durch die Religion an. Justinian hatte es sich insbesondere zum Ziel gemacht, die dogmatischen Unterschiede zwischen Ost- und Weströmischer Kirche zu überwinden. Der alternde Süleyman trat als Schutzherr der sunnitischen Strenggläubigkeit auf, um damit ein Gegengewicht zur schiitischen Heterodoxie, die sich unter den turkmenischen Stämmen Anatoliens auszubreiten begann, und zu den antinomischen Bruderschaften zu schaffen, auch wenn diese einst das Schicksal des jungen osmanischen Staates gesichert hatten. In diese Richtung hatte ihn Ebussu'ud Efendi beeinflusst, der, als er 1545 zum Großmufti (Shaikh ul-Islam) ernannt wurde, dieses Amt der höchsten Gerichtsbarkeit mit großer Befugnisgewalt ausstattete. Hinter Ebussu'ud Efendi stand die muslimische Bevölkerung des Reiches, die um die Macht und Bedeutung des Amtes dieses Mannes wußte. Die Moschee Süleymans musste also dem Vergleich mit einem imperialen Tempel standhalten und gleichzeitig den strengen Regeln der Orthodoxie genügen sowie in ihrem Umfeld einen neuen Mittelpunkt religiöser Lehre bilden. Die Stiftungsurkunde der Süleymaniye geht ausführlich auf diesen Punkt ein: „Stünde das Ausschmücken der Moscheen mit Silber und Gold in Übereinstim-

Unten rechts: Süleymaniye.
Blick auf die vier Säulen, von denen eine aus Alexandria stammt, eine aus Baalbek und die beiden anderen aus Konstantinopel. Für die Chronisten jener Zeit steht dahinter die Aussage, dass die Moschee auf den Thronen der alten Herrscher ruht. Allerdings fangen diese Säulen nur sehr wenig vom Gewicht der Kuppel auf; sie tragen in erster Linie die durchfensterte Schildmauer.

Unten: Moschee Süleymans des Prächtigen, Innenansicht und Kuppel.

mung mit der Religion des Islam und dem Gesetz seiner Exzellenz des Propheten, hätte man gewiss daran gedacht, diesen Tempel mit Gold und Silber zu verkleiden und seine Mauern und Türen mit Rubinen und Perlen zu schmücken, zur Ehre des Tempels und um Gott für seine Wohltaten zu danken. Aber aus oben erwähnten Gründen haben wir davon Abstand genommen, ihn auszuschmücken und mit Edelsteinen zu verzieren, und uns darauf beschränkt, auf eine solide Bauweise zu achten."

Mit diesen Vorgaben also machte sich Sinan an die Arbeit. Er nahm den Plan der Hagia Sophia wieder auf mit den beiden Halbkuppeln über der Achse, den beiden Exedren, die sie jeweils flankieren, und den Seitenräumen, wählte aber klugerweise bescheidenere Dimensionen. Die Kuppel mit einem Durchmesser von 26,50 Metern und einer Scheitelhöhe von 49,50 Metern übertrifft die der Moschee Mehmeds II., bleibt jedoch unter der der Hagia Sophia. Der Gebetssaal der Süleymaniye bildet ein Quadrat mit 57 Metern Seitenlänge, das Hauptschiff der Hagia Sophia ein Rechteck von 73,5 mal 69,5 Metern. In allem anderen richtete Sinan sich nach den funktionellen und ästhetischen Erfordernissen der osmanischen Moschee, wie bereits bei der Şehzade erprobt: Die Seitenräume sind nicht vom Hauptraum abgetrennt, die Exedren haben keine Entsprechung auf der Grundfläche, und die Schildwände liegen auf drei von zwei Säulen getragenen Arkaden. Die Seitenräume, die, da es keine Galerien gibt, bis zu den Schildwänden aufsteigen, haben keine Gewölbe – die die klassische osmanische Architektur ohnehin nicht kennt –, sondern Kuppeln. Im Unterschied zu früheren Sultansmoscheen jedoch sind diese seitlichen Kuppeln nicht alle gleich groß. Diejenigen in der Mitte haben jeweils einen Durchmesser von zehn Metern, was auch dem der Eckkuppeln entspricht, und werden von kleineren Kuppeln mit sieben Metern Durchmesser flankiert. Auf jeder Seite gibt es also fünf Kuppeln: drei große Streben und zwei kleine im Wechsel.

Das Strebewerk schließlich und die Fassaden weisen auf allen vier Seiten dieselben Besonderheiten auf wie bei der Şehzade-Moschee. Nur haben die Streben hier nicht alle dieselben Maße: Auf jeder Seite befinden sich zwei große in der Verlängerung der vier Hauptpfeiler und dazwischen zwei kleinere. Die absolute Symmetrie der Şehzade, die hier durch das Einfügen zweier Halbkuppeln durchbrochen wird, sowie die Gleichheit aller Elemente und Maßverhältnisse war nicht mehr erforderlich.

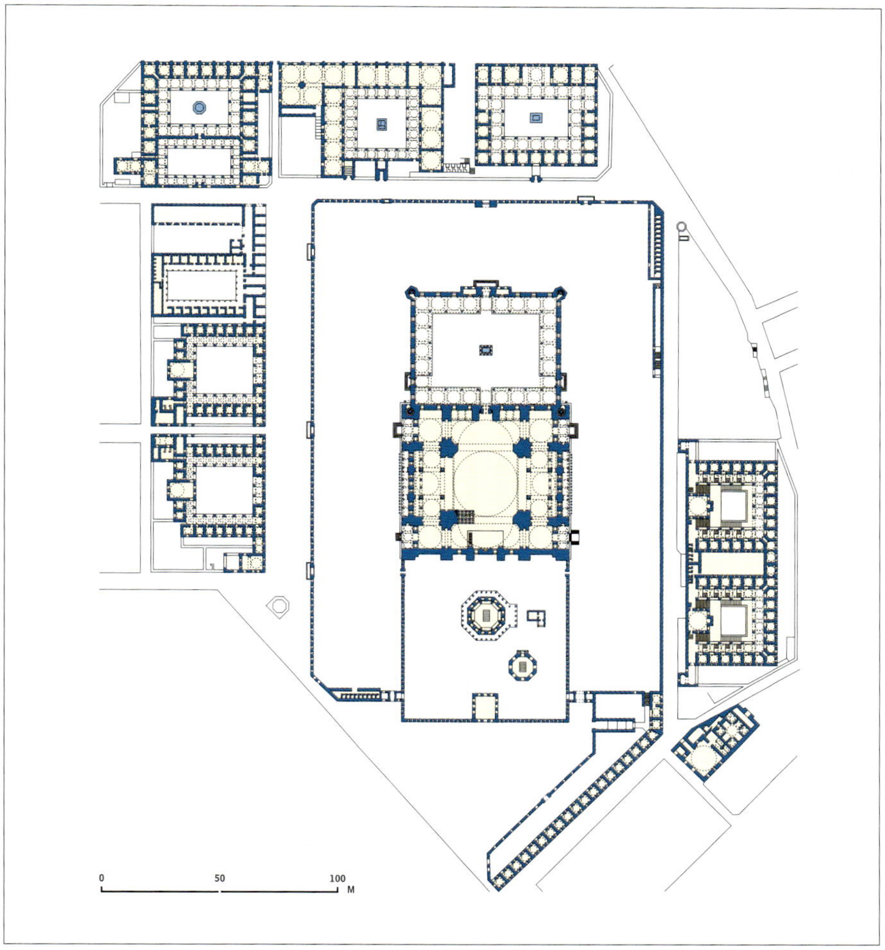

Grundriss des Süleymaniye-Komplexes. In der Mitte in einem großen ummauerten Rechteck der Hof, die Moschee und der Friedhof mit dem Mausoleum Süleymans (in der Mitte) und dem der Haseki Hürrem Sultan. Links zwei Medresen und die Ärzteschule. Dahinter von links nach rechts Hospital, Imaret und Tabhane. Rechts die beiden gestaffelten Medresen am Abhang und in dem von den beiden Straßen gebildeten spitzen Winkel das Grab Sinans. Schräg davor die Dar-ül-Hadith-Medrese und auf der gegenüberliegenden Straßenseite das Hammam.

Die perfekte Staffelung der Kuppeln, wie wir sie von der Şehzade-Moschee her kennen, wird hier von den waagerechten Schildmauern und den abgetreppten Strebepfeilern durchbrochen, welche die zentralen Pfeiler mit dem seitlichen Strebewerk verbinden. Die kleinen Strebepfeiler enden auf derselben Höhe wie die Fassade, die mit ihren durchfensterten Bogen und den Portalvorbauten die Seitenansicht der Şehzade-Moschee wiederholt. Hier jedoch trägt der von zwei Strebepfeilern eingefasste, zweistöckige Portalvorbau ein breites Pultdach, unter dem zusätzliche Reinigungsbrunnen stehen. Zwischen den großen Strebepfeilern und den Ecken befinden sich beiderseits einstöckige, über drei Joche laufende Portalvorbauten, die überkuppelt sind. Sie kennzeichnen die vier Seiteneingänge der Moschee, die sich jeweils unter den Eckkuppeln öffnen und die sonst ungenutzten Räume in Vestibüle bzw. Deambulatorien verwandeln.

Gegenüberliegende Seite: Süleymaniye, Innenansicht. Durch das Zweikuppelsystem verlängert sich die Hauptachse, und es entstehen ein Mittelschiff und Seitenschiffe, was zusätzlich durch zwei Säulenpaare betont wird. Die tragenden Elemente, die sich auf vier große, auf Pfeilern ruhende Bogen beschränken, sind im Vergleich zur Şehzade weit einfacher gehalten.

Unten: Luftaufnahme des Süleymaniye-Komplexes, der mitten in Istanbul eine Stadt für sich bildet. Der Teil, an dem die umfangreichsten Umbauten vorgenommen wurden, ist die Ärzteschule links von den oberen Medresen. In modernen Gebäuden ist dort heute ein Entbindungsheim untergebracht.

Die Hagia Sophia war die Schöpfung zweier genialer Architekten und Mathematiker, denen kaiserliche Begeisterung die nötigen Mittel zur Verfügung stellte. In der Folgezeit waren viele Generationen damit beschäftigt, dieses Monument, dessen symbolische Gewichtigkeit im Lauf der Zeit wuchs, zu erhalten. Tausend Jahre später löste ein nicht minder genialer Architekt, der über ähnliche Mittel verfügte und von derselben Obsession getrieben wurde, die statischen Probleme, welche die Hagia Sophia damals aufwarf. Die Süleymaniye ist ein Lösungsansatz unter anderen.

Dem Besucher, der die Süleymaniye betritt, sticht sofort die Nüchternheit dieser frommen Stiftung ins Auge. Die Marmorverkleidung der Wände bis hinauf zu den Bogen ist als Reminiszenz an die Hagia Sophia zu verstehen. Die nach vorhandenen Entwürfen restaurierten Fresken sind sicherlich weit davon entfernt, den ursprünglichen Eindruck wiederzugeben, doch zeigen andere Elemente, dass es sich um eine Sultansmoschee handelt. Insbesondere auf der Qibla wurden, zwischen Zitaten aus dem Koran, Paradiesschilderungen gleich in zwei Techniken bildlich umgesetzt: auf den Keramikfliesen aus den Werkstätten von Iznik, welche den Mihrab einfassen und von Sinan hier erstmals verwendet wurden, und in den Fenstern darüber. Solche nach osmanischer Tradition von Stuckdekor eingerahmten farbigen Glasfenster finden wir auch in der 1548 erbauten Mihrimah Sultan Cami, dem Komplex der Tochter Süleymans, in Üsküdar auf der asiatischen Seite des Bosporus.

Zeitgenössische Bewunderer schrieben, die Moschee übertreffe bei weitem die Throne der früheren Herren der Welt, und interpretierten damit die vier mächtigen Säulen im Kuppelraum, über denen die Bogen aufsteigen, auf denen die beiden seitlichen Tympana ruhen. Aus der Autobiografie Sinans sowie den Büchern der Bauverwaltung geht hervor, dass eine aus Alexandria und eine aus Baalbek stammte, die dritte und vierte vom Augusteion und dem Hippodrom. Alexandria stand offensichtlich für Alexander den Großen, Baalbek galt in der muslimischen Literatur als ein von Salomon erbauter Tempel. Die Säulen symbolisierten wie andere kostbare Marmorstücke, wie die runden Porphyrplatten in der Pflasterung des Hofes, den imperialen Herrschaftsanspruch des Osmanischen Reiches. Eine weitere Manifestation der Macht stellt das monumentale Eingangsportal dar, das von zwei Baukörpern auf drei unterschiedlichen Stufen flankiert wird. Es muss dahingestellt bleiben, ob der Eingangsbereich in Anlehnung an den Topkapi Saray geschaffen wurde und „Pforte“ und Hof religiöse Umsetzungen des weltlichen Vorbildes sind.

Um die Größe der Moschee zu schaffen, kehrte Sinan zu einer rechteckigen Hofform von neun auf sieben Joche zurück. Der vordere Portalvorbau sowie die drei Joche beiderseits des auf der Hauptachse liegenden Eingangsportals sind höher als die anderen, sodass eine Säule Bogen unterschiedlicher Höhe tragen muss, was durch Halbkapitelle auf halber Höhe des Säulenschafts gelöst ist.

Der gesamte Komplex war 1558 abgeschlossen. Die Stiftung umfasste vier Koranschulen, denen noch ein Dar ül-Hadith übergeordnet war, eine Hochschule zum Studium des Hadith. Außerdem gehörten dazu eine medizinische Fakultät, die in Istanbul einmalig blieb, sowie ein Krankenhaus, eine Armenküche, eine Herberge für umherreisende Derwische, ein Hammam und Ladengeschäfte. Die beiden zum Goldenen Horn hin gelegenen Medresen weisen eine Besonderheit auf: Sie stehen auf terrassiertem Gelände, und jedes Joch des Portalvorbaus liegt sechs Stufen tiefer als das vorhergehende. Die Kuppeln über dem Vorbau und den angrenzenden Zimmern ergießen sich somit kaskadenartig von oben nach unten. Der Unterrichtsraum befindet sich im oberen Teil. Die Mausoleen von Süleyman und seiner Frau Hürrem (Roxelane genannt) schließlich erheben sich in einem ummauerten Areal; es hat etwa denselben Grundriss wie der Gebetsraum und liegt hinter der Qiblawand der Moschee.

Die Süleymaniye von den hochgelegenen Medresen aus gesehen. Die zentrale Kuppel mit ihren Schwibbogen ruht auf dem Zackenbogen, unter dem die Fensterreihen der Schildmauer liegen. Die Türmchen auf beiden Seiten in Verlängerung der Pfeiler sind mit dem Strebewerk verbunden und erzeugen eine zweifache Gliederung der Fassade. Im Vordergrund die Reihe mit abwechselnd großen und kleinen Kuppeln über dem Seitenschiff. Weiter unten erkennt man unter einem breiten Vordach das Bogenwerk der Seitenfassade.

Nebenstehend: Süleymaniye, Seiteneingang zum Hof. Vor allem an den Fassaden verwandte Sinan profilierte Rahmungen, die sowohl den oberen Mauerabschluss bilden als auch die wichtigsten Elemente umspielen.

Gegenüberliegende Seite: Süleymaniye, Spitze der zentralen Kuppel. Dachhaut aus Blei, Spitze aus vergoldetem Kupfer. Im Hintergrund das Minarett und dahinter der Südausgang des Bosporus.

Unten: Süleymaniye, Türbe Süleymans, Innenansicht.
In der Süleymaniye wurden erstmals Produkte aus den Keramik-Werkstätten von Iznik verwendet. Zunächst beschränkte sich die Verwendung auf den Innenbereich der 1557 fertig gestellten Moschee, doch schon in der 1566 nach dem Tod des Herrschers errichteten Türbe kam Iznik-Ware in sehr viel reicherem Maß zum Einsatz.

Nebenstehend: Süleymaniye, Ansicht der Moschee mit den darunter liegenden Medresen. Bemerkenswert ist die Staffelung der einzelnen Räume in Angleichung an das abfallende Gelände, was auch eine Staffelung der Kuppeln mit sich bringt. Die erste Kuppelreihe bekrönt die Zimmer der Schüler, die zweite den abgetreppten, um den Hof laufenden Portikus. Dahinter ragt die Kuppel des Unterrichtssaals auf. Im Vordergrund die beiden Kuppelreihen und die Kamine der zweiten Medrese.

Unten links: Süleymaniye, Portikus des Hofes. Die Zugeisen, die verhindern, dass die Bogen durch das Gewicht der Kuppel einbrechen, und die im Falle eines Erdbebens die Seitenschübe abfangen sollen, gehören zu den wiederkehrenden Elementen der osmanischen Architektur.

Unten rechts: Süleymaniye, Portikus des Hofes. Von Portiken umgebene Höfe vor dem Haupteingang zum Gebetssaal waren den Moscheen vorbehalten, die von Sultanen oder Mitgliedern der Herrscherfamilie errichtet wurden. Hohe osmanische Würdenträger umgingen diesen Vorbehalt häufig, indem sie gegenüber dem Gebetssaal eine Medrese bauen ließen, deren Hof dann gleichzeitig Moscheehof war.

Gegenüberliegende Seite: Süleymaniye, Innenansicht, Blick in das Kuppelsystem. Die zentrale Kuppel ruht auf den vier Bogen. Im Vorder- und Hintergrund sind die zwei Halbkuppeln zu erkennen, rechts und links die durchfensterten Schildmauern. Ganz vorn oben in Hufeisenform ein Tragebogen der um den Gebetssaal laufenden Arkade.

Gegenüberliegende Seite: Sultan Selims Moschee (Edirne), Innenansicht. Man erkennt die Bedeutung des von der Kuppel überwölbten Raumes im Verhältnis zum Gesamtbau. Der Innenraum gleicht dem einer Kuppel, die auf in einem gleichseitigen Achteck angeordneten Pfeilern ruht; die Außenmauern bilden ein Rechteck, in welches das Achteck eingeschrieben ist. Die den Koranlesern vorbehaltene Tribüne in der Mitte des Gebetssaals ist ein eher ungewöhnliches Element.

Unten: Selimiye (Edirne), Außenansicht. Geländearbeiten bescherten der Moschee im 20. Jahrhundert zwar ein grünes Umfeld, schnitten sie aber vom städtischen Treiben ab.

Die Selimiye in Edirne

In seiner Autobiografie bezeichnet Sinan die Şehzade als sein Lehrlingsstück, die Sülemaniye als sein Gesellenstück und die Selimiye als sein Meisterstück. Auch wenn Kunsthistoriker immer noch über die jeweiligen Vorzüge der drei Komplexe diskutieren, besteht die tatsächliche Weiterentwicklung in der Loslösung des Architekten vom Willen des Sultans. Die Darstellung der imperialen Macht stand für Selim II. nicht mehr im Vordergrund. Nun war es der Architekt, der den Ehrgeiz hatte, die größte Kuppel zu errichten. Dabei schwebte Sinan nicht mehr eine bloße Imitation der Hagia Sophia vor, wie das bei der Süleymaniye der Fall gewesen war. Weder Grundriss noch äußere Erscheinung der Selimiye haben etwas mit der großen Kirche gemeinsam. Wichtig war ihm diesbezüglich nur die Kuppel, wie seine Autobiografie und Quellen aus dem 18. Jahrhundert bestätigen. Er suchte dabei den internationalen Vergleich: „Die sich unter den Ungläubigen Architekten nennen, behaupteten, den Muslimen überlegen zu sein, da auf islamischem Boden noch keine Kuppel gebaut worden sei, welche derjenigen der Hagia Sophia gleichkomme. Euer Diener erinnert sich noch gut an die Worte, wonach es sehr schwierig sei, eine solche Kuppel zu errichten. Ich unternahm mit der oben genannten Moschee den Versuch und habe mit der Hilfe Gottes, des Allmächtigen, und dank Sultan Selim Han mein Können bewiesen und diese Kuppel sechs Ellen größer und vier Ellen höher gebaut als die der Hagia Sophia." Diese Maßangaben – vier bzw. drei Meter – entsprechen nicht der Wirklichkeit, aber das Bemühen Sinans und seines Fürsprechers, des Dichters Sa'i, ihre Zeitgenossen von dem gewonnenen Wettstreit zu überzeugen, zeigt, wie wichtig die Sache in ihren Augen war. Die Kalotte der Selimiye-Kuppel ist in der Tat höher als der gewölbte Teil der Hagia Sophia, doch Sinan selbst wußte natürlich am besten, dass die Schwierigkeit nicht im Bau einer hohen, sondern einer niedrigen Kalotte liegt und dass die erste Kuppel der Hagia Sophia genau deshalb eingestürzt war, weil ihre Kalotte zu niedrig war. Die Kuppel der Selimiye, vom Boden zum Scheitelpunkt gemessen, hat eine Höhe von 42,50 Metern; daneben stehen die Hagia Sophia mit 55,50 Metern und die Süleymaniye mit 49,50 Metern. Doch entspricht ihr Durchmesser von 31,20 Metern dem mittleren Durchmesser der elliptischen Kuppel der Hagia Sophia. Sinan war also vorsichtig und verringerte die Gesamthöhe, selbst im Vergleich zur Süleymaniye, um den Durchmesser der Kuppel der Hagia Sophia realisieren zu können.

Die Selimiye ist ein Kunstwerk, das anmutig über der Erde schwebt. Bei demselben Durchmesser wie dem der Kuppel der Hagia Sophia ist jene der Selimiye über einem Baukörper ausgeführt, dessen Fläche nur ein Drittel so groß ist, nämlich nur 40 mal 45 Meter. Die Kuppel der Hagia Sophia überdeckt nur etwa 15 Prozent des gesamten überbauten Raumes, die der Selimiye 42 Prozent. Sinan war sich bewusst, dass die niedrige Kalotte, welche die klassische osmanische Architektur von der Hagia Sophia übernommen hatte, es nicht erlaubte, den Durchmesser zu vergrößern, ohne entsprechend viele und starke Strebepfeiler aufzustellen, die den gewaltigen

Seitenschub der Kuppel auffangen konnten, und dass man außerdem wieder einen hohen Tambour hätte einfügen müssen, der sie alle aufnehmen konnte. Diese Lösung war die Methode der Wahl in der Architektur der Timuriden und seit Brunelleschi in Florenz auch in der italienischen Renaissance. Doch diese in Ost und West seit eineinhalb Jahrhunderten entwickelten Modelle taugten nicht für die osmanische Architektur, deren Hauptmerkmal der gewölbte Teil der Kuppel war. So wurde bei der Selimiye der Versuch gemacht, die statischen Erfordernisse einer Kuppel mit Tambour den ästhetischen Normen der osmanischen Architektur anzupassen, woraus sich ihr gedrungener Unterbau und die Höhe erklären. Sinan baute eine Kuppel mit hohem Tambour, entfernte daraus die Wände und ersetzte sie durch Schildwände oder Trompen, um sie wie eine Kalotte wirken zu lassen. Er bediente sich dazu eines Elementes, das er bereits bei verschiedenen Moscheen erprobt hatte: einer Kalotte, deren Höhe der Hälfte ihres Durchmessers entspricht – selbst wenn es sich nicht um eine Halbkugel handelte – und die über einem Unterbau ausgeführt ist, der von acht Bogen und ebenso vielen Pfeilern gestützt wird. Auf den Seiten des Achtecks, die parallel zu den Seiten des Rechtecks liegen, das den Gebetssaal bildet, füllen Schildwände, bis zur Grenze des Möglichen durchfenstert, die leeren Räume zwischen den Bogen, und auf den vier anderen Seiten befinden sich, diagonal zu den Ecken des Saals, Halbkuppeln, die den Übergang vom Achteck zum Rechteck herstellen und ebenfalls durchlichtet sind. Dieser über den Pfeilern gelegene Teil bildet einen von 92 Fenstern durchbrochenen Tambour. Dazu kommen weitere 32 Fenster in der Kalotte. Darunter verstärkt eine zweite Bogenreihe, die auf ebenfalls stark durchlichteten Schildwänden ruht, noch die Leichtigkeit und Helligkeit des Ganzen. Sie ist auf halber Höhe der Pfeiler durch Schwibbögen, die sich außen auf der Fassade wiederholen, mit den Wänden verbunden.

Die einschalige, sich in großen Teilen selbst tragende Kuppel erzeugt durch das Über- und Nebeneinanderstellen von Tambouren, Türmchen und Schildmauern eine vertikale Spannung, die an die Stelle der Pyramide aus kaskadenartig abfallenden Kuppeln – wie bei der Şehzade – tritt. Die Moschee besticht durch ihre

Gegenüber liegende Seite: Selimiye (Edirne), Außenansicht. Bei dieser Moschee überrascht die starke Betonung der Senkrechten, zu der vor allem die vier Minarette beitragen, die direkt an den Gebetssaal anschließen. Die Wirkung der gestaffelten Kuppeln tritt hier zurück, und nichts konkurriert mit der zentralen Kuppel. Der Gebetssaal erfuhr nach links zum Hof hin eine Erweiterung; rechts liegt eine Medrese, im Vordergrund der Arasta, ein gedeckter Bazar, der einige Jahre später entstand.

Links: Selimiye (Edirne). Blick von außen auf die Mihrab-Seite. Zu der Anlage gehören zwei Medresen, die in symmetrischer Anordnung hinter der Moschee liegen.

Der Architekt Sinan

Der größte osmanische Architekt ist gleichzeitig einer der wichtigsten Architekten der Renaissance. Innerhalb eines halben Jahrhunderts prägte er an der Spitze einer reibungslos funktionierenden Institution das Stadtbild des Osmanischen Reiches von der Hauptstadt bis in die entferntesten Provinzen.

Sinan wurde in den letzten Jahren des 15. Jahrhunderts in Aghrianos (heute Agirnas) bei Kayseri als Sohn christlicher Eltern geboren. Die Bruderkriege zu Beginn der Herrschaft Selims I. und die folgenden Persien- und Ägyptenfeldzüge zwangen den Herrscher, auch in den anatolischen Provinzen christliche Kinder für das Janitscharenkorps auszuheben. Um 1513 oder 1514 wurde Sinan, etwa 15-jährig, bei der Knabenlese rekrutiert. Er erreichte 1521 bei der Einnahme Belgrads den Rang eines Janitscharen und nahm in der Folgezeit an den meisten Feldzügen Selims teil. Dabei stieg er bis in das Gefolge des Herrschers auf.

Mit Sicherheit kann ihm aus dieser Periode kein Werk zugeschrieben werden, doch um 1538 nach dem Tod des obersten Architekten des Reiches zu dessen Nachfolger ernannt zu werden, muss er bereits Proben seines Könnens abgelegt haben. Jedenfalls entwickelte er von diesem Zeitpunkt an bis zu seinem Tod im Jahr 1588 eine Geschäftigkeit, die ihn zum fruchtbarsten Architekten aller Zeiten werden ließ. Drei zu seinen Lebzeiten bzw. kurz nach seinem Tod erstellte Listen schreiben ihm nicht weniger als 477 Werke zu, darunter 107 Moscheen, 74 Medresen, 56 Hammams, 52 Oratorien, 45 Mausoleen, 38 Paläste, 31 Karawansereien, 22 Imarete, neun Brücken usw. Selbst wenn man berücksichtigt, dass man ihm darin alle zu seiner Zeit errichteten Bauwerke von Bedeutung zugeschrieben haben dürfte, und man davon ausgehen kann, dass er die Arbeiten in den entfernten Provinzen nicht persönlich überwachte, bleibt die Liste beeindruckend.

Auch wenn Sinan eine für die damalige Zeit erstaunliche künstlerische Freiheit genoss, wie etwa der Bau der Selimiye von Edirne zeigt, basiert auch seine Karriere auf dem osmanischen Herrschaftssystem. Seiner Organsisationsmacht einerseits und der Bedeutung der Architektur im kaiserlichen Diskurs andererseits verdankt er es, dass seinem Genie beinahe unbeschränkte Mittel zur Verfügung standen. Der oberste Architekt leitete tatsächlich eine Organisation, deren Kompetenzen neben dem Bau die Anwendung architektonischer und städtebaulicher Vorschriften, die Kontrolle der Qualität und der Materialpreise, die Leitung

verschiedener Bauzünfte und die Ausbildung der benötigten Arbeitskräfte umfassten. Hinzu kam die Verantwortlichkeit für die Wasserversorgung Istanbuls.

Das erste monumentale Werk Sinans ist der für Hürrem Sultan in Istanbul erbaute Komplex, der aus einer Moschee (1539) besteht, die später vergrößert wurde, einer Medrese (1540), einem Imaret (1550) und einem Krankenhaus (1557). Gleichzeitig begann er den Şehzade-Komplex (1543–1548) und den Mihrimah Sultanes, der Tochter Süleymans, in Üsküdar, der ebenfalls 1548 vollendet wurde. Dann folgten zwei von Süleyman in Auftrag gegebene Komplexe, in Damas und Istanbul. Der erste wurde 1554 vollendet; der zweite, die Süleymaniye, 1557. Zum selben Zeitpunkt vollendete er den Hammam von Hürrem Sultan vor der Hagia Sophia und errichtete zwei Moscheen: die von Hadim Ibrahim Paşa bei dem Silivritor (1551) und die von Sinan Paşa in Beşiktaş (1555).

Zwischen dem Bau der Süleymaniye und der Selimiye von Edirne vollendete er seine beiden bedeutendsten Komplexe in Istanbul: die Moschee Kara Ahmed Paşas am Topkapi (1558–1560), die Rüstem Paşas am Hafen (1562), die Medrese Sokollu Mehmed Paşas in Eyüp (1568–1569), die zweite Moschee Mihrimah Sultans am Edirne-Tor (1570–1571), die Anlage Sokollu Mehmad Paşas hinter dem Hippodrom (1571–1572), die Moschee von Piyale Paşa im Viertel Kasimpaşa hinter dem Arsenal (1573/74) sowie die Moscheen Semiz Ali Paşas in Babaeski (1565) und Sokollu Mehmed Paşas in Lüleburgaz (1569/70), kleine Marktflecken an der großen Straße von Istanbul nach Edirne.

Selim II. gab ihm noch vor seiner Thronbesteigung 1566 den Auftrag für einen Komplex in Karapinar bei Konya, an der Pilgerstraße. Die Arbeiten wurden 1565 beendet, und Selim II. beauftragte den Architekten mit der Errichtung eines großartigen Ensembles in Edirne. Der Bau des Selimiye-Komplexes dauerte länger als seine Herrschaft und wurde 1575 beendet. In der Zwischenzeit hatte Sinan um 1570 in Üsküdar, am asiatischen Ufer Istanbuls, mit dem Bau eines anderen Komplexes für Nurbanu, die Mutter des späteren Murad III., begonnen. Er wurde 1583 fertiggestellt. Auch Murad III. ließ vor seiner Thronbesteigung als Gouverneur von Manisa dort eine Moschee bauen. 1582 wurde sie vergrößert und blieb die einzige von diesem Herrscher gebaute Moschee. Da er während der Herrschaft Murads III. keine kaiserlichen Aufträge in der Hauptstadt bekam, wandte sich Sinan bescheideneren, aber exquisiteren Vorhaben zu, denen ein gewisser Manierismus eigen ist. Dazu gehören die Moscheen Zal Mahmud Paşas in Eyüp (1575–1580), Şemsi Ahmed Paşas in Üsküdar, an der Meeresküste (1580/81), Kiliç Ali Paşas in Tophane, gegenüber der Kanonengießerei (1580–1581), Mesih Paşas (1583–1585) und Nişanci Mehmed Paşas (1584–1588). Die beiden letzten Bauten, die Sinan begann, als er zwischen 85 und 90 Jahre alt war, wurden vermutlich von Mitarbeitern vollendet, darunter Davut Aga, der sein Nachfolger wurde.

1582 unternahm Sinan, der immer noch aktiv war, eine Pilgerfahrt nach Mekka. Nach seinem Tod 1588 wurde er neben der Süleymaniye, am Ende des Gartens seines Hauses, das ihm Süleyman geschenkt hatte, begraben.

Gegenüberliegende Seite: Mihrimah-Sultan-Moschee

Links oben: Süleymaniye, Istanbul

Unten: Piyale-Paşa-Moschee, Innenausstattung aus dem 16. Jahrhundert, Istanbul.

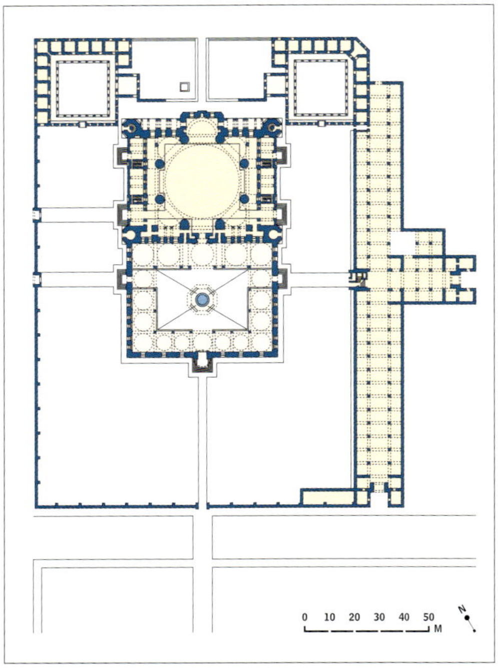

Grund- und Aufriss des Selimiye-Komplexes in Edirne. Diese Anlage ist im Vergleich zu den Sultansmoscheen in Istanbul wesentlich kleiner und umfasst nur zwei Medresen sowie einen großen, überdachten Bazar, der etwas später dazukam. Abgesehen von diesem Bazar, der die Anlage zur Stadt hin öffnet, ist der Rest vollkommen axialsymmetrisch angelegt. Der Aufriss zeigt, wie eine Kuppel mit hohem Tambour, der hinter den Schildmauern verborgen ist, zu einer zweischaligen Kuppel wird.

schlanke, für eine osmanische Moschee sehr ungewöhnliche Silhouette. Betont wird dieser Effekt durch vier 71 Meter hohe Minarette an den vier Ecken des Gebetssaals. Während Sinan bei seinen beiden vorherigen Sultansmoscheen selbst die Türmchen und Strebepfeiler noch überkuppelte, um die aufsteigende Wirkung zu verstärken, krönte er sie hier mit spitzen Dächern, sodass außer der Hauptkuppel und den vier Halbkuppeln außen keine gekrümmten Flächen erscheinen. Die acht Türmchen setzen sich über Schwibbogen und Strebepfeiler bis zum Boden fort und unterteilen so alle vier Seiten in drei Abschnitte, in denen vertikale Elemente dominieren: Oben sind es mit Bogen und Fenstern durchsetzte Schildwände, unten von Strebewerk eingefasste Vorhallen und Fassaden. Der Vorhof weist wie derjenige der Üç-Şerefeli-Moschee einen genau rechteckigen Grundriss auf, und der äußere Säulengang setzt sich in Anlehnung an die medizinische Fakultät der Stiftung Bayazid II. alternierend aus großen und kleinen Jochen zusammen. Weite und Helligkeit bestimmen die Wirkung des Innenraums, dessen Dekoration sich fast ausschließlich auf die Sultansloge beschränkt, die mit wunderbarer Iznik-Keramik verkleidet ist.

Die Frage bleibt, warum diese Moschee in Edirne gebaut wurde und weshalb Selim II. parallel dazu umfangreiche Restaurierungsarbeiten an der Hagia Sophia durchführen ließ. Die Arbeiten an der Kuppel der Selimiye begannen im August 1572 und endeten ein Jahr später, um den 20. August 1573 herum, wobei die Schlussphase, in der die Kalotte geschlossen wurde, zweifellos die heikelste war. Am 22. Juni 1573 begann Sinan mit der Festigung der Bausubstanz der Hagia Sophia. Selim II. starb im Dezember 1574 und wurde in einer Türbe hinter der Hagia Sophia beigesetzt. Man könnte glauben, Selim II. habe das Schicksal überlisten wollen, indem er sein Konkurrenzobjekt an einem entfernten Ort errichtete, dem großen Tempel gleichzeitig seine Achtung erwies und sich diesen schließlich dennoch aneignete, als er ihn als erster unter den Herrschern von Konstantinopel zu seiner Grabstätte machte.

Bei einem Vergleich der drei Sultansmoscheen Sinans, die in einem Zeitraum von drei Jahrzehnten errichtet wurden, erkennt man, worin er selbst die Steigerung sah. Bei der Şehzade erprobte er die Möglichkeiten der Bedachung mit Halbkuppeln, bei der Süleymaniye setzte er sich mit dem Kuppelsystem der Hagia Sophia auseinander, und mit der Selimiye schuf er schließlich ein eigenes System. Wir erkennen, wie die obsessive Auseinandersetzung mit einem Vorbild für den schöpferisch veranlagten Menschen ein Weg hin zur Originalität sein kann.

Oben und rechts: Selimiye (Edirne), Detail des Keramikdekors. Die Selimiye entstand zwischen 1567 und 1574, zu der Zeit, als die Keramikwerkstätten von Iznik ihre besten Arbeiten zu produzieren begannen. Somit ist diese Moschee und vor allem die Herrscherloge ein wahres Keramikmuseum, in dem sich – wie auch in der Rüstem-Paşa-Moschee, der Sokollu-Mehmet-Paşa-Moschee und den Gemächern Murads III. im Harem des Topkapi Saray – die schönsten Beispiele der Iznik-Ware befinden.

Oben links: Selimiye (Edirne), Innenansicht, seitliche Galerie. Zwischen den Pfeilern und dem Strebewerk ziehen sich zwei Galerien an den Seitenwänden entlang und bieten Raum für Andacht und stilles Gebet.

Links: Selimiye (Edirne), Ansicht des Hof-Portikus. Der monumentale Hof ist rechteckig und entspricht in Form und Dimensionen dem Gebetssaal. Rechts sieht man, wo der niedrigere seitliche Portikus auf denjenigen vor der Fassade des Gebetssaals stößt. Der Bogen hier sitzt auf einem Kragstein auf halber Höhe der Säule.

Selimiye (Edirne), Sultansloge, Blick auf den Mihrab. Die Sultanslogen, in denen die Herrscher das Freitagsgebet mit ihren Untertanen verrichten konnten, ohne sich unters Volk mischen zu müssen und sogar ohne gesehen zu werden, entstanden im Zuge der Verherrlichung der Sultane. Sie nahmen immer mehr Raum ein und wurden schließlich zu in die Moschee integrierten, luxuriösen Pavillons wie hier in der Selimiye.

Gegenüberliegende Seite: Selimiye (Edirne), Sultansloge. Sowohl der Keramikdekor als auch die Einlegearbeit in den Türflügeln sind Meisterwerke der osmanischen Kunst des „Goldenen Zeitalters". Leider wurden die kostbaren Wandteppiche, die diesen Raum schmückten, ins Museum für Türkische und Islamische Kunst nach Istanbul gebracht, und die alten Gitterstäbe wurden durch ein neuzeitliches Holzgitter ersetzt.

Unten: Mihrimah-Sultan-Moschee im Stadtteil Üsküdar, Blick auf die Rückseite. Bei dieser von der Tochter Süleymans erbauten Moschee versuchte Sinan eine Lösung mit drei Halbkuppeln, die einen leicht rechteckigen Grundriss erforderlich machten; die zentrale Kuppel ruht auf einem hohen, quadratischen Tambour.

Die Stiftungskomplexe der Würdenträger

Aufstellungen, die zu Lebzeiten Sinans oder kurz danach angefertigt wurden, schreiben dem Architekten 477 Werke zu, darunter 107 Moscheen, 74 Mausoleen und 56 Bäder. 345 davon befinden sich in Istanbul, von denen wiederum etwa 100 entweder gar nicht mehr existieren, verfallen sind oder komplett umgestaltet wurden. Blieben trotzdem noch knapp 250 Bauten, die allein in der osmanischen Hauptstadt heute noch zu besichtigen sind. Diese Zahl ist zweifellos viel zu hoch gegriffen und zum einen der Berühmtheit Sinans zuzuschreiben, zum anderen seiner Funktion als Architekt des Herrscherhauses. Sie beinhaltet jedes einigermaßen bedeutende Bauwerk, das in dem halben Jahrhundert errichtet wurde, in dem er im Amt war, nämlich von 1538 bis zu seinem Tod im Jahr 1588, und vermischt Bauaufsicht und konzeptionelle Urheberschaft. Aufgrund stilistischer Kriterien, aber auch anhand dokumentarischer Belege kann man ihm allerdings fast alle Monumentalbauten zuschreiben, die während dieser Zeit von den hohen Würdenträgern des Reiches in der Hauptstadt errichtet wurden.

Beeindruckt von seiner großen Persönlichkeit, gingen die Kunsthistoriker lange Zeit davon aus, dass er vollkommene Freiheit bei der Ausführung dieser Objekte hatte, angefangen bei der Wahl der Lage bis hin zu Bautypus und Plan. Heute erscheint das jedoch bei aller Berühmtheit unwahrscheinlich, und die Beschäftigung mit seinem Werk muss auch die Rolle der Auftraggeber einbeziehen, vor allem was die Wahl des Standortes und des Bautypus anbetrifft, aus denen sich der Plan gewissermaßen ergibt. Entsprechend den Gegebenheiten und Maßgaben griff Sinan dann auf das Repertoire der osmanischen Architektur zurück, wobei das Ergebnis einmal archaisch, ein andermal eklektisch sein konnte, was es ausgeschlossen macht, eine lineare Progression in seinem Werk zu erkennen.

Die allerersten Bauten, die man Sinan mit einiger Sicherheit zuschreiben kann, sind Aufträge von Haseki Hürrem, der Frau Süleymans des Prächtigen. Ein Moscheenkomplex ihres Namens entstand in Etappen zwischen 1538 und 1550, vor allem jedoch ein ausgesprochen schönes Bad gegenüber der Hagia Sophia, das zwischen 1556 und 1557 fertig gestellt wurde. Der ungewöhnliche Grundriss basiert auf der Idee, die Badeanlagen für Männer bzw. Frauen nicht nebeneinander, sondern Rücken an Rücken zu legen, was dem Bau eine schöne Grundrissform gibt.

Mihrimah, die Lieblingstochter Süleymans und Gattin des einflussreichen Großwesirs Rüstem Paşa, gab zwei Moscheen an exponierten Stellen der Stadt in Auftrag. Für Sinan eine besondere Gelegenheit, die eigene Kreativität unter Beweis zu stellen. Für die ältere, 1548 fertig

Gegenüberliegende Seite unten: Hammam der Haseki Hürrem Sultan gegenüber der Hagia Sophia. In diesem Doppel-Hammam, bei dem ein Teil den Männern und einer den Frauen vorbehalten ist, liegen die beiden Bereiche nicht wie sonst üblich nebeneinander, sondern hintereinander, wodurch ein langgestreckter Bau von großer Plastizität entstand.

Unten links: Grund- und Aufriss der Mihrimah-Sultan-Moschee am Edirne-Tor. Eine einzige Kuppel deckt den gesamten Gebetssaal ab und scheint lediglich auf vier durchfensterten Schildmauern zu ruhen. Tatsächlich wurden die vier Eckpfeiler jedoch nach außen verlegt, und der Seitenschub wird von den mit drei Kuppeln eingedeckten Seitenflügeln aufgefangen sowie vom Portikus, der auf beiden Seiten der Moschee um ein Joch länger ist als die Fassade.

Unten rechts: Grundriss der Mihrimah-Sultan-Moschee im Stadtteil Üsküdar. Sie besitzt keinen Hof, dafür aber ein großes Vordach, das auch den Portikus überspannt. Davor befindet sich ein Reinigungsbrunnen, der ursprünglich unmittelbar am Bosporus lag. Zu der Moschee gehörten eine Medrese und eine Karawanserei, die heute nicht mehr existieren.

gestellte Moschee wurde ein Platz in der Nähe der Landungsbrücken von Üsküdar gewählt, wo asiatisches und europäisches Territorium des Reiches aneinander stießen. Sinan erprobte bei dieser Moschee, die gleichzeitig mit der Şehzade entstand, eine neue Möglichkeit, die zentrale Kuppel zu stützen. Er setzte sie auf drei Halbkuppeln, zwei über den Seiten und eine über dem Mihrab, sowie auf zwei Pfeiler. In der Außenansicht erhebt sich die Hauptkuppel über einem Kubus und erinnert an die Bauten aus der Zeit Bayazids II. Außerdem entschied sich Sinan hier erstmals für einen doppelten Portikus. Der der Moschee vorgelagerte überwölbte Eingangsbereich besteht aus einem äußeren Portikus und einem in der Mauer der Moschee liegenden zweiten Portal auf gleicher Achse. Vor der Moscheewand liegt ein Joch mit fünf Kuppeln, in dessen Mitte sich dieses zweite Eingangsportal befindet.

Die zweite Moschee Mihrimahs steht genau dort, wo die Triumphachse auf das Edirne-Tor trifft, und stellt somit das letzte imperiale Monument entlang dieser Prachtstraße dar. Betrachtet man die Kuppel von innen, scheint sie trotz eines Durchmessers von 20 Metern in der Luft zu schweben. Man sieht lediglich vier durchlichtete Schildwände, die sich in den vier Ecken des Gebetssaales treffen. 100 Fenster im Tambour der Kuppel und in den Schildwänden erzeugen diesen Eindruck der Schwerelosigkeit. Das Tragesystem ist von außen erkennbar, da die vier Eckpfeiler sich an der Außenseite zeigen. Zwei über drei Joche laufende, überkuppelte Seitenräume, die jedoch nur bis zur Mitte des Tambours reichen, vergrößern den unteren Raum und dienen als seitliche Stützen, ohne den allgemeinen Eindruck zu stören. Dieser Bau, der 1568 fertig gestellt wurde, also im selben Jahr, in dem die Arbeiten an der Süleymaniye begannen, deuteten das dort realisierte Achteck unter der Kuppel bereits an.

Der Großwesir Rüstem Paşa, der aus der Knabenlese hervorging und die Palastschule durchlaufen hatte, wählte als Standort den ehemaligen venezianischen Begräbnisplatz im Herzen des Bazarviertels. Die kleine Moschee, die sich dort bereits befand, ließ er abtragen und an anderer Stelle wieder aufbauen. Der Bauplatz war zu klein, um Bauteile wie Hof, Brunnen etc. so großartig zu bauen wie in den Sultansmoscheen, doch der Mangel an Platz wurde kompensiert durch eine überreiche Ausstattung mit Iznik-Fliesen. Mit dem Bau seiner Moschee beauftragte er Sinan, der sie über einem Substruktionsgeschoss aus Läden anlegte, deren Mieter zum Unterhalt des Gebäudes beitragen mussten. In der 1562, ein Jahr nach dem Tod des Auftraggebers, vollendeten Moschee erprobte Sinan erstmals jenen achteckigen Kuppelunterbau, den er später auch bei der Selimiye verwendete. Die Herausforderung bestand darin, einen aus Platzgründen gezwungenermaßen kleinen Baukörper mit einer möglichst großen Kuppel einzudecken. Für Rüstem Paşa bedeutete dies eine Chance, die Baugesetze zu umgehen und mit 15,20 Metern Durchmesser die größte Kuppel über einer Moschee eines nicht aus der

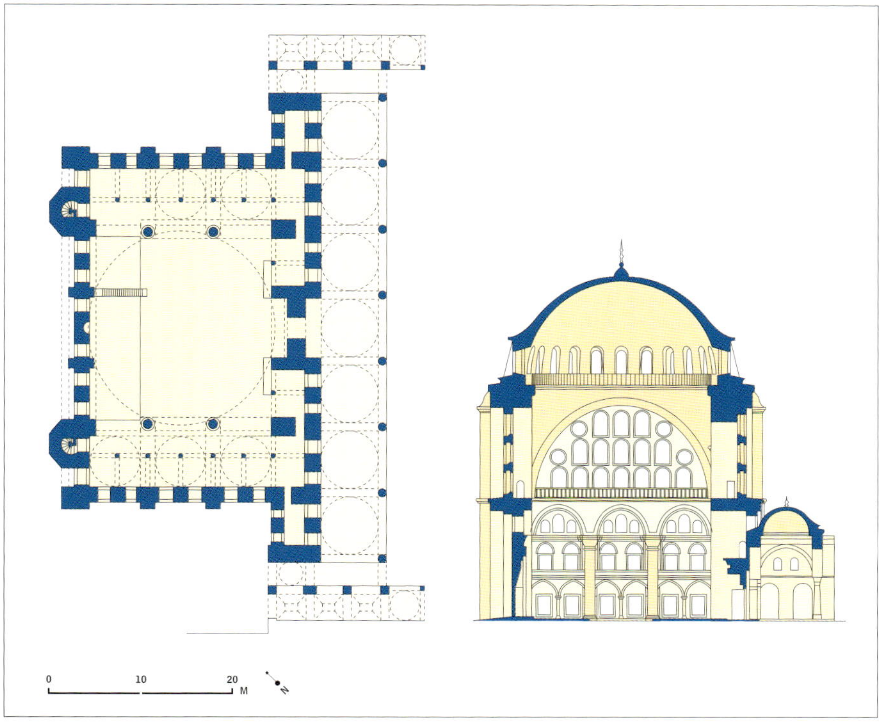

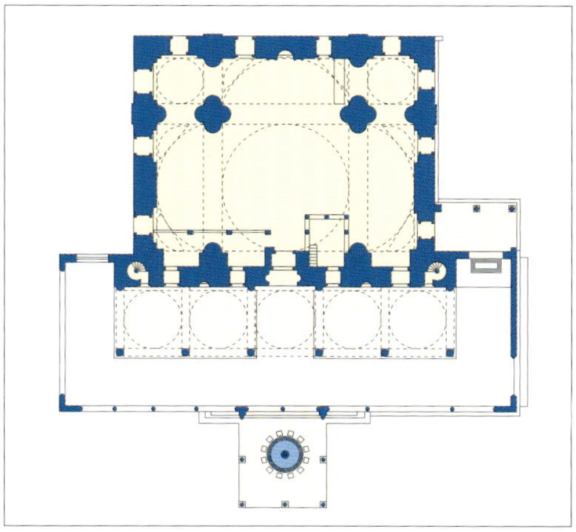

Vorhergehende Doppelseite und unten: Die von Sinan erbaute Rüstem-Paşa-Moschee. Innenausstattung aus dem 16. Jahrhundert.

Herrscherfamilie stammenden Auftraggebers errichten zu lassen. Eine doppelte Vorhalle wie bei der Moschee seiner Frau in Üsküdar vervollständigte den Bau und schuf einen stillen Hof über der Betriebsamkeit des Bazars. In der Dekoration aus kostbarer Keramik stellte der Schwiegersohn des Sultans seinen Reichtum zur Schau. Die Fassaden und sämtliche planen Flächen innen sind bis zur Höhe der Bogenansätze mit Fliesen aus Iznik verkleidet, was das Bauwerk

geradezu zu einem Keramik-Museum macht. Während seiner ersten Amtszeit als Großwesir (1545–1553) beauftragte Rüstem Paşa Sinan außerdem mit einer Hochschule unterhalb der Mahmud-Paşa-Moschee. Die Besonderheit dieses Baus liegt in einem achteckigen Innenhof mit Vorhalle, eingepasst in einen viereckigen Bau. Während die Zimmerreihe dem Achteck des Hofes folgt, schuf Sinan durch eine geniale Einteilung in den vier Eckflächen weitere Räume und kleine Höfe.

Der Bruder Rüstem Paşas, Sinan Paşa, war Großadmiral der Flotte und beschloss 1555 den Bau einer Moschee in Beşiktaş am Ufer des Bosporus, wo die Flotte in See stach. Für ihn erstellte Sinan eine genaue Kopie der Üç-Şerefeli-Moschee in Edirne – wenn auch im verkleinerten Maßstab. Der traditionellen, fünfjochigen Vorhalle ist ein Hof mit Säulengang vorgelagert. Da der Hof mit Säulengang jedoch ein Privileg der Sultansmoscheen war, wurde dieser an drei Seiten von einer Zimmerflucht umgeben. Es entstand eine Medrese – mehr oder weniger als Alibi –, eine geniale Idee, die Sinan auch bei anderen Wesirsmoscheen anwandte.

Zwei weitere von Sinan entworfene Moscheen wurden ebenfalls von Admirälen in Auftrag gegeben. Bei der Moschee Piyale Paşas, die um 1573 hinter dem Arsenal am Goldenen Horn enstand, handelt es sich um eine traditionelle Pfeilermoschee, deren sechs gleich große Kuppeln an die frühen Moscheen der Bruderschaften erinnern. Außen ist sie von Galerien umzogen. Die 1580 vollendete Moschee des Kiliç Ali Paşa befindet sich in Tophane, ebenfalls ein Hafenviertel. Hier schuf Sinan eine Miniaturkopie der Hagia Sophia, einschließlich der Galerien, die die Seitenschiffe vom Zentralraum trennen. Eine doppelte Vorhalle geht in einen offenen Hof über.

Alle drei Moscheen wurden von einflussreichen Admirälen in Vierteln erbaut, in denen Seeleute wohnten und verkehrten. Es ist bezeugt, dass die Mannschaften hier gemeinsam beteten, bevor ihre Schiffe ausliefen, weshalb ihre Außenanlagen so beschaffen waren, dass sehr viele Menschen dort Platz fanden. Da die Moscheen möglichst geräumig sein mussten, konnte Sinan das Einkuppelsystem nicht anwenden. Denn da es sich nicht um Sultansmoscheen handelte, durfte der Kuppeldurchmesser 15 Meter nicht übersteigen. Ein guter Vorwand für Sinans elegante Kopien berühmter Beispiele des Mehrkuppelbaus.

1553 wurde Rüstem Paşa aus dem Amt entlassen und durch Kara Ahmed Paşa ersetzt, der jedoch zwei Jahre später den Intrigen seines Vorgängers zum Opfer fiel und diesem das Amt des Großwesirs erneut überlassen musste. Kara Ahmet erlebte zwar die Fertigstellung seiner Moschee nicht mehr, sein Vermächtnis zählt jedoch zu den bedeutenden Beispielen frommer Stiftungen. Die 1558 vollendete Moschee steht abseits der großen Verkehrsader, am Topkapi in der Theodosianischen Landmauer. Sinan übernahm den Plan der kurz zuvor vollendeten Sinan-Paşa-Moschee, ließ jedoch die seitlichen Kuppeln weg. Die Hauptkuppel ruht auf sechs Pfeilern, von denen zwei in die Mihrab-Wand und zwei in die Portalnische eingebunden sind, während die letzten beiden in der Saalmitte stehen. Somit berühren zwei Seiten des sechseckigen Kuppelaufbaus die Wände, während die vier anderen von Halbkuppeln eingefasst werden, was den Gebetssaal länglich erscheinen lässt. Die über einem Sechseck konstruierte Kuppel sollte Sinan immer wieder aufgreifen. Zur Moschee gehört ein viereckiger Hof, der deutlich größer ist als der Gebetssaal. In der dem Eingang gegenüberliegenden Hofseite sowie in drei Seitenjochen ist eine Medrese untergebracht. Der Unterrichtssaal der Medrese, die auf jeder Seite acht Räume hat, befindet sich gegenüber dem Eingang zum Gebetssaal.

1565, ein Jahr vor dem Tod Süleymans, wurde Sokollu Mehmed Paşa Großwesir. Er behielt diesen Posten während der Regierungszeiten dreier Sultane inne bis zu seiner Ermordung im Jahr 1579 und zögerte durch sein politisches Geschick das Ende des Goldenen Zeitalters noch etwas hinaus. Auch als Bauherr, mit Sinan als Bauleiter, war er überaus ambitioniert. Sokollu ließ in der Hauptstadt zwei Moscheen errichten und in Eyüp eine Anlage mit Türbe und Medrese. Die erste Moschee, die zwischen 1571 und 1572 fertiggestellt wurde und in der Nähe seines Palastes hinter dem Hippodrom steht, erhebt sich über den Ruinen einer byzantinischen Kirche. Sinan übernahm den Plan der Moschee Kara Ahmet Paşas, ein von vier Halbkuppeln flankiertes Hexagon, das hier jedoch auf den vier Mauern aufliegt, sodass der Grundriss fast quadratisch ist. Auch diesem Bau ist eine Hof-Medrese angeschlossen, deren Räume praktisch den gesamten Vorhof umschließen. Das abfallende Gelände erlaubte einen axialen Treppenaufgang, der unter dem Unterrichtssaal der Medrese hindurch auf den Hof führt und einen phantastischen Blick auf die Fassade der Moschee bietet.

Nurbanu Sultan, die nach der Thronbesteigung ihres Sohnes Murat III. im Jahr 1574 als Valide noch bedeutenden Einfluss auf die Politik nahm, stiftete einen großen Gebäudekomplex oberhalb von Üsküdar am ehemaligen Warenumschlagplatz der großen Karawanen aus Anatolien. Der Komplex umfasst eine große Karawanserei, ein Krankenhaus, eine Armenküche sowie eine Medrese und eine Unterkunft für Derwische. Da es sich um die Stiftung einer Angehörigen der Sultansfamilie handelte, gehört zur Moschee ein echter Hof, an den sich, angepasst an die Beschaffenheit des Geländes, etwas tiefer und mit ungleichen Seitenlängen ein halber Medrese-Hof anschließt. Der Gebetssaal nimmt wiederum die Kuppel über dem Sechseck auf, die in der Folgezeit typisch für die osmanische Architektur wurde. Zwei Ecken ruhen auf Pfeilern, und die vier seitlichen Halbkuppeln werden durch eine fünfte über der Mihrab-Nische ergänzt. Einige Jahre später, um 1583, fügte man auf beiden Seiten je zwei Kuppelräume an, womit erneut, wenn auch zum letzten Mal, auf den Plan der Üç Şerefeli zurückgegriffen wurde. Der Moschee

Die Süleymaniye von der Rüstem-Paşa-Moschee aus gesehen. Vor der Süleymaniye erkennt man die beiden Kuppeln über den Unterrichtsräumen der darunter liegenden Medresen. Im Vordergrund die zum Rüstem-Paşa-Komplex gehörende Karawanserei.

فنادته الملائكة وهو قائم يصلي في المحراب

Gegenüberliegende Seite: Piyale-Paşa-Moschee, Detail des mit Keramikfliesen aus Iznik ausgekleideten Mihrab.

Oben: Sokollu-Mehmet-Paşa-Moschee, Innenansicht mit Kuppel, 16. Jahrhundert, Istanbul.

Rüstem-Paşa-Moschee, Innenansicht. Der für seinen Reichtum bekannte Großwesir und Schwiegersohn des Sultans erbaute diese Moschee, die bis zum Bogenansatz mit Iznik-Keramik ausgekleidet ist, bei der die Farbe Rot überwiegt. In der 1560 vollendeten Moschee hielt diese Art von Keramik erstmals triumphalen Einzug.

Rüstem-Paşa-Moschee, zentrale Kuppel. Man sieht deutlich, dass die Kuppel über acht Bogen auf einem Achteck ruht. Vier dieser Bogen sind in die Seitenwände der Moschee integriert und rahmen Fenster ein, die vier anderen bilden Trompen.

Oben: Rüstem-Paşa-Moschee. Blick auf den Haupteingang zum Gebetssaal. Das hintere Säulenpaar gehört zum Portikus, und auf den erhöhten Flächen rechts und links können die Zuspätgekommenen ihr Gebet verrichten. Die beiden Säulen im Vordergrund tragen das Vordach, die Steinplatten gehören zum offenen Hof.

Rechts oben: Rüstem-Paşa-Moschee, Hauptfassade. Keramikfliese mit einer stilisierten Darstellung Mekkas und der Kaaba in der Mitte. Die Fliese stammt aus dem 17. Jahrhundert.

Oben: Rüstem-Paşa-Moschee, eines der vielen Wandfelder aus Keramikfliesen im Innenbereich.

Oben: Piyale-Paşa-Moschee. Der Raum für Gebete erstreckt sich über den Säulensaal hinaus auf die gedeckten Arkadengänge, welche die Moschee auf drei Seiten umgeben, sowie auf den Umgang über diesen Arkaden und auf den Hof. Die Säulen dort trugen wahrscheinlich eine zeltartige Plane. Dadurch wurde es möglich, beträchtlich mehr Gläubige aufzunehmen.

Rechts: Hof der Rüstem-Paşa-Moschee.

vorgelagert ist eine doppelte Vorhalle innerhalb des großen Vorhofs, wobei die innere, entsprechend der ursprünglich geringen Breite der Moschee, über fünf Joche geht, die äußere mit Vordach über die gesamte Breite einschließlich der Annexräume. Sinan, inzwischen ungefähr 90 Jahre alt, war auch in den 80er Jahren des 16. Jahrhunderts noch tätig. Allerdings scheint es, dass sich die Finanzen des Reiches allmählich erschöpften, weshalb weder der Sultan noch hohe Regierungsbeamte wirklich große Bauvorhaben in Angriff nahmen.

Şemsi Paşa, Wesir und Hofpoet, ließ zwischen 1580 und 1581 in Üsküdar eine kleine Moschee am Meer errichten – ein Raumkubus, eingedeckt mit einer Kuppel über achteckigem Tambour mit vier Trompen –, an die eine Medrese angegliedert war. Einen Flügel der L-förmigen Schule legte Sinan im rechten Winkel zum Ufer an, den anderen auf die Moschee weisend. Die Moschee ist vorschriftsmäßig nach Mekka ausgerichtet und steht schräg in dem von den beiden Flügeln der Schule und dem Uferstreifen gebildeten Hof. Eine solche freie Anordnung der verschiedenen Baukörper eines Komplexes war bis dahin unbekannt.

Im selben Jahr wurde die kleine Stiftung des Wesirs Zal Mahmud Paşa an der Straße nach Eyüp fertig gestellt, die aus einer Moschee und zwei Medresen besteht. Bei der Anordnung der Gebäude richtete sich Sinan nach dem abfallenden Gelände und der Straßenführung. Jene Medrese, die sich auf demselben Niveau wie die Moschee befindet, liegt ihr gegenüber, ohne direkt mit ihr verbunden zu sein, da die Vorhalle der Moschee nicht in diejenige der Medrese übergeht. Der Medrese-Hof hat zwar die Form eines U, doch ist der rechte Flügel durch den schrägen Verlauf der Straße im Osten verkürzt. Diese Asymmetrie wird betont anstatt verschleiert wie bei dem von der Theodosianischen Umfassungsmauer verkürzten Teil des Medrese-Hofs der Mihrimah Sultan Cami am Edirne-Tor. Der Flügel hat keine Vorhalle, und die unterschiedlich großen Zimmer sind nicht überkuppelt, sondern mit Gewölben eingedeckt. Auffällig ist, dass sich der Unterrichtssaal nicht in der Mitte des U befindet, sondern nach links gerückt ist, als habe die Straße ihn verdrängt. Zwischen dem Portalvorbau der Moschee und der Vorhalle der oberen Medrese führt eine Treppe in den Hof der unteren Schule. Diese hat die Form eines L,

Oben: Sokollu-Mehmet-Paşa-Moschee hinter dem Hippodrom. Mit Keramikfliesen verkleidete Spitze des Minbar.

Links: Piyale-Paşa-Moschee, Innenansicht. Die Zahl der Säulen wurde hier auf das absolute Minimum reduziert: zwei Säulen tragen acht Kuppeln. Dieses Mehrkuppelsystem erfordert keine Pfeiler und Streben an den Außenmauern, sodass eine große Fensterzahl möglich wird.

Gegenüberliegende Seite: Sokollu Mehmet-Paşa-Moschee hinter dem Hippodrom. Hier wurde die Kuppel über einem Sechseck aufgeführt, das dennoch auf den vier Außenmauern ruht, weshalb es keiner Säulen im Innenraum bedarf. Die Moschee weist einen reichen Keramikschmuck auf. Die Fliesen an der Mihrab-Wand und an der Spitze des Minbar gehören zu den Meisterwerken der Iznik-Produktion.

Links: Şemsi-Mehmed-Paşa-Moschee im Stadtteil Üsküdar am Ufer des Bosporus. Bei dem an die Moschee angegliederten viereckigen Bau im Vordergrund handelt es sich um das Mausoleum des Stifters. Dahinter, nach links versetzt, die Rum-Mehmed-Paşa-Moschee und rechts hinten die Ayazma-Moschee.

Unten: Luftbild des Atik-Valide-Komplexes im Stadtteil Üsküdar. Stifterin der Anlage war Nurbanu, die Mutter Murads III. In der Mitte die Moschee mit Hof, davor die schräg zum Hof gelegene Medrese. Links die Karawanserei, die zunächst zu einem Gefängnis umfunktioniert wurde und heute als Schule dient. Rechts die Zawiye.

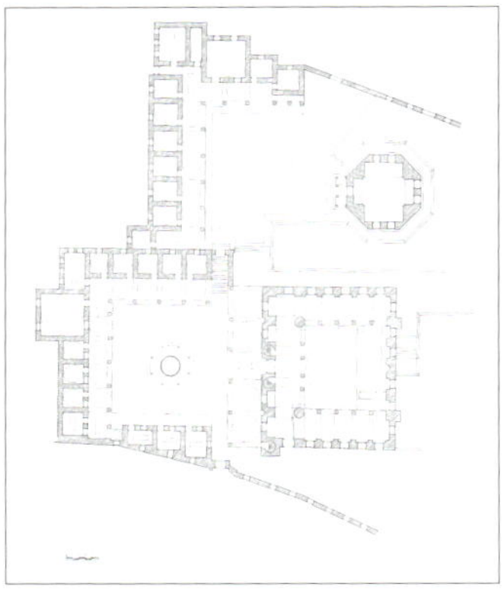

das durch die gewaltige Moscheemauer, die aus alternierenden Lagen von Haustein und Ziegeln besteht, zu einem U ergänzt wird. In der Mitte erhebt sich die achteckige Türbe des Wesirs. Auch hier wird ein Flügel der Medrese vom Verlauf der Straße beeinträchtigt; dessen Räume bleiben zwar rechtwinklig, sind jedoch unterschiedlich groß und treppenartig versetzt. Sinan gelang es dennoch, ihnen eine gemeinsame Vorhalle voranzustellen, wobei zwei ihrer fünf Joche – und entsprechend auch ihre Kuppeln – kleiner sind als die übrigen. Das Werk Sinans, an dessen Anfang die vollkommene Symmetrie der Şehzade-Moschee stand, endete in der ausgeprägten Asymmetrie.

Die Wasserversorgung

Sinan war nicht nur Architekt, sondern auch Ingenieur. Westlich von Istanbul, in dem an der Straße nach Edirne gelegenen Dorf Büyükçek-

Oben: Zal-Mahmud-Paşa-Moschee im Stadtteil Eyüp. Der Gebetssaal ist auf drei Seiten von Deambulatorien umschlossen, die bis zur Höhe des Hauptkubus hinaufreichen und von vier Fensterreihen durchbrochen sind. Die Kuppel scheint so in das massige Viereck des Gebäudes versenkt zu sein. Im Vordergrund die obere Medrese mit dem Teil, der sich an dem nichtöffentlichen Säulengang entlangzieht und mit Kuppeln von unterschiedlichem Durchmesser gedeckt ist.

Links: Sokollu-Mehmed-Paşa-Moschee hinter dem Hippodrom. Blick vom Eingang über den Hof auf den Unterrichtssaal der Medrese.

Der Lange Aquädukt (Uzun Kemer) mit einer Länge von 711 Metern. Er entstand wahrscheinlich an der Stelle eines römischen Aquädukts, worauf Spuren an den Pfeilern hinweisen.

mece, baute er eine in vier Abschnitte gegliederte Brücke mit 28 Bogen. Seine größte Leistung bestand jedoch in der Einrichtung des Wasserversorgungsnetzes für die Hauptstadt.

Mehmed II. hatte bald nach der Eroberung der Stadt einen Teil der alten byzantinischen Wasserleitungen wiederherstellen lassen. Er setzte den Valens-Aquädukt und ein großes öffentliches Brunnenhaus instand, das unter dem Namen Kirkçesme („40 Brunnen") bekannt ist. Bayazid II., Mahmud Paşa und andere hohe Regierungsbeamte verbesserten und erweiterten das bestehende Versorgungsnetz, um ihre Stiftungen mit Wasser versorgen zu können. Doch vor allem die wachsende Bevölkerungszahl der Stadt – zu Beginn der Regierungszeit Süleymans lebten in Istanbul bereits über 100 000 Menschen – machte den Bau einer neuen Wasserversorgungsanlage nötig. Die Bauarbeiten begannen in der zweiten Septemberhälfte des Jahres 1554 und konnten erst zehn Jahr später abgeschlossen werden.

Sinan ließ zunächst oberhalb der Täler der Kydaris (Alibeyköy Deresi) und der Barbysés (Kagithane Deresi), der beiden Flüsse, die ins Goldene Horn münden, nach Quellen und Überresten alter Wasserleitungen suchen. Das römische Wasserversorgungsnetz, welches der Valens-Aquädukt speiste, verlief entlang dem rechten Ufer der Kydaris, dem weiter östlich gelegenen der beiden Flüsse. Das Wasser konnte in die Stadt geleitet werden, ohne dass tiefe Täler überwunden werden mussten. Sinan leitete nun Wasser aus dem Gebiet des Belgrader Waldes in den Niederungen der linken Uferseite der Barbysés in die Stadt. Das Wasser wurde direkt an der Quelle gefasst und über zwei Leitungssysteme ans Ufer der Barbysés geführt. Der nördliche Arm des Systems überquerte den Fluss oberhalb des Dorfes Kemerburgaz und mündete in den Langen Aquädukt (Uzun Kemer), welcher zweistöckig und 711 Meter lang ist. Sein oberes Stockwerk besteht aus 50 Bogen, das untere aus 47. Der südliche Arm unterhalb von Kemerburgaz wurde nach Überquerung des Flusses im Coudé-Aquädukt (Kovukkemer) zusammengeführt. Im mittleren dreistöckigen Teil ist es 35 Meter hoch; seine Länge beträgt insgesamt 207 Meter. Nachdem die tiefste Stelle des Tales überwunden ist, macht der Aquädukt eine Biegung von 90 Grad und verläuft über die restlichen 12 Bogenlängen nur mehr einstöckig. Durchgänge in den Pfeilern machen es möglich, von einem Ende zum anderen zu gehen. Offensichtlich bezog Sinan Reste einer antiker Vorrichtung in diese Bauten mit ein.

Im Westen der Barbysés laufen die beiden Arme in einem runden Becken zusammen, von wo aus das Wasser durch den schönsten Aquädukt der Anlage, das Maglova Kemer, über die

Kydaris geführt wird. Die Breite des Flusses und die Höhe der Uferböschungen zwangen Sinan zum Bau eines Brücken-Aquädukts mit einer Höhe von 36 Metern und einer Länge von 258 Metern. Obwohl es von den Reisenden und Schriftstellern des 19. Jahrhunderts als „Justinianisches Aquädukt" bezeichnet wird, sind in diesem Bauwerk keinerlei Spuren einer antiken Konstruktion zu erkennen, auch wenn die Existenz der beiden anderen und ihre Lage oberhalb dieses Aquädukts auf ein drittes antikes Bauwerk dieser Art an dieser Stelle schließen lassen. Es besteht aus einem mittleren Hauptabschnitt von 155 Metern Länge und zwei seitlichen Abschnitten. Der mittlere Abschnitt ist zweistöckig, wobei jedes Stockwerk aus vier sehr weiten Bogen besteht, die im unteren Stockwerk eine Spannweite von über 25 Metern haben. Dazwischen stehen gewaltige Pfeiler, die aus zwei Streben mit einem schmalen Bogen von drei Metern Spannweite dazwischen gebildet werden. Diese Bogen, die sich über dem Unterbau der Streben befinden und wie ein Schiffsbug geschnitten sind, dienen lediglich zur Auflockerung der ansonsten sehr massiv wirkenden Anlage und machen es zudem möglich, im Falle von Hochwasser mehr Wasser fließen zu lassen. Im oberen Stockwerk sind die großen Bogen etwas schmaler; dafür stehen die doppelten Streben dazwischen etwas weiter auseinander, um genügend Platz zu schaffen für zwei vorgelegte Bogen. Der abgeschrägte Rücken der vorgelegten Bogen kann auf derselben Ebene weitergeführt werden, da das obere Stockwerk im Verhältnis zum unteren symmetrisch zurückgesetzt ist. Diese Abschrägung, die meist diagonal zu den Graten verläuft und aus der eine dreieckige Oberfläche resultiert, läßt das Ganze etwas weniger massiv erscheinen. Die seitlichen Abschnitte des Aquädukts bestehen aus zwei übereinander liegenden Bogenreihen ohne Strebewerk, dabei ist das untere Stockwerk höher als das im mittleren Abschnitt. Der Fußgänger wechselt die Ebenen über Treppen und Durchbrüche in den Bogen.

Schließlich war eine weitere Anlage nötig, der so genannte Schöne Aquädukt (Güzelcekemer), um einen Nebenfluss der Kydaris im Osten zu überspannen. Der zweistöckige Bau, der sich über 165 Meter erstreckt, ist von einfacherer Bauart als die zuvor beschriebenen und hat sich nach oben verjüngende Mauern. Zwischen jedem Bogen stehen rechteckige Strebepfeiler, die nur bis zur Höhe des ersten Stockwerks reichen und mit pyramidenähnlichen Aufsätzen bekrönt sind.

In der Stadt angelangt, konnte das Wasser aus über 300 Brunnen geschöpft werden, im folgenden Jahrhundert war die Zahl der Anlagen bereits auf 590 gestiegen.

Aquädukt von Maglova. Auch wenn er von den frühen Reisenden als Justinianischer Aquädukt bezeichnet wird, ist er doch eine osmanische Konstruktion, an der sich keinerlei Spuren aus früherer Zeit finden lassen, obgleich das römische und byzantinische Zuleitungssystem dieses Tal ebenfalls überspannen musste. Ein in den 1980er Jahren talabwärts errichteter Staudamm überflutet das Tal den größten Teil des Jahres, sodass der untere Abschnitt des Aquädukts meist nicht zu sehen ist.

Die Palastwerkstätten

Die außergewöhnliche Prachtentfaltung, welche die Ära Süleymans und seiner direkten Nachfolger bis zum Ende des 16. Jahrhunderts auszeichnete, war nur möglich dank dreier Einrichtungen: der Palastwerkstätten, der Gilden vor Ort und der großen Produktionszentren des Reiches. Wie wir gehört haben, kamen die in den Werkstätten beschäftigten Handwerker oft aus Tabriz. Sie waren entweder 1514 von Selim I. deportiert worden oder bereits 1501 vor den Safawiden geflohen. Nach und nach entstand unter vielfältigen Einflüssen aus allen Teilen des Reiches ein spezifisch osmanischer Stil.

Schöpferisches Zentrum war die Palastwerkstatt für Dekoration (Nakkaşhane), das Scriptorium des Sultanspalastes, in dem Maler und Zeichner, Kalligrafen und Miniaturmaler ihre Meisterwerke schufen. Hier wurden Schablonen mit Mustern entworfen, die in allen Kunstgattungen der Zeit verwandt wurden: Keramik, Stoffe, Teppiche, Bucheinbände. Das Nakkaşhane befand sich hinter der Hagia Sophia in der oberen Etage der 971 von Kaiser Johannes I. Tzimiskes geweihten und später zweckentfremdeten Christuskirche. (Das untere Stockwerk war für die Menagerie des Sultans reserviert.) Das erste Verzeichnis der Künstler in dieser Werkstatt stammt aus dem Jahr 1526 und führt 41 Personen auf: 29 Meister und 12 Lehrlinge. Zehn von ihnen waren Perser, unter den anderen waren ein Ungar, ein Moldave, zwei Kirgisen und ein Albaner. Die Künstler waren in zwei Gruppen eingeteilt: die *acemiyan* (Orientalen) und die *rumiyan* (Europäer). Durch die Assimilation des persischen Stils hatte die Unterscheidung in den folgenden Jahren jedoch nur noch formalen Charakter und verschwand schließlich ganz. Leiter der Werkstatt war Sahkulu, ein Meister aus Tabriz, der als Erfinder des Saz-Stils gilt. Dieser Stil bestimmte das osmanische Kunstgewerbe während des gesamten 16. Jahrhunderts. Sein Hauptmotiv setzt sich aus großen, gefiederten Blättern und mit ihnen verwobenen Palmetten zusammen, zwischen denen sich Drachen und Löwen erbitterte Kämpfe liefern; darüber schweben Feen mit ausgebreiteten Flügeln. Die floralen Elemente dieser von der chinesischen und persischen Kunst inspirierten Muster wurden für den Dekor der Fliesen und Töpferwaren von Iznik angewandt, für Sultansgewänder, Bucheinbände und Bildelemente in der Kalligrafie, für Teppiche, Stoffe und andere Kostbarkeiten, was die Vorrangstellung des Nakkaşhane im osmanischen Kunstgewerbe zum Ausdruck bringt. Kara Memi, der seit 1545 in den Büchern auftaucht und nach dem Tod Sahkulus im Jahr 1556 die Leitung der Werkstatt übernahm, war der Begründer des Frühling-Stils *(bahar)*, der sich durch eine Fülle von Blüten auszeichnet, dargestellt an Zweigen, Girlanden oder einzeln, aber immer sehr naturalistisch. Seit der zweiten Hälfte des 16. Jahrhunderts in Konkurrenz mit dem Saz-Stil, setzte er sich besonders bei Keramik und Miniaturen durch.

Die vom Nakkaşhane entworfenen Musterschablonen wurden entweder von den auf die jeweilige Technik spezialisierten Hofwerkstätten, von den Mitgliedern der entsprechenden Zünfte in der Stadt oder auch anderen über das ganze Reich verteilten Produktionszentren umgesetzt. Die Palastwerkstätten konnten sich jedoch nicht in allen Bereichen durchsetzen, wofür es zwei mögliche Gründe gibt: Zum einen rekrutierte der Palast seine Arbeitskräfte aus dem Heer der Kriegsgefangenen und war damit abhängig von dem, was der Zufall ihm an Beute bescherte oder was die Knabenlese in den Dörfern erbrachte. Die neuen Arbeiter wurden zwar von den Meistern in den Werkstätten ausgebildet, doch konnte auch die beste Ausbildung fehlendes Talent nicht immer ersetzen. Deshalb war der Palast gezwungen, auch die Dienste berühmter

Gegenüberliegende Seite: Gebetsteppich mit Motiven im Saz-Stil. Die osmanische Tradition der Teppichweberei geht auf zwei unterschiedliche Quellen zurück. Da waren zum einen die anatolischen Manufakturen, die eine alte Tradition weiterführten und deren Produkte nach Europa exportiert wurden, und zum anderen die Palastwerkstätten, die eine neue Ästhetik hervorbrachten. Der hier abgebildete Teppich zeigt mit seinen Saz-Motiven und Palmetten, die sich auch auf den Fayencen wiederfinden, sowie den für Bucheinbände charakteristischen Ecklösungen einen stilisierten Mihrab und gibt die Gebetsrichtung an. Er ist ein typisches Beispiel für die Produktion dieser Werkstätten. Österreichisches Museum für Angewandte Kunst, Wien.

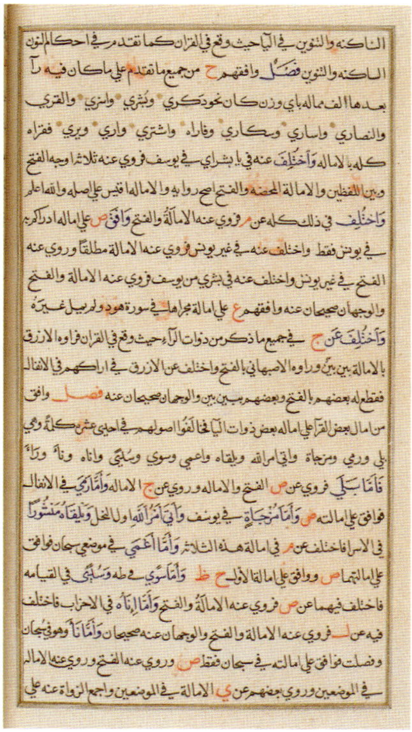

Unten: Koranabschrift aus den Jahren 1495/96 von Selman Aga, 1506 Eunuch im Eski Saray in Edirne. Die Abschrift entspricht dem von Shaikh Hamdullah, dem Vater der osmanischen Kalligrafie, begründeten Stil, und die Schlichtheit der Darstellung ist charakteristisch für die Epoche Bayazids II. Topkapi-Saray-Museum, Istanbul.

Meister in Anspruch zu nehmen, die aus den städtischen Zünften hervorgegangen waren oder sich mit ihren Werkstätten in der Umgebung Istanbuls einen Namen hatten machen können. Zum anderen konnte der Palast nicht immer mit dem Können und den technischen Kapazitäten der großen Produktionszentren des Reiches mithalten, von denen drei besonders hervorzuheben sind: die Keramikwerkstätten von Iznik, die Seidenverarbeitung von Bursa und die Teppichwebereien von Usak und Umgebung. Die Keramikproduktion des Palastes – die Brennöfen standen im Tekfur Saray, einem byzantinischen Palast aus dem 14. Jahrhundert – konnte sich gegenüber den Werkstätten von Iznik nicht behaupten. Sämtliche großen Aufträge für die von Sinan gebauten Moscheen gingen dorthin. In Iznik wurde das berühmte Bolus- oder Tomatenrot erfunden, das erstmals auf Fliesen in der Süleymaniye auftauchte, in der Rüstem-Paşa-Moschee verstärkt verwendet wurde und seine volle Pracht in der Sokollu-Mehmed-Paşa-Cami hinter dem Hippodrom, in der Selimiye in Edirne und im Schlafzimmer Murats III. im Topkapi Saray entfaltete.

In der Palastwerkstatt der Teppichweber arbeiteten 1526 15 Personen; im Jahr 1545 noch zehn, 1558 sechs und 1566 wieder zehn. Wahrscheinlich wurden hier kleinere Gebetsteppiche angefertigt. Doch um die Süleymaniye mit Teppichen auszustatten, vergab man Aufträge in die Provinz und sogar bis nach Kairo, wo sich ein bedeutendes Produktionszentrum befand. Die Palastwerkstätten, in denen kostbare Stoffe hergestellt wurden, scheinen um die Mitte des Jahrhunderts vor allem mit europäischen Importen konkurriert zu haben. Die Zahl der Weber von reinen Seidenstoffen, gold- und silberdurchwirkter Seide (*kemha*), sowie von Samt und Wollstoffen (*aba*) stieg von 27 im Jahr 1526 auf 150 im Jahr 1545 und betrug noch 1558 145. Trotzdem konnten sie nicht die Menge Stoff liefern, die für die Bekleidung des Sultans, des Harems, der Eunuchen und Diener gebraucht wurde oder für Gewänder, die als Geschenke an hohe Regierungsbeamte aus dem In- und Ausland gingen. Der Palast schickte deshalb Musterkartons mit entsprechenden Bestellungen an andere Produktionszentren. Man bezahlte den üblichen Preis, der per Regierungsverordnung für die gesamte Produktion und alle Kunden gleichermaßen festgesetzt wurde, verlangte aber unbedingte Priorität.

In anderen Bereichen, besonders in der Buch- und Goldschmiedekunst, konnten die Palastwerkstätten die Nachfrage schon eher befriedigen, baten jedoch im Bedarfsfall renommierte Künstler aus Istanbul um Hilfe. Das kam vor allem bei der Kalligrafie vor. Obwohl der Palast über einen Schreiberstamm verfügte, wirkten die besten Kalligrafen in eigenen Werkstätten. Der vortrefflichste unter ihnen war Shaikh Hamdullah, Sohn eines Einwanderers aus Buchara, der sich in Amasya einen Namen gemacht hatte, zu der Zeit als Bayazid II. dort Statthalter war. Ihm folgte er nach Istanbul, revolutionierte die sechs klassischen Schreibarten der arabischen Schrift und schuf einen eigenen osmanischen Stil. Eines seiner charakteristischsten Werke ist eine Abschrift des Korans aus den Jahren 1495/96, ausgeschmückt von einem unbekannten Miniaturmaler, die in der Palastbibliothek aufbewahrt wird. Der zweite große Kalligraf des 16. Jahrhunderts war Ahmed Karahisari. Er kopierte für Süleyman mehrfach den Koran und andere religiöse Texte, ersann kalligrafische Übungen und vollendete kurz vor seinem Tod im Jahr 1566 den Schriftschmuck der Süleymaniye. Als Illustrator hatte er Kara Memi verpflichtet, den Erfinder des Blütenstils. Dieser illustrierte eine Sammlung von Gedichten, die Süleyman selbst unter dem Pseudonym Muhibbi verfasst hatte.

Die Miniaturmalerei wurde Ende des 15. Jahrhunderts durch zwei große Schulen geprägt, die der Timuriden in Herat und die der turkmenischen Dynastie der „Weißen Schafe" in Tabriz. Um die Mitte des nächsten Jahrhunderts ent-

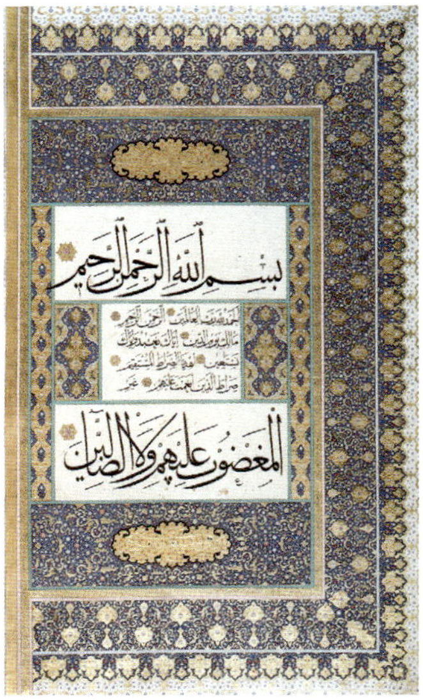

Frontispiz, kalligrafisch gestaltet von Ahmed Karahisari, Mitte des 16. Jahrhunderts.

Oben: Zwei Blätter (Frontispizes) eines von Ahmed Karahisari gestalteten kalligrafischen Albums. Auf jeder Seite dieses auf 1552–1553 datierten Albums steht oben und unten ein Gebet, geschrieben im Sülüs-Stil und abwechselnd in Schwarz und Gold. Das mittlere Schriftband ist in der Neschi-Schrift verfasst. Lediglich das linke Blatt, das erste der Sammlung, enthält auch zwei Zeilen in winzigen Buchstaben der Gubari-Schrift. Topkapi-Saray-Museum, Istanbul.

Rechts: Frontispiz einer Sammlung religiöser Texte, aufgeschrieben von Ahmed Karahisari. Bei dieser Stilübung enthält das obere Quadrat in Schwarz die Worte „el-hamd ül-illah" (Lob sei Gott), geschrieben in der als Makili (schachbrettartig) bezeichneten Richtung des kufischen Duktus. Die Zeile in der Mitte nennt den Satz, mit dem jedes Kapitel des Korans beginnt: „bismillah er-rahman er rahim" (im Namen des gnädigen und barmherzigen Gottes) in schwarzer Sülüs-Schrift mit den diakkritischen Zeichen in Gold. Das untere Quadrat schließlich nimmt in der kufischen Makili-Schrift in Gold den vorhergehenden Satz noch einmal auf und fügt einen Koranvers an. Museum für Türkische und Islamische Kunst, Istanbul.

Gegenüberliegende Seite unten: Frontispiz einer von Ahmed Karahisari 1546–1547 angefertigten Koranabschrift. Er war der bedeutendste Kalligraf zur Zeit Süleymans des Prächtigen und schrieb auch die Gründungsinschrift der Süleymaniye Cami. Die Illustrationen stammen von Kara Memi, dem Erfinder des floralen Stils, der auch auf den großen Keramikfliesen zu sehen ist. Topkapi-Saray-Museum, Istanbul.

fernte sie sich jedoch von diesen Vorbildern und wurde von den Osmanen für praktische wie ideologische Zwecke instrumentalisiert, vor allem für Karten, Stadtansichten und Hafenbücher sowie für Beschreibungen des Lebens und der Heldentaten ihrer Herrscher. Auch auf diesem Gebiet entstammten die großen Meister nur selten dem Nakkaşhane. Piri Reis, Seefahrer und Kartograf, der 1513 eine Weltkarte mit der gesamten Ostküste Amerikas zeichnete, widmete Süleyman 1526 ein Hafenbuch des Mittelmeers, das detaillierte Karten sämtlicher Küstenabschnitte sowie Ansichten aller wichtigen Städte enthält. Matraki Nasuh, gebürtiger Bosnier und aus der Knabenlese hervorgegangen, hatte eine militärische Ausbildung durchlaufen, war Ingenieur und Schriftsteller und illustrierte seine Bücher über die Feldzüge Süleymans selbst. Sein Buch über die Expeditionen nach Tabriz und Bagdad in den Jahren 1534–1536 zeigt sämtliche Etappen dieses Feldzugs. Der Band, in dem der Ungarnfeldzug von 1543 und die Seeattacken Hayreddin Barbarossas im Mittelmeer zusammengefasst sind, zeigt Stadtansichten aus dem nördlichen Mittelmeerraum, darunter Marseille, Nizza und Genua, sowie von ungarischen Städten. Diese Ansichten, die sich an westlichen Miniaturen und Hafenbüchern orientierten, aber im orientalischen Stil gemalt waren, scheinen sehr beliebt gewesen zu sein. Unter den Arbeiten der Palastwerkstatt finden sich weitere Beispiele von hoher Qualität, wie die Stadtansicht Szeged in Ungarn während der Belagerung im Jahr 1566 oder auch von Lepante.

Zu den außergewöhnlichen Künstlerpersönlichkeiten zählte auch Haydar Reis, ein Seemann, der zugleich Poet und Maler war und seine Werke mit „Nigari" (Bild, Gemälde) signierte. Er spezialisierte sich auf Porträtmalerei, eine aufgrund der im Islam herrschenden Abneigung gegen naturalistische Abbildungen selten eingeschlagene Richtung in der osmanischen Kunst. Von ihm bekannt geworden sind realistische Porträts von Süleyman, Selim II. und von dem vom Freibeuter zum Flottenadmiral aufgestiegenen Hayreddin Barbarossa sowie Kopien der Porträts von Franz I. und Karl V.

Im Gegensatz zu diesen Bildern mit starker individueller Ausprägung des osmanischen Stils sind die Bilder der Palastwerkstätten, auf denen

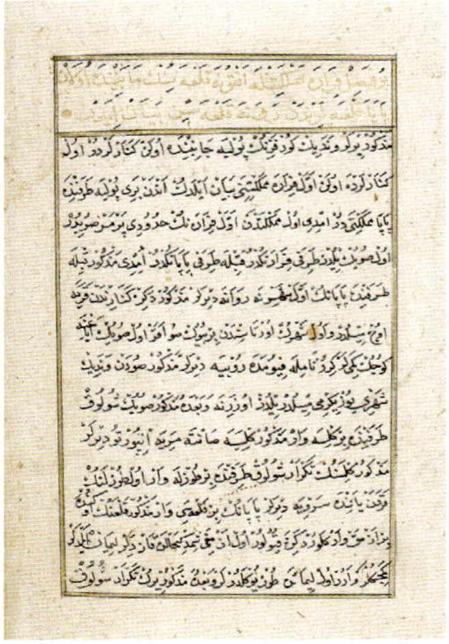

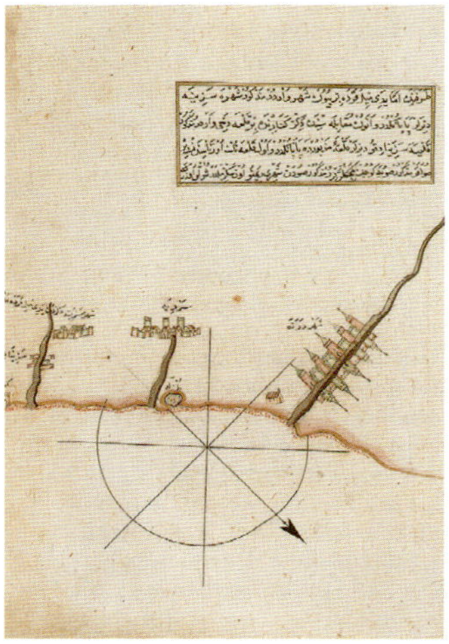

Rechts: Ansichtsplan von Lepante. Diese Illustration weist sämtliche Charakteristika des von Matraki Nasuh eingeführten Stils auf, doch während dieser, genau wie Piri Reis in seinem Hafenbuch, auf sämtliche Darstellungen von Personen verzichtete, finden wir hier Menschen auf der Stadtmauer, auf der Brücke, welche die Stadt mit der Vorstadt verbindet, und auf einem der Schiffe. Topkapi-Saray-Museum, Istanbul

Gegenüberliegende Seite außen: Miniatur von Istanbul und Galata (oben) von Matraki Nasuh, um 1537. Matraki war ein vielseitig begabter Mann, Maler, Historiker, Ingenieur und Spezialist für Kriegskunst. Er nahm 1534–1536 am Irakfeldzug Süleymans des Prächtigen teil und berichtete in einem Buch ausführlich darüber. Dazu stellte er, mit Istanbul angefangen, sämtliche Etappen im Bild dar. Bibliothek der Universität, Istanbul.

Gegenüberliegende Seite, rechts: Hafenbuch des Piri Reis. Die Eroberung des gesamten östlichen Mittelmeerraumes durch die Osmanen trug dazu bei, dass deren Kenntnisse über die Küsten umfangreicher wurden, was wiederum zur Erstellung von Karten und Hafenbüchern führte. Das bekannteste ist das von Piri Reis, vollendet 1526, in dem die gesamte Mittelmeerküste festgehalten ist. Auf der hier abgebildeten Seite ist Ravenna und seine Umgebung zu sehen. Topkapi-Saray-Museum, Istanbul.

die Großtaten der Sultane dargestellt werden, häufig recht traditionell ausgeführt. Sie sind von den orientalischen Heldenepen inspiriert. Das erste große Werk in diesem Stil ist eine eindrucksvolle Weltgeschichte in fünf Bänden, in persischen Versen abgefasst von dem Hofdichter Arifi und illustriert von einer Gruppe anonymer Miniaturmaler. Der erste Band enthält die Geschichte der Propheten, die folgenden beiden Bände sind leider verschollen, der vierte erzählt die Geschichte der Vorfahren Süleymans und der letzte die Großtaten dieses Sultans bis zum Erscheinen des Werkes im Jahr 1558. Dieser letzte Band, bekannt als *Süleymanname*, „Buch Süleymans", enthält 65 Miniaturen von unschätzbarer dokumentarischer Bedeutung; sie zeigen Szenen aus dem Leben im Palast, von Feldzügen Süleymans und der Knabenlese in den christlichen Familien auf dem Land.

Die Miniaturmalerei erreichte ihre Blütezeit unter der Herrschaft Murats III. (1574–1595). Ein zweites *Süleymanname* über die letzten Jahre der Herrschaft Süleymans, seinen Tod vor der ungarischen Festung Szeged, die Überführung seines Leichnams in die Hauptstadt sowie die Bestattungsfeierlichkeiten stammt aus dem Jahr 1579 und enthält 25 Miniaturen. Zwei Jahre später stellten die beiden Autoren, der Dichter Seyyid Lokman und der Miniaturmaler Osman, ein *Sahname-i Selim Han* fertig, welches der Regierungszeit Selims II. gewidmet war; 1591 und 1597 vollendeten sie unter Mithilfe einer Gruppe von Miniaturmalern ein zweibändiges *Sahinsahname*, in der die Regierungszeit Murats III. bis 1588 in 153 Miniaturen beschrieben wird.

Einen Höhepunkt der Kunst stellt das großartige *Surname* dar. Es beschreibt mit 250 Miniaturen auf Doppelseiten die Festlichkeiten, die im Hippodrom anlässlich der Beschneidung der Söhne Murats III. abgehalten wurden und 52 Tage und ebenso viele Nächte dauerten.

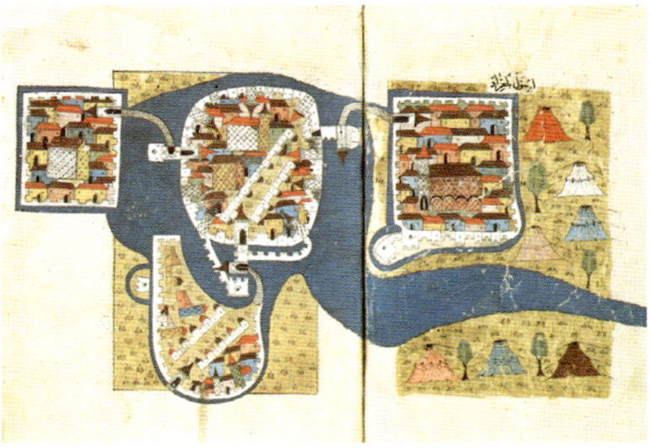

Unten rechts: Chronik des Ungarnfeldzuges im Jahr 1543, geschrieben und gezeichnet von Matraki Nasuh. Die Berichte über die Großtaten der osmanischen Herrscher brachten einen neuen Stil hervor, bei dem der dokumentarische Aspekt mit dem dekorativen Hand in Hand geht. Hier eine Darstellung der während des Feldzuges 1543 eingenommenen Stadt Istolni Belgrad (Szekesfehervar im Ungarischen). Topkapi-Saray-Museum, Istanbul.

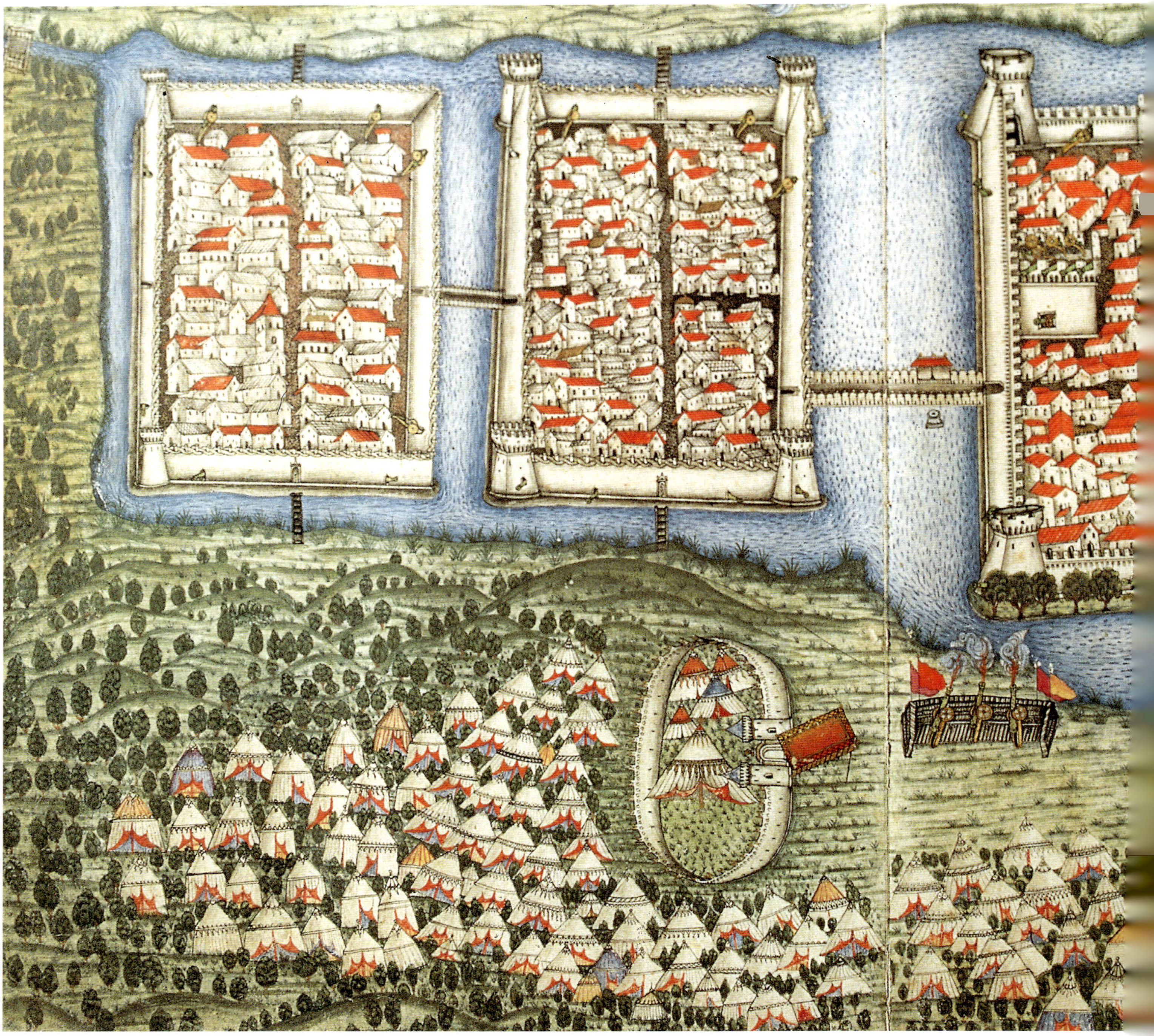

Ansichtsplan der Stadt Szeged in Ungarn, der die Belagerung von 1566 zeigt. Die Stadt wurde während des letzten Feldzuges von Süleyman belagert. Süleyman starb wenige Tage vor dem entscheidenden Angriff. Auf dieser Darstellung, einem Auszug aus einem Werk über den Feldzug gegen Szeged, sind die Häuser innerhalb der Festung, die Zelte und Bäume davor anders dargestellt als auf den klassischen Miniaturen, was auf westliche Einflüsse schließen lässt. Topkapi-Saray-Museum, Istanbul.

Die „Knabenlese“. Miniatur aus dem *Süleymanname* von 1558. Von jeweils 40 Familien eines Dorfes wurde ein Kind ausgewählt; die 39 anderen Familien kamen für die Kosten seiner Reise nach Istanbul auf. Im Vordergrund die Knaben, alle in Rot gekleidet, damit man sie im Falle der Flucht leichter wiederfindet, mit ihren Bündeln. Links überträgt ein Rekrutierungsbeamter ihre Namen aus einer Liste, die der Pope des Dorfes mitgebracht hat, in ein Register, ein anderer zählt die Beiträge der Dorfbewohner für die Reisekosten. Im Hintergrund die Janitscharen, welche die Bevölkerung beruhigen.
Topkapi-Saray-Museum, Istanbul

Gegenüberliegende Seite und nebenstehend: Rückkehr der Armee vom Feldzug gegen Szeged mit dem Leichnam Süleymans. Dieser starb alt und krank während der Belagerung von Szeged im Jahr 1566. Sein Tod wurde bei den nachfolgenden militärischen Operationen bis zum Einzug der Armee in Belgrad, wo sich der neue Sultan Selim II. ihr anschloss, geheim gehalten. Die Miniatur stammt aus der Geschichte Sultan Süleymans, die das *Süleymanname* fortsetzte und 1579–1580 von Lokman verfasst wurde.
The Chester Beatty Library, Dublin.

Folgende Doppelseite,
links: Porträt Selims II. von Nigari, um 1570. Der Sultan, dessen große Leidenschaft das Bogenschießen war, wird von einem Diener begleitet, der in der rechten Hand eine Nelke und in der linken eine Keule hält.
Topkapi-Saray-Museum, Istanbul

Rechts: *Sahname-i Selim Han*, Chronik der Großtaten Selims II., verfasst von Lokman im Jahr 1581. Von Süleyman dem Prächtigen an bis zum Ende des 16. Jahrhunderts ließen die Sultane die während ihrer Regierungszeit vollbrachten Großtaten in prächtig ausgestatteten und reich illustrierten Handschriften festhalten.
Topkapi-Saray-Museum, Istanbul.

Gegenüberliegende Seite und nebenstehend: Ansicht des Topkapi Saray. Dieser Plan, ein Auszug aus dem *Hünarname* genannten Werk, das 1584 verfasst wurde, ist typisch für die Art der Darstellung von Monumenten und Städten in der Miniaturmalerei. Die Gebäude werden nicht von oben gesehen dargestellt, sondern liegend und in verschiedene Richtungen zeigend, wodurch gleichzeitig Grundriss und Fassade zu erkennen sind. Die Darstellung hier zeigt den dritten Hof mit dem Tor der Glückseligkeit im Vordergrund (rechts). In der Hofmitte der Thronsaal, links die Gebäude des Harem.
Topkapi-Saray-Museum, Istanbul.

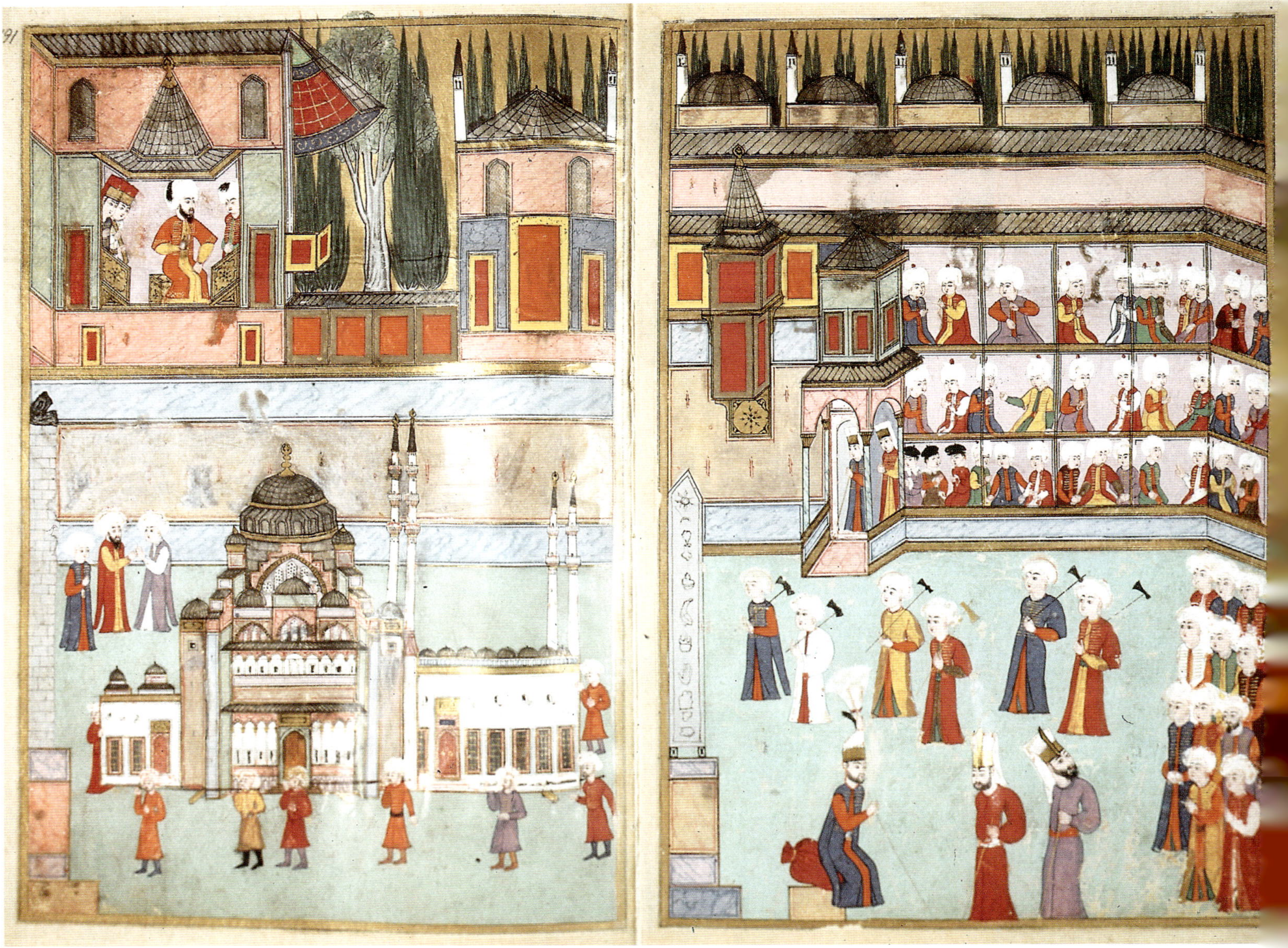

Surname. Das illustrierte Buch zeigt die 50 Tage andauernden Festlichkeiten im Hippodrom anlässlich der Beschneidung der Prinzen. An einem Großteil der Festtage fanden Umzüge der Handwerkszünfte statt. Hier ist die Parade der Architekten dargestellt, die links ein großes Modell der Süleymaniye-Moschee tragen. Auf der rechten Tafel folgen die Zimmerleute mit ihren Äxten.
Topkapi-Saray-Museum, Istanbul

Surname. Zug der Filzhersteller mit Vogelfiguren und Standarten aus Filz. Im Hintergrund der Bilder, die sich jeweils auf einer Doppelseite befinden, ist links die Loge des Sultans im Ibrahim-Paşa-Palast am Hippodrom zu sehen. Rechts die für die Zuschauer eingerichteten Logen mit den Vertretern der europäischen Staaten links unten.
Topkapi-Saray-Museum, Istanbul

Die Kalligrafie

1

Im Islam offenbart sich Gott anders als im Christentum ausschließlich durch das Wort. Hinzu kommt, dass sich unter den Gläubigen bereits in der Frühzeit eine auf den Koran und die Hadithe (die überlieferten Reden und Handlungen des Propheten) gestützte ablehnende Haltung gegenüber der Abbildung von Lebewesen herausbildete. Aus diesen Gründen stellt die Kalligrafie eine der bedeutendsten Kunstformen der muslimischen Welt dar. Die Osmanen, die in Bezug auf die bildliche Darstellung eine strengere Haltung einnahmen als muslimische Reiche ihrer Zeit, erreichten in der Kalligrafie solche Kunstfertigkeit, dass man sie neben der Architektur als die osmanische Kunst schlechthin betrachten kann.

Die Kalligrafen schrieben mit einer Feder aus Schilfrohr *(qalam)*, deren Zuschnitt die Schreibweise festlegte. Unter den Kunstschätzen des Topkapi Saray befinden sich Messer mit Silber- und Korallengriffen auf Gestellen aus Knochen und Elfenbein, die für den Zuschnitt der Federn verwandt wurden. Die Tinte wurde aus Ruß hergestellt. Der Schreiber korrigierte Fehler mit seiner Zungenspitze und trocknete seine Arbeit mit feinem Sand, den er in seiner Schreibgarnitur aufbewahrte. Man erkannte ihn an seinem Tintenfass und an seinem langen, flachen Federkasten, den er wie ein Messer am Gürtel trug.

Bereits in der Frühzeit des Islams teilte sich die Kalligrafie in zwei Richtungen: Für die Niederschrift des Korans verwendete man einen eckigen Schriftstil, der *Kufi* genannt wurde. Amtliche Dokumente wurden in Kursivschriften angefertigt, die sich aus dem *Celi*, der für Inschriften verwendet wurde, und dem *Tumar* entwickelten. Die Länge der Feder, mit der der *Tumar* kalligrafiert wurde, bildete eine Art Urmaß. Eine Federgröße von ein oder zwei Dritteln der Tumarfeder erlaubte eine feinere und für Vervielfältigungen geeignetere Schreibweise, die als *Thuluth* (Drittel) bezeichnet wurde und sich, wie auch das *Tauqi*, in der Verwaltung durchsetzte. Parallel dazu entwickelten die Kopisten einen weiteren Stil, *Neschi* genannt, der sich durch eine besonders gute Lesbarkeit auszeichnete. Die *Kufi*-Schrift wurde nach und nach zugunsten geschmeidigerer und weniger sperriger Schriftstile aufgegeben: großformatige Koranhandschriften fertigte man im *Muhaqqaq*-Stil, der mit einer Feder geschrieben wurde, deren Spitze ungefähr zwei Millimeter maß, und kleinformatige Kopien im *Raihani*, das eine Feder von nur einem Millimeter erforderte. Schließlich gab es noch das überwiegend für die normale Korrespondenz verwendete *Riqa*. Die so genannten sechs Schriftstile wurden Anfang des 10. Jahrhunderts von dem Kalligrafen Ibn Muqla kodifiziert.

2

Als die Türken im 11. Jahrhundert den islamischen Glauben annahmen, eigneten sie sich auch die arabische Schrift und die „sechs Stile" an, von denen sie das *Neschi* und das *Thuluth* (türkisch *Sülüs)* bevorzugten. Wie in der Architektur gelang ihnen auch in der Kalligrafie eine meisterhafte Synthese und Weiterentwicklung. Um 1485 arbeitete Shaikh Hamdullah (1429–1520) an der Vervollkommnung der Schriftstile und schuf den so genannten Shaikh-Stil. Auch der große türkische Kalligraf Ahmed Karahisari (1470–1556) schuf einen eigenen Stil. Er griff dazu auf den Stil Yaqut al-Mustasimis zurück, eines gefeierten Kalligrafen des 13. Jahrhunderts. Der Shaikh-Stil dominierte, bis Ende des 17. Jahrhundert Hafiz Osman (1642–1698) die osmanische Kalligrafie erneuerte.

Auch beim Dekor ihrer Monumentalarchitektur taten sich die Osmanen durch kalligrafische Meisterwerke hervor, indem sie Schriftzüge im *Celi*-Stil in Stein gravierten, in Holz schnitzten und auf Keramik brannten. Dagegen diente zur gleichen Zeit die äußerst feine *Gubari*-Schrift der Anfertigung winziger Koranexemplare, der so genannten Bannerkorane, die bei Schlachten an einer Lanzenspitze oder am Schaft getragen wurden. Für Verwaltungsdokumente wurde der *Divani*-Stil benutzt, während die osmanische Stenografie, das *Siyakat* (ohne diakritische Zeichen), der Buchführung diente.

Zwischen Kalligrafie und Buchmalerei ist die Sultanstughra anzusiedeln, der verschachtelt geschriebene Namenszug und Titel des Sultans, der Schriften und Erlassen des Reiches vorangestellt wurde. Die Tughra ist eine der beeindruckendsten Erfindungen osmanischer Kalligrafen, die über Jahrhunderte nach einem genau festgelegten Muster gezeichnet und verziert wurde.

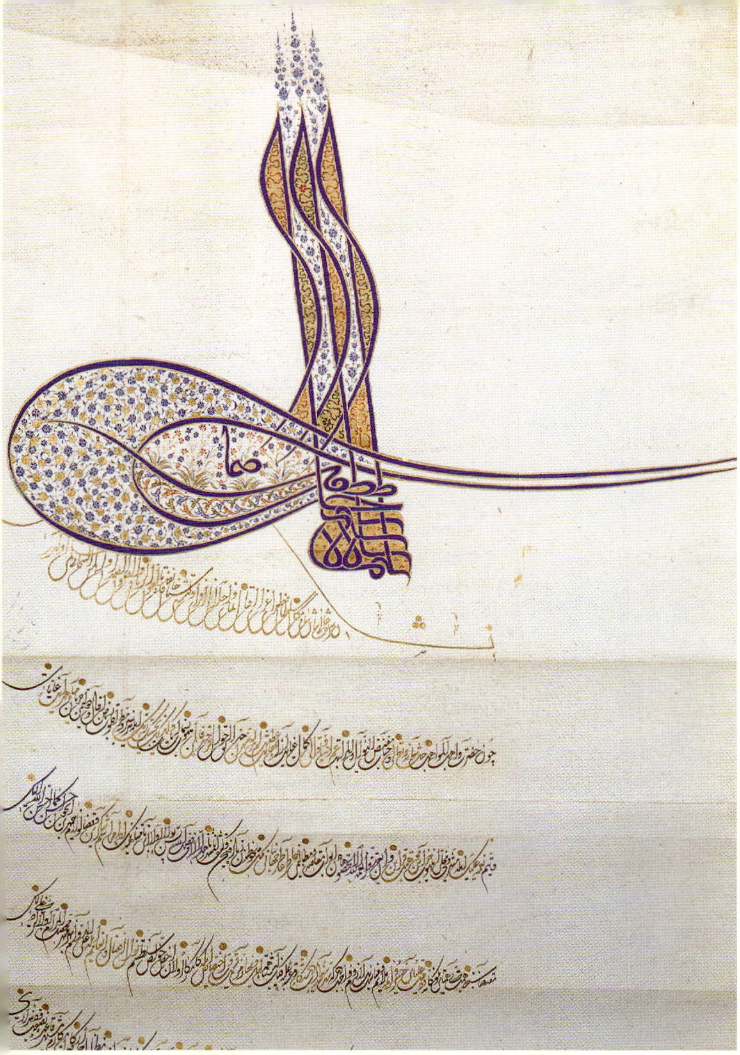

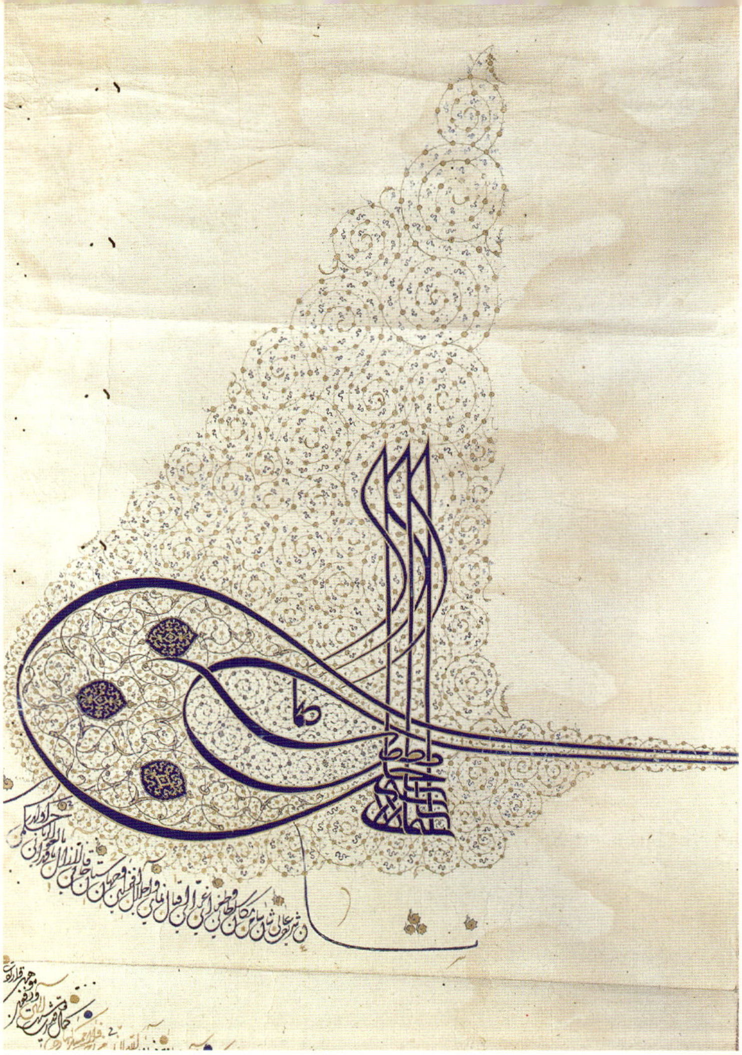

4

1. Tughra Süleymans I., 16. Jahrhundert

2. Von Ahmed III. gezeichnete Tughra, 1723

3. Tughra Selims II., 1589

4. Tughra Süleymans I., 16. Jahrhundert

5. Von Ahmed III. gezeichnete Tughra, 1723

5

Buch- und Miniaturmalerei

1

2

Die Bedeutung der Miniaturmalerei der islamischen Kunst geht über die eines auf das Format einer Buchseite beschränkten Bildes hinaus. Die Künstler waren bestrebt, den engen äußeren Rahmen gewissermaßen durch Qualität und inhaltlichen Reichtum zu sprengen, sodass diese kleinen Kompositionen zu Trägern blühendster Phantasie wurden.

Das Verbot, von Gott erschaffenes Leben abzubilden, wurde durch das Prinzip der Unähnlichkeit umgangen: Da die Schwere des Vergehens sich proportional zur Lebensechtheit der Abbildung verhielt, verzichteten die Künstler auf Maltechniken wie die Perspektive oder die Nachahmung des Spiels von Licht und Schatten, die zum Realismus einer Abbildung maßgeblich beitragen. Unter dieser Voraussetzung konnte sich neben der reinen geometrischen Abstraktion der Arabeske über pflanzliche und mineralische Motive die Figurendarstellung entfalten.

3

In der türkisch-iranischen Welt des 15. und 16. Jahrhunderts erreichte die islamische Miniaturmalerei ihren Höhepunkt. Am Hof der Timuriden, der iranischen Safawiden und der Moguln in Indien schufen große Künstler Meisterwerke, in denen das Prinzip der Unähnlichkeit zunehmend vernachlässigt wurde, ohne dass die Phantasie und der Reichtum der Bilder an Kraft verloren. Im Vergleich zu diesen Wundern an Kunstfertigkeit blieb die osmanische Miniaturmalerei blass, was den Sultanen nicht entging, die daraufhin Manuskripte mit safawidischen und timuridischen Miniaturen verboten.

4

Die osmanische Miniaturmalerei diente überwiegend der Dokumentation und hatte aus diesem Grund einen recht sachlichen Stil. Zwar sammelten die Sultane die klassischen Werke der arabischen und persischen Literatur, die von iranischen Meistern illustriert worden waren, in ihren Bibliotheken, doch beauftragten sie die eigenen Maler bevorzugt mit der Darstellung ihrer eigenen Taten bzw. der ihrer eigenen Vorfahren. Die osmanischen Miniaturen zeigen die großen militärischen Unternehmungen der Herrscher, die prächtigen Hoffeste anlässlich der Hochzeiten von Prinzessinnen oder der Beschneidung von Prinzen sowie geografische Themen. Diese Werke erreichten nie die Qualität der safawidischen oder mogulischen Miniaturen, überraschen aber oft durch die Freiheit ihres Ausdrucks, der wohl auf ihre Aktualität zurückzuführen ist. Außerdem zeigte sich in ihnen schon früh ein westlicher Einfluss, besonders in der Darstellung von Städten, mit denen Berichte über Militärexpeditionen und Portulane illustriert waren.

Zu Beginn des 18. Jahrhunderts brachte die osmanische Miniaturmalerei, insbesondere der Hofmaler Levni, Porträts von Persönlichkeiten des Hofes oder des städtischen Lebens hervor. Ende des Jahrhunderts gaben die Sultane schließlich, angeregt von der abendländischen Malerei, Porträts auf Leinwand in Auftrag.

Die Begeisterung der Osmanen für die Kalligrafie und die Reproduktion heiliger Texte förderte die Entwicklung der Illumination, der Ausschmückung kalligrafischer Seiten. Oft setzte man den Text auf ein Rechteck in der Mitte der Seite und umgab ihn mit einem breiten Rahmen, der mit Motiven aus der Pflanzen- und Tierwelt, Vögeln auf ineinander verwobenen Zweigen oder Fabelwesen in üppigen Wäldern gefüllt war. Diese Kompositionen, die meist in Gold auf Marmorpapier gezeichnet wurden, bezeichnet man als Halkar-Stil.

Eine Variation der Illuminationskunst findet sich in den so genannten Muraqqa-Albums. Im 17. und 18. Jahrhundert wurde es üblich, einzelne Seiten der großen Meister der Kalligrafie aus früheren Jahrhunderten zu sammeln. Man schnitt sie aus, klebte sie auf ein größeres Blatt und rahmte sie mit einer Fülle von Verzierungen. Diese Blätter wurden in Alben zusammgefasst und als Schätze bewahrt.

1. Buchillustration,
16. Jahrhundert

2. Illustration und Kalligrafie,
1540

3. Illustration,
16. Jahrhundert

4. Kalligrafie
16. bis 17. Jahrhundert

5. Koran,
Kalligrafie von Ahmed Karahisari,
Mitte des 16. Jahrhunderts.
Bibliothek des Topkapi Saray

5

Bucheinbände

Für die Osmanen war das Buch und speziell der Einband, als kostbare Hülle der Schrift, das Kunstobjekt par excellence.
Unter den Buchbindern gab es wahre Künstlerdynastien. So hinterließ Ahmed, der oberste Buchbinder unter Selim I., als er am 14. Juni 1518 starb, vier Söhne, die die Tradition fortsetzten. Der älteste, Mehmed Çelebi, erscheint bereits 1526 als Meister, 1545 wurde er oberster Buchbinder und trug diesen Titel noch im Jahr 1566. Sein Sohn Süleyman wurde 1545 in der Zunft registriert und erscheint 1596 als oberster Buchbinder. Die Brüder Süleymans, Mahmud und Kara Mehmed, ihre Söhne und Enkel lassen sich bis ungefähr 1623 in den Verzeichnissen nachweisen. Die drei anderen Söhne Ahmeds waren beim Tod ihres Vaters 1518 ebenfalls in der Zunft verzeichnet. Hadjdjj Hasan Çelebi wird 1556 als Buchbinder eines Korans erwähnt, sein Sohn Ahmed war von 1596 bis 1623 bei Hofe angestellt. Hüseyin Çelebi wird 1556 als Buchbinder von sieben Koranen angegeben. Der letzte, Mustafa Çelebi, wird noch 1596 erwähnt, und seine Söhne Bekir und Mehmed tauchen in den Verzeichnissen von 1596 und 1605 auf.
Die im Allgemeinen recht einfachen Motive, die auch in der Miniaturmalerei, der Keramik oder der Metallarbeit zu finden sind, stammten aus der Malerwerkstatt des Hofes, dem Nakkaşhane. Grundelemente sind das Zentralmedaillon und Eckverblendungen, meist aus Gold auf schwarzem oder rotem Leder. Das Zentralmedaillon stellt die Sonne dar, daher sein Name *Sems* (Sonne); rund oder oval im 15. Jahrhundert, wird es im 16. unveränderlich zu einem vertikalen Oval. Oft ist es von kleinen Strahlen umgeben, um die Ähnlichkeit mit der Sonne zu betonen und wird oben und unten durch zwei Auswüchse in Form von Kreuzblumen, *Salbek* genannt, verlängert. Das Innere des Medaillons ist mit klassischen Motiven im *Saz-* oder *Hatayi-*Stil geschmückt. Diese Motive sind von der Farbe des Leders, um sich von dem Goldgrund abzuheben, oder ebenfalls vergoldet. In diesem Fall hob man sie hervor, indem man ihre Oberfläche mit einer Nadel perforierte, um verschiedene Goldtöne zu erhalten. Die Eckverblendungen waren Formen der Architektur entlehnt, wie zum Beispiel die Nachbildung des Bursabogens zeigt. Gelegentlich wurde auch der Raum zwischen dem Zentralmedaillon und den Eckverbindungen verziert, zum Beispiel mit einem reliefartigen Flechtwerk, das von kleinen Medaillons gleichmäßig unterbrochen wird. Dieser Typ des Bucheinbands wurde *mulemma* genannt, er besitzt oft Klappen, die den gleichen Schmuck wieder aufgreifen.
Auf den *Mülemma*-Bucheinbänden (*mülemma*, türkisch = farbig) sind das Zentralmedaillon und die Eckverblendungen nicht vergoldet, sondern von einer anderen Farbe als die des Grundes.
Zu Beginn der Herrschaft Süleymans waren auch lackierte Bucheinbände nach iranischem Vorbild in Mode, die mit Motiven ineinanderverschlungener Blätter im *Saz*-Stil von den Malern des Nakkaşhane geschmückt wurden. Die aus übereinander gelegter und geklebter Pappe gefertigten Buchdeckel wurden mit einer Appretur versehen, auf die der Schmuck gemalt und dann mit einer Schicht „Lack“ bedeckt wurde. Dieser weniger stabile Einbandtyp – im Vergleich zum Ledereinband – wurde von 1540 an allmählich aufgegeben.
Außer diesen „alltäglichen“ Bucheinbänden besitzt der Topkapi-Saray etwa 40 Koraneinbände aus kostbaren Materialien, darunter solche aus Jadeplatten mit durchbrochenen Goldscheiben. Das Zentralmedaillon und die Eckverblendungen wurden hier durch Goldnetze angedeutet, die fein geschnitten und als Relief in die Jade eingelegt sind; die Einbände sind mit in Gold gefassten Rubinen, die Blumen darstellen, geschmückt. An anderen findet sich statt der Rubine niellierter pflanzlicher Schmuck.

Unten links: Koraneinband,
Jade und Gold, 16. Jahrhundert.

Unten rechts: Bucheinband,
15. Jahrhundert.

Rechte Seite: Bucheinband aus Schildpatt,
16. Jahrhundert.

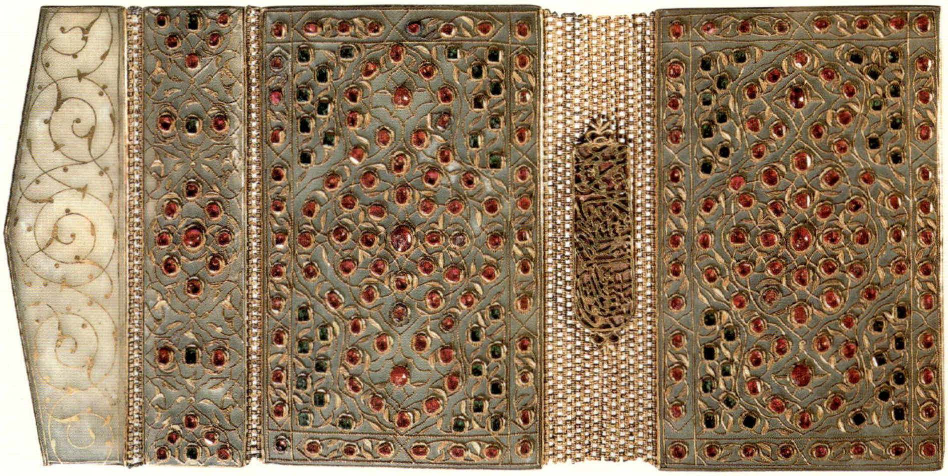

Keramik aus Iznik

Die kleine Stadt Iznik, das ehemalige Nicäa, liegt etwas abseits der Straße, die Istanbul mit Bursa verbindet. Ende des 11. Jahrhunderts wurde sie von den turkmenischen Seldschuken eingenommen, 1097 von den Byzantinern zurückerobert, bis sie 1331 endgültig an die Osmanen fiel. Ausgrabungen haben gezeigt, dass die Stadt bereits zu diesem Zeitpunkt ein Zentrum der Keramikherstellung war.

Die örtlichen Werkstätten passten ihren Dekorstil sehr schnell dem Geschmack der neuen Herrscher an, indem sie die Gestaltung ihrer Fabrikate an das bei den Osmanen sehr beliebte chinesische Porzellan anlehnten. Diese frühen Erzeugnisse werden als „Keramik von Milet" bezeichnet, nach der westanatolischen Stadt, in der die ersten Stücke dieses Stils gefunden wurden.

Die frühesten osmanischen Zeugnisse großer dekorativer Keramik in den Moscheen von Bursa und Edirne sind jedoch keine Izniker Erzeugnisse, sondern wurden von den timuridisch beeinflussten Meistern aus Tabriz hergestellt. Sie statteten in Bursa die Grüne Moschee (1419–1424) sowie die Moschee Murads II. (1425) aus, dann die Moschee Murads II. (1436) in Edirne und die Üç Şerefeli (1437–1447). Die letzten Spuren ihrer Tätigkeit finden sich in der Moschee Mehmeds II. in Istanbul (1463–1471) sowie im Mausoleum des Prinzen Mustafa in Bursa (1479). Die Künstler führten die *Cuerda-seca*-Technik ein, bei der die verschiedenen Glasurfarben durch Konturlinien, die von Glasur freiblieben (*cuerda seca* = trockener Faden) getrennt wurden. Während bei den in Bursa verwandten Fliesen die Grüntöne dominierten, überwog in Edirne – wiederum unter dem Einfluss des in großen Mengen importierten chinesischen Porzellans – eine von Blautönen dominierte Keramik. Die mittelmäßige Qualität der Fliesen im Mausoleum des Prinzen Mustafa deutet darauf hin, dass die Schüler der Meister von Tabriz nicht mehr das gleiche Niveau erreichten. Deshalb wurde die Verwendung von Keramik in der osmanischen Architektur in den folgenden Jahren zunächst aufgegeben.

Nach der Eroberung Konstantinopels führte der von Mehmed II. inspirierte imperiale Stil auf dem Gebiet der Keramik zu einer Synthese von chinesischem Dekor, das man als *Hatayi* bezeichnete (von *Khitai*, dem Namen Chinas in der islamischen Welt), und jenem im Vorderen Orient, auf dem Gebiet des ehemaligen Römischen Reiches, geläufigen Dekor, das *Rumi* (von Rom) genannt wurde. Die ersten Werke im neuen osmanischen Reichsstil, der chinesische Wolkenbänder mit orientalischen Arabesken verband, verdanken wir einem als „Baba Nakkaş" (Vater der Dekoration) bekannt gewordenen Künstler. Die von Baba Nakkaş und seiner Werkstatt gezeichneten Muster gelangten in die verschiedenen Zentren der Handwerksproduktion und auch nach Iznik.

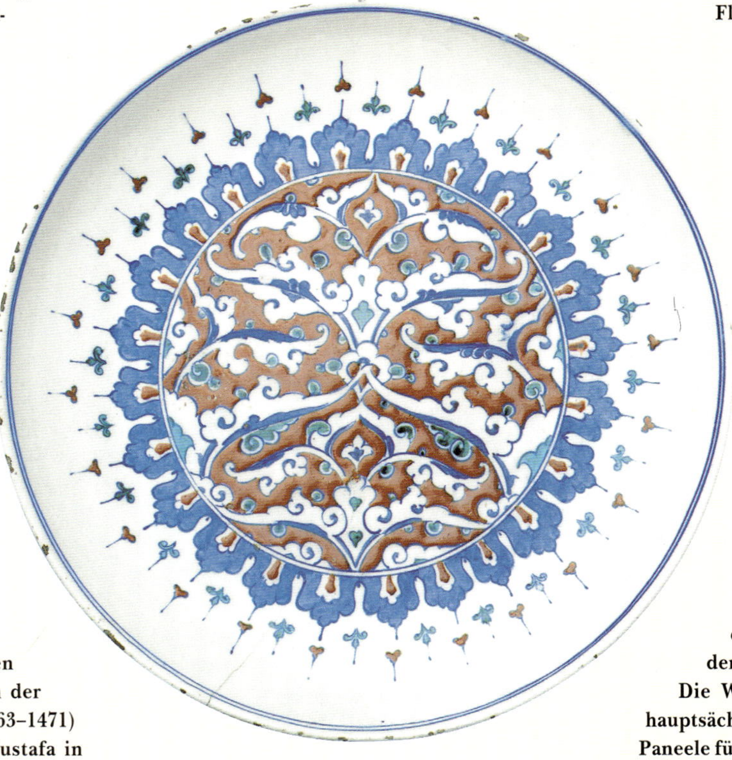

Die ersten „osmanischen" Fliesen, die wahrscheinlich aus Iznik stammen, befinden sich im Mausoleum des 1507 gestorbenen Prinzen Mahmud. Es handelt sich um ein Dekorband mit weißen Motiven auf blauem Grund. Die gleichen Motive, allerdings blau auf weißem Grund, tauchen im Mausoleum Ahmeds, wie Mahmud ein Sohn Bayazids II., auf, das Selim I. 1513 errichten ließ. Selim ließ gleichwohl eine Gruppe von Keramikern aus Tabriz kommen, die die Technik der *cuerda seca* wieder einführte. Die schönsten Beispiele dieser Fliesen in Gelb- und Grüntönen finden sich am Eingang des Audienzsaals im Topkapi Saray und vor allem im Mausoleum des Prinzen Mehmed, das ab 1543 errichtet wurde. Auch die fünf einzigartigen blau-weißen, über einen Meter hohen Paneele an der Fassade des Beschneidungspavillons im Topkapi-Saray stammen aus dem Istanbuler Hofatelier. So bewirkte die erneute Blüte des *cuerda seca* auch eine Wiederbelebung der höfischen Produktionsstätten, die nun für den *Saz*- Stil (*saz* = Schilfrohr) bekannt werden sollten, ein Ornament aus eleganten, federartigen, gezackten Blättern mit komplexen Blütenformen, das von Sahkulu, einem wiederum aus Tabriz stammenden Meister, eingeführt wurde.

Die Werkstätten von Iznik produzierten hauptsächlich Geschirr, aber auch einige große Paneele für Bauvorhaben in der Provinz. Hierzu zählen unter anderem die Fliesen in der Kurşunlu Cami in Kütahya, die nach der Restaurierung von 1520 angebracht wurden, und vor allem jene in der 1522/23 in Manisa errichteten Moschee der Mutter Süleymans, Hafsa Sultan, deren Blumenkompositionen bereits die große Zeit Izniks ankündigen. Auch der Dekor des Geschirrs weist ab den 20er Jahren des 16. Jahrhunderts große Blumenspiralen auf, die von der Verzierung der Tughra inspiriert waren – ein Hinweis auf den Einfluss des Palastateliers.

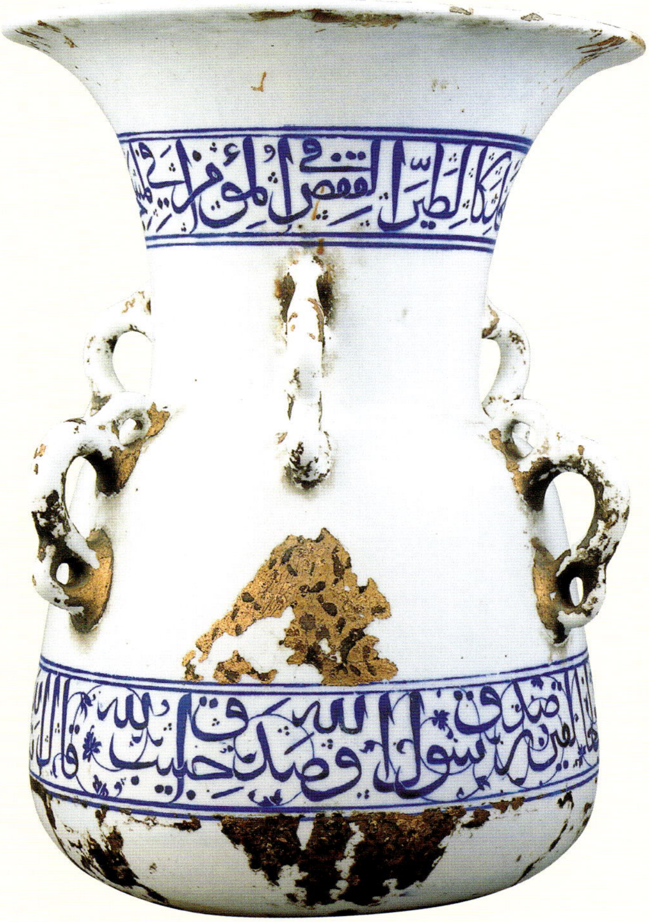

Die Produktion von Wandkeramik scheint in Istanbul nach ihrer glänzendsten Leistung, den *Cuerda-seca*-Fliesen im 1548 fertiggestellten Mausoleum des Prinzen Mehmed, eingestellt worden zu sein. Die einzig bekannte Ausnahme bilden die Fensterlünetten des Hofes der Kara-Ahmed-Paşa-Moschee, deren Bau im Jahre 1558 vollendet wurde. Es folgte die Blütezeit der Izniker Keramik. Bis zum Ende des Jahrhunderts hatte die Stadt das Monopol der osmanischen Keramikproduktion inne, was zwei Ursachen hatte: reiche Vorkommen an Kieselerde in der Umgebung Izniks und die Innovationskraft, die die Werkstätten ab etwa 1540 bewiesen. Zum Türkis, das die typische blau-weiße Farbgebung des Izniker Geschirrs nach 1530 ergänzte, kamen ab 1540 ein Olivgrün und in der zweiten Hälfte des Jahrzehnts ein Mauve hinzu. Die chinesisch beeinflussten Motive verschwanden zugunsten großer naturalistischer Motive: Blumen, Granatäpfel, Artischocken, die mit Blättern im *Saz*-Stil verwoben waren. Im Bereich der Wanddekoration hinterließen diese Neuerungen allerdings kaum Spuren, außer in den Lünetten der Moschee von Hadim Ibrahim Paşa in Istanbul (vollendet 1551), in denen das Olivgrün auftaucht, und im Dekor der Yeni Kaplica („Neuen Bäder“) von Bursa (1552/ 53), wo das traditionelle Blau mit den wärmeren Tönen Olivgrün und Mauve ergänzt wurde.

Nach 1555 wurde das berühmte Tomatenrot eingeführt, das Izniks größter Erfolg werden sollte. Den ersten Versuch machte man auf Paneelen, die den Mihrab der Süleymaniye einrahmen. Leuchtend und auffällig erscheint es dann im Mausoleum von Haseki Hürrem, das 1558 hinter der Süleymaniye errichtet wurde, und in der 1559 fertiggestellten Moschee von Rüstem Paşa. Etwa um diese Zeit übernahm wahrscheinlich der Hofarchitekt Sinan die Organisation der Izniker Produktion, die sich mehr und mehr auf Wandverkleidungen für die großen Bauwerke der Herrscher und Würdenträger des Reiches spezialisiert hatte. Die auffällige rote Farbe wurde zum Zeichen von Reichtum und Macht. Die schönsten Beispiele finden sich in der Herrscherloge der Selimiye in Edirne und in den großen üppigen Wandpaneelen, die aus dem Hammam des dritten Hofes des Topkapi Saray in das Vorzimmer des Schlafraums von Murad III. versetzt wurden.

Doch die Popularität der roten Farbe währte kaum ein Vierteljahrhundert: Nach 1580 wurde sie in ein Orange oder ein Dunkelbraun umgewandelt und verschwand um die Jahrhundertwende schließlich ganz. Mit dieser Entwicklung gingen der Niedergang und die Auflösung der Werkstätten von Iznik einher, deren letztes großes Werk die Ausstattung der Blauen Moschee ist. Im 17. Jahrhundert trat die Stadt Kütahya ihr Erbe an, erreichte jedoch nie den Glanz von Iznik.

Gegenüberliegende Seite: Iznik-Teller,
16. Jahrhundert.
Private Sammlung.

Oben links: Iznik-Karaffe,
16. Jahrhundert.
Private Sammlung.

Oben rechts: Öllampe aus Iznik,
16. Jahrhundert.
Archäologisches Museum Istanbul.

Stoffe

Unter allen erhaltenen Kunst- und Handwerksarbeiten zeigen die prachtvollen Gewänder und kostbaren Stoffe, aus denen sie gefertigt wurden, die ganze Pracht des Orients am eindrucksvollsten. Durch die exklusive Seide und die fortgeschrittenen Methoden, Stoffe zu färben, war dieser Teil der Welt in der Textilherstellung allen anderen überlegen, und die schillernden Farben der Stoffe aus dem Orient stehen in beeindruckendem Gegensatz zur Nüchternheit der abendländischen Produktion. Stoffe nahmen in der osmanischen Zivilisation aus zwei Gründen einen herausragenden Platz ein. Zum einen stellten sie in der nomadischen Vergangenheit der Türken die einzige Art des Schmucks und des Luxus dar. Und die Vorliebe für das Lagern in Zelten erhielt sich bis ins 18. Jahrhundert. Zum anderen dienten zu Kleidung verarbeitete Stoffe der Zurschaustellung der Macht. Ämter, soziale Klassen, ethnische und religiöse Gruppen unterschieden sich durch ihre Tracht. Farbe, Schnitt und Stoffqualität waren durch zahllose Vorschriften bestimmt, um die verschiedenen Bevölkerungsgruppen des Reichs voneinander abzugrenzen. Aufgrund der symbolischen Bedeutung der Kleidung blieben auch viele Stücke, insbesondere Herrschergewänder, erhalten. Nach dem Tod jedes Herrschers wurden seine schönsten Kleidungsstücke pietätvoll aufbewahrt.

Das kostbarste Material, die Seide, gelangte über die großen Karawanenrouten aus China nach Bursa, wo es im Jahr 1500 mehr als 1000 Webereien gab, die zu Beginn des 16. Jahrhunderts den Palast mit hervorragenden Stoffen belieferten. In der Mitte des Jahrhunderts begann man in Bursa selbst Seide herzustellen, allerdings nicht in so großer Menge, dass die Importe aus dem Osten hätten eingestellt werden können.

Unter Selim I. wurden die Palastwerkstätten neu organisiert und produzierten von nun an die kostbaren Stoffe für die Kleidung des Herrschers, während die Herstellung der einfacheren Stoffe in Bursa verblieb, besonders jener Gewebe für die zahllosen Ehrenroben, die an die Würdenträger des Reiches verteilt wurden. Dabei wurden alle Muster in den Hofateliers entworfen.

Die lokalen Qadis hatten den Auftrag, Qualität und Preise genau zu kontrollieren. So musste eine Kette aus 20 Strängen mit 80 Webfäden bestehen, 1920 Gramm wiegen und eine Länge von 90 Metern haben; die Seide musste fein und aus zwei Fäden gesponnen sein, um die Farbe besser annehmen zu können. Das häufig verwendete rote Pigment stammte im Übrigen von einer von der indischen Schildlaus *(lak)* über die Hautdrüsen ausgeschiedenen Substanz. Dennoch vermochten die Sultane dem zunehmenden Qualitätsverlust kaum beizukommen, der durch die Nachfrage aus dem Abendland sowie den Preisverfall durch das Gold und Silber aus Amerika verursacht wurde.

1

2

1574 wurde die Verwendung von Goldfäden in Brokatstoffen per Dekret auf die Hofwerkstätten beschränkt.

Die Handwerker von Bursa teilten sich in Spinner, Färber und Weber, die in Zünften organisiert waren. Die sechs wichtigsten in Bursa hergestellten Stoffe trugen folgende Namen: *atlas*, ein einfarbiger Satin, gelegentlich als Twill gewebt oder mit heißem Eisen gepresst, um eine Moiréstruktur zu erreichen; *serenk* („drei Farben“), eine vielfarbige Seide mit der Grundfarbe Grün; *kemha*, Lampas mit großen im Relief gewebten Mustern, die durch Gold- und Silberfäden ergänzt wurden; *seraser*, ein ganz aus Gold- und Silberfäden gewebter Luxusstoff, bei dem bis zu drei Farben verwendet wurden; *kadife*, ein einfacher Samt; und *catma*, ein Samt mit Gold- und Silberfäden.

Unzählige Werkstätten beteiligten sich an der Anfertigung der Kleidung für den Sultan: Seidenspinner, Metallfädenhersteller, Weber von Seidenstoffen, Lampas, Samt, dicker Woll- *(aba)* oder Baumwolltücher *(bez)*, Goldsticker *(zerduz)*, Schneider für Kleider, Mäntel und Unterkleider, Kürschner, Schuhmacher, Handschuhmacher und viele mehr. Ein Verzeichnis des Palastes von 1526 zählt 27 Seiden-, Lampas-

und Wollweber, 1545 waren es 105 und 1557/1558 insgesamt 145.

Gewöhnlich trugen die Sultane unter einem Kaftan, der unterschiedlich lang sein konnte, Hosen *(salvar)* und ein Hemd mit langen Ärmeln *(entari)* aus leichter Seide sowie einen Gürtel um die Taille. Bei Zeremonien hingegen trugen sie unter einem kurzärmeligen Kaftan Hemden, deren Ärmel bis zum Hals geknöpft waren, und darüber einen Mantel *(kapaniçe)* aus einem reich dekorierten, pelzgefütterten Seidenstoff, der bis auf die Erde herabfallende Schöße besaß. Zum Ausreiten schließlich kleideten sich die Herrscher in kürzere Kaftane über so genannten *çaksirs*, Hosen mit angesetzten Strümpfen.

Im Topkapi Saray werden mehr als 2000 Kleidungsstücke aufbewahrt, die im wesentlichen von den Sultanen, zum Teil aber auch von Prinzen und Prinzessinnen stammen. Die Hälfte dieser Stücke sind Kaftane, die aus Stoffen eigener Herstellung oder aus Bursa, Indien, Iran, Italien oder Frankreich gewebt wurden. Die türkischen Muster gefielen auch in Europa: Einige berühmte venezianische Brokate aus Satin und Samt wurden nach Istanbuler Mustern gefertigt. Insgesamt 80 Gewänder werden Süleyman dem Prächtigen zugeschrieben, darunter Kapuzenumhänge, kurze Kaftane und Wollmäntel. Der Sultan hatte eine Vorliebe für Pistaziengrün, trug aber auch Rot, Blau, Weiß und Purpur. Zwölf Kleiderbündel, die 1760 inventarisiert wurden, enthielten zweitrangige Stücke aus seinem Besitz. Darunter Hauben, Turbanstoffe, Handschuhe, Hausschuhe, Taschentücher sowie Nachthemden, Unterkleidung, Gamaschen und Strümpfe. Unter den Möbelstoffen fanden sich mit Gold- oder Silberfäden bestickte und mit Perlen und anderen Edelsteinen geschmückte Stoffe, die häufig auf dem Boden ausgelegt wuden, Diwane bedeckten oder zur Kissenproduktion verwendet wurden.

1. Kaftan Şehzade Bayazids, 16. Jahrhundert.

2. Detail eines Sultansgewandes, 16. Jahrhundert.

3. Besticktes Gebetstuch, 17. Jahrhundert.

4. und 5. Bestickte Decke, 17. Jahrhundert.

3

4

Teppiche

Selbst wenn die Teppichherstellung mit dem nomadischen Ursprung und der zentralasiatischen Herkunft der Türken verbunden zu sein scheint, ist die Wurzel dieser Handwerkskunst nicht leicht auszumachen. Höchstwahrscheinlich wurden Teppiche bereits vor der Besiedlung durch die Türken in Anatolien hergestellt. Abgesehen von Funden in Fustat (Alt-Kairo), die in die Zeit vor dem 12. Jahrhundert datiert werden, sind die ältesten Teppiche, die sich ganz oder als große Fragmente erhalten haben, die seldschukischen so genannten Konya-Teppiche aus dem 13. bzw. frühen 14. Jahrhundert. Sie wurden am Anfang des 20. Jahrhunderts im Mausoleum des Sultans Ala ad-Din Kaiqubad I. (gest. 1236) in Konya entdeckt. Diese Stücke, von denen manche sehr groß sind (603 mal 269 bzw. 512 mal 294 Zentimeter), besitzen meist ein einfarbiges, rotes oder blaues Mittelfeld mit Arabesken und eine Bordüre, die rechtwinklige, von *Kufi*-Inschriften inspirierte Motive zeigt. Andere Exemplare aus derselben Epoche weisen eine große Vielfalt stilisierter Tierfiguren auf: Vögel, Greife, Kämpfe zwischen Drache und Phönix. Sie wurden später offensichtlich zu Exportwaren, denn die drei erhaltenen Tierteppiche wurden im schwedischen Marby, in Mittelitalien und in einem tibetischen Lamakloster gefunden. Die Begeisterung des Abendlandes für die anatolischen Teppiche bezeugt die Tatsache, dass sie häufig auf Gemälden des 15. und 16. Jahrhunderts in Italien wie auch von flämischen Malern, etwa von den Brüdern van Eyck, zu sehen sind.

Ende des 15. Jahrhunderts veränderten die osmanische Expansion in Anatolien, die Eroberung von Tabriz 1514 und von Kairo 1517 sowie die künstlerische Entwicklung am Istanbuler Hof die Situation beträchtlich. Zum einen verschwand die bildliche Darstellung; zum anderen wurden die Entwürfe des Hofateliers, des Nakkaşhane, zur verbindlichen Vorgabe für alle künstlerischen Arbeiten im Reich. Darüber hinaus scheint der osmanische Hof den geknüpften Teppichen bestickte Stoffe vorgezogen und die in Kairo oder im Iran hergestellten Teppiche mehr geschätzt zu haben als solche aus Anatolien. Anatolische Teppiche befanden sich in den Moscheen und den Mausoleen, nicht aber im Topkapi Saray. Ebenso selten fand man sie in den Inventarlisten, die nach dem Tod bedeutender Persönlichkeiten angefertigt wurden. Waren solche aufgeführt, wurde ihnen kaum Wert beigemessen. Hingegen wurden sie in großen Mengen nach Europa exportiert und nach Auftrag hergestellt, wie die mit Wappen versehenen anatolischen Teppiche des abendländischen Adels zeigen. Als der anatolische Teppich auch aus den Moscheen und Mausoleen verschwand, blieb er hauptsächlich durch die abendländische Malerei im 16. Jahrhundert präsent: Die so genannten Holbein-Teppiche zeigen große, in Quadrate eingeschriebene Achtecke, ein Teppich auf einem Gemälde Memlings ein Rautenmuster und ein Teppich bei Lotto Guillochen auf einfarbigem Grund.

Die vom osmanischen Hof vor allem für die Sultansmoscheen in Auftrag gegebenen Teppiche wurden in den großen anatolischen Produktionszentren Uşak, Gördes oder Bergama hergestellt, zum Teil aber auch in Kairo gefertigt und in den Palastwerkstätten, in denen 1526 und 1566 insgesamt 25 Teppichknüpfer angestellt waren. Große Medaillons charakterisieren diese Stücke, die jenen auf Bucheinbänden ähneln. 1585 ließ Murad III. elf Künstler und eine große Menge Wolle aus Kairo holen, aber von der Gründung einer Istanbuler Manufaktur ist nichts bekannt. Der Sultan bekam auch viele persische Teppiche von seinen Würdenträgern geschenkt.

Die heute erhaltenen Teppiche des osmanischen Hofes sind in der ganzen Welt verstreut. Zu den hervorragendsten Beispielen gehören solche mit Ornamenten im *Saz*-Stil und solche, die sich durch die stilisierte Darstellung eines Mihrab auszeichnen. Letztere waren meist aus Seide und dienten als Gebetsteppiche.

Gegenüberliegende Seite: Teppich des osmanischen Hofes, 16. Jahrhundert. Topkapi Saray.

Nebenstehend: Seidenteppich, 17. Jahrhundert. Topkapi Saray.

Unten: Gebetsteppich, 16. Jahrhundert.

KAPITEL VIII

Der Niedergang des Reiches

Beim Tod Mehmeds II. 1481 bildete der Divan Yolu, die ehemalige Mese, die Hauptachse der Stadt. Diese Struktur trat immer deutlicher hervor und bestimmte Ende des 16. Jahrhunderts das Bild Istanbuls – zu einem Zeitpunkt, an dem die Stadtentwicklung als abgeschlossen bezeichnet werden kann. Der Divan Yolu beginnt beim Haupttor des Topkapi Saray, dort, wo sich früher die Chalke, das Tor zum byzantinischen Kaiserpalast, befand, und führt um die Hagia Sophia herum. Diese blieb das Gotteshaus der Herrscher, dorthin begab sich der Sultan zum Freitagsgebet. Die letzten drei Sultane des 16. Jahrhunderts, Selim II. (gestorben 1574), Murad III. (gestorben 1595) und Mehmed III. (gestorben 1603), ließen ihre Türben bei ihr errichten. Ihr gegenüber liegt das Hammam von Haseki Hürrem, der Gattin Süleymans – eine Reminiszenz an die berühmten byzantinischen Zeuxippos-Thermen.

Auch wenn das Augusteion, der Platz vor der Hagia Sophia und das prächtigste Forum der oströmischen Hauptstadt, nach der Zerstörung der Justinianssäule durch Mehmed II. nach und nach bebaut und damit zerstört wurde, blieb doch das Hippodrom zunächst erhalten und wurde auch weiterhin zu großen feierlichen Ereignissen genutzt. So beging man dort zum Beispiel die großen Beschneidungsfeste der Prinzen oder die Hochzeiten der Prinzessinnen mit hohen Würdenträgern. Rund um das Hippodrom entstanden große Paläste. Im Westen baute Ibrahim Paşa, der Großwesir Süleymans, seinen Palast, von dem einige Teile noch heute existieren. Im Osten lagen die Paläste der Großwesire Sinan Paşa, des Bruders Rüstems, Kara Ahmed Paşa und Sokollu Ahmed Paşa, die jedoch beim Bau der Blauen Moschee zum Teil abgetragen wurden.

Oberhalb des Hippodroms markiert eine kleine Moschee, 1490/91 erbaut von Firuz Aga, dem Schatzmeister des Palastes, die Fortsetzung des Divan Yolu. Es folgt der Moscheenkomplex des Großwesirs unter Bayazid II., Atik Ali Paşa, nahe der „Verbrannten Säule". Die auf der linken Straßenseite gelegene Karawanserei des Komplexes beherbergte seit Mitte des Jahrhunderts die deutschen Gesandten. Vor dem Ende des 16. Jahrhunderts waren dies die einzigen Monumentalbauten auf diesem Teil der Achse.

Anschließend verläuft der Divan Yolu entlang dem Bazar und führt zwischen Moschee und Medrese durch den Komplex Bayazids II. Sie passiert die Mauer des Alten Palastes, der 1541 abbrannte, und führt zur Şehzade-Moschee und den Resten der alten Janitscharenkasernen auf der linken Seite. Schließlich gelangt man in das Tal, das vom Valens-Äquadukt überbrückt wird, und sieht zur Rechten den Bazar der Sattler, dann den großen sogenannten Karaman-Markt, um den die Bewohner der Region um Karaman Anfang der 70er Jahre des 15. Jahrhunderts angesiedelt wurden. Zuletzt folgt der Fatih-Komplex, die Stiftung Mehmeds II., mit der dieser monumental bebaute Abschnitt der Achse endet. Danach führt die Straße an Friedhöfen vorbei sowie an der Moschee, die Sinan für Nişanci Mehmed Paşa erbaute, bis zum Edirne-Tor, wo sich die gewaltige Moschee von Mihrimah, der Tochter Süleymans des Prächtigen, befindet.

Die Uzunçarşi, die den Hafen mit dem Divan Yolu verbindet, trifft hinter der Bayazid-

Gegenüberliegende Seite: Alte Fotografie des Hippodroms. Diese Aufnahme von Robertson, der während des Krimkrieges nach Istanbul kam, ist Teil einer der ältesten Fotoserien über die Stadt. Man sieht, wie sich die Häuser auf das Hippodrom schieben und dass der Boden nicht befestigt war.

Moschee mit ihm zusammen. Im Osten der Kreuzung liegt der Große Bazar, er erstreckt sich entlang der Uzunçarşi bis in das Handelsviertel Tahtakale. Dort war jede Zunft in ihrer eigenen Straße angesiedelt. Die dem Goldenen Horn zugewandten Hänge zwischen dem Tahtakale und der Mauer des Topkapi Saray, die Anfang des 17. Jahrhunderts von städtischen Karawansereien und anderen Handelsgebäuden vollständig eingenommen wurden, bildeten zu jener Zeit das Adelsviertel der Stadt mit Palästen und mehrgeschossigen Wohnhäusern, die zahlreiche Höfe und Wohnungen fassten.

Entlang dem Goldenen Horn lagen zwischen jüdischen und christlichen Wohnvierteln stufenartig angelegte Wasserversorgungsanlagen. Sie befanden sich an dem Uferabschnitt zwischen Topkapi-Mauer und dem Ende des Aquädukt-Tales. Kurz bevor die Theodosianische Umfassungsmauer auf das Goldene Horn trifft, lag außerdem ein griechisches Viertel mit einer weiteren jüdischen Enklave. Die Hänge des Aquädukt-Tales, die im Osten von den Komplexen der Süleymaniye und der Şehzade, im Westen vom ehemaligen Pantokrator-Kloster, der heutigen Zeyrek-Moschee, und der Fatih-Moschee eingegrenzt wurden, gehörten ebenso wie die Viertel um Fatih zu den bevorzugten Wohngebieten der Christen. Im Laufe der Zeit war die christliche Bevölkerung jedoch auf immer kleinere Gebiete zurückgedrängt worden. Der Bau der Moschee Selims I. in den 20er Jahren des 16. Jahrhunderts, der Rückzug des griechischen Patriarchats in das Stadtviertel Fener, der Abriss einer griechischen Kirche am Edirne-Tor zugunsten des Baus der Mihrimah-Moschee – all diese Umstände trieben die christliche Bevölkerung immer weiter dem Goldenen Horn zu, in die Wohngebiete der armen Bevölkerung nahe der Mauer.

Am Ufer des Marmarameeres befanden sich in unmittelbarer Nähe des Topkapi Saray und des Hippodroms die Wohnungen der Würdenträger des Palastes. Jenseits des bis Ende des 15. Jahrhunderts benutzten Galeerenhafens beginnen die griechischen und armenischen Viertel, die sich entlang dem Ufer bis zur Umfassungsmauer erstrecken. Auch hier wurde die christliche Bevölkerung nach und nach an die Küste gedrängt, bedingt durch den Bau des Murad-Paşa-Komplexes auf dem Forum Tauri im Jahr 1473 und die Errichtung der Komplexe Davut Paşas 1485 und Haseki Hürrems 1539 am Rande des ehemaligen Arkadios-Forums. Im Innern der Stadt blieben das Lykos-Tal und die unmittelbare Umgebung der Umfassungsmauer zunächst noch unbewohnt, aber in der zweiten Hälfte des

16. Jahrhunderts entstanden auch hier neue Wohnviertel.

In osmanischer Zeit setzte sich die Stadt aus vier Teilen zusammen: der Stadt innerhalb der Mauern und ihren drei Vorstädten Eyüp, Galata und Üsküdar. Das Zentrum des Vororts Eyüp bildete der Moscheen-Komplex, der dem gleichnamigen Gefährten Muhammads gewidmet war. Die Nutzgärten, die den Ort ursprünglich umgaben, wurden nach und nach in Friedhöfe umgewandelt, denn Eyüp wurde zur Totenstadt der staatlichen Würdenträger. In den Jahren 1568/69 ließ Sokollu Mehmed Paşa hier von Sinan eine Türbe mit Medrese bauen, eine neue Kombination, die im 17. Jahrhundert noch häufig vorkommen sollte.

Die heutigen Stadtteile Karaköy und Beyoglu haben eine besondere Geschichte. Als ehemalige

Handelskolonien der Republik Genua ergaben sich die beiden Vororte, damals mit Namen Galata und Pera, einige Tage nach der Einnahme Konstantinopels dem Sultan. Sie behielten gewisse Privilegien, insbesondere die Erhaltung ihrer Kirchen. In der Folgezeit wurden sie jedoch systematisch mit osmanischen Sakral- und Militärbauten umgeben. Am Goldenen Horn entstand das große osmanische Arsenal mit einer von Sokollu Mehmed Paşa erbauten Moschee; am Bosporus, im Stadtteil Tophane, befanden sich die Kanonengießerei und die Moschee des Admirals Kiliç Ali Paşa. Jenseits der Seemauer, im Fährhafen, ließ Ibrahim Paşa, der engste Freund und Großwesir Süleymans des Prächtigen, seine einzige Moschee in Istanbul bauen, während im Norden, nahe den Weinbergen von Pera, das heute noch bestehende Derwischkloster, das Galata Mevlevi Hane Müzesi, entstand sowie die Militärschule der Janitscharen, Galatasaray genannt.

Innerhalb dieses Rings aus osmanischen Bauten hielt sich eine abendländische Kolonie von griechischen und armenischen Familien. Außerdem siedelten sich dort die europäischen Botschaften an, und es entstand ein internationaler Treffpunkt für Handel und Politik. Die Venezianer, die nach der Eroberung als erste die Beziehungen mit dem Osmanischen Reich aufnahmen, blieben bis Ende des 15. Jahrhunderts in dem ihnen ehemals zugestandenen Gebiet im Zentrum, bis Bayazid II. darauf Ansprüche erhob und sie Mitte des 16. Jahrhunderts nach Galata zogen, gefolgt von den Franzosen, die dort 1535 eine ständige Vertretung gründeten. Die dichte Bebauung Galatas begünstigte jedoch Epidemien, sodass viele Botschaften um 1570 auf die Hügel gegenüber dem Bosporus, zwischen Galatasaray und Tophane, übersiedelten, wo sie bis heute sind.

Der Stadtteil Üsküdar befindet sich auf der asiatischen Seite Istanbuls, also jenseits des Bosporus. Dort waren in antiker Zeit die Städte Chrysopolis und Chalkedon gegründet worden. Während Chalkedon nach der Gründung Konstantinopels zum unbedeutenden Vorort wurde, entwickelten sich Chrysopolis und sein Hafen zum Ausgangspunkt für Handels- und Expeditionsreisen nach Asien. Die Byzantiner nannten die kleine, mit einer Mauer eingefasste Stadt nach einem kaiserlichen Palast „Skutari", woraus im Türkischen „Üsküdar" wurde. Chalkedon wurde zu Kadiköy. Rum Mehmed Paşa ließ 1470 am Rand Üsküdars nahe der Küste einen Stiftungskomplex errichten und Mihrimah 1548 einen weiteren direkt über dem Hafen, der aufgrund des großen Bazars, der sich um die Stiftung ansiedelte, bald sehr frequentiert war. Der weiter im Inland befindliche große Komplex von Nurbanu, der Frau Selims II., scheint keine Urbanisation bewirkt zu haben.

An den Ufern des Bosporus findet man Dörfer, die nach der Eroberung mit Verschleppten aus dem Balkan besiedelt wurden, sowie Gärten und Sultanpavillons. Am europäischen Ufer, zwischen Tophane und Beşiktaş, wo sich das Grabmal von Hayreddin Barbarossa und die von Sinan errichtete Moschee für den Großadmiral Sinan Paşa erheben, liegen sowohl muslimische Viertel, in denen hauptsächlich Seeleute leben, als auch einige christliche Kolonien.

Aufgrund von historischen Schriften und Bildern können wir uns ein Bild vom damaligen Istanbul machen. Die Stadt bestand aus niedrigen Häusern, im Zentrum mit einem Obergeschoss, in den Außenbezirken eingeschossig, die um einen Hof bzw. Garten herum angelegt waren. Meist handelte es sich um Holzhäuser mit Fachwerk, die zur Straßenseite keine Fenster hatten. Einige Dutzend dieser Häuser bildeten ein Wohnviertel mit einer Moschee, einer Schule und einer Zawiye. Drei oder vier Viertel gemeinsam besaßen ein Hammam und einen Brunnen.

Nach einer Volkszählung im Jahre 1478 haben wir keine genauen Daten mehr über die Bevölkerung. Zu diesem Zeitpunkt hatten die Zwangsumsiedlungen mit einer Ausnahme praktisch aufgehört: Nach der Eroberung der Moldaustadt Akkerman im Jahr 1484 verschleppte Bayazid II. noch einmal um die 650 Familien nach Istanbul.

Der kleine Komplex des Gazanfer Aga, oberster Eunuch im Palast, besteht aus einer Medrese, einem Mausoleum und einem Brunnen. Er ist der erste einer Reihe solcher Anlagen, die bis zum Beginn des 18. Jahrhunderts sehr beliebt waren. Der Zustrom der Landbevölkerung, die in der Stadt Unterkunft und eine Erwerbsmöglichkeit suchte, trug zur Popularität dieses neuen Typs bei. Die Medresen nahmen Anwärter auf religiöse Ämter auf.

Außerdem ließen sich etwa tausend jüdische Familien aus Spanien, Portugal und Süditalien infolge der Verfolgungen während der Reconquista Ende des 15. Jahrhunderts hier nieder. Im 16. Jahrhundert gab es keine größeren Bewegungen mehr, da die Bauern ihr Land nicht verlassen durften und die Stadtbewohner an ihre Gilden gebunden waren. Die Bevölkerungszahl Istanbuls erhöhte sich trotzdem Ende des 16. Jahrhunderts auf etwa 150 000 Einwohner, was hauptsächlich dem Zustrom von Sklaven zuzuschreiben ist. Auf den Eroberungs- und Raubzügen entlang den europäischen Grenzen und dem Mittelmeer wurden sehr viele Gefangene gemacht. Da mit dem großen Angebot der Wert sank, konnten sich nicht nur reiche Familien einen oder mehrere Sklaven leisten, sondern auch solche mit mittleren Einkommen. Die Sklaven lebten in den Häusern ihrer Herren oder arbeiteten zu festgelegten Zeiten, waren ansonsten jedoch frei. Angesichts einer erhöhten städtischen Sterblichkeit entschieden sich zahlreiche muslimische Paare, ihre Nachkommenschaft durch die Freilassung und familiäre Integration von Sklaven zu sichern. So wuchs im 16. Jahrhundert in der muslimischen Bevölkerung Istanbuls vor allem der Anteil befreiter und islamisierter Sklaven, während die Zahl der nicht-muslimischen Bevölkerung gleich blieb oder sich sogar verringerte.

Ende des 16. Jahrhunderts änderte sich die Situation grundlegend: Während der Zustrom von Sklaven versiegte, brachten Inflation und hohe Steuern die Landbevölkerung in extreme Notlagen, sodass eine gewaltige Landflucht von Menschen aller Konfessionen einsetzte. Solange die Abwanderung aus den ländlichen Gebieten von staatlicher Seite aus verboten war, konnte nur das Studium an einer Medrese die Niederlassung in der Stadt rechtfertigen. So kam es, dass vor allem religiöse Gruppen die Immigration auffingen, was deren Position stärkte. Die Stiftungen, welche die Medresen unterstützten, zahlten den Schülern Unterkunft, Nahrung und sogar ein bescheidenes Gehalt. Doch damit floss ein Großteil der städtischen Einkünfte in eine Einrichtung, die weder dem Handel noch der Wirtschaft diente und deshalb nicht zum Aufschwung der Stadt beitrug. Nicht-muslimische Einwanderer – insbesondere Christen – fanden Aufnahme in den Gilden der Stadt, die dadurch zum einen beträchtlich anwuchsen, zum anderen zunehmend von diesen beherrscht

Blick auf die Gesamtanlage der Blauen Moschee. Sie folgt völlig dem von Sinan festgelegten Bautypus der osmanischen Moschee. Außergewöhnlich ist nur die Zahl der Minarette, nämlich sechs, die Gebetssaal und Hof einfassen und deren Silhouette das Landschaftsbild prägt.

wurden. Die demographische und soziale Struktur der Stadt hatte sich Ende des 17. Jahrhunderts wieder total verändert. Die Bevölkerung, die Ende des Jahrhunderts 600 000 Einwohner zählte und im folgenden Jahrhundert um weitere 100 000 bis 200 000 anwuchs, bestand zu 40 Prozent aus Nicht-Muslimen. Ende des 16. Jahrhunderts waren es nur 15 Prozent gewesen.

Der Bevölkerungszuwachs insgesamt bewirkte ein beträchtliches Anwachsen der Bevölkerungsdichte und die Ausdehnung der Stadt in die Vororte Galata und Üsküdar.

Die Blaue Moschee

Dass mit dem Tod Sinans die öffentliche Bautätigkeit zum Stillstand kam, war nicht auf einen Mangel an Architekten zurückzuführen, sondern auf einen Mangel an Baustoffen. Statt wie in früheren Zeiten Reichtümer ins Land zu bringen, verschlangen die Kriege ab Ende des 15. Jahrhunderts sowohl Menschen als auch Güter. Obwohl ein Fünftel der Kriegsbeute generell in die Privatkasse des Sultans floss, ließen die Sultane kaum noch Moscheen-Komplexe erbauen, und die Honoratioren, deren Posten im Zuge der Staatskrise unsicher wurden, waren nicht mehr in der Lage, Monumentalbauten zu finanzieren.

Die Architekten jener Zeit waren nichtsdestotrotz sehr gut ausgebildet. Sie waren nicht nur mit dem Entwurf der Bauten befasst, sondern auch mit der Überwachung der Arbeiten, der Kontrolle der Materialien sowie der Auswahl der Handwerker. Auch die Wasserversorgung gehörte zu ihren Aufgaben, weshalb der Leiter dieses Ressorts der wichtigste Mitarbeiter des leitenden Architekten war. Inhaber dieses Postens unter Sinan war Davut Aga, der 1588 seine Nachfolge antrat.

Davut Aga übernahm den Bau eines der letzten Moscheenkomplexe, die von einem Großwesir, nämlich Cerrah Mehmed Paşa, in Istanbul veranlasst wurden; die Vollendung fiel in die Jahre 1593/94. Die Moschee krönt eine Kuppel, die auf sechs Säulen aufliegt. Der Übergang vom quadratischen Grundriss in die Kuppel wird durch vier Halbkuppeln und eine fünfte über der vorspringenden Mihrab-Nische geschaffen. Eine Medrese, ein Hammam und die Türbe des Gründers vervollständigen das Ensemble.

Doch wurden die großen Komplexe allmählich von der Kombination Medrese mit Türbe abgelöst, wie jener Bau von Sokollu Mehmed Paşa in Eyüp. Sie wurden Davut Agas Spezialität. Diese kleinen Einheiten waren besser geeignet, sich den engen Platzverhältnissen in den dicht bevölkerten Vierteln anzupassen. 1595 ließ der mächtige Großeunuch des Palastes, Gazanfer Aga, am Fuß des Valens-Aquäduktes den ersten innerstädtischen Medresenkomplex errichten. Die Medrese weist einen konventionellen Grundriss in U-Form auf, mit dem Unterrichtsraum in der Achse; davor liegt ein erster Hof mit zwölfeckiger Türbe zur Rechten, zur Linken ein achteckiger Wasserspender (Sebil), der auf einer belebten Kreuzung steht.

Gegenüberliegende Seite: Das Bedachungssystem der Blauen Moschee ähnelt dem der Şehzade, wobei gleichzeitig Elemente der Süleymaniye aufgegriffen wurden, wie die abgetreppte Mauer, die die Stützbogen der Kuppel betont, sowie die Hintereinanderstellung von Türmchen und Streben, die jede Fassadenseite dreiteilen.

Oben: Die Blaue Moschee, vom Meer aus gesehen. Das abfallende Gelände erforderte eine hohe rückwärtige Fassade, was den Architekten dazu veranlasste, die Kuppelpyramide auf einen vom Gebetssaal gebildeten Kubus zu stellen. Im Vordergrund die Seitenfassade mit vorgelegten Säulengängen und auf der Ecke der Pavillon mit der Sultansloge.

1557 beschloß die Valide Safiye den Bau eines großen Komplexes mit ihrem Namen im Herzen der Stadt, im ehemaligen venezianischen Viertel, das mittlerweile ein dicht bevölkertes jüdisches Viertel geworden war. Für die Verwirklichung dieses Projekts waren weitreichende Enteignungen notwendig. Tatsächlich begannen die Arbeiten noch im gleichen Jahr. Doch zwei Jahre nach Baubeginn wurde der Hofarchitekt Davut Aga aufgrund seiner freidenkerischen Geisteshaltung hingerichtet. Da auch die finanziellen Mittel fehlten, sollten die Arbeiten erst ein halbes Jahrhundert später wieder aufgenommen werden.

Die Nachfolge von Davut Aga trat 1598 Dalgiç Ahmed Aga an, der seit 1595 für die Wasserversorgung zuständig gewesen war. Die Jahre seiner Amtsperiode (bis 1606) waren geprägt vom Krieg gegen Österreich, sodass der Hofarchitekt nur ein einziges Gebäude zu betreuen hatte, die Türbe des 1603 verstorbenen Mehmed III. im

Hof der Hagia Sophia. Ein Jahr später wurde er, wahrscheinlich auf eigenen Wunsch, zum Statthalter in der Provinz ernannt.

Als Ahmed I. (1603–1617), Sohn und Nachfolger Mehmeds III., mit 13 Jahren den Thron bestieg, war der Krieg gegen die Donaufürstentümer noch im Gange, das safawidische Persien sah seine Chance, verlorene Provinzen zurückzugewinnen, und erklärte dem geschwächten Nachbarn 1603 den Krieg, und in Anatolien waren die Celali-Aufstände noch immer nicht niedergeschlagen. Desertierte oder entlassene Soldaten, arbeitslose Städter und Bauern, die ihr Hab und Gut verloren hatten, revoltierten gegen die Regierung, die bis 1608/09 nicht Herr der Lage werden konnte. Der junge Sultan, ganz unter dem Einfluss seines Erziehers, bekundete tiefe Religiosität. Als 1606 zum ersten Mal ein Friedensvertrag mit Österreich zustande kam, der den Sultan verpflichtete, den deutschen Kaiser als gleichrangig anzuerkennen, und als die anatolischen Unruhen in einem Blutbad endeten, stiftete er einen Moscheen-Komplex, um die Befriedung seiner Gebiete zu feiern. Nach einigem Zögern wählte er das Hippodrom als geeigneten Standort aus. Die Nähe zur Hagia Sophia forderte zum Vergleich heraus, mit der man allerdings nur bezüglich der Baumasse, nicht aber bezüglich der äußerst symbolischen Höhe der Kuppel konkurrierte.

Hofarchitekt war zu diesem Zeitpunkt Sedefkar Mehmed Aga. Wahrscheinlich albanischen Ursprungs, arbeitete er nach seiner Verschleppung zunächst in den Palastgärten. Später spezialisierte er sich auf die Bearbeitung von Perlmutt *(sedef)*, dem er seinen Namen „Sedefkar" verdankte. Das Perlmutt wurde mit Elfenbein, Schildpatt und Ebenholz zu komplexen geometrischen Figuren zusammengesetzt und zierte gewöhnlich Türen und Fenster repräsentativer Bauwerke. Die mathematischen Kenntnisse, die er sich bei dieser Kunst angeeignet hatte, begünstigten Mehmed Agas Karriere als Architekt. Auch er übernahm die Nachfolge Dalgiç Ahmed Agas, nachdem er mit der Leitung der Wasserversorgung betraut gewesen war.

Die Moschee Ahmeds I. ist ein postklassisches Gebäude. Doch das Streben nach einer Synthese aus allem Vorangegangenen und der spürbare Wunsch nach Größe wirken banal und unentschlossen.

Mehmed Aga wählte die symmetrische Şehzade zum Vorbild. Doch er benötigte eine Reihe von Vorrichtungen zum Abstützen der Kuppel von 23,5 Metern Durchmesser und 43 Metern Scheitelhöhe, die den quadratischen Gebetsraum mit 49 Metern Seitenlänge überspannt. Sie ist etwas größer als die Kuppel der Şehzade und viel kleiner als die der Süleymaniye. Die drei Halbkuppeln, ausgenommen jene an der Mihrab-Wand, lagern auf Halb-Baldachinen, die jeweils von einem Paar Säulen vor der Fassade getragen werden. Jede Halbkuppel wiederum wird von drei Konchen gestützt. Die Zentralkuppel ruht auf vier schweren Pfeilern, deren Wuchtigkeit auch die Ausmalung mit blauen Girlanden nicht mildern kann. Der schwerfällige Eindruck des Stützsystems verliert sich allerdings beim Anblick des lichtdurchfluteten Innenraums und der Fülle von Fliesen und Fenstern. Entlang den äußeren Seitenmauern des Vorhofes befinden sich die Reinigungsbrunnen; die Brunnenanlage in der Mitte des Hofes dient nur der Dekoration. Durch ihre sechs Minarette, die das Bild der Stadt prägen, ist die Blaue Moschee schon von weitem zu erkennen. Die Türbe

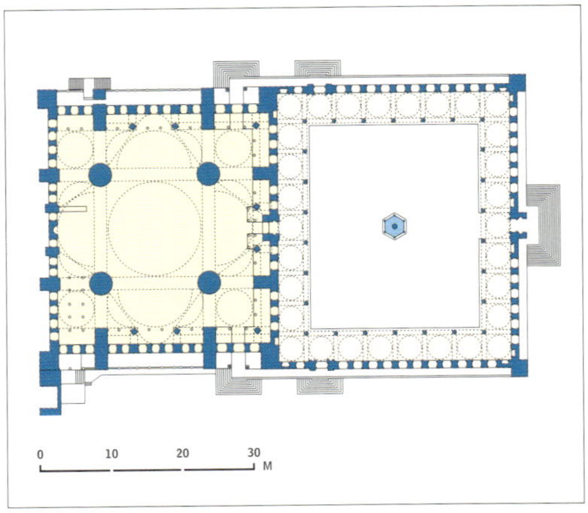

Ahmeds I. liegt am Rand des Hippodroms, der Hagia Sophia zugewandt, statt wie üblich hinter der Moschee, da hier das Gelände zum Marmarameer hin steil abfällt. Die Anordnung der übrigen Gebäude des Stiftungskomplexes ist unübersichtlich und schwer zu beschreiben.

Nachdem sich Ahmed I. im Jahr 1607 für den Bau dieses Komplexes entschieden hatte, vergingen zwei Jahre, ehe die im Osten des Hippodroms gelegenen Paläste abgetragen waren und das notwendige Material zusammengestellt war. Ende 1609/Anfang 1610 erfolgte die Grundsteinlegung, und am 9. Juni 1619 wurde die Einweihung gefeiert – keine sechs Monate vor dem Tod des Sultans. Andere Gebäude des Komplexes, wie die Türbe, wurden erst 1620 vollendet.

Während dieser Zeit wurden in der Stadt zwei weitere Medresen-Komplexe gebaut. Den einen stiftete der Großwesir Kuyucu Murad Paşa (1606–1609), der den Celali-Aufstand in Anatolien niedergeschlagen hatte. Er liegt jenseits des Bayazid-Komplexes auf der linken Seite des Divan Yolu und steht, bedingt durch die aufgelockerte Bauweise und Anpassung an die engen Platzverhältnisse, im Kontrast zum Stil der Sultanskomplexe. 14 Räume, L-förmig angeordnet, sind schräg zur Straßenführung angelegt und umschließen einen an drei Seiten von Säulenhallen umgebenen trapezförmigen Hof. An der schmalsten Stelle des Hofes befindet sich der Gebetssaal, an den sich die quadratische Türbe mit Wasserspender anschließt. Die Straßenfront besteht aus einer Reihe von Läden. Oberhalb der letzten zwei, gegenüber der Türbe, liegt eine Schule.

Die von Ekmekçi Ahmed Paşa gestiftete Koranschule liegt im Viertel Vefa und ist in der klassischen U-Form mit dem Gebetsraum auf der

Oben: Blaue Moschee, Innenansicht, Blick in das Kuppelsystem. Trotz der im Verhältnis zu den Dimensionen der Moschee kleinen Kuppel – sie scheint in der Menge der überreich ausgeschmückten Bogen und Halbkuppeln zu versinken – schafft die im Kuppelsaal herrschende Helligkeit, für die hauptsächlich die durchfensterten Halbkuppeln und Exedren verantwortlich sind, eine heitere Atmosphäre.

Oben links: Grundriss der Blauen Moschee. Die Symmetrie der Şehzade-Moschee, die Sinan als sein Lehrlingsstück bezeichnete, wurde in der postklassischen Architektur zum obersten Prinzip erhoben.

Links: Die Blaue Moschee ist die letzte der großen Sultansmoscheen, die mit Keramikfliesen in großer Zahl geschmückt wurde.
Ihren – touristischen – Namen „Blaue Moschee" trägt sie jedoch wegen des gemalten Dekors, nicht wegen der Fayencen.

Gegenüberliegende Seite: Blaue Moschee, Innenansicht. Bemerkenswert der Kontrast zwischen der Schwere der Pfeiler, welche die Kuppel stützen, und der Transparenz der Mauern, die durch das Spiel der Exedren erreicht wird.

vierten Seite angelegt. In der Säulenhalle sind zwei Halbjoche zwischen zwei vollständige Joche eingefügt, um den Zugang zum Gebetssaal in den Mittelpunkt zu stellen. Diese Anordnung wurde für die Pharmazieschule Bayazids II. in Edirne entwickelt und von Mehmed Aga auch für die Seitenfassade der Moschee Ahmeds I. verwendet.

Die Yeni Cami und die Bauwerke des 17. Jahrhunderts

Nach dem Tod Ahmeds I. kam eine Reihe minderjähriger oder geistesschwacher Sultane auf den Thron, was die Macht des Harems, vor allem der Frauen der Herrscherfamilie, ungeheuer stärkte. Kösem Sultan, die Mutter Murads IV. (1623–1640), war in den ersten Jahren der Regierung ihres älteren Sohnes äußerst einflussreich. Nach dessen Tod begann eine Zeit der Palastintrigen – Kösem Sultan wurde von ihrem Sohn Ibrahim (1640–1648) in die Verbannung geschickt; er selbst fiel einer Palastrevolution zum Opfer, woraufhin sein siebenjähriger Sohn Mehmed IV. (1648–1687) auf den Thron kam. Wirtschaftliche Krisen erschütterten das Land und ließen die hohen Amtsträger schnell scheitern. Die Ruhe an den Grenzen war nur dem in Europa wütenden Dreißigjährigen Krieg zu verdanken.

Der Bayram-Paşa-Komplex mit seinem atypischen Grundriss. Im Vordergrund eine Zawiye in L-Form. Unter der ersten, von Kaminen durchsetzten Kuppelreihe liegen die Zimmer, unter der zweiten liegt der Portikus. Zwischen den Flügeln ein achteckiger Bau, in dem der Orden seine religiösen Zeremonien abhielt. Rechts dahinter das Mausoleum des Stifters mit den vorspringenden Erkern.

Daher wurden in dieser Epoche weder Bauwerke noch Kunstwerke in reichem Maße erschaffen. In den Werkstätten des Hofes wurde praktisch nicht gearbeitet, und das Amt des Hofarchitekten verkam zur Pfründe für Günstlinge. Aus dieser Zeit existieren heute nur noch zwei Komplexe von gewisser Bedeutung. Zwei weitere Medresenkomplexe in der Nähe der Moschee Bayazids II. bzw. der Şehzade wurden während der Umstrukturierung des Straßensystems im 20. Jahrhundert abgetragen.

Der vom Großwesir Bayram Paşa 1635 gestiftete Komplex weist ein neues Baukonzept auf. Das Ensemble auf dem siebten Hügel der Stadt wurde auf zwei Parzellen zu beiden Seiten einer Kreuzung neben dem Komplex von Haseki Hürrem errichtet. Die Medrese mit ihrer U-Form und dem im Mittelteil liegenden Unterrichtsraum ist mit den Anlagen in Bursa verwandt. Auf der zweiten Parzelle steht eine Zawiye. Sie ist wie eine L-förmige Medrese angelegt, mit einer Säulenhalle vor den Kammern, und zwischen den beiden Flügeln, auf dem Hof, befindet sich ein achteckiges Gebäude für die Zeremonien der Bruderschaft. Die Türbe steht im schrägen Winkel zur Kreuzung; ihr vorgestellt ist ein auf die Straße vorspringender Sebil. Bei der Türbe handelt es sich um einen quadratischen Bau mit drei Iwanen in der Mitte jeder Seite außer der Eingangsseite. Der Stil erinnert an die zur gleichen Zeit im Topkapi Saray gebauten kaiserlichen Pavillons, vor allem an den Bagdad-Pavillon, der zum Gedenken an die Einnahme dieser Stadt im Jahr 1638 errichtet wurde.

Kösem Sultan stiftete 1640, in dem Jahr, in dem ihr zweiter Sohn an die Regierung kam, ein kleines Ensemble in Üsküdar. Die Gebäude sind auffallend bescheiden. Die Moschee, deren einzige Kuppel einen Durchmesser von neun Metern hat und auf einem achteckigen Tambour ruht, ist an drei Seiten von einem Holzdach gesäumt. Im gleichen Straßenabschnitt liegt eine kleine Medrese in V-Form, die sich dem Winkel zweier Straßen anpasst, und auf einem kleinen Platz ein Sebil. Auf der anderen Seite befinden sich ein Brunnen, dahinter eine Schule und noch weiter zurückgesetzt das Hammam. Die Bescheidenheit des Ganzen wird durch die Einzigartigkeit der Fliesen in der Moschee ausgeglichen, die zu den schönsten dieses Jahrhunderts zählen.

Als Mehmed IV. 1648 mit sieben Jahren den Thron bestieg, teilten sich Kösem, seine Großmutter, und Turhan Sultan, seine Mutter, die Regentschaft. Diese Konstellation war auf die Dauer nicht haltbar und endete mit der Ermor-

dung Kösems im September 1651. Die Situation besserte sich jedoch nicht. Der türkisch-venezianische Krieg, der 1644 mit der Eroberung Kretas begann, führte zu einer Blockade der Dardanellen durch die venezianische Flotte. Im Reichsinnern war der Verwaltungsapparat grundlegend in Gefahr durch ausufernden Ämterkauf, Einmischungen der Frauen des Harems und Selbstbereicherung inkompetenter Würdenträger. Die zeitweilige Machtübernahme durch die Janitscharen sowie erneute Celali-Aufstände erschütterten das Reich. Manche Großwesire blieben nur einige Monate im Amt, andere wurden noch am Tag ihrer Amtseinsetzung wieder entlassen, bis die Familie Köprülü 1656 eine Art Erb-Großwesirat einführte, das immerhin fast ein halbes Jahrhundert bestehen blieb. Das Familienoberhaupt der Köprülü, Mehmed Paşa, stiftete zum Ende seines Lebens 1660/61 einen Medresenkomplex am Divan Yolu gegenüber der „Verbrannten Säule“ und neben dem Sitz der deutschen Gesandtschaft. Die Kammern mit Säulenhalle bilden ein L, das senkrecht zum Divan Yolu steht. Ähnlich wie bei der Zawiye Bayram Paşas befindet sich der achteckige Unterrichtssaal mitten im Hof. Im Zuge der Vergrößerung der Medrese um 1860 wurden der Hof und der zur Straße weisende Flügel der Medrese verkleinert, wodurch sich die Proportionen änderten und die Türbe in die Mitte des Hofes rutschte. Der Sohn und Nachfolger Mehmed Paşas, Fazil Ahmed Paşa (1661–1676), fügte der Medrese einen Bibliotheksbau an. Dieser kleine quadratische Kuppelbau mit dreijochiger Vorhalle, deren mittleres Joch sich in der Auskragung verdoppelt, war der erste seiner Art und sollte im folgenden Jahrhundert sehr beliebt werden.

Die Klärung der politischen und wirtschaftlichen Lage unter den Köprülü-Wesiren ermöglichte es Turhan Sultan, ein seit 60 Jahren stagnierendes Projekt wiederaufzunehmen, nämlich den Bau der Moschee im jüdischen Viertel, den Safiye Sultan im Jahr 1597 begonnen hatte. Die Arbeiten begannen 1661 und endeten 1664. Da sich der Plan seit der ersten Bauphase nicht geändert hatte und sich am Schema der Şehzade orientierte, ist das Gebäude eher ein Vorläufer

Oben links: Der Amcazade-Hüseyin-Paşa-Komplex mit dem hervortretenden Sebil. Hinter den durchbrochenen Mauern erkennt man den Friedhof, auf dem die Mitglieder der Familie Köprülü bestattet sind.

Oben: Portiken des ersten und zweiten Stockwerk der Büyük Yeni Han aus dem 18. Jahrhundert. Aus solchen städtischen Karawansereien, die ursprünglich nur als Herberge dienten, wurden mit der Zeit feste Einrichtungen für Handel und Handwerk. Auffällig ist das Fehlen von Spitzbogen, ein Zeichen für den wachsenden Einfluss des Barock.

Nebenstehend: Die Çorlulu-Ali-Paşa-Moschee. Die strenge Bauweise ist typisch für die Zeit kurz zu Beginn des 18. Jahrhunderts kurz vor dem Übergang zum Barock.

Ahmed III. und die Tulpenzeit

Nach einer Zeit der Unruhen in der ersten Hälfte des 17. Jahrhunderts behielten die osmanische Dynastie und der Hof eine Abneigung gegen den Topkapi Saray und die scheinbar unregierbare Stadt zurück. Mehmed IV. (1648–1687), mit dem Beinamen „der Jäger“, der tatsächlich den größten Teil seines Lebens auf der Jagd verbrachte, zog Edirne und die Wälder der Umgebung vor. Seine Brüder und Nachfolger Süleyman II. (1687–1691) und Ahmed II. (1691–1695) lebten ausschließlich dort, ebenso Mustafa II. (1695–1703), der Sohn Mehmeds IV. Doch dann zog die erboste Bevölkerung Istanbuls zum 250 Kilometer von der Hauptstadt entfernten Edirne, um den Sultan abzusetzen und seinen Bruder und Nachfolger Ahmed III. zur Rückkehr zu bewegen. So begann dessen Regierungszeit mit einer Wiedereinsetzung der osmanischen Hauptstadt in ihre alten Rechte.

Die Thronbesteigung Ahmeds III. kennzeichnete auch das Ende eines langen Krieges, der für das Reich verheerend gewesen war. Von 1683 (der zweiten Belagerung Wiens) bis 1699 (Vertrag von Karlowitz) hatten die Feindseligkeiten zwischen der österreichischen Armee, die bis nach Nis und Kosovo hinuntergezogen war und lange Zeit Belgrad besetzt hatte, angedauert. Für die Osmanen endete der Krieg, auch wenn sie einen Teil ihrer Gebiete zurückgewonnen hatten, mit dem Verlust Ungarns sowie der Peloponnes, die Venedig einnahm.

So teilt sich seine Regierungszeit in zwei große Perioden: In der ersten, von 1703 bis 1718, dominierte der Gedanke an Revanche, es war aber auch eine Zeit der Wiederherstellung der Ordnung. Die zweite, von 1718 bis 1730, die später die Tulpenzeit genannt werden sollte, war eine Ära des Vergessens, der Feste und der Sorglosigkeit. Nach der Rückkehr in die aufgegebene Stadt mußte sich Ahmed III. zunächst gegen innere Widersacher durchsetzen. Sein erster Angriff auf das Ausland erfolgte 1711 gegen Russland und war von Erfolg gekrönt. Aber es kam erneut zur Niederlage gegen Österreich und Venedig, trotz der Wiedereroberung der Peloponnes. 1715 verloren die Türken die Provinz Temeşvar und damit ihren letzten Besitz in Mitteleuropa und vor allem Belgrad. 1718 setzte der Frieden von Passarowitz einen Schlussstrich unter die Revanchebemühungen des Sultans. Von nun an ging es darum, den Hof, wenn nicht das Volk, diese Kette von Niederlagen und Katastrophen vergessen zu lassen ... Denn das Schicksal hatte auch vor Istanbul nicht Halt gemacht. Im Juli 1715 war in Bayazid ein Feuer ausgebrochen, dessen Flammen alle Viertel bis an die Küste des Marmarameers verschlang. Der Winter 1715/ 16 war so streng gewesen, dass das Goldene Horn vom Eis eingeschlossen wurde. Mitte Juli 1718 hatte die Stadt einen der größten Brände ihrer Geschichte erlebt, das Feuer hatte das gesamte Zentrum zerstört. Schließlich hatte am 14. Mai 1719 ein Erdbeben immense Schäden verursacht.

Die Würdenträger und Notabeln verließen die Stadt und zogen an die Ufer des Bosporus, und in ihren Residenzen und Lustpavillons, insbesondere in denen der kaiserlichen Familie, blühte ein neues Leben mit Festen und Zerstreuungen auf. Der Meister dieser Festlichkeiten, Damad Ibrahim Paşa, Großwesir und Schwiegersohn des Sultans, gab das erste einer Reihe von rauschenden Festen am 24. Mai 1719 an den „süßen Wassern Europas“, wie die Europäer den kleinen Fluss Kagithane getauft hatten, der sich in das Goldene Horn ergießt.

Im April 1720 lud Ibrahim Paşa den Hof in die Tulpengärten seines Palastes ein. Kerzen tragende Schildkröten erhellten die Nacht. Die Tulpe, eine in Istanbul seit dem 16. Jahrhundert kultivierte Blume, war 1562 im Gepäck des Botschafters des Heiligen Römischen Reiches, Ogier Ghiselain de Busbeck, auch nach Europa gekommen. Sie wurde zu einer osmanischen Leidenschaft: Seit der zweiten Hälfte des 17. Jahrhunderts wurden neue Arten gezüchtet, am Anfang des 18. Jahrhunderts enthielt ein „Verzeichnis der Gartentulpen Istanbuls“ Namen und Merkmale von nicht weniger als 1108 Arten. In der Tulpenzeit wuchs die Zahl auf 1588 an. Spekulanten, Liebhaber und Sammler rissen sich um die kostbaren Zwiebeln, die astronomische Preise erreichten.

Die Tulpe wurde zum Symbol einer Epoche: Die verzweifelte Suche nach exquisiten Freuden, die die Unbill des Lebens vergessen ließen, rief eine Blüte der Künste, der Musik und Dichtung im Besonderen hervor.

Sie inspirierte auch die Architektur, die am Ufer des Bosporus und des Goldenen Horns träumerische Gartenhäuschen und transparente Lustpavillons schuf. Der Einfluss des Abendlands führte zum osmanischen Barock, der sich insbesondere der mit Wasser verbundenen Bauten annahm: Die monumentalen Brunnen sind zweifellos die markantesten und dauerhaftesten Bauwerke der Epoche.

Die Istanbuler Gesellschaft scheint in dieser unbeschwerten Atmosphäre bis an die Grenzen ihrer Mittel gegangen zu sein, doch ein wirtschaftlicher Aufschwung blieb aus. Ganz im Gegenteil, der scheinbare Wohlstand, zurückzuführen auf den heftigen Konsum des Hofes, war nur ein Strohfeuer, und bald schon folgten der Bewunderung für die Künstler Unmutsbekundungen der Masse. Von 1726 an ging es für den Sultan und den Großwesir nur darum, das Unvermeidbare hinauszuschieben. Aber alle Arten von Zuschüssen vermochten nicht, die wachsende Ungeduld im Volke zu besänftigen. Die labile Situation in den Provinzen und die einsetzende Landflucht ließen die Zahl der Unzufriedenen noch wachsen. Am 28. September 1730 erhob sich das Volk, unter das sich die Janitscharen mischten, und riss alles mit sich. Der Sultan rettete sein Leben, verlor aber seinen Thron, Ibrahim Paşa wurde hingerichtet, und die Menge zerstörte systematisch die vergänglichen Werke der Tulpenzeit. Allein die Brunnen ließ man stehen, die einzigen Gegenstände von öffentlichem Nutzen, die die Zeit hervozugebracht hatte.

Oben: Sultan Ahmed III. (1673–1736).
Resim Galerisi, Istanbul

Gegenüberliegende Seite: *Surname*
(Buch der Feste). Fest auf dem Wasser, das zu Ehren Sultan Ahmeds III. gefeiert wurde.
Türkei, um 1720, Miniatur.
Topkapi-Saray-Museum, Istanbul

Gegenüberliegende Seite oben: Bibliothek Ahmeds III. im dritten Hof des Topkapi Saray. Es handelt sich um den ersten eigenständigen Bau dieser Art, wie er im 18. Jahrhundert in Istanbul in Mode kam. Häufige Brände veranlassten die Sammler zum Bau von Häusern aus Stein zur Aufbewahrung ihrer Bücher.

Unten: Brunnen vor dem Portikus der Bibliothek Ahmeds III. im dritten Hof des Topkapi Saray. Er ist das erste Beispiel für den Einsatz von überbordendem Schmuck – der hier immer noch sehr klassizistisch ist, selbst wenn einige Elemente wie die ausgehöhlten Kapitelle anstelle von Brunnenschalen oder das Stalaktitwerk über dem mittleren Brunnen aus dem üblichen Rahmen herausfallen – an, vom religiösen Standpunkt aus gesehen, weniger bedeutenden Monumenten.

als eine Nachahmung der Moschee Ahmeds I. Der Komplex bietet aber auch einige Neuerungen, da es dort weder Medrese, Armenküche noch Hospital gibt, sondern außer der Türbe nur einen prächtigen Sultanspavillon, zu dem eine Rampe hinaufführt. Ein großer überdachter Bazar, der Gewürzbazar, auch Ägyptischer Bazar (Misir çarşisi) genannt, grenzt auf der Festlandseite an den äußeren Moscheehof.

Die Entstehung eines so großen Bazars in diesem Viertel ist ein Zeichen für die Ausweitung der Handelszentren auf Kosten des Siedlungsraumes. Schon um 1640 hatte Kösem Sultan dort, anstelle von alten Palästen, den größten Han der Stadt bauen lassen: den Valide Han. Die städtischen Hans stellten wie schon in Konstantinopel weniger Herbergen als Warenumschlagplätze dar, bei denen sich auch Werkstätten zur Verarbeitung befanden. Durch den Bau weiterer Gebäude dieser Art, darunter der Große Neue Han (Büyük Yeni Han) im folgenden Jahrhundert, wurde das ehemalige aristokratische Viertel zum Viertel der Hans.

Mehmed IV., ein leidenschaftlicher Jäger, hielt sich häufiger in Edirne als in der Hauptstadt auf und ließ die Bautätigkeit ruhen. In der zweiten Jahrhunderthälfte übernahmen die Großwesire Köprülü den Bau der nunmehr traditionell gewordenen Gebäudekomplexe, bestehend aus Medrese und Türbe, entlang der byzantinischen Triumphachse. Kara Mustafa Paşa (1676–1683), der einen Krieg mit Österreich anzettelte und vor Wien von den Habsburgern vernichtend geschlagen wurde, stiftete einen Komplex im Mittelstück des Divan Yolu vor der Bayazid-II.-Moschee und Amcazade Hüseyin Paşa (1695–1702) eine Anlage gegenüber dem Bazar der Sattler kurz hinter dem Valens-Aquädukt. Beide richteten sich nach einem „Familienschema“, sind aber auch vom Komplex Bayram Paşas inspiriert: Der achteckige Unterrichtsraum befindet sich im Hof, der von Räumen, die in L-Form oder in Form eines verkürzten U angelegt sind, umschlossen ist. Die Türbe schließt sich dem Unterrichtsraum und auch der Straße an, der Sebil befindet sich so nah wie möglich an der Türbe, ist aber immer von der Straße aus sichtbar. Diese Anordnung sollte sowohl den Schülern der Medrese als auch den Passanten, die sich am Trinkbrunnen bedienten, die Möglichkeit bieten, ein Gebet für die Seelen der Verstorbenen zu sprechen. Der zweite Komplex weist als Besonderheit eine kleine Bibiliothek auf, ein einfaches, quadratisches und etwas abseits gelegenes Gebäude.

Brunnen und Staudämme

Mit dem Vertrag von Karlowitz endete 1699 der sogenannte Zweite Große Türkenkrieg, der mit der Niederlage der Osmanen bei Wien 1683 begonnen hatte. Im Jahr 1703 zwangen aufständische Janitscharen Ahmed III. (1703–1730) und den Hof, Edirne zu verlassen und sich wieder in Istanbul niederzulassen. Die Rückkehr in die Hauptstadt galt als Neubeginn, was unter anderem Umbauarbeiten im Topkapi Saray und der Bau einer neuen Sultansmoschee (1708–1710) zeigen. Den in Üsküdar errichteten Komplex widmete der Sultan seiner Mutter Emetullah Sultan. Es war der vierte Bau im Namen einer Frau aus der Sultansfamilie. Zweifellos wurde er von den großen Vorbildern aus der Vergangenheit inspiriert. Der Gebetssaal ist – bis hin zu den

Größenverhältnissen – eindeutig als eine Replik der Moschee von Rüstem Paşa zu deuten. Daran angeschlossen ist ein Hof mit Säulenhalle und erhöht liegendem Eingang. Man hätte es kaum deutlicher demonstrieren können, dass die Erneuerung im Zeichen einer Rückkehr zu den Werten des großen osmanischen Jahrhunderts stehen sollte. Dieser Position verschrieb sich auch der Großwesir Çorlulu Ali Paşa, der von 1707 bis 1709 einen neuen Komplex auf dem Divan Yolu bauen ließ. Während die Architektur traditionell blieb, war die Anordnung ungewöhnlich: eine Zawiye und eine Medrese, beide gesäumt von einer Reihe von Räumen mit Säulenhalle, senkrecht zur Straße ausgerichtet und jeweils mit eigenem Hof. Eine kleine Moschee im hinteren Teil des Hofes der Zawiye ist nach Mekka ausgerichtet und liegt deshalb schräg, während sich der achteckige Unterrichtsraum am Eingang des Hofes gegenüber der Medrese befindet. Die Räume werden heute von Teppichhändlern genutzt, und im Hof der Medrese ist ein Café eingerichtet worden.

Die Renovierung des Topkapi Saray durch Ahmed III. brachte nur einen bedeutenden Bau hervor, und zwar die Bibliothek, die seinen Namen trägt und sich in der Mitte des dritten Hofes befindet. Die Außenwände dieses erhöht stehenden Gebäudes sind mit Marmorplatten, das Innere mit Fliesen aus älteren Gebäuden verkleidet. Der Grundriss folgt dem eines Pavillons mit drei überwölbten Iwanen und einer Säulenhalle, zu der eine doppelläufige Treppe führt. Der zentrale Raum ist von den drei Iwanen durch Arkaden abgegrenzt, die jeweils auf zwei Säulen ruhen. Insgesamt bilden also sechs Säulen ein Oktogon, auf dem die Kuppel ruht.

Die Bibliothek Ahmeds III. wurde 1719 im ersten Jahr einer Epoche erbaut, die später als Tulpenzeit bekannt wurde. Die kostspielige Tulpenzucht des Herrscherhauses war das Symbol einer verschwenderischen Hofführung in dieser Zeit, die von innen- und außenpolitischen Krisen bestimmt war. Die politische Stimmung der ersten zehn Jahre des 18. Jahrhunderts war bestimmt von einem Geist der Rache für die erlittenen Niederlagen. Ein erneuter Krieg gegen Habsburg endete nach drei Jahren 1718 jedoch in einem Desaster. Der Niedergang des Osmanischen Reiches war nicht mehr zu leugnen. Die Flüchtlinge aus den verlorenen Provinzen sammelten sich in der Hauptstadt, und die reichen Stadtbewohner gaben ihren Besitz auf und ließen sich am Ufer des Bosporus und der Flüsse am Goldenen Horn nieder. Durch die extrem dichte Bebauung der Stadt kam es häufiger zu Bränden. Am 17. Juli 1718 brach an den Ufern des Goldenen Horns ein Brand aus, der mehrere Tage andauerte und sich bis an die Küste des Marmarameeres jenseits des siebten Hügels ausbreitete. Der Schaden war enorm: 2283 Geschäfte, 171 Moscheen, 152 Paläste und 51 000 Häuser wurden vernichtet. Aus der Not heraus, die Geschädigten schnell und kostengünstig unterbringen zu müssen, baute man Holz-

Oben: Bibliothek Ahmeds III., Innenansicht. Da es verhältnismäßig wenig Buchregale gibt, lediglich zwischen den Fenstern, hat dieses mit Fayenceschmuck herrlich ausgestattete Gebäude mehr von einem Ort beschaulicher Ruhe als von einem Aufbewahrungsort für Bücher.

häuser – die ideale Nahrung für künftige Feuersbrünste, von denen es allein bis zum Ende der Herrschaft Ahmeds III. weitere 25 gab.

Der Prunk, der Luxus, die prachtvollen Bauten und die üppigen Feste dieser Epoche erscheinen unter diesen Bedingungen wie ein Tanz auf dem Vulkan. Die krisengeschüttelte Gesellschaft floh vor der drohenden Verarmung hin zu allem Neuen, das heißt auch in Richtung Europa. Das Ende der Selbstgefälligkeit und Bindung an die eigenen Traditionen, die bisher das osmanische Establishment charakterisiert hatten, war ein Eingeständnis des Scheiterns und stand am Beginn einer weitreichenden Ausrichtung auf den Westen zum Ende des Jahrhunderts.

Leichtfertig setzte diese Epoche auf kurzlebige Pracht. Wenige erhaltene Bilder zeigen Pavillons und Paläste – alle aus Holz gebaut –, die sich im Wasser spiegeln und im Grünen zu schwimmen scheinen. Das Ende der Tulpenzeit kam schlagartig: 1730 brach anlässlich der großen Verluste der Osmanen in Persien eine Revolte los. Der Aufstand nahm solche Ausmaße an, dass Sultan Ahmed III. abtreten mußte. Seinem Neffen und Nachfolger Mahmut I. (1730–1754) gelang es, die Ordnung wieder herzustellen. Nur wenige Gebäude sind aus dieser Zeit des Neubeginns erhalten.

Den einzigen Komplex aus dieser Zeit ließ 1719 bis 1720 der Großwesir und Schwiegersohn des Sultans, Damad Ibrahim Paşa, bauen. Die Anlage ist traditionell: Sie besteht aus Medrese, Bibliothek, Trinkbrunnen und Gräberbereich mit Familienstelen. Sie befindet sich auf dem Divan Yolu neben dem Şehzade-Komplex und zeigt wieder jene Symmetrie, die Sinan einst aufgegeben hatte. Zwei quadratische Räume, der Unterrichtsraum und die Bibliothek, befinden sich beidseits des Portals, das von einer Seitenstraße aus zu erreichen ist. Die Medrese befindet sich auf der Mittelachse gegenüber dem Eingang, der rechte Schenkel der U-förmigen Anlage ist jedoch verkürzt, da ein Teil von Geschäften eingenommen wird, die von der Hauptstraße aus zugänglich sind. Hierin liegt die Besonderheit dieses Komplexes: Eine lange Reihe von Geschäften – 37 auf der Seite des Komplexes und 45 gegenüber – jeweils mit einer vorgelagerten Säulenhalle verwandelt die Triumphstraße durch Arkaden gewissermaßen in eine römische Straße. Der Sebil, der wie gewöhnlich an der Straßenecke platziert ist, trägt bereits barocke Züge. Schon beim Sebil von Amcazade Hüseyin Paşa war eine Abwandlung der Schrägen in Bogen und der Säulchen in Pilaster vorgenommen worden, jetzt kündigten die Zergliederung der Bogen in eine Reihe von Voluten, die Dekoration der Rahmen um die Inschriften und die Kunstschmiedearbeiten der Eisenteile das Barock deutlich an. Die architektonische Erneuerung zeigte sich an jenem Element des Komplexes, das am wenigsten in einem religiösen Zusammenhang steht. Die barocken Voluten passen sich dem Lauf des Wassers an und erinnern dadurch an die römischen Brunnen.

Der osmanische Barock entwickelte sich also zunächst an Brunnen und anderen Wassereinrichtungen, wobei ein aus Europa – insbesondere aus Frankreich, Deutschland und Venedig – stammender dekorativer Stil an lokale Erfordernisse angepasst wurde. Durch diese Synthese entstanden neue Gestaltungselemente, was sich insbesondere an den monumentalen Brunnen aus der Spätzeit der Tulpen-Ära zeigt.

Unten links: Der Sebil der Stiftung Damad Ibrahim Paşas, Großwesirs der Tulpenzeit, in der die ersten Elemente des osmanischen Barock auftraten: die Eselsrücken, die Pilaster und der gelappte Grundriss der Gesamtanlage. Zugleich lassen die Gitter eine sehr komplexe Schmiedearbeit erkennen.

Unten Mitte: Trinkwasserbrunnen am Brunnenhaus Damad Ibrahim Paşas im Stadtteil Üsküdar.

Unten rechts: Eckbrunnen am Brunnenhaus Damad Ibrahim Paşas. Die gedrehten Säulen und die Neuinterpretation von Stalaktitwerk, das hier den Übergang schafft von den abgeschnittenen Mauerecken zum Viereck, sind die wichtigsten Beiträge dieses Brunnens zum Formenvokabular des osmanischen Barock.

Das Brunnenhaus Damad Ibrahim Paşas im Stadtteil Üsküdar. Dieser Brunnentyp, der nicht mehr an ein anderes Gebäude angefügt ist, sondern sich auf einem freien Platz erhebt, tauchte erstmals Ende der Tulpenzeit auf. Er konnte sich noch ein paar Jahre darüber hinaus halten und verschwand dann wieder – von seltenen Ausnahmen abgesehen. Im Hintergrund links die Mihrimah-Sultan-Moschee.

Die freie Wasserausgabe war zum einen Ausdruck von Religiosität, sie wurde aber auch immer dringender notwendig in einer sich rapide verdichtenden Stadt. Abgesehen davon waren Rohstoffe und Geldmittel knapp, sodass keine großen Komplexe – auch keine Imarete – mehr errichtet werden konnten. So rückte der Sebil, der gespeichertes Wasser spendete, immer weiter ins öffentliche Blickfeld, man fand ihn an Straßenecken und frequentierten Plätzen. In unmittelbarer Nähe der Gräber der Stifter sollten sie die Passanten zum Gebet im Gedenken an diese Stifter veranlassen und wurden allmählich zu eigenständigen monumentalen Brunnenanlagen.

Wir kennen fünf solcher Bauwerke, die im Zeitraum von vier Jahren erstellt wurden. Die erste Anlage ließ Ibrahim Paşa zwischen den zwei Sultansmoscheen im Hafen errichten. Der Brunnen wurde 1728 fertig gestellt: Er war quadratisch, ganz aus Marmor und mit abgeschrägten Ecken versehen. Zum Wasserschöpfen war auf jeder Seite ein Trog vorhanden, zum Erfrischen kleine Wasserschalen an den Ecken. Stalaktiten schaffen den Übergang vom quadratischen Gesims zu den abgeschrägten Ecken, die gewundene Säulen zieren. Die Vorderseite, die zum Meer gerichtet ist, besitzt zwei Nischen. In die Bogen sind barocke Elemente wie Spiralen und Jakobsmuscheln eingelassen, wie schon beim Brunnen der Emetullah-Sultan-Moschee.

Das gleiche Modell verwendete im folgenden Jahr Ahmed III. für den Brunnen, der den Eingang des Topkapi Saray vor dem Bab-i

Hümayun schmückt. Es handelt sich um ein quadratisches Brunnenhaus mit vier runden Becken an den Ecken, wobei jeder Brunnen von zwei Nischen flankiert ist. Die Oberfläche ist mit Inschriften, Blumen- und Früchtereliefs verziert. Das weit ausladende Dach mit vier schrägen Flächen ist von einer kleinen Kuppel bekrönt, vier weitere befinden sich über den Trinkbecken.

Die Revolte von 1730, die die Absetzung Ahmeds III., den Tod seines Großwesirs sowie die Zerstörung eines Großteils der Zivilgebäude aus der Tulpen-Ära zur Folge hatte, änderte nichts am architektonischen Geschmack. Sultan Mahmud I. (1730–1754), seine Mutter Saliha Sultan und der Großwesir Hekimoglu Ali Paşa, die neue Troika, stifteten 1732 anlässlich der Einweihung eines neuen Wasserversorgungssystems für die nördlich des Goldenen Horns gelegenen Viertel jeder einen monumentalen Brunnen in der Umgebung von Galata. Der in Tophane neben der Kiliç-Ali-Paşa-Moschee gelegene Brunnen Mahmuds I. mit Nischen auf allen vier Seiten ist ebenfalls eine Nachahmung des Brunnens in Üsküdar; er ist jedoch viel höher und besitzt ein Gesims mit drei Friesen: Das erste ist mit Arabesken verziert, das zweite mit Inschriften, und auf dem dritten sind sechzehn Relieftafeln mit Früchte- und Blumenmotiven angebracht. Die gleichen Reliefs kehren, in senkrechten Reihen übereinander gesetzt, auf jeder Seite zwischen den Nischen und den Brunnen wieder.

Der von Saliha Sultan gestiftete Brunnen befindet sich vor dem von Galata ins Arsenal führenden Tor. Durch seine fünfeckige Form mit einem runden Sebil an einer Seite unterscheidet er sich deutlich von den anderen. Zu beiden Seiten des Sebils sind Wasserbecken angebracht; die drei anderen Seiten sind plan. Auf dem weit vorspringenden Dach ruht eine von sechs Türmchen flankierte Kuppel; eine weitere auf einem hohen kannellierten Tambour befindliche Kuppel bekrönt das Trinkbecken. Doch der Brunnen von Hekimoglu Ali Paşa ist am schlichtesten: Der marmorverkleidete Würfel steht in der Nähe des Einschiffungsplatzes von Kabataş. Zwei Seiten sind plan, in das geschmückte mittlere Drittel der zwei anderen Seiten sind Trinkbecken eingelassen.

Wie wir gesehen haben, stehen die monumentalen Brunnen im Zusammenhang mit dem Ausbau des Wasserversorgungsnetzes. Die Installation neuer Wasserleitungen in Üsküdar und den Vierteln nördlich des Goldenen Horns sind ein Hinweis auf die Expansion der Stadt. Neubau wie Sanierung der alten Wasserleitungen waren abhängig von einer anderen Entwicklung, die

Nebenstehend: Der Saliha-Sultan-Brunnen. Während Mahmud I. ein Brunnenhaus an der Ausfallstraße von Galata zum Bosporus hin bauen ließ, errichtete seine Mutter Saliha Sultan ein solches am gegenüberliegenden Stadtrand, dort, wo Galata auf das Arsenal am Goldenen Horn stößt. Anmut ersetzt Monumentalität und lässt eine zu strenge Symmetrie nicht zu. Der fünfeckige Grundriss des Brunnenhauses bringt den Sebil besonders schön zur Geltung.

ebenfalls großartige architektonische Leistungen hervorbrachte: der Bau von Staudämmen. Diese osmanischen Bauwerke, die sich vom 12. Jahrhundert bis zum Beginn des 19. Jahrhunderts von einfachen Mauern zu mit Strebepfeilern verstärkten gewölbten Stauwerken entwickeln, waren wahrscheinlich die ersten ihrer Art in Europa.

Der erste gemauerte Staudamm gehörte zu einer von Sinan verlegten Wasserleitung und ist unter dem Namen „Schwarzer Damm" (Karanlik Bend) bekannt. Er wurde unter Osman II. (1618–1622) errichtet, ist 46 Meter lang, fünf Meter breit und 7,60 Meter hoch und wird von vier Streben abgestützt. Der zweite Staudamm wurde 1750 unter Mahmud I. dem Zuleitungssystem des nördlichen Goldenen Horns (den „Wassern des Taksin"), das 20 Jahre zuvor eingerichtet wurde, angegliedert. Im mittleren Drittel der Mauer befindet sich ein Vorsprung mit abgeschrägten Kanten, der bereits eine Wölbung andeutet. An den zwei Übergangspunkten sind viereckige Strebepfeiler angebracht, die sich nach vorne und zu den Seiten hin verbreitern.

Das Außergewöhnliche an diesem und auch den nachfolgenden Staudämmen ist, dass diese Zweckbauten zugleich als Erholungsgebiete genutzt wurden. Auf der Oberkante der Mauer wurde ein Spazierweg mit Marmorgeländern angelegt. In der Mitte befanden sich auf beiden Seiten eine große Stele mit einer Inschrift zu Ehren des Sultans und ein Balkon. Auch über den zwei Strebepfeilern waren Balkone angebracht, die, mit vier Eckpfeilern versehen, mit Segeln überdacht werden konnten. Die Steinkugeln, *topuz*, auf den Pfeilern, die zum Befestigen der Zeltschnüre dienten, gaben dem Damm seinen Namen: Topuzlu Bend.

Der Ayvad Bend, der 1765 unter Mustafa III. (1757–1774) an dem gleichnamigen Fluss errichtet wurde, ist ähnlich konzipiert, der abgeschrägte Vorbau nimmt hier jedoch fast die gesamte Länge der Mauer ein. Die Strebepfeiler, die keine konstruktive Funktion mehr hatten, dienten nur noch als Podest für die Balkone und gingen weiter unten in die verbreiterte Mauer über.

1797 ließ Mirihsah Sultan, die Mutter Selims III., den Valide Bendi bauen. Er ist wesentlich größer als der Ayvad Bend: seine Länge beträgt statt 63,50 Meter 95 Meter. Der letzte Staudamm dieser Art, 1839 unter Mahmud II. (1808–1839)

Gegenüberliegende Seite, unten links (zwei Abbildungen): Der Röhrenbrunnen des Brunnenhauses Mahmuds I. In der Konzeption gleicht dieser Brunnen zwar dem von Damad Ibrahim Paşa im Stadtteil Üsküdar, er unterscheidet sich jedoch durch eine ausgeprägtere Monumentalität, die zum einen durch seine doppelte Höhe aufgrund einer zusätzlichen Mauerzone erreicht wird, in erster Linie aber durch die beeindruckende Dimension des Vordaches.

Unten rechts: Das Brunnenhaus Ahmeds III. vor dem Eingang zum Topkapi Saray, das majestätischste Beispiel dieses Brunnentyps. Aus den Röhrenbrunnen an den Ecken wurden hervorkragende Schöpfbrunnen, deren Konturen vom Vordach und den Türmchen auf dem Dach nachgezeichnet werden.

Links oben: Detail des Brunnenhauses Mahmuds I. Eines der charakteristischen Merkmale dieses Brunnens sind die naturalistischen Pflanzen- und Blütenreliefs, Überbleibsel aus der Tulpenzeit, die an das Früchtezimmer Ahmeds III. im Topkapi Saray erinnern.

errichtet, ist 101,55 Meter lang und 15,45 Meter hoch. Die Mauer besitzt keine Strebemauern und ist oben durchgehend 5,60 m, unten 9,40 Meter breit. Ein Vorläufer dieses gewölbten Dammes wurde bereits zwischen 1826 und 1828 nördlich des Sees von Kücükçekmece gebaut, um die dortige Pulverfabrik mit Wasser zu versorgen.

Barocke Stilelemente in der osmanischen Architektur

Die neue Blüte der osmanischen Architektur, die mit der Übernahme barocker Elemente aus Europa im 18. Jahrhundert einsetzte, war zu ihrer Zeit nicht unumstritten. Mit ihr setzte ein Konflikt zwischen Tradition und Moderne ein, der einen bis in unsere Tage sichtbaren Ausdruck im Stadtbild Istanbuls fand. So stiftete Shaikhul-Islam Efendi genau zu der Zeit, als die ersten Brunnen entstanden, im Viertel Çarşamba hinter dem Fatih-Komplex eine sehr schlichte Moschee, die eine genaue Kopie des Würfels der Kaaba in Mekka darstellte. Dort hat heute die sehr glaubensstrenge Derwischbruderschaft der Nagschbandis ihren Sitz.

Der Übergang von einem dekorativen Rokoko zu einer neuen, „barocken“ Baukonzeption vollzog sich jedoch nicht nur deshalb sehr langsam, weil es Widerstände zu überwinden galt, sondern auch weil man sie noch nicht beherrschte. Auch unter den Maurern, Bildhauern und Architekten gab es sowohl Traditionalisten als auch Innovatoren, wobei wir Letztere heute nicht mit Namen kennen. Ob die Bauwerke, die Neuerungen zeigen, tatsächlich, wie von entsprechender Seite oft behauptet wurde, das Werk ausländischer Meister oder Christen waren, lässt sich nicht mehr feststellen. Es ist wohl falsch anzunehmen, dass Künstler mit griechisch-orthodoxem oder gregorianisch-armenischem Bekenntnis, die in der osmanischen Gemeinschaft aufgewachsen waren, dem Barock näher standen als die osmanischen Muslime. Zweifellos vollzog sich ein allmählicher Reifungsprozess, angetrieben von dem Erneuerungswillen des Hofes. Sollten dabei tatsächlich Nicht-Muslime eine bedeutende Rolle gespielt haben – was für das 18. Jahrhundert nicht bewiesen ist –, rührt das eher von der wachsenden Bedeutung und Autonomie der christlichen Zünfte her, im Vergleich zu denen die osmanischen Handwerker restriktiveren Zunftbestimmungen unterstanden.

Hekimoglu Ali Paşa, Großwesir unter Mahmud I., veranlasste 1734 den Bau einer

Wesirmoschee. Er wählte eine Kuppel mit sechseckigem Unterbau, der von sechs schweren Säulen getragen und von fünf Halbkuppeln flankiert wird, von denen sich eine über dem Mihrab-Iwan befindet. Das Gebäude liegt etwas erhöht, breite Freitreppen führen zur Vorhalle sowie zu den zwei Seiteneingängen. Die Moschee besitzt zwei Portale. Das erste, außen vom Sebil und innen von der Türbe flankiert, gibt einen Blick auf die Säulenhalle der Moschee frei. Das zweite führt in ein überwölbtes Vestibül, über dem die Bibliothek liegt. Es war üblich, die Bibliotheken im Obergeschoss einzurichten, wahrscheinlich aus Sorge vor der Feuchtigkeit des Bodens. Die Anlage war also weitgehend traditionell, der Sebil blieb das einzige barocke Element. Diese Beschränkung bedeutete im Grunde ein Bekenntnis zur alten Form.

Der Trinkbrunnen nimmt auch in dem Komplex von Haci Mehmed Emin Aga, einem Offizier der Kavallerie, der aus Sebil, Brunnenhaus und Friedhof besteht, eine Sonderstellung ein, dennoch kann man hier vom ersten barocken osmanischen Ensemble sprechen. Der Sebil, ein halbes abgerundetes Zehneck, wird von zwei identischen Elementen flankiert, wovon das eine die Eingangstür, das andere den Brunnen darstellt. Akanthuskapitelle, rechtwinklige Pfeiler, die die Säulchen des Sebil bis zum Dach verlängern, Bogen, die sich aus einer Folge kon-

Links: Topuzlu Bend, Blick vom Stausee aus. Die Bend gehören zu den ersten bekannten Staudämmen der Welt, die eine Krümmung aufweisen. Die Entwicklung von geraden, von Strebewerk gestützten Mauern hin zu den gekrümmten Anlagen vollzog sich zwischen dem 17. und dem Beginn des 19. Jahrhunderts, der 1750 errichtete Topuzlu Bend mit seinen „abgeschnittenen“ Mauerflächen liegt auf der Hälfte des Weges.

Gegenüberliegende Seite.
1. Karanlik Bend, der älteste der Staudämme, der 1620 auf dem von Sinan angelegten Leitungsnetz erbaut wurde. Es handelt sich um einen geraden, von Stützmauern verstärkten Damm.

2. Topuzlu Bend. Die aus 15 zweizeiligen Versen bestehende Inschrift auf der Einweihungstafel ist auf das Jahr 1750 datiert.

3. Topuzlu Bend, Blick vom über den Pfeilern der Stützmauern angebrachten Strebewerk auf den Stausee. Im Hintergrund die Steintafel mit der Inschrift zu Ehren Mahmuds I., deren Standort, Größe und Inhalt auf die Bedeutung schließen lässt, die dieser Art von Bauwerk zukam.

4. Der Staudamm Mahmuds II. Die letzte Stufe der Entwicklung ist erreicht, die Krümmung perfekt. Von der technischen Leistung abgesehen, handelt es sich um ein gelungenes Beispiel der von Mahmud II. geschätzten neoklassizistischen Architektur. Die Einweihungsinschrift datiert aus dem Jahr 1839, dem letzten seiner Regierungszeit.

5. Valide Bend, Einweihungstafel. Wie bei den anderen Staudämmen dieser Zeit steht sie an zentraler Stelle und unterstreicht den monumentalen Charakter des Bauwerks. Die Inschrift besteht aus 34 Versen.

6. Die im Belgrader Wald, dem gewaltigen Wasserreservoir der Stadt, errichteten Bend waren keine reinen Zweckbauten. Ihre Umgebung galt als Ausflugsgebiet, im Wald ging der Herrscher auf die Jagd. Deshalb wurden auf dem Topuzlu Bend auch Säulenbalkone errichtet. Zwischen die Säulen gespannte Stoffbahnen schützten die Ausflugsgesellschaft vor der Sonne.

1

2

3

4

5

6

Ganz unten links: Das Schöpfbrunnen-Haus Mehmed Emin Agas. Die enge Verbindung des osmanischen Barock zum Wasser führte zu intimistischen Monumenten, die wiederum Quellen der Inspiration wurden.

Ganz unten rechts: Schöpfbrunnen der Stiftung Hekimoglu Ali Paşas. Er baute 1734–1735 noch im klassischen Stil die erste große Wesirsmoschee seit dem Ende des 16. Jahrhunderts. Eine Neuerung ist der Schöpfbrunnen an der Ecke der Umfassungsmauer des Komplexes.

Unten: Grundriss der Nuru Osmaniye mit ihrem Hof in Hufeisenform.

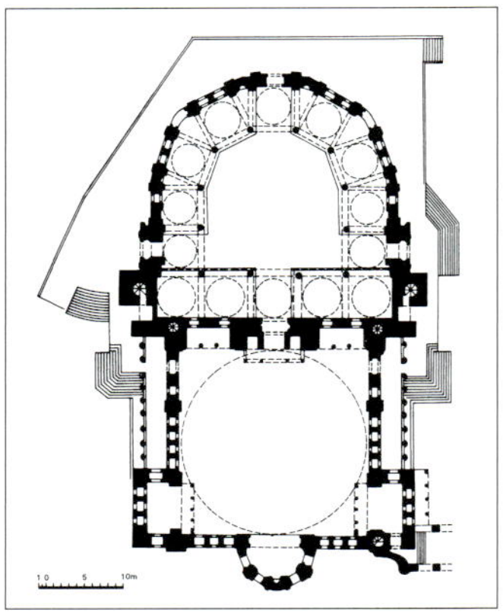

kaver und konvexer Bogenlinien zusammensetzen, Platten zwischen den Pfeilern, die mit Kartuschen gleicher Musterung verziert sind, Blätterkränze, die die antiken Marmorarbeiten oberhalb des Beckens und der Tür einrahmen, weisen auf die allmähliche Stiländerung hin.

Die Vertreter des neuen Stils widmeten sich bald einem anderen, wenig sakralen Gebäude: der Bibliothek. Als fester Bestandteil der Stiftungen seit der Jahrhundertwende erfuhr erstmals die 1715 von Ali Paşa hinter dem Şehzade-Komplex gebaute Bibliothek eine freiere Gestaltung. 1741 schließlich erbaute Atif Efendi eine Bibliothek mit barocken Stilelementen. Sie lag verborgen in einem Hof hinter einem nur für Angestellte zugänglichen Gebäude. Um die Bücher vor Feuchtigkeit zu schützen, legte man sie über einem Untergeschoss aus Arkaden an. Sie besteht aus einem rechtwinkligen Mittelbau mit Klostergewölbe und einer neuneckigen Apsis, bei der jede zweite Seite von zwei übereinander liegenden Fenstern durchbrochen ist. Vor jedem Fenster wurde eine Nische als Leseplatz eingerichtet; zwischen der Apsis und dem Mittelbau befindet sich eine trapezförmige Fläche, die durch zweisäulige Arkaden vom Hauptraum abgegrenzt ist. Hinter dem Hauptraum gibt es einen kleineren, mit einer Tür versehenen Raum, der zur Aufbewahrung der Bücher dient. Diesen Grundriss könnte man leicht auf eine barocke Kirche übertragen: der rechtwinklige Mittelbau als Längsschiff, die Nischen als Apsiskapellen, das Trapez als Altarraum und der Aufbewahrungsraum als Narthex.

Nuru-Osmaniye-Moschee

1748 beschloss Mahmud I., in der neuen Bauart eine Moschee zu errichten. Der Architekt ist nicht bekannt. Der Herrscher zeigte sich sehr engagiert bei diesem gewagten Unternehmen. Er setzte die Enteignung eines der am dichtesten besiedelten und zweifellos begehrtesten Plätze der Stadt, beim Eingang zum Großen Bazar neben der „Verbrannten Säule“, durch. Die Nuru-Osmaniye- Moschee liegt erhöht auf einer Terrasse und ist über zwei große Aufgangsrampen erreichbar, wie sie für die spätosmanische Zeit charakteristisch waren.

Bereits beim Grundriss unterlag der Erneuerungswille jedoch der Tradition, die einen rechtwinkligen Gebetssaal forderte. Es blieb also bei einem quadratischen Zentralbau mit nur einer Kuppel, die man ohne Säulen, Pfeiler oder Strebepfeiler wie bei der Mihrimah-Moschee Sinans auf den quadratischen Raumkubus setzte. Sie hatte einen Durchmesser von 24,75 Metern. Nachdem man der Tradition diesen dreifachen Tribut gezollt hatte – kanonischer Grundriss, Reverenz an Sinan und große Kuppel –, wandte man sich den kleineren Elementen mit mehr

Entschlossenheit zu: Spitzbogen, Stalaktiten- oder Rautenkapitelle und Eckpfeiler wurden verbannt und durch Rundbogen oder Bogen mit konvex-konkaven Voluten und durch kannelierte, Voluten- oder Akanthuskapitelle ersetzt. Auch die Stalaktitengewölbe verschwanden. Die sehr hohen Galerien erinnern an Theaterlogen, und die fünfeckige Apsis des halbkuppelüberwölbten Mihrab an eine christliche Apsis. Der Hof hat die Form eines Hufeisens, ähnlich dem Grundriss der Bibliothek von Atif Efendi. Da er am äußersten Ende der Terrasse liegt, ist er praktisch unzugänglich und besitzt auch kein Reinigungsbecken. Seit der Zeit Sinans ist die Nuru Osmaniye die originellste Moschee Istanbuls. Am Außenbau können die großen Eckpilaster mit ihren weit vorkragenden Gesimsen und die geschweifte Form der Segmentgiebel über den vier von weitem erkennbaren Strebebogen der Kuppel als barocke Bauelemente benannt werden. Der Schaft der Minarette ist kanneliert und schließt mit einer Steinspitze anstelle der bleibezogenen Holzkonstruktion ab.

Die Moschee liegt auf der rechten Seite des Weges, der zum Eingang des Großen Bazars führt. Eine große überdachte Zugangsrampe führt zu einem Sultanspavillon, von dem eine Brücke zur Sultansloge abgeht, die wie gewöhnlich zur Linken des Mihrab liegt. Die Brücke setzt sich aus drei Bogen zusammen, von denen der mittlere und größte an eine Seite des großen Hofes anschließt, an dem Bibliothek und Türbe liegen. Die Bibliothek steht auf einem Sockel und weist einen symmetrischen Grundriss auf. Sie ist jedoch über zwei asymmetrische Treppen zu beiden Seiten des Saales mit den Buchbeständen zu erreichen, einen rechteckigen Raum mit abgerundeten Ecken, der mit einer Kuppel überdeckt ist. Der Lesesaal bildet eine Ellipse mit einer Apsis auf der einen Längsseite, die gegenüberliegende Seite grenzt an den Lagerraum. Im Inneren gliedert eine Kolonnade, der Form der Wände angepasst, den Saal, der von einer Kuppel und zwei Halbkuppeln überwölbt ist. Neben der Bibliothek befindet sich die Türbe. Hinter ihrer geradezu überladenen Fassade verbirgt sich ein einfacher quadratischer Grundriss. Im großen Hof befinden sich links vom Durchgang und etwas eingerückt eine Medrese und eine Armenküche. Der mit Pfeilersimsen und Säulen überreich geschmückte Sebil steht an dem zum Großen Bazar führenden Tor.

Mahmud I. erlebte die Fertigstellung seiner Moschee nicht. Sein Bruder und Nachfolger, Osman III. (1754–1757), in dessen Regierungszeit der Bau abgeschlossen wurde, ließ Mahmud nicht in der Türbe neben der Moschee begraben, sondern in der von Turhan Sultan in der Yeni Valide. Die im Dezember 1755 eingeweihte Moschee erhielt den wohlklingenden Namen „Licht Osmans“, Nuru Osmaniye. Doch auch beim Tod Osmans III. ordnete dessen Nachfolger Mustafa III. die Grablegung seines Vorgängers in der Yeni Valide an. Folglich liegt in der Türbe der Nuru-Osmaniye-Moschee kein Herrscher begraben.

Oben: Bibliothek des Atif Efendi, Innenansicht des Lesesaals. Rechts und links sowie im Hintergrund die Lesenischen; in der Mitte hinter der Arkade der Hauptdurchgangsraum.

Links oben: Bibliothek des Nuru-Osmaniye-Komplexes. Der Bau einer Bibliothek, bei der die Architektur nicht an religiöse Konventionen gebunden ist, erlaubt gewisse Freiheiten. Sie könnte von Borromoni inspiriert sein, aber möglicherweise auch von der Architektur danubischer Fürstentümer. Der große, elliptische Baukörper beherbergt den Lesesaal, der kleine die Bücher selbst. Dahinter erkennt man das Mausoleum.

Nebenstehend: Hufeisenförmiger Hof der Nuru Osmaniye. Der Hof wurde hier zum fast funktionslosen Anhängsel in einen Winkel der Umfassungsmauer gezwängt. Das erklärt seine Form, die ihn wiederum zu etwas Einzigartigem in der osmanischen Architektur werden ließ. In der Form der Arkaden, bei deren Bogen es sich eindeutig nicht um Spitzbogen handelt, mag man den Ansatz von Hufeisenbogen erkennen.

Unten: Grundriss der Bibliothek Atif Efendis. Unten der Raum mit den Büchern, oben der Lesesaal mit seinen Nischen.

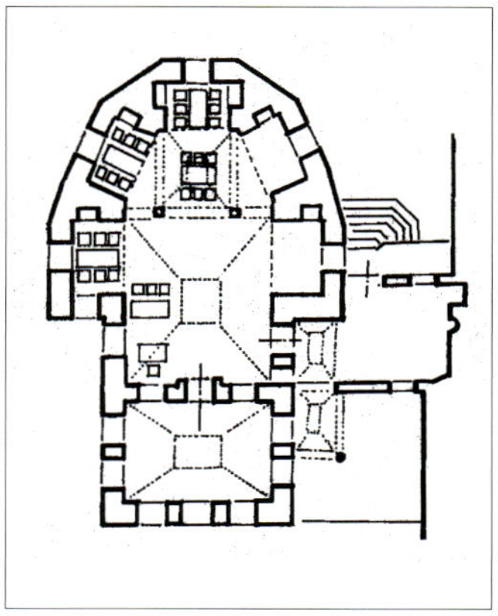

Nuru Osmaniye, Innenansicht. Auch wenn die Moschee innen im Vergleich zur Außenansicht eher konservativ wirkt, haben wir es hier mit einem neuen Raumkonzept zu tun. Durch die Größe der Fenster und die Logen mit den Säulen erinnert sie eher an den Thronsaal von Dolmabahçe als an die Süleymaniye.

Das Verblassen des Barock

Mustafa III. war ein großer Bauherr, doch seine Architekten schöpften ihre Inspiration immer wieder aus dem Vorbild der Nuru-Osmaniye-Moschee, ohne dass es ihnen gelang, ein charakteristisches Werk zu schaffen. In ihren Neuerungen waren sie um vieles zaghafter als der griechische Baumeister Simeon, der als Archtiekt der Nuru Osmaniye in Frage kommt.

Im Gedenken an seine Mutter ließ der Sultan einige Monate nach seinem Regierungsantritt in Üsküdar anstelle eines ehemaligen Ayazma-Palastes (Heilige Quelle) eine Moschee errichten. Die Architekten nahmen das Programm der Nuru-Osmaniye-Moschee auf: eine Kuppel auf einem quadratischen Unterbau und sichtbaren Strebebogen. Auch lag das Gebäude etwas erhöht, was im 18. Jahrhundert die Regel wurde. Der Hof wurde allerdings durch zwei aufeinander folgende Vorhallen mit unterschiedlicher Höhe und Überdachung ersetzt, die über eine ausladende halbrunde Treppe zu erreichen waren. Ein Hof hätte es unmöglich gemacht, eine Seite der Moschee dem Meer zuzuwenden. Durch eine zweigeschossige Galerie ist die Moschee mit dem Sultanspavillon zu ihrer linken verbunden. Diese Pavillons gewannen immer mehr an Bedeutung, seit es sich die Sultane zur Gewohnheit gemacht hatten, dort nach dem Freitagsgebet die Würdenträger zu empfangen.

Gleich nach der Fertigstellung der Ayazma-Moschee im Januar 1761 begann Mustafa III. mit dem Bau der Laleli-Moschee („Tulpenmoschee"), die wahrscheinlich ein Werk des Architekten Mehmed Tahir ist. Sie befindet sich an der byzantinischen Triumphstraße, auf einem Teilstück zwischen Bayazid und Aksaray, das bislang von den Osmanen vernachlässigt wurde. Die Errichtung der Moschee machte Enteignungen und eine Nivellierung des Geländes notwendig. Die abgetragene Erde wurde zur Landgewinnung an der Mündung des Lykos am Marmarameer verwendet, wo sich Griechen und Armenier niederließen.

Zur Moschee führen gewaltige Treppen, da sie auf einer monumentalen Terrasse errichtet ist, unter der sich Läden und ein Hof mit Brunnen befinden. Der Zugang zum Gebetssaal führt durch einen weitläufigen Hof, der größer ist als der Gebetssaal selbst, in den man durch ein Tor in der Achse und zwei Seitentore gelangt, zu denen große fächerartige Treppen hinführen. Die Kuppel über dem Zentralraum stützt sich auf einen achteckigen Tambour, der von sechs Halbkuppeln flankiert ist. Die zwei größeren von ihnen befinden sich über dem rechteckigen Mihrab-Vorsprung und dem Eingang, die vier kleineren seitlich davon. Die Seitenarkaden liegen wie bei Sinan erhöht und sind nur vom Gebetssaal aus zugänglich. Sie bilden Galerien, die für das Gemeinschaftsgebet nicht geeignet sind. Die Laleli-Moschee ist ein Beispiel dafür, dass die Synthese zwischen moderner, das heißt barockisierender, und traditioneller Architektur noch nicht immer gelang.

1 

2 

Links oben: Ayazma-Moschee im Stadtteil Üsküdar. Die Ausrichtung der Moschee zum Meer hin führte wohl zur Ausbildung einer Hauptfassade. Diese Neuerung sollte im 19. Jahrhundert die Regel werden.

Links unten: Ayazma-Moschee, Innenansicht. Auch wenn die Formen dieselben sind, verändert das neue dekorative Vokabular die Raumwirkung im Vergleich zur klassischen osmanischen Moschee ganz entscheidend.

Gegenüberliegende Seite rechts oben und nebenstehend.
1. Laleli-Moschee. Eine weitere Neuerung ist die monumentale Treppe, die es vorher weder in der religiösen noch in der profanen osmanischen Architektur gab. Die Monumentaltreppen, wie hier oft mit angeschnittenen Flächen, brachten die Höherlegung des Baus mit sich, was ein abschüssiges Gelände zuweilen ohnehin erforderte.

2. Grabkomplex Abdülhamids I. Der Sultan errichtete ein Mausoleum (rechts) und eine Medrese; das Eingangstor im Vordergrund führt zu einem ummauerten Friedhof, der für die Grabstätten der obersten Eunuchen des Palastes reserviert war. Zu der Stiftung gehört ein barocker Schöpfbrunnen, der im Zuge der Verbreiterung der Straße abgetragen und an einer anderen Stelle der Stadt wieder aufgebaut wurde. Sie ist der erste Versuch, neoklassizistische Strenge konsequent durchzuhalten.

3. Laleli-Moschee, Innenansicht, Blick in die Kuppel. Die Höhe des Tambours und die vielen Schwibbogen brachten es mit sich, dass die Fenster extrem hoch und schmal ausfielen, ein Charakteristikum dieser Kuppel.

4. Moschee von Beylerbey, Innenansicht. Als sich die Stadt von der zweiten Hälfte des 18. Jahrhunderts an auch auf die andere Seite des Bosporus ausbreitete, entstanden dort auch Moscheen, wobei die geografische Lage es mit sich brachte, dass die Fassade meist dem Meer zugewandt war und man mit Barken zur Moschee gelangte. Das ist auch bei der Moschee von Beylerbey der Fall, deren lichtdurchfluteter Innenraum mit seiner ganzen Atmosphäre als erster ganz dem Geist des Barock entsprach.

5. Bibliothek Ragib Paşas, Außenansicht vom Portikus auf der Eingangsseite aus. Die Bibliothek gehört zusammen mit dem Schöpfbrunnen und dem Brunnenhaus zu den charakteristischsten Bauten des 18. Jahrhunderts. Wohlhabende Bücherfreunde scheuten keinen Aufwand, um ihre Schätze vor den immer öfter wütenden Feuersbrünsten zu schützen. Diese mit sehr viel Geschmack und Experimentierfreude errichteten Bauwerke sind gleichzeitig Symbole der intellektuellen Renaissance.

3

Um diesen Straßenzug weiter aufzuwerten, ließ der herrschende Großwesir Ragib Paşa zur selben Zeit gegenüber der Moschee eine Bibliothek errichten. Diesem quadratischen, erhöht stehenden Gebäude ist eine dreijochige Vorhalle angegliedert, in die man über eine Doppeltreppe gelangt. Im Inneren trennen vier Säulen das mit vier Eckkuppeln und vier Klostergewölben überdeckte Triforium vom überkuppelten Mittelraum. Dieser von Gittern umgebene Raum beherbergt die Buchbestände, während sich die Leseplätze an den von 17 Fenstern durchbrochenen Wänden entlangziehen.

1766 zerstörte ein Erdbeben die Moschee Mehmeds II., und Mustafa III. übernahm den Wiederaufbau, der 1771 vollendetet wurde. Es handelte sich dabei nicht um eine Renovierung, sondern um einen Neubau, der jedoch den klassischen Stil nach dem Vorbild der Şehzade noch einmal aufleben lassen sollte. Vier Halbkuppeln, durch jeweils drei Konchen gestützt, rahmen die zentrale Kuppel. Aber die zahlreichen Rundbogen und das völlige Fehlen von Stalaktitenschmuck ist ein Hinweis darauf, dass gewisse Elemente endgültig ausgedient hatten.

1768 begann ein langer Krieg gegen Russland, das unter Katharina der Großen zur Großmacht

4

5

Ayazma-Moschee, Innenansicht. Sultansloge. Die Kapitelle der Säulchen und die Marmorinkrustationen zeigen die byzantinischen Einflüsse im osmanischen Barock.

erstarkte und nun die Rolle Österreichs als Erbfeind des Osmanischen Reiches übernahm. Ununterbrochene Niederlagen sowie Separationsbewegungen überall im Reich gingen einher mit der Schwächung der Zentralmacht zugunsten eines Machtzuwachses der Feudalherren. Ressourcen wurden kaum erschlossen und das Handwerk nicht gefördert. All diese Umstände markierten das endgültige Ende der großen Sultansmoscheen. Einige Komplexe blieben unvollendet, die Gebäude wurden generell schlichter; aber die Suche nach einem neuen Stil dauerte an.

Abdülhamid I. (1774–1789) ließ Säle des Topkapi Saray in überschwänglichem barockem Stil ausstatten wie zum Beispiel ein Spiegelkabinett, und seine Moschee ist die erste in der Stadt, die auch in Bezug auf ihre Raumkonzeption und das Vorhandensein von Bezügen zur Natur mit Recht als barock bezeichnet werden kann. Sie wurde im Jahr 1776 im Gedenken an seine Mutter am asiatischen Bosporusufer oberhalb von Üsküdar, im ehemaligen Istavroz und heutigen Beylerbey errichtet. Damit wurde eine Tradition, die Sultansmoscheen am asiatischen Ufer den Müttern der Sultane zu widmen, fortgesetzt. Die Sultansmoschee von Beylerbey war die erste, die auf jegliche Monumentalität verzichtete, um sich im Einklang mit der Natur zu präsentieren. Beylerbey wirkt wie ein lichtdurchfluteter Salon, ein Treffpunkt, wo man diskutiert oder betet. Diese Atmosphäre und die zierliche Wirkung des Gebäudes wird durch eine Holzkuppel von fast 15 Metern Durchmesser erzielt, die auf einem achteckigen Tambour, unterstützt von vier Trompen, leicht auf dem durch einen rechtwinkligen Mihrab-Iwan verlängerten Saal aufliegt.

Vor der Moschee befindet sich ein Hof ohne Vorhalle, der von einer schlichten Mauer, die von großen rechteckigen Fenstern durchbrochen ist, umschlossen wird und das Gebäude vom Meer abschirmt. Die Fenster werden oben von einem geraden Sturz und seitlich von rechtwinkligen Pfeilern eingerahmt. Hier findet man das gesamte Gestaltungprogramm zukünftiger Moscheen. Oberhalb des Eingangsportikus mitsamt seinen beidseitigen Vorbauten, die sich auf Arkaden abstützen, wird die ganze Fassade des ersten Geschosses vom Sultanspavillon eingenommen, der den Gebetssaal wie eine Theaterloge überragt. Das Ensemble hat die Wirkung eines Vergnügungspavillons am Bosporus, der um den Gebetssaal vergrößert wurde. So knüpft es an die ersten Moscheen von Bursa an.

Zur gleichen Zeit ließ Abdülhamid I. in der Nähe des Hafens, östlich der Yeni Valide Cami, einen Medresenkomplex errichten. Auch hier verzichtete man zugunsten eines klaren Erscheinungsbildes auf übermäßige Ausschmückung. Die Eingangsfront erhielt dadurch neoklassizistische Züge. Der von zwei Becken flankierte Sebil, der sich heute gegenüber dem Eingang zum

Moschee von Beylerbey, Seitenansicht. Links zwischen den beiden Minaretten der Sultanspavillon, die äußere Entsprechung der Sultansloge, die von dieser Zeit an immer größere Ausmaße annahm.

Gülhane-Park befindet, wurde nach alter Tradition reich verziert.

Die schwierige innen- und außenpolitische Lage des Reiches am Ende des 18. Jahrhunderts führte zu einer Reduzierung der Bautätigkeit, aber auch zu einer Suche nach neuen Ausdrucksformen. Man war jedoch weit davon entfernt, sich der Moderne hinzugeben. Es wurden weiterhin klassische Moscheen und Medresen errichtet, die den Gläubigen nach wie vor als adäquater Ausdruck ihrer Religiosität erschienen. Davon zeugt unter anderem die 1769 von Zeyneb Sultan, der Tochter von Ahmed III., gegenüber dem heutigen Gülhane-Park errichtete Moschee, die mit Ausnahme einiger moderner Kapitelle vollkommen traditionell ist. Auch Şebsefa, Gattin Abdülhamids I., erbaute 1787 in dem vom Valens-Aquädukt überquerten Tal, eine Moschee, deren einziges modernes Element der Pavillon oberhalb des Eingangsportikus darstellt.

KAPITEL IX

Reformen vor dem Untergang

Rühmten die Reiseberichte des 16. Jahrhunderts noch einvernehmlich die Ruhe und Ordnung Istanbuls, so bemängelten sie im 18. Jahrhundert übereinstimmend die dunklen und schmutzigen Gassen der Stadt, ihre baufälligen Häuser und das Fehlen jeglicher städtischen Ordnung. Dieser Eindruck ist wohl nur zum Teil dem Verfall Istanbuls zuzuschreiben und wohl auch auf die verbesserten Zustände in den europäischen Städten zurückzuführen, mit dem man es verglich. Es gibt jedoch sichere Fakten, die den fortschreitenden Niedergang dokumentieren. Die Stadt verdichtete sich und zählte circa 700 000 Einwohner, was zu permanenten Feuersbrünsten und Epidemien führte. Nachdem Brände während der Tulpenzeit ganze Stadtteile verwüstet hatten, zerstörten weitere während der kurzen Herrschaft Osmans III. erneut die Hälfte des Stadtgebiets. Die Häuser in Holzbauweise lieferten dem Feuer umso leichter Nahrung.

Die Unsicherheit und die gesundheitsbedrohlichen Zustände veranlassten die reiche Bevölkerung, bis ans Goldene Horn, in den asiatischen Teil der Stadt oder an die Ufer des Bosporus zu fliehen, wo sich die Paläste und aristokratischen Wohnviertel in dieser Zeit stark vermehrten. Während die Thronerben abgeschirmt im Sultanspalast aufwuchsen und auf den Zeitpunkt ihres Herrschaftsantritts warteten, verwendeten die Prinzessinnen ihr Vermögen zum Bau prunkvoller Häuser. Auch die Herrscher mieden das Topkapi Saray zunehmend, das Gefängnis ihrer Jugend, die sie unter der Tyrannei der Eunuchen und Sultansmütter verbracht hatten, und bevorzugten ihre zahlreichen Paläste am Bosporus. Keines dieser Bauwerke existiert heute noch, aber Gemälde, Zeichnungen oder Stiche abendländischer Künstler geben eine Vorstellung von ihrem Aussehen. Sie lagen alle am Wasser und konnten nur mit den damals üblichen schmalen und langen Barken erreicht werden, die heute im Marinemuseum zu sehen sind. Auf diese Weise mied die Oberschicht die Straßen und Gassen Istanbuls, die mehr und mehr verkamen.

Mausoleum der Mihrisah Sultan in Eyüp. Die entschlossene Öffnung nach Westen, welche die Herrschaft Selims III. kennzeichnet, spiegelte sich auch in der Architektur wider, der sämtliche Freiheiten zugestanden wurden. So wurden auch die Mausoleen der Herrscher und ihrer Umgebung zur Demonstration neuer Tendenzen genutzt.

Obwohl auf der asiatischer Seite innerhalb eines Jahrhunderts vier Moscheen gebaut wurden, vernachlässigte man das Zentrum der Stadt nicht. Entlang der Triumphachse von der Hagia Sophia bis zum Fatih-Komplex entstanden im Laufe des 17. und 18. Jahrhunderts zahlreiche kleine, von Wesiren gestiftete Ensembles, und weitere staatliche Bauwerke kamen im 19. Jahrhundert dazu. Bis Ende des Jahrhunderts entstanden hier außerdem die Residenzen einiger Würdenträger. Der Stadtteil, der vom Divan Yolu im Süden und dem Goldenen Horn im Norden begrenzt wird, entwickelte sich zum Sitz der Regierung, des Großwesirats und – im 19. Jahrhundert – der Ministerien. Deshalb pendelten ab dem 18. Jahrhundert tagtäglich zahlreiche Beamte zwischen ihren Wohnungen und Palästen am Bosporus und ihren Amtstuben in der Stadtmitte.

Es scheint also, als seien vor allem die außerhalb der Altstadt liegenden Stadtteile jenseits der Achse, die entlang dem Valens-Aquädukt die zwei Meere miteinander verband, vernachlässigt worden. In der Tat brachen die Brände hauptsächlich in den Vorstädten aus. Die Viertel wurden überwiegend von der nicht-moslemischen Bevölkerung bewohnt, doch die Schicht der reichen Händler und Kaufleute, unter denen auch viele Christen waren, ließ sich in den europäischen Vierteln im Norden Galatas, zu beiden Seiten der späteren Hauptstraße von Pera, nieder, an der auch die europäischen Botschaften angesiedelt waren. Diese Viertel, die anfänglich den Status von abendländischen Handelszentren innerhalb einer moslemischen Stadt innehatten, nahmen allmählich die Gestalt abendländischer Städte an. Diese Entwicklung stand am Beginn der Europäisierung des Stadtgebietes, und je stärker der westliche Einfluss auf die osmanische Gesellschaft und Kultur wurde und je mehr die Bedeutung der Botschafter der großen europäischen Mächte in dem im Niedergang begriffenen Reich wuchs, desto mehr strömte auch die osmanische Oberschicht dorthin.

Vom Barock zum Empirestil

Selim III. (1798–1807), der einige Monate vor dem Beginn der Französischen Revolution den Thron bestieg, war der erste Sultan, der eine Annäherung seines Reiches an die abendländische Kultur für unumgänglich hielt. Die Idee der Erneuerung blieb nicht länger eine Phantasie des Hofes wie in der Tulpen-Ära, sondern schien angesichts der nicht endenden militärischen Niederlagen der einzige Ausweg. Beispielhaft für diesen Reformwillen war der Gedanke, die inzwischen wirkungslose Janitscharentruppe aufzulösen, durch eine schlagkräftige Armee zu ersetzen sowie Militärschulen und eine moderne Verwaltung einzurichten. Die Anhänger der alten Ordnung revoltierten jedoch so gewaltsam, dass die Janitscharen erst 1826 endgültig aufgelöst werden konnten.

Die neu geschaffenen Institutionen – Kasernen, Schulen und Militärkrankenhäuser – berührten die Stadtentwicklung zunächst nur am Rande. Dem Erneuerungswillen der Ära Selims III. stand der alte Streit zwischen Tradition und Moderne im Wege und verhinderte eine originelle Synthese. Die staatliche Architektur wandte sich zunächst wieder dem Barock zu.

In dieser Epoche zeichneten Frauen den Weg vor. Die Mutter Selims III., Mihrisah Sultan, ließ zwischen 1792 und 1795 in Eyüp eine der größten Stiftungen der Barockzeit errichten, bestehend aus Imaret, Sebil und Türbe. Letztere, das bedeutendste Element der Külliye, hat eine zwölfeckige Form mit konvexen Seiten, in die übereinander liegende Fenster gesetzt sind. Sie werden in der Waagrechten durch Architrave und Gesimse, in der Senkrechten durch Porphyr- und Gesteinssäulen sowie Architrave und Gesimse gegliedert. Die Halbschwester des Herrschers, Sah Sultan, stiftete im Jahr 1800 im gleichen Vorort ebenfalls eine Türbe (zusammen mit einer Schule). Hierbei handelt es sich um einen würfelförmigen Bau, der in einen Kreis eingeschrieben ist. Die Ecken treten in Form von vier Pfeilern hervor, die drei konkave Fassaden mit

Innenansicht des Mausoleums Sah Sultans in Eyüp. Mit Ausnahme der Kalligrafie lässt im Schmuck nichts darauf schließen, dass es sich hier um eine Grabstätte handelt. Genauso wenig erinnert an die Vorgaben der klassischen osmanischen Architektur und Dekoration. Am Übergang zum 19. Jahrhundert wird in einem Reich, das bereits totgesagt war, die Fähigkeit zur Erneuerung in der Architektur am deutlichsten.

Grundriss der Küçük-Efendi-Cami. Sie ist die einzige bekannte Moschee Instanbuls mit einem ovalen Gebetssaal.

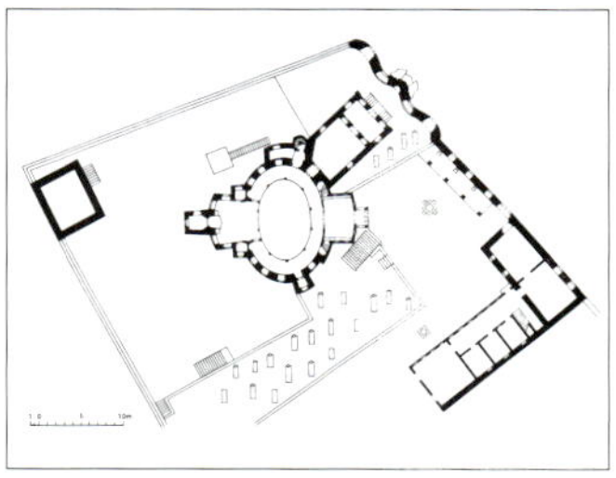

Gegenüberliegende Seite oben: Cevri-Halfa-Schule in der Nähe des Hippodroms. Sie ist gewissermaßen das einzige Beispiel des osmanischen Neoklassizismus. Die ästhetischen Schwierigkeiten, die auftreten, wenn es darum geht, eine Kuppel mit einer auf horizontalen und vertikalen Linien aufbauenden Architektur in Einklang zu bringen, wurden durch ein Klostergewölbe umgangen, und der Eindruck von Symmetrie wird durch die Übereinstimmungen zwischen Eingangstor und Brunnen verstärkt.

Nebenstehend: Moschee Selims III. in Üsküdar. Diese Moschee ist Mittelpunkt einer Anlage neuen Stils. Sie steht in der Mitte eines quadratischen Platzes, auf dem der Herrscher eine Druckerei und verschiedene Manufakturen ansiedelte, und grenzt an die große Kaserne, die als Unterkunft für die neuen Truppen gedacht war, welche die Janitscharen ersetzen sollten. Die Moschee folgt dem Vorbild der Nuru Osmaniye, unterscheidet sich jedoch durch einen größeren Sultanstrakt (im Hintergrund über den Arkaden) von ihr.

Unten: Solche „Vogelhäuser", Nistplätze aus Stein, die für die vielen Tauben und Sperlinge in der Stadt gedacht waren, schmücken die Außenwände vieler öffentlicher Gebäude, Moscheen und Karawansereien. Sie erzählen von der zivilen Architektur jener Zeit, von der so gut wie nichts erhalten ist.

Unten links: Mausoleum der Nakşidil Sultan in Fatih. In dieses letzte Beispiel eines barocken Mausoleums sind viele Erfahrungen bei Vorgängerbauten erfolgreich eingeflossen. Der polygonale Bau mit den konvexen Wandflächen wurde zum perfekten Zylinder, und die Fenster sind gleichmäßige Ovale. Dennoch wirkt der Bau weniger gefällig als die vorhergehenden.

Unten rechts: Küçük-Efendi-Cami mit Umfassungsmauer. Sie ist die einzige Moschee im Stil des osmanischen Barock.
Die Umfassungsmauer der Moschee weist Theaterdekor auf; hinzu kommt der perspektivische Dekor des Brunnens.

jeweils zwei übereinander gesetzten Fenstern und die vierte Fassade mit dem Eingangsportikus einfassen. Den barock erscheinenden Architekturelementen der Hauptteile dieser beiden Türben steht die neoklassizistische Strenge der Portiken gegenüber. Sie zeigen aber, dass, nachdem am Sebil die dekorativen Formen festgelegt worden sind, nun architektonische Experimente an der Türbe folgen.

Mit dem Bau seiner Moschee in Üsküdar griff Selim III. in das städtische Gefüge ein, indem er das Gelände, auf dem sich unter anderem auch die – 1805 vollendete – Moschee befand, in quadratische Parzellen gliederte. Dort lagen eine Druckerei, Handwerksbetriebe und die Kasernen, die er für die neue Armee errichten ließ. Mit ihren vier sichtbaren, von einem Kranzgesims betonten Bogen und den in Laternen umgewandelten Ecktürmchen erinnert die Selim III. Cami an die NuruOsmaniye Cami. Auf der Vorderseite, die man auch hier über eine monumentale Treppe erreicht, ist der Portikus in einen Sultanspavillon integriert, der zu beiden Seiten weit über den Gebetssaal hinausgeht.

Im Jahr 1807 setzten die Janitscharen Selim III. ab. Sein Nachfolger, der ihren Interessen weniger im Weg stand, wurde jedoch nach kurzer Zeit durch Mahmud II. (1808–1839) abgelöst. Bis zur Auflösung der mächtigen Elitetruppe 1826 hatte der reformwillige Sultan jedoch nicht die Macht, die Linie Selims weiter zu verfolgen. In jener Zeit entstanden kaum erwähnenswerte Bauwerke, abgesehen von einigen Arbeiten, die im Topkapi Saray ausgeführt wurden. Am 1810 wieder instand gesetzten Pavillon der Festaufzüge (Alay Köşk), der sich nahe der äußeren Mauer gegenüber dem Eingang zum Großwesirat befindet, zeigt sich zum ersten Mal der Empirestil, welcher später auch bei der Aufstockung des über den Ratssaal hinausragenden Turmes Anwendung fand.

Der Sultan scheint diesen Stil favorisiert zu haben. Er verwendete ihn auch beim Bau einer Schule am Beginn des Divan Yolu, die er 1819 zu Ehren von Cevri Kalfa, dem Oberaufseher des Harems, errichten ließ, welcher ihm während der Konterrevolution von 1808 das Leben gerettet hatte. Hier sind die doppelten Flachbogen an Portal und Brunnen, die das Hauptgebäude flankieren, die einzigen gekrümmten Elemente in der strengen Orthogonalität der Pilaster und Architrave, die acht riesige Fenster einrahmen. Statt einer in diesem Falle unpassenden Kuppel bedeckt ein Klostergewölbe dieses Gebäude im seltenen osmanischen Empirestil.

Beim Bau ihrer Türbe hinter der Fatih Cami setzte die Mutter Mahmuds, Nakşidil, die von Mirihsah und Sah Sultan begonnenen Experimente mit barocken Stilelementen fort. Das Bauwerk aus dem Jahr 1818 trägt mit einem Durchmesser von 13,65 Metern eine der größten Kuppeln auf einer Sultanstürbe. Der perfekte Zylinder ist in senkrechter Richtung durch Pilaster in 16 Joche aufgeteilt und in waagrechter Richtung, in zwei Etagen, durch Kranzgesimse, die bei jedem Joch der Krümmung der Flachbogen folgen und in Höhe der Pilaster wieder in gerader Linie verlaufen. Die Originalität des Baus besteht vor allem in den ellipsenförmigen Fenstern der oberen Etage, die von Girlanden bekrönt sind, während sich doppelte Akanthusblätter die Pilaster emporranken. Diese setzen

sich über den Tambour der Kuppel durch Strebebogen in Form von Krügen fort. Mahmud II. fügte diesem Bau später, symmetrisch zum Eingangsportal des Türbenhofes, einen schlichten Brunnen hinzu, der seinem Geschmack mehr entsprach.

In diese Epoche gehört auch die einzige barocke Moschee der Stadt, welche sich in der Nähe der Umfassungsmauer jenseits des siebten Hügels befindet. Die Küçük Efendi Cami, benannt nach einem Shaikh des Ordens, war eine Zawiye-Moschee, in welcher der Gebetssaal auch für Ordenszeremonien genutzt wurde. Sie ist ellipsenförmig mit zwei Ausbuchtungen an jeder Langseite, wovon die eine die Eingangshalle und die andere der Mihrab-Iwan ist. Ein ebenfalls ellipsenförmiger Säulengang trennt die Galerie vom Zentralraum, der mit einer hinter einem Schrägdach versteckten Holzkuppel bekrönt ist. An einem Teilstück der Außenmauer errichtete Mahmud II. einen Sebil.

Die Familie Balian und der Beginn der Stilvielfalt

Das Amt des Hofarchitekten verlor in der Mitte des 17. Jahrhunderts an Bedeutung, es war nur mehr eine Pfründe, und die Werke der Inhaber jenes Postens während dieser Zeit sind wenig innovativ. Der Architekt der Nuru Osmaniye war ebenso wenig Hofarchitekt wie die griechischen oder armenischen Architekten, die zum Beispiel die Moschee von Beylerbey und die Selimiye Cami von Üsküdar errichteten. Zu Beginn des 19. Jahrhunderts trat die armenische Familie Balian in Erscheinung, die während eines Jahrhunderts die monumentale osmanische Architektur durch ihren Baustil prägte.

Der Patriarch der Familie war Krikor Balian (1764–1831), dem mehrere Bauwerke aus der Regierungszeit Selims III. und Mahmuds II. zugeschrieben werden, darunter der bis heute erhaltene Aynalikavak-Pavillon in der Nähe des Arsenals und vor allem der sehr bedeutende Valide-Staudamm.

Zum ersten Mal manifestierte sich der Stil Balians jedoch in der im Tophane-Bezirk im Norden des Goldenen Horns errichteten Nusretiye Cami. 1823 begonnen und 1826 eingeweiht, wurde sie später dem Sieg des Sultans über die Janitscharen gewidmet, worauf auch ihr Name hinweist (*nusretiye* = göttlicher Sieg). Sie kann deshalb in doppeltem Sinne als Symbol der Erneuerung aufgefasst werden. Zunächst fällt die schlanke und hohe Form des Bauwerks ins Auge.

Oben: Nusretiye-Moschee, Sebil. Dieser Pavillon mit seinem wellenförmigen an abgeknickte Schafgarbe erinnernden Gesims, und der sich von Mausoleen der vorangegangenen Generation inspirieren ließ, ist ein Sebil. Ursprünglich stand er auf der anderen Seite der Straße, wurde jedoch versetzt, als diese verbreitert wurde.

Unten rechts: Grundriss der Nusretiye-Moschee. Der quadratische Grundriss täuscht; innen weist die Moschee ein langgestrecktes Schiff auf. Das liegt in erster Linie daran, dass in den Gebetssaal ein Teil des Sultanspavillons eingegliedert wurde, der im ersten Stock als Sultansloge dient, und an der halbrunden Apsis auf der gegenüberliegenden Seite. Außerdem sind die beiden seitlichen Portiken, die gewöhnlich dem Gebetssaal angegliedert sind, hier als Peristyle ausgebildet.

Gegenüberliegende Seite: Nusretiye-Moschee. Erstes bedeutendes Werk der Architektendynastie Balian, die der gesamten osmanischen Architektur des 19. Jahrhunderts ihren Stempel aufdrückte. Dieser letzte, nach dem Vorbild der Nuru Osmaniye errichtete Bau verschleiert eine bedeutende Neuerung, nämlich die tiefe Kuppel, die der Kalottenform, welche die gesamte osmanische Architektur prägte, entgegensteht. Sie kann ohne Strebewerk über einem Gebäude aufgeführt werden, das sehr viel höher als breit ist und dessen vertikale Ausrichtung noch durch die Höhe der spitz zulaufenden Minarette betont wird.

Während die Kuppel der Selimiye mit einem Durchmesser von 14,60 Metern in einer Höhe von 25 Metern gipfelt, erreicht die Kuppel der Nusretiye mit einem Durchmesser von 7,50 Metern eine Höhe von 33 Metern. Aber nicht nur Tambour und die Kuppel sind in die Höhe gestreckt, sondern auch der Eingangsportikus und der auf hohen, schlanken Arkaden sitzende Sultanspavillon. Die betonten Bogen unterhalb der Kuppel, die Ecktürme und die von Fenstern durchbrochenen Schildwände folgen dem Vorbild der Selimiye. Der Bau ist in barockem Stil errichtet. Die Minarette sind dem immer mehr Raum einnehmenden Sultanspavillon angegliedert. Sie ruhen auf zwiebelförmigen Sockeln, die Geländer ihrer Balkone sind geschwungen und oben mit Ranken geschmückt. Da es sich bei der Nusretiye um einen Einkuppelraum handelt, ist durch die auf Pendentifs ruhende Kuppel quasi ein quadratischer Grundriss vorgegeben. Durch ein dem Zentralraum angefügtes Vestibül sowie eine halbrunde Mihrab-Nische erhält das Gebäude jedoch den Grundriss einer einschiffigen Kirche. Zur Linken der Moschee befinden sich zwei identische Bauten, die ursprünglich auf der anderen Seite der Straße standen und im Zuge ihrer Erweiterung verlagert wurden: Es handelt sich um einen Sebil und ein Lager. Diese mit konischem Dach versehenen Pavillons vermischen mit ihrem geschwungenen Doppelarchitrav Empirestil und Barock und sind beispielhaft für die Bauten der Balian-Dynastie.

Parallel zum Bau seiner Moschee begann Mahmud II. den Wiederaufbau eines Gebäudes, das noch unmittelbarer mit seinem Sieg über die alte Militärordnung verbunden war: die Selimiye-Kaserne, die während der Unruhen nach der Absetzung Selims III. niedergebrannt war. Dieses gewaltige Gebäude, an dessen Renovierung ebenfalls Krikor Balian beteiligt gewesen sein muss, repräsentiert wie kein anderes die militärische Stärke des Osmanischen Reiches sowie den festen Entschluss, der Vergangenheit den Rücken zu kehren. Die Anlage bildet ein Rechteck von 200 Metern Breite und 267 Metern Länge mit vier siebenstöckigen Türmen an den Ecken. Seine vier den Hof umgebenden Flügel sind dreistöckig, ruhen auf einem großen Stützsockel und sind in dreifenstrige Joche unterteilt, die über die ganze Höhe der Fassade durch Pilaster begrenzt sind. Darüber liegt ein Dach mit zwei Schrägen. Das Eingangsportal kann aufgrund seiner Säulen mit ionischen Kapitellen, seiner kannelierten Pilaster mit korinthischen Kapitellen und einem Giebel dem Neoklassizismus zugeordnet werden.

Seine Türbe auf dem Divan Yolu, die den letzten Prestigebau auf der Triumphachse darstellte, ließ Mahmud II. wieder in einer Art Empirestil errichten. In Anlehnung an die europäische Architektur machte der Sultan aus seinem Grab ein Monument für seine Zeit. An dem massiven, von einer Kuppel mit 17 Metern Durchmesser bekrönten Sechseck gelang die Synthese zwischen seiner zentralen Bedeutung als Symbol der Sultansmacht und einem Bezug zur klassischen Antike, der eine Legitimation des modernen Staates darstellte, vollständig. Jede Seite wird von zwei Pilastern mit korinthischen Kapitellen eingerahmt, zwischen denen sich jeweils ein einziges großes Fenster mit einer leeren Kartusche darüber befindet. Oberhalb des ersten Gesimses verläuft um das ganze Gebäude herum eine Attika, die in Höhe der Pilaster mit zwei gekreuzten Schwertern und einem Schild als Siegeszeichen sowie Blumenranken dekoriert ist. Darüber befindet sich ein weiteres, den Tambour verdeckendes Gesims. In Verlängerung der Türbe reicht die Mauer des Grabfeldes bis zur Straße. Sie ist in vier Joche mit jeweils vier Fenstern aufgegliedert, die zusätzlich von zwei Portalen und einem Sebil in Form einer Rotunde mit toskanischer Säulenordnung unterbrochen werden.

Mahmud II. erlebte die Erfüllung seines Lebenswerks, die gesellschaftliche Neuordnung, nicht mehr. Die erste Handlung seines Sohnes Abdülmeçid I. (1839–1861) bestand darin, im November 1839 die „Tanzimat" (Neuordnung) zu proklamieren: Recht, Verwaltung und insbe-

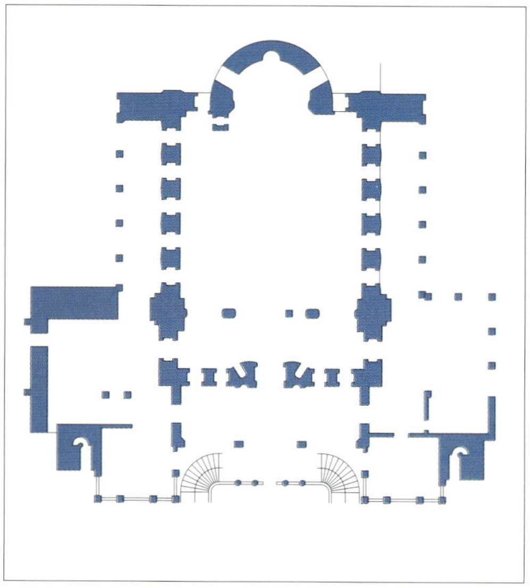

sondere das Bildungswesen sollten nach europäischem Muster ausgebaut werden.

Seinen Willen zum Neubeginn manifestierte der Sultan, indem er den Topkapi Saray aufgab, um sich endgültig an den Ufern des Bosporus niederzulassen. Bevor er das Goldene Horn überquerte, stiftete er in der Altstadt ein letztes Gebäude: eine Reliquienmoschee zur Aufbewahrung des Mantels des Propheten. Diese Reliquie war im Besitz der Nachfahren von Üveys el-Karani, dem Gefährten Muhammads, die seit dem 12. Jahrhundert im Stadtviertel Fatih lebten. Frühere Sultane hatten nur eine kleine Kammer errichten lassen, zu der die Gläubigen pilgern konnten. Aber Abdülmecid beschloss, dem Reliquienschrein eine feierliche Umgebung zu schaffen, und demonstrierte damit, dass sich die moderne Bauweise auch als Rahmen für die konventionellsten Formen der Frömmigkeit eignete. Die Namen der Architekten des Gebäudes sind nicht zu ermitteln, es trägt jedoch alle Anzeichen des Stiles Balians. Zwei Oktogone, der Gebetssaal und der Reliquienraum, berühren sich an einer Seite, wo sich auch der Mihrab befindet. Ein Triforium. das den Gebetssaal umgibt, verbindet die ihm vorgelagerte Vorhalle mit dem Reliquienraum. Es erinnert aufgrund seiner vielen Fenster an einen Wintergarten, und nicht nur die Außen- sondern auch die Innenwand – mit Ausnahme der Mihrab- und der Eingangsseite – sind mit Fenstern durchbrochen, sodass indirekt Licht in das innen gelegene Achteck des Gebetssaales fällt. Die Pilger betreten die Moschee durch die Vorhalle, gehen im Triforium links am Gebetssaal vorbei, verneigen sich vor der Reliquie und gehen, um ihr nicht den Rücken zu kehren, auf der rechten Seite rückwärts zurück. Der Reliquienraum selbst ist zweistöckig. Während die untere Etage zur Aufbewahrung der Reliquie dient, kann sie oben während des Ramadan öffentlich ausgestellt werden. Gegenüber, auf der Eingangsseite, sind Portikus und Vorhalle in einem Parallelepiped zusammengefasst, das den inzwischen traditionell gewordenen Sultanspavillon bildet. Der Reliquienraum und der Gebetssaal, der das Triforium an Höhe überragt, gleichen neoklassizistische Türben und sind mit Kuppeln bekrönt. Die anderen Elemente des Gebäudes, der dorische Eingangsgiebel, die Stuckmotive des Reliquienraumes im Empirestil und die neogotischen Schmuckelemente an den Fenstern des Gebetssaales, sind in höchstem Maße eklektizistisch, aber dem gegenüber steht die Schlichtheit der Konzeption und die Fülle an Licht.

Oben: Moschee des erhabenen Mantels, Innenansicht des Gebetssaals. In diesem Bau, der errichtet wurde, um eine Reliquie aufzunehmen, schufen die armenischen Architekten – vielleicht in Erinnerung an die frühen byzantinischen Grabkirchen christlicher Märtyrer – einen achteckigen Gebetssaal mit einem Deambulatorium, das zu dem Reliquiensaal hinter dem Mihrab führt.

Oben links: Mausoleum Mahmuds II. Der Herrscher war begeistert vom Neoklassizismus, brach mit dem üppigen Stil der vorhergehenden Generation und entschied sich für majestätische Strenge. Sein Mausoleum setzte den Grundstein für einen mitten in der Stadt gelegenen Friedhof, auf dem bis zum Ende des Reiches hohe Verwaltungsbeamte und die osmanische Intelligenz bestattet wurden.

Nebenstehend: Dolmabahçe Saray, dem Meer zugewandter Eingang, Blick von innen. Dieses monumentale Tor besteht aus einem Triumphbogen in der Mitte, flankiert von je einem nach außen und einem nach innen gebogenen Flügel, wodurch im Grundriss ein X entsteht.

Unten: Dolmabahçe Saray, Eingang auf der Mittelachse des Palastes, Blick von außen. Nach demselben Schema wie das Triumphbogen-Tor gebaut, doch mit nur einem nach außen gebogenen Flügel auf jeder Seite; die Innenflügel fehlen. Es ist nicht einfach nachzuweisen, wo die Quellen des Eklektizismus der Balians liegen. Hier verbindet sich das römische Vorbild mit der Üppigkeit des Kolonialstils.

Der Dolmabahçe Saray

Zwischen dem Topkapi und dem Dolmabahçe Saray lässt sich in zweierlei Hinsicht eine Verbindung herstellen, und zwar in Bezug auf die Lage sowie den Grundriss. Sicher könnten andere Paläste am Bosporus die Stationen dieser Entwicklung aufzeigen, wenn sie noch vorhanden wären.

Bereits kurz nach der Eroberung der Stadt waren entlang dem Bosporus Paläste errichtet oder zumindest Gärten angelegt worden, in denen der Sultan seine Zelte aufstellen konnte. Hier entstanden auch Vergnügungspavillons, die allerdings nur für kurze Aufenthalte gedacht waren und daher nach einem klassischen Grundriss mit einem zentralen Raum ausgestattet wurden, der in Kleeblatt- oder Kreuzform von Iwanen umgeben war. Die ältesten bekannten Beispiele, wie der Revan- oder Bagdad-Pavillon, befinden sich im Topkapi Saray. Um die besondere Lage am Meer zu nutzen, ließ man den Hauptiwan gegenüber dem Eingang oft über das Wasser ragen, während auf der Landseite zusätzliche Räume für die Dienerschaft geschaffen wurden, wenn ein längerer Aufenthalt geplant war.

Die Verdichtung der Bebauung Istanbuls bewirkte einen Umbau der Residenzen: Kleine Zimmergruppen, die um Höfe herum angeordnet waren, entwickelten sich zu kompakteren Einheiten, die im Wesentlichen aus einem Iwan mit zwei flankierenden Zimmern und einer vorgelagerten Galerie bestanden. Eine andere Möglichkeit war die Anordnung mehrerer Zimmer um einen Zentralraum. Die zunehmende Anzahl von Räumen in den größeren Häusern erforderte auch mehrere Höfe. Bei Anlagen, die aus mehreren Einheiten mit Zentralraum bestanden, mussten diese in einer Flucht angeordnet werden, um einen ausreichenden Lichteinfall zu erzielen. Für die Residenzen am

Bosporus bedeutete diese Anordnung in Fluchten eine größere Ausbreitung entlang dem Ufer. Die ersten Stiche und Rekonstruktionen von Palästen aus dem 18. Jahrhundert zeigen diese Art Anlagen, die meistens zweistöckig waren, wobei sich der repräsentative Wohnraum im Obergeschoss befand. Was man im Dolmabahçe Saray lange für Zimmerfluchten nach westlichem Vorbild gehalten hat, ist also in Wirklichkeit die Aneinanderreihung von Zentralräumen, wie man sie schon seit mindestens einem Jahrhundert an den Ufern des Bosporus praktizierte.

Der Dolmabahçe Saray sollte den Topkapi Saray als Sitz der Regierung ablösen, die ausführenden Architekten waren Mitglieder der Architektendynastie Balian. Das Oberhaupt der Familie war mittlerweile der Sohn Krikors, Garabed (1800–1866). Er arbeitete zusammen mit seinem Sohn Nikogos (1826–1858), der in dem Pariser Institut Sainte-Barbe bei dem Architekten Labrouste studiert hatte. Die Arbeiten begannen 1844 nach dem Abriss eines Holzpavillons, der an diesem Platz gestanden hatte, und dauerten insgesamt zwölf Jahre. Am 10. Juni 1856 wurde der Palast eingeweiht. In die Bauzeit fiel der Krimkrieg (1853–1856), ausgelöst durch den Expansionismus Russlands sowie die erste osmanische Auslandsanleihe (1854), die Abdülmecid zum großen Teil in seinen Palast gesteckt haben soll. Aber auch die Familie Balian nahm zur Förderung des Projektes Anleihen bei den Bankiers der Stadt auf.

Die L-förmige Anlage des Palastes erstreckt sich entlang dem Bosporus. Er ist von einem Garten umgeben, in den man von der Landseite aus durch zwei monumentale Tore gelangt, während sich fünf weitere Tore, darunter das Hauptportal, innerhalb eines Gitters am Meeresufer befinden. Das Tor, das die Widmungsinschrift trägt, wendet sich der Altstadt zu und öffnet sich auf den Platz mit der Moschee und dem Uhrturm. Es hat die Form eines dreifachen römischen Triumphbogens, dessen seitliche Tore durch Nischen ersetzt wurden, und läuft zu beiden Seiten in konvexe, viertelkreisförmige Mauern aus, die von zwei Türmen abgeschlossen werden. Das zweite Tor auf der parallel verlaufenden Straße, die um den Palast herumführt, ist eine Variante des ersten mit dem Unterschied, dass es sowohl auf der Straßen- als auch auf der Gartenseite durch konvexe Mauern fortgeführt wird, sodass sich eine X-förmige Gestalt mit vier Türmen an den Enden und dem Tor in der Mitte ergibt. Diese zwei Tore führen in einen französischen Garten, von dem aus man am Ende des L in das Gebäude gelangt, was für einen Palast nach westlicher Bauart eine Seltenheit ist. Der am Bosporus gelegene Teil des Gebäudes besteht aus vier zweistöckigen Einheiten, die sich jeweils um einen zentralen Raum gruppieren. Sie sind paarweise um einen zentralen Würfel herum angeordnet, der doppelt so hoch ist wie der Thronsaal, den er beherbergt. Der Hauptzugang auf der Meerseite führt direkt zu diesem Gebäudeteil, der die Regierungsräume links von ihm von den Privatgemächern, dem Harem, rechts von ihm trennt.

Der erste Trakt, in den man durch den Garten gelangt, entspricht in der Funktion dem zweiten Hof im Topkapi Saray: Empfang der Abgesandten und Regierungsmitglieder. Der zweite Trakt, der dem dritten Hof des alten Regierungspalastes entspricht, beherbergt die privaten Empfangsräume des Sultans, zu denen Frauen keinen

Oben: Dolmabahçe Saray, die große Treppe. Diese Treppe führt von einem Absatz aus in vier Läufen zu den öffentlichen und privaten Bereichen des Selamlik, des den Männern vorbehaltenen Palastteiles, in dem der Sultan Botschafter und Würdenträger empfing. Ein Glasdach sorgt für Helligkeit, und das Geländer ist aus böhmischem Kristall. Im Dolmabahçe Saray wird die Innentreppe erstmals zu einem monumentalen Element der osmanischen Architektur.

Gegenüberliegende Seite: Dolmabahçe Saray, Saal für religiöse Zeremonien. Die Holzvertäfelung wirkt streng, außer vegetabilem Dekor gibt es keinerlei Bildschmuck. Die stalaktitgeschmückten Gebetsnischen sollen, auch wenn sie chinesische Vasen und Hufeisenbogen enthalten, den islamischen Stil repräsentieren.

Links oben: Dolmabahçe Saray, Empfangssaal

Rechts oben: Dolmabahçe Saray, Empfangssaal der Botschafter. Die schweren Vorhänge und die überdimensionalen Sofas und der Sessel gehören zur Standardausstattung solcher Prunksäle. Dieser geht auf der einen Seite aufs Meer und auf der anderen, der Eingangsseite, auf den Garten. Der Teppich wurde Ende des 19. Jahrhunderts in der staatlichen Manufaktur von Hereke hergestellt.

Gegenüberliegende Seite, oben: Dolmabahçe Saray, Thronsaal, Kuppelausschnitt

Unten: Dolmabahçe Saray, Thronsaal. Der Hauptraum des Gebäudes dominiert vom Meer aus gesehen die Silhouette des gesamten Bauwerks und trennt den Männerbereich von dem der Frauen. Die gewaltige Kuppel ist über vier großen Bogen aufgeführt; die Exedren haben rein dekorativen Charakter und ruhen auf zu Vierergruppen zusammengestellten Säulen mit gemeinsamem Gebälk.

Zutritt hatten; angeschlossen sind Bäder und Privatgemächer. Zu beiden Trakten gelangt man über eine prunkvolle zentrale Treppe, deren zwei Läufe sich auf einem Treppenabsatz in vier Läufe aufgliedern, die zu den zwei zentralen Räumen führen. Die Balustraden sind aus Kristallglas; die Treppe überwölbt ein gläsernes Dach.

Der erste Zentralraum ist kreuzförmig geschnitten, wobei die vier Iwane durch Säulen vom mittleren Teil abgetrennt sind. Sie bilden die Eingangshalle am Ende der Treppe und drei Salons, in denen die Beratungen der Würdenträger stattfanden. Der kreuzförmige Grundriss wird durch Arbeitsräume sowie vorspringende Eckzimmer auf der Eingangsseite, die als Warte- und Empfangsräume dienen, zu einem Quadrat. Im zweiten Trakt ist der Zentralraum ein ovales Durchgangszimmer. Von dort gelangt man durch einen langen Gang, der auf Meeresseite am Thronsaal vorbeiführt, in den Musiksalon, den Bäderkomplex und den Harem.

Der Thronsaal hat eine fast quadratische Grundfläche (45 mal 40 Meter) mit umlaufender Galerie, die die Gesamtfläche auf 2250 Quadratmeter erhöht. Als einziger Raum im Palast ist er mit einer Kuppel bekrönt, die wie in den Moscheen jener Zeit auf einem quadratischen Unterbau ruht. Jede Giebelwand wird von drei Bogen getragen, die in kannelierte Säulen (insgesamt 56) mit korinthischen Kapitellen münden, hinter denen sich Apsiden abzeichnen. In der Mitte hängt ein viereinhalb Tonnen schwerer Lüster. Von außen ist die Kuppel hinter einem Dach mit vier Schrägen verborgen.

Gegenüber dem Thronsaal gruppiert sich der dritte Trakt ebenfalls um ein Durchgangszimmer, in dem die Familie zusammentraf. Die angrenzenden Räume waren die Schlafzimmer des Sultans. Im vierten, viel kleineren Trakt schließlich, dessen Zentralraum sich zum Meer orientiert, befanden sich die Räume der Sultansmutter. Im senkrecht zum Ufer liegenden Flügel lagen die Frauengemächer, deren Grundfläche immer kleiner wird, je weiter man sich vom Meer und dem Mittelteil des Palastes entfernt. Diese Räume zweigen von zwei langen Gängen ab und

Nebenstehend: Dolmabahçe-Moschee, Innenansicht. Als Ergänzung zum Palast im selben Stil errichtet. Die Größe der von Anfang an verglasten Fenster sorgt für maximale Helligkeit. Der Minbar ist aus buntem Marmor.

Gegenüberliegende Seite
Oben: Die Moschee von Ortaköy, Innenansicht. Was Helligkeit und Dekoration betrifft, ähnelt sie der Dolmabahçe-Moschee, wobei die Trompe-l'oeil-Arbeiten in der Kuppel mit größerer Sorgfalt ausgeführt wurden.

Unten: Die Moschee von Ortaköy. Die Moschee wurde auf aufgeschüttetem Gelände errichtet. Der Sultanspavillon hat einen Seiteneingang, der direkt aufs Meer geht. Durch diesen Eingang betrat der Herrscher nach der Überfahrt mit der Barke die Moschee zum Freitagsgebet. Auch wenn das Tragesystem hier ganz der aus derselben Zeit stammenden Dolmabahçe-Moschee entspricht, unterscheidet sich die Moschee von Ortaköy in der Behandlung der hier dreigeteilten Schildmauern ganz erheblich von dieser.

umfassen Dienstbotenzimmer, Lüftungshöfe und drei Salons, die als Versammlungsorte für die Frauen verschiedener Stellung dienten.

Neben dem Hauptgebäude, ebenfalls am Meer, erhebt sich der Palast des Erbprinzen, der nicht mehr mit der gleichen Strenge eingesperrt wurde wie in früheren Zeiten. Die Häuser für das Personal befanden sich auf den Hügeln auf der anderen Straßenseite .

Der Dolmabahçe Saray hätte den Anfang einer neuen Triumphachse bilden können, die zur Altstadt geführt hätte. Mahmud II. hatte auf dieser Achse neben den neuen Kasernen von Tophane, gegenüber der Kanonengießerei und dem monumentalen Brunnen Mahmuds I., die Nusretiye Cami errichtet. Und Bezm-i alem Sultan, die Mutter von Abdülmecid, hatte 1845 eine Brücke über das Goldene Horn bauen lassen, damit ihr Sohn von dort aus die Baustelle des Palastes beaufsichtigen konnte. Aber zum einen hätte eine solche Achse durch die verrufenen Viertel von Galata führen müssen, zum anderen konnte sie schwerlich mit dem Seeweg konkurrieren. Der Bosporus hatte sich seit Ende des 17. Jahrhunderts in eine Art „Canal Grande“ verwandelt, in dem sich die Fassaden der herrschaftlichen Prachtbauten spiegelten. Und die am asiatischen Ufer errichteten Moscheen wendeten ihre Hauptfassade dem Meer zu, während diejenigen am europäischen Ufer ihm den Rücken kehren mussten. Die Errichtung des Sultanspalastes am europäischen Ufer zog den Bau neuer Moscheen durch die Familie Balian nach sich.

Die Moscheen vor Dolmabahçe und Ortaköy, die etwa zeitgleich mit dem Dolmabahçe Saray um das Jahr 1850 entstanden, sind der Tradition der Nuru Osmaniye Cami verbunden und einander stilistisch entsprechend ähnlich. Die Gebetsräume sind sehr hell, und durch ihre großen Fenster kann man auf das Meer blicken. Der Sultanspavillon wird immer größer, bis er schließlich den doppelten Raum einnimmt wie der Gebetssaal. Er umfasst den ganzen Eingangsbereich und ist so breit, dass der Besucher mehrere Vorhallen durchqueren muss, bevor er in den Gebetssaal gelangt. Die Stilvielfalt der Zeit kommt hier voll zur Blüte. In der Dolmabahçe-Moschee passen sich die kreisrunden Fenster der Form der Stützbogen an, die Türmchen der Eckpfeiler nehmen immer ungewöhnlichere Formen an, und die Minarette verwandeln sich in korinthische Säulen, deren Kapitelle die Balkone tragen. Durch ihre Lage auf einer Plattform über dem Meer wird die Ortaköy-Moschee zu einem der markantesten Bauwerke der Stadt.

Die Paläste am Bosporus

Der Dolmabahçe Saray ist jedoch nicht das einzige Bauwerk, das auf Abdülmecid zurückgeht. Er verstand es, das Reich, das sich auf dem Weg zu einem modernen Staat befand, kulturell neu aufleben zu lassen, obwohl der wirtschaftliche Niedergang, der mit der wachsenden Verschuldung einherging, und der fortschreitende territoriale Zerfall nicht mehr aufzuhalten waren. Am Ufer des Bosporus setzte sich eine rege Bautätigkeit fort, und die Zahl der Paläste nahm stetig zu.

Im Tal der Linden (Ihlamur), hinter Dolmabahçe, riss man den kleinen Jagdpavillon ab, in dem der Sultan im Juli 1850 den französischen Dichter Alphonse Lamartine empfangen hatte, und ersetzte ihn durch ein kleines Gebäude von Nikogos Balian im Rokokostil. Der einstöckige Bau steht auf einem hohen Unterbau und ist über eine hufeisenförmige Doppeltreppe erreichbar. Außerdem besitzt er die zweifellos ersten Seitenbalkone der osmanischen Architektur. Die symmetrisch gestaltete Fassade, deren Portal von zwei Doppelfenstern und mit Vasen geschmückten Nischen flankiert wird, ist mit Hochreliefs von Blumen, Ranken, Jakobsmuscheln und anderen Motiven verziert.

Ein anderer Vergnügungspavillon des gleichen Typs, bekannt unter dem Namen Küçüksu, („kleines Wasser"), entstand am asiatischen Ufer, in der großen Wiesenlandschaft an der Mündung des Göksu-Baches, die damals ein beliebtes Ausflugsziel war. Mahmud I. hatte dort bereits 1752 einen Pavillon aus Holz errichtet, und Selim III. ließ 1806 einen schönen Brunnen mit vier geschmückten Seiten aufstellen. Den Pavillon ließ Abdülmecid 1856 von Nikogos Balian durch ein zweistöckiges Gebäude aus Stein auf einem Unterbau ersetzen. Bei einem einfachen Grundriss mit Durchgangsraum und vier Eckzimmern ist er außen ebenso wie der Pavillon von Ihlamur reich geschmückt. Die auf der Meerseite neben dem Eingang vorspringenden Räume rahmen eine monumentale Treppe ein,

Nebenstehend links: Pavillon von Küçüksu, Kamin im Empfangssaal. Dekoration und Möblierung entsprechen bis ins Detail dem westlichen Geschmack jener Zeit.

Nebenstehend rechts: Pavillon von Küçüksu, Schlafzimmer von Abdülaziz. Der Sultan empfing in diesem Pavillon Gäste von besonderem Rang, unter anderem 1862 den Prinzen von Wales, den späteren König Edward VII.

Unten: Pavillon von Küçüksu. Auf die Wirkung von Treppen, wie sie im Dolmabahçe Saray erprobt wurde, wird in den verschiedenen Palästen und Pavillons am Bosporus immer wieder gesetzt. Hier steht die Treppe in einem runden Raum, und zwei Läufe schmiegen sich der Rundung an; sie setzen sich in einer geraden Treppe fort, die wiederum in einen runden Laufgang mündet.

Gegenüberliegende Seite, oben: Lindenpavillon (Ihlamur kasri). Bei diesem kleinen Jagdpavillon aus der Mitte des 19. Jahrhunderts versuchten sich die Balians im Stil des Rokoko. Gleichzeitig ist es das erste bekannte osmanische Bauwerk mit einem Balkon.

Unten: Pavillon von Küçüksu, Blick vom Eingang auf der Gartenseite bzw. von der Landseite, aus. Aus der Ferne betrachtet, entsprechen Proportionen und Aussehen des Pavillons westlichen Normen; die üppige, „orientalisierende“ Dekoration steht dazu in krassem Gegensatz.

die um einen Brunnen mit Wasserbecken herumläuft. Die drei anderen Seiten, die im Obergeschoss Balkone besitzen, sind von einer Terrasse umgeben. Obwohl der traditionelle Grundriss beibehalten wurde, bestimmen die Elemente, die der osmanischen Architektur fremd sind – monumentale Treppen, außen wie innen, Fenstertüren, Balkone, Terrassen – den Charakter des Gebäudes.

Die Thronbesteigung Abdulaziz' (1861–1876), der seinem Bruder nachfolgte, bedeutete auch den Beginn eines erneuten Baubooms, da der Sultan eigene Paläste errichten wollte. Die Söhne Garabed Balians, Agop (1837–1875) und Sarkis (1831–1899), standen nun an der Spitze eines großen Unternehmens. Ihr erstes Werk war der Beylerbey-Palast am asiatischen Ufer, der als einfache Sommerresidenz gedacht war. Er erhebt sich an einer Stelle, an der bereits mehrere Paläste gestanden hatten, von denen der letzte – erbaut zwischen 1829 und 1832 von Krikor Balian – 1851 abbrannte und danach verfiel. Er wurde abgetragen und durch den jetzigen Palast ersetzt, der im Jahr 1865 eingeweiht wurde.

Im Vergleich zu den Bauwerken aus der Zeit Abdülmecids erscheint er in seinem äußeren Erscheinungsbild wesentlich schlichter. In einem einheitlichen Neorenaissance-Stil erbaut, ist er um einen zentralen Durchgangsraum angelegt,

der die Regierungsräume von den Privatgemächern trennt. Diese sind ihrerseits um je einen zentralen Raum herum angeordnet, den man über separate Treppen erreicht. Die vorspringenden vier Ecksalons des Zentralraums gliedern die Fassaden der Langseiten ebenso wie die Ausbuchtungen der seitlichen zentralen Räume die Fassaden der kurzen Seiten. Die reichliche Ausschmückung des Innenraums steht im Kontrast zur Nüchternheit des Äußeren, wobei in diesem Zusammenhang vor allem die seitlichen Zentralräume bemerkenswert sind. Hier befindet sich im Erdgeschoss ein großes Marmorbecken, während das Obergeschoss mit blauen

Nebenstehend: Beylerbey-Palast, Haupteingang. Weniger überladen als der Dolmabahçe Saray und die Pavillons am Bosporus, wirkt die Fassade eher wie die eines Palastes im Stil der Neorenaissance.

Gegenüberliegende Seite: Beylerbey-Palast, Hauptsaal im Erdgeschoss. Dieser Saal kann als sommerlicher Aufenthaltsraum gelten, da er weniger der Sonne ausgesetzt war als der Salon im ersten Stock. Trotz der klassizistischen Anmutung der Fassade machten die Balians mit Beylerbey den ersten Versuch einer Orientalisierung. Nicht nur das Becken mit Springbrunnen, das für kühle Raumluft sorgen sollte, auch die Deckendekoration deutet auf einen den westlichen Geschmack dämpfenden orientalischen Einfluss hin.

Unten: Beylerbey-Palast, Fassade auf der Meerseite. Während die zuvor behandelten Pavillons nur für kurze Aufenthalte gedacht waren und folglich keinen Frauentrakt besaßen, ist Beylerbey ein kleiner Palast, dessen mittlerer Teil mit drei Fenstern einen öffentlichen Bereich von dem privaten trennt. Die Fassaden der beiden Bereiche sind identisch.

und goldfarbenen Säulen aus Marmorstuck ausgestattet ist und außerdem eine erhöhte Decke hat, wobei das Licht durch große seitliche Öffnungen in den Raum dringt.

Die Ausschmückung dieser Zimmer sind ein frühes Beispiel des osmanischen Orientalismus. Die Osmanen wandten spanisch-maurische Dekorformen, zunächst zaghaft, in großen geometrischen Arabesken an den Decken von Beylerbey und im Mosaik des Vorzimmers, dann kühner in den angebauten Pavillons des Palastes an.

Die ungewöhnlichsten Werke der Balians sind zweifellos die beiden Pavillons am Meer, in denen Männer und Frauen getrennt auf die Überfahrt warteten. Sie bestehen aus je einem Achteck, das zur Hälfte über das Gitter um den Palast hinausragt, und einer tiefen, rechtwinkligen Säulenhalle auf der Gartenseite. Jede Wand der Gebäude läuft nach oben spitz zu; die acht Spitzen treffen sich in der Mitte, sodass ein zeltförmiges Dach entsteht. Auf der Meeresseite sind die Wände von rechtwinkligen Fenstern und darüber liegenden runden Öffnungen durchbrochen, die zusammen von einem Gesims mit der Form eines maurischen Hufeisenbogens umrahmt werden. Die Fassade des Portikus besteht aus fünf Jochen, deren Bogen – in Wirklichkeit Halbkuppeln – auf Säulen mit korinthischen Kapitellen ruhen, die in Stalaktitenkapitelle übergehen. In der Tiefe wird der Portikus von drei Reihen kleiner Kuppeln bekrönt, die in eine waagrechte Decke ohne jegliche Stütze gehauen wurden, was ihre funktionelle Nutzlosigkeit deutlich belegt. Diese Operettenarchitektur war eine Parodie auf die osmanische Architektur. Das Dach in Zeltform erinnert an die nomadischen Ursprünge der Osmanen, die überzeichneten Bogen entsprechen westlichen Klischees, der fünfjochige Portikus spielt auf die klassischen osmanischen Moscheen an, die in Stalaktitenkapitelle übergehenden korinthischen Kapitelle auf das byzantinische Erbe, und die aufgereihten kleinen Kuppeln parodieren die osmanische Kuppel-Leidenschaft.

Da sich Abdülaziz nicht mit einer einfachen Sommerresidenz zufrieden geben wollte, begann er mit dem Bau eines großen Palastes (1864–1872) am europäischen Ufer des Bosporus zwischen

Oben: Beylerbey-Palast, Pavillon an der Anlegestelle, vom Meer aus gesehen. Das Dach in Zeltform verweist auf die nomadische Vergangenheit der Sultansfamilie; die Rahmung der Fenster und der Rundfenster lassen an Hufeisenbögen denken, Symbole des Orientalismus, die jedoch in der osmanischen Architektur bislang fehlten.

Unten links: Beylerbey-Palast, blauer Salon, Blick zum Treppenabgang.

Unten: Beylerbey-Palast, Grundriss des ersten Stockwerks. Auch wenn in Dekoration und Möblierung die bislang gültige architektonische Formensprache komplett über den Haufen geworfen wurde, weist der Grundriss der osmanischen Paläste der letzten Epoche immer noch sämtliche Merkmale eines traditionellen Wohnsitzes auf. Ein zentraler Quersaal durchschneidet die Längsachse des Gebäudes und zeigt sowohl auf die Meer- als auch auf die Landseite. Er teilt es in zwei gleich große Bereiche, von denen jeder seinen eigenen Treppenaufgang hat. In beiden Bereichen gehen die Zimmer von einem zentralen Raum ab, wodurch auf Flure verzichtet werden kann. Schließlich ist jeder Raum vom nächsten abgesetzt, so dass seine Lage von außen erkennbar wird. Zimmerfluchten lehnte die osmanische Architektur zu allen Zeiten ab.

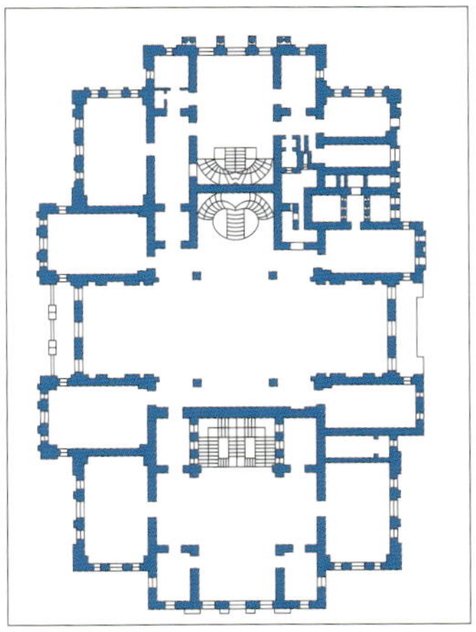

Oben: Beylerbey-Palast, Decke des Portikus vor dem Pavillon an der Anlegestelle, Männerseite.

Ganz oben: Çiragan-Palast, vom Meer aus gesehen. Dieser als Dauerresidenz konzipierte Palast entspricht dem Stil des Dolmabahçe Saray mit seiner Abfolge von Quersälen als ordnenden Elementen für die Zimmer und der Aufteilung in zwei Bereiche durch einen zentralen Raum. Die Dekoration dagegen weist einen weit höheren orientalischen Einschlag auf. Der Palast wurde bei einem Brand im Jahr 1902 beschädigt und vor kurzem restauriert; heute ist darin ein Luxushotel untergebracht.

Beşiktaş und Ortaköy: des Çiragan-Palastes. Dieser „Palast aus Tausendundeiner Nacht" wurde mit vier Millionen Goldstücken veranschlagt und realisiert. Bei aller Verspieltheit befolgt er strenger als die anderen Paläste dieser Generation das Prinzip dreier zentraler Räume – in Kreuzform und als Durchgangsräume –, die durch zwei lange Gänge zu beiden Seiten der im vorderen Teil befindlichen Prunkzimmer miteinander verbunden sind, während zwischen den zwei Gängen Treppen und Bedienstetenzimmer angeordnet sind. 1910 durch einen Brand zerstört, wurde er um 1980 restauriert und zu einem Luxushotel umgebaut.

Zur gleichen Zeit beschloss Pertevniyal Sultan, die Mutter Abdülaziz', der Altstadt eine letzte Sultansmoschee zu schenken, die zwischen 1869 und 1871 im Aksaray errichtet wurde. Die Brüder Balian lassen dabei das Vorbild der Nuru Osmaniye außer Acht, indem sie den quadratischen, zentralen Kuppelraum beibehalten. Nach byzantinischem Vorbild sitzt die Kuppel auf einem Tambour mit sechzehn von Fenstern durchbrochenen Seiten. An der Außenfassade ermöglicht die Befreiung von traditionellen Vorgaben allerdings ein erstaunliches Zusammenspiel von neogotischen und neoosmanischen Elementen. Drei Fassaden – die vierte Seite wird vom Sultanspavillon eingenommen – sind vertikal in fünf Joche und horizontal in zwei Etagen unterteilt. In den fensterlosen Eckjochen, die die Pfeiler des Unterbaus verdecken, befinden sich in beiden Etagen MihrabMotive, die einen Spitzbogen andeuten. Die drei mittleren, leicht vorspringenden Joche werden von einem dreieckigen Giebel bekrönt, der unten mit Stalaktitenschmuck versehen ist. Innerhalb dieser Gruppe springt das mittlere Joch noch weiter vor, und das untere Fenster ist mit einem Giebel versehen, das den Giebel über den drei mittleren Jochen im Kleinen wiederholt. Jede dieser Gruppen aus drei Jochen besitzt sechs Fenster mit Spitzbogen. Die von einer Rosette überbrückten Doppelbogen erinnern an gotische Zwillingsfenster. Genauso verhält es sich mit den sechzehn Fenstern des Tambours. Mit der Pertevniyal-Moschee stellten die Balians so ihre Innovationsbereitschaft unter Beweis.

1876 wurde Sultan Abdülaziz von der Flotte, die ihre Kanonen auf den Palast richtete, zum Rücktritt gezwungen. Abdülhamid II. (1876–1909), sein zweiter Nachfolger nach nur 90 Tagen Herrschaft Murads V., zog sich aus Angst vor einem Putsch und Sehnsucht nach Abgeschiedenheit auf die Hügel hinter Çiragan zurück. Hier wurde der letzte osmanische Sultanspalast (Yildiz) erbaut. Die Bauform des geschlossenen Gebäudes scheint aufgegeben worden zu sein. Wieder scheinen einzelne Pavillons ohne Ordnung in einem Garten verteilt worden zu sein. Aber das lag wohl daran, dass das Reich über keine Mittel mehr verfügte und die eher bescheidenen Pavillons aufs Geratewohl gebaut wurden.

Sarkis Balian errichtete die ersten dieser Pavillons, aber sein letztes größeres Werk, und zugleich das letzte der Balians, ist die Yildiz-Moschee vor dem Eingang des Palastes, die aus den Jahren 1885/86 stammt. Sie kündigt jedoch nicht das Ende einer Epoche an – im Gegenteil: In mancherlei Hinsicht stellt sie einen Fortschritt in der Entwicklung der osmanischen Moschee dar. Sarkis Balian löste das Problem des Sultanspavillons, der die gesamte Vorderseite der Moschee einnimmt und mit der Struktur des Gebetssaales unvereinbar ist: Der Pavillon wurde in zwei Flügel aufgeteilt, die das Hauptgebäude der Moschee flankieren und so die Fassade freilegen, so dass eine architektonische Einheit entsteht, allerdings zum Preis der „Säkularisation" des Gebetssaales, der nun das Aussehen eines Thronsaals erhält. Das bedeutete wiederum, man brach auch mit der letzten Konvention der osmanischen Moschee. Der Gebetssaal ist um ein Vielfaches größer als die rechtwinkligen Seitenteile des Sultanspavillons und doppelt so lang wie breit. Die Decke ist flach und nur in der Mitte von einer kleinen Kuppel unterbrochen, die rein dekorativen Charakter hat. Die Kuppel von Yildiz gewinnt ihre Daseinsberechtigung aus der Erkenntnis, dass man keine Kuppel mehr braucht.

Die osmanische Architektur des 19. Jahrhunderts, die fast ausschließlich von der Familie Balian repräsentiert wird, ist keine dekadente Kunst, der es an Inspiration fehlt. Ihre Anleihen an vielfältige geografische und historische Vorbilder und deren künstlerische Wiedergabe belegen, dass der beharrliche Wille, die osmanische Gesellschaft der westlichen Kultur anzugleichen, kein blinder Opportunismus war, sondern Wunsch nach Synthese. Insofern verkörperte die Architektur der osmanischen Hauptstadt bis zuletzt in höchstem Maße den Reichsgedanken.

Oben: Yildiz-Moschee. Der Sultanspavillon liegt nicht mehr vor der Fassade, sondern teilt sich in zwei Baukörper, die rechts und links an den Gebetssaal angefügt wurden. Dafür wirkt die Vorhalle, die nun, lange nach dem Verschwinden des Portalvorbaus der klassischen osmanischen Architektur, wieder auftaucht, hier wie ein zusätzlicher Raum.

Nebenstehend: Pertevniyal-Sultan-Moschee. Die Balians schufen eine Kuppel über einem hohen, polygonalen Tambour nach byzantinischem Vorbild und versuchten sich am gotischen Stil, den sie mit Elementen der frühen osmanischen und sogar der seldschukischen Kunst kombinierten.

Die westlichen Architekten und das nationale Aufbegehren

Mitte des 19. Jahrhunderts wurde rigoros mit der städtebaulichen Erneuerung Istanbuls begonnen. Die städtische Bauplanung sah den Durchstoß großer Straßen und die Anlage von ausgedehnten Plätzen und Kais vor. Sackgassen wurden verboten, und die engsten Gassen sollten auf mindestens sechs Meter verbreitert werden. Das mag illusorisch klingen in einer Zeit, in der die größte Straße der Stadt, der Divan Yolu, dieses Maß nur mit Mühe erreichte. Die Methode war einfach: nach jedem Brand wurden die zerstörten Flächen neu eingeteilt, die Straßen vergrößert und ihre Linienführung neu festgelegt, so dass die Stadt bald ein völlig verändertes Bild zeigte. Deshalb erscheint heute selbst der historische Kern Istanbuls als ein modernes Stadtzentrum, in dem sich einzelne alte Baudenkmäler erheben.

Nach dem Brand im Laleli-Viertel 1854 wurde die erste Parzellierung im Jahr 1856 von dem italienischen Ingenieur Luigi Storari vorgenommen. 1865 zerstörte ein großer Brand, der sich vom Hafen bis zum Marmarameer ausbreitete, das Viertel, in dem sich das Großwesirat sowie verschiedene Ministerien befanden, sodass ein neues Regierungsviertel entstand. Ende des Jahrzehnts machte die Einrichtung einer Pferdebahn die Verbreiterung der Straßen – darunter der Divan Yolu – und den Abriss alter Bauwerke notwendig.

Die europäische Kolonie in Galata und Pera, deren Position während des Krimkrieges noch stärker geworden war, indem Franzosen, Engländer und Italiener an der Seite von Osmanen gegen die Russen kämpften, forderte eine eigene Gemeindeverwaltung, die ihr im Dezember 1857 versuchsweise zugestanden wurde. Diese Gemeindeverwaltung, deren Amtssprache Französisch war, bewirkte die ersten Durchbrüche in der Genueser Stadt. Hinzu kam, dass der Brand von 1831 in Pera die meisten Botschaften zerstört und damit einen Bauwettbewerb zwischen den Großmächten ausgelöst hatte. Das Ergebnis war indes wenig beeindruckend, da man stärker darauf bedacht war, zu beeindrucken als wirklich wertvolle Gebäude hervorzubringen. Die Architekten, die die französischen, englischen und später auch die deutschen Paläste bauten, waren in ihren Heimatländern meist völlig unbekannt. Die Tessiner Brüder Gaspare und Giuseppe Fossati, die 1837 aus St. Petersburg kamen, um die neue russische Botschaft zu bauen, zählen zu den wenigen, die ein gewisses Maß an Bekanntheit und Kompetenz besaßen. Während ihres 20-jährigen Aufenthaltes in Istanbul errichteten sie für die osmanische Regierung, die Würdenträger des Reiches und Bewohner der europäischen Kolonie zahlreiche öffentliche und private Bauwerke, von denen heute jedoch kaum noch etwas zu sehen ist. Allein durch ihre Restaurierung der Hagia Sophia ab 1847 sind sie bis heute in Erinnerung geblieben.

Zwei andere ausländische Architekten dagegen prägten mit ihren Werken die Stadt am Ende des 19. Jahrhunderts tatsächlich und trugen damit zur letzten Entwicklungsphase der osmanischen Architektur bei: Der erste, Alexandre Vallaury (1850–1921), ein Vertreter der Schule der Schönen Künste von Paris, wurde in Istanbul geboren und starb auch dort. Seine Gebäude bieten Neues und lassen kaum den Versuch einer Synthese von westlicher und osmanischer Kultur erkennen. Sein Museum der Archäologie, das zwischen 1891 und 1907 in drei Phasen gebaut wurde, ist neoklassizistisch; der Sitz der Osmanischen Bank, errichtet in den Jahren 1890–1892, lässt sich aufgrund seiner Fassade zur Straße und der Ausstattung des Innenraums der Neorenaissance zuordnen, während die zum Goldenen Horn blickende Fassade durch große, zwischen den Etagen angebrachte Vordächer eher neoosmanisch wirkt. Das Gebäude des osmanischen Reichsschuldenamtes, welches mit der Verwaltung der Auslandsanleihen betraut war, stellte Vallaury 1897 fertig. Es zeigt eigene schöpferische Merkmale, aber trotz einiger Bezüge zum Çinili Köşk, dem persischen Pavillon von Mehmed II. – besonders auffällig bei der fünfeckigen Apsis, in der sich das Büro des Direktors befand –, ließ sich Vallaury allem Anschein nach vom internationalen orientalischen Zeitgeist beeinflussen. Das trifft auch auf die 1903 fertig gestellte staatliche Medizinschule zu, deren Türme das asiatische Ufer in Haydarpaşa beherrschen.

Yildiz-Moschee, Innenansicht. Die über einem hohen, polygonalen Tambour ausgeführte Kuppel, die sich über einem Flachdach erhebt und auf zwei mitten im Raum stehenden Stützen ruht, negiert die traditionelle Kuppelfunktion geradezu und kennzeichnet damit das Ende einer der Hauptentwicklungen der osmanischen Architektur.

1

2

Der zweite Architekt ist Raimondo d'Aronco (1857–1932), der in Italien geboren wurde, 1893 nach Konstantinopel kam und bis 1909 dort lebte. Er wurde sehr schnell zum Lieblingsarchitekten Abdülhamids und so in gewisser Weise Nachfolger der Balians, ohne jedoch einen offiziellen Titel zu tragen. Zweifellos fähiger als Vallaury, verlieh er der osmanischen Architektur durchaus neue Formen, aber seine Bemühungen blieben punktuell und konnten sich nicht in den Entwicklungsprozess dieses Jahrhunderts einfügen. Man kann dies an seinem ersten Bau, der Vergrößerung des Pavillons des Yildiz-Palastes, bekannt unter dem Namen „Chalet", feststellen, der in zwei Bauphasen um 1879 und zwischen 1887 und 1889 von Sarkis Balian errichtet worden war. In der ersten Phase schuf Balian ein Holzchalet, das ein Durchgangszimmer als Mittelpunkt hatte, und fügte später anlässlich des Besuchs von Kaiser Wilhelm II. ein weiteres hinzu. Aus Anlass eines neuerlichen Aufenthalts des Kaisers nahm d'Aronco die Arbeiten wieder auf und baute an die bestehenden Gebäude einen langen, zu beiden Seiten von Zimmern gesäumten Gang an. Zum ersten Mal wurde der traditionelle osmanische Grundriss, der sich auf einen Mittelpunkt konzentrierte, in eine Zimmerflucht nach westlichem Vorbild umgestaltet.

Ab 1900 wurde d'Aronco Anhänger des Jugendstils. Die Anwendung dieses Stiles auf traditionelle Zweckbauten stellt die interessanteste Arbeit dieses Architekten in Istanbul dar, wofür es zwei Beispiele gibt: die 1905 errichtete Türbe bzw. Bibliothek von Shaikh Zafir im Stadtteil Beşiktaş und einen kleinen Eckbrunnen in Galata.

Als im Jahr 1908 die jungtürkische Bewegung die Regierung an sich riss, gab Vallaury seinen Posten als Architekturprofessor an der 1883 gegründeten osmanischen Akademie der Schönen Künste auf, und d'Aronco kehrte nach Italien zurück. Die nationalistische Welle, die durch Europa lief und durch den Krieg auf dem Balkan auch das Osmanische Reich erfasste, läutete das Ende der Regierung ein. Mit dem Strom an Flüchtlingen stieg die Einwohnerzahl Istanbuls am Vorabend des Ersten Weltkrieges auf eine Million. In dieser Situation entstand die nationale Architektenbewegung, die eine Rückkehr zu den traditionellen, das heißt „nationalen" Werten forderte, und eine Abkehr von den kosmopolitischen „Verirrungen". Zwei herausragende Repräsentanten dieser Strömung sind Kemaleddin Bey (1870–1927) und Vedad Bey (1873–1942), die ihr Architekturstudium in Berlin bzw. in Paris absolvierten. Spitzbogen und die kleinen Kuppeln, die die Ecken der Gebäude markieren, verliehen großen öffentlichen Bauwerken wie der Hauptpost oder den Verwaltungsgebäuden der religiösen Stiftungen (Vakif Han) eine funktionelle Nüchternheit. Die von Kemaleddin Bey 1913 am Bosporus errichtete kleine Bebek-Moschee mit einer Kuppel auf achteckigem Tambour und dreijochiger Säulenhalle will ein Manifest der nationalen Architektur darstellen. Sie ist der Ausdruck des Willens, mit dem Reichsgedanken zu brechen, der sich in dieser Stadt 16 Jahrhunderte lang behaupten und stets erneuern konnte. Moscheen nach dem Vorbild Sinans überschwemmen die Vorstädte Istanbuls. Paradoxerweise stagnierte die republikanische nationalistische Bewegung trotz ihres

Gegenüberliegende Seite:
1. Sezessionistischer Brunnen von Raymondo d'Aronco. D'Aronco war bereit, sämtliche traditionellen osmanischen Bauten entsprechend der Formensprache des Jugendstils zu verändern.

2. Das Gebäude der Hauptpost. Der Putsch der Jungtürken im Jahr 1908 und die Geburt des türkischen Nationalismus brachte auch in der Architektur eine nationalistische Bewegung mit sich, die sich jedoch damit begnügte, Neues mit althergebrachten Elementen auszuschmücken.

3. Mausoleum Shaikh Zafirs. Raymondo d'Aronco ist der einzige Architekt der Jahrhundertwende, der definitiv mit den osmanischen Reminiszenzen brach. Er führte die Wiener Sezession auf einem Gebiet ein, auf dem man es am wenigsten erwartet hätte: beim Bau des Mausoleums eines Shaikhs einer mystischen Bruderschaft.

4. Für den Sitz der osmanischen Zollbehörde wählte der Architekt Alexander Vallaury einen Neo-Mogul-Stil.

5. Bankhaus im Bankendistrikt von Galata. Die osmanischen oder ganz allgemein „orientalistischen" Elemente wurden zu bloßen Zitaten an Gebäuden, die eine völlig andere Funktion hatten als die früheren städtischen Bauwerke.

Nebenstehend: Moschee von Bebek. Kemaleddin Bey, einem der maßgeblichen Vertreter der nationalistischen Bewegung in der Architektur, gelang hier noch kurz vor Ausbruch des Ersten Weltkriegs eine bewusste Rückkehr zum Altertum. Es war der Beginn einer langen Reihe von Nachahmungen; die osmanische Moschee kehrte zu den von Sinan geschaffenen Vorbildern zurück.

Modernitätsanspruches aufgrund ihres Bedürfnisses nach historischer Legitimation gerade auf jenem Gebiet, auf dem das für reaktionär gehaltene Reich bis zu seinem letzten Atemzug zu Neuerungen fähig gewesen war.

Der Erste Weltkrieg ruft die Nationalstaaten ins Leben. Bei Kriegsende, das für die Türken erst im Jahr 1922 kommt, ist Istanbul nicht länger die Regierungshauptstadt des Landes. Am 1. November 1922 erfolgt die Verlautbarung der Kemalisten über die Abschaffung des Sultanats. Das nordanatolische Ankara, ehemals Engürü, wird die Hauptstadt der Republik Türkei, die am 29. Oktober 1923 ausgerufen wird. Mustafa Kemal Paşa, mit dem Ehrennamen Atatürk („Vater der Türken"), ihr erster Präsident. Istanbul wird erst später, nach der Lethargie der Zwischenkriegszeit, zur Megalopolis erwachen.

Das Byzantinische Reich beim Tod Justinians

- Byzantinisches Reich
- Westgotenreich
- Frankenreich

AWAREN
AWAREN
GEPIDEN
Sirmium
Donau
MOESIEN I
DACIEN
MOESIEN II
SKYTHIEN
Chersones
PONT-EUXIN
(SCHWARZES MEER)
Sebastopolis
Trapezunt
Sinope
Konstantinopel
HAEMIMONT
Adrianopel
THRAKIEN
Philippopolis
PRAEVALITANIEN
Scodra
(Shkodër)
DARDANIEN
EUROPA
BITHYNIEN
Nicomedia
PAPHLAGONIEN
Theodosiopolis
ARMENIEN
Melitene
RHODOPA
MAKEDONIEN
Thessalonike
Nicaea
GALATIEN
KAPPADOKIEN
REICH DER SASSANIDEN
HELLESPONT
PHRYGIEN
Samosate
MESOPOTAMIEN
Edessa
OSRHOENE
EPIROS
THESSALIEN
Smyrna
(Izmir)
LYDIEN
PISIDIEN
Iconium
(Konya)
LYCAONIEN
EUPHRATENSIS
Euphrat
Theben
Ephesus
KARIEN
PAMPHYLIEN
KILIKIEN
Antiochia
Laodicea
Korinth
Athen
Milet
LYKIEN
ISAURIEN
SYRIEN
Palmyra
Sparta
ARABER-LACHMIDEN
ZYPERN
PHOENICE
PHOENICE LIBANENSIS
Candia
Berytus (Beirut)
Sidon
Damaskus
CRETA
Tyrus
Bostra
MEER
PALAESTINA
Samaria
Aelia Capitolina
(Jerusalem)
ARABIEN
Pelusium
Berenice
Cyrene
Alexandria
AUGUSTAMNICA
LIBYA SUPERIOR
LIBYA INFERIOR
AEGYPTUS
ARABER-GHASSANIDEN
ARCADIEN
THEBAÏS
Ptolemaïs
Nil

Donau
ÖSTERREICH
Wien
Gran (Esztergom)
Ofen (Buda)
UNGARN
Venedig
Genua
Mohács
Belgrad
BOSNIEN
SERBIEN
Ragusa (Dubrovnik)
Cattaro (Kotor)
MONTENEGRO
Rom
ALBANIEN
MAKEDONIEN
Korfu
Prevesa
Kefalonia
M I T T E L
L Ä N D I S C H E S
Algier
Bitschaja
Bône
(Annaba)
Bizerta
Tunis
MALTA
ALGIER
TUNIS
Dscherba
Tripolis
Benghasi
Krenna
Malvasia
Cerigo
TRIPOLIS
FEZZAN
Das Osmanische Reich
Das Osmanische Reich um 1520
Erwerbungen (1520-1566)
Erwerbungen (1566-1683)

UKRAINE
Dniepr
PODOLIEN
KOSAKEN
Don
Wolga
Azov
Astrachan
MOLDAU
CHANAT DER KRIM
KRIM
Kuban
TSCHERKESSEN
KASPISCHES MEER
Terek
SCHWARZES MEER
DAGHESTAN
GEORGIEN
Kurat
SCHIRWAN
Baku
Adrianopel
Konstantinopel
Trapezunt
Kars
KARABAGH
Erevan
ARMENIEN
Kizilirmak
Angora
(Ankara)
ASERBAIDSCHAN
Tabriz
ANATOLIEN
Kayseri
Bitlis
Smyrna (Izmir)
KURDISTAN
Samos
Konia
Antalya
Mossul
Aleppo
MESOPOTAMIEN
Tigris
LURISTAN
ZYPERN
SYRIEN
Bagdad
Damaskus
Euphrat
Jerusalem
Damiette
Alexandria
Basra
Kairo
ARABIEN
Nil
ÄGYPTEN
ROTES
HEDSCHAS
MEER

Byzantinische Baudenkmäler

- A Gotensäule
- B Irenen-Kirche
- C Hagia Sophia
- D Basilika-Zisterne (Yerebatan Saray)
- E Philoxenos-Zisterne (Binbirdirek)
- F Hippodrom
- G Kaiserpalast (Mosaiken-Museum)
- H Sergios-und-Backchos-Kirche (Küçük Ayasofa)
- I Konstantin-Säule (Çemberlitas)
- J Kyriotissa-Kloster (Kalenderhane)
- K Myrelaion-Kirche (Bodrum Cami)
- L Konstantin-Lips-Kloster (Fenari Isa Cami)
- M Markian-Säule (Kiztaşi)
- N Valens-Aquädukt
- O Kilise Cami
- P Pantokrator-Kirche (Molla Zeyrek Cami)
- Q Kirche des Christos Pantepoptes (Eski Imaret)
- R Kirche des Christos Euergetes (Gül Cami, Rosenmoschee)
- S Mouchliotissa-Kirche
- T Pammakaristos-Kirche (Fethiye Cami)
- U Johannes-Kirche (Ahmed Paşa Cami)
- V Tekfur Saray
- W Chora-Kloster (Kariye Cami)
- X Hagios Johannes Studios (Imrahor Cami)
- Y Galata-Turm
- Z Arap Cami

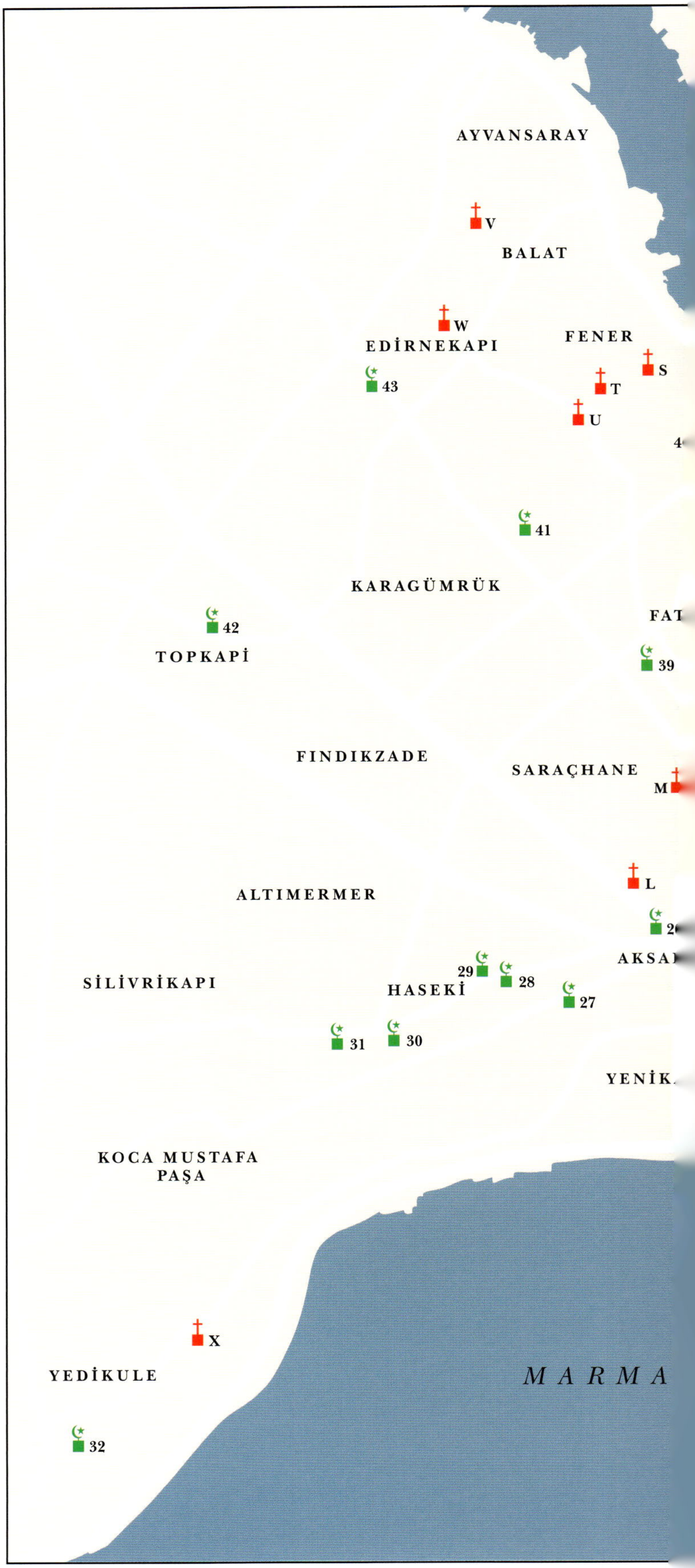

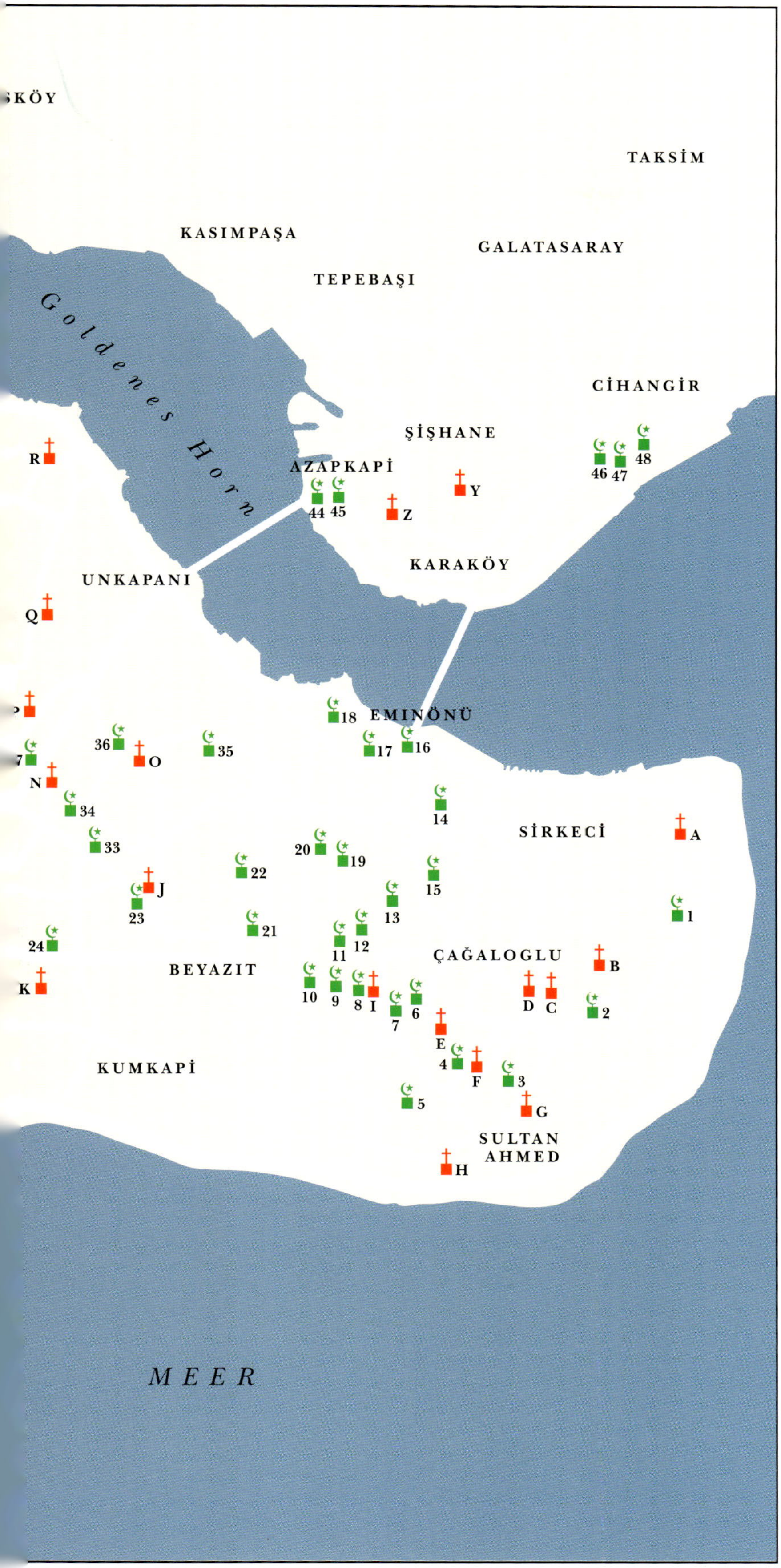

Osmanische Baudenkmäler

1 Topkapi Saray
2 Brunnen Ahmeds III.
3 Blaue Moschee
4 Ibrahim Paşa Saray
5 Sokollu-Mehmed-Paşa-Moschee
6 Türbe Mahmuds II.
7 Medrese-Türbe Köprülü Mehmed Paşa
8 Ali Paşa-Moschee
9 Medrese-Türbe des Sinan Paşa
10 Medrese-Türbe des Çorlulu Ali Paşa
11 Großer Bazar
12 Nuru Osmaniye
13 Mahmud-Paşa-Moschee
14 Medrese-Türbe Abdülhamids I.
15 Sitz des Osmanischen Reichsschuldenamtes
16 Yeni Valide Cami
17 Gewürzbazar
18 Rüstem-Paşa-Moschee
19 Büjük Yeni Han
20 Valide Han
21 Stiftungskomplex Bayazids II.
22 Eski Saray
23 Medrese-Türbe des Kuyucu Murad Paşa
24 Laleli-Moschee
25 Pertevniyal-Moschee
26 Has-Murad-Paşa-Moschee
27 Cerrah Paşa Cami
28 Stiftungskomplex des Bayram Paşa
29 Stiftungskomplex der Haseki Hürrem Sultan
30 Davut Paşa-Moschee
31 Hekimoglu-Ali-Paşa-Mosche
32 Yedikule
33 Medrese des Damad Ibrahim Paşa
34 Şehzade-Komplex
35 Süleymaniye
36 Bibliothek Atif Efendis
37 Medrese-Türbe des Gazanfer Aga
38 Medrese-Türbe des Amcazade Hüseyin Paşa
39 Fatih-Moschee
40 Moschee Selims I.
41 Nişanci Mehmed Paşa Cami
42 Kara-Ahmed-Paşa-Moschee
43 Mihrimah Sultan Cami
44 Sokollu-Mehmed-Paşa-Moschee (Azakapi)
45 Brunnen der Saliha Sultan
46 Kiliç-Ali-Paşa-Moschee
47 Brunnen Mahmuds I.
48 Nusretiye-Moschee

Herrscher	Wichtige Ereignisse	Baudenkmäler und kulturhistorische Zeugnisse
• Konstantin I. der Große (324–337)	324 Gründung von Konstantinopel 325 1. Konzil von Nicäa 330 Gründungsfeier in Konstantinopel	326–337 Kaiserpalast, Hippodrom, Konstantin-Forum und Irenen-Kirche
• Konstantios II. (337–361)	337–340 Konstantin II. Herrscher in Gallien 337–350 Konstans Herrscher in Italien 356 Schließung der heidnischen Tempel	360 Weihe der ersten Hagia Sophia
• Julian Apostatan (361–363)		
• Jovian (363–364)		
• Valens (364–378)	378 Schlacht bei Adrianopel	
• Theodosios I. (379–395)	392 Christentum wird Staatsreligion	386–393 Theodosios-Säule 391–392 Kirche Johannes des Täufers in Hebdomon
• Arkadios (395–408)	395 Teilung des Römischen Reiches Arkadios-Säule	404 Brand der ersten Hagia Sophia
• Theodosios II. (408–450)	410 Plünderung Roms durch die Westgoten 431 Konzil von Ephesos 438 Veröffentlichung des *Codex Theodosios* 439 Eroberung Karthogos durch die Vandalen	412 Theodosianische Landmauer 415 Weihe der zweiten Hagia Sophia
• Markian (450–457)	451 Schlacht auf den Katalaunischen Feldern: Aëtius besiegt Attila 451 Konzil von Chalkedon	Hagios Johannes Studios, Klosterkirche von Studion Marienkirche in Chalkoprateia Markian-Säule
• Leon I. (457–474)	468 Niederlage gegen die Vandalen	
• Leon II. (474)		
• Zenon (474–491)	476 Ende des Weströmischen Reiches	
• Anastasios I. (491–518)	493 Die Bulgaren überqueren zum ersten Mal die Donau 493 Gründung des Ostgotenreichs in Italien	
• Justin I. (518–527)	518–519 Peter-und- Paul-Kirche 524–527 Polyeuktos-Kirche	
• Justinian I. (527–565)	528 Veröffentlichung des *Codex Justinian* 529 Annexion der Krim 532 Nika-Aufstand 533–534 Eroberung Nordafrikas 534 Veröffentlichung des *Corpus Juris Civilis* 535 Eroberung Siziliens 536 Eroberung Italiens 540 Plünderung Antiochiens durch die Sassaniden 541 Ausbruch der Pest 551 Beginn der Rückeroberung Italiens 551–554 Eroberung Andalusiens	527–536 Sergios-und-Backchos-Kirche 532 Brand der zweiten Hagia Sophia und der Irenen-Kirche 532–537 Dritte Hagia Sophia nach 532 Irenen-Kirche 532 Basilika-Zisterne 543 Justinian-Säule 550 Einweihung der Apostelkirche 558 Einsturz der Kuppel der Hagia Sophia 562 Wiedererrichtung der Kuppel der Hagia Sophia 564 Instandsetzung der Irenen-Kirche
• Justin II. (565–578)	568 Gründung des Langobardernreichs in Italien	

• Tiberios II. (578–582)	Einfälle der Awaren und der Slawen auf dem Balkan	
• Maurikios (582–602)		
• Phokas (602–610)	Krieg mit den Persern	
• Herakleios (610–641)	614 Einnahme Jerusalems durch die Sassaniden 616 Eroberung Ägyptens durch die Sassaniden 622 Hedschra: Auswanderung Muhammads nach Medina 626 Belagerung Konstantinopels durch die Awaren und die Sassaniden 628 Frieden mit dem Sassanidenreich 630 Muhammad lässt Mekka besetzen 632 Tod Muhammads 636 Sieg der Araber über die Byzantiner bei Jarmuk 636 Sieg der Araber über die Sassaniden bei Kaddisiya 636–638 Eroberung Syriens durch die Araber 639–642 Eroberung Ägyptens durch die Araber	
• Konstantin III. (641)		
• Heraklonas (641)		
• Konstans II. (641–668)		
• Konstantin IV. (668–685)	670 Arabischer Einfall in Nordafrika 681 Bulgaren überschreiten die südliche Donau	
• Justinian II. Rhinotmetos (685–695)		
• Leontios (695–698)	696 Eroberung Karthagos durch die Araber	
• Tiberios III. Apsimaros (698–705)		
• Justinian II. (erneut, 705–711)		
• Philippikos Bardanes (711–713)	711 Beginn der arabischen Eroberung Spaniens	
• Anastasios II. (713–715)		
• Theodosios III. (715–717)		
• Leon III. der Syrer (717–741)	717–718 Belagerung Konstantinopels durch die Araber 730 Bilderverbot, Beginn des Bilderstreits 732 Schlacht zwischen Tours und Poitiers	740 Ausbesserung der Irenen-Kirche
• Konstantin V. Kopronymos (741–775)		768 Ausbesserung des Valens-Aquäduktes
• Leon IV. der Chasar (775–780)		
• Konstantin VI. (780–797)	787 2.Konzil von Nicäa Aufhebung des Bilderverbots	
• Irene (797–802)	800 Karl der Große wird in Rom zum Kaiser gekrönt	
• Nikephoros I. (802–811)		

• Staurakios (811)		
• Michael I. Rhangabe (811–813)		
• Leon V. der Armenier (813–820)	814 Wiederaufflammen des Bilderstreits	
• Michael II. der Stammler (820–829)	828 Eroberung Kretas durch die Araber	
• Theophilos (829–842)		Wiedererrichtung des Kaiserpalastes 839 Hagia Sophia, Bronze-Türen
• Michael III. der Trunkenbold (842–867)	843 Wiedereinsetzung der Bilderverehrung, Ende des Bilderstreits 863 Missionierung der Slawen durch Kyrillos und Methodios 865 Missionierung der Bulgaren	867 Hagia Sophia, Weihe des Mosaikzyklus der Jungfrau Maria
• Basileios I. der Makedonier (867–886)	878 Eroberung Syracus' durch die Araber	Ende 869 Hagia Sophia, Mosaikzyklen 880 Nea Ekklesia 880–883 Homilien des Heiligen Gregors von Nazianz
• Leon VI. der Weise (886–912)	907 Konstantin-Lips-Kloster	
• Alexander I. (912–913)	Hagia Sophia, Mosaik von Alexander	
• Konstantin VII. Porphyrogenetos (913–959)		920 Hagia Sophia , Mosaik von Leon IV. 920 Myrelaion-Kirche 940 Bibel des Leon Sakkelarios Um 950 *Pariser Psalter*
• Romanos I. Lakapenos (Mitkaiser) (920–944)		
• Romanos II. (959–963)	961 Rückeroberung Kretas	
• Nikephoros II. Phokas (963–969)	965 Rückeroberung Kilikiens 969 Eroberung Antiochias	
• Johannes I. Tzimiskes (969–976)	975 Rückeroberung des Libanon	
• Basileios II. Bulgaroktones (976–1025)	1014 Sieg über die Bulgaren	985 *Menologion* Basileios' II. 989 Einsturz und Wiederaufbau eines Teils der Kuppel des Hagia Sophia 1019 *Psalter* Basileios II.
• Konstantin VIII. (1025–1028)		
• Romanos III. Argyros (1028–1034)		Peribleptos-Kloster
• Michael IV. der Paphlagonier (1034–1041)	1040 Eroberung des Irans durch die türkischen Seldschuken	
• Michael V. Kalaphates (1041–1042)		
• Zoe (1042)		
• Konstantin IX. Monomachos (1042–1055)	1054 Morgenländisches Schisma 1055 Eroberung Bagdads durch die Seldschuken 1060 Eroberung Süditaliens durch die Normannen	Hagia Sophia, Mosaik von Kaiserin Zoe und Konstantin IX. Kirche des Georgsklosters beim Manganenpalast

• Theodora (1055–1056)		
• Michael VI. (1056–1057)		
• Isaak I. Komnenos (1057–1059)		
• Konstantin X. Dukas (1059–1067)		
• Michael VII. Dukas (1067–1078)	1077 Eroberung Nicäas durch die Türken	
• Romanos IV. Diogenes (Mitkaiser) (1068–1071)	1071 Schlacht bei Manzikert, türkische Eroberung Anatoliens	
• Nikephoros III. Botaneiates (1078–1081)		
• Alexios I. Komnenos (1081–1118)	1096 Beginn des Ersten Kreuzzugs 1099 Eroberung Jerusalems	Vor 1087 Kirche des Christos Pantepoptes Vor 1108 Kirche des Christos Euergetes (Gül Cami) 1110 *Panopliae dogmaticae*
• Johannes II. Komnenos (1118–1143)		1118 erste Pantokrator-Kirche Um 1118 Hagia Sophia, Mosaik von Johannes II. und Irene Vor 1136 zweite Pantokrator-Kirche
• Manuel I.Komnenos (1143–1180)	1147–1149 Zweiter Kreuzzug 1176 Schlacht bei Myriokephalon, Niederlage gegen die Türken	
• Alexios II. Komnenos (1180–1183)		
• Andronikos I. Komnenos (1183–1185)	1183 Anerkennung Serbiens	
• Isaak II. Angelos (1185–1195)	1186 Anerkennung Bulgariens 1187 Eroberung Jerusalems durch Sultan Saladin 1189–1191 Dritter Kreuzzug	
• Alexios III. Angelos (1195–1203)		
• Isaak II. Angelos (erneut, 1203–1204)	1204 Vierter Kreuzzug	
• Alexios IV. (Mitkaiser) (1203–1204)		
• Alexios V. Murtzuphlos (1204)	1204 Gründung des Lateinischen Kaiserreiches	
• Theodoros I. Laskaris (in Nikaia) (1204–1222)		
• Johannes III. Dukas Vatatzes (in Nikaia) (1222–1254)		
• Theodoros II. Laskaris (in Nikaia) (1254–1258)		
• Johannes IV. Dukas Laskaris (in Nikaia) (1258–1261)		
• Michael VIII. Palaiologos (1261–1282)	1261 Sturz des Lateinischen Kaiserreiches	

• Andronikos II. Palaiologos (1282–1328)		1310 Parekklesion der Pammakaristos-Kirche 1316–1321 Chora-Kirche
• Andronikos III. Palaiologos (1328–1341)		
• Johannes V. Palaiologos (1341–1376)		1346–1353 Restaurierung der Kuppel der Hagia Sophia
• Johannes VI. Kantakuzenos (Mitkaiser) (1347–1354)		
• Andronikos IV. Palaiologos (1376–1379)		
• Johannes V. Palaiologos (erneut, 1379–1391)		
• Johannes VII. Palaiologos (Mitkaiser) (1390)		
• Manuel II. Palaiologos (1391–1425)		
• Johannes VIII. Palaiologos (1425–1448)	1439 Konzil von Ferrara bzw. Florenz Unterzeichnung der Unionsbulle	
• Konstantin XI. Palaiologos (1448–1453)		
• Osman I. (1299–1324, in Sögüt)		
• Orhan (1326–1359, in Bursa)	1326 Eroberung von Bursa 1329 Sieg bei Pelekanon 1331 Eroberung von Nicäa 1354 Eroberung von Gallipoli	1334 Alaüddin-Moschee 1339 Orhan-Ghazi-Moschee
• Murad I.(1359–1389, in Bursa)	1369 Eroberung von Adrianopel 1389 Schlacht von Kosovo	1363–1366 Murad-I.-Moschee Alte Therme (Eski Kaplica)
• Bayazid I. der Blitz (1389–1402, in Bursa)	1393 Eroberung Bulgariens 1396 Schlacht von Nikopolis 1402 Schlacht von Ankara	Ende 1391 Stiftungskomplex Bayazids I. in Bursa Ende 1396 Große Moschee Bayazids I.
• Süleyman Çelebi (1402–1411, in Edirne)		1404–1414 Alte Moschee (Eski Cami) in Edirne
• Musad Çelebi (1411–1413, in Edirne)		
• Mehmed I. (1413–1421, in Edirne)		1414–1420 Grüne Moschee (Yesil Cami) in Bursa
• Murad II. (1421–1451, in Edirne)	1430 Eroberung von Thessalonike 1444 Schlacht bei Varna	1422 Ghazi-Mihal-Moschee 1425–1426 Stiftungskomplex der Muradiye in Bursa 1428 Beylerbey-Moschee in Edirne 1429 Melek-Paşa-Moschee in Edirne 1435 Dar ül-hadith von Edirne 1436 Stiftungskomplex der Muradiye in Edirne 1437–1447 Üç-Serefeli-Moschee von Edirne
• Mehmed II. der Eroberer (1451–1481)	1453 Eroberung von Konstantinopel 1454 Ernennung Gennadios zum Patriarchen von Konstantinopel 1456 Belagerung von Belgrad	1452 Festung Rumeli Hisar 1453–1455 Festung Yedikule Hisar 1453–1455 Alter Palast (Eski Saray) 1455 Alter Bedestan (Kapali Çarsi)

	1458 Eroberung des Herzogtums von Athen 1459 Eroberung Serbiens 1460 Eroberung der Peloponnes 1461 Eroberung von Trapezunt 1462 Unruhen in der Walachei 1463–1479 Venezianisch-osmanischer Krieg 1467 Eroberung des Emirats Karaman 1470 Eroberung der Insel Negroponte 1475 Eroberung der Krim 1480 Besetzung von Otranto 1480 Belagerung von Rhodos	1455 Hammam in Tahtakale 1459 Eyüp-Moschee 1462 Mahmud-Paşa-Moschee 1463 Stiftungskomplex der Fatih-Moschee 1463 Beginn der Arbeiten am Topkapi Saray 1467 Hammam des Mahmud Paşa 1471 Rum-Mehmed-Paşa-Moschee 1473 Murad-Paşa-Moschee 1478 Abschluss der Ummauerung des Topkapi Saray
• Bayazid II. (1481–1512)	1484 Einnahme von Kilia und Akkerman 1496–1499 Seekrieg gegen Venedig	1484–1488 Stiftungskomplex Bayazids II. in Edirne 1485 Davut-Paşa-Moschee 1500–1505 Stiftungskomplex Bayazids II. in Istanbul nach 1506 Ali-Paşa-Moschee
• Selim I. der Strenge (1512–1520)	1514 Niederlage der Safawiden beiÇaldiran 1516 Eroberung Syriens 1517 Eroberung Ägyptens	1513 Weltkarte von Piri Reis 1518–1519 Marmorpavillon in den Gärten des Topkapi Saray
• Süleyman I. der Prächtige (1520–1566)	1521 Einnahme von Belgrad 1522 Einnahme von Rhodos 1526 Schlacht bei Mohács 1529 erste Belagerung Wiens 1532 Feldzug gegen Deutschland 1534–1536 Krieg gegen die Safawiden 1535 Einnahme Bagdads 1536 Staatsvertrag mit Frankreich 1537 Belagerung Korfus 1538 Feldzug gegen die Moldau 1538 Seesieg bei Preveza 1538–1541 Krieg gegen Venedig 1541 Ungarnfeldzug 1543 Ungarnfeldzug 1547 Friedensschluss mit Karl V. 1548–1549 Krieg gegen die Safawiden 1553–1555 Krieg gegen die Safawiden 1560 Seeschlacht von Djerba 1565 Belagerung Maltas 1566 Eroberung von Chios 1566 Eroberung Szegeds	1520–1522 Moschee Selims I. 1526 Portulan von Piri Reis 1528 Renovierungsmaßnahmen am Topkapi Saray, Bau des neuen Ratssaals und der Audienzhalle nach 1538 Stiftungskomplex der Haseki Hürrem Sultan 1543–1547 Şehzade-Komplex 1548 Stiftungskomplex der Mihrimah Sultan in Üsküdar 1550–1557 Süleymaniye 1554–1564 Ausbau des Wasserversorgungsnetzes 1555 Sinan-Paşa-Moschee 1556–1557 Hammam der Haseki Hürrem Sultan 1558 Kara-Ahmed-Paşa-Moschee 1560–1561 Karawanserei des Rüstem Paşa in Edirne 1560–1562 Rüstem-Paşa-Moschee
• Selim II. der Trunkenbold (1566–1574)	1568–1573 Venezianisch-osmanischer Krieg 1571 Seeschlacht bei Lepanto 1571 Eroberung Zyperns	1565–1575 Selimiye in Edirne 1568 Mihrimah Sultan Cami am Edirne-Tor 1568–1569 Bazar Ali Paşas in Edirne 1571–1572 Sokollu-Mehmed-Paşa-Moschee hinter dem Hippodrom 1572–1573 Restaurierung der Hagia Sophia 1573 Piyale-Paşa-Moschee
• Murad III. (1574–1595)	1575 Eroberung von Tunis 1577–1589 Krieg gegen die Safawiden 1585 Eroberung von Tabriz 1593–1606 Krieg mit Österreich	1574 Wiedererrichtung der Küchen des Topkapi Saray 1574 Türbe Selims II. 1574–1583 Stiftungskomplex der Nurbanu Sultan in Üsküdar 1577–1578 Sokollu-Mehmed-Paşa-Moschee beim Arsenal 1578–1579 Schlafzimmer des Sultans Murad III. im Topkapi Saray 1580–1581 Semsi-Paşa-Moschee 1581 Zal-Mahmud-Paşa-Moschee 1583–1585 Thronsaal im Topkapi Saray 1584–1588 Nişanci-Mehmed-Paşa Cami 1586–1587 Hof der Beilträger im Topkapi Saray

		1589–1591 Perlen-Pavillon in den Gärten des Topkapi Saray 1591 Strand-Pavillon in den Gärten des Topkapi Saray 1591–1592 Medrese-Türbe des Gazanfer Aga 1593 Medrese-Türbe des Sinan Paşa 1593–1594 Cerrah-Mehmed-Paşa-Moschee 1595 Medrese-Türbe des Hadim Sinan Paşa
• Mehmed III. (1595–1603)	1596 Schlacht bei Mezökeresztes	1595 Türbe Murads III. 1597 Beginn des Baus der Yeni Valide Cami
• Ahmed I. (1603–1617)	1603–1612 Safawidisch-osmanischer Krieg 1603 Rückeroberung von Tabriz durch Abbas I. 1606 Frieden von Zsitvatorok mit Habsburg	1603 Türbe Mehmeds III. 1606–1609 Medrese-Türbe des Kuyucu Murad Paşa 1608 Bibliothek Ahmeds I. im Harem des Topkapi Saray 1610–1617 Blaue Moschee
• Mustafa I. der Verrückte (1617–1618)		
• Osman II. der Junge (1618–1622)	1621 Krieg gegen Polen	Karanlik Bend (Staudamm)
• Mustafa I. der Verrückte (erneut, 1622–1623)		
• Murad IV. (1623–1640)	1623 Rückeroberung Bagdads durch Abbas I. 1635 Eroberung von Erivan 1639 Eroberung Bagdads 1639 Frieden mit den Safawiden	1635 Revan Kösk im Topkapi Saray 1635 Stiftungskomplex des Bayram Paşa 1639 Bagdad Kösk im Topkapi Saray
• Ibrahim der Verrückte (1640–1648)	1644–1669 Venezianisch-osmanischer Krieg 1645 Einnahme von Kandia	1640 Stiftungskomplex der Kösem Sultan in Üsküdar 1640 Valide Han 1641 Beschneidungssaal im Topkapi Saray
• Mehmed IV. (1648–1687)	1661–1664 Krieg gegen Habsburg 1664 Schlacht bei St. Gotthard 1669 Einnahme von Kandia 1683 Belagerung Wiens	1660–1661 Medrese-Türbe Köprülü Mehmed Paşa 1661–1664 Wiederaufnahme und Abschluss der Arbeiten an der Yeni Valide Cami 1665 Brand im Harem des Topkapi Saray 1666 Bau der Prinzengemächer im Harem des Topkapi Saray 1676–1683 Medrese-Türbe des Kara Mustafa Paşa
• Süleyman II. (1687–1691)		
• Ahmed II. (1691–1695)		
• Mustafa II. (1695–1703)	1699 Friede von Karlowitz, Verlust Ungarns und der Peloponnes	1695–1702 Medrese-Türbe des Amcazade Hüseyin Paşa
• Ahmed III. (1703–1730)	1711 Osmanisch-russischer Krieg 1715–1718 Osmanisch-österreichischer Krieg 1718 Friede von Passarowitz, Verlust Belgrads, Wiedergewinnung der Peleponnes 1718–1730 „Tulpenzeit“	1707–1709 Medrese-Türbe des Çorlulu Ali Paşa 1708 Früchtezimmer im Topkapi Saray 1708–171 Emetullah Sultan-Moschee in Üsküdar 1715 Bibliothek Şehid Ali Paşas 1719 Bibliothek Ahmeds III. im Topkapi Saray 1719–1720 Medrese des Damad Ibrahim Paşa 1727 Münze im zweiten Hof des Topkapi Saray 1728 Brunnen Damad Ibrahim Paşas inÜsküdar 1729 Brunnen Ahmeds III.
• Mahmud I. (1730–1754)	1736–1739 Krieg mit Österreich 1739 Friede von Belgrad mit Österreich und Russland	1732 Brunnen Mahmuds I. 1732 Brunnen der Saliha Sultan 1734–1735 Hekimoglu Ali Paşa-Moschee 1741 Bibliothek Atif Efendis 1748–1755 Nuru Osmaniye 1750 Topzulu Bend (Staudamm)

• Osman III.(1754–1757)		1754 Pavillon Osman III. im Harem des Topkapi Saray
• Mustafa III.(1757–1774)	1768–1774 Osmanisch-russischer Krieg 1774 Friede von Küçük Kaynarca, Verlust der Krim	1761 Ayazma-Moschee 1762 Bibliothek Ragib Paşas 1764 Laleli-Moschee 1765 Ayvad Bend (Staudamm) 1769 Zeyneb-Sultan-Moschee 1771 Wiedererrichtung der Fatih-Moschee
• Abdülhamid I. (1774–1789)	1787–1791 Osmanisch-russischer Krieg 1788–1791 Osmanisch-österreichischer Krieg	1776 Beylerbey-Moschee 1776 Medrese-Türbe Abdülhamids I. 1779 Kabinett Abdülhamids im Harem des Topkapi Saray 1787 Şebsefa-Sultan-Moschee
• Selim III. (1789–1807)	1797 Ägyptenfeldzug Napoleons 1806–1812 Osmanisch-russischer Krieg	1790 Kabinett Selims III. im Harem des Topkapi Saray 1792–1795 Imaret und Türbe der Mihrisah Sultan 1797 Valide Bend (Staudamm) 1800 Schule und Türbe der Sah Sultan 1805 Moschee Selims III. in Üsküdar
• Mustafa IV. (1807–1808)		
• Mahmud II. (1808–1839)	1815 Unabhängigkeit Serbiens 1821 Beginn des griechischen Freiheitskampfs 1826 Liquidierung der Janitscharen 1828–1829 Osmanisch-russischer Krieg 1829 Unabhängigkeit Griechenlands 1830 Französische Eroberung Algeriens 1833 Aufstand Muhammad Alis in Ägypten	1818 Türbe der Nakşidil Sultan 1819 Cevri Kalfa-Schule 1826 Nusretiye-Moschee 1839 Staudamm Mahmuds II. 1839 Türbe Mahmuds II.
• Abdülmeçid (1839–1861)	1839 Ära der Tanzimat-Reformen 1853–1855 Krimkrieg 1860 Unabhängigkeit Libanons	1844–1856 Dolmabahçe Saray 1845 Galata-Brücke 1849–1855 Ihlamur-Palast 1853 Ortaköy-Moschee 1855 Dolmabahçe-Moschee 1856 Küçüksu
• Abdulaziz (1861–1876)		1865 Beylerbey-Palast 1869–1871 Pertevniyal-Moschee 1872 Çiragan-Palast
• Murad V. (1876)		
• Abdülhamid II. (1876–1909)	1876 Balkankrise 1877–1878 Krieg gegen Russland 1878 Berliner Kongress, Unabhängigkeit Rumäniens, Serbiens und Montenegros 1908 Unabhängigkeit Bulgariens 1908 Österreich annektiert Bosnien und die Herzegowina 1908 Kreta proklamiert Anschluss an Griechenland	Yildiz 1879 Pavillons der ersten Bauphase 1885–1886 Yildiz Moschee 1887–1889 Pavillons der zweiten Bauphase 1890–1892 Sitz der Osmanischen Bank 1891–1907 Archäologisches Museum 1897 Sitz des Osmanischen Reichsschuldenamts 1905 Türbe und Bibliothek des Shaikh Zafir
• Mehmed V. (1909–1918)	1911–1912 Tripoliskrieg 1912–1913 Erster Balkankrieg 1914–1918 Erster Weltkrieg	1913 Bebek-Moschee
• Mehmed VI. (1918–1922)	1918–1923 Besetzung Istanbuls durch die Alliierten	
• Abdülmeçid (1922–1924, Kalif)	1923 Ankara wird Hauptstadt der Türkei	
	1923 Ausrufung der Türkischen Republik	

Arasta: Überdachter Markt

Arkosol/Arcosolium: Überwölbte Nische in einer Kirchenwand als Standort einer Skulptur

Bedestan: Überdachter Markt, oft in der Nähe der Moschee, auf dem kostbare Stoffe, Gewürze und andere Qualitätswaren verkauft werden

Griechisches Kreuz (Grundrissform): Grundriss von Kirchen in der Form eines Kreuzes mit vier gleich langen Armen

Cuerda seca (wörtl. „trockener Faden"): Glasurtechnik bei Keramik, bei der das Einlegen von „Fäden" aus einer schwarzen Paste verhindert, dass die Farben ineinander fließen

Dar ül-hadith: Religiöse Hochschule, an der die überlieferten Aussprüche und Handlungen des Propheten (Hadithe) gelehrt werden; sie ist der Medrese übergeordnet

Deesis: Darstellung Christi mit Heiligen (im Allgemeinen Maria und Johannes der Täufer) im Gebet

Derwisch: Mitglied eines islamischen Ordens, dessen Oberhaupt ein Shaikh ist

Diakonikon: Kleine Kapelle links neben der Hauptapsis mit dem Altar, die dem Priester als Umkleideraum dient

Diwan: Osmanischer Ministerrat, der auch als oberstes Gericht fungierte

Ekklesia: Gemeinschaft der Gläubigen; Kirche Jesu Christi

Exedra: Mit einer Halbkuppel überwölbte Nische oder konkaver bzw. halbrunder Portikus

Gazi: Osmanische Glaubenskrieger (später Ehrentitel), die auf die Frühzeit der osmanischen Besiedlung Anatoliens zurückgehen

Hadith : Dem Propheten Muhammad zugeschriebene Aussprüche und Handlungen, die zunächst mündlich überliefert und seit dem 9. Jahrhundert gesammelt und schriftlich niedergelegt wurden

Has oda: Privatgemächer des Sultans

Hatayi: Chinesischen Vorbildern nachempfundene Dekorationsmotive

Hohe Pforte: Ursprünglich die Residenz des Großwesirs im Osmanischen Reich. Später wurde der Begriff allgemein als Synonym für die Osmanische Regierung verwendet.

Imaret: Armenküche, meist im Kontext gemeinnütziger Einrichtungen eines Moscheenkomplexes

Iwan: Offener, überwölbter Raum, der sich gewöhnlich auf einen Hof oder Säulengang hin öffnet; sowohl in der islamischen Profanals auch Sakralarchitektur häufig verwendete Bauform

Külliye: Vom Sultan oder einem anderen Würdenträger gestifteter Baukomplex im Allgemeinen (aber nicht zwingend) um eine Moschee, der Wohnräume, Schulen sowie wohltätige Einrichtungen umfasst

Mashhad: Islamisches Heiligtum, oft Pilgerstätte, meist im Zusammenhang mit dem Grab eines Gläubigen

Martyrion: Kirche, die am Ort des Martyriums eines Heiligen erbaut wurde und/oder dessen Reliquien enthält

Medrese: Islamische Hochschule, in der neben Theologie auch Recht und weltliche Wissenschaften wie etwa Astronomie gelehrt werden

Mihrab: Gebetsnische in der Moschee, die die Gebetsrichtung nach Mekka anzeigt; die Gläubigen stellen sich in Reihen rechts und links des Mihrab auf

Minarett: Turmförmiger Bauteil der Freitagsmoschee, von dem aus der Muezzin zum Gebet ruft

Minbar: Predigtstuhl, von dem aus der Imam während des Freitagsgebets die Predigt vor den Gläubigen hält

Missorium: Flacher Teller bzw. Tischabdeckung aus Silber

Nakkaşhane: Werkstatt der Dekorationsmaler und Kolorierer (nakkaş)

Oculus: „Auge", kreisrunde Lichtöffnung oben im Zentrum einer Kuppel

Parekklesion: Kapelle

Paşa: Titel hoher osmanischer Würdenträger, der in der Türkischen Republik durch den Rang des Generals ersetzt wird

Portikus: An den Seiten offene, gedeckte Säulenhalle, die als Vorbau den Eingangsbereich eines Gebäudes bildet

Prothesis: Kleine Kapelle zur Aufbewahrung liturgischer Geräte rechts der Hauptapsis, in der sich der Altar befindet

Qibla: Die Gebetsrichtung nach Mekka, die in Moscheen duch die Qiblawand, in der sich auch der Mihrab befindet, angezeigt wird

Rumi: Dekorationsmotive nach Vorbildern aus dem Nahen und Mittleren Orient

Saz: Osmanischer Dekorationsstil des 16. Jahrhunderts, für den große, gefiederte, Blätter kennzeichnend sind

Scriptorium: „Schreibstube", in der Handschriften erstellt wurden

Sebil: Öffentlicher Trinkwasserbrunnen, der sich oft an Straßenecken befindet

Sultan: Islamischer Herrschaftstitel, Bezeichnung aller Osmanenherrscher

Tabhane: Zu einer religiösen Stiftung gehörende Herbergen für reisende Derwische

Tetrakonisch (Grundrissform): Grundriss in der Form eines vierblättrigen Kleeblatts mit vier muschelförmigen Seiten

Ulama: Religions- und Rechtsgelehrte des Islam

Ulu Cami (wörtl. „große Moschee"): Zentrale Moschee für das Freitagsgebet

Valide: Sultansmutter, die als Vorsteherin des Harems zu manchen Zeiten großen Einfluss auf die Regierung ausübte

Zawiye: kleines Derwischkloster

Byzanz

Coche de la Ferté, Etienne, *Byzantinische Kunst*, Freiburg i. Br., 1982.

Delvoye, Charles, *L'Art byzantin*, Paris, 1967.

Janin, Raymond: *La Géographie ecclésiastique de l'Empire byzantin*,
Band I: *Le siège de Constantinople et le Patriarcat oecuménique*,
Band II: *Les églises et les monastères*,
Paris, 1969.

Lazarev, Victor, *Der Barock*, Berlin, 1954.

–, *Storia della Pittura Bizantina*, Turin, 1981.

Mamboury, Ernest, *Istanbul touristique*, Istanbul, 1951.

Mango, Cyril, *Byzantinische Architektur*, Stuttgart, 1975.

Rice, David Talbot/Hirmer, Max, *Kunst aus Byzanz*, München, 1959.

Runciman, Steven, *Kunst und Kultur in Byzanz*, München, 1978.

Stierlin, Henri, *Orient byzantin, l'art antique au Proche-Orient*, Paris, 1988.

–, „Konstantinopel" in: *Reallexikon zur Byzantinischen Kunst*, Band IV, S. 366–737.

The Oxford Dictionary of Byzantium (3 Bde.), New York, 1991.

Treatgold, Warren, *A History of the Byzantine State and Society*, Stanford, 1997.

Wulzinger, Karl, *Byzantinische Baudenkmäler zu Konstantinopel*, Osnabrück, 1925.

Von Konstantin bis Justinian

Dagron, Gilbert, *Naissance d'une capitale. Constantinople et ses institutions de 330 à 451*, Paris, 1984.

Harrison, Martin, *Ein Tempel für Byzanz. Die Entdeckung und Ausgrabung von Anicia Julianas Palastkirche in Istanbul*, Zürich, 1990.

Jantzen, Hans, *Die Hagia Sophia des Kaisers Justinian in Konstantinopel*, Köln, 1967.

Mainstone, Rowland, *Hagia Sophia, Architecture, Structure and Liturgy of Justinian's Great Church*, London, 1988.

Mango, Cyril, *Le Développement urbain de Constantinople (IV.-VII. siècles)*, Paris, 1990.

Mathews, Thomas F., *The Early Churches of Constantinople;* Pennsylvania, 1971.

Peschlow, Urs, „Die Irenenkirche in Istanbul, Untersuchungen zur Architektur" in: *Istanbuler Mitteilungen*, Beiheft 18, Tübingen, 1977.

Ristow, Günter, *Die Geburt Christi in der frühchristlichen und byzantinisch-ostkirchlichen Kunst*, Recklinghausen, 1963.

Sas-Zaloziecky, Wladimir, *Die Sophienkirche in Konstantinopel und ihre Stellung in der Geschichte der abendländischen Architektur*, Freiburg i. Br., 1936.

Stiegemann, Christoph, *Frühchristliche Kunst in Rom und Konstantinopel*, Paderborn, 1996.

Trilling, James, *The Roman Heritage*, Washington, 1982.

„The Soul of the Empire: Style and Meaning in the Mosaic Pavement of the Byzantine Imperial Palace in Constantinople" in: *Dumbarton Oaks Papers*, XLIII, S.27–72; Washington, 1989.

Vitti, Evangelia: *Die Erzählung über den Bau der Hagia Sophia in Konstantinopel*, Amsterdam, 1986.

Ward-Perkins, John Bryan, *Architektur der Römer*, Stuttgart, 1975.

Roman Imperial Architecture, New Haven, 1990.

Vom Bilderstreit zum Lateinischen Kaiserreich

Cormack, Robin/Hawkins, Ernest J.W., „The Mosaics of St. Sophia at Istanbul: The Rooms Above the Southwest Vestibule and Ramp" in: *Dumbarton Oaks Papers*, XXXI, S.175–251; Washington, 1977.

Cutler, Anthony/Spieser, Jean-Michel, *Das mittelalterliche Byzanz*, München, 1996.

Demangel, Robert, Mamboury, Ernest, *Le Quartier des Manganes et la première région de Constantinople*, Paris, 1939.

Ducellier, Alain, Balard, Michel: *Constantinople 1054–1261, Tête de la chrétienté, proie des Latins, capitale grecque*, Paris, 1996.

Byzanz, Das Reich und die Stadt, Zürich, 1990.

Evans, Helen C./Wixom, William, *The Glory of Byzantium. Art and Culture of the Middle Byzantine Era, A.D. 843-1261*, New York, 1997.

Grabar, André, *Byzanz, Die byzantinische Kunst des Mittelalters vom 8. bis zum 15. Jahrhundert*, Baden-Baden, 1964.

–, *L'iconoclasme byzantin, dossier archélogique*, Paris, 1957.

Die Kunst im Zeitalter Justinians, München, 1967.

Hawkins, Ernest J.W., „Further Observations on the Narthex Mosaic in St. Sophia at Istanbul" in: *Dumbarton Oaks Papers*, XXII, S.151–166, Washington, 1968.

Hawkins, Ernest J.W./Macridy, Theodore/Mango, Cyril/Megaw, Arthur, „The Monastery of Lips" in: *Dumbarton Oaks Papers*, XVIII, S.249–315, Washington, 1964.

Hawkins, Ernest J.W./Mango, Cyril: „The Apse Mosaics of St. Sophia at Istanbul. The Church Fathers in the North Tympanum" in: *Dumbarton Oaks Papers*, XXVI, S.1-41; Washington, 1972.

Hawkins, Ernest J.W./Mathews, Thomas: „Notes on the Atik Mustafa Pasa Camii in Istanbul and its Frescoes" in: *Dumbarton Oaks Papers*, XXXIX, S.125–135, Washington, 1985.

Hawkins, Ernest J.W./Underwood, Paul, „The Mosaics of the Hagia Sophia at Istanbul. The Portrait of the Emperor Alexander. A report on work done by the Byzantine Institute in 1959 and 1960" in: *Dumbarton Oaks Papers*, XV, S.187–212; Washington, 1961.

Kitzinger, Ernst, „The Cult of Images formulated by the Iconoclasts“ in: *Dumbarton Oaks Papers*, VIII, S.83–150; Washington, 1954.
Magdalino, Paul, „Observations on the Nea Ekklesia of Basil I“ in: *Jahrbuch der Österreichischen Byzantinistik*, XXXVII, S.51–64; Wien, 1981.
Mainstone, Rowland J., „The reconstruction of the Tympana of St. Sophia at Istanbul“ in: *Dumbarton Oaks Papers*, XXIII-XXIV, S.353–368; Washington, 1969/70.
Mango, Cyril, „The work of M. Is. Nomidis in the Vefa Kilise Camii, Istanbul (1937/38)“ in: *Mesaionika kai Nea Ellinika*, III, S. 421–429, 1990.
Mosaiken in der Hagia Sophia, 1967.
Oikonomides, Nicolas, „Leo VI and the Narthex Mosaic of St. Sophia“ in: *Dumbarton Oaks Papers*, XXX, S.151–172, Washington, 1976.
„Some remarks on the Apse Mosaic of St. Sophia“ in: *Dumbarton Oaks Papers*, XXXIX, S.111–115, Washington, 1985.
Schäfer, Hartmut, „Die Gül Camii in Istanbul“ in: *Istanbuler Mitteilungen*, Beiheft 7; Tübingen, 1973.
Striker, Cecil L., *The Myrelaion (Bodrum Camii in Istanbul)*, Princeton, 1981.
„The Mosaic Panel of Constantine IX and Zoe in S. Sophia“ in: *Revue des Etudes Byzantines*, XXXVI, S. 219–232, Paris, 1978.
Vasiliev, Alexander Alexandrowitch, *Byzance et les Arabes*, Brüssel, 1968.
„The Iconoclastic Edict of the Caliph Yazid II, A.D. 721“ in: *Dumbarton Oaks Papers*, IX–X, S.23–47, Washington, 1956.

Das Ende des Reiches

Balard, Michel, *La Romanie génoise (XII.- début du XV. siècle)*, Rom, 1978.
Talbot, Alice-Mary, „The Restoration of Constantinople under Michael VIII“ in: *Dumbarton Oaks Papers*, XLVII, S.243–261; Washington, 1993.
Underwood. Paul, *The Kariye Djami*, (4 Bde), London, 1967–75.

Die Anfänge der osmanischen Architektur

Akurgal, Ekrem/Mango, Cyril/Ettinghausen, Richard, *Die Türkei und ihre Kunstschätze*, Stuttgart, 1979.
Ettinghausen, Richard (Hrsg.), „Aus der Welt der islamischen Kunst“, Festschrift für Ernst Kühnel zum 75. Geburtstag am 26. 10. 1957, Berlin, 1959.
Ettinghausen, Richard, *Islamische Kunst, Meisterwerke aus dem Metropolitan Museum of Art New York*, Berlin, 1982.
Ettinghausen, Richard, Grabar, Oleg, *The Art and Architecture of islam: 650–1250*, New Haven, 1994.
Gabriel, Albert, *Une capitale turque Brousse-Bursa* (2 Bde.), Paris, 1958.
Goodwin, Godfrey, *A History of Ottoman Architecture*, London, 1992.
Kuran, Aptullah, *The Mosque in Early Ottoman Architecture*, Chicago, 1968.
Meinecke, Michael, *Patterns of Stylistic Changes in Islamic Architecture*, New York, 1996.
Michell, George, *Architecture of the Islamic World. Its History and Social Meaning*, London, 1995.
Ögel, Semra, *Der Kuppelraum in der türkischen Architektur*, Istanbul, 1972.

Der Niedergang des Osmanischen Reiches

Atasoy, Nurhan/Raby, Julian/Petsopoulos, Yanni (Hrsg.), *Iznik, the Pottery of Ottoman Turkey*, London, 1994.
Atasoy, Nurhan/Cagman, Filiz, *Turkish Miniature Painting*, Istanbul, 1974.
Atil, Esin, *The Age of Sultan Süleyman the Magnificent*, Washington, 1987.
Etrug, Ahmet (Hrsg.), *Silk for the Sultans, Ottoman Imperial Garments from Topkapi Palace*, Istanbul, 1996.
Topkapi, the Palace of Felicity, Istanbul, 1991.
Gabriel, Albert, *Les Châteaux turcs du Bosphore*, Paris, 1943.
Kuran, Aptullah, *Mimar Sinan, the Grand Old Master*, Istanbul, 1987.
Necipoglu, Gülru, *Architecture, Ceremonial and Power. The Topkapi Palace in the fifteenth and sixteenth Centuries*, Cambridge (Mass.), 1991.
Stierlin, Henri, *Soliman et l'architecture ottomane*, Paris, 1985.
Yerasimos, Stéphane, *La Fondation de Constantinople et de Sainte-Sophie dans les traditions turques*, Paris, 1990.
Istanbul, la mosquée de Soliman, Paris, 1997.

Grundrisse und Karten

Alberto Berengo Gardin, Rom S. 39, 42, 45, 85, 87, 88, 91, 93, 135, 136, 158, 159, 160, 161, 162, 163, 182, 186, 188, 190, 193, 194, 197, 213, 214, 244, 246, 249, 250, 255, 261, 274, 281, 332, 359, 372
D.R. S. 142, 189, 248, 294, 346, 347, 355
Bernard van Geet S. 378/79, 380/81, 382/83

Fotografien

AKG Paris S. 6, 7, 8 oben, 8 unten,10/11, 16, 17, 41, 129 oben, 258
AKG Paris/British Library S. 129 unten
Alinari-Giraudon S. 25
Artephot/M. Babey S. 50; Artephot/Silvio Fiore S. 52; Artephot/I. Keribar S. 53, 58, 154/155, 260 links, 274, 275 unten, 282/283, 284, 367 oben; Artephot/Nimatallah S. 21
Biblioteca Apostolica Vaticana S. 106, 110/111, 112, 113, 114/115, 116, 122, 123, 124, 125
Biblioteca Nazionale Marciana, Venise S. 22/23
Bibliothek der Rijksuniversiteit, Leyden S. 211
Bibliothèque nationale de France, Paris S. 34 links, 34 rechts, 68 links, 68 rechts, 76, 79 links, 79 rechts, 80 unten, 82, 83, 107 rechts, 108, 109 oben, 109 unten, 121, 130 links, 130 rechts, 132 oben, 327
Bildarchiv Preußischer Kulturbesitz, Berlin S. 66 oben, 71 links, 71 rechts
Birgili, Turhan, Archéologue, Istanbul Arkeoloji Müzeleri Müdürlügü S. 63 oben links, 66 unten links, 66 unten rechts, 67 oben, 67 unten, 73
Bridgeman/Giraudon S. 27 links, 46
British Library/Bridgeman Art Library S. 120 unten
British Museum S. 72 links
Bulloz S. 9, 13
Cameraphoto/AKG Paris S. 128
Chester Beatty Library, Dublin S. 306, 307
Winnie Denker Umschlag, S. 30 links, 30 rechts, 33, 35 oben rechts, 37 oben rechts, 37 unten, 38, 40 links, 40 rechts, 43, 44 oben, 44 unten links, 44 unten rechts, 48-49, 51, 57 unten links, 57 unten rechts, 59 links, 59 rechts, 60 oben, 60 unten, 62 oben links, 62 oben rechts, 62 unten links, 62 unten rechts, 64 oben, 64 unten, 89, 90 links, 90 rechts, 95, 97, 98, 101, 102/103, 104 oben, 104 unten, 105, 132 unten, 133, 134 links, 134 rechts, 136 oben rechts, 137 oben, 139, 140/141, 143, 145, 146 oben links, 146 oben rechts, 146 rechts, 146 unten links, 146 unten rechts, 147 oben, 148 oben, 148 unten, 149 unten links, 149 unten rechts, 150/151, 162 unten links, 165, 166, 167 links, 167 rechts, 168 links, 168 Mitte, 168 rechts, 169 oben, 169 unten, 170 links, 170 rechts, 171, 172, 173, 174/175, 176, 177 oben links, 177 oben rechts, 177 Mitte rechts, 179, 180/181, 183, 184 links, 184 rechts, 185, 186 oben, 191, 192, 193 unten, 195 links, 195 rechts, 196, 198/199, 200 oben, 200 unten, 201, 202, 204/205, 215, 217, 218, 219, 220-221, 222 links, 222 rechts, 224 oben, 224 unten, 225 oben, 225 unten, 226, 227, 228, 235, 236 unten, 240, 241 unten, 242 oben links, 242 oben rechts, 242 unten links, 242 unten rechts, 252 oben, 252 Mitte, 253 oben rechts, 253 unten, 256, 260 rechts, 263, 264/265, 266 links, 266 rechts, 267, 268 unten links, 268 unten rechts, 269, 270, 271, 272, 273, 277 oben links, 277 oben Mitte, 277 rechts, 277 unten links, 277 unten Mitte, 278, 279, 288, 289, 290 oben links, 290 oben rechts, 292 oben, 292 unten, 293, 295 unten, 329, 330, 331, 332 oben, 332 unten, 333, 335 oben rechts, 338, 339 unten, 340 Mitte, 340 rechts, 342 unten rechts, 344, 345 (insgesamt 6 Bilder), 350 unten links, 351 unten links, 351 unten rechts, 352, 356 rechts, 358, 360 rechts, 363, 368 oben, 368 unten, 369 oben links, 369 oben rechts, 370 oben, 371, 373 unten
Domingie, S./AKG Paris S. 20
D.R. S. 32 unten links, 32 unten rechts
Edimédia S. 212 rechts
Genet, Dominique S. 138
Giraudon S. 12, 78
Giraudon/Dost Yayinlari S. 131, 336
Rapho/Goldman S. 275 oben
Günay, Reha, Istanbul S. 37 oben links, 47 links, 47 rechts, 86, 92, 94 unten, 96 links, 149 oben, 162 oben rechts, 164, 178, 187, 188 links, 189 oben, 189 unten, 190 oben, 190 Mitte, 197 oben, 203 links, 203 rechts, 207, 208, 229, 230, 231, 236 oben, 237, 238 oben, 239 rechts, 241 oben, 243, 244, 245 Mitte links, 245 Mitte rechts, 249 unten, 251, 252 unten, 253 oben links, 254, 255, 257, 259, 280 oben, 290 unten rechts, 291 oben, 291 unten, 294 unten, 295 oben, 296 links, 296/297, 300 oben, 301 unten, 302 links, 310, 313, 314 oben, 314 unten, 315 oben links, 315 oben rechts, 315 unten, 316 oben links, 316 oben rechts, 316 unten, 317 links, 317 rechts, 318 links, 318 rechts, 319, 320, 321 links, 321 rechts, 322 links, 322 rechts und Bildreihe, 323 oben, 323 unten, 324, 325 oben, 325 unten, 328, 334, 335 oben links, 335 unten, 339 oben, 340 links, 341, 342 Mitte links, 342 unten links, 343, 347 unten, 348/349, 350 oben links, 353, 356 links, 357 oben, 357 unten links, 361 oben, 361 unten, 372 oben, 373 oben, 374 oben, 376 Mitte links, 376 unten Mitte, 376 unten rechts, 377
Horree, Peter (Agentur Ana) S. 367 unten
Kiner G./Visa S. 142 oben links
Lauros/Giraudon S. 14, 15 oben, 15 unten, 18/19
Maghera s.a., Galerie Nataf, Paris S. 234
Musée du Palais de Topkapi S. 120 oben links, 120 oben rechts, 299 links, 299 rechts, 300 unten, 301 oben links, 301 oben rechts, 302 oben rechts, 302 unten rechts, 303 unten links, 303 unten rechts, 304/305, 305 rechts, 308, 309, 311, 312, 337
Historisches Museum, Moskau S. 107 links
Museo Correr/Zennaro Elisabetta, Venedig S. 210
National Gallery/Bridgeman Art Library S. 212 links
Neftçi, Aras S. 94 oben, 96 rechts, 135 rechts, 136 unten, 137 unten, 142 oben rechts, 216, 223, 245 oben, 268 oben, 280 unten, 342 oben links, 346 links, 346 rechts, 347 oben links, 347 rechts, 350 oben rechts, 350 unten rechts, 351 oben, 354, 355, 357 unten rechts, 359 oben, 360 links, 374 unten, 376 oben links, 376 unten links
Ny Carlsberg Glyptotek, Kopenhagen S. 63 oben rechts
Österreichisches Museum für Angewandte Kunst, Wien S. 298
Österreichische Nationalbibliothek, Wien S. 74, 75 links, 75 rechts
Photothek des Museo Correr, Venedig S. 232
Pierpont Morgan Library/Art Resource, New York S. 118
Real Academia de la Historia, Madrid S. 72 rechts
RMN S. 80 oben links, 80 Mitte, 81, 127; RMN/Daniel Arnaudet S. 77; RMN/M. Beck/Coppola S. 80 oben rechts; RMN/J. G. Berizzi S. 28, 32 oben; RMN/C. Jean S. 63 unten links; RMN/Lagiewski S. 35 unten links; RMN/P. Leroy S. 35 oben links; RMN/H. Lewandow S. 24; RMN/R. Ojeda S. 27 rechts, 36, 157
Photo Scala, Florenz S. 63 unten rechts, 65 links, 65 rechts, 69, 70 links, 70 rechts, 117, 152, 153
Sipa Press/Erem Çalikolu S. 54, 55, 56, 57 oben, 61 oben links, 61 oben rechts, 61 unten, 99, 100 links, 100 rechts, 144 oben, 144 unten links, 144 unten rechts, 147 unten, 239 links, 247, 248, 262, 285, 286, 287, 294 oben, 366, 370 unten, 375
The Master and Fellows of Trinity College, Cambridge S. 29, 84
V&A Picture Library, Londres S. 31
Venturi, Francesco S. 362, 364 links, 364 rechts, 365 oben, 365 unten, 369 unten, 372 unten
Reproduktion mit Erlaubnis des Trustees of the Wallace Collection, London S. 233
Walters Art Gallery, Baltimore S. 119